Vor meinem
Vaterhaus
steht keine
Linde

Das Titelbild zeigt den Autor an der Hand von Vater und Mutter
vor seinem Elternhaus, das bald danach aufgestockt wurde

Schneidhainer Str. 26a · 61462 Königstein · ungermann2@web.de

Umschlaggestaltung: Ulrike Helmer Verlag, Königstein
Herstellung: Verlagsservice W. Niederland, Königstein

ISBN 3-00-008515-7

Erwin Ungermann

Vor meinem Vaterhaus steht *k*eine Linde

Aus einem Wetterauer Dorf im Hanauischen

Da steht nicht nur keine Linde
aber wer hinkommt
findet's schön grün
es wächst eine ganze Menge
von früher herüber

Nicolas Born

Meinen Kindern und Enkelkindern

Wer seine Vergangenheit nicht achtet,
ist keine Zukunft wert.

Alexander von Humboldt

Inhalt

Das verlorene Paradies

... statt eines Vorworts

Es war im Mai 1989 auf dem Weg vom Hanauer St.Vinzenz-Krankenhaus zum längst nicht mehr bewohnten Elternhaus in Kilianstädten, als ich, einer plötzlichen Laune folgend, von der Landstraße in einen Seitenweg einbog und dort den kleinen Honda Civic zum Halt brachte.

Gestern noch hatte ich unter der um diese Zeit milden spanischen Sonne auf der Terrasse unseres Häuschens an der Costa Blanca gesessen, als mich der Anruf meines Sohnes erreichte und ich im Flugzeug zu meinem sterbenden Vater eilte. Unversehens wieder auf heimatlichem Boden, stieg ich aus und schloß den Wagen ab. Der frische Wind machte mich trotz des auch hier heiteren Wetters zunächst frösteln, bis er mich, der ich dem abfallenden Gelände folgte, nicht mehr erreichen konnte. Unter einem Himmel von ungewohnt tiefem Blau hingen niedrige weiße Wolken, Wattetupfer, fast reliefartig abgesetzt. Der herbsüße Duft der Rapsfelder, die den Weg säumten, ließ mich tief einatmen; im Weitergehen öffnete sich ein tieferliegender Wiesengrund, von einem winzigen Bächlein durchflossen und von einer baumbestandenen Anhöhe nach hinten begrenzt. Seit meinem letzen Besuch hatte sich vieles verändert. Das verträumte kleine Wäldchen, in dem man mit etwas Glück Champignons und Maronen finden konnte, war schon vor Jahren abgeschlagen worden, und die langen Reihen der Schlehdornhecken gab es auch nicht mehr.

Mehr oder weniger unbewußt hatte ich gerade nach diesen Ausschau gehalten, weil es hier war, als ich zusammen mit meinem schon lange pensionierten Vater an einem sonnigen Herbsttag mehr als einen Zentner Schlehen gesammelt hatte. Der mit viel Erwartung daraus hergestellte Schlehenwein fiel zwar enttäuschend aus und wurde nie getrunken; die Erinnerung an die gemeinsame Sammelaktion aber hat die vielen Jahre unbeschadet überstanden und wird mich wohl bis an mein eigenes Lebensende begleiten.

War es jene Erinnerung, die den Impuls in mir ausgelöst hatte, auszusteigen und den Weg zu dieser Stelle zu suchen? Ich war inzwischen im Talgrund angekommen und setzte mich für eine Weile an den Wegrand. Kein Luftzug war hier unten zu spüren, die Wärme sammelte sich vor den

Büschen und wies auf den nahen Sommer hin. Von der Sonne erhitzt, verströmten die Brennesseln ihren zartwilden Duft. Eine sonderbar wehmütige Stimmung überkam mich und zog mich in ihren Bann.

Die Gedanken schweiften zum Vater, der seine Wohnung im Altersheim mit dem Sterbezimmer im Krankenhaus vertauscht hatte und dort einsam und ohne Bewußtsein mit seinem Tod kämpfte. Meine Frau und ich hatten mit dem alten Mann noch etliche fröhliche Stunden verbracht; er hatte mir aber auch manche Sorge bereitet, und es war nicht immer leicht mit ihm, doch das Wissen, ihn jetzt verlieren zu müssen, machte mich traurig. Mir wurde klar, daß mit seinem Leben auch für mich ein Abschnitt zu Ende ging: In der Reihe der Generationen würde ich nun an die vorderste Stelle treten, niemand würde mich mehr „Bub“ nennen. Hatte ich mich in irgend einem versteckten Winkel meines Herzens nicht immer noch geborgen und behütet, als Junge gefühlt, war dies erst der wirkliche Abschied von der Kindheit, das verlorene Paradies? Hatte er, der am Ende selbst so Schutzbedürftige, nicht doch noch bis zuletzt unsichtbar vor mir gestanden und mich so, in gleichsam väterlicher Weise, daran gehindert, die unerbittliche Wirklichkeit wahrzunehmen, daß auch ich meine Aufgabe, das Leben weiterzugeben, die Geschlechterfolge um ein neues Glied zu vermehren, bereits erfüllt hatte und daß mir nur noch eine Schonfrist zugewiesen war, bevor ich zum Kreis der Vorangegangenen aufschließen würde? Zu jenen, die so erschreckend schnell wieder vergessen sind und von denen Andreas Gryphius mit hoffnungslosbitteren Worten sagt:

Die ... in das Totenbuch der großen Sterblichkeit
längst eingeschrieben sind, sind uns aus Sinn und Herz.

Hatte der große Pessimist aus der Zeit des Dreißigjährigen Krieges nicht recht? Waren nicht unbeseelte, tote Dinge von ungleich längerer Dauer als die Erinnerung an die Menschen, die uns, zeitlich wie bindungsmäßig, so nahestanden? Mir fiel die Kaffeetasse ein, die heute in dem aus der Habe meiner Eltern übernommenen Bücherschränkchen steht, zersprungen und wieder zusammengekittet, mit der Aufschrift „Christine Ullrich“. Das war eine meiner beiden Kilianstädter Urgroßmütter, die Hebamme, von der wenigstens ein Erinnerungsstück kündet, während von der anderen kaum je gesprochen wurde, der unglücklichen Sibylle, die ihre vier kleinen Kinder zurückließ und nur ihre Verzweiflung mitnahm, als sie in der Nidder ihrem jungen Leben ein Ende setzte. Ich dachte an das schmiedeeiserne Tor am Kilianstädter Friedhof, in dessen Stirnseite vor bald hundertfünfzig Jahren ein gewisser Hannes Brod neben der Jahreszahl 1854 das Zeichen HB eingeschlagen hatte. Das war mein Ururgroßvater. Was wußte ich von meinen Vorfahren? Wie hatten sie gelebt? Welche Freuden und Sorgen hatten sie bewegt? Wie sah das Dorf damals aus, in dem sie wohnten? Die Kaffeetasse meiner Urgroßmutter hat überlebt, trotz des Risses im Porzellan, und womöglich wird sie noch von einem meiner Kinder in Ehren gehalten und bewahrt werden. Die Inschrift des Schmiedes Johannes Brod wird, wer weiß, auch in weiteren hundertfünfzig Jahren entziffert werden können, vielleicht von dessen eigenen Nachkommen, die verständnislos und unwissend auf das unbekannte Signum schauen. Doch die Erinnerung an jene Menschen ist verwelkt, sie leben in niemandes Gedächtnis mehr, sind uns „aus Sinn und Herz", sind endgültig und wahrhaftig tot.

Je älter ich wurde, um so mehr begann ich mich für Leben und Umstände meiner Vorfahren zu interessieren, versuchte ich die verblassende Erinnerung an meine Großeltern und die dörfliche Lebensart jener Zeit aufzufrischen. Doch hatte ich die Zeit schlecht genutzt, und die Tante, aus deren Wissen und Erleben ich noch so vieles entnehmen wollte, fand einen plötzlichen und tragischen Tod. Ich hatte schon immer daran gedacht, wenigstens meine eigenen Erinnerungen festzuhalten, sie für Kinder und Enkel zu bewahren, deren Interesse am Gewesenen vielleicht erst dann erwachen würde, wenn keine Auskünfte mehr zu erhalten waren.

Ich begann zu frieren. Die Kühle des Bodens, auf dem ich saß, wurde von der frühsommerlichen Wärme nicht mehr in Schach gehalten. Ich stand auf und ging langsam wieder auf das Auto zu. Das Vorhaben, meine Lebenserinnerungen aufzuzeichnen, nahm immer deutlichere Form an. Ich würde meine Kindheit beschreiben, das Dorf und die Leute, die darin lebten, die Schulzeit und den Krieg, der damals unser Tun und Denken beherrschte. Keinesfalls sollte es eine Autobiografie werden, wenngleich alles aus eigener persönlicher Sicht entstehen würde, sollte viel mehr eine Beschreibung des Umfeldes werden als meiner selbst. Vor allem hatte der Bericht authentisch zu sein, so weit meine Erinnerung es zulassen würde, und nicht etwa „Dichtung und Wahrheit" um der Belustigung des Lesers willen. Eine Veröffentlichung würde ich nicht ausschließen wollen, doch dachte ich in erster Linie für mich selbst zu schreiben, wollte Flüchtigem und Zerfließendem Gestalt und Bestand geben, meinen Nachkommen, vielleicht, irgendwann bei der Suche nach der eigenen Identität zur Hand gehen, mich aber auch einem beliebigen interessierten Leser nicht verweigern.

Ich stand wieder vor dem Wagen und begann, meine Gedanken abzustreifen. Ich war mir sicher: Mit dem Schreiben würde ich beginnen, nicht gleich heute oder morgen, doch auch nicht in allzu ferner Zukunft. Die Wintermonate in unserem spanischen Domizil würden mir hoffentlich nach der angestrebten Frühpensionierung genügend Zeit dazu lassen. Die Gefahr, in der Zwischenzeit etwas zu vergessen, besteht wohl nicht; das Langzeitgedächtnis älter werdender Menschen trägt kein Verfalldatum, oder wie es Georg Hensel in seinem Buch »Glück gehabt« formuliert: Das Gehirn weigert sich, neue Daten zu speichern, es öffnet statt dessen sein Archiv.

Ich schlug die Tür zu, startete und sah in Kilianstädten noch einmal nach dem Rechten. Dann fuhr ich zurück nach Königstein, um eine schlechte Nachricht zu erwarten.

* * *

Inzwischen sind mehr als zehn Jahre vergangen, und ich lasse das Geschriebene unverändert stehen - statt eines Vorworts, ergänzt durch diese kleine Hinzufügung. Anstelle der angekündigten „Erinnerungen" ist zunächst ein Büchlein »Unser Kilianstädter Deutsch« entstanden, das vor zwei Jahren aus dem Druck kam. Aber: aufgehoben ist nicht aufgeschoben - aus mancherlei Skizzen, Fragmenten, Notizen beginnt sich bereits das Ganze zusammenzufügen, in dem auch die geschichtliche Entwicklung des Dorfes Platz finden soll. Eine Chronik wird es dennoch nicht werden; ich behalte mir vor, bestimmte Ereignisse auszulassen, um anderen dafür mehr Raum zu geben. Es erscheint mir wichtiger, die Geschehnisse in einen größeren Zusammenhang zu rücken, als getreulich jede entlaufene Kuh aufzunotieren.

Einige Teile, etwa das Kapitel über den Dreißigjährigen Krieg, mögen den weniger Geschichtsbeflissenen vielleicht ermüden; es ist aus diesem auch für Kilianstädten belangvollen Zeitabschnitt nur wenig überliefert, und auch das wenige läßt sich oft in Zweifel ziehen. Ich habe versucht, die aus unserem engeren Heimatkreis bekannten Ereignisse zusammenzufassen und in den allgemeinen Ablauf des Krieges einzuordnen; vieles wird in unserem Dorf ähnlich abgelaufen sein. Auch der Abschnitt über die wechselvolle und verwirrende Zeit der Weimarer Republik, die uns den Schlüssel zum Verständnis des Nationalsozialismus liefert, könnte die Ausdauer diesen oder jenen Lesers überfordern; ihm sei, sofern er den Weg wieder zu uns findet, nicht verübelt, wenn er zwischendurch ein paar Zeilen oder Seiten überschlägt.

Zum Schluß möchte ich dich, lieber Leser, direkt ansprechen. Es wird dir nicht entgehen, daß ich mich sowohl der *ich*- als auch der *wir*-Form bediene und beide munter durcheinandermenge. Das „wir" soll nun keinesfalls als `pluralis majestatis` aufgefaßt werden (ich betrachte mich weder als König noch als Papst), auch nicht als `pluralis modestatis` (Bescheidenheit gehört nicht zu meinen besonderen Tugenden), vielmehr und kurzum: ich habe mich gar nicht selten einfach deiner bemächtigt und in die Gestaltung des Buches einbezogen. So wirst du mir beim Recherchieren über die Schulter schauen, mit mir bei Ungereimtheiten den Kopf schütteln, mich auf kleineren Ausflügen begleiten und mir bei unsicheren Entscheidungen den Rücken stärken. Sollte sich in deine Freude über diesen Vorzug das Bedenken mischen, du müßtest womöglich nur als Stilmittel herhalten, so werde ich dir zu meinem Leidwesen diese Zweifel nicht völlig zerstreuen können.

Gleichwohl wirst du, wenn du am Ende des Buches angekommen bist und mich nicht zwischendurch im Stich ließest, hoffentlich sagen können, daß du den Umkreis eines kleinen Wetterauer Dorfes zwar kaum verlassen hast, aber dennoch einigermaßen herumgekommen bist.

Von den Anfängen bis zum Beginn der Neuzeit

Mit „Steerer" Wein in die Vergangenheit

Wer heute durch die sich beinahe kleinstädtisch gebende Gemeinde Kilianstädten schlendert und sich im sauber renovierten, zum Teil auch umgestalteten Ortskern umgesehen hat, wird seinen Rundgang sicher auch auf die hübsch in den Hang gebettete Wohngegend ausdehnen, die sich über das von dort aus östlich gelegene Dorf erhebt und von wo es nach dem Wald hin nicht mehr weit ist. Schmucke Eigenheime, vielleicht ein wenig bieder ab und an, haben sich in die obstbaumbestandenen Wiesen, den früheren Wingert, eingenistet und gefallen sich in ihrem bescheidenen Wohlstand.

Ob sich unser Spaziergänger nun über die gepflegten Häuserreihen freut, die nur widerwillig den gelegentlichen Blick in das Tal freigeben oder die Anwohner gar um die schöne Lage ihrer Anwesen beneidet - er wird sich kaum vorstellen können, wie sich Kilianstädten hier und anderswo seit meinen Kindertagen, also etwa in den letzten sechzig Jahren, verändert hat. Ich will die Annehmlichkeiten einer fortschrittlichen Wohnkultur nicht gering achten noch die Notwendigkeiten bestreiten, die zu dieser Veränderung geführt haben: Die Folge war unvermeidlich ein Verlust an Identität, Wandel von der geschlossenen dörflichen Einheit, in der jeder jeden kannte, hin zu einer fraglos weltoffeneren, aber auch anonymeren Allerweltsgesellschaft, die energisch die schönsten Plätze für ihre Villen und Bungalows einforderte.

Es ist müßig, heute darüber zu streiten, ob sich unter Erhalt der landschaftlich ungewöhnlich reizvollen Umgebung nicht auch andere Lösungen für die vorgesehenen Bauvorhaben hätten finden lassen: In den sechziger Jahren, als diese Entscheidung fiel, gab es kaum ein Umweltbewußtsein, und es waren ausschließlich rationale Gründe, die zur Bebauung des Wingerts führten. Wer den Hanauer Anzeiger vom 22.4.1966 aufgehoben hat, kann dort lesen, daß die Besiedlung des Wingerts in der Gemeindevertretersitzung „rege, aber sachlich" diskutiert wurde. Die Bebauung sei „die beste Lösung, da es sich bei diesem Gelände um minderwertiges Land handelt, das für landwirtschaftliche Zwecke so gut wie wertlos ist."

Vielleicht habe ich mir, der ich nicht dauernd in Kilianstädten wohnte und die Veränderungen nicht als tägliche Realität und Normalität erleben konnte, eine besondere Sensibilität bewahrt. Jedenfalls wird mir ein wenig wehmütig ums Herz, wenn ich auf die Front der am Hang gelegenen Häuser blicke und mich dabei erinnere, wie ich einstmals hier den unbefestigten Wingertsberg hinaufstieg und mich oben unter dem alten Nußbaum auf die Bank setzte, um wieder zu Atem zu kommen. Aber welch ein Blick entschädigte für diese Mühe! Hatte man sich an einem heiteren Frühjahrstag zeitig genug zu seinem Sonntagsspaziergang aufgemacht, dann mußte man die Morgenstille mit niemandem teilen, konnte den Vögeln und Bienen nachlauschen und schließlich ins Tal hinabschauen, wo die Sonne ein Häuschen nach dem anderen aus dem Frühdunst herausschälte, bis das Dorf frei und blankgeputzt im Licht lag.

Wer zum Mittagessen zurück sein will, darf nach dem ersten Läuten zum Kirchgang nicht mehr lange sitzenbleiben. Der erwartungsvolle Leser, der hoffentlich gern mitgekommen ist, mag sich jetzt mit mir zum Wald hin wenden. Wir gehen nun durch den Wingert. Ein sanfter Grasweg führt uns durch ausgedehnte Reihen von Kirsch- und Apfelbäumen, die um diese Zeit in Blüte stehen, eingehüllt in das Summen und Surren ungezählter Bienen. Das Auge ist erschlagen von so viel weißer duftender Pracht und möchte mit dem Schauen gar nicht aufhören. Doch wir verlassen wieder den Wingert, verzichten heute auf den lockenden Waldspaziergang und gehen zum nahe gelegenen Neuberg, der zu dieser Zeit noch nicht zugebaut ist und uns einen traumhaften Blick über die Nidderwiesen gestattet. Hatte die Bezeichnung Wingert uns schon an Wein und Reben denken lassen, so drängt sich bei der sonnigen Hanglage des Neubergs der Gedanke förmlich auf, daß hier einmal ein ordentlicher Wein gewachsen sein könnte. So war es auch! Kilianstädten hat, wie wir aus vorhandenen Niederschriften wissen, eine jahrhundertelange Weinbautradition. Der Anbau von Wein ist für den Beginn des 14. Jahrhunderts verbürgt, reicht aber viel länger zurück. Bereits bei der ersten urkundlichen Erwähnung des Dorfes ist von Weinbergen die Rede. Mehrmals wird in alten Berichten die Qualität des Kilianstädter Weins gerühmt: er sei nicht nur dem Wein aus Bergen und Hochstadt vorzuziehen, er sei auch der beste im gesamten Hanauer Land. Alte Kilianstädter hatten meinem Vater erzählt, der edelste Wein sei auf der Bettenburg gewachsen, auf der vor gar nicht langer Zeit noch ein altes Weinberghäuschen gestanden haben soll. Diesem guten Tropfen scheinen die Kilianstädter selbst wacker zugesprochen zu haben, denn nach einer Berechnung aus dem 16. Jahrhundert[44] sollen auf jeden Haushalt beachtliche 80 Liter pro Jahr entfallen sein. Apfelwein war noch im späten Mittelalter ein unbekanntes Getränk; dieser ist eine „Errungenschaft" der Neuzeit.

In der Mitte des 18. Jahrhunderts wurden in Kilianstädten noch 200 Morgen Weinberge bewirtschaftet, doch ging es hundert Jahre später mit dem Weinbau schnell bergab. 1881/82 waren alle Weinberge eingegangen. Wir kennen die Gründe nicht genau, die zum Niedergang des Weinanbaus geführt haben, doch darf man wohl die aus Amerika eingeschleppte Reblaus nicht verantwortlich machen, hatte man diese doch in Deutschland erstmalig und nur vereinzelt im Jahre 1874 beobachtet und den ersten größeren Befall 1881 im Ahrtal festgestellt.

Ohne daß wir es recht gewahr wurden, hat uns die Beschäftigung mit dem Kilianstädter Wein in die Vergangenheit geführt. Dort wollen wir auch eine Weile bleiben, um das Bild unseres Heimatdorfes von allen Anfängen her so vor uns entstehen zu lassen, wie es die nicht allzu reichhaltigen Zeugnisse aus früherer Zeit zulassen.

Im Jahre 1989 konnte Kilianstädten seinen elfhundertfünfzigsten Jahrestag feiern. Daraus läßt sich leicht errechnen, daß die erste urkundliche Erwähnung aus dem Jahre 839 stammt. Von davor liegenden Zeiten wissen wir nichts, doch kann man vermuten, daß es den Ort schon vorher gegeben hat. Bei Bauarbeiten wurden kürzlich Scherben gefunden, die auf das achte Jahrhundert verweisen.[6] In diesem Falle hätte unser Dorf schon hundert Jahre vor der urkundlichen Erwähnung bestanden.

Der fruchtbare Boden und das milde Klima der südlichen Wetterau haben schon in vorgeschichtlicher Zeit die Menschen zum Bleiben eingeladen. In der Kilianstädter Gemarkung stieß man auf Bodenfunde, die dem frühen Neolithikum, also der beginnenden Jungsteinzeit, zuzurechnen sind. In dieser bis 5500 v. Chr. zurückreichenden Epoche lebten Menschen, die ihre Tongefäße mit typischen bandartigen Verzierungen versahen; sie werden Bandkeramiker genannt. Wir wissen zwar, daß in jener Zeit die Menschen schon Häuser bauten, auch Ackerbau und Viehzucht betrieben, doch läßt sich das noch nicht mit dem Ort Kilianstädten in Verbindung bringen. Das gilt auch für spätere Ausgrabungen aus der Bronze- und der Eisenzeit, welche sich in die Hallstadt- und Latène-Periode gliedert; die spärlichen Funde aus diesen Epochen weisen auf die Besiedlung unserer Gemarkung durch die Kelten hin, von denen auch die als Ringwälle bezeichneten Steinformationen herrühren, die sich in unserer weiteren Heimat auf den Bergkuppen entdecken lassen, etwa auf dem Altkönig oder dem Glauberg.

Gegen Ende des 1. Jahrhunderts v. Chr. hatten die Römer das von den Kelten bewohnte Gallien erobert und damit den Rhein zur römischen Grenze gemacht[2], die sie wegen des erbitterten Widerstandes der Germanen lange nicht zu überschreiten vermochten. Wir erinnern uns an die Schlacht im Teutoburger Wald im Jahre 9 n. Chr., als die Cherusker unter Arminius das 36.000 Mann starke von Varus geführte Römerheer in einen Hinterhalt lockten und vollständig vernichteten. Zwei Jahre später wagten die Römer eine neue Offensive, bei der auch das Lager oder der Ort Mattium[*)] der mit den Cheruskern verbündeten Chatten zerstört wurde. Die römische Streitmacht entging aber auf dem Rückmarsch nur um Haaresbreite einer erneuten Katastrophe[13], so daß die Kriegszüge in den Folgejahren zunächst eingestellt wurden.

Nach allgemeiner Ansicht wurde das Untermaingebiet und die Wetterau erst unter Kaiser Domitian (81 - 96 n. Chr.)[2] erobert. Andere Quellen[36] messen diesem Geschehen gar einen längeren Zeitraum von 80 - 160 n. Chr. zu, doch gilt als wahrscheinlich, daß die ersten römischen Legionen etwa um das Jahr 83 n. Chr. unsere Heimat erreichten[13,26]. Gelegentlich wird auch angenommen, die Römer hätten bereits in den Jahren 9 - 11 v. Chr. die Wetterau dauerhaft besetzt und diese erst 17 n. Chr. nach fortwährenden Kämpfen mit den Chatten bis zur endgültigen Eroberung im Jahre 83 n. Chr. wieder freigegeben.[13,44] Wann immer es war - wen die Römer wohl vorfanden, als ihre ersten Kohorten an der Nidder haltmachten? Es gilt als sicher, daß die Kelten längst von den Germanen vertrieben, vielleicht auch friedlich unterwandert worden waren und daß die Wetterau im Machtbereich der Chatten lag, die den Römern immer wieder erbitterte Kämpfe geliefert hatten und noch im Jahre 70 n. Chr., wenn auch erfolglos, gegen das römische Mainz anrannten[52]. Zwar wird es auch für möglich gehalten, daß unser Raum von den angeblich römerfreundlichen Mattiakern besiedelt war[36], doch haben diese, die vornehmlich den Taunus bewohnten, gleichfalls als chattischer Volksstamm zu gelten. Wir werden nicht viel zu Tage fördern, wenn wir an dieser Stelle

---

[*)] möglicherweise die Kernzelle des späteren Wiesbaden.

weiterschürfen; jedenfalls wurden die Römer etwa gegen 260 n. Chr.[2, 46] wieder verjagt. Während der letzten Zeit der römischen Herrschaft hatten sich in den germanischen Gebieten rätselhafte Veränderungen vollzogen, von deren Ursachen und Begleitumständen wir nichts Genaues wissen. Neue Volksstämme, von denen man vorher nie etwas gehört hatte, treten plötzlich in unseren Gesichtskreis, so die Alemannen, die möglicherweise aus den Sueben hervorgingen, vielleicht aber auch durch einen Bund verschiedener Völkerschaften („alle Mannen") gebildet wurden[28]. Wir vermögen nicht zu ergründen, inwieweit die Chatten sich den Alemannen anschlossen oder von diesen verdrängt wurden; historisch verbürgt ist, daß die Alemannen zeitweise unser Land beherrschten und die Römer im Jahre 233 durch einen Einfall in schwere Bedrängnis brachten[13]. Zwar mußten sie wieder zurückweichen, aber letztlich, so dürfen wir annehmen, waren sie es, die den Limes niederrissen und die Römer vertrieben, was um 260 n. Chr. gewesen sein muß.

Für die Zeit nach dem Rückzug der Römer brauchen wir einige Jahrhunderte lang nicht nach Nachrichten zu suchen: Es gibt keine. Die Zeit der Völkerwanderung mit ihren umstürzenden Ereignissen und Veränderungen hat in unserer Heimat keine wie auch immer gearteten Spuren hinterlassen, es herrscht totale geschichtliche Finsternis. Vertrauen wir also darauf, daß uns wenigstens die Römer in den knapp zweihundert Jahren ihrer Anwesenheit ausreichende Beweisstücke ihres Wirkens hinterlassen haben. Folgt man der Kilianstädter Chronik [5], so „haben sich in und um Kilianstädten zahlreiche Reste römischer Brunnen, Straßen, Häuser und Gräber gefunden." Chronist *Buccoli*[5] bezieht sich dabei auf die in den Jahren 1900 - 1913 getätigten Funde des Prof. Dr. Wolff und gerät angesichts so vieler Zeugnisse aus der Römerzeit ordentlich ins Schwärmen: „Einen würdevollen Anblick bot damals die südliche Wetterau in ihrer höchsten Blüte. Reizende Villen und prächtige Tempel wechselten mit drohenden Kastellen; Wasserleitungen, Badeeinrichtungen, künstliche Gartenanlagen, Brücken und Kunststraßen zierten die ganze Gegend."

Heutige Archäologen geben sich oft weniger enthusiastisch, wenn sie die Entdeckungen Wolffs kommentieren. Da hört man zuweilen ganz andere Töne: „Es gibt eine Reihe von Altfunden ... unter der Leitung von Professor Georg Wolff, die in Einzelheiten durchaus revisionsbedürftig sind." „Eine der Fundstellen überprüft und ... nicht bestätigt." „... Römische Gutshöfe [Villen] ... (halten) ... nicht alle einer Überprüfung durch Flurbegehung und Luftbildaufnahmen (stand).“ Oder noch deutlicher: „... groß angelegte und ... geschickte Fälschungen“[38]. Offenbar ist vor allem Wolffs „getreuem Mitarbeiter“[5] Georg Bausch „nicht zu trauen“[38].

Wir wollen uns aus diesen wissenschaftlichen Streitfragen heraushalten, doch will auch uns scheinen, als sei die Zahl der aus römischer Zeit stammenden Funde eher kümmerlich, „obgleich die Römer eigentlich sonst viele Spuren hinterlassen haben“[6]. Das ist auch anderen Leuten aufgefallen. So ist *Arnd*[1] auf den einfallsreichen Gedanken gekommen, die Hunnenzüge, die auch unsere Gegend berührten und „alles, auch Kultur zerstörten“, seien vielleicht daran schuld, daß sich so wenige Beispiele der Römerkultur finden lassen. Wenn wir die geringe Zahl der Fundstellen beklagen, müssen wir auch bedenken, daß der Limes, die Befestigungsanlage der Römer, auf der Linie Altenstadt, Marköbel, Langendiebach verlief, daß sich unsere engere Heimat also nicht in römischem Kernland, sondern in unmittelbarem Grenzgebiet befand. Dies wird durch das in allerjüngster Zeit in Mittelbuchen freigelegte Militärlager bestätigt, welches das bekannte Limeskastell Saalburg an Größe übertrifft.

Blättert man in dem Bildband „Schöneck“[53], so wird man in dem kurzen Textteil lesen, der sogenannte Borntaler Keller stamme aus der Römerzeit. Wir freuen uns, daß unser Dorf über eines dieser offenbar seltenen Zeugnisse aus der Zeit der römischen Herrschaft verfügt und nehmen die Chronik zur Hand, um mehr darüber zu lesen. Dort erfahren wir merkwürdige Details: „Der Heideborn, im Borntal, ist eine gewölbte Brunnenkammer, aus ihr scheint eine der bei Mittelbuchen gefundenen Leitungen ihr Wasser erhalten zu haben.“ Eine Fotografie des vermeintlichen Römerbauwerks ist untertitelt mit „Heydeburne[*)], heute Borntaler Keller“. Den Heideborn, in früherer Zeit ein Brunnen, kenne ich seit meiner Kindheit. Sollte man auch den Borntaler Keller so genannt haben? Selbst die ältesten Kilianstädter, deren ich habhaft werden konnte, wissen nichts davon. Die Gemarkungen „Im Heideborn, Am Heideborner Wege, Auf dem Heideborner Bach, Hinter dem Heideborn“ liegen, alle untereinander benachbart, weitab vom Borntal in Dorfnähe, oberhalb der Gemarkungen „Im krummen Gewann“ und „Im Stärkel“. Woher kann Chronist Buccoli das nur haben?

[*)] Schreibweise im 14. Jahrhundert für Heideborn.

Sollte der eine oder andere Leser auf die leider unumgängliche Erörterung der Gemarkungsfragen und Flurbezeichnungen verzichten wollen, so möge er die folgenden Absätze überspringen und sich auf Seite 20 bei der Besichtigung des Borntaler Kellers wieder einfinden. Wir anderen lesen weiter in der Chronik und erfahren, daß die Information von Professor *Wolff* [42] stammt, von dem wir gerade erst in anderem Zusammenhang gehört haben: „Der Name ‚Heydeburne bii der Ysenmanger Straßin[*)]‘ kommt bereits in einer Urkunde vom Jahre 1379 vor“ [**)]. Wo mag diese heute nicht mehr existente „Ysenmenger Straßin“ gelegen haben? Ist sie der Schlüssel zu der streitigen Lagebezeichnung des Heideborns? *Zee-Heraeus* [44], der frühere Gemarkungsbezeichnungen aus alten Urkunden zusammengetragen hat, vermutet, daß die „Ysenmenger Straßin“, an den ebenfalls aufgelassenen „Holzweg“ grenzend, im Kilianstädter Grundbuchblatt 15 zu suchen sei, also an dem der bewaldeten Lohe zugelegenen äußersten Teil der dörflichen Gemarkung, weit entfernt vom Borntal.[***)]

Ich spüre, wie das Mißtrauen, das sich bei dem kritischen Leser angesammelt hat, auf mich übergreift. Auch der Chronist selbst verbreitet ungewollt Skepsis. Es war ihm aufgefallen, daß die von Wolff einer römischen Wasserleitung zugeschriebenen Tonrohre glasiert waren, was bei Rohren aus dieser Zeit nicht der Fall gewesen wäre. Buccoli mag sich also der Wolffschen Theorie nicht unbedingt anschließen, doch ist seine Hochachtung vor diesem Experten so groß, daß er einlenkt: „Damit soll aber die Ansicht Dr. Wolffs keineswegs geschmälert werden, denn es kann sich ursprünglich sehr wohl um eine römische Wasserleitung gehandelt haben.“ Er, Buccoli, mutmaßt aber, „die gedachte Wasserleitung (sei) wohl im Mittelalter angelegt worden und dürfte zur Wasserversorgung der Burg Hanau gedient haben“.

Wir wollen es jetzt genau wissen, besorgen uns die Wolffsche Veröffentlichung[42] sowie besagte Urkunde von 1379 und - mögen unseren Augen nicht trauen: Wolff zitiert falsch! In dem genannten Schriftstück schenken ein Hermann Kol und seine Frau „dem spitale in Hanau zu ihrem seelgedächtnisse eine korngült (jährliche Rente in Form einer Kornabgabe, d.V.) von gütern zu Kilianstädten“. Zur Sicherung wurde als

---

[*)] Richtigerweise „Ysenmenger“, von Wolff und Buccoli unzutreffend wiedergegeben.
[**)] Reimer, Hanauer Urkundenbuch IV, 134.
[***)] An anderer Stelle legt Zee-Heraeus, sich selbst widersprechend, die Ysenmenger Straße in die Flur 27, in dem sich das Borntal allerdings auch nicht befindet.

Pfandverschreibung eine Reihe von Grundstücken im Kilianstädter Feld aufgeführt. Wir zitieren: „... zwen morgen uff dem felde zu Heideburne; item (ferner, desweiteren, d.V.) ... eyn morge bii der Ysenmenger strasin bii dem Holzwege ...“ Der vermeintliche Heideborn liegt also gar nicht „bii der Ysenmenger Straßin“, sondern ganz wo anders. Insofern braucht uns deren genaue Lage überhaupt nicht mehr zu interessieren. Wir nehmen nun eine andere Urkunde aus dem Jahr 1388 zur Hand[*)] und lesen: „... item gein (gegen, in Richtung zu, d.V.) Heidinburn ein halbin morgin an Starkilsberge (Stärkel, d.V.)“. Damit ist eindeutig klargestellt, wo der Heideborn zu suchen ist, dort wo er schon immer war, in der Nähe des Stärkels und nicht etwa im Borntal! In der Wolffschen Veröffentlichung findet sich überdies eine Landkarte, in der tatsächlich im Borntal ein „Heideborn“ eingetragen ist. Wir müssen uns nun nicht darüber Gedanken machen, ob die falsche Eintragung in der Karte Wolff zu seiner irrigen Auffassung führte oder ob dieser die unrichtige Eintragung überhaupt erst veranlaßt hat. Auf der Karte sind unweit noch die Bezeichnungen „Helgenfeld“ und „Helle“ eingetragen und Wolff schreibt entsprechend, von Buccoli gutgläubig in die Chronik übernommen: „Das Feld südöstlich vom Heideborn heißt die ‚Helle‘, das südwestlich gelegene ‚Helgenfeld‘.“ Eigentlich hätte der Chronist jetzt stutzig werden müssen, denn er selbst hat sich ja ausgiebig mit den Kilianstädter Flurbezeichnungen auseinandergesetzt und hätte somit wissen sollen, daß da etwas nicht stimmen kann - doch sein Vertrauen zu dem „hervorragende(n) Forscher“[46] Wolff ist einfach grenzenlos. Die „Helle“ läge demnach auf Mittelbucher Grund, sie interessiert uns nicht. Das „Helgenfeld“ dagegen würde auf die Kilianstädter Flur 24 zu liegen kommen. Ein „Helgenfeld“ hat es, von Buccoli selbst aufgeführt[**)], früher gegeben - lag es neben dem Borntal? Wir machen uns an anderer Stelle schlau[44] und lassen uns sagen, daß das im 14. Jahrhundert so genannte Helgenfeld (was auf früheren klösterlichen Besitz hindeutet) im 16. Jahrhundert „Heyliges gelendt“ hieß und später als „Heiliges Gut“ bekannt war. Dieses lag aber in der Flur 8, also in unmittelbarer Dorfnähe, unweit der „Frauengärten“.

[*)] Reimer, Hessisches Urkundenbuch IV, 450; zitiert nach *Buccoli*[5].

[**)] Eine mitangeführte „Helle“ scheint zweifelhaft. Sie findet sich nicht bei *Zee-Heraeus*[44], der viel umfassender als Buccoli recherchiert hat. Sie ist wahrscheinlich unreflektiert aus der Wolffschen Angabe übernommen worden.

Wenn wir nach den Ursachen der Wolffschen Irrtümer forschen, müssen wir vielleicht in Erinnerung bringen, daß die Kilianstädter Gemarkung bis in das vergangene Jahrhundert hinein großräumig in fünf Felder unterteilt war: das Huntzefurter Feld, das Oberfeld, das Auenfeld, das Nieder- bzw. Unterfeld sowie das Heideborner Feld. Letzteres umfaßte das gesamte Gebiet zwischen den Landstraßen nach Windecken und Mittelbuchen; insoweit gehörte - großflächig betrachtet - auch das Borntal und mit ihm der Borntaler Keller zum Heideborner Feld. Mit dem in der Urkunde genannten „felde zu Heydeburne" ist fraglos das „Heideborner Feld" gemeint; es hat unmittelbar nichts mit dem eigentlichen Heideborn und schon gar nichts mit dem Borntaler Keller zu tun.

Der interessierte Leser möchte vielleicht nach den langen Ausführungen mit mir zusammen den besagten Borntaler Keller aufsuchen, den wir bald gefunden haben. Wir kriechen in das schlammige Gewölbe und sind uns schnell einig, daß wir die Annahme, dieses sei ein „Zeugnis aus der Römerzeit", in das Reich der Fabel verweisen wollen. Will man die Brunnenkammer unbedingt einer historischen Epoche zuordnen, so käme nach meiner Meinung allenfalls das späte Mittelalter in Frage. Die Auffassung, das spärlich fließende Rinnsal könne eine Wasserleitung nach Mittelbuchen oder zur Hanauer Burg gespeist haben, läßt sich gleichfalls kaum ernsthaft vertreten. Wahrscheinlicher ist, daß die Quelle von den Bauern zum Tränken ihrer Ochsen und Pferde genutzt wurde, die hier, weitab vom heimischen Stall, vor dem Pflug gingen. Handelte es sich tatsächlich um ein wertvolles historisches Bauwerk, dann müßte man dessen beklagenswerten Zustand (1999) bedauern.

Das geschichtliche Dunkel nach dem Abzug der Römer beginnt sich erst im 6. Jahrhundert ein wenig zu lichten. Saßen die Chatten trotz der durch die Völkerwanderung bedingten Veränderungen immer noch in ihrem alten Siedlungsraum oder waren sie in den großen Germanenstämmen aufgegangen? Möglicherweise müssen sie bereits im 3. Jahrhundert n. Chr. als fränkischer Volksstamm angesehen werden[28, 52], doch ist auch die Annahme nicht auszuschließen, sie seien erst im 6. Jahrhundert unter die Botmäßigkeit der salisch-merowingischen Franken gekommen[36]. So genau weiß das halt keiner. Festeren Boden haben wir erst wieder unter den Füßen, wenn wir davon ausgehen, daß unsere Vorfahren um 500 n. Chr. tatsächlich Franken waren, spätestens als der Frankenkönig Chlodwig I. im Jahre 496 die Alemannen bei Zülpich (etwa zwischen Bonn und der belgischen Grenze gelegen) besiegte und diesen „das Maingebiet (entriß), das mit Franken bevölkert wurde“[52], oder als Chlodwig 505 erneut über die Alemannen herfiel, „welche ein Drittel ihres Landes - um Worms, Speyer und Würzburg - an die Franken abtreten mußten“[28]. Bei Chlodwig I. wollen wir einen Augenblick verweilen, weil bereits durch diesen die Grundstrukturen von Verwaltung und Gerichtsbarkeit angelegt wurden, die jahrhundertelang auch unseren Heimatbereich prägen und formen sollten. Chlodwig war ein rücksichtsloser, hinterhältiger Despot, der wenig von Grundsätzen hielt und seine Entscheidungen stets von der Gunst der Stunde abhängig machte. Bedenkt man aber, daß sich alle großen Germanenführer jener Zeit durch Hinterlist, Grausamkeit und Treulosigkeit hervortaten, so fällt es uns vielleicht leichter, ihm staatsmännischen Weitblick, ja weltgeschichtliche Bedeutung zuzubilligen. Er zählte zu den salischen bzw. merowingischen Franken, die Teile des Niederrheins und das heutige Belgien bewohnten. Neben diesen gab es noch weitere Frankenstämme, die er nach und nach unter seine Herrschaft brachte. Dabei schreckte er vor keiner Gewalttat zurück: Viele der fränkischen Fürsten ließ er grausam ermorden, einen schlug er selbst mit der Streitaxt nieder - und den Bruder gleich hinterher.[52]

Unterdessen war er so mächtig geworden, daß er - nachdem er die Römer aus Gallien, dem heutigen Frankreich, vertrieben hatte - die dort ebenfalls ansässigen Westgoten angriff und zurückdrängte. Den Westgotenkönig Alarich II. soll er mit eigener Hand erschlagen haben.[14] Bei der Befriedung des eroberten Galliens kam ihm seine pragmatische Einstellung zustatten. Er hatte keine Sorge, im Meer der römischen Bewohnerschaft unterzugehen. Die aus Kelten, Römern und Germanen gemischte, völlig romanisierte Bevölkerung durfte Waffen tragen, die Adeligen konnten wieder in der Verwaltung arbeiten, und Ehen zwischen den Franken und Eingeborenen waren erlaubt. Chlodwig scheute sich auch nicht, Latein als Amtssprache zu übernehmen und stellte seine neuen Untertanen auf die gleiche Stufe mit den eigenen Leuten. Mit der Annahme des katholischen Glaubens konnte er außerdem die Unterstützung der Geistlichkeit erringen. Durch diese Maßnahmen wurden Zwistigkeiten zwischen Römern und Germanen vermieden und ein dauerhaftes Einvernehmen hergestellt. Die so bewirkte Integration schaffte die Voraussetzung für das übermächtige Frankenreich, das zweihundertfünfzig Jahre später unter Karl dem Großen entstehen sollte.

Nach Chlodwigs Tod vermochten seine Söhne und Enkel zunächst, das Frankenreich weiter auszudehnen und zu konsolidieren, auch wenn sie sich untereinander mit einer Heimtücke und Grausamkeit bekriegten, wie es sich ein Autor von Horrorfilmen kaum schlimmer ausdenken könnte. Doch wie das so ist mit der Nachkommenschaft: Sittenverfall, Bequemlichkeit und Unfähigkeit ließen die merowingische Macht dahinschwinden. Das eigentliche Unheil begann damit, daß die Staatsgeschäfte mehr und mehr einem maior domus (eingedeutscht: Hausmeier) überlassen wurden, der in der Regel über bedeutenden Grundbesitz und eigene Machtmittel verfügte. So kam es, wie es kommen mußte: Die Merowinger waren am Ende nur noch Schattenkönige, bis sie sich selbst überlebt hatten. Für den Fortbestand des Abendlandes war diese Entwicklung eher ein Glücksfall, da mit Karl Martell ein Hausmeier an die Macht kam, dem die Geschichte eine besondere Aufgabe zugewiesen hatte. Wie ein Sturm war der Einfall der islamischen Mauren über die iberische Halbinsel gefegt. Schon überschritten die Moslems die Pyrenäen, eroberten 720 das heute französische Narbonne und ließen zehn Jahre später Bordeaux in Flammen aufgehen. Karl, „der Hammer“, zog sein gesamtes Heer zusammen und brachte 732 mit seinem Sieg bei Poitiers die sarazenische Invasion zum Stehen. Eine der bedeutungsvollsten Schlachten der europäischen Geschichte war geschlagen, das christliche Abendland gerettet.

Von Karl Martell leitet sich letztlich das karolingische Königtum ab, mit dem der Sohn Pipin der Jüngere (auch der Kurze genannt) jenes der Merowinger ablöste. Durch Vermittlung von Bonifatius[*)] wußte er es zu erreichen, vom Papst zum fränkischen König gesalbt zu werden (um 750). Damit wurde der Weg frei für die spätere Herrschaft seines Sohnes, Karls des Großen.

Die merowingischen Könige hatten eine nahezu uneingeschränkte Macht ausgeübt, wie sie bei anderen Germanenvölkern, die ihren König frei wählten, nicht üblich war. Bei den Merowingern war die Königswürde erblich; dem angehenden Herrscher wurde sozusagen die Krone in die Wiege gelegt. Der König bestimmte über Krieg und Frieden. Alles eroberte Land fiel ihm zu, Königsgut und Staatsbesitz waren praktisch identisch. Er hatte die Oberhoheit über Ämter, Gerichte, Heer und Finanzen, sogar über die Kirche. Wenn auch die freien Franken nach altem

---

[*)] „Apostel der Deutschen“, eigentlicher Name Winfried, berühmter Missionar, Erzbischof und Kirchenreformator, heilig gesprochen.

germanischen Recht auf den jährlichen Heeresverammlungen über Gesetzesangelegenheiten beschließen konnten - gebunden war der König an die Weisung nicht. Um das Reich regieren zu können, wurde es in Verwaltungsbezirke bzw. Gaue und diese wiederum in Centen eingeteilt. In diese Gaue wurden Grafen entsandt, die nach dem Rechten sahen und für die Ausführung der königlichen Befehle sorgten; für ihre Tätigkeit erhielten sie anfangs nur Lohn und Wegzehrung. Da der König aber am leichtesten mit Grund und Boden bezahlen konnte, wurden die Gaugrafen mit königlichem Eigentum belehnt, wofür sie ihm Treue und Unterstützung schuldeten. Der König konnte die Gaugrafen beliebig einsetzen und wieder entlassen, doch geboten es praktische Gründe, jene auf Lebenszeit zu berufen. Die Lehen, auch Benefizien genannt, nahmen mit der Erstarkung der Gaugrafen immer mehr Eigentumscharakter an. Bereits im frühen 7. Jahrhundert hatten sich die Merowinger genötigt gesehen, nur noch Grundbesitzer zu Gaugrafen zu erwählen[28], was diesen zunehmende Unabhängigkeit und wachsenden Einfluß verlieh.

Der Gaugraf war zunächst nur Vollstrecker der Urteile, doch übernahm er später den Gerichtsvorsitz, so daß über ihn die Volksgerichtsbarkeit zugleich an den König überging, der als Oberhaupt der Kirche auch für deren Streitigkeiten zuständig war. Ihm oblag das „Recht über Hals und Haupt“, die sogenannte Blutgerichtsbarkeit. Auch wenn der Gaugraf regelmäßig Gericht in den Centen hielt, wird er sich nicht um jede Zänkerei oder kleinen Diebstahl gekümmert haben; dies erledigte der Centgraf oder Centbeamte in eigener Regie. Daneben gab es noch die Märkergerichte, die auf altem germanischen Recht beruhten und in denen kleinere Strafsachen verhandelt wurden, sofern diese nicht in die Zuständigkeit der Dorfgerichte fiel, die sich in der Hauptsache mit Landstreitigkeiten befaßten. Wir laufen aber hier Gefahr, auf dünnes Eis zu geraten, denn in frühgeschichtlicher Zeit wird für das Wetterauer Gebiet von Volksversammlungen, Schöffen usw. kaum etwas berichtet; nach *Thudichum*[36] sollen gegenteilige Annahmen auf irrigen Schlüssen beruhen. Die Fragen der Gerichtsbarkeit sind überhaupt außerordentlich unübersichtlich und kompliziert und unterliegen im Rahmen der geschichtlichen Entwicklung beträchtlichen Veränderungen, zumal auch die Kirche seit dem 12. Jahrhundert eine eigene geistliche Rechtsgewalt ausübte, die sie auf weltliche Angelegenheiten auszuweiten versuchte; wir wollen uns hier und auch später nur am Rande damit befassen.

Zu den Aufgaben des Gaugrafen zählte neben dem Gerichtsbann auch der Heerbann, wobei der Begriff Bann vielleicht der Erläuterung bedarf, denken wir dabei doch üblicherweise an einen Bannfluch, etwa den Kirchenbann. In der Zeit des fränkischen Rechts bedeutete Bann aber nichts anderes als die gesamte königliche Regierungsgewalt[52]. Unter Wildbannforsten verstand man Lehen, die den Begünstigten Jagdrechte in dem betreffenden Gebiet überließen, so in späterer Zeit den Dynasten von Hanau, mit denen wir uns noch ausgiebig zu befassen haben.

Da Grundbesitz das einzige Zahlungsmittel war, mit dem die fränkischen Könige freigiebig umgehen konnten, nahmen Lehen und Schenkungsgaben zu. Damit wurde nicht nur die als staatserhaltend angesehene Kirche reichlich bedient, man konnte dadurch auch einflußreiche Persönlichkeiten oder verdiente Kriegshelden bei der Stange halten. Die Kehrseite der Medaille war, daß sich die so Begünstigten immer häufiger eigenen Interessen zuwandten; es bildete sich eine Adelsschicht heraus, die dem Königshaus - weil von ihm abhängig - zwar die Treue hielt, aber auch nach mehr Unabhängigkeit strebte und nicht selten eine gehörige Portion Aufsässigkeit zur Schau trug. Karl der Große sah sich später genötigt, königliche Sendgrafen zu ernennen, die durch die Lande reisten, um nach dem Rechten zu sehen und auch den Gaugrafen auf die Finger zu schauen.

Wenn wir uns so eingehend mit der Verwaltungsstruktur der merowingischen und karolingischen Herrscher befassen, dann nicht deswegen, weil uns alte Wetterauer Dokumente so viel darüber zu berichten hätten. Im Gegenteil, wir wissen nach wie vor wenig über das, was zu jener Zeit in unserem Land vorging - von den Wetterauer Gaugrafen kennen wir erst ab dem 9. und 10. Jahrhundert nicht mehr als einige vereinzelte Namen, die zufällig in irgendwelchen Urkunden auftauchen. Dennoch wird man keinem Trugschluß unterliegen, wenn man die allgemeine Reichsordnung auch für die Wetterau beansprucht; und aus den vielen Beschenkten und Belehnten werden sich einmal die Dynastien herausbilden, die wir erst Jahrhunderte später mit Namen nennen können.

Eine der ältesten Nachrichten, die wir mit den Bewohnern der Wetterau in Verbindung bringen können, stammt aus der Zeit des Hausmeiers Karl Martell. Ein Sendschreiben Papst Gregors III. aus dem Jahr 738, den „teutschen Völkern" zugedacht, sollte es Bonifatius erleichtern, jenen, „sonderlich den Thüringern und Hessen, ... Wetterauen und denen, die an der Löhn (Lahn) ... wohnen“, zum christlichen Glauben zu verhelfen.[10] Das Bemühen des Papstes, die germanischen Heiden zur wahren Lehre zu führen, wurde im allgemeinen von den fränkischen Herrschern begünstigt. Bonifatius selbst hätte freilich besser in Hessen bleiben sollen, wo er schon 720 die Kloster Fritzlar und Amöneburg gegründet hatte, statt seine Bekehrungsversuche in die Provinz Friesland zu verlegen. Die Friesen, nicht willens, ihren heidnischen Göttern abzuschwören, schlugen ihn kurzerhand tot (755)[52]. Als aufrechter Christ soll er seinen Gefährten jeden Widerstand untersagt haben, er aber, mit seinen achtzig Jahren wohl auch nicht mehr der Kräftigste, habe sich mit einem Buch gegen die tödlichen Schwerthiebe gewehrt[13], ohne Erfolg, wie wir wissen, denn auf Geschriebenes war auch in jener Zeit nicht immer Verlaß.

Dreißig Jahre nach dem vorstehend zitierten Sendschreiben bestieg Karl der Große den Thron (768). Aus demselben Jahr stammt eine der ältesten Handschriften des Klosters Lorch, die den Nachbarort Dorfelden erwähnt. Ein Franke namens Isinhart vermachte dem Kloster zehn Morgen Ackerland „im Dorf Turinvelde“[53] und sorgte so für ungewöhnlich frühe Kunde aus unserer unmittelbaren Heimat. Immer häufiger ziehen jetzt Schriften und Dokumente unsere Blicke auf sich. Sie haben Schenkungen, Beleihungen, Verträge zum Gegenstand, doch vermögen wir daraus noch kein Mosaik zusammenzusetzen, mit dem der Lebensraum unserer Vorfahren scharfe Konturen annähme.

Irgendwann zwischen 802 und 817 schenkte ein Mann namens Erhart seinen Besitz im Dorf „Butensheim“ an den Bonifatius, der aber, weil bereits tot, keine Verwendung mehr dafür hatte. Dadurch wurde das Kloster Fulda Eigentümer, dessen Patron er war und wo seine Gebeine begraben liegen. Damit wurde auch die Nachbargemeinde Büdesheim urkundlich.[38]

Anno 839: Ein Dorf taucht auf - und wieder ab

Endlich, im Jahr 839, tritt auch Kilianstädten in die Geschichte ein. Der Frankenkaiser Ludwig der Fromme, Sohn Karls des Großen, schenkt ein Jahr vor seinem Tod „seinem getreuen Aeckart“ kaiserliche Besitzungen in Stetin, Cavilla (Marköbel) und Helidiberga (Heldenbergen), die der Vater jenes burgundischen Grafen Eckhart vordem bereits als Lehen innehatte. Die Schenkung umfaßte neben Häusern und anderen Gebäuden,

Weinbergen und Ackerland als „Zubehör" die Hörigen, Unfreie beiderlei Geschlechtes, die den Besitz für den Grafen bewirtschaften mußten. Der Ortsname Stetin wird später, mit wechselnder Schreibweise, in Kilianstädten umbenannt. Die ursprüngliche Bezeichnung hat sich jedoch über mehr als tausend Jahre im mundartlichen „Steere" erhalten.

Über die Herkunft des Namens Kilianstädten haben wir keine gesicherte Kenntnis, doch besteht einige Wahrscheinlichkeit, daß die Ortsbezeichnung vom Heiligen Kilian herrührt, der nachweislich in Frankfurt und wohl auch in der Wetterau gepredigt und gewirkt hat. Der „Apostel der Franken", fanatisch bemüht, dem fränkischen Himmelsgott Wodan die letzen Anhänger abzuwerben, ging schließlich in Würzburg an seinem religiösen Eifer zugrunde. Er war so unvorsichtig, sich mit dem frischgetauften Frankenherzog Gozbert anzulegen, der die Witwe seines verstorbenen Bruders geheiratet hatte. Der fromme Kilian bekrittelte das öffentlich als Blutschande, was der Ehefrau, ohnehin nicht geneigt, ihre heidnischen Götter aufzugeben, außerordentlich mißfiel. Bei nächstbester Gelegenheit ließ sie ihm und seinen beiden Genossen die Köpfe abschlagen. Dies geschah 687 und brachte dem so unsanft Verblichenen immerhin den Ruhm eines Märtyrers ein. Die Würzburger betrachteten ihn nun erst recht als verehrungswürdig, ernannten ihn posthum zu ihrem Schutzpatron und feiern ihn noch heute jedes Jahr zum 8. Juli. Da unser Dorf zeitweise zum äußersten Zipfelchen des Bistums Würzburg gehört haben mag, konnte die allgemeine Kiliansverehrung durchaus zur Gründung einer Kilianskirche oder Kilianskapelle in Stetin geführt haben, die schließlich die Namensänderung der Gemeinde nach sich zog.

Wer nun gehofft hatte, daß unser Dorf nach seiner urkundlichen Erwähnung das Interesse der Geschichtsschreibung geweckt hätte, sieht sich bitter getäuscht. Er muß fast ein halbes Jahrtausend warten, bis im 14. Jahrhundert Kilianstädten erneut genannt wird. Wir wollen diese Verschnaufpause dazu nutzen, uns in jenen Zeitläuften ein wenig umzusehen.

Die Karolinger, Nachfahren Karls des Großen, hatten keine glückliche Hand; das gewaltige Frankenreich zerbrach, dem Ansturm der Normannen, Slawen und Magyaren ausgesetzt. Für diese unselige Zeit, die das 9. und 10. Jahrhundert umfaßt, wurde der Begriff „finsteres Mittelalter" geläufig, das erst wieder vom Glanz des Kaisers Otto der Große erhellt wird. Dem ottonischen Geschlecht folgten die sächsischen Salier auf den Thron, als deren bekannteste Gestalt der glücklose Heinrich IV. heraustritt, barfüßig an einem klirrenden Wintertag, um vor der Burg Canossa den Papst Gregor VII. demütig um Lösung des Kirchenbannes anzuflehen (1077). Die Zeit der Kreuzzüge beginnt. Könige und Gegenkönige streiten sich um die Macht im deutschen Reich, bis mit Friedrich I., dem volkstümlichen und später sagenumwobenen Kaiser Barbarossa, wieder eine kraftvolle Herrscherpersönlichkeit die Geschicke des Reiches in die Hand nimmt.

Ob unsere Kilianstädter Vorfahren gewahr wurden, daß der Kaiser ganz in ihrer Nähe weilte, wenn er in seine prachtvolle, im romanischen Stil erbaute Kaiserpfalz in Gelnhausen einzog? Vermutlich nicht, auch werden sie kaum die Herzöge, Bischöfe und Fürsten zu Gesicht bekommen haben, die sich auf Geheiß Barbarossas 1180 zu dem großen Reichstag in Gelnhausen einfanden, um über den treulosen Vetter des Kaisers, Heinrich den Löwen, die Reichsacht zu verhängen. Auch der Erzbischof von Mainz, geistliches Oberhaupt unseres Heimatortes, wird lieber einen reichlichen Umweg genommen haben, statt durch die staubigen oder morastigen Gassen Kilianstädtens zu reiten, an den dampfenden Misthaufen vorbei, die sich vor den strohgedeckten Hütten türmten.

An dieser Stelle, im 12. Jahrhundert, sollten wir ein wenig Umschau halten. Von Barbarossa werden Reichsstädte gegründet: Frankfurt, Gelnhausen, Friedberg. Allenthalben tauchen Namen auf, mit denen jahrhundertelang Wohl und Wehe unseres Landstriches verflochten sind: die Herren von Eppstein, Falkenstein, Büdingen, Ortenberg, um nur einige zu nennen, und - last but not least - die von Münzenberg. Jene gehörten ursprünglich zu den Reichsministerialen, unfreie Dienstleute des Kaisers, die sich, mit Verwaltungsaufgaben betraut, bald so wichtig zu machen wußten, daß Ansehen und Stellung rasch wuchsen[52] und sie sich nicht selten zu Adelsfamilien mauserten. Kuno I. von Münzenberg verstand es meisterhaft, sich bei Barbarossa unersetzlich zu machen und wurde von diesem mit der erblichen Würde eines Reichskämmerers ausgestattet. Auch bei seiner Heirat hatte Kuno eine gute Nase: Er hatte die Schwester[44*)] des letzten Wetterauer Gaugrafen Gerhard von Nüring geehelicht. Als der kinderlos gebliebene Gerhard starb, erbte Kuno dessen Grafenrechte[36**)] und größere Teile seiner Besitzungen. Die Münzenberger, die auch über beträchtlichen Grundbesitz in Büdesheim verfügten[38] und aus

---

*) nach *Thudichum*[36] war es die Tochter Nürings.
**) nach *Zee-Heaeus*[44] fielen die Gaugrafenrechte an das Reich zurück.

deren Liegenschaften die Herren von Hanau später ein Sechstel erheiraten sollten[*)], bilden die einzige dünne Verknüpfung zwischen Büdesheim und den beiden anderen Schwestergemeinden des heutigen Schöneck. Die völlig unterschiedliche politische Entwicklung der Nachbarorte wird schon daran erkennbar, daß es vor ihrem Zusammenschluß noch nicht einmal eine direkte Straßenverbindung zwischen Büdesheim und Kilianstädten gab. Bis dahin bestand die kürzeste Verkehrsverbindung aus dem Fußweg, der über den „Büdesheimer Pfad" durch den Kilianstädter Wald führt.

Im 12. Jahrhundert geraten die Herren von Dorfelden, Buchen (Wachenbuchen) und Hagenowe in unser Blickfeld. Die Hagenower (Hanauer) sollen 1190 sogar an einem Kreuzzug teilgenommen haben[46], größere Heldentaten sind indessen nicht überliefert. Die Herkunft dieser möglicherweise untereinander verwandten Herren bleibt dunkel; Mutmaßungen, fränkische Ministeriale[46], die Edelherren von Eppstein[36], ein Kriegshauptmann der Merowinger[1] oder gar „der getreue Aeckart"[43] könnten die Stammväter gewesen sein, haben keine Grundlage. Seit 1243 treten die Herren von Buchen und Dorfelden nicht mehr in Erscheinung.[36] Die Herren von Hanau bzw. Hagenowe haben sich etabliert, Reinhart I. hat die Besitzungen derer von Dorfelden und Buchen in sich vereinigt und durch die bereits erwähnte Heirat mit einer Münzenbergerin erklecklich dazugewonnen (1255). Die Hanauer sind jetzt wer; auch Kilianstädten gehört zumindest teilweise ihnen, mag letztlich der Himmel wissen, wie sie dazu gekommen sind.

Wir befinden uns jetzt in der Mitte des 13. Jahrhunderts, dem ausgehenden Hochmittelalter. Nach Barbarossa hatte ein weiterer großer Herrscher aus dem Geschlecht der Hohenstaufen die politische Bühne betreten: sein Enkel Friedrich II. (der Apulier), der ebenso wie sein späterer Namensvetter, der Preußenkönig Friedrich II. (der Große), die Geschichtsschreiber bis zum heutigen Tag fasziniert und zu widersprüchlichen Auffassungen verlockt. Kaiser Friedrich II. hatte sich kaum in sei-

---

[*)] nach *Zee-Heraeus*[44] war auch das Gebiet, in dem Kilianstädten liegt, nach dem Tode Nürings „offenbar" an die Münzenberger gefallen; nach seiner Auffassung ist es „wahrscheinlich, daß Kilianstädten ... in den Lehnsbesitz der Herren von Münzenberg und später an deren Erben gefallen ist ... Die ältesten Lehnsrechte der Herren von Hanau in der Kilianstädter Gemarkung dürften also aus der Erbschaft hinter den Herren von Münzenberg stammen." Allerdings ist anzufügen, daß *Zimmermann*[46] Kilianstädten zu den Orten zählt, die schon vor der Münzenberger Erbschaft in hanauischem Besitz waren.

nen deutschen Ländern blicken lassen, in Italien aber einen Staat errichtet, den man je nach Blickwinkel als höchst fortschrittliches Verwaltungsgebilde oder als erste moderne Tyrannei ansehen kann. Friedrich hatte einen verzweifelten Kampf gegen das nach weltlicher Oberherrschaft strebende Papsttum zu bestehen. Mit Klugheit und Entschlossenheit konnte er den Konflikt wenigstens offen gestalten, seine Nachfolger vermochten das nicht mehr. Konradin, der letzte Hohenstaufe, wurde, siebzehnjährig, durch Karl von Anjou enthauptet, den der Papst zu Hilfe gerufen hatte.

Der Sieg der Päpste über die verhaßten Hohenstaufen schien vollkommen - es war ein Pyrrhussieg! Das alte „Römische Reich deutscher Nation" war in „Deutschland" und „Italien" auseinandergebrochen, beide Reichsteile gerieten in jahrhundertelangen Verfall. Die nachfolgenden deutschen Kaiser trugen nur noch einen bedeutungslosen Titel. Hatten bisher überwiegend hochbegabte und zielbewußte Herrscher das Zepter in den Händen gehalten, so bestiegen hinfort nur noch schwache und mittelmäßige Männer den Thron. Doch auch das Papsttum, scheinbar auf dem Gipfel seiner Macht, verlor an Einfluß. Es zeigte sich jetzt, wie sehr Papst und Kaiser sich gegenseitig gestützt hatten, ja geradezu einander bedingten. Der Kirchenbann hatte seine Wirkung als allmächtige Waffe verloren, Könige und Fürsten kümmerten sich immer weniger um Bannstrahl und Gebote aus dem fernen Rom.

Die Jahre 1254 bis 1273 nennt man das Interregnum, die „kaiserlose, schreckliche Zeit", aber sie war auch nicht schrecklicher als die Jahre davor und danach. Deutschland wurde längst von den Landesfürsten regiert; dies war das Ende einer Entwicklung, die, wie wir bereits früher festgestellt haben, schon unter den Merowingern eingesetzt hatte. Die fortwährenden Schenkungen und Lehensgaben, die später erblich wurden, schufen ungewollt neue Machtstrukturen und zehrten an Reichsvermögen und -einfluß. Nach dem Tod Karls des Großen hatten die Mächtigen im Reich die Schwäche der Karolinger und die Gunst der Stunde genutzt, ihre Unabhängigkeit zu festigen und sich weiteren Besitz einzuverleiben. Die Stammesherzogtümer, die Karl vernichtet hatte, entstanden wieder in neuer Form und machten ihre Nachkömmlinge zu Stammvätern weiterer Fürstenfamilien.

Unter den staufischen Kaisern hatte der Burgenbau dem Reichsrecht unterlegen, namentlich Barbarossa betrieb - auch in der Maingegend - mit

Eifer die Errichtung von Festungsanlagen. Die Burgherren, durch Lehen an den Kaiser gebunden, waren für Grenzsicherung und Landfrieden verantwortlich. Nach dem Niedergang der Staufer kümmerten sich Adel und Rittertum kaum noch um königliche Weisungen, das Reichsgut ging an viele Herren verloren. Reichssteuern gab es nicht mehr. Der Reichsheerbann wurde nicht mehr aufgeboten; wer hätte ihn aufbieten können - und wer wäre noch dem Ruf gefolgt?[28] Das Faustrecht bekam wieder neuen Auftrieb, Kaufleute konnten sich nur noch unter Geleit auf die Handelsstraßen wagen. Der Adel, nichts anderes als das Kriegshandwerk gelernt, befehdete sich jetzt gegenseitig, übte sich im Festungskrieg und hielt sich an den gegnerischen Bauern schadlos; die eigenen Untertanen belastete man mit Steuern und Frondiensten oder versuchte, ihnen Teile der Allmende[*)] wegzunehmen.

Vierzehntes Jahrhundert - die Nebel lichten sich

Vom 14. Jahrhundert an wird unser Heimatdorf des öfteren in Urkunden erwähnt. Zunächst werden wir aber nur in schwerverständlichem Mittelhochdeutsch erfahren, daß etwa in Kylanasteden ein gewisser Eberhard von Rohrbach ein Fuder Weingült verkaufte, zu dessen Rückkauf der Lehensherr Heinrich von Isenburg berechtigt war oder daß der Ritter Johann von Ostheim sich verpflichtete, dem Ulrich von Hanau die Einlösung einer Geldgült[**)] von Hof und Gütern zu Kilyansteden zu gestatten. Dies mag uns, die wir nach den ersten Spuren unserer Altvorderen suchen, ziemlich belanglos erscheinen, doch schwant uns bei den Namen der genannten Adeligen und Ritter nichts Gutes. In der Tat hatte sich gegenüber den bereits beschriebenen Zuständen so gut wie nichts geändert. Nach wie vor galten Kaiser oder König wenig, Adel und Rittertum hatten weiter an Macht gewonnen und gingen nicht eben zart mit den Bauern um, wenn es um den eigenen Vorteil ging. Welche Rechte hatten damals überhaupt die Kilianstädter Bauern? Waren sie noch Hörige wie zu des „getreuen Aeckarts“ Zeiten oder hatten sie gar inzwischen die Freiheit gewonnen? Nach *Zee-Heraeus*[43] bestand in der Wetterau und auch in Ki-

---

[*)] Gemeindeeigener Grundbesitz, vor allem Wald und Weideland.
[**)] Gült bedeutet hier eine Schuldverschreibung, die auch Grundzins oder andere Erträge aus Grundbesitz umfassen kann.

lianstädten die überwiegende Mehrheit der Landbevölkerung aus „Freien“, die sich als Nachbarn bezeichneten, was nur bei Freien üblich gewesen sei. Man wird das wohl ein wenig relativieren müssen. Völlig frei waren nur solche Bauern, die eigenen, von keinem Zins belasteten Boden bewirtschafteten - das kann nicht die Mehrheit der Landbevölkerung gewesen sein.[*)] Man darf sich ohnehin unter einem Hörigen nicht einen Sklaven vorstellen, der in Ketten zur Arbeit geführt wird. Hörige waren vornehmlich durch ihre bäuerliche Dienst- und Abgabenpflicht in ihrer Freiheit beschränkt, wobei es je nach Stand und Region Abstufungen gab; letzten Endes wußten die Herren aber „nur zwischen den wenigen ihresgleichen und den vielen Knechten in der Welt zu unterscheiden“[34]. Auf alle Fälle lasteten sowohl auf dem unfreien wie auch dem „halbfreien“ Bauernstand ungemein schwere Abgaben. Da waren Zehnten, Bede[**)] und Grundzinsen zu entrichten, Pfingstlämmer, Martinsgänse und Fastnachtshühner zu präsentieren sowie Frondienste zu leisten, von denen auch die freien Bauern nicht entbunden waren. Des weiteren hatte der Grundherr beim Ableben seines Hörigen Anspruch auf Teile des Nachlasses, etwa auf das „Besthaupt“, das schönste Stück Vieh im Stall. (Wer sich darüber empören will, sei daran erinnert, daß es die heutige Obrigkeit mit der Erbschaftssteuer auch nicht viel besser treibt).

Wie weit unsere Vorfahren all den genannten Pflichten unterlagen, bevor sie in hanauische Hände gerieten, ist nicht mehr eindeutig bestimmbar. Es erscheint aber ziemlich sicher, daß ihre persönlichen Freiheiten, so sie denn welche besaßen, immer stärker von der Landesherrschaft eingeschränkt wurden, die ständig versuchte, ihre Untertanen sämtlich zu Leibeigenen zu stempeln. Andererseits vermochten die Hanauer Regenten der Bevölkerung einen gewissen Schutz zu bieten, der in diesen unsicheren Zeiten hochwillkommen war. Daß jener Beistand nicht zum Nulltarif zu haben war, bedarf wohl keiner Erwähnung; so stellten sich viele Bauern und auch Adelige freiwillig unter das Protektorat der Hanauer Herren, denen sie gewöhnlich ihren Landbesitz abtraten, um ihn

---

[*)] In Zee-Heraeus' späterer Veröffentlichung[44] werden die „Nachbarn“ mit halbfreien Landsassen gleichgestellt. Der Ausdruck Hörige soll in der Wetterau nur selten gebraucht worden sein. Nach *Zimmermann*[46] wurden vom 16. Jahrhundert an die Ortseinwohner generell als Nachbarn bezeichnet, einerlei, ob sie frei oder unfrei waren.

[**)] Abgaben, ursprünglich zur Finanzierung der Landesverteidigung gedacht, später gewohnheitsmäßige herrschaftliche Forderungen für gewährten Schutz und Benutzung von Wasser und Weiden.

als Lehen und Pachtgut wieder zurückzuempfangen. So berichtet auch ein Dokument aus dem Jahre 1365[44] von einer Niederdorfelder Familie, die ihr Grundeigentum an den Hanauer Grafen Ulrich III. übertrug, um dafür Obhut und Sicherheit zu erwerben.

Mittels eines ausgeklügelten Abgabesystems wußten die Hanauer Herren schon dafür zu sorgen, daß es ihren Landeskindern nicht zu wohl wurde. Da mochte dann die Kirchenherrschaft schon gar nicht zurückstehen, ihren Teil einzufordern. Der Verfasser der Kilianstädter Chronik hat sich eingehend mit diesem Szenario von Bede, Grundzins und Zehntabgaben auseinandergesetzt und kommt zu dem beklagenswerten Schluß: „Man muß sich bei solchen Abgaben und Leistungen wundern, wie die Bewohner Kilianstädtens solche schweren Zeiten überstanden.“ Aus dem Hanauer Land wird noch in späteren Jahrhunderten der Spruch zitiert:

Wer im Hanauischen will wohnen,
muß die ganze Woche fronen,
muß das Brot beim Bäcker kaufen,
alle Tage Boten laufen.[36]

Da kann nur wenig trösten, daß es den anderen hessischen Nachbarn womöglich noch schlechter ging, wie ein ebenfalls umlaufender Vers zeigt:

Im Lande zu Hessen,
gibt's große Schüsseln und nichts zu essen,
große Krüge und sauren Wein,
wer möchte im Lande zu Hessen sein?[*)]

Die Herren von Hanau wußten sich im 14. Jahrhundert zunehmendes Ansehen zu verschaffen. Mit Ulrich I. und Ulrich III. stellten sie zwei Landvögte, die kaiserliches Recht in der Wetterau auszuüben hatten; doch war mit diesem Amt weder viel Staat zu machen, noch warf es nennenswerte Einkünfte ab. Bald hörte die Ernennung von Landvögten ohnehin auf: Nachdem so gut wie alle Reichsrechte veräußert waren, gab es für die Landvögte nichts mehr zu tun. Den Hanauern glückte es aber immer wieder, mit Belehnungen und Verpfändungen in Vorteil zu kommen. So

---

*) Aus »Des Deutschen Vaterland«, Belsersche Verlagsbuchhandlung, 1913

hatte der Kaiser den Hanauern auch das Amt des Schultheißen der Stadt Frankfurt verpfändet, was ihnen beträchtlichen Einfluß einräumte, den Frankfurtern aber nicht recht schmecken wollte. Nachdem Ulrich III. aus nicht mehr bekannter Ursache in kaiserliche Ungnade gefallen war und die Reichsstädter die Zeichen der Zeit dahingehend auslegten, vor Kaiser oder König keine Furcht mehr haben zu müssen, löste der Rat der Stadt einfach das Schultheißen-Amt auf und wurde damit die Hanauer Herren auf elegante Weise los.

In das 14. Jahrhundert fällt auch die Verfolgung der Juden unter Ulrich III. Denen war allerdings schon dessen Vater, Ulrich II., wenig gewogen gewesen [46], so daß der Kaiser anordnen mußte, die „Judenschläger" in seinem Gebiet nicht länger zu dulden. 1349 wurden die Juden schließlich „aus sämtlichen hanauischen Orten vertrieben und zum Teil erschlagen" [46]. Warum der Hanauer Landesherr diese Gewalttat verfügte oder ihr zumindest tatenlos zusah, ist nicht mehr auszumachen; man darf annehmen, daß die Begründung nur vorgeschützt war, wichtige Privilegienbriefe seien durch ein von ihnen verursachtes Brandunglück vernichtet worden. Wie viele Juden um diese Zeit überhaupt in Hanau und den umliegenden Orten lebten, ist schwer zu sagen, allzu viele dürften es aber nicht gewesen sein. Bei den Bauern waren sie jetzt und auch später verhaßt, denn durch die üblichen Wucherzinsen von 25 und mehr Prozent waren die eingegangenen Verbindlichkeiten am Ende kaum mehr abzutragen. Was wunder, wenn die Geplagten eine sich bietende Gelegenheit beim Schopf nahmen und sich durch eine Gewalttat von ihren Schulden befreiten.

Man täte den Juden bitter unrecht, wenn man nicht tiefer nach den Ursachen ihres Verhaltens forschte, die im Grunde beim Kaiser und den Hanauer Herren selbst lagen. Mit immer neuen Abgaben suchten die stets von Finanznöten geplagten Regenten den Juden immer mehr Geld abzupressen; mit der Schaffung von Kronsteuern, Opferpfennigen, Schirmgeldern, Leibzöllen und dergleichen offenbarten sie einen unendlichen Erfindungsreichtum. So soll Maximilian I. einmal gesagt haben, die Juden würden wie Hühner gehalten zu dem Zwecke, daß sie goldene Eier legten. Woher sollten die selbst so Geschröpften die Mittel für die auferlegten Lasten nehmen? Es blieb ihnen nichts anderes übrig, als sich ihrerseits an die Bauern und andere Kapitalbedürftige zu halten. Im 16. Jahrhundert - es sei in diesem Zusammenhang gestattet, das vorwegzunehmen -

ging es den Juden erneut an den Kragen. Den lang andauernden und verwickelten Vorgang können wir hier nicht ausbreiten; er war durch den Grafen Johann von Nassau, einem Vormund der jungen Hanauer Grafen, ausgelöst worden, „der im Übereifer seines starken evangelischen Glaubens zu einem abergläubischen fanatischen Judenhasser geworden (war)“[46]. Glücklicherweise wurden die Juden diesmal unblutig ausgetrieben (1592), auch erkannte der neue Regent, der ebenso umsichtige wie geschäftstüchtige Philipp Ludwig II., sofort die Bedeutung der Juden als Einnahmequelle und verfügte bereits drei Jahre später ihre Wiederansiedlung.

Daß in Kilianstädten jemals Juden lebten, wird nirgends berichtet. *Zimmermann*[46] schreibt, „daß Juden in früherer Zeit in Kilianstädten gelebt hätten, (sei ihm) nicht bekannt“. Nur - was ist schon viel aus „früherer Zeit“ von Kilianstädten bekannt? Die später von den Nazis in Obergasse umbenannte Judengasse wird häufig mit einem Ordensmeister Hermann des Johanniterordens, „genannt Jude“ in Verbindung gebracht.[5,44,46] Dem Johanniterorden war nach einer Urkunde aus dem Jahre 1302 die Pacht an Kilianstädter Weinbergen verkauft worden. Aber es gab ja auch noch den Straßennamen „Im Judentempel“, später Frankfurterstraße. War der Herr Ordensmeister eine so großartige Persönlichkeit, daß man ihm gleich noch einen Tempel[*)] geweiht hat? Wir werden auf diese Fragen keine Antwort mehr geben können.

Obwohl wir darüber wenig Kenntnis haben, können wir doch annehmen, daß die Hanauer Herrschaft ihren Untertanen - von den Juden einmal abgesehen - den Schutz auch wirklich bot, den diese so teuer bezahlen mußten, und im Rahmen ihrer Möglichkeiten gegen Raubgesindel und Gelichter vorging. So wissen wir jedenfalls von Ulrich V., daß er 1399 im Verein mit den Frankfurtern dem Raubritter Bechtram von Vilbel kräftig zu Leibe rückte. Dieser saß mit seinem Bruder in einer wunderschönen Wasserburg mit einem tiefen Verließ darin just am Nidda-Übergang der viel befahrenen Heerstraße von Frankfurt nach Friedberg. Aus dieser bevorzugten Lage leitete Bechtram das Recht her, die passierenden Pfeffersäcke tüchtig zu schröpfen und ihnen einen ordentlichen Wegezoll abzuverlangen. Die so unfreundlich Gebetenen zückten in der

---

[*)] *Buccoli*[5], der mit aller Gewalt die „Ordensmeister-Theorie“ stützen möchte, schreibt in der Kilianstädter Chronik, daß lat. `templum` mit „Bezirk, keineswegs mit Synagoge!“ zu übersetzen sei, doch lesen wir im „Etymologischen Wörterbuch des Deutschen“ (dtv, 1997) unter `templum`: „einer bestimmten Gottheit geweihtes Heiligtum, ***geweihter*** Bezirk.“

Regel auch gleich ihre Börsen, denn es hatte sich herumgesprochen, daß man nicht mehr so schnell aus Bechtrams Verließ herauskam, wenn man erst mal drinnen saß, es sei denn, um den Preis eines gesalzenen Lösegeldes. Irgendwann hatten die Nachbarn genug: Ulrich und die verbündeten Frankfurter erstürmten die Burg, verwüsteten sie und steckten sie in Brand. Bechtram konnte fliehen und versuchte noch eine Zeitlang den wilden Mann zu spielen, doch dann kehrten Einsicht und Reue bei ihm ein, und er trat sogar in Frankfurter Dienste.

Aber irgendwann brach das wilde Räuberblut wieder in ihm durch; er überfiel abermals Kaufleute und verlangte Lösegeld. Bald erwischte man ihn erneut, und jetzt gab es kein Pardon mehr. Obwohl man nach den Gepflogenheiten der damaligen Zeit seinen Sarg gleich neben den Richtblock gestellt hatte, zeigte Bechtram keine Furcht. „Stumm und mannhaft stand er mit unverbundenen Augen vor dem Sarg, winkte dem Volk zu, um dann sein Haupt, das sich vor hohen Herren und selbst vor dem Kaiser nicht gebeugt hatte, auf den Block zu legen.“[26] Seinem Wunsch entsprechend wurde er auf dem Katharinenfriedhof zu Frankfurt beerdigt, doch dann fiel der Geistlichkeit ein, daß ja der Kirchenbann noch auf ihm lastete und daß die geweihte Erde am Ende daran Schaden nehmen könnte. Also wurde die Leiche wieder ausgegraben und am damaligen Gänsegraben wie ein Hund verscharrt. Da kann es nicht überraschen, daß der Ritter, einem alten Volksglauben zufolge, seine ewige Ruhe nicht finden kann und in seiner Richtnacht spuken geht. Wer furchtlos genug ist, sich an jenem 27. August in die nächtliche Innenstadt Frankfurts zu wagen, der könnte sehr leicht einem geharnischten Reiter begegnen, der auf einem gespenstischen Pferd vor den Römer sprengt, um sein abgeschlagenes Haupt auf schaurige Weise klagend und drohend in die Höhe zu recken.

Ulrich V. brauchte sicher nicht lange überredet zu werden, die Strafexpedition gegen den Vilbeler Raubritter zu unternehmen, galt er doch allgemein als streitbarer und raufiustiger, häufig auch unüberlegter Landesherr[*)], der keinen Händel ausließ und auch mit seinen Brüdern auf das Ärgste verfeindet war. Eine gewichtige Rolle spielte er auch im „Städtekrieg“ gegen die Reichsstadt Frankfurt. Viele deutsche Städte hatten sich zu Schutzbünden zusammengeschlossen, um ihre Freiheit gegen die im-

*) Ulrich V. endete in geistiger Umnachtung.

mer dreister auftretenden Fürsten und Adeligen zu verteidigen und in den Zeiten des Faustrechts ihren Handel und Verkehr zu sichern.[52] 1381 kam ein großer Bund schwäbischer, rheinischer und wetterauischer Reichsstädte zustande.[36] Die Bekämpfung dieser Städtebünde hatte sich vor allen der Pfalzgraf Ruprecht von der Pfalz zur Aufgabe gemacht. Seine Erfolge ermutigten nun auch Ulrich V. und die Ritter von Kronberg, der Stadt Frankfurt die Fehde anzusagen. Die Frankfurter fackelten nicht lange, zogen vor die Tore Kronbergs und schlossen die Stadt ein. Sie hatten die Rechnung ohne den Wirt gemacht, denn Ulrich mit seinen Mannen eilte - im Verein mit den Streitkräften des Pfalzgrafen - prompt herbei, um den Kronbergern zu Hilfe zu kommen. Die Frankfurter erlitten am 14.5.1389 eine verheerende und vollständige Niederlage, in deren Folge sie zu einem kostspieligen Frieden mit einer für damalige Zeiten enorm hohen Entschädigungssumme gezwungen wurden. Das erlittene Debakel versetzte die Frankfurter Bevölkerung in Schrecken und Wut - vor allem gegen ihre hanauischen Nachbarn. Die Zunft der Schmiede und die Krämergesellschaft organisierten einen Vergeltungszug nach Hanau. Ob sie die Stadt erreichten und wie sie dort empfangen wurden, ist nicht bekannt, doch müssen sie in einigen Orten wie Mittelbuchen, Roßdorf und Dorfelden schlimm gehaust haben[46], auch Kilianstädten wird genannt[44]. Zwar mußten die Frankfurter am Ende auch hierfür einstehen, doch haben die Betroffenen wohl nur einen Teil ihrer Schäden ersetzt bekommen - der Pfarrer von Kesselstadt erhielt jedenfalls statt der beanspruchten hundert Gulden nur deren sechs[46]. Andererseits berichtet *Zee-Heraeus*[44], der Kilianstädter Frühmesser (Geistlicher, der die Frühmesse las, d.V.) habe „zur Sühne wegen des Kriegsschadens und aller Anforderungen zum besten seines Amtes“ zwanzig Goldgulden erhalten.

Aus dem 14. Jahrhundert stammen im chronologischen Teil der Kilianstädter Chronik die ersten Eintragungen über Geschehnisse in unserer engeren Heimat. Das liest sich nicht gut: große Hitze und Trockenheit, Teuerung, Heuschreckenplage, furchtbares Hochwasser, Hungersnot. Viermal wird über das große Sterben, den Schwarzen Tod (Beulenpest) berichtet. Nie wieder hat die Pest schrecklicher gewütet als im 14. Jahrhundert. Die ganze damals bekannte Welt wurde von ihr überzogen - wie hätte sie vor der Wetterau Halt machen können.

Wir haben keine Kunde, inwieweit unser Dorf von der Seuche berührt war, doch dürfen wir kaum hoffen, daß unsere Vorfahren davor bewahrt blieben. Man kann sich heute kaum vorstellen, welchen Schrecken der „Schwarze Tod“ damals bei der Bevölkerung auslöste. Die Krankheit begann gewöhnlich mit Kopfschmerzen und hohem Fieber, dann bildeten sich eitrige Beulen an den Achselhöhlen und Leisten, die sich schwarz verfärbten. Nur wenn die schmerzenden Geschwüre und Beulen aufbrachen, war in seltenen Fällen eine Heilung möglich; in der Regel aber war der Tod nach Tagen grauenvollen Leidens gewiß. Die Pest war so anstekkend, daß bereits eine Berührung oder das Anatmen durch eine befallene Person die Infektion auslöste; es wird gesagt, daß der Erreger sich sogar über die Kleidung verbreiten konnte. Die Kleidungsstücke der Pesttoten wurden daher verbrannt; vergeblich versuchte man der Krankheit durch Kalken der Wände oder Ausräuchern mit Wacholder Herr zu werden. Die Einwohnerschaft ganzer Städte oder Dörfer wurde häufig bis auf wenige Überlebende dahingerafft. Dazu kamen ungeheure soziale Probleme. Jeder, der seine von der Pest befallenen Angehörigen nicht im Stich lassen wollte, wußte, daß das mit einiger Wahrscheinlichkeit den eigenen Tod bedeutete. Das Begraben der Gestorbenen war zu einem Handwerk geworden, das ein tödliches Risiko in sich barg. Aus Furcht vor Ansteckung wurden von den Gemeinden häufig ganze Häuser verschlossen und bewacht, um den erkrankten Bewohnern und ebenso den vielleicht noch gesunden Familienmitgliedern das Verlassen zu verwehren. Fremde wurden am Betreten des Dorfes gehindert, und sie konnten nicht mit der mindesten Hilfeleistung rechnen, zu groß war die Furcht, daß sie aus pestbefallenen Gebieten geflohen waren und den Todeskeim in sich trugen.

In dieser Zeit war das Leben in den Städten und Dörfern ohnehin nicht leicht. Gefährdet von Mißernten, Wölfen und anderem wilden Getier, bedrückt von der Abgabenlast der Grundherren und immer in Furcht vor Dieben, Brand und Mord, war man vielerlei Krankheiten hilflos ausgesetzt, denn eine ärztliche Versorgung war unbekannt. Die Kindersterblichkeit war außerordentlich hoch, viele Frauen starben im Kindbett. Die Wohn- und Lebensverhältnisse mag man sich gar nicht vorstellen! Von fließendem Wasser, elektrischer Beleuchtung und dergleichen wollen wir erst gar nicht reden; es sollte noch viele Jahrhunderte dauern, bis diese Segnungen der Technik in Kilianstädten Einzug halten würden. Die einfachen Holzhäuser waren mit Stroh gedeckt, die Fenster waren, wie *Grimmelshausen*[16] seinen Simplizissimus noch dreihundert Jahre später sagen läßt, dem Sankt Nichtglas gewidmet, will sagen, sie waren in

Wirklichkeit kleine Gucklöcher, durch die sich der Rauch der offenen Feuerstelle seinen Weg ins Freie suchen mußte und die sich im Winter mit Schweinsblasen verkleiden ließen, um halbwegs die Kälte fernzuhalten. So konnte wenigstens ein bißchen Licht in die dunkle, rußgeschwärzte Stube dringen. Abends war es womöglich noch dusterer, denn mit einem angezündeten Kienspan oder einem blakenden Talglicht, vielleicht auch einer übelriechenden Rüböllampe, war nicht viel Staat zu machen. Mit einer besseren Beleuchtung hätte der einfache Handwerker oder Bauer auch wenig anfangen können: Selbst wenn ihm abends nach der harten Tagesarbeit die Augen nicht gleich zugefallen wären, hätte er sich nicht einem gemütlichen Lesestündchen hingeben können. Zeitungen gab es nicht, und Bücher waren ein teurer Luxusartikel, den sich nur die Reichsten im Land leisten konnten. Ein solches Buch wäre auch für den braven Kilianstädter völlig unnütz gewesen, denn auf Lesen und Schreiben verstanden sich nur studierte Leute, und selbst Ritter, Kaufleute und andere große Herren wußten nur drei Kreuze zu machen, wenn ihre Unterschrift verlangt wurde.

Gelänge es, sich mit einer Zeitmaschine in das Kilianstädten des 14. Jahrhunderts zu versetzen, könnte uns womöglich des Entsetzen packen. Ohne Seife und Zahnpflege, ohne rechtes Rasiergerät und oft ohne Kamm dürften Aussehen und Geruch unserer Vorfahren uns kaum in Versuchung führen, sie über die Jahrhunderte hinweg in die Arme zu schließen. Das harte Dasein dieser kummervollen Gestalten führte nicht nur zu niedriger Lebenserwartung; bereits mit vierzig oder fünfzig Jahren waren die Menschen alt und verbraucht. *Ferdinand Seibt*[34], ein profunder Kenner der mittelalterlichen Verhältnisse, bringt die Ergebnisse seiner Nachforschungen auf den Punkt: „Ich möchte nicht im Mittelalter gelebt haben."

Im 14. Jahrhundert werden erste Kilianstädter Namen bekannt, man hieß damals Eckilhenne, Werner in dem Hofe oder Jakob in dem Loche[5]. Auch der Name Zeh erscheint bereits 1388 in der Person eines Heintze Tzehe[43] beziehungsweise Heincze Czehe[*)], und es ist gut möglich, daß wir es hier bereits mit einem meiner Urahnen zu tun haben. Da sich über einen Zeitraum von gut hundert Jahren keine weiteren Nachrichten finden lassen, kann man nur vermuten, daß der dann auftauchende und vor 1513

[*)] Unterschiedliche Schreibweisen für ein und dieselbe Sache waren damals gang und gäbe.

verstorbene Wigel Cze dessen Nachkomme ist. Dieser Wigel Cze aber darf aufgrund hinreichender Indizien als mein Vorfahr gelten, zu dem über meine mütterliche Seite gleich sieben verschiedene Verwandtschaftslinien führen. Der schmunzelnde Leser wird mir nachsehen, daß ich an dieser Stelle der Versuchung erlegen bin aufzuzeigen, wie sehr meine Herkunft mit der frühesten Dorfgeschichte verwoben ist.

Im Wetterleuchten einer neuen Zeit

Aus dem vorangehend beschriebenen Zeitabschnitt ist uns wenig überkommen; vom Leben unserer Vorfahren wissen wir kaum etwas, und wir werden auch in den nächsten Jahrhunderten nicht allzu viel erfahren. Wer sollte sich auch für diese belanglosen Menschen interessieren, die nicht einmal lesen oder schreiben konnten und deren Rechte, auch im Gerichtswesen, von der Landesherrschaft immer weiter eingeengt wurden? Wir denken hier an die freien Märkergerichte, die sich aus ältester fränkischer Zeit vielerorts bis weit über das Spätmittelalter hinaus erhalten haben. Kilianstädten unterstand mit einer Reihe anderer Gemeinden dem Märkergericht Köbel, dessen Funktionen und Aufgaben zwar heute nicht mehr klar erkennbar sind, das aber offensichtlich nicht der landesherrlichen Gewalt unterstellt war. Das mochten die Herren von Hanau, die 1429 durch kaiserlichen Gnadenakt zu Reichsgrafen erhoben wurden, nicht so belassen. Vom 15. Jahrhundert an wurden obrigkeitliche Ämter mit eigener Gerichtsbarkeit eingeführt, so etwa das Amt Bornheimer Berg mit den Dörfern Bergen, Bischofsheim, Gronau, Vilbel etc., das Amt Windecken und das Amt Büchertal, nach den Dörfern Mittelbuchen und Wachenbuchen benannt, dem auch Kilianstädten zugeordnet war. Wenn auch die Märkergerichte zunächst noch fortbestanden, so wurden ihre Befugnisse doch mehr und mehr zugunsten der Landesherrschaft beschnitten; daran änderte auch die 1581 eingeführte neue Rechtsordnung, das sogenannte Solmser Landrecht, wenig.

Die unruhigen Zeiten des 14. und 15. Jahrhunderts veranlaßten die gräfliche Herrschaft, ihre waffenfähigen Landeskinder besser zu organisieren. Die in Kilianstädten wie anderenorts gegründeten Schützengesellschaften wurden mit Spießen und Armbrusten, später auch mit Büchsen, ausgerüstet und mit Wettschießen und Schützenfesten bei Laune gehalten. Aus den wehrfähigen Bauern wurde der „Landesausschuß" gebildet; die bis zu 40 Jahre alten Akteure nannte man den Jungenausschuß, die älteren den Altenausschuß. Große Schlachten haben wohl beide nicht geschlagen, und auch der sogenannte Naumburger Heukrieg (1564 - 1566), mehr Posse als Kriegshandlung, verlief unblutig. Die Hanauer stritten sich hartnäckig mit den Friedberger Burgmännern um die Heuernte des Klosters Naumburg; der Konflikt, an dem zeitweise auch 40 Kilianstädter teilnahmen[44] und der später gütlich beigelegt wurde, gipfelte schließlich in dem Friedberger Todesurteil gegen den Windecker Schultheiß als vermeintlichem Rädelsführer. Der vom Halsgericht in Kaichen in absentia ausgesprochene Richterspruch sollte mit dem Schwert vollzogen werden; der Schultheiß ließ es aber nicht darauf ankommen, ob es die Friedberger wirklich ernst meinten und entzog sich durch eilige Flucht allen Eventualitäten.

Doch wir eilen den Dingen bereits voraus. Das herausragende Ereignis des 16. Jahrhunderts war die Reformation, die 1517 ihren Anfang nahm, von den Kilianstädtern vermutlich unbemerkt, denn der neue Glauben sollte erst über 20 Jahre später, im Jahre 1538, in unserem Dorf Einzug halten. Die Reformation ging in der Grafschaft Hanau überhaupt recht zögerlich vonstatten. Dies wird zum einen durch den in dieser Zeit häufigen Wechsel der Regierungsgewalt mit zwischenzeitlicher Vormundschaft erklärt, der eine eindeutige Haltung zur neuen Lehre nicht zuließ, zum andern war die Priesterschaft selbst gespalten und klebte teilweise zäh am Althergebrachten; zudem suchte der Erzbischof von Mainz nach Kräften den Neuerungen entgegenzuwirken. In dieser ziemlich orientierungslosen Phase hatten die einzelnen Geistlichen auf den Dörfern einigen Freiraum, eigene modernere Auffassungen durchzusetzen, die wohl stark von dem Hanauer Reformator Neunheller geprägt waren. Von der Einführung des neuen Glaubens in Kilianstädten wissen wir nur, daß im bereits genannten Jahr 1538 von einem Pfarrer oder Frühmesser Paulus Birmann zum ersten Mal anstelle der Frühmesse der Katechismus gepredigt wurde.[5]

Die Reformation in der Grafschaft Hanau kann nicht eigentlich als lutherisch oder calvinistisch bezeichnet werden; sie hatte keinen eindeutigen Charakter. Erst gegen Ende des 16. Jahrhunderts trat im Hanauischen der Gegensatz zwischen lutherischem und reformiertem (calvinistischem) Bekenntnis offen zutage, das nach manchem Hin und Her zugunsten des letzteren entschieden wurde. Der Hauptgrund dafür wird die Heirat des Grafen Philipp Ludwig II., der selbst von seinem Vormund im reformierten Geist erzogen worden war, mit Katharina Belgia, der Tochter Wilhelms von Oranien, gewesen sein. Außerdem hatte der weitblickende Graf in der neugegründeten Hanauer Neustadt vielen calvinistischen Glaubensflüchtlingen aus Frankreich und Holland Zuflucht gewährt, deren handwerkliches Geschick der Stadt einen wirtschaftlichen Aufschwung bescherte, der leider nur zu bald durch den Dreißigjährigen Krieg zum Erliegen kommen sollte.

Die Säkularisierung bzw. Konfiszierung des kirchlichen Besitzes war sicher für viele Landesherren ein wichtiges Motiv, sich der evangelischen Lehre zuzuwenden; den Hanauer Grafen kann man diesen Vorwurf eigentlich nicht machen - sie wurden eher von den Ereignissen überrollt. Aber nachdem Tatsachen geschaffen waren, war auch die Hanauer Herrschaft bereit, Kirchenvermögen und kirchliche Einkünfte an sich zu ziehen, wobei von einer „durchaus nicht ganz einwandfreien Politik“ gesprochen werden kann und auch Fälle zu verzeichnen sind, „in denen die Herrschaft Hanau ihr nicht gehörigen (Kirchen-)Zehnten an sich reißt“[46]. Auch wenn die Pfarrer daraus besoldet wurden und manches in karitative Einrichtungen floß, dürfte doch ein Gutteil in der gräflichen Schatulle gelandet sein.

Die Bevölkerung hatte von der Reformation kaum Vorteile. Zwar wird man in dem bäuerlichen Umfeld von einer gern zitierten sinnenfreudigen Gottseligkeit des Katholizismus wenig gespürt haben, gleichwohl ließ es sich in manchem bequemer leben als in nachreformatorischer Zeit, denn die prüde calvinistische Lehre brachte weitere harsche Einschränkungen mit sich. Durch die „Sonntagsordnung“ wurden sonntägliche Tanzveranstaltungen untersagt; auf Gotteslästerung und vor allem „Unsittlichkeit“ standen harte Strafen. Wegen eines unehelich gezeugten Kindes konnte der ungeschickte Vater schnell „in den Turm gelegt“ werden, um „peinlich oder bürgerlich“ verurteilt zu werden[46]. Wer einen Ehebruch beging, tat gut daran, sich nicht erwischen zu lassen; er konnte seinen Kopf schneller verlieren, als ihm lieb war. Nach den Eintragungen im Kilianstädter Kirchenbuch hat der Bauer Johann Lapp seine Dienstmagd „aus Befehl der Obrigkeit“ nach zwanzig Jahren heiraten müssen, obwohl sie schon 65 und 70 Jahre alt waren. Es ist nicht überliefert, ob erst nachträglich bekannt wurde, daß es die beiden miteinander getrieben hatten, so daß jetzt späte Sühne für ihr Lotterleben angesagt war oder ob die „Obrigkeit“ von einer Wahrscheinlichkeitsbetrachtung ausging und die Rettung des Seelenheils der mutmaßlichen Sünder sozusagen präventiv betrieb.

Als die Sonntagsordnung später von der Kirche selbst gehandhabt werden durfte, wurde alles noch schlimmer, denn diese schuf einen besonders widerlichen Job, den „Kirchenrüger“, der seine Nachbarn bespitzeln und etwaige Verfehlungen dem Presbyterium (Kirchenvorstand) zur Kenntnis bringen mußte. So schrieb beispielsweise ein Windecker Denunziant an seine geistliche Obrigkeit: „Den 15ten April dem Zimmermann Caspar Reuel sein frau unter Sonntags morgen pretig über die gaß gegangen“[46] - ein bezeichnendes Exempel frömmlerischer Beschränktheit. Wer in alten Kirchenbüchern blättert, findet genügend Beispiele der damaligen engstirnigen Sittenstrenge. Im Kirchenbuch des gleichfalls zur Grafschaft Hanau gehörenden Altenhaßlau, dem Geburtsort meiner Großmutter väterlicherseits, das über den Beginn des Dreißigjährigen Krieges zurückreicht, finden wir Eintragungen wie „... hat H. B. und Anna, Eheleute zu Altenhaßlau, einen jungen Sohn taufen lassen. Hochzeit und Kindbett ist voneinander gewesen 21 Wochen“ oder „... ein Hurenkind, so C. F. Tochter gewesen, getauft, Margarethe genannt, so sie mit einem Junker in der Hurerei gehegt“. Selbst ein unschuldiges Kind wurde noch im Tod in den Schmutz gezogen: „S. D. Tochter ein Kind begraben, so sie in Unzucht gehegt“.

Im Kilianstädter Kirchenbuch, das erst 1652 beginnt, wird man in ähnlicher Weise fündig. So erhielt mein Vorfahr Melchior Kalbhenn noch sehr viel später, im Jahre 1721, einen bis heute erhaltenen Eintrag, nach dem er mit „Eberhard Zeuls Tochter, (mit) welcher (er) sich zuvor als Verlobter fleischlich vermischt hatte, nach bezeigter Kirchenbuße vor dem Presbyterium copuliert (wurde)“. Selbst im 20. Jahrhundert finden sich Verunglimpfungen Toter, zu denen sich die Geistlichkeit in pseudochristlicher Selbstgerechtigkeit bemüßigt fühlte. Mein Großonkel Johannes Ullrich war ein etwas verwachsener, wohl auch nicht sehr gefestigter Mensch, gleichwohl der Lieblingsbruder meiner Großmutter, auf den sie nichts kommen ließ. Ein kluger Kopf, sagte sie, sei er gewesen, sogar in der amerikanischen Buchführung habe er sich ausgekannt. Dennoch mochte ihm ein nutzbringendes bürgerliches Leben nicht gelingen, so daß er schon mal bei einem Gläschen Bier oder Schnaps Trost suchen mußte.

Als er, gerade 46 Jahre alt, die Augen für immer schloß, maßte sich der damalige Pfarrer Zehner an, den Verblichenen mit dem Vermerk im Totenbuch „War dem Trunk ergeben" über seinen Tod hinaus verächtlich zu machen.

Doch wir wollen wieder zur Reformation zurückkehren. Es ist wohl deren schleppender Einführung zu verdanken, daß der sogenannte Bauernaufstand (1525) von den hanauischen Bauern regelrecht verschlafen wurde (lediglich in Ravolzhausen soll es ein wenig rumort haben[44]) - sehr zu ihrem Vorteil, wie man im nachhinein weiß. Dort, wo die Reformation rasch vorankam, verband die seit Generationen ausgesogene und unterdrückte Landbevölkerung die neue religiöse Freiheit mit persönlicher Unabhängigkeit; die Reformation war wie ein frischer Luftzug, der den schon lange schwelenden Aufruhr zur hellen Glut entfachte. Als Luther erkannte, wie sich die Dinge entwickelten, versuchte er mit einer an beide Seiten gerichteten „Ermahnung zum Frieden" das Feuer einzudämmen - vergeblich. Brand und Mord entluden sich auf Burgherren und Klöster, auf weltliche und geistliche Bedrücker[28]. Thomas Müntzer, der radikalste Bauernführer, vom aufgewiegelten Volk auf den Schild gehoben, ließ seine Gewalthaufen sengen, morden und plündern. Von seinem ehemaligem Weggenossen und Mentor Luther „Erzteufel" genannt, hatte er im Gegenzug für dieses „geistlose, sanftlebende Fleisch zu Wittenberg", diesen „Doktor Lügner" und „Vater Leisetritt" nur Verachtung übrig. Luther, obrigkeitsergeben, wandte sich schließlich direkt gegen die Bauern: „O Herrgott, wo solcher Geist in den Bauern auch ist, wie hohe Zeit ist's, daß sie erwürgt werden wie die tollen Hunde"[14]. Der Aufstand brach bald zusammen. Der Militärmacht der Landesherren waren die Bauern nicht gewachsen. Müntzer wurde hingerichtet; die erbitterten Sieger ertränkten die Rebellion in einem Meer von Blut.

Die Reformation hatte einen Zusammenschluß der katholischen Kräfte bewirkt, der auch die evangelischen Reichsstände enger aneinander rücken ließ: Sie riefen den Schmalkaldener Bund ins Leben, gegen den Kaiser Karl V., der sich längst zu einem gewaltsamen Vorgehen entschlossen hatte, im Jahre 1546 einen Krieg begann. Da dieser Schmalkaldische Krieg unsere Heimat kaum berührte und nur gelegentliche Truppendurchzüge mit sich brachte, wollen wir uns mit diesem nur am Rande befassen. Ein wenig mehr darüber werden wir im nächsten Kapitel erfahren. Erwähnen müssen wir aber das „Augsburger Interim" (30.6.1548), zu dem die unterlegenen Protestanten genötigt wurden. Zwar wurden einige Zugeständnisse gemacht, etwa (doch nur vorläufig, bis zum nächsten Konzil) die Priesterehe, im wesentlichen lief aber alles auf die Wiederherstellung von Brauch und Lehre der römisch-katholischen Überlieferung hinaus. Doch baute sich, besonders in den nördlichen Ländern Deutschlands, massiver Widerstand auf, so daß von einer wirklichen Durchsetzung des Interims keine Rede sein konnte.

Auch an den jungen Grafen von Hanau, Philipp III., war der kaiserliche Befehl ergangen, das neue katholisch-protestantische Einigungsbekenntnis anzunehmen.[5] Doch im Land regte sich Opposition. Fünfzehn Geistliche, darunter der Kilianstädter Pfarrer Johannes Strack, stellten den Grafen vor die Wahl, ihnen weiterhin die Ausübung der protestantischen Lehre zuzugestehen oder ihnen den Abschied zu geben. Zwar hatte Philipp III. dem Kaiser Gehorsam zugesichert, doch blieb er untätig. Andere Regenten verhielten sich ähnlich, so daß der Erzbischof von Mainz im Folgejahr eine „geistliche Visitation“ in der gesamten Diözese anordnete. Demgemäß klopften die mainzischen Visitatoren auch bei der Grafschaft Hanau an. Ihr Bericht stellte, wie zu erwarten war, fest, daß die meisten Pfarrer, unter ihnen auch der von „Kilgenstedten“, nach wie vor dem neuen Glauben anhingen, „dobey sie gedenken zu pleiben und nit abzuweichen“. Dem Erzbischof blieb nichts anderes übrig, als den für ihn unerfreulichen Sachverhalt zur Kenntnis zu nehmen, herumwerfen konnte er das Steuer nicht mehr. Einige Jahre später flammte der Krieg erneut auf; er führte zu dem „Augsburger Religionsfrieden“, der den Protestanten die freie Ausübung ihres Glaubens zusicherte - wenigstens vorläufig.

Die Reformation wird zuweilen als Wende des Mittelalters zur Neuzeit angesehen. Die Auswirkungen auf Politik, Kultur und Geisteshaltung sind unabsehbar und werden irgendwann einmal auch in Kilianstädten positive Veränderungen auslösen. Bis dahin soll es allerdings gute Weile haben. Unsere Altvorderen haben die Ereignisse der letzten Jahrzehnte - sofern sie überhaupt wahrgenommen wurden - gewiß nicht als weltbewegende Veränderung ihrer Lebensumstände empfunden und hätten sich gewundert, Jahrhunderte später als Zeitzeugen eines epochalen Wandels zu gelten: Das Mittelalter ist zu Ende gegangen. Ob wir hierfür nun die Jahreszahl 1492 (Entdeckung Amerikas) oder 1517 (Reformation) zugrunde legen, auch für Kilianstädten hat die Neuzeit begonnen. Wird sie für unsere Vorfahren zur Wende in eine bessere Zukunft? Wir können die Antwort vorwegnehmen: Es wird noch schlimmer kommen.

Der Dreißigjährige Krieg

95 Thesen und die Folgen

Keine andere Glaubensgemeinschaft kann auf eine so düstere Geschichte zurückblicken wie das Christentum, eine Vergangenheit voller Blut und Tränen, geprägt von Intoleranz, Unterdrückung und erbarmungsloser Gewalt gegen Andersdenkende, mit Repräsentanten, die sich eher durch Sittenlosigkeit hervortaten als mit Frömmigkeit. Jetzt, anfangs des 16. Jahrhunderts, war die katholische Kirche an einem moralischen Tiefpunkt angelangt. Die lasterhafte Lebensführung der Päpste, das eigensüchtige und heuchlerische Verhalten der höheren und niederen Geistlichkeit, der Ablaßhandel, die habgierige Ausbeutung durch die kirchlichen Landbesitzer - all das hatte die denkenden Schichten im Volk so abgestoßen, daß die überfällige Erneuerung der Kirche nicht mehr aufzuhalten war.[15]

Am 31.10.1517 schlug Martin Luther an der Schloßkirche zu Wittenberg seine 95 Thesen an. Dieses Datum gilt als Beginn der Reformation, an der sich bereits über hundert Jahre früher der Tscheche Johannes Hus erfolglos versucht hatte: Er wurde während des Konzils zu Konstanz auf dem Scheiterhaufen verbrannt. Auch Luther, der mit seinen Thesen zunächst nur den Ablaßhandel bekämpfen wollte und die Tragweite seiner Handlungsweise gar nicht überblickte, wäre Gefahr gelaufen, ein ähnliches Schicksal zu erleiden, hätte sich der Kurfürst von Sachsen nicht dem Auslieferungsbegehren der römischen Kurie widersetzt. Fast gleichzeitig trat ein weiterer Reformator auf den Plan, der Schweizer Zwingli, der entschiedener als Luther auftrat und schließlich im Kampf gegen die Katholiken, an dem er als Feldgeistlicher teilgenommen hatte, um das Leben kam. Da er nun einmal tot war, konnten ihn die Katholischen nicht mehr wie gewohnt lebendigen Leibes verbrennen, sie mußten sich damit begnügen, die Leiche zu vierteilen und hinterher den Flammen zu überantworten. Die Nachfolge Zwinglis trat Calvin an, dessen Lehre auch von unserer Kirchengemeinde übernommen werden sollte.

Unterdessen hatte eine Reihe deutscher Fürsten die evangelische Religion angenommen, was dem der katholischen Lehre treu ergebenen Kaiser Karl V. arg gegen den Strich ging. Karl, Enkel des Habsburger Kaisers Maximilian I., war in Flandern aufgewachsen und nach dem frühen

Tod seines Vaters als Carlos I. König von Spanien geworden. 1530 wurde er zum deutschen Kaiser gekrönt, weniger auf Grund seiner habsburgischen Abstammung als durch den militärischen Druck, den die Habsburger durch den Schwäbischen Bund und die Söldnerhaufen Franz von Sickingens auf die Kurfürsten ausübten, die zudem massiv mit klingender Münze bestochen wurden. Die deutschen Länder, deren Sprache er noch nicht einmal beherrschte, blieben dem neuen Kaiser zeitlebens fremd. Er ließ sich am liebsten von seinem Bruder, dem Erzherzog Ferdinand von Österreich, vertreten, der später, nachdem Karl abgedankt und die spanischen Besitzungen seinem Sohn Philipp II. übertragen hatte, zum Kaiser Ferdinand I. gekürt werden sollte. Doch noch sind wir nicht so weit.

Dem jungen Kaiser war der Sittenverfall der römischen Kirche keineswegs entgangen, er war in hohem Maße offen für Reformen und Beseitigung der Mißstände. Hätte er sich mit Luther zusammengefunden, Millionen Menschen wären bitteres Elend und früher Tod erspart geblieben! Doch Luther wollte mit seinen in den Augen des Kaisers maßlosen Forderungen Glauben und Dogma antasten - das wollte und konnte Karl V. nimmermehr geschehen lassen. „Luther hat nie gewußt, wie viel er von diesem Kaiser verlangen und was er ihm zumuten konnte, diesem Kaiser, der ein gläubiger Sohn seiner Kirche war und im Glauben Roms gestorben ist.“ [14]

Wäre Karl von Anfang an in der Lage gewesen, seine Machtmittel einzusetzen, er hätte die protestantische Revolution noch ersticken können. Doch banden die kriegerischen Auseinandersetzungen mit Franz I. von Frankreich mehr als ein Jahrzehnt lang seine Kräfte; außerdem waren die Ostgrenzen des Reiches fortwährend durch die Türken bedroht, so daß er nicht auf die militärische Unterstützung der Reichsfürsten, auch nicht der glaubensabtrünnigen, verzichten konnte. Als er sich endlich gegen die protestantische Bewegung Deutschlands wandte, war es zu spät. Der neue Glauben hatte an Boden gewonnen; zu viele der Fürsten hatten ihn bereits angenommen und sich, wie wir bereits wissen, wegen der Gefahr einer kriegerischen Intervention durch Karl und seinen Bruder Ferdinand zu einem Verteidigungsbündnis, dem Schmalkaldener Bund, zusammengeschlossen.

Erst 1545 - die überwiegende Mehrzahl der deutschen Bevölkerung war längst zum evangelischen Glauben übergetreten - glaubte sich Karl stark genug, den Krieg gegen den Schmalkaldener Bund zu wagen: Der neue Papst Paul III. hatte ihm militärische und finanzielle Unterstützung zugesagt. Karl schien schnell die Oberhand zu gewinnen und setzte die beiden Führer des Bundes, darunter den Landgrafen Philipp von Hessen (der Großmütige), gefangen. Doch war der Kaiser bald nicht mehr Herr der Lage. Um ein Haar wäre er selber in Innsbruck durch Moritz von Sachsen, der aus seinem Lager zur Gegenseite übergewechselt war, in einen Hinterhalt geraten. Außerdem hatte er sich immer mehr mit seinem Bruder Ferdinand entzweit, dessen Lande ständig durch die Türken bedroht waren und der daher auf den Beistand aller Reichsstände angewiesen war. Ferdinand gelang es schließlich, auf dem Reichstag in Augsburg einen wie es schien dauerhaften Religionsfrieden zustande zu bringen. Karl gab sich letzten Endes damit zufrieden und dankte, durch die anhaltenden Widerstände ermüdet, bald danach ab.

Für die deutschen Protestanten sollte sich schnell zeigen, daß eine noch größere Gefahr auf sie zukam: die Gegenreformation. Papst Paul III. hatte es im Gegensatz zu seinen Vorgängern mit den längst überfälligen römischen Reformbestrebungen ernst gemeint. Der neugegründete und von ihm bestätigte Jesuitenorden, dessen Bedeutung bis in die heutige Zeit hineinreicht, brachte es in kurzer Zeit fertig, die katholische Kirche glaubwürdig zu erneuern. Deren zunehmende geistliche und politische Geschlossenheit stand im Gegensatz zu dem Verhalten der protestantischen Fürsten, die über die rechte Lehre, Luthertum oder Calvinismus, keine einheitliche Meinung hatten, gelegentlich auch wieder die Konfession wechselten und ihren Untertanen die neue aufzwangen. Einig waren sie sich nur in einem: sich wie die Raubvögel auf das Kirchenvermögen zu stürzen und ihrem Staatssäckel einzuverleiben.

So standen die Zeichen für ein erneutes Ausbreiten des Katholizismus günstig, zumal dieser - Erneuerung hin, Erneuerung her - auf die gewohnten Gewalttätigkeiten nicht verzichten mochte. In Bayern gingen die katholischen Herrscher aus dem Hause Wittelsbach rücksichtslos gegen die Protestanten vor. Die lutherischen Pfarrer wurden vertrieben und die Gläubigen vor die Wahl gestellt, wieder katholisch zu werden oder das Land zu verlassen. Ähnliches geschah in Baden, wo die Gegenreformation trotz der überwiegend evangelischen Bevölkerung gewaltsam eingeführt wurde. Dies alles führte dazu, daß sich die protestantischen Reichsstände erneut zu einer „Union“ zusammenschlossen und sich sogar mit Frankreich und England verbündeten. Auf der Gegenseite entstand unter bayerischer Führung die katholische „Liga“, der auch der Papst und Spanien angehörten. Die Lage glich zunehmend einem Pulverfaß, das nur darauf wartete, daß jemand die Lunte anlegte.

Kurie, Ketzer und Kanonen

Der Funke wurde im fernen Böhmen geschlagen. Diesem überwiegend protestantischen Land war der Erzherzog Ferdinand von Steiermark nach zähen Verhandlungen als König aufgedrängt worden, nachdem er zugesagt hatte, die den Protestanten von seinen Vorgängern versprochenen Rechte zu respektieren. Jener, Enkel Kaiser Ferdinands I., war ein Vetter des noch amtierenden Kaisers Mathias und sollte wenig später als Ferdinand II. die Kaiserwürde erlangen. Er war ein katholischer Fanatiker, ein Jesuitenzögling, von dem der Satz überliefert ist: „Grausamkeit gegen Andersgläubige ist der höchste Grad der Frömmigkeit“[15]. Da er seine Zusagen nicht einhielt, brach in Prag ein Aufstand los, in dessen Folge die Statthalter des Kaisers von den Abgeordneten des Protestantentages „altböhmischem Brauch gemäß“[28] aus dem Fenster der Prager Burg geworfen wurden. Ein eigentlich geringfügiger Anlaß, blieben doch die so unsanft dem Burghof Übergebenen dank eines Misthaufens samt und sonders am Leben, doch er genügte, einen Krieg auszulösen, der dreißig Jahre dauern und auch in Kilianstädten seine Spuren hinterlassen sollte.

Es begann mit dem „böhmischen Krieg“ (1618 - 1620), der für die Protestanten zu einem Debakel geriet. Nach deren anfänglichen Erfolgen hatte sich Kurfürst Friedrich V. von der Pfalz als Anführer der Union zum böhmischen König wählen lassen, doch mußte er, wegen seiner kurzen Regierungszeit in den Wintermonaten spöttisch „Winterkönig“ genannt, nach der verlorenen Schlacht am Weißen Berg bei Prag bald wieder aus Böhmen flüchten. Durch Maximilian von Bayern, dem von spanischen Truppen unterstützten Chef der katholischen Liga, ging er noch dazu seines gesamten Landes verlustig.

Während der böhmische Krieg unser Land weitgehend unberührt gelassen hatte, griffen die Kriegshandlungen gegen den pfälzischen Kurfürsten auch auf unsere Heimat über. Bereits im Jahre 1620 hatte der spanische General Spinola, von den Niederlanden kommend, den Rhein überschritten und Mainz, Kreuznach und Oppenheim besetzt. Bei dieser

Gelegenheit wurden zum ersten Mal die Wetterau und auch einige hanauische Orte, vor allem Münzenberg und Gelnhausen, in Mitleidenschaft gezogen. Anfang 1621 waren es erneut Spinolas Truppen, die mit ihren Streifzügen die Hanauer Dörfer und Städte schreckten; vor allem in Bischofsheim, Enkheim und Seckbach wurden Häuser und Scheunen niedergebrannt.

Um sich gegen die Kaiserlichen und die Liga zur Wehr zu setzen, sahen sich die Unionsländer genötigt, Söldnerheere anzuwerben, eine Arbeit, die ihnen der Graf Ernst von Mansfeld abzunehmen gedachte, ein Abenteurer, der den Krieg als Chance sah, zu Ehre und Reichtum zu kommen und der später wegen seiner grausamen Methoden „Attila der Christenheit" genannt wurde[40]. Die von ihm aufgestellten Truppen sollten aus den Mitteln des geschlagenen Feindes bezahlt werden, doch da dieser nicht daran dachte, den Krieg zu verlieren, mußten andere Wege gefunden werden, die Söldner zu entlohnen und mit Nahrungsmitteln zu versorgen. Also wurden Städte und Dörfer ausgeraubt, wobei ganz gleich war, ob es sich um Freund oder Feind handelte. Wer sich zur Wehr setzte, wurde erschlagen, die Frauen wurden vergewaltigt, und Pardon wurde keinem gewährt, weder Kind noch Greis. „Gott helfe denen, wo Mansfeld hinkommt!" war um diese Zeit in Deutschland ein wohlbekannter Stoßseufzer.[39] Die Freibeutereien des Grafen Mansfeld fanden bald Nachahmer, etwa den erst 22jährigen Prinzen Christian von Braunschweig, der zwar nur vier Kriegsjahre überlebte, als Söldnerführer aber so von sich reden machte, daß er als „der tolle Christian" in die Geschichte einging.

Als nun Mansfeld, nachdem er sich in der Rheinpfalz nicht länger behaupten konnte, seine Truppen nach Mannheim verlegte, wich der spanische Oberbefehlshaber Córdoba nach Norden aus (Oktober 1621), wobei auch Raubzüge in die Wetterau vorgenommen wurden. Von der in Friedberg eingerichteten Garnison aus brachen die Spanier in die Dörfer ein, verwüsteten das Land und massakrierten die Bauern. Historisch belegt ist die Plünderung Niederdorfeldens am 22.10.1621.[40]

Ein Jahr später machte die Wetterau aufs neue mit dem Krieg Bekanntschaft, als die Truppen der katholischen Liga unter Graf Tilly im Verein mit spanischen Streitkräften versuchten, die Söldner des von Norden heraneilenden tollen Christians am Übergang des Mains beim heutigen Frankfurt-Höchst zu hindern. Christian wollte sein Heer mit dem des Grafen Mansfeld vereinigen, was ihm unter hohen Verlusten nur halbwegs gelang.[39] Obwohl unsere Heimat nicht im direkten Durchzugsbereich der Heere lag, waren Teile der Unionstruppen in das Hanauer Land eingedrungen, als sie die von Aschaffenburg anrückende Vorhut Tillys in der Nähe Hanaus angriffen. Mehrere Dörfer des Amtes Bornheimer Berg, zu denen etwa Bergen, Bischofsheim oder Gronau zählten, wurden eingeäschert. Dem folgten Übergriffe der Tillyschen Landsknechte, die nach dem Kampf mit dem tollen Christian in unmittelbarer Nähe Hanaus lagerten, bis sie schließlich, nachdem bei Steinheim eine Brücke geschlagen worden war, auf das linke Mainufer abzogen. Die Kilianstädter Chronik berichtet aus dem Jahr 1622 von einem Einfall Tillyscher Truppen in Kilianstädten. Dieser Überfall ist nach Lage der Dinge keineswegs auszuschließen, auch wenn keine Quelle nachgewiesen wird, mit der sich diese Nachricht stützen ließe. Unsere engere und weitere Heimat wurde immer wieder von Truppen durchzogen, die sich nicht lange fragten, ob sie Freund waren oder Feind, und rücksichtslos Beute machten, wo sich die Gelegenheit bot. Das wurde noch schlimmer, als sich bayerische Truppen von Dezember 1622 bis Mai 1623 das hanauische Gebiet als ihr Winterquartier aussuchten.

„Bisher hatte der Kaiser bloß mit den Waffen Bayerns und der Liga in Deutschland gestritten, wenn man die spanischen Hilfstruppen ausnimmt".[31] Zwar verfügte Maximilian von Bayern über ein schlagkräftiges Heer und einen hervorragenden Feldherrn, den Grafen Tilly, doch war er nicht gewillt, den Krieg auf die Dauer allein zu führen. Er drängte den Kaiser, gleichfalls eine Streitmacht aufzustellen, was dem von Geldnöten geplagten Ferdinand II. jedoch schwerfallen mußte. Dem kam es daher gerade recht, daß Wallenstein, Herzog von Friedland, sich erbot, ein Heer auf eigene Kosten aufzustellen. Der Kaiser stimmte freudig zu, und Wallenstein wurde mit weitreichenden Vollmachten ausgestattet (1625).

Wallensteins Truppen gingen nicht weniger rücksichtslos gegen die Bevölkerung vor. Der „Generalissimus" ließ die Söldner nicht nur gewähren; er machte die Plünderungen zu einem richtigen System, indem ganze Landstriche methodisch ausgeraubt wurden. Wenn man hier überhaupt Unterschiede machen will, so hat Wallensteins Soldateska am schrecklichsten von allen gehaust. „Dem Grafen Mansfeld war es abgelernt, doch der Schüler übertraf seinen Meister".[31]

Aber auch Tilly, dem man noch am ehesten eine ehrliche katholisch-christliche Überzeugung zugestehen mag und der im Hinblick auf die

Terrorisierung der Bevölkerung bisher etwas weniger als die anderen Heerführer ins Gerede gekommen war - die schrecklichen Greuel bei der Eroberung Magdeburgs sollten erst 1631 geschehen und seinen Namen für immer mit diesen Untaten verbinden -, hatte seine Truppen nicht im Griff, wie Auszüge aus einem Beschwerdebrief des Herzogs von Wolfenbüttel an den Kaiser zeigen (1625): „Obwohl der Generalleutnant Graf Johann von Tilly gar keine Ursache gehabt hat, mich und mein Fürstentum ... zu drangsalieren, ... kann ich es jedoch Ew. Majestät nicht ungeklagt lassen, ... wie sein Kriegsvolk alsbald meine armen Untertanen ... überfallen hat. Die armen wehrlosen Leute wurden überrascht ... und mit Weib und Kindern erbärmlich mißhandelt und niedergehauen. Darunter waren Sechswöchnerinnen, Kindbetterinnen und kleine Kinder, von denen einige an den Brüsten der Mutter getötet wurden ... Auch die armen lahmen Krüppel in den Spitälern wurden nicht verschont, sondern in greulicher Weise gemartert und getötet. Einem Weibsbild wurde die Zunge aus dem Halse gerissen. Anderen wurde die Zunge im Mund gespalten, wieder anderen härene Stricke um den Kopf gewunden, die man überstark anzog, um durch solche Marter sie zu befragen, wo sie ihr Geld vergraben hätten ... Was an Fleisch, Butter, Käse, Eiern und anderen Lebensmitteln vorhanden war, wurde, wenn sie sich damit gefüllt hatten, in den Kot getreten. Den Fässern mit Wein, Mehl, Bier und anderem Getränk wurde der Boden ausgeschlagen und der Inhalt auf die Erde laufen gelassen. Die Kirchen ... wurden aufgebrochen, der Kirchenschatz ... geraubt, ... in die heilige Bibel und andere Bücher, mit Verlaub zu sagen, gesch--, ... die Gräber geöffnet und durchsucht; ... ehrbare Frauen und Jungfrauen wurden genotzüchtigt, was auch auf offener Straße geschah, ohne daß man sich dessen scheute noch schämte. Ja, sie haben auch mit einigen auf den toten Körpern ihre Schande getrieben. Ganze Flecken und Dörfer wurden niedergebrannt und in Asche gelegt. Die Leute auf den Feldern wurden bei ihrer Arbeit niedergehauen ... Hiermit wird bisher täglich dermaßen fortgefahren (obgleich der Herr General vorgibt, es geschehe gegen seinen Willen), daß der größte Teil meines Landes ... vollständig verwüstet ist, so daß es sich zu Menschenlebzeiten nicht wieder erholen kann“.[29]

So wie dem Herzog von Wolfenbüttel ging es den meisten kleinen Fürsten. Ohnmächtig mußten sie zusehen, wie ihr Land verheert und ihre Untertanen niedergemacht wurden. Bereits ein Jahr vor dem gerade zitierten Klagebrief hatten auch die hessischen Landstände ihrem Landgrafen vermelden müssen, daß „die Kroaten und kayserlichen Truppen ... fast alles, was unter ihre Hand und Gewalt gekommen, niedergehauen, den Leuten die Zungen, Nasen und Ohren abgeschnitten, die Augen ausgestochen, Nägel in die Köpfe und Füße geschlagen, heißes Pech, Zinn und Blei und allerhand Unflath durch die Ohren, Nasen und Mund in den Leib gegossen, ... das Weibsvolk ohne Unterschied des Alters, ehelichen oder ledigen Standes geschändet, auch der Schwangeren und Kindbetterinnen nicht geschont und ihnen die Brüste abgeschnitten. In den Büschen und Hecken sind sie wie die wilden Thiere an die Kinder gefallen, sie gesäbelt, gespießt und in dem Backofen gebraten".[44] Da im Winter 1624/1625 der Stab der Tillyschen Infanterie in Bruchköbel lag[44], müssen wir befürchten, daß auch die Kilianstädter nicht ungeschoren davonkamen.

Die gräfliche Herrschaft in Hanau versuchte ihr möglichstes, die Verschonung der Grafschaft zu erreichen. Zwar war der vorausschauende und tatkräftige Philipp Ludwig II., eine der herausragenden Gestalten des Hanauer Grafengeschlechtes, schon mit 36 Jahren gestorben und bei Ausbruch des großen Krieges nicht mehr am Leben, doch nahm seine Witwe, Katharina Belgia, die für den unmündigen ältesten Sohn Philipp Moritz die Regentschaft übernommen hatte, die Regierungsgeschäfte beherzt in die Hände und ließ nichts unversucht, ihr Land vor den Schrecknissen des Krieges zu bewahren. Sie gab eine Neutralitätserklärung ab[47], nahm die Vermittlung der Kurfürsten von Mainz und Bayern in Anspruch und wandte sich an den Grafen Tilly als ligistischen Heerführer sowie an Wallenstein als kaiserlichen Generalissimus; sie sandte zwischen 1621 und 1626 fünf demütige Bittschriften an den Kaiser Ferdinand II., worin sie alle ihrem Lande zugefügten Unbilden ausführlich aufzählte und schließlich „fußfälligst um Abführung des Kriegsvolkes" flehte, da „Brandschatzung, Plünderung, Abbrennen der Dörfer usw. nun wieder über 5 Monate dauerte".

Der Kaiser hatte bereits auf das erste Schreiben hin einen Schutzbrief für die Grafschaft Hanau ausgestellt (1622), doch wird er wohl kaum ernsthaft gewollt haben, diese unter seine besondere Obhut zu nehmen, denn er war wegen der engen Freundschaft mit dem „Winterkönig" und dem strengen Festhalten an der protestantischen Lehre gar nicht gut auf die Hanauer zu sprechen. Doch wie auch immer: das Reich war groß, der

Kaiser fern; so blieb alles beim alten.

1626 übergab Katharina Belgia die Herrschaft an den gerade einundzwanzigjährigen Philipp Moritz, dem es leider sowohl an Festigkeit des Charakters als auch an staatsmännischer Einsicht fehlte. Beides wäre in den bevorstehenden bösen Zeiten bitter nötig gewesen, um das Schlimmste von der Grafschaft abzuwenden. Seine Wankelmütigkeit sollte das Land und ihn selbst in manch mißliche Lage bringen, und daß er nach zwölfjähriger Regierungszeit vor dem äußersten Elend und Verderben bewahrt blieb, war allein der Gunst des Geschickes zuzuschreiben, nicht aber seinen Verdiensten.[40] Aus welch anderem Holz waren dagegen seine Geschwister geschnitzt: die bewundernswerte Amalia Elisabeth, die nach dem Tod ihres Ehemanns, des Landgrafen Wilhelm V. von Hessen-Kassel, ihr Land so mutig und erfolgreich durch die Fährnisse des Krieges zu steuern wußte, oder sein tatendurstiger Bruder Jakob Johann, der seine Tollkühnheit allzu früh mit seinem jungen Leben bezahlen mußte.

Katharina Belgia hatte kaum ihren Witwensitz in Windecken eingerichtet, als die Stadt von einem ligistischen Reiterregiment erstürmt wurde[40], auch Kilianstädten wurde geplündert[4,44]. Die Spannungen zwischen dem Kaiser und dem evangelischen Hanau verschärften sich. Auf Wunsch Ferdinands II. sollte die Festung Hanau einer kaiserlichen Besatzung unterstellt werden, was von Philipp Moritz abgelehnt wurde. Jetzt, im Jahre 1629, nachdem der Kaiser militärisches Übergewicht erlangt und im Restitutionsedikt von Augsburg die protestantischen Rechte weitgehend aufgehoben hatte, war er es wohl leid, den Hanauern fortwährend eine Extrawurst zu braten. Er schickte in den ersten Dezembertagen 1629 das aus zehn Kompanien bestehende Regiment Witzleben auf den Weg, das einen Ring um Hanau bildete und die umliegenden Dörfer auf das schändlichste ausplünderte. Besonders heftig müssen sie in Dorfelden gehaust haben[40], aber auch Kilianstädten wurde heimgesucht, wie die Kirchenbaurechnung des Jahres 1629 ausweist: „Sind von dem Witzlebenschen Kriegsvolk Schule und Kirche verwüstet worden. Das Kreuz auf der Kirche verbrannt; der Turmknopf gestohlen und an einen Juden verkauft. Der Predigtstuhl und die Kirchenstühle beschädigt, die kleine Glocke zerschlagen, von der großen die Ohren abgeschlagen und den Klöppel in den Brunnen geworfen.“[44]

Nun mußte Philipp Moritz klein beigeben. Hanau erhielt eine kaiserliche Besatzung, er selbst wurde als kaiserlicher Oberst vereidigt.

*Gustav Adolf - Hoffnungsträger aus dem Norden**

Im Jahre 1630 schien der Krieg endgültig zu Gunsten von Liga und Kaiser entschieden, und Ferdinand II. beeilte sich, seinen anmaßenden und zwielichtigen Generalissimus Wallenstein wieder zu entlassen. Das sollte sich als vorschnell erweisen, denn kurz zuvor war ein neuer Feldherr auf den Plan getreten mit dem Ziel, die verlorenen evangelischen Länder zurückzuerobern: Gustav Adolf von Schweden. Bald mußte ganz Norddeutschland von Tilly aufgegeben werden, die Wende war da! 1631 wurden die Kaiserlichen von Gustav Adolf, mit dem sich inzwischen auch der Landgraf von Hessen verbündet hatte, aus Würzburg, Frankfurt, Mainz und auch aus dem Hanauer Land vertrieben.

Hanau war am 11. November 1631 von den Schweden erstürmt worden; die kaiserliche Besatzung ergab sich ohne Gegenwehr. Die Bevölkerung, wohl wissend, daß unter den gegebenen Umständen Neutralität nicht mehr möglich war, unterstützte die Schweden mehr oder weniger offen. Die schwedische Besetzung schien ein kleineres Übel als unter die Kuratel des Kaisers zu geraten, von dem man stets befürchten mußte, wieder zur Annahme der katholischen Konfession gezwungen zu werden. Unter Gustav Adolf, der persönlich bei der gräflichen Familie seine Aufwartung machte und sich dabei von seiner artigsten Seite zeigte, durfte man zum mindesten seine Glaubensfreiheit gesichert wissen.

Graf Philipp Moritz, vorher kaiserlicher Oberst wider Willen, avancierte nun zum Oberst in schwedischen Diensten, wozu er sich selbst gedrängt hatte. Der Schwedenkönig wird wahrscheinlich keinen großen Nutzen von seinem eher furchtsamen neuen Befehlshaber erwartet haben, der noch nie ein Schlachtfeld gesehen hatte und auch sorgsam darauf bedacht war, daß dies nicht geschehen würde. Auf alle Fälle war das Bemühen Philipp Moritz', unbedingt Oberst werden zu wollen, nicht nur eitel und überflüssig, sondern auch politisch unklug und beschwor unnötigerweise des Kaisers Zorn herauf.

Als Tilly 1631 in der Schlacht bei Breitenfeld gefallen war, wußte der Kaiser keinen anderen Rat mehr, als Wallenstein erneut (1632) zum Heerführer zu berufen. Dieser brachte es auch fertig, den schwedischen Vorstoß abzufangen; noch im selben Jahr kam Gustav Adolf bei der Schlacht zu Lützen um das Leben. Zwei Jahre später wurde Wallenstein von kaiserlichen Gefolgsleuten ermordet. Seine eigenmächtige, doppelgesichtige Politik und die geheimen Verhandlungen mit den Protestanten hatten den argwöhnischen Kaiser bewogen, ihn öffentlich zum Hochverräter zu erklären.

Nun war das Kriegsgeschehen wieder offen. „Die letzte und schlimmste Phase des Dreißigjährigen Krieges hub an, die äußerste Willkür verrohter Soldateska, die nur noch bei ihresgleichen Freund und Feind unterschied, sonst jedoch Bauern und Bürger zur Beute unterwarf und überall schrankenlos hauste."[28] Selbst Gustav Adolf, der sich anfangs mit seinen disziplinierten schwedischen Truppen vorteilhaft von seinen skrupellosen Gegnern unterschieden hatte, war schließlich den Zwängen des Krieges erlegen. Sein Heer hatte zuletzt ebenfalls zu einem großen Teil aus Söldnern aller Herren Länder bestanden, denen mit Zucht und Ordnung nicht beizukommen war. Mehr noch: Gustav Adolf hatte schnell lernen müssen, daß die planmäßige Zerstörung und Plünderung ganzer Landstriche mehr war als Grausamkeit und Willkür. Diese von allen Kriegsparteien zunehmend praktizierte „Politik der verbrannten Erde" machte es einem später durchziehenden Feind schwer, Quartier zu beziehen und den Bauern Nahrungsmittel abzupressen.

War der dreißigjährige Glaubenskrieg auch nie frei gewesen von handfesten politischen Interessen, so artete er jetzt vollends in einen europäischen Krieg auf deutschem Boden aus, in den sich bald auch Frankreich einmischen würde, um militärisch gegen die kaiserlichen Streitkräfte vorzugehen, nachdem es schon lange vorher die Schweden mit Geldmitteln unterstützt hatte. Am 6. September 1634 kam es zur Schlacht bei Nördlingen, in der die Schweden vernichtend geschlagen wurden. Die Reste des Heeres wandten sich zu kopfloser Flucht, von den Kaiserlichen hart bedrängt. Ein Teil der zersprengten Truppen, heruntergekommen, aufrührerisch und ohne Sold[39], versuchte sich in Frankfurt zu sammeln, eine breite Spur der Zerstörung hinter sich herziehend. Die übermüdeten Söldner, von Seuchen befallen und vom Hunger gezeichnet, sogar von der unter schwedischem Kommando stehenden Festung Hanau abgewiesen[39], kämpften selbst um das nackte Leben und nahmen sich mit brutaler Gewalt, was sie erlangen konnten; und die nachfolgenden Kaiserlichen gingen auch nicht sanfter mit der Bevölkerung um. Das Korps aus hessen-kasselanischen und Lüneburger Soldaten, das von dem schwedischen Kanzler Oxenstierna für einen Marsch nach Süddeutschland zusammengestellt worden war und das sich bei Friedberg gesammelt hatte, ließ sich auf keinen Widerstand ein und setzte sich nach der Kunde von der verlorenen Nördlinger Schlacht nach Norden ab. Die Truppenreste des geschlagenen protestantischen Heerführes Bernhard von Weimar konnten es ohne diese Verstärkung nicht wagen, sich den Kaiserlichen erneut entgegenzustellen und wichen weiter nach Mainz zurück.[7] Daß auch unsere engere Heimat nicht von diesen und noch folgenden Ereignissen verschont blieb, zeigt exemplarisch ein Eintrag im Kirchenbuch der Nachbargemeinde Windecken aus dem Jahre 1634: „... Viele fallen in die Hände des Tyrannen, werden durch Schüsse niedergestreckt, mit Schwertern erschlagen, im Wasser ersäuft; viele gehen auch infolge ausgestandener Schrecken an daher rührenden Krankheiten elend zugrunde“[44].

1634 und 1635, die schrecklichen Jahre

Wir wollen uns ein wenig Zeit nehmen, die überlieferten lokalen Geschehnisse in den Fluß der allgemeinen Kriegsereignisse einzugliedern, was wegen widersprüchlicher Angaben nicht immer eindeutig gelingen mag. Kaum war die Nachricht von dem für die Protestanten verhängnisvollen Ausgang der Nördlinger Schlacht in Hanau eingetroffen, als Graf Philipp Moritz, vereidigter schwedischer Oberst, eine Probe seiner „Tapferkeit“ ablegte und Hanau verließ, um sich in ein selbstgewähltes Asyl in den Niederlanden abzusetzen. Zum Landesverweser der Grafschaft wurde sein Bruder Jakob Johann bestellt. Schon vorher hatte Herzog Bernhard von Weimar, der Oberbefehlshaber der protestantisch-deutschen Armee, den schottischen Generalmajor Freiherr von Ramsay zum Kommandanten eingesetzt, der sogleich alle Maßnahmen einleitete, um die Festung Hanau erfolgreich gegen die anrückenden Feinde verteidigen zu können.

Nach dem Sieg bei Nördlingen waren die Kaiserlichen in zwei Heeresströmen den flüchtenden protestantischen Truppenteilen nachgefolgt: Der spanische Heeresverband unter dem Kardinalinfanten Fernando hatte sich von der kaiserlichen Armee getrennt und wandte sich gemeinsam mit Piccolomini, dem Befehlshaber der berittenen deutschen Hilfstruppen, dem Rhein zu, da die Spanier so schnell wie möglich in die Niederlande wollten, während die kaiserliche Hauptstreitmacht durch Württemberg marschierte, begleitet von den Reitergenerälen Werth und Isolani, dem Kommandeur des kroatischen Kontingents.[39] Bald stand ganz Württemberg unter der Gewalt des Kaisers.

Indessen hatten Piccolomini und die Spanier am 18. September Rothenburg genommen, am darauffolgenden Tag den Main überschritten und Schweinfurt erobert.[39] Wenn wir *Wille*[40] und der *Wetterfelder Chronik*[7] folgen, war es Oberst Ossa - dessen militärischer Rang auch mit Kriegskommissar, Feldmarschall oder Generalmajor angegeben wird -, der den Spaniern unmittelbar mit 2000 kaiserlichen Reitern (40 Kompanien Kroaten, Ungarn und Polen[40]) zur Unterstützung beigeordnet war. Wir können annehmen, daß Ossa unter dem Oberbefehl Piccolominis stand, der sich gleichfalls von Nördlingen aus nach Norden gewandt hatte, zusammen mit dem Reitergeneral Götz die Spanier ostwärts flankierte und in breiter Front fächerförmig ganz Franken überflutete. Götz, als übler Trunkenbold und Mordbrenner verschrieen, bildete die Westfront des Reitergeschwaders, befand sich also Ossa am nächsten.

Nach der Wetterfelder Chronik waren die Spanier mit Ossa am 20. September 1634 über den Main gegangen, am 23. September in Aschaffenburg eingezogen und von dort am 25. September nach Windecken aufgebrochen, das am darauffolgenden Tag erreicht wurde und von wo aus der Weg nach Usingen und Camberg weiterführte. Hingegen wurde nach *Wedgwood*[39] Aschaffenburg erst am 30. September von Piccolomini und den Spaniern erobert. Ich möchte den irritierten Leser nicht im unklaren lassen, daß ich bei unterschiedlichen Darstellungen C.V. Wedgwood zu folgen gewillt bin, einer auf das 17. Jahrhundert spezialisierten Historikerin von internationalem Rang, doch muß man auch verstehen, daß sich lokale Ereignisse aus diesem Zeitabschnitt häufig nicht mehr detailgenau aufklären lassen, zumal die Reitersoldaten ungeheuer beweglich waren und Streifzüge bis in den Thüringer Wald unternahmen[40], ohne daß man herausfinden könnte, unter wessen Ober- oder Unterbefehl sie standen.

In diesem Zusammenhang müssen wir uns mit dem Grafen Isolani beschäftigen, den man nach *Wedgwood*[39] eigentlich in Württemberg vermuten sollte, dem aber fortwährend zur Last gelegt wird, er sei in besagter Zeit in die Wetterau eingefallen, um diese auf das übelste heimzusuchen. Nach *Wille*[40] hatte sich Isolani tatsächlich den Reitertruppen im Geleit des Kardinalinfanten angeschlossen, befand sich aber auf dem äußersten rechten Flügel, beunruhigte dort das Nürnberger Gebiet und wird von Wille im Zusammenhang mit Ereignissen in unserer engeren Heimat hinfort nicht mehr erwähnt.

Buccoli[5] hingegen berichtet in der Kilianstädter Chronik auf Seite 284, Isolani sei im September 1634 „erneut" (soll er denn schon vorher einmal da gewesen sein?) in die Wetterau eingedrungen und habe dort das Land verwüstet. Unter Wertung der von ihm verwendeten Literatur ist zu vermuten, daß diese Aussage aus der *Wetterfelder Chronik*[7] stammt, wobei ihm bei der Angabe des Zeitpunktes ein kleines Versehen unterlaufen sein mag. Die Wetterfelder Chronik legt den Einfall Isolanis, der in Windecken „mit 40 Kompanien Ungarn, Kroaten und Polacken" Quartier bezogen haben soll, in den folgenden Monat Oktober, mit exakt dem Kontingent also, das - vergl. vorige Seite - dem Oberst Ossa zur Verfügung gestanden hatte. Da der Kardinalinfant und Ossa erst am 4. Oktober 1634 von Gelnhausen über Windecken nach Friedberg und weiter nach Andernach aufgebrochen waren[40], um Anfang November die flämische Grenze zu überschreiten[39], die Wetterfelder Chronik diesen Vorgang aber in den Monat September vorverlegt (Windecken wurde bereits am 26. September erreicht), mußte Isolani gewissermaßen als deus ex machina erscheinen, um die durch den Durchzug der Spanier bedingten Ereignisse im Oktober zu rechtfertigen.

Laut *Zee-Heraeus*[43] überflutet Isolani mit seinen Kroaten im Mai 1635 „wieder" das Land und schlägt merkwürdigerweise wiederum sein Hauptquartier in Windecken auf, für das er eine besondere Vorliebe zu haben scheint. Ernsthaft: Zee-Heraeus beruft sich auch hier auf die Wetterfelder Chronik, wo aber auf der von ihm zitierten Seite nur vom Oktober 1634 die Rede ist. Hier dürfte es sich eindeutig um eine Verwechslung handeln, zumal er diese Darlegung in einer später erweiterten und augenscheinlich besser recherchierten Veröffentlichung[44] nicht wiederholt hat.

Schließlich läßt *Buccoli*[5] den Grafen Isolani 1636 „abermals" in das Hanauer Land einrücken und sogar Kilianstädten einäschern. Hier sind dem Chronisten aber die zugegebenermaßen unübersichtlichen Geschehnisse ziemlich durcheinandergeraten, auch war das Dorf - wie richtigerweise eine Seite vorher von ihm angeführt - ja schon zwei Jahre zuvor „biß vf acht heuser" niedergebrannt worden.

Es muß uns auffallen, daß die Berichterstattung in der Wetterfelder Chronik, die auch von anderen Autoren[46] übernommen wurde und auf die sich *Buccoli*[5] und *Zee-Heraeus*[43,44] gleichfalls stützen, mit den Darstellungen anderer Quellen nicht immer übereinstimmt. Da wiederum neuere Veröffentlichungen sich an vorgenannte Autoren anlehnen, scheint der Einfall Isolanis durch häufige Wiederholung in die Höhe absoluter Glaubwürdigkeit gerückt zu sein. Wir dürfen aber nicht übersehen, daß die Wetterfelder Chronik nicht uneingeschränkt als verläßliche historische Quelle gelten kann. Zwar hat der lutherische Pfarrer und Zeitzeuge Johann Cervinus aus Grünberg in dieser Chronik eine bedrückende und gewiß auch zuverlässige Darstellung der in seiner näheren Heimat geschehenen Kriegsgreuel hinterlassen, doch sind ihm bei der Beschreibung von Ereignissen, die über seinen direkten Gesichtskreis hinausgingen, des öfteren Unstimmigkeiten nachzuweisen. Das wurde auch von den Herausgebern, Wilhelm Matthäi und Friedrich Solms-Laubach, so gesehen, die einen ergänzenden Abriß des Dreißigjährigen Krieges anfügten und eine Fülle lokaler Geschehnisse zusammentrugen. Ich bin den von den Herausgebern angeführten und wahrscheinlich nicht mehr leicht beschaffbaren Originalquellen des immerhin schon 1882 erschienenen Buches nicht mehr nachgegangen, doch neige ich dazu, bei abweichenden Aussagen eher den Ausführungen *C.V. Wedgwoods*[39] und *Willes*[40,41] zu vertrauen, auch wenn Matthäi in Veröffentlichungen versucht hat, einige Darstellungen Willes „richtigzustellen“[*)].

So wenig wichtig es letzten Endes auch ist, wer in der Wetterau die brennenden und sengenden Kroatenbanden unter Befehl hatte: wahrscheinlich war es der unter dem Oberbefehl Piccolominis stehende Ossa oder auch der General Götz, nicht aber Isolani - obgleich uns ein prominenter Bösewicht wie dieser eher behagen möchte, der durch Schillers „Wallenstein“ in den deutschen Zitatenschatz eingegangen ist: „Spät kommt Ihr, doch Ihr kommt! Der weite Weg, Graf Isolan, entschuldigt Euer Säumen.“

Die Ereignisse gegen Ende des Jahres 1634 waren in der Tat ziemlich verworren, und niemand vermag zu sagen, wer nun wirklich in Kilianstädten war und was er dort angestellt hat. Während des Septembers 1634 waren es also vornehmlich die nach der Schlacht von Nördlingen zurückflutenden schwedisch-protestantischen Heeresreste, die unsere Heimat durchströmten. Einzelheiten über Vorkommnisse in Kilianstädten sind

*) Archiv für Hessische Geschichte, N.F.I., 1894.

nicht überliefert. Anfang Oktober tauchten die nachdrängenden Spanier auf, vor allem die von Piccolomini und Götz befehligten Reiterregimenter, die - wir wissen es schon - das spanische Heer unterstützten und zum Teil auch, unter dem Kommando Ossas, auf dem Weg in die Niederlande bis Andernach begleiteten. Diese Begleittruppen kehrten nach beendigter Mission wieder um und bezogen „in der bisher noch verschonten Wetterau Quartier, wo sie übel zu hausen begannen“[40]. Von dort wurden sie aber bald durch Bernhard von Weimar vertrieben, der sein protestantisches Heer unterdessen gesammelt und verstärkt hatte, sich Ende Oktober 1634 wieder auf das rechte Rheinufer wagte und schließlich bei Usingen sein Lager aufschlug[40]. Die Wetterfelder Chronik will wissen, daß Bernhard bereits am 16. Oktober Friedberg bis zum 15. November besetzt hielt (wobei er den berühmt-berüchtigten Isolani, welcher derselben Quelle zufolge um diese Zeit von Windecken aus Friedberg gebrandschatzt haben soll, fast über den Haufen hätte rennen müssen). Jedenfalls zog Bernhard Mitte November wieder nach Mainz ab, die Wetterau aufs neue den kaiserlichen Streifscharen preisgebend. Dies mag für die Wetterauer Bauern nicht viel Unterschied ausgemacht haben, denn Bernhards Söldner hatten sich während dieser Zeit nicht gerade als feine Leute aufgeführt - und doch war das nur ein kleiner Vorgeschmack dessen, was sie wenige Monate später anrichten würden.

In den Novembertagen des Jahres 1634 tritt ein kaiserlicher Generalfeldmarschall von Mansfeld auf den Plan, der mit 15.000 Mann in die Wetterau marschiert.[40] Dies will uns zunächst überraschen, erinnern wir uns doch, daß der gefürchtete Graf Ernst von Mansfeld, von dem schon einige Male die Rede war, bereits 1626 starb - übrigens nicht etwa im Kugelhagel, sondern an der Schwindsucht. Außerdem kämpfte dieser ja auch nicht für die Kaiserlichen. Sollte es einen zweiten Grafen Mansfeld geben?! Das zurate gezogene Standardwerk Wedgwoods über den Dreißigjährigen Krieg[39] weiß zwar nichts davon zu berichten, doch finden wir schließlich heraus, daß es sich diesmal um einen Grafen Philipp von Mansfeld handelt. Wer hatte diesem doch ziemlich unbekannten Feldherrn ein Heer von 15.000 Mann anvertraut? *Zee-Heraeus*[43] gibt sogar an, daß das Heer Mansfelds 42 Regimenter umfaßte, und wir entdecken bald, daß auch diese Information aus der Wetterfelder Chronik stammt. Dazu muß man wissen, daß ein Regiment üblicherweise aus etwa 10 Fähnlein bestand[7,52] (der Begriff Kompanie wurde erst gegen Ende des 17. Jahrhunderts allgemein), von denen jedes bis zu 400 Mann stark sein konnte[52]. Die Mannstärke eines Regiments war demnach keine feste Größe, sie konnte auch nach Kriegsereignissen infolge der daraus bedingten Verluste beträchtlichen Schwankungen unterliegen. Wir haben aber zuverlässige Angaben über Regimentsstärken aus dem Jahr 1635, wonach 800 - 1000 Mann für ein (protestantisches) Regiment realistisch sind.[41] Selbst wenn, wie an anderer Stelle berichtet wird[44], die kaiserlichen Regimenter nur 600 Mann zählten, hätte Mansfeld über 25.000 Söldner befehligt, eine Zahl, die wohl doch als etwas überzogen gelten darf.

Wenn wir wissen wollen, wo dieser ominöse Philipp von Mansfeld herkam und was er in der Wetterau wollte, müssen wir der Wetterfelder Chronik Glauben schenken: Die nach Köln geflüchteten geistlichen Herren des Rhein- und Maingebietes hatten dieses Heer gesammelt und dem katholischen Feldmarschall Mansfeld unterstellt, um den Schweden die noch besetzt gehaltenen Lande zwischen Lahn, Rhein und Main zu entreißen und dadurch den flüchtigen Priestern wieder zu ihren Pfründen zu verhelfen. Nun war dieser Philipp von Mansfeld nicht ganz so unbekannt, wie es zunächst erscheinen wollte: Er hatte bereits 1629 kaiserliche Hilfsvölker in Polen befehligt und zwei Jahre später an der Verwüstung Magdeburgs teilgenommen[40]. Mit den noch von den Schweden verteidigten Wetterauer Städten hatte er wenig Mühe. So übergab der schwedische Kommandant von Friedberg die Burg ohne den geringsten Widerstandsversuch, erhielt dafür freies Geleit und setzte sich nach Hanau ab. Das sollte ihm freilich schlecht bekommen, denn Ramsay ergrimmte sich derart über die feige Kapitulation, daß er den Schweden am folgenden Tag standrechtlich erschießen ließ.

Von hier an werden die Nachrichten wieder kontrovers: Die Wetterfelder Chronik beläßt die Mansfeldsche Armee sechs Monate in der Wetterau (Dezember 1634 bis Mai 1635) während diese nach *Wille*[40] bereits in den ersten Dezembertagen des Jahres 1634 weiter nach Aschaffenburg zieht. Da die Recherchen Willes als zuverlässig gelten können, möchte ich dem verunsicherten Leser empfehlen, sich an jenen zu halten. Danach wurden auf diesem Weg zahlreiche Dörfer, darunter Kilianstädten, Oberdorfelden, Mittelbuchen und Roßdorf „teils vollständig eingeäschert, teils einzelne Häuser davon niedergebrannt“[40]. In einem Verzeichnis der betroffenen Gemeinden der Grafschaft Hanau findet sich auch der in der Kilianstädter Chronik zitierte Vermerk: „Kilianstädten biß vf acht heuser“.

Der Weg Mansfelds führte auch über das bei Gelnhausen gelegene Linsengericht (Amt Altenhaßell = Altenhaßlau), wo meine Vorfahren väterlicherseits herstammen und wo das „Kayserische Kriegs Volck" übel hauste. In Altenhaßlau wurde „die Cantzell Vndt alle Stuhl in der Kirchen Verbrandt" sowie „funnf heuser Vndt sieben Schewern".

Wie übel der Krieg den Bewohnern der Spessartdörfer mitgespielt hat, kann man in Grimmelshausens »Der abenteuerliche Simplizissimus«[16] nachlesen, doch finden sich auch andere Aufzeichnungen, die die Schrekken jener Zeit in uns lebendig werden lassen. Im ältesten Kirchenbuch Altenhaßlaus stößt man auf einen Vermerk des damaligen Pfarrers (Orthografie an heutige Schreibweise angeglichen): „Anno 1635 sind die Untertanen durch des Krieges Schlacht zerstört und zerstreut, teils Hungers gestorben, von den zuvor etwa 200 Männer sind im ganzen Gericht noch 14 Paar Eheleute übrig blieben[*)]. Haben auch eine Zeit lang keinen Pfarrer gehabt, bis daß ich, Nicolaus Oberlin, angenommen und auf den heiligen Ostertag 1638 angekommen, die erste Predigt getan." In diesem Kirchenbuch, das weiter als jenes in Kilianstädten zurückreicht, fällt auf, daß die allermeisten Namen in späteren Büchern nie mehr erschienen sind. Der Krieg hat also ganze Sippen dahingerafft!

Nachdem Mansfeld durch Söldner aus dem Donauraum Verstärkung erhalten hatte, begann er sich Hanau zu nähern; seine Vortruppen waren nur noch 10 bis 12 Kilometer von der Stadt entfernt. Zwischenzeitlich hatte Bernhard von Weimar in den ersten Januartagen des Jahres 1635 ein Heer von 20.000 Mann zusammengezogen, unter dem sich auch französische Hilfstruppen befanden. Von Mainz aus rückte er über Frankfurt nach Hanau vor, um den Eingeschlossenen zu helfen und die kaiserliche Armee Mansfelds zurückzuschlagen. Am 16. Januar 1635 traf Bernhard mit seinem Stab in Hanau ein; das Hauptquartier wurde nach Marköbel verlegt, während die Armee in dem Dreieck zwischen Hanau, Gelnhausen und Büdingen Stellung nahm. Ob es die strenge Kälte und die unzureichende Verpflegung waren, der schlechte Zustand der winterlichen Wege oder die annähernd gleiche Stärke der Heere - Bernhard verspürte wenig Lust, eine Entscheidung in der Schlacht zu suchen. Auch Mansfeld, der bis Niederrodenbach vorgestoßen war, wollte keine Offensive wagen, so daß sich die gegnerischen Streitkräfte tagelang untätig gegen-

---

[*)] Das Gericht umfaßte 6 Ortschaften: Geislitz (Geburtsort meines Vaters), Altenhaßlau, Eidengesäß, Großenhausen, Lützelhausen und Hof Eich.

überlagen, bis Bernhard schließlich wieder aufbrechen ließ und sich über Frankfurt und Darmstadt zur Bergstraße zurückzog.

Der kurze Aufenthalt hatte jedoch genügt, um neues Leid über die schwergeprüften hanauischen Dörfer zu bringen. Seine „befreundeten" Truppen wüteten nicht weniger schlimm als die Kaiserlichen. Viele Orte wurden ganz oder teilweise niedergebrannt, fast alle Ortschaften des Amtes Windecken sowie Gronau, Bischofsheim, Vilbel und Bergen, um nur einige zu nennen. Die Franzosen sollen sich bei der blindwütigen Zerstörung besonders hervorgetan haben. Im Kirchenprotokoll von Oberissigheim finden wir folgenden Kommentar: „Bernhards ... desperate Truppen haben im Januar 1635 ... die Wetterau jämmerlich eingeäschert ... also weit übler als der Feind selbst gehaust."

Und in einer Aufstellung über die in den Jahren 1634 und 1635 eingeäscherten hanauischen Orte lesen wir folgendes: „Verzeichnus was im Ampt Windecken bei der Statt Vnd zugehörigen Flecken an Heusern Vnd Schewern in die Aschen gelegt Vnd verderbet worden. Zu Windecken ist (so lang das Weimerische Volck allda gelegen) zu 9 Vnderschiedlichen mahlen fewer vfgangen, aber allemahl wieder gedempft Vnd durch gottes gnadt die Statt erhalten worden biß vf eine grose schewern vffm Schloß so ganz eingeäschert ..."

Nach dem Abzug Bernhards begann Mansfeld sich wieder nördlich auszubreiten und nahm Wächtersbach und Gelnhausen ein. Dagegen erlitt er bei der mißlungenen Erstürmung Babenhausens eine empfindliche Schlappe, die ihn 350 Tote kostete. An Hanau, mit dessen Kommandanten bekanntermaßen nicht gut Kirschen essen war, wagte er sich erst gar nicht heran, verließ die Umgebung der Stadt und überschritt bei Höchst den Main, um das Darmstädter Land zu malträtieren.

Neben Frankfurt war Hanau die einzige Stadt am Main, die noch nicht eingenommen war. Das war nicht zuletzt dem mutigen und umsichtigen Verhalten Ramsays zuzuschreiben, der sich nicht auf die Verteidigung beschränkte, sondern die Belagerer häufig mit energischen Attacken überraschte, allen voran Graf Jakob Johann.

Nach dem Rückzug Bernhards machten die Kaiserlichen ernst und bereiteten den Sturm auf Frankfurt und Hanau vor. Ende Juni 1635 erschien General Götz mit mehreren Reiterregimentern vor den Toren Hanaus, um die Ernte des umliegenden Landes zu vernichten und dadurch die Hanauer auszuhungern. Es wurde begonnen, die Getreidefelder mit angezündetem Schießpulver niederzubrennen und mit schweren, von Pferden gezogenen Walzen zu zermalmen.[41] Doch war Festungskommandant Ramsay nicht der Mann, dem Treiben tatenlos zuzusehen. Durch die Übermacht des Feindes keineswegs eingeschüchtert, machte er diesem durch zahlreiche Ausfälle arg zu schaffen. Ein schweres Gefecht am 25. Juli 1635 endete mit einem vollständigen Sieg der Hanauer. Graf Jakob Johann befehligte auch diesen Ausfall, wie stets seinen Leuten ein Vorbild an Tapferkeit und Siegeswillen. Bereits am 15. Mai des Jahres hatte er einen Vorstoß nach Kilianstädten unternommen und dort die Kaiserlichen niedergemacht oder gefangengenommen.[5,43,44,46,47 *)]

Man soll nun aber nicht glauben, Ramsay und dem Grafen sei es vornehmlich um Schutz und Befreiung der dörflichen Landeskinder gegangen; man wollte in erster Linie den Feind schwächen und vor allem Beute machen, denn die Ernährungslage in der Festung war nicht gerade rosig. Dabei müssen die Hanauer wohl nicht immer genau hingesehen haben, wem sie etwas wegnahmen, sonst hätte Grimmelshausen seinen Simplizissimus nicht zu Ramsay, dem „Gubernator von Hanau“, sagen lassen, daß „Rauben und Plündern, Stehlen, Brennen und Morden die beste Arbeit seiner zu solchem Ende hinausgeschickten Truppen“ sei [16].

Im Juni 1635 wird erstmals in den Hanauer Ratsprotokollen der Ausbruch der Pest erwähnt, die schon einen Monat später durch die zunehmende Hitze des Sommers zum Höhepunkt gelangte. Die Menschen starben in so großer Zahl, daß viele ohne geistlichen Zuspruch bestattet werden mußten. Wie sah es in Kilianstädten aus? Hatte die Pest auch dort ihre Opfer gesucht? Wie viele Menschen lebten überhaupt noch? Hatten die Einwohner Schutz in den Festungen Windecken oder Hanau gesucht, um am Ende dort dem Schwarzen Tod zu erliegen? Wir müssen uns damit abfinden, daß uns keine Kunde überkommen ist. Überliefert ist aber, daß

---

*) Wie *Buccoli*[5] („Straßenkämpfe in Kilianstädten“) und andere[43, 44, 47] habe ich die Gelegenheit wahrgenommen, diesen offenbar von *Zimmermann*[46] entlehnten Vorfall aufzunehmen - gibt es doch sonst nicht viel aus unserem Heimatdorf zu berichten. Es steht allerdings zu befürchten, daß eine Verwechslung von (Kilian-)St**e**den (mdl. Steere) mit St**a**den (mdl. Stoare) vorliegt, denn nach *Wille*[40] fand dieser von Graf Jakob Johann befehligte - und augenscheinlich gut belegte - Ausfall in der Nacht zum 14. Mai 1635 statt und betraf den 22 km nördlich von Hanau gelegenen Ort **Staden** bei Florstadt. Dafür spricht auch, daß die Hanauer bei ihrem Rückzug von den in Niederflorstadt und Reichelsheim gelegenen Kroatenregimentern der Obersten Rechwitz und Beigott bis nach Bruchköbel verfolgt und angegriffen wurden. Warum hätte der von Kilianstädten kommende Jakob Johann über Bruchköbel reiten sollen?

die wenigen, die sich aus dem schlimm mitgenommenen Bruchköbel nach Hanau retten konnten, dort größtenteils der Seuche erlagen. Noch heute berührt uns der Vermerk des unglücklichen Bruchköbeler Pfarrers im Kirchenbuch: „dominica octava trinitatis war der 19. Julius 1635 ist mein liebes Weib und meine Tochter Margaretha durch die leidige Pest in Hanau hingerissen worden, Gott weis ob ich noch mehr in dieses Buch einschreiben werde."

Von den Flüchtlingen aus Oberissigheim starben in Hanau über 150 an der Pest, doch ist in deren Kirchenbuch[40] festgehalten, daß den Zurückgebliebenen nicht weniger schreckliche Schicksale vorbehalten waren. Hier einige Eintragungen:
„Ist wegen Kriegsgefahr, auch Feuersbrunst im Keller begraben worden, und war an Hunger und Kälte verstorben."
„Ist gestorben und begraben worden im Kriegstumult."
„Ist von dem Feind, dem Croaten, niedergehauen worden".
„Ist an der Pest, davon er einen Schenkel wie eine Wagennabe gehabt, zu Oberissigheim todt krank gelegen. Als nun das kaiserliche Kriegsvolk häufig der Orten und um Hanau angekommen, ist Jedermann davon gelaufen, also daß er ohne Zweifel verschmachten müßen, doch ist nachher sein Körper in seinem Hause fast verwesen gefunden worden."

Auch aus Ostheim ist durch das Kirchenprotokoll überliefert, daß offenbar ein Teil der Bevölkerung in Hanau von der Pest dahingerafft wurde: „1634 sind mehrere von den Kroaten umgebracht und hingerichtet worden. 1635 sind einige Leute vom Feinde übereilt, mißhandelt und todtgeschossen, *auch viele in Hanau begraben worden.*" Die Seuche begann schließlich im September abzunehmen und war am Ende des Jahres 1635 fast vollständig erloschen.

Freiherr von Ramsay - Haudegen oder Schurke?

Wir wollen wieder auf die Kriegsereignisse zurückkommen. Durch die energischen Angriffe Ramsays war General Götz nicht in der Lage, seinen Auftrag auszuführen und die Erntefelder zu verwüsten. Er wurde wieder nach Frankfurt gerufen, um die Truppen des Generals Lamboy zu verstärken, der den Sturm auf Frankfurt vorbereitete. Trotz der eigenen Bedrängnis sandte Ramsay dem schwedischen Kommandanten Frankfurts fünfhundert seiner Leute unter der Führung des Grafen Jakob Johann zu Hilfe, doch konnten auch diese das Blatt nicht wenden: Frankfurt mußte sich am 20. August 1635 ergeben. Der schwedische Kommandant, dem freies Geleit zugesichert worden war, begab sich zu Bernhard von Weimar, dessen Stab bei Hochheim lagerte. Während sich seine Leute größtenteils wieder nach Hanau durchschlagen konnten, schloß sich Jakob Johann dem schwedischen Kommandanten an, da sich sein tatendurstiger Geist bei Bernhards Truppen mehr Möglichkeiten zu Kampf und Abenteuer erhoffte. Dieser Entschluß sollte ihn schon kurze Zeit später sein junges 24jähriges Leben kosten.

Nach dem Fall Frankfurts erschien der Reitergeneral Götz erneut mit zehn berittenen Regimentern vor Hanau, gefolgt von General Lamboy mit vier Regimentern Fußvolk, der sein Hauptquartier auf der anderen Mainseite bei Steinheim aufschlug. Main und Kinzig wurden überbrückt, Schanzen angelegt und die Stadt umschlossen. Am 13. Dezember 1635 begann die Beschießung der Festung, was aber wenig Wirkung zeigte, da es an Munition mangelte. Überhaupt machte der Angriff im Verlauf von dreiviertel Jahren so gut wie keinen Fortschritt, was sowohl auf das ewige Zaudern Lamboys als auch auf die erfolgreiche Strategie Ramsays zurückzuführen war, der die Belagerer immer wieder mit gelungenen Ausfällen verunsicherte, Gefangene machte, Geschütze eroberte und einmal sogar ein mit Lebensmitteln beladenes Schiff auf dem Main kaperte. Dann ließ sich Ramsay wieder auf Unterhandlungen ein, die er mit diplomatischem Geschick unendlich in die Länge zog, bis sie schließlich ergebnislos versandeten. Im Juni 1636 wurde die Lage in Hanau kritisch: Es bestand äußerster Mangel an Verpflegung, und die durch Krankheit und Gefechtsverluste dezimierte Mannschaft würde wohl dem Druck der Feinde nicht mehr lange standhalten können. Die Kaiserlichen hatten ihre Truppen weiter verstärkt, doch war auch in Lamboys Lager Schmalhans Küchenmeister, denn aus der völlig ausgesogenen und kahl gefressenen Umgebung ließen sich kaum noch Nahrungsmittel erpressen. Die wenigen Unglücklichen, die noch in den Dörfern lebten, litten selbst jämmerlichen Hunger und nährten sich fast nur noch von Gras, Wurzeln und Gestrüpp. Fleisch von verendeten Tieren war ein ausgesuchter Leckerbissen, selbst vor Ratten, Schnecken oder Fröschen machte man nicht halt. In der schlimmsten Not wagte man sich nicht selten sogar an den „Genuß" menschlicher Leichen, die aus den Gräbern gewühlt wurden.

Wir haben keine Kenntnis darüber, was 1636 in Kilianstädten geschah. *Zee-Heraeus*[43] entnimmt einer Kirchensteuerliste, auf die er bei der Suche nach seinen Vorfahren gestoßen war, daß sein Urahn Hanß Zehe - der, in der 12. Generation, auch meiner ist - in diesem Jahr wie viele andere Kilianstädter Einwohner gewaltsam um das Leben kam.

Was nun Hanau und seine Belagerer angeht, so drängte der völlige Mangel an Lebensmitteln, an dem beide Seiten litten, zu einer baldigen Entscheidung. Ohne Hilfe von außen würde sich Hanau wohl kaum auf die Dauer gegen die Übermacht halten können. Doch wer sollte zu Hilfe kommen? Bernhard von Weimar, der sich als einziger protestantischer Heerführer unweit von Hanau aufgehalten hatte, war längst über den Rhein gezogen, um an der Saar einen Feldzug zu eröffnen. Glücklicherweise hatte die Landgräfin Amalia Elisabeth von Hessen-Kassel, geborene Gräfin von Hanau und Schwester des gefallenen Jakob Johann sowie des so unrühmlich geflohenen Philipp Moritz, ihre Vaterstadt nie aus den Augen verloren. Sie bewegte ihren Gatten, Wilhelm V. von Hessen-Kassel, zum Eingreifen, der sich anfangs nicht wenig gegen dieses Verlangen sträubte, da sein eigenes Land von feindlichen Truppen umgeben war. Er brach aber dann doch mit einem Heer auf und traf am 10. Juni 1636 in Windecken ein. Zwei Tage später stieß der Feldmarschall Leslie mit vier schwedischen Regimentern dazu, so daß eine zahlenmäßige Überlegenheit gegenüber den Belagerern erreicht wurde. Das Lager wurde auf dem höchsten Punkt zwischen Windecken und Roßdorf, am Wartbaum, errichtet, östlich der Kreuzung der heutigen B 45 mit der von Bergen über Kilianstädten nach Marköbel führenden „Hohen Straße", dem alten Römerweg.

Am 13. Juni 1636 begann die Schlacht, die zwei Tage dauerte und mit der völligen Niederlage Lamboys endete, welcher, 1300 Tote zurücklassend, über den Main nach Steinheim gejagt wurde, von wo er sich nach Speyer absetzte. Das Hanauer Lamboy-Fest, das am 13. Juni gefeiert wird, erinnert noch heute an die damaligen Ereignisse.

Wilhelm V., „der Beständige", sollte wenig Freude an seiner Unternehmung haben. Der kühne Handstreich hatte den Kaiser gewaltig aufgebracht. Im darauffolgenden Jahr wurde er von überlegenen kaiserlichen Kräften geschlagen, sein Land wurde zerstört und verwüstet. Er mußte fliehen und starb am 1.10.1637, erst 35jährig, in Ostfriesland an einer fieberhaften Erkrankung.

Nach der Vertreibung Lamboys hatte sich Ramsay zunächst nicht weiter um die Behauptung der Festung Hanau zu sorgen, da in der zweiten Jahreshälfte 1636 Kaiser und Liga an anderen Orten vollauf in Anspruch genommen waren. Doch war Ramsay nicht der Mann, sich jetzt auf die Bärenhaut zu legen und sich mit dem eintönigen Garnisonsleben zufriedenzugeben. Er vergrößerte durch eifrige Werbung die Zahl seiner Kriegsleute auf 1500 und setzte die in häufigen Ausfällen gewonnene Erfahrung in unglaublich verwegene und ausgedehnte Streifzüge um, die sich vom Rhein bis zur Rhön, von der Lahn bis in den Odenwald erstreckten. Schotten, Aschaffenburg, Offenbach wurden erstürmt und längere Zeit behauptet, ein Kroatenoberst mit seiner Reiterei ausgehoben, ein kurmainzisches Marktschiff bei Höchst auf dem Main geentert - um nur einige seiner Husarenstückchen zu nennen. Seine erfolgreichen Unternehmungen ließen ihn schließlich auf den tollkühnen Plan verfallen, dem Sohn des „Winterkönigs" die verlorene Pfalz wiederzuerobern, wozu der englische Hof sogar die nötigen Gelder zur Verfügung stellen wollte. Hätte sich die Entscheidung hierüber nicht so lange hingezogen und hätte nicht der Kurprinz Karl Ludwig in seiner eigensten Sache so wenig Entschlußkraft gezeigt - dem Teufelskerl Ramsay wäre diese wahnwitzige Unternehmung am Ende geglückt!

So aber verstrich die günstige Gelegenheit, und er mußte sich ernsthaft wieder, Mitte 1637, um die erneute Bedrohung Hanaus kümmern, denn ein kaiserliches Heer unter dem General Johann von Werth hatte sich zu einem kleinen Umweg über Hanau aufgemacht, um der widerspenstigen Stadt endlich den Garaus zu machen. Ramsay war sich der Aussichtslosigkeit eines Widerstandes gegen die überlegenen Truppen bewußt und verlegte sich auf das Verhandeln. Hanau sollte für den Kaiser in Eid und Pflicht genommen werden, während Ramsay bei seinem Abzug freies Geleit und eine hohe Entschädigung erhalten sollte. Durch glückliche Umstände bekam Ramsay zu wissen, daß er mittels zweier unterschiedlicher Vertragsausfertigungen ausgetrickst werden sollte und hütete sich, Hanau herauszugeben. Während diesem Hin und Her traten plötzlich Ereignisse ein, die eine ganz andere Wendung herbeiführten.

Graf Philipp Moritz hatte die Vorgänge in seiner Heimatstadt aufmerksam verfolgt und schätzte nun, des langen Exils müde, die derzeitige Gefahr gering genug ein, die Rückkehr wagen zu können. Am 5. Dezember 1637 traf er in Hanau ein. Über den fragwürdigen Charakter des Grafen, der sich inzwischen mit dem Kaiser versöhnt hatte, sind wir bereits informiert; so wundert es nicht, daß er gar nicht daran dachte, dem Freiherrn von Ramsay den Dank und die Anerkennung abzustatten, die dieser für die unter schweren Opfern vollbrachte Erhaltung von Stadt und Grafschaft weiß Gott verdient gehabt hätte. Von Anfang an trat er Ramsay selbstherrlich und feindselig gegenüber und versucht jenen mit keineswegs immer ehrlichen Mitteln zu bekämpfen. Die Gegnerschaft der beiden spitzte sich schließlich so zu, daß Ramsay den Grafen gefangensetzte und samt seiner Familie in dessen Schloß bewachen ließ. Doch hatte Ramsay den hinterhältigen Charakter des Grafen unterschätzt. Dieser hatte noch während seiner Anreise Verbindung mit dem kaiserlichen Lager aufgenommen und mit dem zu seiner Verwandtschaft zählenden Graf Heinrich von Nassau-Dillenburg einen Überfall auf die eigene Stadt verabredet. Ramsay war völlig ahnungslos, als die Stadt in der Morgenfrühe des 22. Februar 1638 angegriffen wurde. Er mußte sich in die Neustadt zurückziehen, in der er bei einem Feuergefecht eine schwere, unheilbare Verletzung erhielt, der er erst anderthalb Jahre später unter qualvollen Leiden erlag.[*)]

Philipp Moritz sollte sich seines auf so ränkevolle Weise neugewonnenen Besitzes nicht lange erfreuen. Er starb, noch vor Ramsay, in der Blüte seiner Jahre. Auch die ihm nachfolgenden Söhne überlebten ihn nur um kurze Zeit, so daß die Grafschaft 1642 an den Grafen Kasimir aus der verwandtschaftlichen Linie Hanau-Lichtenberg fiel. Wer Unrühmliches über diesen Grafen erfahren will, sei auf Seite 84 verwiesen.

[*)] Bei der Darstellung der Handlungen und Charaktereigenschaften Ramsays bin ich weitgehend den Vorstellungen des Oberstleutnants *Wille*[40] gefolgt, doch ist unverkennbar, daß dessen Soldatenherz an dem schneidigen Schotten Sir James Ramsay mehr Gefallen gefunden hatte, als der Objektivität dienlich war. So soll dem Leser nicht verschwiegen werden, daß es andere Quellen gibt, die Ramsay als skrupellosen, verschlagenen und gewalttätigen Menschen zeichnen, dem sogar die tückische - allerdings von feindlicher mainzischer Seite ausgestreute und keinesfalls zweifelsfrei bewiesene - Ermordung des Pfarrers von Steinheim zur Last gelegt wird. Auch die Spannungen zwischen ihm und dem Grafen Philipp Moritz sind nach diesen Darstellungen auf Ramsays überhebliches und unbeherrschtes Verhalten zurückzuführen. So soll der Graf erst „in dieser Not“[46] Kontakte zu seiner Befreiung geknüpft haben - was man sich angesichts der Bewachung durch Ramsay nur schwer vorstellen kann.

Die Helden werden müde

Will man von der allgemeinen Landplage marodierender Soldaten, Strauchdieben und Räuberbanden absehen, dann blieben die hanauischen Städte und Dörfer während der Jahre 1639 - 1644 von militärischen Ereignissen einigermaßen verschont; erst Anfang 1645 näherte sich der Krieg wieder den Grenzen der Grafschaft. Der kaiserliche Feldherr Johann von Werth, der nur durch das Verhandlungsgeschick Ramsays von einem Sturm auf Hanau abgehalten worden war, kühlte sich sein Mütchen nach einem mißlungenen Angriff auf hessen-kasselanische Truppen an den Ortschaften in der Umgebung von Frankfurt, die geplündert und verheert wurden - so weit es noch etwas gab, das vernichtet werden konnte. Auch hanauische Dörfer sollen empfindlich zu leiden gehabt haben. Da nähere Einzelheiten nicht bekannt sind, wissen wir nicht, ob Kilianstädten erneut betroffen war. Dies gilt auch für die beiden folgenden Jahre - welcher des Schreibens Kundige lebte überhaupt noch? Und jene, die es geschafft hatten, ihr Leben in diese Jahre zu retten - wem mochte wohl der Sinn danach gestanden haben, die Nachwelt mit Informationen zu versorgen?

So können wir den spärlichen Aufzeichnungen nur entnehmen, daß das Werthsche Kriegsvolk und danach die sie verfolgenden protestantischen Truppen durch die Wetterau zogen, wobei Friedberg berührt und die Kinzig bei Hanau überschritten wurde. Im Juli lagerte ein weiteres kaiserliches Heer in der Nähe Hanaus, was zur Folge hatte, daß die umliegenden Ortschaften durch Plünderung und Erpressung abermals in Mitleidenschaft gezogen wurden.[40] Zwischendurch hielten sich protestantische Streitkräfte in derselben Gegend auf; Friedberg, Windecken und Hanau werden genannt.

Die Wetterfelder Chronik berichtet, daß im Folgejahr, am 17. Juni 1646, eine 35.000 Mann starke kaiserlich-bayerische Armee aus Rodenbach kommend nach der Wetterau aufbrach und abends in Windecken „und in selbiger Gegend" das Lager aufschlug, während in den ersten Augusttagen ein niederhessisch-schwedisch-französisches Heer bis Bergen und Windecken vorbrach und den „von den Kaiserlichen stark besetzt" gehaltenen „zweiten Übergangspunkt über die Nidda (? - gemeint ist wohl die Nidder, d.V.) bei Windecken" angriff und eroberte.

Eine andere Quelle[40] macht uns auf den 27. November 1646 aufmerksam, an dem das noch von kaiserlichen Truppen besetzte Windecken von dem schwedischen Regiment Schmidberger überfallen und eingenommen wurde, wobei das Schloß und Teile der evangelischen Kirche in Flammen aufgingen. Die Sieger begnügten sich nicht damit, die unglückliche Stadt vollständig auszuplündern und das Vieh und die sonstige Habe zu rauben, mit welchen die Bauern aus den umliegenden Dörfern in das befestigte Windecken geflüchtet waren; sie machten sich einen Spaß daraus, alles, was sie nicht mitschleppen konnten, zu verderben und zu vernichten. So ist unsere nächste Heimat noch einmal kurz vor Beendigung des großen Krieges von ihren „Glaubensbrüdern“ auf das schrecklichste heimgesucht worden. Das Windecker Kirchenbuch faßt die traurige Lage der Stadt im Jahr 1646 in einem Satz zusammen: „Ligt aber jetzunder fast auff die Helffte in der Aschen, und ist in eine elende Wüsteney vnd Einöde gerathen.“

Zuletzt ging der Krieg an sich selbst zugrunde. Ganz Deutschland war verwüstet, die Mehrzahl aller Städte und Dörfer verbrannt, das Volk auf etwa drei Achtel seiner früheren Gesamtzahl geschrumpft; die Äcker lagen brach, der Hungertod schritt durch die Lande: Das Kriegführen lohnte nicht mehr.[29] Der Westfälische Frieden erlöste 1648 die gequälten Menschen von dem nunmehr drei Jahrzehnte dauernden Krieg, auch wenn Papst Innocenz X. mit dem getroffenen Religionsausgleich überhaupt nicht einverstanden war und wohl lieber noch hätte weiterkämpfen lassen.

In Kilianstädten sah es am Ende des Krieges gewiß nicht anders aus als in den übrigen Wetterauer Dörfern: die Einwohnerschaft ausgeplündert und verarmt, viele Männer erschlagen, Äcker und Vieh verdorben. Kilianstädten zählte nur noch etwa 100 Einwohner, diese Zahl wird in der Kilianstädter Chronik, der Festschrift „1150 Jahre Kilianstädten“[47] und in dem Bildband „Schöneck“[53] genannt. In letzterem wissen die Verfasser außerdem zu berichten, vordem habe „das blühende Dorf ... 1080 Einwohner“ gehabt. Woher diese sonderbare Zahl stammt, wird nicht gesagt; sie ist mit Sicherheit unrichtig. Es wären dann kaum mehr als neun Prozent der Menschen übriggeblieben, eine bei allem Verständnis für überspitzte Darstellungen kaum noch glaubhafte Vorstellung. Die genannte Einwohnerzahl wurde überhaupt erst ausgangs des 19. Jahrhunderts erreicht; nach realistischer Einschätzung dürfte das Dorf bei Ausbruch des

Krieges etwa 450 Seelen gezählt haben.[5,44] Und ob wir von einem „blühenden Dorf“ sprechen dürfen, erscheint angesichts fehlenden Quellenmaterials gewagt. Auch wenn der Bauernkrieg im vorangegangenen Jahrhundert nicht bis in unsere Heimatgemeinde gedrungen war, so warf er doch ein Licht auf die damaligen ländlichen Verhältnisse, und wir wissen, daß sich die wirtschaftliche Lage der Landbevölkerung bis zum Dreißigjährigen Krieg noch weiter verschlechtert hatte.

Und da wir gerade dabei sind, wollen wir auch eine Darstellung aus dem Weg räumen, die *Zee-Heraeus*[43] bei der Beschreibung der Verwüstungen am Ende des Dreißigjährigen Krieges gibt: „Die Nachbardörfer Lützelbuchen und Kinzdorf waren vom Erdboden verschwunden.“ Zwar gab es diese Dörfer am Ende des Dreißigjährigen Krieges tatsächlich nicht mehr - aber vorher auch nicht! Sowohl das auf dem linken Kinzigufer unterhalb der Altstadt Hanaus gelegene Kinzdorf als auch das direkt bei Mittelbuchen in Richtung Bruchköbel gelegene Lützelbuchen existierten schon im Jahre 1600 nicht mehr! So dramatisch sich solche Bilder in eine Schilderung der durch den Krieg bewirkten Zerstörung einfügen mögen - um der historischen Genauigkeit willen muß es gestattet sein, sie zu korrigieren, ohne die dankenswerten Nachforschungen des Autors auch nur im geringsten schmälern zu wollen. Es bleibt nachzutragen, daß Zee-Heraeus jenen Vermerk zwar in seiner späteren Arbeit[44] wiederholt hat, in dieser aber an anderer Stelle richtig anführte, daß die beiden Dörfer bereits im 16. Jahrhundert eingegangen waren. So ist die Richtigstellung wohl nur versehentlich unterblieben.

Richtblock und Scheiterhaufen

Manche Geschehnisse während des Dreißigjährigen Krieges und der Zeit danach, die nicht unmittelbar mit den militärischen Auseinandersetzungen zusammenhängen, lassen sich nur verstehen, wenn man sich die auch über das Kriegsende hinausreichende Verrohung und Verwilderung der Sitten vor Augen führt, die dieser schicksalhafte Zeitabschnitt bewirkt hatte, in dem es nur noch um das unmittelbare Überleben ging.

In der bereits genannten Kilianstädter Festschrift[47] wird aus dem Jahre 1646 berichtet, daß der Kilianstädter Schultheiß in betrunkenem Zustand einen Bauern erschlagen hatte, daraufhin flüchtete, aber mehrere Jahre später nach Zahlung einer Geldbuße wieder unbehelligt zurückkehren konnte, während zehn Jahre darauf eine Frau aus Kilianstädten wegen Ehebruchs vermutlich für immer des Landes verwiesen wurde. Wie konnte man ein schweres Kapitalverbrechen wie Totschlag so milde ahnden und andererseits eine Frau wegen eines aus heutiger Sicht eher belanglosen Vergehens so unangemessen hart bestrafen?

In einer Zeit, in der ein Menschenleben nicht viel galt, mochte man wohl wegen eines Toten mehr oder weniger kein großes Aufhebens machen, wohingegen die mit der prüden calvinistischen Lehre verbundene Moralvorstellung einen Ehebruch als schweres Verbrechen bewertete, das unnachsichtige Bestrafung verlangte. Gemessen an anderen Urteilen mag man sogar meinen, die Kilianstädter Ehebrecherin sei noch gut dabei weggekommen. Als 1641 in Hanau die dortigen Bürger Nicolaus Otto und Elisabeth Straub bei einem Seitensprung ertappt wurden, lautete das Urteil auf Tod durch das Schwert. Die Ehefrau des Grafen Philipp Moritz, Sybille Christine, wandelte den Schuldspruch kraft ihres fürstlichen Begnadigungsrechts in körperliche Züchtigung um, worauf die armen Sünder entkleidet und öffentlich auf dem Marktplatz bis auf das Blut ausgepeitscht wurden. Die beiden mochten aber auch nach dieser Strafe nicht voneinander lassen und wurden prompt ein weiteres Mal ertappt. Diesmal griff die Regentin nicht ein: Am 6. September 1641 wurden beiden vom Scharfrichter die Köpfe abgeschlagen.[40*)] Kurz vor Ausbruch des Dreißigjährigen Krieges hatte es in Hanau schon zwei andere „ehebrecherische Personen" erwischt, die ebenfalls mit dem Schwert hingerichtet wurden. Da beide verheiratet waren, mußten sie sich eines besonders verwerflichen Verbrechens verantworten: Sie hatten einen „Oberehebruch" begangen[46].

Manche Einträge in den Kirchenbüchern werfen ein Schlaglicht auf die calvinistisch-puritanischen Moralbegriffe jener Epoche, die ungeachtet aller sonstiger Verkommenheit und Lasterhaftigkeit fortbestanden. Wurde ein Mädchen von der rücksichtslosen Soldateska vergewaltigt, so war der Unglücklichen das Mitleid der Gemeinde keineswegs sicher. Nicht selten wurde sie obendrein noch von Pfarrer oder Presbyterium

---

*) Nach *Zimmermann*[46] fand die Hinrichtung bereits am 27. August 1641 statt. Der Name des Mannes wird mit Clos Fuchslecher angegeben. Diese Angaben sollen sich auf das Tagebuch des damaligen Schultheißen von Oberdorfelden stützen. Wegen der zeitlichen Nähe sowie der übereinstimmenden Beschreibung der Einzelheiten und des Namens der Frau handelt es sich zweifelsfrei um denselben Vorgang.

(Kirchenvorstand) verunglimpft. Wir lesen im Kirchenbuch von Altenhaßlau unter dem Datum vom 8. August 1633: „... ist ein Hurenkind getauft, so des Wirts Magd ... gewesen. Hat gesagt, die Krieger seien der Vater.“

Die damals verhängten grausamen Todesurteile empfinden wir heute als barbarisch und ungerecht. Sie waren nicht nur bei sittlichen Verfehlungen an der Tagesordnung, auch bei anderen aus jetziger Sicht geringfügigen Vergehen mußte man mit dem Schlimmsten rechnen. Ließ sich ein Dieb beim Stehlen erwischen, konnte er sich glücklich schätzen, wenn er nur ins Halseisen gelegt und des Landes verwiesen wurde. Da man in jener Zeit keine Vorstrafenregister führte, wurden dem Übeltäter, um ihn kenntlich zu machen, häufig Verstümmelungen zugefügt.

„Mit Strafen wie Abschneiden der Nase, der Ohren oder Durchbrennen der Backen - eine Strafe, die den berühmten Bildschnitzer Veit Stoß wegen Urkundenfälschung traf - oder mit Brandzeichen auf Stirn oder Backe wollte man dem Täter nicht nur schlimme Schmerzen bereiten, es sollte auch für alle Zukunft jedermann vor dem also Gezeichneten gewarnt werden. Es ist leicht einzusehen, daß nach einer solchen Bestrafung der Weg in ein geregeltes und geordnetes Leben für immer versperrt war. Etwas humaner war deshalb die Brandmarkung auf dem Rücken, die als (nunmehr) schwerste Leibesstrafe die anderen scheußlichen Verstümmelungsstrafen verdrängte.“ [25]

Wurde ein Dieb ertappt, der ein solches Brandmal trug, konnte ihn nur noch ein Wunder vor dem Galgen retten. In Frankfurt wurde 1673 ein Langfinger gefaßt, dessen Rücken gleich mit zwei Brandzeichen dekoriert war. Damit war er praktisch ein toter Mann. Aber man wollte es jetzt genau wissen, wo und auf welche Weise er seine früheren Diebestaten verübt hatte. Da er dazu begreiflicherweise nichts sagen wollte, wurde er zur Wahrheitsfindung der Folter unterzogen.

Wie das vor sich ging, lesen wir bei *Meinhardt*[25]: „Die ersten beiden Grade der Folter waren ... verhältnismäßig harmlos. Der erste Grad bestand darin, daß der Scharfrichter dem Beschuldigten die Folterwerkzeuge vorlegte und ihre Wirkungsweise möglichst drastisch schilderte. Im zweiten Grad wurden dem leugnenden Beschuldigten die Folterwerkzeuge angelegt - diese beiden Grade sind in Frankfurt zu einem Grad vereinigt und werden ‚Territion‘ oder Schreckung genannt. Erst der dritte Grad war die wirkliche Folterung. Hierbei gab es nun wieder Steigerungsmöglichkeiten ... sadistischer Grausamkeit: zunächst wurde der Beschuldigte mit den Daumenschrauben gequält. Konnte man ihm damit kein Geständnis abringen, so wurde er an den auf den Rücken gebundenen Armen aufgezogen, und schließlich wurden die Beinschrauben als schlimmste Form angewendet. Diese beiden Steigerungen der Quälereien und besonders die Beinschrauben haben nur wenige Beschuldigte über sich ergehen lassen, ohne ein mehr oder minder zutreffendes Geständnis abzulegen, um den Qualen zu entgehen."

Der in Frage stehende Dieb, insgeheim noch auf Rettung hoffend, blieb aber standhaft und gab außer der Tat, welcher er bereits überführt war, nichts zu. Doch hatte er die Folterpein vergebens über sich ergehen lassen, denn der Rat der Stadt Frankfurt verurteilte den mutmaßlichen Wiederholungstäter auch ohne ein abgepreßtes weiteres Geständnis zum Tod durch Erhängen.

Auch wenn es den beklommenen Leser verwundert, unter Berücksichtigung des damaligen Rechtsempfindens und der üblichen Scheußlichkeiten, mit den die armen Sünder anderswo vom Leben zum Tode befördert wurden, galt die Gerichtspraxis der Stadt Frankfurt etwa von der Mitte des 17. Jahrhunderts an als fortschrittlich und human. In den Jahren davor wurden nicht nur mehr Diebe hingerichtet als später, sie wurden auch auf besonders abstoßende Weise umgebracht. So berichtet wiederum *Meinhardt*[25] von einem ertappten Dieb, der einen Juwelier bestohlen und dabei ein immenses Vermögen erbeutet hatte. Das hätte allein schon zum Todesurteil gereicht, doch bekannte er auf der Folterbank noch weitere Diebereien, die er vorher begangen hatte. Nun hatte der Unglückselige auch noch das Pech, daß er Jude war, denn in Frankfurt wurde die Strafe des Erhängens an Juden in einer besonders niederträchtigen Form vollzogen: Der unglückliche Delinquent wurde an den Füßen aufgehängt, bis man ihn nach längerer oder kürzerer Zeit der Qual gnädig erdrosselte. Bei der normalen Strangstrafe trat der Tod dagegen sofort ein.

Für die Geistlichkeit war ein solcher Fall willkommener Anlaß, dem Christengott eine neue Seele zuzuführen. Aus Angst vor der abscheulichen Todesart ließen sich manche Delinquenten zu einem Glaubenswechsel überreden, so auch unser Juwelendieb, der irrtümlicherweise glaubte, dadurch sein Leben retten zu können. Als daraus nichts wurde, widerrief der Jude wieder alles, er wolle dann lieber als Jud und nicht als Christ sterben. Doch als die Stunde seines erbärmlichen Todes nahte, überlegte er es sich wieder anders. Er sei in Wirklichkeit bereits vor drei Jahren als Christ getauft worden und begehre nun auch als Christ zu sterben. Der Rat wurde unschlüssig und modifizierte des Urteil auf salomonische Weise: Der Unglücksrabe wurde zwar an den Füßen aufgehängt, dann aber sogleich stranguliert.

Noch eine letzte Diebesgeschichte aus den Frankfurter Gerichtsannalen. Im Jahr 1635, also mitten in der schlimmsten Zeit des Dreißigjährigen Krieges, ließ der Rat der Stadt Frankfurt in der Registratur des Römers eine schwere Truhe aufstellen, in der Schmucksachen und andere Wertgegenstände verwahrt wurden, um sie so vor dem Zugriff plündernder Marodeure und kleinerem Raubgesindel zu schützen. Das Unglück wollte es, daß die Einlagerung der Schätze von einem zufällig dort tätigen Weißbinder namens Grünich beobachtet wurde, der, wie sich später herausstellen sollte, ein gewohnheitsmäßiger Einbrecher war. Grünich sah in einem Raub der Kostbarkeiten die Chance seines Lebens und ließ sich auch nicht von dem tödlichen Risiko schrecken, das ein solches Unterfangen in sich barg. Nachdem er sich einen Nachschlüssel angefertigt hatte, ließ er sich eines Tages nach getaner Arbeit heimlich einschließen, öffnete die Schatztruhe und reichte die Wertgegenstände seiner Frau Barbara zum Fenster hinaus, durch das er anschließend selbst den Weg ins Freie suchte.

Es schien, als stünde unserem Grünich das Glück zur Seite, denn mehr als ein Jahr angestrengten Fahndens hatte die Stadt nicht einen Zentimeter weiter gebracht. Doch dann, im Februar 1637, entdeckte der Frankfurter Münzmeister zwei goldene Gegenstände, die ihm verdächtig vorkamen und die von einem Ratsherren als Teile seiner Ehrenkette identifiziert wurden. Nun setzte eine fieberhafte Nachforschung ein. Wo kam das Gold her? Zur Münze hatte es ein Mann mit Namen Jakob Jud gebracht, der es von einem Goldschmied erworben hatte, welcher angab, es einem Barbierjungen aus Bornheim abgekauft zu haben. Der war bald gefunden und verstrickte sich in Widersprüche, so daß man ihm mit der Folter drohen mußte. Nun erzählte der Junge, er habe das Gold im Stroh des Bettes gefunden, in welchem ein Weißbinder aus Sachsenhausen nach der Behandlung durch den Barbiermeister geschlafen habe. Der Verdacht fiel schnell auf Grünich, der vor den Ratsausschuß geladen wurde, vorher aber noch Zeit fand, die restlichen Wertsachen aus dem Diebstahl zu verstecken. Bei dem Verhör tischte er dem Ausschuß so abenteuerliche Geschichten auf, daß er erst recht in Verdacht geriet. Er wurde verhaftet, aber zunächst nicht in den ausbruchsicheren Katharinenturm überführt, sondern im Schuldgefängnis untergebracht, was sich bald als ärgerlicher Fehler erweisen sollte, denn der Häftling war nach einem Besuch seiner Tochter kurzerhand ausgebrochen und hatte sich damit den zu erwartenden schmerzhaften Befragungen entzogen. Wie sich später herausstellte, hatte die Tochter ein Seil eingeschmuggelt, mit dem sich Grünich aus der Dachgaube des Gefängnisses herablassen konnte.

Die Frankfurter, nicht wenig über sich selbst verärgert, hielten sich nun an Frau Barbara, der sogleich die Daumenschrauben angezogen wurden, die aber zunächst nur fürchterliches Heulen und Geschrei, doch kein Geständnis herbeiführten. Am nächsten Tag wurde das unmenschliche Verhör fortgesetzt, in dessen Verlauf man sie, die Hände auf den Rücken gebunden, mit einer Winde in die Höhe zog. Unter der Qual ausgerenkter Arme bekannte sie die Mitwirkung am Diebstahl. Kaum von der Winde heruntergelassen, widerrief sie alles. Erneut aufgezogen, gab sie wiederum alles zu, was sie vorher abgestritten hatte. Den mit der Wahrheitsfindung Beauftragten genügte das nicht, Frau Grünich mußte auch am darauffolgenden Tag unter die Folter. Unter der Marter tat sie nun, was nicht wenige der so schmerzensreich Befragten taten, sie gab mehr zu, als sie wußte, nur um weiterer Pein zu entgehen. So beschrieb die bemitleidenswerte Frau genau den Ort, an dem angeblich weitere Schmuckstücke begraben sein sollten. Natürlich fand man dort nichts. Also sollte am folgenden Morgen das „Verhör“ fortgesetzt werden. Auf dem Weg zu neuer Folterpein gelang es Barbara Grünich, sich in einen offenen Brunnen zu stürzen, um ihrem Leiden ein Ende zu setzen. Die Ohnmächtige wurde an einem Seil hochgezogen und wieder zum Leben erweckt. Sie hatte sich aber bei dem Sturz so schwere Verletzungen zugezogen, daß die Vernehmung nicht mehr fortgesetzt werden konnte.

Inzwischen hatte man den Weißbinder in Höchst aufgespürt und festnehmen lassen. Der Kurfürst von Mainz, zu dessen Territorium Höchst gehörte, stimmte der Auslieferung nach Frankfurt zu, wo Grünich angesichts der hoffnungslosen Lage und um sich die Folter zu ersparen alles gestand. Die Rechtsadvokaten befanden, daß der Einbruch im Römer einem Kirchendiebstahl gleichzusetzen sei, daher „solle diesem Barthel Grünich vor dem Römer zuforderst seine rechte Hand abgehauen, der Stumpf mit glühendem Eisen ... gebrannt werden, damit er sich nicht verblute; derselbe solle aber folgends draußen mitten in das Kreuz des Galgens gehenkt werden, die Hand aber über ihn auf ein hohes Eisen gesteckt und er also anderen zum abscheulichen Exempel abgestraft werden".

Das Urteil wurde am nächsten Tag vollstreckt. Auch Barbara Grünich hätte eigentlich mit dem Henkerseil Bekanntschaft machen müssen, da aber „die Henkung von Weibspersonen dieser Orten nicht bräuchlich", wurde sie, die wegen der beim Brunnensturz erlittenen Verletzungen nicht mehr laufen konnte, in einem Karren zum Hochgericht gefahren und dort auf einem Stuhl sitzend enthauptet. Sie wurde neben dem Galgen verscharrt, auf dem Grünichs Leiche wie üblich „anderen zum abschreckenden Beispiel" bis zur Verwesung hängenblieb.[25]

Wir wollen das Kapitel über den Dreißigjährigen Krieg nicht beschließen, ohne die Hexenverfolgungen zu erwähnen, die zwar schon lange vor Ausbruch des Krieges begonnen hatten und auch noch weit über diesen hinausreichten, aber während jener Zeit in ihrer höchsten Blüte standen. Hexenglaube und Hexenverfolgung hatten ihren Ausgang in einem der folgenschwersten Bücher der Weltliteratur, dem „Hexenhammer", verfaßt von zwei Dominikanermönchen und erstmalig gedruckt im Jahre 1483. Das Buch besaß päpstliche Legitimation und sollte auch nach der Reformation noch zweihundert Jahre lang nicht nur in den katholischen, sondern vor allem auch in den protestantischen Ländern einen unheilvollen Einfluß ausüben, galt es doch beinahe ebensoviel wie die Bibel. Es war hauptsächlich gegen das weibliche Geschlecht gerichtet und führte zum grausamen Feuertod unzähliger Frauen, aber nur weniger Männer. Es wäre falsch, den Hexenglauben nur als eine historische Randerscheinung aufzufassen, denn er stellte das hauptsächliche Phänomen im 16. - 18. Jahrhundert dar.[29]

Manch einer mag sich fragen, warum Luther, der vielen als aufgeklärter Geist gilt, diesen verhängnisvollen Hexenwahn nicht bekämpft und abgeschafft hat. Luther aber war ganz Kind seiner Zeit, er blieb stets in der Wahnvorstellung und im Glauben an Hexen und Teufel gefangen. Seine bekannten Tischreden bieten hierfür genügend Beweis.[35] Ja, man darf sogar sagen, daß der Hexenglaube erst nach der Reformation seinen Höhepunkt erreichte. Im 15. Jahrhundert hatte sich zunächst vielerorts Widerstand gegen die angeordneten Hexenverfolgungen aufgebaut, bis Papst Innocenz VIII. verkündete, in den deutschen Ländern bestünde ein geheimes Reich des Satans. Die Bischöfe, die sich dem Hexenglauben widersetzten, wurden mit Amtsenthebung und Bannfluch bedroht. Aber erst, als um 1520 die Hexenverfolgung an die weltliche Obrigkeit gefallen war und Kaiser Karl V. 1537 die „Peinliche Halsgerichtsordnung" in das Reichsrecht eingeführt hatte, ging es den „Hexen" richtig an den Kragen. Auch die kleinsten Gerichte erhielten Folterausrüstung, überall wurden Folterknechte ausgebildet. Die gräßlichen Peinigungen, denen beschuldigte Personen hinfort ausgesetzt waren, blieben nicht ohne Einfluß auf den Zeitgeist, machten den Weg frei zu Gefühllosigkeit und Brutalität. Was auch immer an Schrecknissen aus dem Dreißigjährigen Krieg berichtet wird: In der Hauptsache beruhten sämtliche Marterpraktiken auf der Kenntnis der Foltermethoden![29]

Wie viele Opfer der Hexenwahn im deutschen Reich gefordert hat, läßt sich nicht abschätzen; die Zahl geht in die Hunderttausende. Der nichtigste Grund reichte zur Anklage aus, die anonym erfolgen konnte und sogar als gottgefällig galt. Es läßt sich leicht ausmalen, wie nun jeglicher Verleumdung Tür und Tor geöffnet wurde. Wer in berechtigter Unschuld die Vorwürfe ableugnete, wurde gemartert, damit die Wahrheit an das Licht käme. In Wirklichkeit aber war jeder Freispruch ausgeschlossen: Die Anklage zog die Folter nach sich, die Folter das Geständnis; jedes Geständnis führte zum Tod. Gelegentlich wurde die „Wasserprobe" angewandt, bei der die als Hexe angeschuldigte Frau entkleidet, mit Stricken gebunden und in das Wasser geworfen wurde. Schwamm sie oben, galt sie als überführt, ging sie unter, war sie unschuldig, ertrank aber nicht selten bei dieser Prozedur. Immerhin konnte sie dann auf ein christliches Begräbnis hoffen.

Noch im Jahre 1679 hatte der Große Kurfürst eine Verordnung erlassen, in der ausdrücklich befohlen wurde, alle Hexen ihrer gerechten Strafe zuzuführen; doch kennen wir glücklicherweise einzelne Landesherren, die dem Hexenglauben widerstanden. So hatte in Hessen der im Schmalkaldischen Krieg hervorgetretene Philipp der Großmütige, Zeitgenosse Luthers und ohne Zweifel der klügste und aufgeklärteste deutsche Fürst seiner Zeit, die Hexenprozesse nicht zugelassen. In dem nach seinem Tode geteilten Land war leider nur der älteste Sohn Wilhelm IV. stark genug, gleichfalls dem Zeitgeist entgegenzutreten; dagegen begann unter dessen Bruder Ludwig jetzt auch für Oberhessen die Zeit der Hexenverfolgung. Im Gegensatz zum nahen Kurfürstentum Mainz, wo die Hexen wie am Fließband angezündet wurden, brannte in der Reichsstadt Frankfurt kaum ein Scheiterhaufen, auf dem unschuldige Frauen dem Hexenwahn geopfert worden wären. Zwar gab es auch hier Verfahren und Prozesse gegen Zauberei, bei denen die Folter nicht verschmäht wurde, doch muß der Geistlichkeit und den Stadtadvokaten nachgerühmt werden, daß sie bei den Hexenprozessen größte Vorsicht und Skepsis walten ließen und in den Gutachten meistens zum Ausdruck brachten, daß die Beschuldigten auch ohne Feuer aus den Klauen des Teufels befreit werden könnten. Auch mußte in Frankfurt der Denunziant damit rechnen, daß er bei nachgewiesener fälschlicher Verleumdung selbst zur Rechenschaft gezogen wurde.

Demgegenüber war die Grafschaft Hanau ein dankbareres Betätigungsfeld für Folterknechte und Scharfrichter. In einem Verzeichnis der von 1601 - 1605 verbrannten Hexen stehen über einhundert Namen. Wenn sich von 1629 - 1647 keine derartigen Akten finden lassen, sollte man nicht vorschnell auf einen Sinneswandel schließen. Viel wahrscheinlicher darf man von einem Verlust der Aufzeichnungen ausgehen, denn gerade während des Dreißigjährigen Krieges erreichte der Hexenwahn seine stärkste Ausprägung. In dem von Kilianstädten gar nicht so weit entfernten Lindheim stand der berüchtigte Hexenturm, in dem die „Hexen“ gefangengehalten und gefoltert wurden. In Lindheim wurde erst 1634 mit den Hexenprozessen begonnen, nachdem der Oberschultheiß und Justizbeamte Geiß festgestellt hatte, daß es „von Hexen wimmelte und man nicht eher ruhen dürfe, bis das verfluchte Hexengeschmeiß in Lindheim und an allen anderen Orten vom Erdboden vertilgt sei.“ Als Geiß schließlich seines Amtes enthoben war, hatte er an die dreißig Hexen quälen und hinrichten lassen.[27] Aus anderer Quelle[29] erfahren wir, daß drei dieser Lindheimer Hexen bekennen sollten, sie hätten auf dem dortigen Friedhof ein jüngst verstorbenes Kind ausgegraben und zu Hexenbrei verkocht. Nachdem sie lange genug gefoltert worden waren, gestanden sie alles - auch das. Der Ehemann einer jener Frauen brachte es nun mühevoll dahin, daß das Grab in Anwesenheit einiger Zeugen und des Ortsgeistlichen geöffnet wurde: Der Leichnam des Kindes war unversehrt. Geiß erklärte alles für teuflisches Blendwerk und beharrte auf dem erpreßten Geständnis. Die Frauen wurden auf den Scheiterhaufen gezerrt und „zur Ehre des dreieinigen Gottes“ jämmerlich verbrannt. Dabei darf Geiß noch als „kleiner Fisch“ gelten: Der Hexenrichter von Fulda, Balthasar Voss, pflegte sich zu rühmen, daß er in der frommen Domstadt über 700 Hexen habe verbrennen lassen.[*)]

Da Kilianstädten nicht im Zusammenhang mit Hexenprozessen genannt wird, dürfen wir hoffen, daß dieser Kelch an unseren so arg gebeutelten Vorfahren vorbeigegangen ist - angesichts des lückenhaften Aktenbestandes können wir uns dessen keineswegs sicher sein! Zu dem wenigen, das zu unserer Kenntnis gelangt ist, gehört eine verbürgte Hexenverbrennung am 16. Mai 1682 in Windecken. Es soll die letzte dort gewesen sein, doch wie viele vorausgegangen sind, wird wohl in ewigem Dunkel bleiben. Noch heute will es uns grausen, wenn wir von einer Hexenverbrennung hören, die noch im Jahre 1698 (!) in Bruchköbel stattfand. Auf dem dortigen Galgenfeld wird ein 17jähriges, offenbar geistesgestörtes Mädchen verbrannt: Es soll „auf Geheiß des Teufels" sein Heimatdorf Mittelbuchen angezündet haben.[35,46]

[*)] nach *A. Streckfuß*: 500 Jahre Berliner Geschichte, Verlag Albert Goldschmidt, Berlin,1886.

Vom Westfälischen Frieden zum Dritten Reich

Im Schatten des Sonnenkönigs

Der Westfälische Frieden hatte den Dreißigjährigen Krieg beendet, die Habsburger Kaisermacht zerschlagen und das deutsche Reich in etwa dreihundert nahezu selbständige Herrschaften aufgeteilt, die meisten klein oder gar winzig, nur wenige von Bedeutung und Gewicht. Das Land kam nur langsam wieder zur Ruhe und mußte noch jahrelang unter den marodierenden Resten früherer Söldnerheere leiden, die nichts anderes gelernt hatten, als aufeinander einzuschlagen und den Bauern das Fell über die Ohren zu ziehen.

Die Grafschaft Hanau war, was ihr Territorium anging, gestärkt aus dem Krieg hervorgegangen: Die umfangreichen Schenkungen des Schwedenkönigs Gustaf Adolf brauchte sie nicht wieder abzutreten. Allerdings waren Satisfaktionsgelder an die Schweden zu zahlen, die zur Sicherung der nur schleppend eingelösten Forderungen drei Jahre lang - bis 1651 - Besatzungstruppen im Hanauischen zurückließen.[5] Ein Teil der Söldner lagerte in Hohenems bei Schlüchtern und wurde von dem in schwedischen Diensten stehenden Leutnant Nikolaus Uffelmann befehligt, meinem Urahn, der zehn Generationen vor mir gelebt hat und dessen Enkelsohn, der Gastwirt und Chronist Philipp Uffelmann, uns eindrucksvolle Dokumente der Kilianstädter Dorfgeschichte hinterlassen sollte. Nach dem Abzug der Schweden machte sich der aus dem Weserland stammende Nikolaus Uffelmann in der Grafschaft Hanau seßhaft, erwarb ein Landgut und traute sich auch sonst noch einiges zu: Er avancierte zum Hauptmann der Hanauer Landmiliz und heiratete, vierzigjährig, eine um zwanzig Jahre jüngere Frau.

Der Wiederaufbau Kilianstädtens ging nur mühsam voran. Die Kirche konnte von der verarmten und dezimierten Einwohnerschaft erst zwanzig Jahre nach dem Ende des Dreißigjährigen Krieges neu errichtet werden. Dabei hat man wohl nach billigsten Lösungen suchen müssen, sonst wäre das Gotteshaus achtzig Jahre später nicht wieder baufällig geworden. Die durch den Krieg mit Schulden beladene Hanauer Herrschaft vermochte ihren Untertanen nicht zu helfen. Im Gegenteil: man verschärfte den Frondienst und versuchte durch Anwendung neuer Steuern den Ärmsten noch das Allerletzte abzupressen.

Kaum waren die Rechnungen für das neuerbaute Kirchlein bezahlt, mußten die Kilianstädter erneut um ihr Gotteshaus bangen, denn in Hanau hatte nach dem Aussterben des Hanau-Münzenberger Stammes im Jahre 1647 Graf Friedrich Kasimir aus der Hanau-Lichtenberger Linie das Regiment übernommen und, vierundzwanzigjährig, die um zwanzig Jahre ältere Witwe seines Vorgängers Philipp Moritz, die Gräfin Sibylle Christine aus dem Hause Anhalt-Dessau, geheiratet.[46]

(Was wie ein Vorgriff auf die späteren Narreteien Friedrich Kasimirs aussieht, entsprang rationalem Kalkül: Da die Gräfin hohe Forderungen gegenüber dem Hause Hanau-Münzenberg geltend machte, schien es dem jungen Grafen nützlicher, sie einfach zu heiraten. Die Ehe blieb, wie sich denken läßt, kinderlos. Trotz des Altersunterschiedes überlebte die Witwe ihren Ehemann um fast ein Jahr. Da sie unterschiedlichen protestantischen Glaubens waren - er lutherisch, sie reformiert -, wurden sie auch in unterschiedlichen Grüften beigesetzt. So streng waren damals die Bräuche).

Der übermäßige Aufwand Friedrich Kasimirs bei der Hofhaltung und waghalsige Geldgeschäfte drohten die ohnehin notleidende Grafschaft in ein finanzielles Chaos zu stürzen. Unter dem Einfluß dreier übler Abenteurer, die sich an ihn herangedrängt hatten und ihm das Geld aus der Tasche zogen, ließ er sich zu den unsinnigsten Ausgaben und Anschaffungen verleiten. Auf dem Höhepunkt seiner Verrücktheiten erwarb er von der holländischen „Westindischen Kompagnie" in Südamerika ein Gelände zwischen Amazonas und Orinoko, auf dem er ein Königreich errichten wollte, das den Namen „Neudeutschland" oder „Hanauisch-Indien" tragen sollte, eine utopische und zudem verlustreiche Unternehmung.[55] Die anderen Mitglieder der gräflichen Familie gerieten in Panik: Die Witwe seines jüngeren Bruders wandte sich 1670 hilfesuchend an das Reichskammergericht. Kaiser Leopold I., dem die zunehmenden Unruhen der Landesbevölkerung zu Ohren gekommen waren, entsandte eine Kommission zur Untersuchung der Angelegenheit und, um dem flotten Grafen den Ernst der Stunde deutlich zu machen, außerdem zwei kaiserliche Reiterschwadronen und 1300 Infanteristen aus Hessen-Kassel, die in Windecken, aber auch in anderen hanauischen Dörfern, so in Kilianstädten, untergebracht wurden.[1,5] Aus den Kleidern der Soldaten hatte sich der Blut- und Brandgeruch des Dreißigjährigen Krieges wohl noch nicht ganz verflüchtigt, jedenfalls müssen sie recht übel in ihren Unterkünften gehaust haben. Das Kirchenprotokoll von Kilianstädten berichtet, die „einquartierten Kayserlichen Völker" hätten „die Kirche gäntzlich ruinieret."[5] Kirchengestühl und Dach scheinen besonders gelitten zu haben, auch das als Kirchenzins dienende Getreide hatte man mitgehen lassen.

Die Chronik meldet in den Jahren 1677 bis 1680 nicht näher beschriebene Einquartierungen und Truppendurchzüge. Auch 1690 seien französische Truppen in das Hanauer Land eingebrochen und hätten „die Kirche in Kilianstädten erneut zerstört". Wir können diese nicht näher beschriebenen Ereignisse kaum noch bestimmten militärischen Vorgängen zuordnen, wollen aber gleichwohl einen Blick auf die Geschehnisse jenes Zeitabschnittes werfen.

Zu den wenigen deutschen Fürsten, denen der Westfälische Frieden Macht und Einfluß gelassen hatte, zählte der Kurfürst von Brandenburg, später der Große Kurfürst genannt. Der Brandenburger aus dem Hause Hohenzollern war sich seiner Stärke wohl bewußt und schickte sich an, ein gewichtiges Wort in der deutschen Politik mitzureden. Zwar durfte sich der matte und zögerliche Leopold I. von Habsburg Kaiser von Deutschland nennen, doch wußte der Kurfürst, daß dieser Titel nur auf dem Papier stand und daß Leopolds Einfluß kaum noch über seine österreichischen Erblande hinausreichte. Zuweilen verbündete sich der Große Kurfürst mit Leopold, dann bekriegte er ihn wieder - wie es die Umstände gerade erforderten. Der Kurfürst war gleichzeitig Herzog von Preußen, das aber dem polnischen König unterstand. Wenn auch die meisten seiner militärischen Erfolge keinen politischen Bestand hatten - die polnische Oberhoheit konnte er abstreifen (schwedisch-polnischer Krieg, Frieden von Oliva 1660). Damit hatte er, was Preußen anging, volle Souveränität erreicht.

Inzwischen hatte 1661 in Frankreich der „Sonnenkönig" Ludwig XIV. den Thron bestiegen. Er hatte ehrgeizige Pläne, die er umsichtig vorbereitete. Kluge strukturelle Maßnahmen ließen Handel und Wirtschaft erstarken. Aus dem prall gewordenen Staatssäckel entquollen die Bajonette und Kanonen, mit denen französische Soldaten im Frühjahr 1672 in die nördlichen Niederlande einfielen. In der Kasse verblieb noch genug Geld, um obendrein den Beistand einer Reihe deutscher Landesfürsten zu erkaufen. Nur der Große Kurfürst schlug sich auf die Seite der Holländer und schickte diesen 20.000 Mann zur Hilfe. Die Holländer wurden durch eine Verzweiflungstat selbst Herr der Lage: Sie durchstachen die Dämme und gaben lieber das fruchtbare Land als die Freiheit preis. Der Große Kurfürst sah sich nun in einem Konflikt mit Frankreich, den er allein kaum für sich entscheiden konnte. Der Kaiser schickte ihm Truppen, die gleichzeitig angewiesen wurden, allen Kampfhandlungen aus dem Weg zu gehen. Die Armeen marschierten monatelang auf morastigen Wegen entlang des Rheines hin und her, ohne daß irgend etwas geschah, so daß es dem Kurfürsten schließlich zu dumm wurde und er mit Ludwig XIV. Frieden schloß. Dieser, nachdem er in Holland nichts erreichen konnte, seine Armeen aber wohlgerüstet im Feld hatte, wandte sich zum Oberrhein und überfiel das Elsaß und den Schwarzwald. Die allgemeine Entrüstung im Reich und der Ruf nach dem Kaiser nötigten Leopold I., den Krieg gegen Frankreich aufzunehmen. Mit Hilfe verbündeter Truppen konnte er den französischen Vormarsch zunächst aufhalten; die Franzosen kamen aber im nächsten Jahr (1674) wieder, verwüsteten die Rheinpfalz, eroberten Mainz und warfen die kaiserlichen Truppen bis Frankfurt zurück. Dem mochte der Große Kurfürst nicht mehr länger zusehen: Er erschien mit seinen sämtlichen Truppen am Oberrhein und eroberte das Elsaß zurück, wenn auch nur vorübergehend. Ludwig XIV. hatte unterdessen Verhandlungen mit den Schweden aufgenommen und diesen so lange seine Goldstücke unter die Nase gehalten, bis die Skandinavier, auf leichte Beute hoffend, in die völlig von Truppen entblößten brandenburgischen Länder einfielen. Der Große Kurfürst handelte unverzüglich. In strapaziösen Eilmärschen führte er sein gesamtes Heer in unvorstellbar kurzer Zeit nordwärts und brachte den überraschten Schweden eine vollständige und vernichtende Niederlage bei (1675).

Daß diese Heeresbewegungen und die sich teilweise in unmittelbarer Nähe abspielenden Kampfhandlungen auch unsere Heimat berührten, ist wahrscheinlich, und wir müssen die von Buccoli erwähnten Truppendurchzüge mit diesen Vorgängen und auch den nachfolgend beschriebenen Ereignissen in Verbindung bringen. Ludwig XIV. setzte seinen Angriffskrieg fort. Der Kaiser brauchte alle Kraft, die in Österreich eingefallenen Türken zu bezwingen; dies erschien dem Sonnenkönig eine günstige Gelegenheit, erneut mit seinen Heeren in Deutschland einzumarschieren (1688). Die Pfalz wurde überrannt, Mainz besetzt und Aschaffenburg eingenommen. Inzwischen hatte Kaiser Leopold I. durch einige Siege über die Türken etwas Luft bekommen und konnte sich wieder gegen die Franzosen wenden. Der Große Kurfürst vermochte nicht mehr zu helfen, er war 1688 gestorben. Sein Sohn und Nachfolger trat für ihn ein, der Kurfürst von Sachsen schloß sich an, ebenso der Landgraf von Hessen-Kassel. 1689 wurde der Sonnenkönig von drei Heeren über den Rhein zurückgedrängt. Bei seinem Rückzug wurde die Pfalz völlig verheert. In Heidelberg ließ er das Schloß brennen und an allen Ecken anzünden. Nachts war der Himmel vom Feuer brennender Städte und Dörfer gerötet, am Tag vom Rauch verfinstert. Im Dom zu Speyer wurden die Steinplatten von den Gräbern der alten fränkischen Kaiser gerissen, deren sterbliche Überreste geplündert und geschändet. Brücken wurden niedergerissen, Wege zerstört, die Einwohner nackt ausgezogen und in die eisige Winterkälte hinausgetrieben. Man muß es aussprechen: Das Saatkorn für die jahrhundertelange Feindschaft zwischen Franzosen und Deutschen wurde hier gelegt! Der Erfolg gegen die französischen Truppen war nicht von langer Dauer: 1693 drangen diese abermals in den Südwesten Deutschlands vor. Jetzt war Schwaben, vor allem das Neckartal, an der Reihe; Heidelberg wurde zum zweiten Mal und diesmal endgültig verwüstet. Die kriegerischen Ereignisse, die hier nur auszugsweise und scherenschnittartig wiedergegeben werden können, führten zu wechselnden Erfolgen der Kriegsparteien und mündeten schließlich im spanischen Erbfolgekrieg, einem ungeheuer verwickelten Konflikt, mit dessen Beschreibung man mühelos einige Bücher füllen könnte. Der achtsame Leser hat bereits warnend den Zeigefinger erhoben, doch hätte ich ohnehin den geschichtlichen Exkurs beendet, denn der Kilianstädter Chronist hat herausgefunden, daß in der Zeit von 1700 - 1730 Ereignisse besonderer Art nicht stattgefunden hätten, „nur die unruhigen Zeiten des spanischen Erbfolgekrieges (1701 - 1713) lasteten auf den Bewohnern.“ Diese undeutliche Formulierung können wir getrost als Indiz dafür nehmen, daß während dieser Auseinandersetzung in unserem Dorf nicht viel passiert ist.

Auf einen eher nebensächlich erscheinenden Punkt will ich noch kurz zu sprechen kommen, da er spätere Ereignisse auslöste, die auch nach Kilianstädten hineinwirken sollten. Der Kurfürst von Brandenburg hatte das Bestreben des Großen Kurfürsten, seines Vaters, nach vom Kaiserreich unabhängiger Souveränität konsequent weiter verfolgt: Er wollte König von Preußen werden. Kaiser Leopold hatte wenig Lust gezeigt, diesem Ansinnen nachzukommen, doch jetzt, im beginnenden spanischen

Erbfolgekrieg, war ihm der Hohenzoller als Bundesgenosse hochwillkommen. Warum sollte er das angebotene Heer von achttausend Mann verschmähen, wenn ihn dieses nicht mehr als einen Federstrich kosten würde? Am 18. Januar 1700 wurde der Kurfürst als Friedrich I. zum König von Preußen gekrönt. Dessen Sohn, der „Soldatenkönig“ Friedrich Wilhelm I., machte sich mit eiserner Sparsamkeit daran, Preußen groß zu hungern und seinem Sohn Friedrich II., gelegentlich „der Große“ genannt, volle Kassen und ein ausgebildetes Heer zu hinterlassen, mit dem dieser schon ein halbes Jahr nach seiner Thronbesteigung den schändlichen Überfall auf Schlesien begehen sollte. Doch wollen wir den Ereignissen nicht vorgreifen.

Friedrich II., ein Hasardeur auf Preußens Thron

Wenn wir die Kilianstädter Chronik aufschlagen, müssen wir *Buccoli*[5] recht geben. Aus den ersten 30 Jahren des achtzehnten Jahrhunderts ist wirklich nicht viel überliefert. Wir erfahren, daß der Winter mal mild, mal kalt war und der aufregendste Vorfall hat wohl darin bestanden, daß im Jahre 1721 beim Läuten die Kirchenglocke zersprungen ist.

Wenn wir uns an dieser Stelle fragen, woher unser bisheriges und in der Kilianstädter Chronik festgeschriebenes Wissen über die Dorfgeschichte Kilianstädtens stammt, so müssen wir Urkunden, Verträge, Kirchenrechnungen, Gerichtsprotokolle oder Eintragungen in den Akten des Amtes Büchertal nennen. Häufig konnten Aufzeichnungen, die anderenorts gemacht wurden, einfach auf unser Heimatdorf übertragen werden: Wenn in den Annalen von Hanau oder Frankfurt ein Winter als ungewöhnlich streng verzeichnet wurde, dann wird es auch in Kilianstädten Stein und Bein gefroren haben. Von den Menschen hinter den Berichten wissen wir nichts, auch Namen, die hier und da auftauchen, bleiben buchstäblich Schall und Rauch. Wenn wir von der zersprungenen Kirchenglocke lesen, sehen wir nur den Riß im Bronzeguß; nichts aber erfahren wir von dem Schrecken des Küsters, als der feierliche Glockenton plötzlich in ein blechernes Scheppern umschlug, der Aufgeregtheit, mit der er zum Pfarrer eilte, der Bestürzung, mit der die beiden im Glockenturm das verdorbene Geläut anstarrten und den tiefen Sorgenfalten im Gesicht des Kirchenrechners, als dieser in der schmalen Kirchenkasse kramte.

Im Jahre 1704 wurde mein Vorfahr Philipp Uffelmann geboren, der erste Kilianstädter, der die Schreibfeder zur Hand nahm, um die Geschehnisse im Dorf aus eigener, persönlicher Sicht zu Papier zu bringen und für spätere Generationen zu bewahren. In seinem „Haußmanual" läßt er das Bild der Gemeinde in der Zeit des Österreichischen Erbfolgekrieges (bzw. der Schlesischen Kriege) und des Siebenjähriges Krieges vor uns entstehen, der laut Vermerk in der Kilianstädter Chronik „unseren Ort Kilianstädten zum Schauplatz erbitterter Kämpfe machte". Ganz so schlimm war es wohl nicht, doch haben die fortwährenden Einquartierungen durch Freunde und Feinde, die bei der Beschaffung von Verpflegung und Futter für die Pferde nicht erst groß um Erlaubnis fragten, das Dorf arg ausgeblutet. Uffelmanns handschriftliche Aufzeichnungen gelten heute, so viel ich weiß, als verschollen; es ist dem Chronisten Buccoli zu verdanken, daß das Uffelmannsche Manuskript nicht verlorengegangen ist: In den dreißiger Jahren unterzog er sich der gewiß nicht kleinen Mühe, die schwer lesbare Handschrift in Schreibmaschinentext zu übertragen und in die Dorfchronik einzugliedern.

Der erste Bericht Uffelmanns, der über die Beschreibung familiärer Ereignisse hinausgeht, stammt aus dem Jahr 1742: Kurfürst Karl Albrecht von Bayern wird zum Kaiser Karl VII. gekrönt. Der geschichtskundige Leser weiß, daß wir damit in den Österreichischen Erbfolgekrieg eingetreten sind, der ebenso wie der spätere Siebenjährige Krieg von den Uffelmannschen Aufzeichnungen begleitet wird. Ich habe die nicht immer leicht lesbaren Mitteilungen in eine besser verständliche Sprache übertragen, ausführlich kommentiert und im Anhang in ein eigenes Kapitel „Das Uffelmannsche Hausmanual" ausgegliedert. Wer dieses nicht lesen mag, verzichtet auf einen aufschlußreichen Einblick in die dörflichen Verhältnisse des 18. Jahrhunderts und die kriegerischen Ereignisse, unter denen unsere Heimat zu leiden hatte.

Einen kurzen geschichtlichen Überblick können wir uns nicht ersparen, wenn wir den Mitteilungen Uffelmanns mit Verständnis folgen wollen. Der Habsburger Kaiser Karl VI. - Enkel des von mir verschiedentlich erwähnten Leopolds I. - war 1740 ohne männliche Nachkommen gestorben. Er gedachte den gesamten habsburgischen Besitz seiner Tochter Maria Theresia zu hinterlassen, die auch die Regentschaft über die österreichisch-ungarischen Erblande übernehmen sollte. Karl VI. hatte viele Bemühungen, Zugeständnisse und Gelder darauf verwandt, den europäischen Nachbarn Einverständnis und Anerkennung abzuhandeln (Pragmatische Sanktion), doch als er gestorben war, wollte sich kaum noch jemand an gegebene Zusagen erinnern. Wie eine Meute hungriger Wölfe gedachten die europäischen Fürsten über den Habsburger Besitz herzufallen und der dreiundzwanzigjährigen unerfahrenen Regentin zu entreißen. Der spanische König machte seine vermeintlichen Rechte geltend, und den Kurfürsten von Bayern und Sachsen, beide mit einer Tante Maria Theresias verheiratet, fiel es ein, daraus ihre Ansprüche abzuleiten, obwohl beide Habsburgerinnen ausdrücklich auf ihre Erbrechte verzichtet hatten. Doch war es ein anderer, der zuerst losschlug: Friedrich II. von Preußen.

Dieser hatte wenige Monate vor Maria Theresia die Herrschaft angetreten, und manch einer, der die Lebensgeschichte des preußischen Kronprinzen verfolgt hatte, mochte einen Philosophen auf dem Thron erwartet haben und nun mit ungläubigem Staunen auf einen ganz anderen Friedrich blicken: den Zyniker und Menschenverächter, den Hasardeur. Zwar ließ er sich von seinen Advokaten eine Rechtfertigung ausarbeiten, die seinen Einfall in Schlesien begründen sollte, zugleich aber belachte er sie und machte sich öffentlich darüber lustig. Der König „vermeinte, zu einem kleinen reizenden Krieg auszuziehen“ [14]; für ihn war Habsburg, wie wir heute sagen würden, nur noch ein Papiertiger, und dem Gänschen auf dem Thron würde er bald seine Flötentöne beibringen. Dies sollte sich später als eine folgenschwere Fehleinschätzung erweisen („*der* Irrtum seines Lebens“[18]), die ihn an den äußersten Rand des Abgrunds treiben würde.

Der Habsburger Kaiser Karl VI. war dem Hause Brandenburg-Preußen wohl gewogen gewesen, und dieses hatte ihm nicht wenig zu verdanken; um so niederträchtiger mußte, mitten im Frieden, der Einfall in Schlesien erscheinen. Der Überfall war nicht ohne Risiko. Am 10. April 1741 erhielt Friedrich II. in der Schlacht bei Mollwitz seine Feuertaufe, die zugleich zu seiner größten Blamage wurde. Beim Zusammentreffen mit der schlachterprobten Reiterei der Österreicher floh die preußische Kavallerie zunächst in Panik - zusammen mit dem Preußenkönig, der die Nacht über verzweifelt umherritt, morgens aber erleichtert zu hören bekam, daß sein General von Schwerin die Schlacht zuletzt doch noch gewonnen und zugleich auch den Widerstand der österreichischen Truppen gebrochen hatte.[18]

Der sogenannte 1. Schlesische Krieg war damit für Maria Theresia verloren, und der jungen Regentin blieb nichts übrig, als den Raubzug hinzunehmen und Schlesien verloren zu geben - vorläufig jedenfalls. Und jetzt kam es knüppeldick: Die Spanier bemächtigten sich der österreichischen Besitzungen in Italien, der Kurfürst von Sachsen verbündete sich mit Karl Albrecht von Bayern, und auch die Franzosen, die Schwäche des Erzfeindes Österreich genußvoll auskostend, setzten Truppen gegen die Donaumonarchie in Bewegung. Maria Theresia, ohne ein schlagkräftiges Heer, die Staatskasse zerrüttet, schien am Ende. In ihrer höchsten Not wandte sie sich an den ungarischen Adel, ihren kleinen Sohn Joseph auf dem Arm, der auch bald herzerweichend zu plärren anfing. Der spätere Kaiser Joseph II. erzählte gerne, seine Mutter habe ihn damals kräftig in den Hintern gezwickt und so das jämmerliche Gebrüll herbeigeführt. Doch wie dem auch war: eine Welle des Zorns und Mitgefühls erfaßte die magyarischen Aristokraten, die alten ritterlichen Tugenden wurden aufgeboten - und auch ein starkes Heer, das der bedrängten Landesmutter Entlastung bringen sollte. Klar, daß die Ungarn so nebenbei der Regentin auch einige Sonderrechte abrangen - alle Selbstlosigkeit hat irgendwo Grenzen.

Inzwischen hatten die Bayern, Franzosen und Sachsen die böhmische Hauptstadt Prag erobert und den bayerischen Kurfürsten Karl Albrecht zum König erhoben, der - wie von Uffelmann gewissenhaft registriert - am 24. Januar 1742 zum Deutschen Kaiser Karl VII. gewählt wurde. Der Preußenkönig hielt sich zurück: Er wollte den Besitz Schlesiens gesichert wissen; an einer Zertrümmerung Österreichs lag ihm nichts, die dann übermächtig gewordenen Koalitionstruppen hätten ihm am Ende selbst gefährlich werden können.

Doch nun begann sich das Blatt gewaltig zu wenden. Noch im Krönungsjahr wurden die bayerisch-französischen Truppen von der österreichisch-ungarischen Armee aus Österreich vertrieben, ganz Bayern wurde besetzt, und im Juni 1743 erlitten die Franzosen bei Dettingen im Spessart eine verheerende Niederlage durch die „Pragmatische Armee“, die aus Engländern, Hannoveranern und Hessen gebildet war und auf Seiten Maria Theresias kämpfte. Friedrich II. blickte auf die österreichischen Erfolge mit Unbehagen; auch seine bisher verbündeten sächsischen Nachbarn hatten sich auf die Seite Maria Theresias geschlagen. Er konnte sich ausrechnen, daß der Versuch, Schlesien zurückzuerobern, nicht lange auf sich warten lassen würde. Warum sollte er dem nicht zuvorkommen und sich bei dieser Gelegenheit nicht auch noch Böhmen einverleiben? Er schloß ein Bündnis mit den Franzosen und rückte scheinheilig als „Beschützer des Deutschen Kaisers und der deutschen Freiheit“[52] in Böhmen ein, eroberte Prag und machte sich daran, auch Mähren in Besitz zu nehmen (2. Schlesischer Krieg, 1744). Doch hatte sich Friedrich wieder einmal zuviel zugetraut. Er wurde erneut aus Böhmen und Mähren vertrieben und mußte sich nach Schlesien zurückziehen, das er aber gegen die anstürmenden Österreicher verteidigen konnte. Maria Theresia mußte in einen Frieden einwilligen (1745) und zum zweiten Mal auf Schlesien verzichten.

Unterdessen war Kaiser Karl VII. gestorben, und Maria Theresia setzte alles daran, ihren Gemahl Franz Stephan von Lothringen zum römisch-deutschen Kaiser krönen zu lassen, was am 4. Oktober 1745 - von Uffelmann wohlbemerkt und aufgeschrieben - in Frankfurt geschah. Auch der Preußenkönig, froh, Schlesien ohne weitere Kampfhandlungen behalten zu können, sah sich genötigt, seine Zustimmung zu geben. Für den neuen Kaiser Franz I. hatte er wie üblich seinen Spott parat: das Deutsche Reich sei ohnehin nur eine „erlauchte Republik deutscher Fürsten“[14].

Nebenbei: der Ehemann Maria Theresias, nicht aber sie selbst, wurde zum römisch-deutschen Kaiser gewählt - obwohl sie fälschlicherweise immer wieder als Kaiserin bezeichnet wird. Sie war dies aber nur insoweit, wie die Frau eines Landarztes die Frau Doktor ist oder die Gemahlin des Firmenchefs die Frau Generaldirektor. Uffelmann wußte in seinen Aufzeichnungen sehr wohl zu unterscheiden: „Ihro Kayserliche Majestett nebst dero Frau gemahlin Königliche Majestett von Hungarn“. Daß sie ihrem geliebten Franz Stephan hinterher kräftig in die Staatsgeschäfte hineinregiert hat, steht auf einem anderen Blatt.

Verrückter Russe rettet Preußen

Maria Theresia haßte Friedrich II. wie den Leibhaftigen und verlor ihr Hauptziel nie aus den Augen: den preußischen Satan zu demütigen und ihm Schlesien wieder zu entreißen. Umsichtig bereitete sie Kriegsbündnisse gegen Preußen vor. Sie traf ein Abkommen mit der Zarin Elisabeth von Rußland, die der spottlustige Preußenherrscher mit beißenden Witzen über ihre Person zu seiner erbitterten Feindin gemacht hatte. Die Schweden schlossen sich dem Bündnis an; sogar Frankreich, das mit England wegen der amerikanischen Kolonien im Streit lag und dem daher das von Friedrich geschlossene preußisch-englische Bündnis überhaupt nicht gefallen wollte, trat nach zweihundertjähriger Feindschaft an die Seite Österreichs. Friedrich war nicht der Mann, untätig zu warten, bis man ihm das Fell über die Ohren zog. Ohne Kriegserklärung marschierte er 1756 in Sachsen ein; die sächsischen Truppen mußten kapitulieren und wurden kurzerhand in preußische Uniformen gesteckt. Angesichts der gewaltigen gegnerischen Übermacht, zu der sich ein aus Soldaten der deutschen Fürstentümer gebildetes Reichsheer gesellt hatte, war Friedrichs Lage ganz und gar nicht beneidenswert. Nur auf wenige Verbündete konnte er sich stützen: Hannover (dessen Kurfürst gleichzeitig König von England war), Braunschweig, Sachsen-Gotha und auch Hessen-Kassel, womit die Lage auch für die Kilianstädter brenzlig zu werden drohte, war doch bereits 1736 die Grafschaft Hanau durch Erbvertrag an den Landgrafen von Hessen-Kassel gefallen.

Es würde die Grenzen dieses Kapitels überschreiten, wollten wir den Siebenjährigen Krieg in aller Breite behandeln. Friedrich konnte durch sein Feldherrengenie und seine tapferen Truppen das Ringen sieben Jahre lang offen halten, glanzvolle Siege und bittere Niederlagen wechselten einander ab. In den Jahren 1757 - 1759 bekam auch unsere Heimat den Krieg zu spüren. Französische Truppen eroberten ganz Hessen und wurden wieder von preußisch-englischen Kräften vertrieben. Dann sammelte sich aufs neue ein französisches Heer bei Frankfurt und quartierte sich für den Winter 1758/1759 im Hanauer Land ein, bis die Alliierten, also die mit den Engländern, Hessen-Kassel und den bereits genannten norddeutschen Staaten verbündeten Preußen, sich aufmachten, die Franzosen zu vertreiben. Am 13. April 1759 kam es zur Schlacht bei Bergen, bei der sich die Alliierten aber blutige Nasen holten. Wie am Tag zuvor in Windecken die Kugeln pfiffen und die Franzosen niedergesäbelt wurden, wie sich in der Nacht nach der verlorenen Schlacht die Verbündeten „in unserem Feld vom Wald bis gegen Roßdorf“ wieder gesammelt haben und wie in Kilianstädten bei der Suche nach Verpflegung und Pferdefutter „einige Scheuern undt Häußer und Keller so hart mitgenommen worden, daß nichts übrig geblieben“ - all das wollen wir Uffelmann selbst erzählen lassen, dem aber überraschenderweise entgangen ist, daß ein junger Kilianstädter, der 1737 geborene Andreas Emmerich, als Rittmeister auf den Seiten der Alliierten kämpfte und wahre Wunderdinge an Tapferkeit vollbracht haben soll. So wird berichtet[5,55], daß er vor der Schlacht bei Bergen, als die alliierten Truppen unter Führung des Herzogs von Braunschweig in Friedberg lagerten, von diesem mit dem Abfangen feindlicher Kuriere beauftragt wurde, eine Aufgabe, die er auf waghalsige Weise erfolgreich erledigte. Da wir nicht über viele Helden in Kilianstädten verfügen, wollen wir seinen abenteuerlichen Werdegang noch ein paar Zeilen lang begleiten: Nach dem Siebenjährigen Krieg konnte sich Emmerich nicht wieder in das normale Dasein eingliedern, führte in der Folge ein unstetes Leben und kämpfte schließlich in englischen Diensten als Oberst eines hessischen Freikorps gegen die amerikanischen Aufständischen.[*)] Dann kehrte er nach Deutschland zurück, geriet wegen des Ausbleibens einer zugesagten englischen Pension in Geldnöte, lebte mal hier, mal dort und zettelte schließlich als Zweiundsiebzigjähriger während der napoleonischen Besetzung eine Verschwörung an, die mit seiner standrechtlichen Erschießung endete. Ob Emmerich nun ein glühender Patriot war oder eher ein waghalsiger Glücksritter, mag ich nicht entscheiden, auf alle Fälle hat er so unbeschreiblich kitschige Verse nicht verdient, wie sie ihm in der Hanauer Zeitung im Jahre 1859 anläßlich der fünfzigjährigen Wiederkehr seines Todes durch einen Herrn von Berlepsch zuteil wurden und welche dieselbe Zeitung später, im Jahre 1944, anläßlich einer weiteren Würdigung Emmerichs eine „ergreifende Ballade“ nannte. Dem Leser sei eine Kostprobe nicht vorenthalten:

Bei Kassel auf dem Forste
ruht Emmrichs Wort und Leiche,
doch aus der Todeswunde
sproßt eine deutsche Eiche!

Und vierzig Jahre nach dieser „ergreifenden Ballade“ reimte ein anderer Verseschmied namens Benecke[44] nicht minder kläglich:

---

*) Die Legende weiß zu berichten, die Amerikaner hätten versucht, mit Geldversprechungen Emmerich und seine Truppen auf ihre Seite zu ziehen, dieser habe aber das Ansinnen mit den stolzen Worten abgelehnt: „Behaltet eure Freiheit und euer Geld, aber laßt uns unseren ehrlichen Namen!“ [44]

Es knattern die Gewehre,
es sinkt der Emmerich,
wohl nie mit größrer Ehre
ein Patriot verblich.

Den Kilianstädter Chronisten Buccoli bewegte zu Recht die Sorge, es könne der Name „des großen Sohnes der Gemeinde Kilianstädten allmählich in Vergessenheit geraten“, und er drückte die Hoffnung aus, es möge „eine einsichtsvolle Gemeindeverwaltung die heilige Verpflichtung spüren, dem Freiheitshelden von einst ein würdiges Denkmal zu gestalten“. Nun, bisher haben bei keiner Gemeindeverwaltung, gleich welch politischer Richtung, Buccolis Worte Widerhall gefunden, ja diese kann in der Chronik nur noch nachlesen, wer ein überklebtes Papier vorsichtig abhebt, um darunterzuschauen. Offenbar wollte ein Gutmeinender künftige Gemeindeverwaltungen erst gar nicht der Gefahr aussetzen, der Mahnung Buccolis zu erliegen. Ein Denkmal hätte es wohl nicht gleich zu sein brauchen, dafür liegt die patriotische Gesinnung Emmerichs zu sehr im Nebel seiner Abenteuerlust. Unbestreitbar ist jedoch, daß ihn seine Persönlichkeit, die ihn nach England und, als hoher Offizier, zur Teilnahme am amerikanischen Freiheitskrieg geführt hat, weit über dörfliches Mittelmaß und provinzielles Denken hinaushebt. Wie immer man seine Teilnahme an der Verschwörung gegen die napoleonischen Truppen bewerten mag, Emmerich hat sich nicht gescheut, sein Leben in die Waagschale zu werfen. Er gehört fraglos zu unserer Dorfgeschichte, und wir müssen uns seiner nicht schämen; so könnte man meinen, mit einer Andreas-Emmerich-Straße wäre diesem Sohn unserer Gemeinde nicht zuviel Ehre angetan worden.

Wir wollen der Zeit nicht vorauseilen. Noch stehen wir im Jahr 1759, und der schneidige Rittmeister Emmerich, der die Niederlage der Preußen bei Bergen auch nicht aufhalten konnte, ist gerade mal zweiundzwanzig Jahre alt. Daß Preußen überhaupt so lange gegen die Überzahl seiner Feinde bestehen konnte, war in erster Linie dem Heldenmut der Truppe und dem strategischen Geschick Friedrichs zuzuschreiben, doch hatte diesem, der gern alles auf eine Karte setzte, das Glück nicht selten zur Seite gestanden. Am 12. August 1759 schien alles verloren. Friedrich erlitt durch die russische Armee in der Schlacht bei Kunersdorf eine vernichtende Niederlage. Mit dem Schreckensruf „Die Kosaken kommen“

wandte sich das preußische Heer in panischem Entsetzen zur Flucht[14]. Warum die Russen die Verfolgung unterließen und damit auf die endgültige Vernichtung Friedrichs verzichteten, ist nie ganz klar geworden. Der Preußenkönig selbst sprach hinterher vom „Mirakel des Hauses Brandenburg". Ende 1761 war nach menschlichem Ermessen alles für ihn verloren: Schlesien, Sachsen und Pommern waren nur noch teilweise in seiner Gewalt, die Engländer hatten ihre Hilfe zurückgezogen, infolge der verlustreichen Schlachten bestand die Armee großenteils nur noch aus ungeschulten Rekruten mit halbwüchsigen Knaben als Offiziere[52], der Rest seines Gebietes war an Menschen und Geld völlig erschöpft. Wem wollte es später einfallen, jenen gescheiterten Friedrich, der in maßloser Selbstüberschätzung halb Europa herausgefordert hatte, der Hunderttausende seiner Landeskinder in das Verderben geschickt und sein Land in unsägliche Armut und Verelendung gestoßen hatte, wem wollte es einfallen, diesen Hasardeur „den Großen" zu nennen? Alles Glück der Erde hätte das Blatt für ihn nicht mehr zu wenden vermocht, es hätte denn ein Wunder sein müssen.

Und dieses Wunder geschah! In Rußland war die Zarin Elisabeth gestorben, neuer Zar wurde ihr schwachsinniger Neffe Peter III., der auf schier kindische Weise in Friedrich vernarrt war und am liebsten mit Puppen spielte, die er in preußische Uniformen gesteckt hatte.[14] Peter schloß sofort ein Bündnis mit dem Preußenkönig, seine Armee wechselte die Front. Allerdings lebte der neue Zar nicht lange: Seine Ehefrau, die man später Katharina die Große nannte, ließ ihn durch ihren Liebhaber umbringen und setzte sich selbst auf den Zarenthron. Katharina führte das Bündnis mit Preußen nicht fort, nahm aber auch den Kampf nicht mehr auf; sie schied sozusagen aus dem Krieg aus. Schweden, schon lange kampfesmüde, schloß Frieden mit Friedrich, und auch die deutschen Reichsstände mochten ihr Heer nicht mehr länger aufbieten. Der lange Krieg hatte alle Parteien zermürbt und friedenswillig gemacht. Auch Österreich war so zerrüttet und ausgeblutet, daß Maria Theresia nicht mehr imstande war, den Krieg weiterzuführen, zumal Friedrich in Sachsen einen neuen Sieg gegen die Österreicher erfochten und im Westen die Franzosen wieder aus Hessen vertrieben hatte.

Am 15. Februar 1763 wurde der sogenannte Hubertusfrieden geschlossen, wonach alles so blieb, wie es vor dem Krieg gewesen war. Maria Theresia mußte Schlesien endgültig verloren geben, und Friedrich bekam auch nicht mehr, als er nach dem 1. Schlesischen Krieg schon erobert hatte. Doch ein weiteres hatte der Siebenjährige Krieg bewirkt: Preußen war Großmacht geworden, gleichberechtigt neben der Donaumonarchie. Und geblieben ist die Bewunderung für den „Alten Fritz“, der sich auch in der aussichtslosesten Situation nicht geschlagen gab und dessen Siegeswille und unbeugsame Standhaftigkeit nur mit übermenschlichen Maßstäben gemessen werden kann.

1756 starb Kaiser Franz I., Maria Theresias so überaus geliebter Gemahl. Ein Jahr später wurde ihr ältester Sohn als Joseph II. zum römisch-deutschen Kaiser gekrönt, zum Mitregenten ihrer österreichischen Erblande hatte sie ihn schon vorher ernannt. Die beiden waren häufig unterschiedlicher Auffassung und kamen nicht eben gut miteinander zurecht. Joseph sah in vielem Friedrich II. als Vorbild an, und dieser, sonst nicht gerade als Lobredner bekannt, sagte von Joseph II., er sei der beste Kaiser, den Deutschland seit langem gehabt habe. Ob Friedrich in listiger Voraussicht den Joseph schon jetzt als Bundesgenossen für seinen Plan ködern wollte, 1772 den Polen auf nicht gerade noble Weise große Teile ihrer Grenzgebiete zu entreißen? Dreizehn Jahre Krieg hatten den Preußen lediglich Schlesien eingebracht; der Hunger des Alten Fritz nach Land und Besitz war längst nicht gestillt. Vom Kriegführen hatte er aber zunächst die Nase voll; so unterbreitete er Joseph II. den Plan, gemeinsam in Polen zu intervenieren - allein fühlte er sich dazu nicht stark genug. Der Kaiser war Feuer und Flamme für den Vorschlag, auch wenn er hinterher mit umwerfender Offenheit erklärte: „Wenn man es mit dem König von Preußen zu tun hat, erkennt man gleich, man hat es mit einem Schurken zu tun“[14]. Da man fürchtete, Katharina die Große würde das nicht hinnehmen, wurde sie in das Vorhaben miteinbezogen. Warum einen blutigen Krieg führen, wenn doch die drei als aufgeklärt geltenden Herrscher Polen auf „friedliche“ Weise berauben konnten? (Erste polnische Teilung). Friedrich erhielt unter anderem die Provinz Westpreußen und damit die langersehnte Landverbindung von Brandenburg über Pommern nach Ostpreußen. Maria Theresia war mit dem schnöden Handel ihres Sohnes keineswegs einverstanden. Sie protestierte in bewegenden Briefen an ihren Staatskanzler, resignierte aber am Ende. Als sie das Übereinkommen zur Unterschrift vorgelegt bekam, soll sie bitterlich geweint haben.[14] Friedrich, als er davon erfuhr, hatte nur Hohn für sie übrig: „Sie weint, aber sie nimmt“[18].

Der vorwurfsvolle Leser hat völlig recht: Die Geschehnisse der polnischen Teilung haben unsere Heimat nicht berührt; er möge mir nachsehen, daß ich es mir nicht versagt habe, auf das Charakterbild Friedrichs des Großen noch diesen letzten Farbtupfer zu setzen. Kehren wir zu unserem Gastwirt und Chronisten Uffelmann zurück. Nach dem Ende des Siebenjährigen Krieges weiß er uns noch von einem landesweiten Dankfest mit Predigten „nebst musicken" zu berichten und von prächtigen Illuminationen in Windecken und Hanau, die zu bewundern „Ihro königliche Hoheit Frau Landgräfin Maria" - gemeint ist die Gemahlin des Landgrafen Friedrich II., Tochter des englischen Königs - „abends die meisten straßen zu fuß gegangen." Ein letzter Widerschein des Siebenjährigen Krieges spiegelt sich in den Einträgen des Jahres 1764. Dort werden zehn Kilianstädter Familien erwähnt, die in die preußische Uckermark zogen, um dort eine neue Heimat zu finden. Friedrich der Große wollte sein ausgeblutetes und menschenverarmtes Land mit arbeitswilligen Siedlern wiederbeleben; seine Werber waren nicht eben zimperlich in der Schilderung dieses vermeintlichen brandenburgischen Paradieses, so daß die hoffnungsvollen Kilianstädter statt märkischer Sandhügel goldene Berge erwartet haben mögen. Indes scheinen in der Uckermark Milch und Honig nicht geflossen zu sein, denn Uffelmann hat vermerkt, daß von diesen zehn Familien wieder acht zurückgekommen sind.

Was Uffelmann nicht berichtet, ist die Geschichte vom Köppels Michel, die sich in den Zeiten vor dem Siebenjährigen Krieg (1756 - 1763) zugetragen haben soll.[5] Uffelmann, der um 1740 mit seinen Aufzeichnungen begann und normalerweise wichtige Dorfereignisse verläßlich registrierte, wußte offenbar nichts davon. Dessen ungeachtet, so scheint es, hat es selbst ein Vierteljahrtausend nicht vermocht, die Überlieferung des von Zigeunern entführten Köppels Michel aus der Erinnerung der Kilianstädter zu löschen. Ich habe gelegentlich die Alten befragt, woher sie das alles wüßten und eigentlich erwartet, man würde auf einen Großvater verweisen, der dem Enkel auf seinem Schoß die Geschichte vom Köppels Michel erzählt hatte, die er wiederum von seiner Großmutter kannte, die sie ihrerseits vom Urgroßvater gehört hatte, dessen Großmutter Augenzeugin des Vorfalls war. Doch so war es nicht. Jedermann bezog sich auf die Schilderung eines Autors namens Glaubrecht, die verschiedentlich, erstmals aber 1853 in seinen »Erzählungen aus dem Hessenland«, veröffentlicht wurde. Die Story Glaubrechts ist schnell erzählt:

Der „Küppel's Michael", des reichen Bauern Peter Küppels Sohn, war den Verlockungen des Zigeunerlebens erlegen und hatte sich, zehnjährig, einer durchreisenden Gauklertruppe angeschlossen. Mit den Jahren gefiel ihm dieses ruhelose Leben immer weniger, und er wäre gern wieder nach Hause zurückgekehrt, wenn er nur gewußt hätte, wo sein Heimatdorf Kilianstädten zu finden war. Die Zigeuner verrieten es nicht, denn „ein fürchterlicher Eid band allen die Zunge". Doch schließlich kam eine über hundertjährige Zigeunerin ans Sterben, und sie wollte dem Michael erzählen, wo sie ihr Geld vergraben hatte. Der aber wäre ein schlechter Kilianstädter gewesen, hätte er um des schnöden Mammons willen die Gunst der Stunde nicht genutzt, statt des Geldes die Wegrichtung zum Heimatdorf zu begehren. Die Alte ließ sich erweichen und gab Auskunft. Dann fielen ihr die Augen zu, „und sie lag vor Michael als Leiche". Zu Hause angekommen, wollten die Eltern den hochgewachsenen Michael nicht erkennen, aber schon öffnete sich die Tür „und ein uraltes Mütterchen trat herein". Es war die „Base Anndorth, die Eller[*)]", und die wußte Rat. Im Nu hatte sie die lederne Hose des Ankömmlings aufgeschnitten, und das zu Tage tretende Muttermal bewies es: Es war der Küppel's Michael.

Obgleich erst hundert Jahre nach dem angeblichen Ereignis aufgeschrieben, weiß Glaubrecht eine Menge erstaunlicher Details. Er kennt den Zigeunerjungen Gozzo mit Namen, schildert, daß die traurigen „Eltern ... wie Schatten umher(wankten)" und sieht den Michael im Zigeunerlager „neben dem Feuer sitzen und düsteren Blickes in die Glut schauen". Und obwohl die sterbende Zigeunerin ihr verräterisches Gespräch mit Michael unter vier Augen geführt hatte, blieb Glaubrecht dessen Wortlaut nicht verborgen: „Wie schön du bist, Michael, du bist der Schönste unseres Stammes." Nur eines weiß Glaubrecht nicht, daß es den Namen Küppel in Kilianstädten überhaupt nicht gab. Die Köppels hießen, wie die Kirchenbücher ausweisen, immer Köppel, nie Küppel. Auch in einer Aufstellung der Kilianstädter Einwohner zwischen 1740 und 1760[5] findet man nur den Namen Köppel (aber weder einen Peter noch einen Michael). Nun könnte man sagen, wenn schon der Name nicht richtig ist, wird wohl alles andere auch nicht stimmen. Doch das wäre Spekulation.

*) Eller = Großmutter, in Kilianstädten meines Wissens nicht üblich.

Die von Glaubrecht so fantasievoll ausgeschmückte Geschichte kann durchaus wahr sein. Oder auch nicht.

Uffelmann, der 1779 starb, war nicht der einzige, der das Geschehen im Dorf festgehalten hat. Buccoli spürte auch das „Handbuch“ eines Johann Philipp Grimm auf, das sich zu der Zeit, als er die Chronik Kilianstädtens zu Papier brachte, im Besitz der Familie Jakob Kropp befand. Die auszugsweise wiedergegebenen Eintragungen beginnen 1764 und enden 1887, sie können somit nicht von einer Hand stammen und müssen nach dem Tod Grimms von irgendwem weitergeführt worden sein. Buccoli schreibt: „Das Handbuch wurde, den Zeitereignissen nach, etwas erweitert“, doch bleibt offen, welche Erweiterungen von wem eingefügt wurden. Aufgrund der Orthografie ist zu vermuten, daß einiges von Buccoli selbst beigegeben wurde. Die Informationen dieses Handbuchs reichen an Aussagekraft und Detailreichtum nicht an die Uffelmannschen Notizen heran, doch können wir auch in ihnen manches Wissenswerte über das Dorfgeschehen finden.

Kurfürsten, Schurken, Menschenhändler

Nach dem Siebenjährigen Krieg blieb unsere Heimat fast drei Jahrzehnte lang von kriegerischen Ereignissen verschont. Wenn wir *Buccoli*[5] glauben wollen, waren „sowohl die Regentin Landgräfin Maria als auch der Erbprinz Wilhelm ... bemüht, die Wunden, die der Krieg dem Hanauer Land geschlagen hatte, zu heilen.“ Der überraschte Leser hebt die Augenbrauen: dieser Erbprinz Wilhelm IX., Menschenhändler und späterer Kurfürst Wilhelm I., als hart und geizig gegen seine Untertanen gescholten - ein Wohltäter seiner Landeskinder? Wir können die Geschichte der Hanauer und Hessen-Kasseler Landgrafen hier nicht weitläufig ausbreiten, doch müssen wir ein klein wenig ausholen, um den Vorfall zu verstehen, für den uns Grimm mit seinem Eintrag für das Jahr 1776 das Stichwort gibt: „am 15. Mertz seind die Soldaten aus Hanau gezogen in englischen Sold.“

Daß Hessen-Kassel unter dem Landgrafen Wilhelm VIII. im Siebenjährigen Krieg an der Seite Preußens gekämpft hat, ist uns bereits geläufig; weniger bekannt ist, daß der „allzu tüchtige Kriegsunternehmer Wilhelm“[13] auch der Gegenseite Soldaten zur Verfügung stellte - natürlich nicht für ein Vergeltsgott; doch verhinderten glückliche Umstände wenigstens, daß die Hessen aufeinander schossen. Wir ersehen daraus, daß der Menschenschacher, von dem wir gleich lesen werden, in Hessen-Kassel Tradition hat; sie geht bis auf den Landgrafen Karl zurück, der seine Landeskinder im Dienste der Republik Venedig gegen die Türken kämpfen ließ (1687). Der Sohn und Thronfolger Wilhelms VIII., der spätere Landgraf Friedrich II., mußte also diese schändlichen Geschäftspraktiken nicht neu erfinden. Friedrich war als junger Mann heimlich zum katholischen Glauben übergetreten, was den alten Herrn, protestantisch bis auf die Knochen, dermaßen erboste, daß er unverzüglich die 1736 durch Erbvertrag an Hessen-Kassel gefallene Grafschaft Hanau direkt seinem Enkel Wilhelm IX. als selbständiges Fürstentum übertrug, dem, weil zum Regieren noch zu klein, seine Mutter, die von Buccoli erwähnte „Regentin Landgräfin Maria", bis 1760 als Vormund zur Seite stand. Ihr Ehemann, der glaubensabtrünnige Friedrich II., wurde nach dem Tod seines Vaters trotz seiner Verfehlung als Landgraf „zugelassen", nachdem er sich verpflichtet hatte, keinen katholischen Gottesdienst im Lande zu gestatten.

Friedrich II. von Hessen-Kassel war ein kunstsinniger Mann, dem Kassel viele Kunstschätze und Verschönerungsbauten zu verdanken hat; bekannt geworden ist er jedoch durch Habgier und Raffsucht: den widerwärtigen Soldatenhandel mit England. 1776 ließ er mehrere Jahre hindurch ein hessisches Heer von 19.000 Mann für die englische Regierung gegen die aufständischen amerikanischen Kolonien kämpfen, was ihm mehr als 20 Millionen Taler an Werbegeldern und Entschädigungen einbrachte.[52*)] Da für jeden gefallenen oder verstümmelten Soldaten zusätzliche Spesen gezahlt wurden, war der Landgraf daran interessiert, daß möglichst viele seiner Landeskinder umkamen. Unglaublich aber wahr: in einem aufgefundenen Brief wird seitens des Fürstenhauses auf die Schlacht bei Trenton Bezug genommen, in der von 1950 hessischen Soldaten 1650 fielen, und in dem einem Major Mindorff ausgerichtet wurde, man sei „außerordentlich unzufrieden ... mit seinem Benehmen, weil er die (überlebenden) 300 Mann (aus jener Schlacht) gerettet habe"[29].

[*)] Andere Quellen[13, 29] nennen 17.000 hessische Soldaten, von denen 6500 fielen[29]. *Zee-Heraeus*[44] spricht von 2.959.800 Pfund £ Einnahmen, was etwa den 20 Millionen Talern entspricht. Dagegen erscheint die von ihm genannte Zahl von 30.000 hessischen Soldaten irrig; dies ist die *Gesamtzahl* der von deutschen Fürsten „vermieteten" Soldaten.[45]

Allzuleicht wird vergessen, daß der in Hanau residierende Erbprinz Wilhelm IX., der spätere Kurfürst Wilhelm I., sich an dem niederträchtigen Menschenschacher seines Vaters beteiligt hatte und gleichfalls seine Untertanen in englische Soldatenkleider stecken ließ. Genau 2422 Mann, nahezu 4% der damaligen Bevölkerung, mußten den Weg von Kesselstadt nach Amerika antreten; von diesen fielen 981, mehr als 40%![29] Allerdings kann man auch bei manchen, die nicht zurückgekommen sind, vermuten, daß sie den Krieg überlebten, es aber vorzogen, in Amerika zu bleiben.

Philipp Grimm hat festgehalten, daß 1783 und 1785 fünf Kilianstädter Einwohner offenbar wohlbehalten aus Amerika zurückkamen; wie viele ausgezogen waren und ob gar einige ihr Leben lassen mußten, ist nicht überliefert. Ansonsten gab es für Grimm in diesen Jahren nicht viel Aufregendes zu berichten, wenn man 1784 von dem großen „geweßer" absieht, „daß Menschen nicht gedenken". In der Hanauer Altstadt seien die Leute mit dem Nachen gefahren und dem hiesigen Müller „hat das Wasser in die stub gegangen bis wider die Bethladen". Im selben Jahr habe außerdem der Kilianstädter Johannes Lind im Verein mit einem Hochstädter Einwohner einen Metzgerknecht an der Lohe erschlagen; welche Folgen diese Tat für die Bösewichter hatte, wird nicht mitgeteilt. Doch dann, 1792, finden wir den lapidaren Eintrag: „kriegerische Ereignisse."

Die Französische Revolution und Napoleon

Was war geschehen? In Paris hatten aufrührerische Bürger am 14. Juli 1789 das Staatsgefängnis, die Bastille, gestürmt, die Besatzung niedergemacht und damit die Französische Revolution ausgelöst. Was als kleine Revolte begann, wurde zu einem Feuerbrand, dessen Flammen unbestimmt hin und her züngelten, bis die lohende Glut alles erfaßte, auch die, die sie geschürt hatten. Die Nachbarstaaten gerieten in Besorgnis. Im August 1791 traf sich der österreichische Herrscher, gleichzeitig deutscher Kaiser, mit dem Preußenkönig Friedrich Wilhelm II., Neffe und Nachfolger Friedrichs des Großen. Beide brandmarkten das neue Regime in Frankreich als verbrecherisch und als Auflehnung gegen Gott und Moral. Den Revolutionären kam das gar nicht ungelegen: Es war schon immer günstig, den Patriotismus des Volkes aufzurufen und mit den inneren

Verwicklungen des Landes zu vermengen. Noch hatten in Frankreich die gemäßigt-sozialen Girondisten das Sagen, die bald selbst unter die Guillotine geraten sollten; eine Minderheit suchte gar noch die Monarchie zu erhalten. Der machtlos-gutwillige Ludwig XVI. wurde genötigt, dem Kaiser den Krieg zu erklären. Die Revolutionäre mußten eine Intervention zugunsten des französischen Königs befürchten: War es da nicht besser, dieser rief selbst den Krieg aus? Ludwig sprach die Kriegserklärung gern und mit Hintergedanken aus, hoffte er doch auf einen Sieg der Gegenseite und seine Befreiung.

Er sollte sich täuschen. Zwar drangen preußische und österreichische Truppen in Frankreich ein, geführt vom Herzog von Braunschweig, der sich im Siebenjährigen Krieg so bewährt hatte. Die Chancen für eine völlige Niederwerfung der Franzosen standen gut, doch hatte der greise Feldmarschall, so scheint es, unversehens allen Mut verloren. Nach kurzem Artillerieduell, als Kanonade von Valmy in die Geschichte eingegangen, wandte er sich, vom Kanonendonner irritiert, zum Rückzug (20. 9. 1792), ein verhängnisvoller Entschluß.

Johann Wolfgang von Goethe, als Begleiter seines Landesfürsten Herzog Carl August von Weimar mitten im Geschehen, hatte hellsichtig erkannt, daß jetzt der Damm geborsten war, der die Sturmflut der Französischen Revolution aufhalten konnte. Am Lagerfeuer soll er zu den Soldaten die berühmt gewordenen Worte gesprochen haben: „Von hier und heute geht eine neue Epoche der Weltgeschichte an, und Ihr könnt sagen, Ihr seid dabei gewesen."

Unterdessen drang das Revolutionsheer in Deutschland ein, Mainz und Frankfurt wurden eingenommen (Oktober 1792). Auch Kilianstädten wurde ebenso wie Bergen und Windecken vorübergehend von den Truppen des französischen Generals Custine besetzt[44], doch erstürmte anfangs Dezember der hessische Landgraf Wilhelm IX., dem seit 1736 aufgrund eines Erbvertrages auch die Grafschaft Hanau angehörte, mit seinen Truppen Frankfurt und eroberte Mainz zurück.

Die Kriegshandlungen hatten den Aufruhr in Frankreich weiter angeheizt. Die radikalen Jakobiner übernahmen die Macht, die Republik wurde ausgerufen und der König abgesetzt. Im Januar 1793 wurde Ludwig XVI. nach einem öffentlichen Schauprozeß enthauptet. Auch seine Gemahlin Marie Antoinette, die harmlose und lebenslustige Tochter Maria Theresias, verlor ihren Kopf auf der Richtstätte.

Jetzt erfaßte die Empörung über die Hinrichtung des französischen Königs ganz Europa; England, Holland, Spanien, das gesamte Römische Reich Deutscher Nation, schlossen sich den Preußen und Österreichern an. Doch war den Revolutionären nicht so leicht beizukommen. Sie eilten von Sieg zu Sieg; 1794 saßen sie wieder am Rhein: Die Rheinlande würden fast ein Vierteljahrhundert lang unter französische Herrschaft geraten. 1796 wurde Frankfurt erneut von den Franzosen besetzt, später aber nach der verlorenen Schlacht bei Amberg wieder aufgegeben. Dieses Geschehnis fällt bereits in die Ära Napoleon Bonapartes, der 1794 als junger General im Auftrag des Nationalkonvents einen Aufstand Königstreuer mit seinen Kanonen rücksichtslos niedergeschlagen hatte. Als Dank für die Rettung der Revolution erhielt er den Oberbefehl über eine der drei Armeen. Preußen und Österreich mußten nun in einen Frieden[*)] einwilligen, der alle linksrheinischen Gebiete den Franzosen preisgab; Mainz und Mannheim galten hinfort als Städte Frankreichs.

In der Wetterau hatten die kriegerischen Ereignisse tiefe Spuren hinterlassen. Jahrelange Plünderungen und Einquartierungen hatten das Land erschöpft, in der Zeit von 1792 bis 1800 stieg der Preis der landwirtschaftlichen Produkte fast auf das Doppelte, eine Teuerung, die auch nach dem Friedensschluß noch lange anhalten sollte.

Napoleon hatte unterdessen einen Feldzug nach Ägypten unternommen; der Krieg in Europa flammte wieder auf und bescherte den Alliierten zunächst überwältigende Erfolge, mit denen es aber sofort ein Ende hatte, als Napoleon zurückkam. Dieser verschaffte sich zunächst (1799) durch einen Staatsstreich die unumschränkte Befehlsmacht, auch wenn er sich zunächst nicht Kaiser, sondern Erster Konsul nannte. Drei Jahre später ließ er sich über einen Volksentscheid zum „Konsul auf Lebenszeit" wählen. Wiederum zwei Jahre später (1804) wurde er zum erblichen Kaiser der Franzosen proklamiert. Die Revolution war umsonst gewesen, die Monarchie wieder eingerichtet.

Nach seiner Rückkehr aus Ägypten hatte Napoleon dem Krieg durch mehrere glanzvolle Siege schnell ein Ende bereitet und die gegnerischen Verbündeten zu dem Frieden von Luneville gezwungen, mit dem das Ende des alten deutschen Reiches eingeleitet wurde. Um die Fürsten zu entschädigen, die ihre rheinischen Besitzungen an Frankreich verloren hat-

---

[*)] Frieden von Basel (15.4.1797) und Frieden von Campo Formio (18.10.1797).

ten, erfolgte 1803 im sogenannten Reichsdeputationsausschluß eine Neuverteilung der Ländereien, bei dem der hessische Landgraf Wilhelm IX. bemerkenswert gut wegkam. Für das geringe Gebiet, das er auf dem linken Rheinufer verloren hatte, erhielt er neben mehreren kurmainzischen Ämtern und der Reichsstadt Gelnhausen die Kurwürde zugestanden.[52] Er nannte sich seitdem Kurfürst Wilhelm I., auch wenn er sich nicht lange der neuen Würde und des dazugewonnenen Besitzes erfreuen sollte. In wenigen Jahren würde Napoleon Kassel erobern und ihn aus dem Land jagen.

Die gewalttätige Politik Bonapartes hatte zur Bildung einer neuen Koalition aus England, Österreich, Schweden und Rußland geführt. Mit dieser machte er kurzen Prozeß: Seine 200.000 Mann starken Truppen zwangen drei österreichische Armeekorps bei Ulm zur Aufgabe, dann zog er in Wien ein und bereitete dort den verbündeten Russen und Österreichern in der Schlacht von Austerlitz die entscheidende Niederlage (2.12.1805). Napoleon konnte nun in Europa schalten und walten, wie er wollte. In Deutschland gründete er den Rheinbund, einen Zusammenschluß der Fürstentümer, als deren Protektor er sich aufspielte. Diese sagten sich von Kaiser und Reich los, und nicht wenige sahen in dem Franzosenkaiser eine Neuinkarnation Karls des Großen. Napoleon, unersättlich in seiner Ruhmbegierde und Eroberungssucht, warf sich nun auf Preußen. Der Sieg von Jena (14.10.1806), den er selbst erfocht, lieferte ihm mit einem Schlag ganz Preußen in die Hände[52], für dessen schwächliche Politik er nur Verachtung übrig hatte: „Die Preußen haben weder Ehrgefühl noch Seele. Sie sind ganz einfach Canaille“[14]. Der hessische Kurfürst Wilhelm I. sympathisierte zwar mit den Preußen, doch ohne ihnen Truppen zur Verfügung zu stellen. Diese zweideutige Haltung zahlte sich aber nicht für ihn aus. Napoleon erklärte ihn aller seiner Lande für verlustig und besetzte Kassel, worauf es Wilhelm I. vorzog, das Weite zu suchen. Nun zogen die Franzosen auch in Hanau ein. Von November 1806 bis März 1807 lagerten über 150.000 Mann französischer Truppen im Hanauer Land. „Auf den durch die Wetterau führenden Heerstraßen wälzten sich ununterbrochen französische Marschkolonnen; andere Abteilungen nahmen jahrelang in der Wetterau Quartier, so in den Jahren 1809 - 1811 eine Armee von 16.000 Mann unter dem Marschall Oudinot ... Die Hanauer Festungswerke wurden ... geschleift; 400 Mann, insbesondere aus den Landgemeinden, wurden hierfür im Frondienst aufgeboten ... Unerbittlich stiegen die Preise ... für landwirtschaftliche Erzeugnisse auf über das Doppelte, für Kolonialwaren dagegen auf das Dreifache ... Die Gemeinden des Amtes Büchertal, die neben ... Hanau am stärksten in Mitleidenschaft gezogen waren, wurden vom Oktober 1806 bis Juni 1809 durch Fouragelieferungen*), Brotabgaben, Zwangsanleihen, Kriegssteuern und Kriegsfuhren allein mit 496.158 Gulden belastet, von denen 30.898 Gulden auf Kilianstädten, dessen Schultheiß damals Conrad Müller war, entfielen ...“[44]

Durch den Tilsiter Frieden (1807) war Hessen-Kassel aufgelöst und dem neugeschaffenen Königreich Westfalen angeschlossen worden, das dem Bruder Napoleons, Jérôme, unterstand. Mit der früheren Grafschaft Hanau hatte Napoleon anderes vor; sie wurde dem als Rheinbundstaat gegründeten Großherzogtum Frankfurt zugeschlagen, in dem auch die militärische Aushebung nach französischem Muster eingeführt wurde. Napoleon brauchte Soldaten für seine ehrgeizigen Eroberungspläne. In dem Gedicht Peter Geibels „Kräiksfoahrte“ lesen wir von einem Klein-Karbener jungen Mann, der in eine französische Uniform gesteckt und zur Teilnahme am Spanienfeldzug gezwungen wurde. Den humoristischen Versen mag sehr wohl eine wahre Begebenheit zugrunde liegen. Am Rußlandfeldzug Napoleons nahm auch ein Kilianstädter namens Peter Keller teil, er fand den Soldatentod.[44] Wie der Feldzug, an dem sich auch preußische Hilfstruppen beteiligten, ausging, wissen wir: Wie früher der Schwedenkönig Karl XII. und später Hitler wurde auch Napoleon ein Opfer der endlosen russischen Weiten und des erbarmungslosen Winters. Das brennende Moskau, das man ihm über dem Kopf angezündet hatte, war das Fanal seines Untergangs. Nur ein kleiner Teil der Armee, krank und demoralisiert, konnte sich nach Deutschland durchschlagen. Die Preußen hätten die zerlumpten und ausgezehrten Franzosen, die sich durch das Land schleppten, totschlagen können, doch wollte niemand die Hand erheben: Ungläubig und mitleidsvoll sah man die erbärmlichen Gestalten an sich vorbeiziehen.

Napoleon ließ schließlich seine geschlagene Armee im Stich und jagte auf schnellstem Weg heimwärts, um sofort neue Aushebungen zu befehlen und eine halbe Million Menschen unter die Waffen zu rufen. So wie er auf dem Weg nach Rußland „unter dem Geläute aller Glocken“ durch

---

*) Fourage = Truppenverpflegung.

Hanau gekommen war, kehrte er dort auch auf dem Rückzug ein. Am 16. Dezember 1812 soll er im „Riesen" übernachtet und mit ausgezeichnetem Appetit Kartoffelbrei, Sauerkraut und Solberfleisch verzehrt haben.[46]

In Deutschland wußten die im Rheinbund zusammengeschlossenen Staaten nicht, wie sie sich verhalten sollten. Die meisten begannen wohl schon zu überlegen, wie sie wieder von Napoleon loskommen könnten, blieben aber zunächst auf seiner Seite. Nur die Preußen waren von ihm abgefallen, mehr oder weniger aus Versehen, denn der General Yorck hatte auf eigene Faust mit den Russen geheime Verhandlungen geführt, welche die preußische Armee vor der Vernichtung bewahrten. Der ängstliche und entschlußlose Preußenkönig Friedrich Wilhelm III. wurde so mit einer Entscheidung konfrontiert, die er selbst niemals zu treffen gewagt hätte. Nun stellte er sich hinter die Eigenmächtigkeit Yorcks, auch wenn er diesen aus lauter Franzosenfurcht absetzte, um den Schein zu wahren.[28] In Preußen wurde die allgemeine Mobilmachung angeordnet, während Napoleon sich anschickte, seinen Kriegsplan zu realisieren und Berlin einzunehmen. Seine neue Armee, zu der auch die Rheinbundstaaten Soldaten aufgeboten hatten, schien das Siegen nicht verlernt zu haben: Preußen und Russen erlitten bei Großgörschen und wenig später auch bei Bautzen empfindliche Schlappen. Doch nun traten auch Bayern, Österreich und England dem Bündnis der Russen und Preußen bei. Das war wohl zu viel. In der dreitägigen Völkerschlacht bei Leipzig (16.-18.10.1812) erlitt er die entscheidende Niederlage, die ihn zum Rückzug nötigte. Auch hierbei führte ihn sein Weg nach Hanau. Am 29. Oktober hatte ein 30.000 Mann starkes bayerisches Heer unter General Wrede die Franzosen aus Hanau vertrieben. Was Wrede nicht wußte: am selben Abend würde Napoleon mit 70.000 Mann seiner besten Truppen in Langenselbold eintreffen. Hätte Wrede davon Kenntnis gehabt, er hätte wohl schwerlich den Franzosen am Lamboywald, die Kinzig im Rücken, den Kampf angeboten. Nach wechselvollem Gefecht wurde die bayerische Infanterie in den Fluß gedrängt, wobei Tausende den Tod fanden. Zum Abschied ließ der Franzosenkaiser die Stadt mit Granaten beschießen und anschließend ausplündern.[46] Neben den Franzosen müssen auch die nachdrängenden Befreier im Hanauischen nach rechter Soldatenart gehaust haben. So berichtete der Bürgermeister von Roßdorf: „In dem Jahre 1813 ist Roßdorf rein ausgeplündert worden. Nicht allein die Früchte wurden alle weggenommen, sondern alles was nicht niet- und nagelfest war, ja selbst das Vieh ist weggetrieben worden ..." In dem benachbarten Kilianstädten ist es sicher nicht anders gewesen.[44]

Napoleon geht - die Kurfürsten kommen wieder

Im Freiheitskampf gegen die napoleonische Fremdherrschaft war, getragen vor allem vom studentischen Liberalismus, in den deutschen Ländern ein Nationalbewußtsein entstanden, das als Vaterlandsliebe im besten Sinne des Wortes verstanden werden muß. Doch war diese Verbindung von Nationalgefühl und revolutionärem Freiheitsstreben allzu diffus und schwärmerisch, als daß sie sich gegen die Kräfte der Restauration hätte durchsetzen können. Damit alles so recht beim alten bleiben konnte, schlossen sich auf dem Wiener Kongreß (1814/15) 38 souveräne Fürsten und Freie Städte unter der Führung Österreichs zu einer lockeren völkerrechtlichen Vereinigung, dem Deutschen Bund, zusammen. Das Kurfürstentum Hessen, auch Kurhessen genannt, blieb bis auf kleinere Korrekturen unverändert; ihm fiel demzufolge auch die Grafschaft Hanau und somit Kilianstädten wieder zu. Kurfürst Wilhelm I. wollte sich außerdem „König der Chatten" nennen dürfen, doch wurde ihm dieser Unfug nicht bewilligt; man gestattete ihm lediglich, seinem bedeutungslos gewordenen Titel Kurfürst das nicht weniger bedeutungslose Prädikat „Königliche Hoheit" anzufügen.

Man darf sich fragen, ob die Rückkehr des Kurfürsten für die Bevölkerung von Vorteil war, denn Wilhelm I. versuchte sofort, das Rad der Geschichte wieder zurückzudrehen und seinen Untertanen härtere Steuerlasten aufzubürden, so als ob in der Zwischenzeit nichts geschehen wäre. Sein Sohn und Nachfolger Wilhelm II. hatte gleichfalls wenig Verständnis für die vom Volk geforderten neuen Rechte, so daß es 1830, auch in Hanau, zu ernstlichen Unruhen kam. Ob diese auch bis in unser Heimatdorf hineinwirkten, ist nicht überliefert. Jedenfalls mußte Wilhelm II. erhebliche Zugeständnisse machen und eine neue Landesverfassung unterzeichnen. Verärgert übertrug er daraufhin die Regierung an seinen Sohn, den Kurprinzen, und verlegte seine Residenz von Kassel nach Wilhelmsbad bei Hanau. Dem Kurprinzen, der sich nach dem Tod seines Vaters (1841) Kurfürst Friedrich Wilhelm I. nannte, waren Neuerungen und liberale Veränderungen erst recht ein Greuel. Er lag fortwährend mit dem Landtag im Streit und suchte dessen verfassungsmäßige Rechte zu beschneiden. Vor allem war er auf die Mehrung seines persönlichen Reichtums bedacht, Armut und Leid seiner Landeskinder interessierten ihn wenig. Es hätte ihn kaum beeindruckt, wenn er von der schlimmen Not gewußt hätte, die um diese Zeit in Kilianstädten herrschte. Um sich von den drückenden Abgaben zu befreien, versuchte man diese durch die Zahlung hoher Geldsummen abzulösen. Die Gemeinde mußte sich deswegen stark verschulden und konnte 1846 die Kapitalzinsen nicht mehr aufbringen. Dazu kam es nach einem strengen Winter zu einer völligen Mißernte. Die Brotpreise stiegen, und es herrschte eine allgemeine Teuerung. Einige Familien waren so arm geworden, daß sie sich nicht mehr ernähren konnten. Sie erhielten Brennholz von der Gemeinde, die den Beschluß faßte, daß diese Bedauernswerten von den Wohlhabenderen verköstigt werden sollten, bis wieder bessere Zeiten ins Land kämen. Aus Verzweiflung entschlossen sich viele, nach Amerika auszuwandern. Man muß sich vor Augen führen, was ein solches Vorhaben für Menschen bedeutete, die noch nie aus ihrer engeren Heimat herausgekommen waren und sich nun der Gefährdung einer solchen Reise in das Ungewisse aussetzen wollten! Acht Familien unternahmen das Wagnis. Die Gemeinde muß froh gewesen sein, sich von ihren Ärmsten trennen zu können, sonst hätte sie sich bei ihrer gespannten Finanzlage kaum bereit erklärt, die Reisekosten zu bezahlen und die Ausreisewilligen mit dem Nötigsten auszustatten, ja sogar noch die bestehenden Schulden zu übernehmen. Die Kosten sollten später durch deren Holzanteile im Wald aufgerechnet werden. Es wird nicht vermeldet, welches Schicksal die wagemutigen Auswanderer in ihrer neuen Heimat gefunden haben.

Die 1848 von Frankreich ausgehende Februarrevolution hatte inzwischen auch Deutschland erfaßt. Die Regierungen wirkten wie gelähmt; sie hatten mit einem Mal alles Selbstvertrauen verloren und wichen fast überall widerstandslos vor den Forderungen des Volkes zurück. Am 18.5.1848 konstituierte sich in der Paulskirche von Frankfurt die erste deutsche Nationalversammlung. Die führenden Mitglieder waren idealistisch gesinnte und gebildete Männer, denen jedoch die politische Erfahrung fehlte. Dies führte häufig zu endlosen theoretischen Diskussionen, vor allem aber auch zur Verkennung der wirklichen Verhältnisse und der staatlichen Machtstrukturen. Hinzu kam, daß sich radikalisierte Bevölkerungsgruppen gegen Entscheidungen der Nationalversammlung auflehnten. In Frankfurt organisierten linke Extremisten einen Aufstand und errichteten Barrikaden, um die Nationalversammlung zu sprengen. Obgleich preußisches und österreichisches Militär die aufgebrachte Menge vertrieb, fielen zwei Abgeordnete der Volkswut zum Opfer.

Die Mehrheit der Nationalversammlung sah ein, daß ohne die Mitwirkung der Länderregierungen eine einheitliche Reichsverfassung nicht durchzusetzen war. Die Integration des ebenfalls dem Deutschen Bund angehörenden Österreichs in ein neu zu schaffendes Reich war ohnehin durch die Sonderinteressen der Donaumonarchie sehr erschwert, letzten Endes gar nicht mehr möglich. In ihrer Not fiel der Nationalversammlung nichts besseres ein, als den Preußenkönig Friedrich Wilhelm IV. zum Kaiser von Deutschland zu wählen. Das Glockengeläute und der Kanonendonner, unter denen die Entscheidung verkündet wurde, waren verfrüht, denn der mittelalterlich-romantischen Vorstellungen anhängende Preußenkönig dachte nicht daran, die Krone aus den Händen der „Revolution“ entgegenzunehmen. Er löste vielmehr den preußischen Landtag auf und begann der Nationalversammlung zu drohen, worauf sich in dieser die radikaleren Elemente durchsetzten und ihrerseits eine schärfere Gangart anschlugen. In verschiedenen Ländern kam es zu Aufständen, die teilweise mit Waffengewalt niedergeschlagen wurden. Die Entwicklung wuchs der Nationalversammlung, auf die das deutsche Volk so große Hoffnungen gesetzt hatte, über den Kopf und führte schließlich zu deren Auflösung (1849).

Im Kurfürstentum hatte die allgemeine Verbitterung gegen die fortwährende Unterdrückung und Mißwirtschaft zugenommen, auch im Hanauischen gärte es gewaltig. Zwar hatte der Kurfürst unter dem Druck des allgemeinen Widerstands einer Reihe von Reformen zugestimmt, doch fühlte er sich im Jahre 1850 wieder stark genug, den Landtag aufzulösen, die Forterhebung sämtlicher aufgehobener Steuern zu verfügen und den Kriegszustand zu verhängen. Seine Residenz verlegte er von Kassel nach Hanau. Um seinen Untertanen jeglichen Ungehorsam auszutreiben, rief er die Hilfe des Deutschen Bundes an, der unter dem Einfluß Österreichs stand und in dem sich wieder verstärkt reaktionäre Tendenzen durchgesetzt hatten. Am 1. November 1850 rückte ein österreichisch-bayerisches Korps, „Strafbayern“ genannt, ein, um die Ordnung herzustellen und jeden Widerstand zu unterdrücken. Auch in Kilianstädten lag das Militär sieben Wochen lang und brachte Kanonen und Haubitzen in Stellung. Nach dem Abzug wurde die 1831 erzwungene liberale Verfassung wieder abgeschafft. In der Folgezeit hatte das Volk sehr unter dem eigensinnigen Kurfürsten zu leiden, doch konnte er die Opposition, die sich überall regte, nicht völlig niederhalten.

Der Unmut über die ungeordneten Verhältnisse führte auch in unserem Dorf zu einem allgemeinen Verfall von Sitte und Ordnung, so daß am 4.11.1851 Pfarrer und Ortsvorstand dem Kurfürstlichen Landratsamt davon Kenntnis gaben und darum baten, daß künftige „Excesse" nicht mehr wie bisher mit Geldstrafen, sondern mit Gefängnis geahndet werden sollten. Die Verhältnisse spitzten sich in Kurhessen schließlich so zu, daß sich der König von Preußen, ein Onkel des Kurfürsten, ins Mittel legte und unter Androhung einer militärischen Intervention die Wiederherstellung der Verfassung von 1831 durchsetzte. Friedrich Wilhelm I. reagierte darauf auf seine Weise: Er stellte jede Regierungstätigkeit ein, was zu einem völligen Stillstand der Staatsgeschäfte führte und dem Wohlstand des Landes sehr abträglich war. Daß diese Entwicklung auch Kilianstädten, das sich immer noch in einer prekären finanziellen Situation befand, nicht zum Vorteil gereichte, läßt sich unschwer vorstellen.

Hurra, die Preußen kommen!

Im Deutschen Bund war das Ringen um die Vorherrschaft zwischen Preußen und Österreich offen aufgeflammt und hatte sich 1866 in einer militärischen Auseinandersetzung entladen, die Bismarck wohl bewußt gesucht hatte. In der Schlacht von Königgrätz wurde Österreich geschlagen, worauf der Deutsche Bund aufgelöst wurde. Als der Konflikt zwischen Österreich und Preußen ausbrach, machte der Kurfürst den verhängnisvollen Fehler, sich wie die anderen Südstaaten des Deutschen Bundes gegen das verhaßte Preußen zu stellen und seine Truppen in Hanau aufmarschieren zu lassen. Den Rest kennen wir. Die Preußen rückten kurzerhand ein, nahmen den starrköpfigen Friedrich Wilhelm in Wilhelmsbad fest und machten das Kurfürstentum zu einem Bestandteil der preußischen Provinz Hessen-Nassau. Es darf vermutet werden, daß die Bevölkerung diesen Wechsel nicht bedauerte, denn das Verhalten der drei Kurfürsten seit 1813 war nicht dazu angetan, Hochstimmung im Land hervorzurufen. Die politische Änderung brachte den neuen Preußen sichtliche Vorteile. Das Land erhielt eine kluge und geschickte Verwaltung, die auch bei den Regelungen der finanziellen Angelegenheiten großzügig verfuhr.

Daß unser Nachbardorf Büdesheim, heute Ortsteil von Schöneck, nicht gleichfalls preußisch wurde, verdankte es keineswegs dem größeren diplomatischen Geschick seines Landesherrn, dem Großherzog von Hessen. Der hatte ebenfalls gegen Preußen mobilgemacht, holte sich aber rasch eine blutige Nase; die Preußen besetzten das Land, dem auch die Provinz Oberhessen mit dem darin gelegenen Büdesheim angehörte. Nur der nahen Verwandtschaft des großherzoglichen Fürstenhauses mit Rußland und England war es zuzuschreiben, daß die Preußen Rücksichten nehmen mußten, wieder abzogen und es bei der Zahlung ordentlicher Kriegskosten beließen.

In meinen Kinderjahren war es übrigens in unserer Gegend durchaus noch gang und gäbe zu sagen, man führe ins Hessische oder Preußische, wenn man zum Beispiel Verwandtenbesuche machte, wobei man unter Hessen die früher großherzogliche Provinz Oberhessen verstand. Es galt als unstrittig, daß im Hessischen die Straßen besser waren als im Preußischen, und wenn in der Festschrift „1150 Jahre Kilianstädten“[47] ausgeführt wird, die Straßen nach Mittelbuchen und Oberdorfelden seien bereits zwischen 1824 bis 1834 „gepflastert“ worden, so kann das bei mir in Erinnerung der schrecklichen Schotterstraßen nur ungläubiges Staunen hervorrufen; gemeint ist wohl „chaussiert“, d.h. mit aufgewalzten Steinbahnen belegt. Doch wollen wir nicht abschweifen und mit der Beschreibung der politischen Ereignisse fortfahren.

Preußen hatte fast gegen ganz Deutschland Krieg geführt. Die Bezeichnung „preußisch-deutscher Krieg“ besteht daher zu Recht, während uns der gelegentlich gebrauchte Begriff „Einigungskrieg“ eher beschönigend oder romantisierend vorkommen will. Jedenfalls war der Sieg vollkommen, Österreich mußte aus dem deutschen Staatenbund ausscheiden und Kriegskosten zahlen. Die besiegten süddeutschen Staaten wurden mild behandelt, dafür mußten sie sich verpflichten, ihre Truppen im Falle eines Krieges unter preußischen Oberbefehl zu stellen.

Wir wollen einen Kaiser haben: Deutschland wird preußisch

Dieser Krieg sollte schon wenige Jahre später erfolgen. Der national gestimmte Leser möchte möglicherweise empört die Seiten zuschlagen, wenn ich jetzt sagte, Bismarck habe den deutsch-französischen Krieg im Jahre 1870 bewußt provoziert, um das nationale Bewußtsein der verbündeten deutschen Staaten dazu zu nutzen, auch diese noch dem preußischen Reich einzuverleiben - ich lasse das daher lieber bleiben. Ein wenig differenzierter als der fünfbändige Brockhaus aus dem Jahre 1960 sollte man die Dinge aber doch betrachten, denn dieser schrieb, der Krieg sei durch die Feindschaft Frankreichs „gegen die von Bismarck herbeigeführte deutsche Einheit" entstanden.

Wie dem auch sei, der Anlaß war eigentlich lächerlich - der Erbprinz Leopold von Hohenzollern aus Sigmaringen wollte für den spanischen Thron kandidieren. Zu dieser Zeit war Napoleon III. von Frankreich innenpolitisch schwer angeschlagen, das Land war in einer Identitätskrise und dazu in einer geradezu närrischen Furcht vor einer deutschen Einkreisung befangen. Die vermeintliche Gefahr eines Hohenzollern auf dem spanischen Königsthron war eine Kröte, die Frankreich auf keinen Fall schlucken wollte. Bismarck, der den Krieg mit Frankreich längst für unvermeidlich hielt, hatte diese Kandidatur „insgeheim und mit Hinterhältigkeit" betrieben und auch „die Torheit und Narrheit des kaiserlichen Frankreich fast auf die Dezimalstelle genau" berechnet.[14] Der Erbprinz erkannte die Brisanz der Unternehmung und erklärte, ohne den Befehl des preußischen Königs die spanische Krone nicht annehmen zu wollen. Doch war König Wilhelm entschieden gegen dieses Abenteuer, er dachte nicht daran, einen solchen Befehl zu erteilen. Die Sigmaringer waren aber vom Glanz der Königskrone so geblendet, das sie Wilhelm dann doch baten, diese von sich aus annehmen zu dürfen, was der Preußenkönig schließlich „trotz meiner Bedenken" erlaubte.

Durch Frankreich ging ein Aufschrei der Empörung. Die Angelegenheit eskalierte. Wilhelm, der nicht merkte, wie er von Bismarck ausgespielt wurde, versuchte das Feuer auszutreten und die Hohenzollern aus Sigmaringen zu einem Verzicht zu überreden. Doch der Erbprinz war nicht zu Hause. Er war „zur Erholung und Stärkung seines Gemüts" irgendwohin in die Tiroler Alpen gereist, was ihm, wie manche argwöhnen, Bismarck angeraten hatte, „so daß er für alle, die ihm Angst machen wollten, unerreichbar wäre"[14]. Der Vater des Erbprinzen gab zu erkennen, daß sein abwesender Sohn unter diesen Umständen seine Kandidatur zurückziehen werde. Aber war er überhaupt befugt, eine solche Erklärung abzugeben, und konnte sie der Erbprinz nicht jederzeit widerrufen?

In Frankreich mochte man sich jedenfalls nicht damit zufriedengeben. Kaiser Napoleon III. konnte gar nicht anders, als sich an die Spitze seines entrüsteten Volkes zu stellen. Hierbei überzog er aber maßlos. Er ließ den Preußen ein vorgefertigtes Entschuldigungsschreiben zukommen, das Wilhelm an den Franzosenkaiser richten sollte. Bismarck legte das ungehörige Schreiben dem König gar nicht erst vor. Als anderntags in allen Zeitungen zu lesen war, daß Prinz Leopold auf den spanischen Thron verzichten werde, sprach der französische Gesandte den Preußenkönig auf der Kurpromenade in Bad Ems an, um ihm die offizielle Zustimmung abzuringen, auch einer etwaigen künftigen Kandidatur nicht zuzustimmen. Das war schon einigermaßen unverschämt, und Wilhelm lehnte natürlich eine derartige Erklärung ab. Ob Frankreich sich mit den doch weitgehenden Zugeständnissen abgefunden hätte (wofür einiges spricht) oder es auf weitere Zuspitzungen angelegt hätte, muß offenbleiben, denn es trat ein Ereignis ein, das den Krieg praktisch unabwendbar machte. In einem Telegramm an Bismarck - der in die Geschichte eingegangenen „Emser Depesche" - wurde diesem der Verlauf des kaiserlichen Gespräches mit dem französischen Botschafter mitgeteilt. Bismarck verkürzte den Text zu einer Pressenotiz und gab den Inhalt der bisher geheimgehaltenen Gespräche der Öffentlichkeit zur Kenntnis. Diese ungeheure und sicher auch von Bismarck beabsichtigte Provokation konnte Frankreich nicht hinnehmen. Ob der Krieg nun letzten Endes vermeidbar war oder nicht: Bismarck hatte ihn ausgelöst!

Ein Woge völkischer Begeisterung lief durch die deutschen Staaten, die sich alle an die Seite Preußens stellten. Nach der Schlacht bei Sedan und der Gefangennahme Napoleons III. schien der Krieg bereits zugunsten Preußens und seiner Verbündeten entschieden. Die jetzt ausgerufene Französische Republik kämpfte jedoch weiter, erst nach der Beschießung von Paris mußte Frankreich seine Niederlage eingestehen. Der gewonnene Krieg und der nationale Gefühlsüberschwang wurden von Bismarck genutzt, um alle deutschen Staaten zusammenzuführen. Wilhelm I. wurde zum Kaiser ausgerufen: Das Deutsche Reich war geboren, formal ein Bund deutscher Staaten - de facto hatte Preußen das Sagen; Deutschland war gewissermaßen in Preußen aufgegangen. (Es ist allerdings hinzuzufügen, daß auf lange Sicht das feudal-agrarische Preußen dem Eingliederungsdruck des industriell-bürgerlichen Reiches nicht würde widerstehen können und schließlich im „Restdeutschland" aufgehen mußte; salopper formuliert: die ostelbischen Krautjunker des Kernlandes hatten den rheinischen Schlotbaronen Platz zu machen. Was bleiben sollte, war das martialische Schreckgespenst „Preußen", das, weil immer wieder gern beschworen, noch heute gelegentlich über unseren Köpfen geistert).

Wir wissen nicht, ob die gut fünfzig Kilianstädter, unter denen sich auch mein Urgroßvater befand, gleichfalls von vaterländischer Hingabe erfüllt waren oder eher widerwillig in den Krieg zogen. Glücklicherweise kamen die meisten wieder gesund zurück, so daß sie hoffentlich noch erleben konnten, wie ihre ruhmreichen Namen, wenn auch über 20 Jahre später, in ein Kriegerdenkmal gemeißelt wurden. Ganz gewiß haben sie nicht ahnen können, daß der errungene Sieg aus mancherlei Gründen den Keim zweier weiterer Kriege in sich barg, die unter ihren Söhnen und Enkeln einen schrecklichen Blutzoll fordern würden und daß dem späteren Betrachter die Inschrift „... den kommenden Geschlechtern zur Nacheiferung ..." geradezu makaber vorkommen mußte. Das Denkmal zierte zunächst den Platz der Republik, bis es dort im Weg stand und 1929 vor der Kirche seinen Standort bekam, allerdings auch nur einen vorübergehenden. Seine letzte Ruhestätte scheint es nun, gehörig bemoost, auf dem Friedhof gefunden zu haben.

„Das Glücksgefühl, das nach ... Friedensschluß die deutsche Nation durchströmte, kann man sich heutzutage kaum noch vorstellen; es muß überwältigend gewesen sein".[29] Und es schien, als habe der gewonnene Krieg den Weg freigemacht für Wohlstand und Aufschwung. Die Industrialisierung wuchs, die Lebenserwartung stieg, Kunst und Wissenschaft konnten sich frei entfalten, Jahrzehnte tiefsten Friedens beendeten das Jahrhundert. Auch die Chronik Kilianstädtens[5] weiß zu vermelden, daß „in der Nachkriegszeit ... eine Aufwärtsbewegung ein(setzte), die sich in Lebenshaltung, Hausbau und besserem Hausrat offenbarte". Gute Ernten trugen zum Aufschwung der wirtschaftlichen Entwicklung bei, der Neubau eines Schulhauses wurde in Angriff genommen, nur ein Kaisermanöver um Kilianstädten herum bereitete der Gemeinde Ungemach: Die Soldaten und Pferde zertrampelten die Äcker und hinterließen großen Flurschaden. Kurz vor der Jahrhundertwende erhielt das Dorf eine Postagentur und bald danach Eisenbahnanschluß an die Strecke nach Frankfurt, und in den abendlichen Dorfstraßen spiegelte sich das Licht der neuen Öllaternen.

„Der Lotse geht von Bord"

Die politische Lage in Europa war keineswegs stabil, fünf Großmächte standen sich gegenüber und belauerten einander. Von Bismarck stammt der Satz, wenn die Welt durch das unsichere Gleichgewicht von fünf Mächten regiert werde, solle man stets versuchen, einem Bündnis von dreien anzugehören. Er war ein genialer Außenpolitiker, der es verstand, die Machtinteressen durch ein Gestrüpp von Abkommen und Verträgen auszugleichen und so in Balance zu bringen, daß ein europäischer Krieg nahezu unmöglich wurde. Es sollte sich herausstellen, daß seine Nachfolger mit dem Bündnissystem Bismarckscher Prägung nicht umzugehen wußten und leichtfertig das Vertrauen verscherzten, das der große Staatsmann bei seinen europäischen Nachbarn genoß. Als Kaiser Wilhelm I. 1888 im gesegneten Alter von 91 Jahren starb und sein Sohn, der Kronprinz und anschließende „99-Tage-Kaiser" kurze Zeit später einem Krebsleiden erlag, kam, neunundzwanzigjährig, Wilhelm II. an die Macht. Dieser konnte mit Bismarck nicht umgehen, zu unterschiedlich waren die Charaktere. Bald mußte der „Eiserne Kanzler" seine Entlassungsurkunde einreichen. Vordergründige Ursache war die Verlängerung des sogenannten Rückversicherungsvertrages mit Rußland, welcher der junge Kaiser nicht zustimmen wollte, der jedoch auch einen beliebigen anderen Anlaß gefunden hätte, den Kanzler zu schassen, ist doch der Satz überliefert: „Sechs Monate will ich den Alten noch verschnaufen lassen, dann regiere ich selbst"[28]. Daß Wilhelm II. seinen Kanzler so kurzerhand entlassen konnte, lag an der gewaltigen Machtfülle, mit der Bismarck selbst das kaiserliche Amt ausgestattet hatte, dessen Verantwortung, wie sich später zeigen sollte, Wilhelm nicht im entferntesten gewachsen war. Er hätte ein außergewöhnlicher Staatsmann und Feldherr sein müssen, „um das Riesengewand, das Bismarck für ihn geschneidert hatte, auszufüllen. Daran scheiterte er; ‚es war nicht seine Schuld', wie Winston Churchill ritterlich schrieb, ‚es war sein Schicksal'." [17]

Wilhelm II. und seine Ratgeber „vereinfachten" zunächst Bismarcks Bündnissystem. Der sogenannte Rückversicherungsvertrag mit Rußland wurde fallenlassen, wonach dieses eine Militärkonvention mit Frankreich einging. Ein deutsch-englisches Bündnis hätte bei dem anglophilen Kaiser nahegelegen, doch kühlte sich das Verhältnis nach dessen Ungeschicklichkeiten im Burenkrieg wieder ab, um schließlich eisig zu werden, als Wilhelm und sein Admiral Tirpitz auf die unselige Idee verfielen, eine Kriegsflotte zu bauen, die Deutschland zur Seemacht machen sollte. „Dabei hatte man sich die Todfeindschaft Englands zugezogen und den Untergang des Deutschen Reiches vorbereitet, ohne daß die deutsche Schlachtflotte auch nur den mindesten Nutzen stiftete ... Den Deutschen fehlten alle Voraussetzungen, eine große und wirklich entscheidende Flottenmacht zu werden. Die Reichsflotte erwies sich ... als glitzerndes und bedeutungsloses Spielzeug". [14]

Zu Beginn des 20. Jahrhunderts zeichnete sich eine beunruhigende Umwälzung der Bündnisse ab; die lange verfeindeten Mächte England und Frankreich schlossen sich zu einer „entente cordiale" zusammen; sie fühlten sich von Deutschland bedroht, dessen Kaiser keine Gelegenheit verpaßte, zu bramarbasieren und großspurige Reden zu halten. Im August 1907 schlossen auch England und Rußland, die bisherigen Gegner, eine Entente: „Die ... Einkreisung Deutschlands war fertig" [28]. Deutschland war im „Dreibund" mit Italien, dem bekanntermaßen unsicheren Kantonisten und dem Vielvölkerstaat Österreich verbunden, dessen Nationen auseinanderstrebten und der auf dem Balkan verhängnisvollen Interessen nachging. Dort sollte auch bald ein Krieg seinen Anfang nehmen, der Deutschland in einen Konflikt mit fast der ganzen Welt bringen und am Ende vernichten würde.

Der vermeidbare Weltkrieg

Die Türkei hatte jahrhundertelang den Balkan beherrscht, der mit dem Zerfall der türkischen Macht nach und nach in die Interessensphären Rußlands und Österreichs geriet, die auf eine Aufteilung der besetzten Länder drängten. Der drohende militärische Konflikt konnte 1878 auf einer von Bismarck geleiteten internationalen Konferenz in Berlin noch einmal entschärft werden: Serbien, Rumänien, Montenegro und Bulgarien wurden unabhängig, die Herzegowina und Bosnien kamen unter österreichische Verwaltung.[28] Doch der Balkan blieb ein Pulverfaß, bei dem die Zündschnur von Hand zu Hand ging. Im Jahre 1908 hielt Österreich die Gelegenheit für gekommen, die bisher nur verwalteten Bosnien und Herzegowina zu annektieren und dem Habsburger Reich einzuverleiben, was bei den Serben, die Bosnien als angestammte Provinz ansahen, Wut und Empörung hervorrief. Rußland suchte seinen Einfluß auf dem Balkan mit Hilfe Serbiens zu vergrößern und gab diesem jegliche Unterstützung und Rückendeckung. Serbien hatte im Laufe der balkanischen Auseinandersetzungen gute Beute gemacht, war auf das Doppelte angewachsen und schickte sich an, den Träumen von einem Groß-Serbien nachzuhängen, in dem auch die österreichischen Länder Bosnien, Dalmatien, Slowenien und Kroatien ihren Platz finden sollten. Unwillkürlich wird man an die Parallele im Balkankrieg unter Milosewics erinnert, und der Leser wird leicht die Besorgnis nachvollziehen können, welche die Donaumonarchie erfaßte und in manchen Köpfen der Militärführung den Wunsch entstehen ließ, mit einem Krieg gegen Serbien eine gewaltsame Klärung herbeizuführen. „Österreich spürte 1914 die Hand an der Gurgel; es schien keine andere Rettung zu geben als eine Demonstration von Kraft und Stärke".[14] Doch gehörte Serbien zum russischen Einflußbereich, und Österreich würde mit Maßnahmen gegen Serbien einen Krieg riskieren, der auf Rußland überschwappen könnte und dem es allein nicht gewachsen wäre.

Die Ereignisse machten sich jetzt selbständig. Am 28. Juni 1914 wurden in Serajewo der österreichische Kronprinz Franz Ferdinand und seine Frau ermordet. Für Österreich stand die Mitwisserschaft des serbischen Staates außer Frage, das Schicksal hatte einen Grund zum Losschlagen frei Haus geliefert. Zwar hätte dies die Donaumonarchie angesichts des russischen Schutzes für Serbien und der allgemeinen Bündnislage überhaupt nicht wagen können, doch dachte man mit der militärischen Stärke Deutschlands im Rücken die Dinge mit Wiener Nonchalance weiter zuspitzen zu können. Die deutsche Regierung sah alledem mit unbegreiflicher Gleichgültigkeit zu, sie erlaubte dem Bündnispartner gewissermaßen, mit dem deutschen Schwert zu klirren. Der Plan Österreichs war einfach: Man würde den Serben ein unannehmbares Ultimatum stellen und bei dessen erwarteter Ablehnung losschlagen. Dem deutschen Botschafter in Wien wurde angst und bange, er berichtete nach Berlin und ließ wissen, daß er vor übereilten Schritten gewarnt habe. Da kam er bei dem deutschen Kaiser schlecht an, der schrieb an den Rand des Berichts: „Wer hat ihn dazu ermächtigt? Das ist sehr dumm! Geht ihn gar nichts an, da es lediglich Österreichs Sache ist ... Mit den Serben muß aufgeräumt werden, und zwar bald“.[14] Später telegafierte die Reichsregierung nach Wien, Österreich-Ungarn könne sich auf die unbedingte Bündnistreue Deutschlands verlassen.[45] Damit hatte die Donaumonarchie den Blankoscheck erhalten, mittels dessen sie „mit lässiger Grazie“[14] den Krieg weiter betreiben konnte.

Serbien erhielt ein Ultimatum zugestellt, das für die Serben inakzeptabel war und auch sein sollte. Die Antwortnote war überaus geschickt und verbindlich abgefaßt, doch wurde kaum eine österreichische Forderung bedingungslos angenommen. Die Wiener hielten es gar nicht für nötig, den Deutschen das Antwortschreiben zuzuleiten, es mußte vom Außenministerium angefordert werden. Wilhelm II. war so von den sophistischen Formulierungskünsten der Serben angetan, daß er die unmittelbare Kriegsgefahr gar nicht erfaßte. Er meinte, das sei „mehr als man erwarten konnte ... damit fällt jeder Kriegsgrund fort“[14]. Es ist kaum zu fassen, mit welcher Sorglosigkeit und Tölpelhaftigkeit die deutsche Reichsregierung die Dinge treiben ließ. In der Annahme, die serbische Antwortnote sei zulänglich gewesen, hatte man gar nicht weiter versucht, auf den österreichischen Bundesgenossen Einfluß zu nehmen und sah sich plötzlich vor vollendete Tatsachen gestellt. In letzter Minute begann man Wien zur Mäßigung zu raten. Zu spät: am 28. Juli 1914 erklärte Österreich Serbien den Krieg, einen Tag später ordnete Rußland die allgemeine Mobilmachung an. Diese faßten die Deutschen als Bedrohung auf; ultimativ wurden die Russen aufgefordert, die Mobilmachung einzustellen, anderenfalls würde man diese mit der eigenen beantworten. An Frankreich ging die Anfrage, ob es in einem deutsch-russischen Krieg neutral bleiben würde; die Franzosen antworteten ausweichend. Als Rußland weiter mobilmachte, wurde den Russen am 1. August der Krieg erklärt; am 3. August folgte die Kriegserklärung an Frankreich. Einen Tag später erklärte England den Deutschen den Krieg, der Weltkrieg war perfekt. Am selben Tag gab Wilhelm II., um große Worte nie verlegen, den historisch gewordenen Spruch von sich: „Ich kenne keine Parteien mehr, ich kenne nur noch Deutsche", derselbe Wilhelm, der sich am Ende des verlorenen Krieges in heiliger Einfalt von jeder Kriegsschuld reinwaschen wollte: „Vor Gott und der Geschichte ist mein Gewissen rein: Ich habe den Krieg nicht gewollt."

Wie immer, wenn sie ihre Haut zu Markte tragen sollten, gerieten die Deutschen in einen Begeisterungstaumel. Ein Hochgefühl übermannte das Volk, die Soldaten eilten an die Front mit einer Attitüde, als gelte es in den Sommerurlaub zu fahren. Wer wußte schon viel von den balkanischen Vorgängen, jetzt ging es vor allem gegen Frankreich, und daß dieses der Erbfeind war, hatten schließlich alle schon in der Schule gelernt.

Den Ersten Weltkrieg in allen Facetten beleuchten zu wollen, wäre im Rahmen dieses Buches ein aussichtsloses Unterfangen. Nachdem Italien zunächst neutral geblieben war, um sich dann im Jahre 1915 gegen seine ehemaligen Verbündeten zu wenden, war aus dem gefürchteten Zweifrontenkrieg ein Drei- und nach der Kriegserklärung Rumäniens sogar ein Vierfrontenkrieg geworden. Wir müssen uns auf die Vorgänge in Frankreich konzentrieren, die letztlich auch kriegsentscheidend waren. Während Rußland zu Beginn des Krieges nur hinhaltend bekämpft werden sollte, sah der deutsche Kriegsplan vor, Frankreich in einer Art Blitzkrieg zu überrollen, bevor England in das Geschehen eingreifen konnte. Es kam genau umgekehrt: Die weit unterlegenen deutschen Truppen vernichteten in der Schlacht bei Tannenberg die Hauptstreitmacht der Russen, während die Westoffensive nach anfänglichen Erfolgen ins Stocken geriet. Dem Generalstabschef Moltke wird die Schuld daran zugesprochen, weil er in aussichtsreicher Position den Überblick verloren hatte und den Angriff anhielt. Bereits am 9. September 1914 wagte er dem Kaiser zu sagen: „Majestät, wir haben den Krieg verloren"[14], eine zutreffende Prophezeiung, bis zu deren Erfüllung noch Ströme von Blut fließen sollten. An die Stelle Moltkes trat Falkenhayn, der nervenstarke Kriegsminister, der aber auch nicht verhindern konnte, daß der deutsche Ansturm zu einem Stellungskrieg gerann. Um Bewegung in die festgefahrenen Fronten zu bringen, rief die Oberste Heeresleitung die Chemische Abteilung des Kriegsministeriums zur Entwicklung neuer Waffen auf.

Der jüdische Leiter und spätere Nobelpreisträger Fritz Haber empfahl Chlorgas und Phosgen als Kampfstoffe einzusetzen. Am 22. April 1915 wurden in der Schlacht bei Ypern (Flandern) erstmals aus 5730 Stahlflaschen 180 Tonnen flüssiges Chlor abgeblasen, was 3000 alliierten Soldaten das Leben kostete und weiteren 7000 schwere gesundheitliche Schäden zufügte. Die Franzosen setzten kurze Zeit später phosgengefüllte Granaten ein, was die Deutschen mit dem Einsatz von lungenschädigendem Grünkreuz und hautdurchdringendem Gelbkreuz beantworteten. Zwischendurch wurde beim sogenannten Buntschießen der „Maskenbrecher" Blaukreuz verschossen, ein Schwebestoff, der die Atemfilter durchdrang und infolge seiner Reizwirkung zum Abnehmen der Gasmasken zwang. Diese grausigen und menschenverachtenden neuen Vernichtungsmittel sollten auch für ihren Erfinder schicksalhafte Folgen haben: Wenige Tage nach dem ersten Gaseinsatz nahm sich die Frau Habers das Leben; sie hatte ihren Mann vergeblich beschworen, kein Kampfgas zu entwickeln.

Während des gesamten Jahres 1915 hatte die Westfront im Stellungskrieg verharrt; der Einsatz von Giftgas hatte nur die Zahl der Toten auf beiden Seiten erhöhen, aber keine Veränderung der Frontlinien bewirken können. Falkenhayn verfiel nun auf die unglückselige Idee, den Eckpfeiler der französischen Front, Verdun, einnehmen zu wollen, um die Franzosen hier verbluten zu lassen.[28] Einwänden, es könne doch nicht sinnvoll sein, den Gegner ausgerechnet an seiner stärksten Stelle zu attackieren, begegnete er spöttisch: „Die wollen immer nur angreifen, wo nichts steht"[14]. Selbst Ludendorff, von dem wir noch hören werden, „hielt den Plan eines Angriffs auf Verdun für ein Verbrechen"[14]. Er sollte recht behalten; eine Ausblutungsschlacht ungeheueren Ausmaßes begann, die beide Seiten über eine halbe Million Tote kostete.[*)] Verdun wurde zum Inferno, der General Falkenhayn hatte, wie Ludendorff sagte, ein Jahr „blutig vertrödelt". Zur gleichen Zeit trafen in der Nordsee die deutsche und englische Kriegsflotte zur größten Seeschlacht der Weltgeschichte aufeinander. Die Deutschen errangen einen klaren Sieg, vermochten aber die Briten nicht zu vernichten, so daß kein wirklich kriegsentscheidender Nutzen erzielt wurde. Noch bevor die Schlacht in Verdun beendet war, leiteten die Westmächte eine Großoffensive an der Somme ein, die ähnlich wie bei Verdun - also ohne entscheidenden Vorteil für eine der

---

[*)] Wer sich über diesen schrecklichen Vernichtungskampf informieren will, sei an das Buch Ernst Jüngers „Unter Stahlgewittern" verwiesen. Ohne daß er es im mindesten wollte, hat uns der Autor das wohl abschreckendste Antikriegsbuch des Ersten Weltkriegs hinterlassen.

Kriegsparteien - verlief, nur daß jetzt rund eine Million Soldaten ihren sogenannten Heldentod fanden.

Inzwischen hatten wohl die meisten in Deutschland begriffen, daß der Krieg kein Osterspaziergang war. Die SPD wurde uneins über die Frage, ob sie der Reichsregierung weiterhin Vasallentreue bezeugen sollte; Anfang 1916 machte sich ihre linke Fraktion selbständig und nahm ein Jahr später den Namen „USPD“ an. Innerhalb dieser gab es eine Gruppe „Internationale“ unter Karl Liebknecht und Rosa Luxemburg, die nicht nach der Fortsetzung des Krieges sondern der Weltrevolution strebten und die Parole ausgaben: „Der Feind steht im eigenen Land“[28]. Doch noch überwogen die patriotischen Kräfte; mit dem „Vaterländischen Hilfsdienst“ wurden alle menschlichen und materiellen Ressourcen auf den Kriegseinsatz konzentriert.

An der Westfront war die Kriegsführung von Falkenhayn auf Ludendorff übergegangen, nur formal Untergebener des Generalfeldmarschalls von Hindenburg. Beide hatten an der Ostfront große Erfolge errungen, doch vermochten sie nicht, der Auseinandersetzung im Westen ein neues Gepräge zu geben: Der Krieg blieb wie er war. Am Ende des Jahres hatte die Deutsche Reichsregierung wohl selbst alle Hoffnung verloren. Sie bot den Frieden an, doch dies mit Hochmut und in völliger Verkennung der Sachlage, so daß im Grunde keine Chance für ein Einlenken der Alliierten bestand.

Die Ankündigung des unbeschränkten U-Boot-Krieges mochte wohl die letzte Karte sein, die das Reich angesichts der Seeblockade durch die Feindmächte spielen konnte. Bei der Versenkung der ersten Schiffe kamen auch viele Amerikaner um, für die USA der Anlaß, Deutschland den Krieg zu erklären. Etwa zur selben Zeit kam es in Deutschland zu Streiks, das Schlagwort lautete: „Frieden, Freiheit und Brot“. Die Mehrheitsparteien im Reichstag erklärten in einer Ausschußsitzung, daß der Krieg nicht mehr zu gewinnen sei. Durch die daraus resultierende Kabinettsumbildung wurde die Autorität der Reichsregierung geschwächt, was aber andererseits die Machtstellung Ludendorffs steigerte. Der Kaiser hielt sich aus allem heraus, er ließ die Generäle gewähren.

Im Frühjahr 1918 schien die militärische Lage für Deutschland gar nicht so ungünstig zu sein, denn in Rußland hatte die Revolution eingesetzt, viele Truppen waren zu den Aufständischen übergelaufen. Dies führte zu einem Frieden mit Rußland (3.3.1918), wodurch der Zweifrontenkrieg beendet und alle Anstrengungen auf die Westfront konzentriert werden konnten. An Kriegsgerät und Kampfstärke war man dem Gegner ebenbürtig; so schien Optimismus angesagt - wenn nicht die Versorgung mit Lebensmitteln so katastrophal schlecht gewesen wäre. Daher versuchte die Heeresleitung unter Ludendorff mit einer großangelegten Offensive eine Entscheidung zu erzwingen, bevor die Vorräte aufgebraucht waren und die Ernährungslage verzweifelt wurde.[28] Ludendorff „spielte, wie es Verlierer tun“[14], er setzte alles auf eine Karte - und verlor alles. Am 21. März 1918 machten sich 63 deutsche Divisionen mit über 600 Geschützen zum Angriff bereit. In nur 7 Tagen stießen die Truppen 60 km vor, dann hatten sich die Kräfte der Angriffsdivisionen verzehrt. Wieder versuchte es Ludendorff, und wieder schienen die Deutschen zunächst Erfolg zu haben: Die Marne war abermals erreicht, deutsche Ferngeschütze beschossen Paris. Hiermit aber war die Kampfkraft der deutschen Soldaten endgültig erschöpft.[45]

Sowohl die in Deutschland neu rekrutierten als auch die aus Rußland abgezogenen Truppen waren immer weniger bereit, sich kurz vor dem absehbaren Ende des Krieges noch schnell eine Kugel verpassen zu lassen, was von Ludendorff in seinen »Kriegserinnerungen«[24] bitter beklagt wurde: „Sie brachten teilweise schlechten Geist mit; zunächst weigerten sie sich überhaupt wieder hinaus zu gehen, sie glaubten nicht mehr kämpfen zu brauchen ...“ Von den bayerischen Truppen fühlte er sich ohnehin im Stich gelassen: „(Sie) sahen den Krieg allmählich als eine rein preußische Sache an.“ Wiederholt kritisierte er die zunehmende „Drückebergerei“ und „die revolutionäre und bolschewistische Beeinflussung der Urlauber.“ Richtig zufrieden war er nur mit der Führungsriege: „Die Anforderungen an die Nerven der Führer an der Front stiegen fortgesetzt, sie hatten schwer zu tragen, behielten aber doch den klaren Blick für des Vaterlandes Not und stolzen Mut. Ihn hat nichts brechen können.“

Inzwischen waren die Amerikaner in Frankreich gelandet und konnten somit die alliierte Kampfkraft stärken. Am 8. August 1918 wurde die Front mit 450 englischen Panzern durchbrochen; die Deutschen mußten sich wieder zurückziehen und gruben sich in die Stellung der Siegfriedlinie ein. Ein Sieg konnte nicht mehr errungen, sondern bestenfalls - angesichts der standhaften Fronttruppen - die Niederlage erträglich gestaltet werden.[28] Mit einer klugen realistischen Politik hätte dafür durchaus noch eine dünne Chance bestanden. Durch Aufgabe aller ohnehin verlorenen

Gebiete und die Bereitschaft, Reparationen zu leisten verbunden mit der Drohung, die Reichsgrenzen mit der immer noch kampfkräftigen deutschen Armee bis zum Äußersten zu verteidigen, hätten die Alliierten mit einer gewissen Wahrscheinlichkeit zu einer Vereinbarung bewogen werden können, die ihren eigenen Truppen möglicherweise Millionenverluste erspart und dafür den Deutschen einen annehmbaren Frieden zugestanden hätte.

Doch es kam anders. Ludendorff verlor die Nerven - anders kann man es nicht nennen - und verlangte vom Kaiser und vom Reichstag, dem Feind die Kapitulation und einen Waffenstillstand binnen 24 Stunden anzubieten. „Nur ein Narr konnte eine solche Forderung stellen ... In 24 Stunden war nur der Tod und der Untergang zu haben.“ [14]

Die Reichsregierung kam der Forderung Ludendorffs, des „Feldwebels in Generalsuniform“ [14], nach. Sie war „daran gewöhnt, von dem Oberbefehlshaber wie Rekruten kommandiert zu werden“ [14]. Der Kaiser war trotz seiner markigen Sprüche ein entschlußloser Mensch, dessen „große Worte ... nicht selten dazu (dienten), sich selbst Mut zu machen“ [11]. Golo Mann schildert ihn in seinem Buch »Deutsche Geschichte des 19. und 20. Jahrhunderts« wie folgt: „Zu blutrünstigen Reden konnte er sich verirren; blutiges Handeln lag ihm gar nicht. Er war faul und vergnügungssüchtig. Feste feiern, reisen, sich den Leuten zeigen, hoch zu Roß seine Garden zum Manöversturme führen, mit seinesgleichen bei fürstlichen Banketten Toaste wechseln, in der Hofloge sitzen, angetan wie ein Pfau, mit den Blicken ins Publikum, Schnurrbart streichend, huldvoll strahlend, das war seine Art ... Nie bis dahin hatte es einen so unecht zusammengesetzten Königsstil gegeben: die Verbindung von preußischem Militär, von romantischer Fantasterei, feudalem barocken Kostümgepränge und nur allzu zeitgemäßem Geldprotzentum.“

Zum neuen Reichskanzler war Max von Baden ernannt worden, dem sogleich die undankbare Aufgabe zufiel, eine entsprechende Note an die Westmächte zu richten. Er widersetzte sich zunächst der „aus Nervenschwäche und politischem Unverständnis geborenen Forderung Ludendorffs“ [14], fügte sich aber schließlich. Am 3. Oktober ging die deutsche Note heraus - an den amerikanischen Präsidenten Wilson. Dies war ein weiterer Fehler, denn für jeden wurde erkennbar, daß man in plumper Weise versuchte, die Amerikaner gegen England und Frankreich auszuspielen, die in unmittelbarem Konflikt mit dem Deutschen Reich standen.

Ludendorff bat um seinen Abschied, der ihm vom Kaiser erleichtert gewährt wurde, glaubte dieser doch in seiner Naivität, er könne nunmehr mit Hilfe der Sozialdemokraten ein neues Reich aufbauen. Doch hatten die Deutschen mit ihrem Kaiser nichts mehr im Sinn; für sie war er zum Symbol eines unsinnigen, verlustreichen Krieges geworden. „Das deutsche Volk wollte nun in besinnungsloser Hast den Krieg beenden. Es scheute nicht mehr vor Meuterei und Rebellion zurück, nichts schreckte mehr, nicht mehr die Niederlage und nicht mehr die Republik. Alles war recht, wenn es nur den Frieden brachte“.[14]

Der Kaiser schritt noch eine Weile in einer Traumwelt dahin; er ordnete an, man möge Front gegen die Heimat machen, um die sich ausbreitende Revolution niederzuwerfen, die mit dem bevorstehenden Waffenstillstand um die Wette lief. Von diesem Gedanken rückte er dann wieder ab, um sich der närrischen Illusion hinzugeben, er könne nach geschlossenem Waffenstillstand an der Spitze des Heeres wieder in die Heimat zurückkehren. Die Chance, würdevoll zurückzutreten, hat der Kaiser nicht genutzt; jetzt setzten ihn seine eigenen Generäle massiv unter Druck und verfrachteten ihn in einen Sonderzug nach Holland, wo er im Exil seinen Lebensabend verbringen würde.

Zum Schluß wollen wir noch einmal die Kilianstädter Chronik aufschlagen, um zu sehen, wie sich die beschriebenen Ereignisse auf unser Heimatdorf ausgewirkt haben. Die vom Chronisten angeführten Gründe zum Ausbruch des Krieges muten uns heute sonderbar an („Sie fielen über uns her! Rußland voran, das in Serbien die Mordbuben bereit gestellt ... hatte“). Der Befehl zur Mobilmachung war am 2. August 1914 wie überall auch in Kilianstädten öffentlich angeschlagen worden, „alsbald umlagert von den wackeren Streitern, die nun zu den Fahnen gerufen wurden“[5]. Ob sich auch unsere „wackeren“ Kilianstädter von der in Deutschland allgemeinen Kriegsbegeisterung hatten anstecken lassen, wissen wir nicht, wohl aber, daß von den 276 Eingerückten sechzig ihr Leben lassen mußten. Über dörfliche Geschehnisse während des Krieges und der unmittelbaren Folgezeit weiß die Chronik nur wenig zu berichten; wir erfahren von 30 - 50 Mann kriegsgefangener Franzosen, die in den Sälen der Gasthöfe untergebracht waren und zur Tagesarbeit von den Bauern oder sonstigen Arbeitgebern abgeholt wurden. Es bestand Mangel an Brennmaterial; im Jahre 1917 wurden eine Kirchenglocke sowie etliche Orgelpfeifen der Kriegswirtschaft geopfert, und 1918, als sich die

Armee zurückzog, mußten die Schulzimmer für Einquartierungen hergerichtet werden. 1919 „wurde beschlossen, den heimkehrenden Kriegsgefangenen einen schönen Empfang zu bereiten", was, so wollen wir hoffen, dann auch wohl geschah. Eine neue Gemeindevertretung wurde gewählt und ein Wohlfahrtsausschuß gegründet.

Mein Großvater Johannes Brod hatte das Glück, unversehrt vom russischen Kriegsschauplatz zurückzukommen. Er war zeitweise bei einem Eisenbahnkommando, und eine alte Fotografie zeigt ihn, wie er sich, das halbe Gesicht durch einen riesigen Schnauzbart verdeckt, aus dem Fenster einer Feldlokomotive lehnt. Mein Vater, der zwei Jahre vor Kriegsende eingezogen wurde und als blutjunges Milchgesicht das Elend des flandrischen Stellungskrieges erleiden mußte, wurde durch einen Granattreffer in seinem Unterstand verschüttet, doch kam auch er mit dem Leben davon. Obwohl er später wenig und nur ungern vom Krieg erzählte, ist er doch die Schreckensbilder jener Fronterlebnisse sein ganzes Leben lang nicht losgeworden. Es war vor allem der grausige Anblick der vielen Giftgastoten, die die Engländer vor den deutschen Stellungen zurückließen, der meinen Vater zu einem entschiedenen Kriegsgegner werden ließ. Er wohnte zu dieser Zeit in Fechenheim, kannte Kilianstädten wohl kaum dem Namen nach und ahnte noch weniger, daß er einmal die Tochter des vorgenannten Johannes Brod heiraten würde.

Neuanfang in Weimar: Republik ohne Chancen

Daß Deutschland den Krieg verloren hatte, wollte mancher nicht begreifen; schließlich befand sich zur Zeit der Waffenstillstandsunterzeichnung kein feindlicher Soldat auf deutschem Boden. So fielen nicht wenige auf die von Ludendorff und Hindenburg gestützte „Dolchstoßlegende" herein, nach der ein unbesiegtes Heer nicht durch den Feind sondern durch Verrat in der Heimat bezwungen wurde. Daß ein Sieg überhaupt möglich war, darf bezweifelt werden, wenn er aber verschenkt wurde, dann nicht durch Sabotage an der „Heimatfront", sondern durch die verfehlte Kriegsführung Ludendorffs.

In Deutschland gärte es. Mit der Monarchie wollte man nichts mehr zu tun haben. Die Menschen gingen auf die Straße und wollten nunmehr eine Republik, was immer der Einzelne darunter verstehen mochte. Gemäßigte, demokratisch geprägte Kräfte stritten sich mit den Radikalen, die eine Räterepublik ausrufen wollten und bald darauf die Kommunistische Partei gründen würden, geführt von Rosa Luxemburg und dem moskautreuen Karl Liebknecht. Die SPD setzte sich durch, wenn auch auf nicht ganz legitime Weise. Ohne daß er dazu eigentlich ein Recht gehabt hätte, ernannte der derzeitige Reichskanzler Max von Baden nach einem Gespräch mit dem Vorstand der Sozialdemokraten Friedrich Ebert zum Führer der neuen Regierung und übergab ihm somit sein eigenes Amt. Daraufhin rief - gegen den Willen Eberts - der Sozialdemokrat Scheidemann die „Deutsche Republik“ aus; fast gleichzeitig proklamierte Liebknecht von der radikalen USPD die „Deutsche Räterepublik“. Wer würde die Oberhand behalten? Bei einer Zusammenkunft aller Berliner Arbeiter- und Soldatenräte votierte die Mehrheit für Ebert und die Deutsche Republik. Zur gleichen Zeit stellte sich Hindenburg der neuen Regierung zur Verfügung, ebenso der General Groener, der ein sogenanntes Freikorps ins Leben rief, das den Bestand der neuen Regierung gegen Radikale und Aufständische sichern sollte.

Eine freie Wahl hatte noch nicht stattfinden können, das Reich mußte sich vorerst mit einer provisorischen Regierung begnügen, um handeln und den Waffenstillstand unterschreiben zu können. In diesem „Rat der Volksbeauftragten“ stritten sich SPD und die radikale USPD um Macht und Wegrichtung. Zwar hatte sich die überwiegende Mehrheit der Arbeiter- und Soldatenräte in Berlin für die SPD und die Wahl einer verfassunggebenden Nationalversammlung ausgesprochen, doch wollten sich die radikalen Kräfte, welche die Diktatur des Proletariats zum Ziel hatten, mit dieser Entscheidung nicht zufriedengeben, auch „Gewaltanwendung, selbst der Bürgerkrieg schreckte sie nicht“[45]. In Berlin hatte Ebert gegen eine aufrührerische „Volksmarine-Division“ Truppen eingesetzt, wodurch es ausgerechnet am Heiligen Abend Tote gab, was die USPD zum Anlaß nahm, den Rat der Volksbeauftragten zu verlassen.

Im Januar 1919 zettelten die Spartakisten (Kommunisten) in Berlin einen Aufstand an, der von einer aus Einheiten des alten Heeres gebildeten Truppe blutig niedergeschlagen wurde. Dabei mußte Karl Liebknecht, „ein edler Narr“[14], seine Überzeugung mit dem Leben bezahlen, ebenso Rosa Luxemburg, die eigentlich nur aus Loyalität an der von ihr im Grunde nicht gebilligten Revolte teilgenommen hatte. Eine Woche später wurden die Wahlen zur deutschen Nationalversammlung abgehalten, die

SPD erhielt die meisten Stimmen. Weil Berlin zu unsicher erschien, trat die neue Nationalversammlung in Weimar zusammen; eine Notverfassung wurde verabschiedet. Hiermit begann die sogenannte Weimarer Republik, eine Epoche mit verwirrendem Spiel vielfältiger politischer Kräfte und weitreichenden geschichtlichen Folgen, mit der wir uns aber im Rahmen dieses Buches nur sehr eingeschränkt befassen können.

Friedrich Ebert war zum Reichspräsidenten gewählt worden, und die von der SPD, dem Zentrum und der Deutschen Demokratischen Partei gebildete „Weimarer Koalition" unter dem Reichskanzler Scheidemann verfügte über eine solide, arbeitsfähige Mehrheit; dennoch sollte die Regierung - wie auch die nachfolgenden - an den zu bewältigenden Aufgaben zerbrechen. Die Gründe hierfür sind vielfältig, doch war es vor allem das unselige und maßlose Friedensdiktat von Versailles, das Deutschland und die neue demokratische Regierung auf das schwerste erschütterte. Zwar versuchte der amerikanische Präsident Wilson mit seinen etwas weltfremden Ideen von einem Völkerbund und einem Frieden ohne Sieger und Besiegte maßvolle Friedensbedingungen zu erreichen, doch scheiterte er an der harten und haßerfüllten Haltung Frankreichs. Amerika hatte seinen starken Einfluß verloren, als Deutschland zusammengebrochen war, jetzt „waren die USA mit ihrer Predigt einer besseren Welt nur noch lästig. Als (Amerika) ... gesiegt hatte, war es geschlagen"[14]. Der amerikanische Staatssekretär und Führer der Friedensdelegation seines Landes sagte mit prophetischer Hellsichtigkeit voraus, was sich zwei Jahrzehnte später auf verhängnisvolle Weise erfüllen sollte: „... Die Friedensbedingungen erscheinen unsagbar hart und demütigend, während viele von ihnen mir unerfüllbar erscheinen ... Haß und Erbitterung, wenn nicht Verzweiflung, müssen die Folgen derartiger Bestimmungen sein. Es mag Jahre dauern, bis diese unterdrückten Völker imstande sind, ihr Joch abzuschütteln, aber so gewiß, wie die Nacht auf den Tag folgt, wird die Zeit kommen, daß sie den Versuch wagen ..."

Nach tumultösen Auseinandersetzungen erklärte sich die Mehrheit der Nationalversammlung für die Annahme des Versailler Vertrages, nachdem die Alliierten dies ultimativ gefordert hatten. Deutschland hatte de facto keine Wahl; dennoch mochte der Sozialdemokrat Scheidemann seine Unterschrift nicht unter dieses als unmäßig empfundene Vertragswerk setzen: Er trat zurück. Dafür unterschrieben andere. Die großen Gebietsverluste, die erzwungenen Abgaben an Produktionsleistungen, der Verlust von 160 Milliarden Goldmark Volksvermögen und die Reparationen in vorerst unbegrenztem Umfang drohten das durch Hunger und an Menschen geschwächte Reich zu erdrosseln. Die Aufbürdung aller Nachkriegslasten und der alleinigen Kriegsschuld führte im deutschen Volk zu Erbitterung, die sich auch gegen die eigene Regierung richtete und dem Radikalismus den Weg ebnete.

Zunächst mußten gemäß Vertrag die Streitkräfte auf 100.000 Mann reduziert werden. Dies führte zu einem Putsch rechtsorientierter Kräfte. Die Reichsregierung wurde für abgesetzt erklärt und der ostpreußische Wolfgang Kapp zum Kanzler ernannt (Kapp-Putsch). Die Regierung ersuchte die Reichswehr, die sich vor allem als Bollwerk gegen linke Radikale gesehen hatte, um Hilfe. Diese verweigerte sich. Der Regierung blieb nur die Hoffnung auf Unterstützung durch die Gewerkschaften, die einen Generalstreik ausriefen, der allerdings nicht so viel bewirkte, wie gemeinhin angenommen wird. Kapp, von grotesker Unfähigkeit, ohne Minister und Geld, scheiterte an sich selbst; der Putsch brach im März 1920 zusammen. Die „Regierungszeit“ hatte ganze hundert Stunden gedauert.

Darauf flammte ein linkssozialistischer Aufstand im Ruhrgebiet auf, der von der Reichswehr nach harten Kämpfen niedergeschlagen wurde. Diese mußte dazu in die entmilitarisierte Rhein-Zone eindringen, worauf die Franzosen als Vergeltungsmaßnahme den Maingau besetzten. Die Alliierten forderten nun ihre Reparationszahlungen ein; um ihren Forderungen Nachdruck zu verleihen, wurden Düsseldorf, Duisburg und weitere Ruhrstädte besetzt. Die Reparationsforderungen wurden konkretisiert: 132 Milliarden Goldmark, zahlbar in 37 Jahren nebst jährlich zwei Milliarden Zinsen, sowie eine 26%ige Ausfuhrabgabe. Die amtierende deutsche Regierung trat zurück, die neue nahm an, wofür sie der „Erfüllungspolitik“ gescholten wurde[28]; schon nach kurzer Zeit mußte sie um Zahlungsaufschub bitten. Eine internationale Reparations- und Wirtschaftskonferenz brachte für Deutschland keine Erleichterung - der deutsche Außenminister Rathenau wurde noch nicht einmal zu den Arbeitsausschüssen zugelassen. Da glückte diesem, so schien es wenigstens, ein Befreiungsschlag: der Vertrag von Rapallo (16. April 1922). Deutschland und Rußland verzichteten gegenseitig auf den Ersatz der Kriegskosten und Kriegsschäden und nahmen die diplomatischen Beziehungen wieder auf. Zwei Wochen später fiel Rathenau den Kugeln zweier deutschnationaler Attentäter zum Opfer.

Der Vertrag von Rapallo konnte den auf Deutschland lastenden Druck nicht aufheben. Im August 1922 kam das Reich der fortschreitenden Geldentwertung wegen[28] mit den Reparationsleistungen in Verzug, was die Franzosen zum Anlaß nahmen, das Ruhrgebiet, gewissermaßen als Faustpfand, zu besetzen. Die Reichsregierung rief zum passiven Widerstand auf, den im Ruhrgebiet die Gewerkschaften organisierten. Alle Lieferungen wurden eingestellt, Gruben, Zechen und Eisenbahnverkehr lahmgelegt. Doch zeigte sich bald, daß dieser Generalstreik auch ein Streik gegen die eigene Wirtschaft und Nation war. Die deutsche Industrie lag still, die Inflation hatte ein alle Vorstellungen übersteigendes Ausmaß angenommen.

Im August 1923 übernahm Gustav Stresemann das Reichskanzleramt, in einer Zeit, in der die Krise in Deutschland ihren Höhepunkt erreichte. Stresemann beendete zunächst den selbstzerstörerischen und aussichtslosen Ruhrkampf und wußte sich auch dank eines vom Reichstag verabschiedeten „Ermächtigungsgesetzes“ in den chaotischen Ereignissen des Oktobers 1923 durchzusetzen (Ausruf der von den Franzosen gesteuerten „Rheinischen Republik“, Kämpfe in Hamburg zwischen Polizei und Kommunisten und schließlich die Gründung des „Autonomen Pfalzstaates“). Stresemann vermochte sich, von rechts und links bedrängt, zu behaupten und überstand auch die durch Hitler angezettelte „Bierkellerrevolution“ mit anschließendem Marsch auf die Feldherrnhalle. Hitler hatte aus der „Deutschen Arbeiterpartei“, diesem „langweiligen Verein“[19], von dem wir noch später hören werden und in den er als Mitglied Nr. 55 eingetreten war, in Bayern eine beachtliche Bewegung mit schlagkräftigen Kampfverbänden geschaffen. Nun fühlte er sich stark genug, die Revolution gegen die Reichsregierung zu wagen und sich zum Reichskanzler zu erklären. Wir kennen den Ausgang: Der Demonstrationsmarsch zur Münchener Feldherrnhalle, bei dem Ludendorff, ebenso naiv wie unbelehrbar, natürlich nicht fehlen durfte, brach am 9. November 1923 im Gewehrfeuer der bayerischen Landespolizei zusammen. Hitler wurde zu fünf Jahren Festungshaft verurteilt, aber bereits ein Jahr später begnadigt. In diesem Jahr schrieb er seinen »Mein Kampf«, dem jeder, der wollte, entnehmen konnte, welch radikalen, antisemitischen und verbrecherischen Vorstellungen der künftige „Führer“ nachhing. Nur - wer hatte diesen schwer verdaulichen Schinken, der später im „Dritten Reich“ auf keinem deutschen Bücherbord fehlen durfte, wirklich gelesen?

Stresemann nahm den Vorfall zum Anlaß, dem General von Seekt die vollziehende Reichsgewalt zu übertragen und ihn damit mit nahezu diktatorischen Vollmachten auszustatten. Das Land, ausgehungert und zerrüttet, bereit, jedem politischen Rattenfänger hinterher zu laufen, brauchte zunächst einmal Ruhe, Sicherheit und vor allem geordnete finanzielle Verhältnisse. Der Ruhrkampf hatte die letzte Substanz des Reiches aufgezehrt, mit stillgelegten Zechen und Fabriken ließ sich kein Geld verdienen. Um die gigantischen Streikunterstützungen finanzieren zu können, hatte die Regierung Geld drucken müssen, das über keine Deckung verfügte. Die Folge war eine galoppierende Inflation, die den Wert der Währung weiter aushöhlte. Zwar gab es auch Inflationsgewinnler zuhauf; es waren der Sparer und der arbeitende Mensch, die die Zeche zahlen mußten. Wer es noch nicht konnte, dem wurde es beigebracht: der Umgang mit Millionen, Milliarden und Billionen.

Chronist *Buccoli*[5] hat einiges über die Vorgänge in Kilianstädten zusammengetragen. In den Jahren 1921 und 1922 schien es der Gemeinde nicht schlecht zu gehen; die elektrische Straßenbeleuchtung wurde eingeführt, die früheren Domänenländer „Die Frauengärten" und „An der Krohohle" aufgekauft. Die Freiwillige Feuerwehr bekam eine ordentliche Ausrüstung bewilligt, und Kriegshinterbliebene wurden unentgeltlich mit Kartoffeln versorgt. Doch 1923 wurde alles durch die Inflation überschattet. Hatte der Gänsehirt noch mit einem Jahresgehalt von „nur" 48.000 Mark abgefunden werden können, so mußten kurze Zeit später für den Nachtwächter schon 450.000 Mark hingeblättert werden. Der Strompreis kletterte auf 350.000 Mark pro Kilowattstunde, und für einen Zentner Holz mußte man 10 Millionen berappen. Auch wenn der Chronist nicht explizit darüber berichtet, wird auf dem Höhepunkt der Geldentwertung auch in unserem Dorf der Laib Brot nicht unter einer Milliarde zu haben gewesen sein. Wie sehr die Ereignisse den Einwohnern zusetzten, kann man daran ermessen, daß in diesem Jahr keine Kerb gehalten wurde.

Im November 1923 erfolgte eine Währungsreform (eine neue Rentenmark = eine Billion alte Reichsmark), die mit einem Schlage das Vertrauen, auch des Auslandes, in das neue Zahlungsmittel bewirkte und eine Art Wirtschaftswunder einleitete - um den Preis der völligen Vernichtung der Ersparnisse des Durchschnittsbürgers, soweit dieser nicht über Sachwerte verfügte. Aus unserer Gemeinde wird als Kuriosum berichtet, daß das angesammelte und jetzt wertlose Münzgeld als Altmetall „entsorgt" werden mußte [47].

Die Einführung der Rentenmark schien ein ökonomisches Mirakel geschaffen zu haben, die „goldenen Jahre der Weimarer Republik" [14]. Das neue deutsche Geld wurde Teil eines fantastischen Kreislaufs: Die Amerikaner trieben unnachsichtig bei den Briten und Franzosen deren Kriegsschulden ein, jene hielten sich an den deutschen Reparationszahlungen schadlos, und die Deutschen pumpten sich das Geld bei den Amerikanern, die wiederum in Deutschlands Industrien investierten. Es schien, als sei mit dem wirtschaftlichen Aufschwung auch eine politische Konsolidierung der Weimarer Republik erfolgt und eine Periode des Aufschwungs ausgelöst, die „zu Recht die Ära Stresemann genannt wird" [45], doch waren damit die extremen nationalistischen Kräfte nicht zu versöhnen. Zwar hatte Stresemann erreicht, daß Deutschland 1925 in den Völkerbund aufgenommen wurde, doch konnte er wegen der unerbittlichen Blockadehaltung der Briten und Franzosen keine spektakulären außenpolitischen Fortschritte erreichen, mit denen er dem aufkommenden Radikalismus in Deutschland hätte begegnen können.

Unser Dorf scheint von der verbesserten Wirtschaftslage gleichfalls profitiert zu haben. Eine neue Kirchenglocke wurde angeschafft, die Untergasse gepflastert und ein neuer Leichenwagen erworben. Sogar drei Fahnen mit den Reichsfarben glaubte man sich gönnen zu können, was aber doch wohl von manchen für unnötigen Luxus gehalten wurde, jedenfalls konnten sich im Gemeinderat die sieben Befürworter nur knapp gegen sechs Gegenstimmen behaupten. Neben der Verbesserung der Straßenbeleuchtung wurde auch der Bau einer Wasserleitung in Angriff genommen, wobei zu erwähnen wäre, daß Kilianstädten mit 20 gemeindeeigenen und weiteren privaten Brunnen auch vorher über eine gute Wasserversorgung verfügt hatte.

Am 24. Oktober 1929, dem „Schwarzen Freitag", drei Wochen nach Stresemanns Tod, kam es zum großen Crash an der New Yorker Börse, der die Weltwirtschaftskrise einleitete. Die Amerikaner brauchten jetzt ihr Geld selbst; in großem Umfang wurden Kredite gekündigt und Gelder aus Deutschland zurückgerufen. Banken wurden zahlungsunfähig, Fabriken brachen zusammen; die junge Republik, die sich gerade zu stabilisieren begann, befand sich unversehens mitten in ihrer schwersten Krise. Die Zahl der Arbeitslosen stieg im Winter 1929/30 auf drei Millionen an, auch die Landwirtschaft erlitt schwere Schäden. Arbeitslose und Bauern gerieten in Unruhe und ließen sich in die Arme der NSDAP treiben. Die gegenwärtige Regierung Müller trat zurück - sie sollte die letzte Regierung der Weimarer Republik bleiben, die eine parlamentarische Mehrheit hinter sich wußte. Ihr folgte, gestützt auf das Vertrauen des Reichspräsidenten Hindenburg, der Zentrumspolitiker Brüning, der mit einem Minderheitenkabinett regierte und daher versuchte, sich mit - verfassungsgemäßen - Notverordnungen über Wasser zu halten. Diese konnten durch Parlamentsmehrheit wieder aufgehoben werden - und genau das geschah. Brüning löste daraufhin den Reichstag auf und setzte Neuwahlen an, ein folgenschwerer Entschluß, denn an diesem 14. September 1930 gelang den Nationalsozialisten der große Sprung nach vorn. Sie wurden zweitstärkste Partei nach den Sozialdemokraten und zogen mit 107 Sitzen in den Reichstag ein. Auch die Kommunisten hatten stark zugelegt und erreichten 13% der abgegebenen Stimmen. Brüning blieb im Amt und versuchte weiter, von der Autorität Hindenburgs gehalten, mit Notverordnungen der Wirtschaftskrise Herr zu werden, wobei er von den Nationalsozialisten auf das heftigste bekämpft wurde. Die politische Auseinandersetzung wurde mit zunehmender Schärfe geführt. Als am 13. März 1932 ein neuer Reichspräsident gewählt wurde, bewarb sich Hitler, mußte sich aber, nachdem er nur Zweiter geworden war, auch in einem weiteren Wahlgang von Hindenburg geschlagen geben.

Die Politik verlagerte sich immer mehr vom Parlament auf die Straße, Saalschlachten zwischen Kommunisten und Nazis waren an der Tagesordnung. Brüning versuchte, sich mit einem Verbot von SA und SS den Gewaltakten der Nationalsozialisten entgegenzustemmen, doch errangen diese bei einer Reihe von Landtagswahlen beträchtliche Erfolge. Im Mai 1932 trat Brüning zurück. Neuer Regierungschef wurde von Papen, der gleichfalls über keine Parlamentsmehrheit verfügte und nur von den Deutschnationalen gestützt wurde. Papen hob das Verbot von SA und SS wieder auf, wonach ihm Hitler eine Verschnaufpause zubilligte und ihn zunächst wohlwollend gewähren ließ. Im Sommer 1932 standen die Reichstagswahlen an - wie würden sich die Deutschen entscheiden?

Aus diesen turbulenten Tagen weiß die Chronik kaum etwas aus Kilianstädten zu vermelden. 1929 ist von der Besetzung der Rektorstelle durch einen Lehrer die Rede, der „der politischen Gesinnung der Mehrheit der hiesigen Bevölkerung nahesteht“. Das in Anführungszeichen gesetzte Zitat ist zusätzlich unterstrichen. Offenbar möchte der Chronist, daß der Leser sich etwas dabei denke, doch sagt er uns nicht was. Bei diesem so nebulös beschriebenen neuen Rektor handelt es sich unzweifelhaft um Erich Simdorn, einen unerschrockenen Sozialdemokraten und Antifaschisten, der, wie ich von meinem Vater weiß, nicht selten von Gesinnungsgenossen nach Hause gebracht werden mußte, weil ihm sonst die Nazianhänger aufgelauert hätten. Simdorn würde nach der Machtübernahme Hitlers für das Festhalten an seiner Überzeugung einen bitteren Preis zahlen müssen.

Auch aus dem Jahr 1930 erfahren wir nichts Politisches von unserem Dorf. Geschildert wird, daß der Platz der Republik gepflastert wurde und daß eine über den tödlichen Unglücksfall ihres Mannes verzweifelte Frau Amlingen aus einem Verkehrsflugzeug der Deutschen Lufthansa sprang und ausgangs des Dorfes auf einem Acker aufschlug. 1931 wurde in Kilianstädten die erste Ortsgruppe der NSDAP gegründet. Ortsgruppenleiter war Wilhelm Ohl, der für eine Weile dem Mühlenbesitzer Heinrich Thylmann Platz machte, um dann dieses Amt wieder selbst zu übernehmen. (Das Regime, dem er so begeistert diente, würde später auf dem Schlachtfeld auch sein Leben einfordern). Die sieben SA-Männer, die es auch gab, kamen sich wohl in Kilianstädten ein wenig verloren vor, sie wurden dem Nachbarort Wachenbuchen angegliedert. Ein Jahr später wurde die NS-Frauenschaft ins Leben gerufen. Blauäugig vermerkt der Chronist für das Jahr 1932: „In der Politik weht schon ein frischerer Wind." Er ahnte so wenig wie viele andere, daß aus diesem Wind ein Orkan werden sollte, der Millionen Menschen, darunter viele Kilianstädter, in ein frühes Grab fegen würde.

Die Reichstagswahl im Juli 1932 bescherte Hitler einen erdrutschartigen Sieg: Mit 230 Mandaten wurde die NSDAP vor den Sozialdemokraten (133 Sitze) die mit Abstand stärkste Fraktion; sie hatte in freier demokratischer Wahl 37,8% der abgegebenen Stimmen erhalten. Hitler forderte im Vollgefühl seiner Macht das Amt des Reichskanzlers, doch war der greise Reichspräsident Hindenburg nicht gewillt, der Forderung des „böhmischen Gefreiten" nachzukommen - noch nicht! Die Nazis verstärkten ihre Agitation gegen den von Papen geführten Reichstag, der bald darauf, im August 1932, aufgelöst wurde. Bei den Neuwahlen im November 1932 verlor die NSDAP zwar empfindlich an Stimmen, blieb aber die stärkste politische Kraft. Hitler war nicht aufzuhalten. Papen und

Hindenburg zogen ernsthaft einen Staatsstreich unter Einbeziehung der Reichswehr in Erwägung, doch schreckte Hindenburg am Ende vor einem Bürgerkrieg zurück. Als neuer Reichskanzler wurde der General Schleicher eingesetzt, der sich, ohne parlamentarische Mehrheit, nicht lange behaupten konnte. Er hatte gehofft, den linken Flügel der NSDAP unter Gregor Strasser abspalten zu können, ein aussichtsloses - und für die beiden tödliches[*)] - Vorhaben,

Zu Beginn des Jahres 1933 war die Zahl der Arbeitslosen auf sechs Millionen angewachsen, kaum jemand erwartete noch eine Besserung durch Demokratie und Parlamente, ein „starker Mann" mußte her: Adolf Hitler. Im Januar errang er einen glänzenden Sieg bei den Landtagswahlen in Lippe. Hindenburg wurde weich. Unter dem Druck seiner Ratgeber berief er Hitler schließlich zum Reichskanzler. Wer arglos glaubte, dieser wolle weiterhin einem (von ihm verachteten) demokratischen Parlament vorstehen, dieser „Hammelherde von Hohlköpfen"[19], mußte in einem politischen Wolkenkuckucksheim gelebt haben. Hitler wollte die unumschränkte Herrschaft, und er würde sie auch bei nächstbester Gelegenheit erlangen. Das „Tausendjährige Reich" warf seinen Schatten voraus; es sollte zwölf Jahre währen.

Die Machterschleichung Hitlers

Am 30. Januar 1933, gut anderthalb Jahre nach meiner Geburt, fand in Berlin der „historische Fackelzug" statt, der sinnbildhaft die Machtergreifung durch die NSDAP bekundete.[28] Wir wissen bereits aus dem vorigen Abschnitt, daß als Folge der in Versailles diktierten unmäßigen Reparationsleistungen und der durch den Börsenkrach an der Wallstreet ausgelösten Weltwirtschaftskrise Not und Hunger einen neuen Höhepunkt erreicht hatten. Viele Deutsche trauten dem Parteienparlament nicht mehr zu, mit den sechs oder sieben Millionen Arbeitslosen fertig zu werden. Die Sozialdemokratie, bisheriger Stabilitätsfaktor, schien verbraucht, zum Debattierclub verkommen, ohne überzeugende Persönlichkeiten. Linker und rechter Radikalismus hatten zugenommen. Die Kommunisten

---

[*)] Beide wurden am 30. Juni 1934 im Zusammenhang mit dem sogenannten Röhm-Putsch erschossen.

versprachen den Arbeitern alles, Hitler aber versprach allen alles. Die Bevölkerung war mutlos geworden, bereit auch ungewisse und riskante Wege zu gehen: „Schlimmer als jetzt kann es nicht mehr werden." Mußte sie in dieser ausweglosen Lage nicht der NSDAP verfallen, deren perfekter Propagandamaschinerie die anderen Parteien nichts entgegenzusetzen hatten, einer Bewegung voller Dynamik, mit neuem völkischen Selbstbewußtsein und einem Mann an der Spitze, dessen dämonische Redegewalt die Zuhörer in geradezu hypnotische Rauschzustände versetzen konnte?

Kehren wir zu den Tatsachen zurück. Das dramatische, von Fackelzügen und Massenaufmärschen begleitete Zeremoniell, mit dem Hitler die Kanzlerschaft übernahm, entsprach keineswegs der verfassungstechnischen Bedeutung des Geschehens.[12] Genau genommen fand an jenem 30. Januar ein ganz normaler Regierungswechsel statt, denn die NSDAP war in der Reichstagswahl zwar stärkste Partei geworden, hatte aber nicht die zum alleinigen Regieren erforderliche absolute Mehrheit erreicht. So kam eine Koalition mit den Deutschnationalen Hugenbergs zustande mit Franz v. Papen als Vizekanzler, der dem rechten Flügel der Zentrumspartei nahestand. Ganze drei Ministerposten konnten die Nazis besetzen, aber es waren Schlüsselressorts: Goebbels wurde Propaganda-, Frick Polizeiminister, während sich Göring als Minister ohne Geschäftsbereich für alles verantwortlich fühlte. Die Hoffnung Papens, in dieser „Vereinigung der nationalen Front" entscheidend mitregieren zu können, zerplatzte bald wie eine Seifenblase. Hitler hatte weder Lust, die Regierungsgewalt mit jemandem zu teilen, noch sich von Abgeordneten überstimmen zu lassen, die für ihn nur „eingebildete und aufgeblasene Dilettanten, geistige Halbwelt"[19] waren. Sofort kam er mit der unerwarteten Forderung, Neuwahlen abzuhalten, mit der er Hugenberg noch vor seiner Vereidigung zum Reichskanzler beschwatzt hatte, in der Hoffnung, mit der staatlichen Macht im Rücken ein Ergebnis zu erzielen, das es ihm gestattete, den lästigen Koalitionspartner loszuwerden. Der Wahltermin wurde auf den 5. März 1933 festgesetzt. Schon am 1. Februar begann Hitler, die Deutschen auf das bevorstehende Ereignis einzustimmen und verlas einen „Aufruf an das deutsche Volk" über den Rundfunk, in dem er einen gemessenen staatsmännischen Ton anschlug, den Wiederaufbau der Wirtschaft in Aussicht stellte, sich zum Christentum als Basis aller Moral bekannte und schließlich in ehrfürchtiger Anrufung Gottes dessen Segen erbat.

Doch das waren Worte. Die Nazis versuchten sofort, den Verwaltungsapparat unter Kontrolle zu bekommen. Nicht bei Papen, sondern bei Göring lag die tatsächliche Macht, die er rücksichtslos einsetzte, um seine Gefolgsleute einzuschleusen und vor allem die Polizeipräsidien mit hohen SA-Führern zu besetzen. Außerdem rekrutierte er aus der SA und der SS eine 50.000 Mann starke Hilfspolizei, deren Übergriffe nun als gesetzliches Vorgehen im Dienst des Staates erscheinen sollten. Zur gleichen Zeit begann der Wahlkampf mit beispiellosem Propagandarummel, nunmehr mit dem Rückhalt und der Einschüchterungskulisse des Staatsapparates. Appelle, Losungen, Umzüge, Fahnenaufmärsche überzogen das Land, Hitler war pausenlos mit dem Flugzeug unterwegs, in allen Städten mit Sendestationen wurden seine Reden im Rundfunk übertragen.[12]

Da trat ein Ereignis ein, das Hitler kompromißlos zu seinem Vorteil zu nutzen wußte: der Reichstagsbrand am 27. Februar 1933. Bis heute ist nicht zweifelsfrei geklärt, ob ein geistig umnachteter Einzelgänger namens van der Lubbe oder die Nazis selbst das Gebäude in Brand steckten. Diese gaben sofort die Parole aus, das Feuer sei von den Kommunisten gelegt worden und solle zugleich ein Fanal für den Beginn des kommunistischen Aufstandes sein. Noch in der Nacht wurden viertausend Funktionäre der KPD festgenommen sowie - jetzt ging es in einem Aufwaschen hin - eine Reihe mißliebiger Schriftsteller, Ärzte und Rechtsanwälte. Bereits am folgenden Vormittag erschien Hitler bei Hindenburg und legte ihm eine vorbereitete Notverordnung „zum Schutz von Volk und Staat" vor, die sämtliche wichtigen Grundrechte außer Kraft setzte und durch eine weitere Verordnung „gegen Verrat am Deutschen Volke und hochverräterische Umtriebe" ergänzt wurde. Diese Notstandsgesetze waren von nun an die entscheidende Rechtsgrundlage der nationalsozialistischen Herrschaftsordnung, sie ersetzten die bestehende Rechtsordnung durch einen permanenten Ausnahmezustand, der bis zum Ende des Zweiten Weltkriegs bestehen blieb.

Die Wahl endete für die Nazis mit einer großen Enttäuschung, da sie auch diesmal nicht die absolute Mehrheit erreichten, so daß sie - formal wenigstens - auf die Unterstützung Hugenbergs und Papens angewiesen blieben. Goebbels zeigte sich ungerührt und kommentierte das Ergebnis zynisch: „Was bedeuten jetzt noch Zahlen? Wir sind die Herren im Reich und in Preußen!"[12]

Hitler war seinem Ziel schon recht nahegekommen; er wollte es auf seine Weise, mit von ihm gesteuerter Verwirrung und mit von ihm kontrollierter, geordneter Gewalt erreichen. Was er nicht wollte, waren Aufruhr und Anarchie. Daher registrierte er mit Unbehagen, wie sich die SA lärmend und zügellos in Siegesparolen erging, Gewalttätigkeiten verübte und auch vor Morden nicht zurückschreckte. Zur Beruhigung des Bürgertums pfiff er die braunen Horden zurück, wollte er sich doch jetzt, wenigstens vordergründig, der Öffentlichkeit als „Volkskanzler" präsentieren, dem Gesetz und dem Wohl der Nation verpflichtet. Es sollte sich bald zeigen, daß er das Gewaltpotential seiner radikalen Gefolgsleute nicht dauerhaft in den Griff bekam - er würde die gesamte Organisation vernichten und neu ausrichten müssen!

Zunächst aber galt es noch einmal Kreide zu fressen. Der 21. März 1933, Tag der ersten Reichstagssitzung, wurde zum „Tag der nationalen Erhebung" deklariert. In den Kirchen Potsdams fanden Versöhnungsfeiern statt, Hindenburg, in der Uniform des Feldmarschalls, war gekommen und tauschte auf den obersten Stufen der Nikolaikirche mit Hitler, in Frack und Zylinder, jenen historischen Händedruck, der, hundertfach fotografiert, Deutschland und der Welt die Botschaft vermittelte: Der alte Herr hat seinen Segen erteilt. Dann der Gang in die Kirche, wogende Uniformen, Orgelmusik und der Choral von Leuthen: „Nun danket alle Gott ..."[12]

Zehn Tage später, im Reichstag, zeigte sich Hitler in anderer Gestalt, im Braunhemd, flankiert von langen Reihen uniformierter Parteigenossen. Er stellte die Forderung, ein Ermächtigungsgesetz zu verabschieden, das es der Regierung erlauben sollte, ohne Zustimmung des Parlaments zu handeln, was einer Diktatur und Entmachtung der Volksvertretung gleichkam. Diese hatte aber pikanterweise selbst über Annahme oder Ablehnung des Gesetzes zu entscheiden. War es denkbar, daß die Parlamentarier ihre eigene Selbstauflösung beschließen würden, daß also die Kälber ihren Schlächter selbst einsetzten? In den Räumen des Reichstags, umgeben von den Schutzwachen der SA und SS, zogen sich die Kabinettsmitglieder zu einer dreistündigen Beratung zurück, während vor dem Gebäude die uniformierten Gefolgsleute Hitlers zu schreien begannen: „Wir fordern das Ermächtigungsgesetz, sonst gibt's Zunder!"[12] Die Zentrumspartei war das Zünglein an der Waage. Sie stimmte dem Gesetz zu, nachdem Hitler einen Brief angekündigt hatte, der die Erklärung beinhalten sollte, dieses Gesetz nur unter bestimmten Voraussetzungen anzuwenden. Der Brief wurde nie übergeben. Wozu auch? In ein paar Monaten würde es kein Zentrum mehr geben. Warum sollte man der Partei noch einen Brief in den Sarg legen?[14]

Nur die Sozialdemokratische Partei stimmte gegen das Gesetz, was dessen Annahme freilich nicht verhindern konnte. Hitler hatte kaum mehr als drei Monate gebraucht, um seine Partner zu überlisten und alle Gegenkräfte mattzusetzen. Er war auf legalem Weg zum Diktator geworden und hatte sogar Hindenburg hinter sich gebracht, der an der neuen deutschnationalen und antiparlamentarischen Linie immer mehr Gefallen fand, dessen greisenhafter Verstand aber, dies sei zu seiner Entschuldigung vermutet, schon langsam am Verdämmern war. Sogar sein ehemaliger Mitstreiter Ludendorff, selbst kaum verdächtig, ein Demokrat zu sein, war über Hindenburgs Verhalten entsetzt. Er hatte Hitler, den damaligen Marschgenossen zur Feldherrnhalle, längst durchschaut und dem Reichspräsidenten schon kurz nach der Ernennung Hitlers zum Reichskanzler in einem Brief vorgeworfen, das Land „einem der größten Demagogen ausgeliefert" zu haben: „Ich prophezeie Ihnen feierlich, daß dieser unselige Mann unser Reich in den Abgrund stürzen und unsere Nation in unfaßbares Elend bringen wird. Kommende Geschlechter werden Sie wegen dieser Handlung im Grab verfluchen."[12] Es ist erstaunlich, mit welch visionärem Weitblick Ludendorff, der sich selbst oft so uneinsichtig verhalten hatte, die künftigen Ereignisse voraussagte! (Hitler war später an einer Aussöhnung mit Ludendorff sehr gelegen und ließ 1935 zu dessen 70. Geburtstag alle Staatsgebäude flaggen; den angebotenen Titel eines Marschalls lehnte Ludendorff aber ab).

Hitler schien alles im Griff zu haben und spielte seine Doppelrolle perfekt. Auf der einen Seite der Versöhnung predigende Volkskanzler und maßvolle Staatsmann, der seine ausländischen Gesprächspartner mit verbindlichem und aufgeschlossenem Auftreten überraschte, blieb er gleichwohl der brutale Machtmensch, der alle, die ihm gefährlich werden konnten, einkerkerte oder aus dem Land trieb. Bei alledem behielt er kühlen Verstand. Am 1. April 1933 kam es zu den ersten antijüdischen Ausschreitungen. Bewaffnete SA-Trupps hinderten Besucher oder Kunden, jüdische Geschäfte zu betreten. Bei der deutschen Bevölkerung fanden diese Aktionen wenig Sympathie, und Hitler brach den Boykott, auch im Hinblick auf die Reaktionen im Ausland, sofort wieder ab. Dafür wurden die Juden durch weniger spektakuläre Maßnahmen aus ihren sozialen und geschäftlichen Positionen gedrängt, massenweise mußten Hochschullehrer, Ärzte, Anwälte und Künstler ihre Stellungen aufgeben. Etwa 60.000 Juden erkannten rechtzeitig die Zeichen der Zeit. Sie kehrten Deutschland den Rücken und suchten Zuflucht in den europäischen Nachbarländern, die sich - auch das darf nicht unter den Teppich gekehrt werden - wenig aufnahmebereit und judenfreundlich zeigten.

Hitlers Macht war zu dieser Zeit keineswegs so gefestigt, wie es aussah. Da war einmal die Reichswehr, die bei seinen künftigen Plänen eine große Rolle spielte, die aber nicht ihm, sondern dem Reichspräsidenten unterstand. Wie würde sie sich nach dem bevorstehenden Tod Hindenburgs verhalten? Und dann die SA, die immer mehr zum Staat im Staate wurde, die Hitler zwar den Weg zur Macht freigekämpft hatte, aber jetzt, nachdem das Ziel erreicht war, mit ihrem ziellosen Gewaltpotential und den Schlägertrupps irgendwie nicht mehr in die Zeit paßte. Sie sah sich mehr und mehr kaltgestellt und registrierte mit Erbitterung, wie Hitler mit der „Reaktion“, den Kapitalisten, Generälen und Junkern Umgang pflegte. Der SA-Führer Röhm, alter Kampfgenosse Hitlers, wollte mit seinen immerhin 30 Divisionen den Sonderstatus der SA erhalten und nicht in die Machtlosigkeit abgleiten. So faselte er von der „zweiten Revolution“ oder der „totalen Revolution“, was auf einen SA-Staat hinausgelaufen wäre, der von Hitler kaum noch zu kontrollieren war. Dann provozierte er Hitler mit der Vorstellung, die Reichswehr in die SA einzugliedern, das letzte, wozu Hitler bereit gewesen wäre. Der hatte im Gegenteil vor, die SA um zwei Drittel ihrer Verbände zu verringern, was Röhm zu Beschimpfungen Hitlers veranlaßte, die diesem prompt hinterbracht wurden. Hitler wollte nicht mehr länger tatenlos zusehen. Zu seiner Strategie gehörte es, nach dem Tod Hindenburgs auch das Amt des Reichspräsidenten zu übernehmen, das ihm den Oberbefehl über die Wehrmacht sichern würde. Diese hielt nichts von Gemeinsamkeiten mit den SA-Horden und forderte den Kopf Röhms als Preis dafür, sich nach dem Tod Hindenburgs dem Oberbefehl Hitlers zu unterwerfen. Am 30. Juni 1934 schlug Hitler los. Röhm wurde zusammen mit einer Reihe hoher SA-Häuptlinge in seinem Urlaubsort Bad Wiessee von Hitler persönlich verhaftet, etwa 200 weitere SA-Führer aus allen Teilen des Landes sahen sich bei der Anreise abgefangen. Röhm wurde erschossen, mit ihm viele andere SA-Führer, die auf einer vorbereiteten Exekutionsliste standen. In

Berlin vollzog Göring die „Aktion“; dort wurden die SA-Bosse wie am Fließband erschossen, so daß die Gewehre des Exekutionskommandos den Tag über nicht mehr kalt wurden[14].

Viele der Opfer wußten gar nicht, wie ihnen geschah; manche dachten, es handele sich um einen Staatsstreich gegen Hitler, und einzelne SA-Führer starben mit dem Ruf „Heil Hitler“ auf den Lippen. Daneben wurden auch alte Rechnungen beglichen. Der frühere Reichskanzler Schleicher und der alte Gefolgsmann Strasser wurden liquidiert, um nur einige zu nennen - und Schleichers Frau gleich mit, weil sie gerade da war. An Papen, der unter dem besonderen Schutz Hindenburgs stand, wagte man sich nicht heran, dafür wurden seine Mitarbeiter abgeknallt.

Die Öffentlichkeit mochte sich bisher über die Natur des Regimes Illusionen hingegeben haben, über Mord als Mittel staatlicher Politik war nicht mehr hinwegzusehen. Immerhin war eines erreicht: Deutschland begann sich zu fürchten, und diese Furcht würde die Machthaber bis zu den letzten Tagen des Zweiten Weltkriegs vor Widerstand und Aufruhr schützen.

Am 2. August 1934 starb Hindenburg; noch am selben Tag, nur durch Befehl und ohne gesetzliche Ermächtigung, wurde die Reichswehr auf Hitler vereidigt. Gleichzeitig erließ Hitler ein Gesetz, nach dem das Amt des Reichspräsidenten mit dem des Reichskanzlers vereinigt wurde; fortan nannte er sich „Führer und Reichskanzler“. Über diesen historischen Tag schreibt *Freund*[14] in seiner »Deutschen Geschichte«: „Damit ist die Revolution vollendet. In der inneren Politik geschieht fast nichts Neues mehr. Der nächste Schritt in der Geschichte Deutschlands war der Krieg.“ Diesem Fazit sollten wir uns so undifferenziert nicht anschließen. Wir haben Hitler bisher als Demagogen, brutalen Machtmenschen und Mörder kennengelernt, doch dürfen wir um der geschichtlichen Wahrheit willen auch den anderen Hitler nicht übersehen, der in den nächsten Jahren in den Vordergrund rückt: den Macher, Organisator und Brotgeber. Hatte er bisher einen Teil der Bevölkerung durch Propaganda und Einschüchterung auf seine Seite gebracht und waren manche aus purem Opportunismus oder aus ideologischer Verblendung Gefolgsleute geworden, so würde er in den Folgejahren viele Skeptiker durch seine unbestreitbaren Leistungen für sich gewinnen.

Hitler - der Mann kann ja was!

Bevor wir uns mit den großartigen - und gern verschwiegenen - Aufbauleistungen des Naziregimes befassen, wollen wir einen Augenblick innehalten und einen Blick auf den Mann werfen, der uns trotz seines historischen Ranges so eigentümlich unbestimmt und wenig faßlich, ja schemenhaft erscheint. Die Bühne der Welt betrat er als Versager. Sein Vater, ein geachteter Beamter, hatte wenig Freude an ihm. Adolf beendete vorzeitig die Realschule, scheiterte an der Aufnahmeprüfung für die Kunstakademie und führte von seinem 15. bis 25. Lebensjahr erst in Wien, dann in München, ohne Beruf und Berufsziel, eine Art Frührentner- und Bohemeexistenz. Seine Waisenrente und gelegentlicher Bilderverkauf hielten ihn über Wasser. Bei Ausbruch des Ersten Weltkriegs meldete sich Hitler freiwillig, war ein tapferer Soldat, der das Eiserne Kreuz beider Klassen errang, kam aber über den Dienstgrad eines Gefreiten nicht hinaus. „Nach dem Kriegsende, das er als Gasversehrter in einem Heimatlazarett erlebte, blieb er ein Jahr lang ein ‚Kasernenbewohner'. Berufspläne und -aussichten hatte er auch jetzt nicht. Er war nun dreißig Jahre alt."[17]

Folgt man Hitlers »Mein Kampf«[19], so faßte er den Plan, in die Politik einzutreten, bereits im November 1918, als er im Lazarett Pasewalk seine Gasverletzung auskurierte: „Ich aber beschloß, Politiker zu werden." Man darf indessen bezweifeln, daß er zu diesem Zeitpunkt schon fest umrissene Vorstellungen hatte. Er klammerte sich an die Geborgenheit des Soldatenlebens, meldete sich nach seiner Genesung wieder beim Ersatzbataillon seines Regimentes, nahm Quartier in einer Kaserne in München. Hätte er die militärische Umgebung verlassen müssen, wäre er wieder in die anonyme Welt des Gestrauchelten zurückgekehrt, aus der er gekommen war. So stellte er sich lieber einer vom Militär eingesetzten Untersuchungskommission zur Verfügung und war sich nicht zu schade, seine Kameraden zu bespitzeln. Diese Tätigkeit führte ihn auch zur Sitzung der „Deutschen Arbeiterpartei", einem philiströsen Hintertreppenverein, wo er sich bei einer Diskussion zu Wort meldete. Die Wirkung, die er erzielte, mag ihm zum ersten Mal die Macht seines Redetalentes bewußt gemacht haben. Er trat in die Partei ein, mit der er am Ende als NSDAP Deutschland in seine Gewalt bringen würde. Es fällt schwer, in diesem ziellosen und unbedeutenden Menschen die Führerfigur zu erkennen, die ein neues Kapitel in der deutschen Geschichte schreiben würde. Auch dem heutigen Historiker erschließt sich Hitler nur schwer und nicht, ohne ihn in das Dämonische zu erhöhen: „Es war etwas Übermenschliches und Unmenschliches an dem Mann, ein Zug der teuflischen Heiligkeit ... Er verbrauchte sich sicherlich für das, was er für seine Mission hielt und was sein Wahn und sein Haß waren ... Der beharrliche, besessene Wille, der sein Leben von Anfang an kennzeichnet und der ihn begleitet von den Anfängen bis zur schwindelnden Größe und zum schaurigen Untergang, ist mit menschlichem Maß kaum zu messen ... Ein Dämon satanischen Ranges ... Teufel in Gestalt des deutschen Spießers ...“[14]

Der Leser weiß, daß wir die Geschehnisse in unserem Dorf in den allgemeinen Fluß der Geschichte einbeziehen wollen. Wir fragen daher, was sich in diesen bedeutungsvollen Jahren in Kilianstädten abgespielt hat und greifen zur Chronik, die Buccoli 1939, kurz vor Ausbruch des Krieges, der Gemeinde anläßlich ihres elfhundertjährigen Bestehens übergeben hatte. Obwohl bis über das Ende des Krieges hinaus stichwortartig weitergeführt, erfahren wir außer den uns bereits bekannten dürftigen Informationen aus den Jahren 1931 und 1932 so gut wie nichts. Über das denkwürdige Jahr 1933 vermeldet der Chronist: „Keine besonderen Ereignisse. Die Witterung war allgemein günstig. Die Ernte war gut und konnte auch so eingebracht werden.“ Und *Zee-Heraeus*[44], der mit so viel Akribie und Geduld alles Verfügbare über Kilianstädten zusammengetragen und seine Neufassung »Kilianstädten - Geschichte eines wetterauischen Dorfes im Wirbel des deutschen Geschehens« 1957 publiziert hat, was wird er uns über diesen ereignisreichen Zeitabschnitt sagen können? Er spart dieses Thema völlig aus und begnügt sich mit wenigen allgemeinen und nichtssagenden Sätzen über die Geschichte des Dritten Reiches. Natürlich konnte er, der in Berlin lebte, am dörflichen Geschehen nicht teilhaben, doch hätte er, der wie kein anderer die Schleier verborgener Archive zu lüften wußte, nach Kriegsende noch vieles aufspüren können, was heute verschüttet liegt. Doch hatte er zu dieser Zeit wahrscheinlich ganz andere Sorgen, so daß wir vor dem Kuriosum stehen, daß beide Autoren über den Dreißigjährigen Krieg mehr zu berichten wissen als über jene schicksalhafte Epoche, die sie selbst als Zeitzeugen durchlebt haben. Honny soit qui mal y pense.

Es ist heute schwer zu verstehen, daß dem Chronisten Buccoli 1933 nur das schöne Wetter auffiel, nicht aber das Unterrichtsverbot, das der allseitig beliebte Rektor Simdorn hinnehmen mußte, als er von einer Stunde auf die andere aus dem Klassenzimmer verwiesen wurde und wegen seiner aus Sicht der Nazis unzuverlässigen politischen Gesinnung keine Stellung im Schuldienst mehr bekleiden durfte. Statt dessen stand er von diesem Zeitpunkt an unter der Beobachtung der Gestapo, die ihn Jahre später mittels eines auf ihn angesetzten Spitzels in äußerste Lebensgefahr bringen würde. Auch 1934 bemerkte der Chronist nicht, daß die Kunden des Konsumvereins, der sich in dem - heute ansprechend renovierten - Fachwerkhaus Ecke Platz der Republik/Wedgasse befand, solange von den Nazis bedroht und eingeschüchtert wurden, bis sie vor lauter Angst nicht mehr einzukaufen wagten. Dazu muß man wissen, daß die Konsumvereine genossenschaftlich organisiert waren und der Gewerkschaft nahestanden, also - um einen modernen Ausdruck zu benutzen - der linken Szene zuzurechnen waren. Der „Konsum-Michel“, Michael Lenz mit Namen, der die Verkaufsstelle 23 Jahre geführt hatte, wurde als Lagerarbeiter nach Hanau versetzt und der Laden von einem SA-Mann geführt, der jeden Tag von Hanau mit dem Fahrrad kommen mußte. Aber jetzt mochten die Kilianstädter erst recht nicht dort einkaufen - der Verkaufsraum wurde noch im selben Jahr endgültig geschlossen. Den Konsum-Michel selbst, engagierter Sozialdemokrat, schien man ansonsten in Ruhe zu lassen, eine trügerische Hoffnung, wie sich Jahre später zeigen sollte.

Schmökert man im Archiv der Hanauer Zeitung, kann man unter dem 22.4.1933 lesen, daß „die Ortsgruppe Kilianstädten mit allen Formationen (Parteigenossen, Frauenschaft, SA, Hitlerjugend und Jungvolk)“ zum Kriegerdenkmal vor der Kirche marschierte, wo der Lehrer Schmidt das „Niederländische Dankgebet“ spielte. Bevor die Feier mit dem Absingen des Deutschland- und Horst-Wessel-Liedes endete, hielt der Parteigenosse Georg Schmidt „eine kernige Ansprache“ und trug den Teilnehmern gleich vier vaterländische Gedichte vor, die mit *Hitler-Jugend*, *Siegesfeier*, *Deutscher Frühling* und *Zeitenwende* überschrieben waren - wohl auch so etwas wie eine „kernige“ Poesie.

Dieser Parteigenosse Georg Schmidt war allgemein als der Kaaser-Schorsch bekannt (Kaaser = hd. Kaiser). Woher der Name Kaaser stammt, ist nicht mehr auszumachen, doch haftete der ganzen Schmidt-Sippe, der er entstammte, dieses Attribut an, vermutlich ein „Un-Name“ (Uz- oder

Spottname), der hartnäckig über Generationen hinweg an einer Familie kleben kann.[37] Es gab in Kilianstädten einen „Herzog", einen „König" und sogar einen „Napoleon" - warum sollte da ein „Kaiser" gefehlt haben? Jedenfalls hing allen diesen „Kaaser" an, daß sie gern das große Wort führten, was die spottlustigen Kilianstädter - unter Einbeziehung eines weiteren Familien-Clans - zu folgendem Reim verführte:

Di Kaaser un di Peuler,
dej hun di grisste Mäuler.

Jedenfalls war auch der Kaaser-Schorsch dafür bekannt, daß er sich gern verbal in Szene setzte und sich wichtig machte. So mag es im eben geschilderten Vorgang neben seiner nationalsozialistischen Überzeugung vor allem sein Darstellungstrieb gewesen sein, der ihn zum Protagonisten jener Zeitungsmeldung machte.

Diese eher vergnügliche Geschichte liefert uns den Anlaß zu fragen, aus welchen Motiven heraus viele Kilianstädter - und zum Teil schon sehr früh - in die Nazipartei eintraten. Natürlich haben manche nach dem Bankrott der Weimarer Republik den Versprechungen Hitlers geglaubt und auf eine bessere Zukunft gehofft. Diesen könnte man entgegenhalten, sie hätten das schlimme Ende des „Dritten Reiches" eigentlich vorhersehen können, sie hätten nur Hitlers »Mein Kampf« zu studieren brauchen. Aber das tat kaum einer. Es gab auch etliche mit verdecktem Gewaltpotential, die ihre neugewonnene Macht ausleben wollten und sich gewöhnlich in der SA versammelten. Eitelkeiten spielten keine geringe Rolle: An sich bedeutungslose Menschen konnten nun mit Lametta behängt als „Goldfasan" durch die Gegend stolzieren und sich so den Anstrich von Wichtigkeit verleihen. Andere lockten wirtschaftliche Vorteile - hier im wortwörtlichen Sinne -, wenn ich etwa an den Eule-Wirt denke, der mir als junger Pimpf besonders auffiel, weil er in seiner braunen Uniform immer in Bewegung war, wenn in seinem Saal die Veranstaltungen und Feiern jener Zeit stattfanden. Der Eule-Wirt, dessen verschmitzte Miene auch unter dem aufgesetzten gutmütig-beflissenen Gastwirtslächeln nicht ganz verschwinden wollte, war alles andere als auf den Kopf gefallen; ihm darf man getrost unterstellen, daß er weniger die nationalsozialistische Ideologie im Sinn hatte als den durch die Nazis belebten Getränkekonsum.

Auf viele Menschen wurde Druck ausgeübt. Wer Beamter war, Lehrer zum Beispiel, hatte in die Partei einzutreten, sonst galt er als politisch unzuverlässig und mußte schlimmstenfalls seinen Dienst quittieren, zumindest wäre er von jeder Beförderung ausgeschlossen gewesen oder so lange gemobbt worden, bis er entnervt aufgegeben hätte. In Kilianstädten gab es vor allem in der Arbeiterschaft viele Sozialdemokraten, auch Kommunisten, die dem System widerstanden. Man kann es auch anders sehen: Sie waren den Nazis so unwichtig, daß man sie in Ruhe ließ, solange sie politisch nicht mißliebig auffielen und die Klappe hielten. Es steht mir heute gut an, mich auf die untadelige politische Vergangenheit meines Vaters zu berufen und auch darauf, daß ich nicht in einem nationalsozialistischen Familienumfeld geformt wurde, nur: wie hätte sich mein Vater verhalten, wenn er in einer einflußreichen Position gewesen wäre, wenn man ihn als Betriebsleiter, Direktor, höheren Verwaltungsbeamten, Rektor meinetwegen wie Erich Simdorn, zum Parteieintritt genötigt hätte? Wäre er auch dann seiner Überzeugung treu geblieben, hätte er auf Karriere und gesichertes Einkommen verzichtet und seiner Familie wirtschaftlichen und gesellschaftlichen Abstieg zugemutet? Ich wage nicht, diese Frage zu beantworten.

Es fällt auf, daß die Kilianstädter Bauern überwiegend der NSDAP beigetreten waren, zum Teil schon kurz nach der Machtübernahme, wenn nicht gar früher; zumindest sympathisierten sie mit den Nazis. Warum das? Während sich die Arbeiterschaft von der Sozialdemokratie angemessen repräsentiert wußte, sahen die Landwirte ihre Interessen bei dieser, die sich damals klassenkämpferischer als heute gab, weniger gut vertreten. Sie wählten daher traditionell konservativ oder deutschnational. Mit zunehmender Verschiebung der Machtverhältnisse sahen sie sich bei Hitler am besten aufgehoben, der auch die Bauern bei seinen Versprechungen nicht vergaß und dem wohl in der Tat angesichts seiner weitreichenden Pläne ein leistungsfähiger Agrarstand am Herzen lag. Die Bauern konnten später ihre Interessen in der Ortsgruppe bündeln, die vom Ortsbauernführer vertreten wurde.

Es ist nicht meine Absicht, das damalige Geschehen zu verharmlosen und alle Nazis nachträglich zu Ehrenmännern schönzureden, aber eine allzu verkürzte Schwarzweißmalerei trägt auch wenig zum Verständnis bei, etwa nach dem Motto: „Die guten ins Töpfchen, die schlechten ins Kröpfchen“. Die Propaganda und die anfänglichen Leistungen des Hitler-

Regimes hatten viele verblendet und die Urteilskraft getrübt, und als die Katastrophe unaufhaltsam näherrückte, blieb den meisten, ernüchtert und ohnmächtig zugleich, nichts übrig, als fassungslos dem Sturz in den Abgrund zuzusehen. Andere freilich wollten bis zur letzten Minute an die Unbesiegbarkeit des Führers und eine wundersame Wende glauben, die Taufpatin meine Mutter beispielsweise, die Schneider Geet. Wenn mein Vater sie - zu einer Zeit, da jedem vernünftigen Menschen alles längst verloren schien - auf der Straße erblickte, wie sie Kurs auf unser Haus nahm, sagte er, belustigt und resigniert zugleich: „Das Oberkommando der Wehrmacht kommt!“ War sie da, ging es, an die Adresse meiner Mutter gerichtet, gleich los: „Geet, der Führer ... hast du die Sondermeldung gehört ... Frontbegradigung ... die Wunderwaffe ... der Endsieg ... der Führer, Geet ...“ Meinem Vater war unschwer anzusehen, wie hart es ihn ankam, zu all dem Schwachsinn ein unbeteiligtes Gesicht zu machen.

Auf der Suche nach weiteren Auskünften fand ich einiges im Hauptstaatsarchiv Wiesbaden, das ich, weil nicht allzu ergiebig, mit Informationen aus dem Kilianstädter Gemeindearchiv ergänzen wollte. Da mußte es doch Dokumente, Schriftstücke und Protokolle geben! Ich erhielt die Antwort, man kenne leider keine derartigen Unterlagen. Hatte das Dritte Reich in Kilianstädten gar nicht stattgefunden? Nach einiger Zeit versuchte ich es noch einmal; diesmal wurde mir bedeutet, es könne doch Unterlagen geben, die noch nicht gesichtet seien. Ich wurde an einen Archivar verwiesen, der sich freundlicherweise meines Anliegens annahm, mir dann aber eröffnen mußte, daß „die Archivüberlieferung nicht sehr gut und ... die Verzeichnung der Archivalien noch nicht weit gediehen“ sei. „Da die Bestände“, so hieß es weiter, „aber vorsortiert wurden und zumindest grob verzeichnet sind, scheinen für Kilianstädten ... für den fraglichen Zeitraum keine Gemeindeprotokolle erhalten geblieben zu sein“.

Man muß also davon ausgehen, daß vorhandene Dokumente verlorengegangen sind oder - wahrscheinlicher - von den Betroffenen bewußt vernichtet wurden. So kann ich nur auf das wenige zurückgreifen, das in meinen kindlichen Erinnerungen haftengeblieben ist und das ich durch Befragen von Altersgenossen ergänzt habe. Als frühestes Bild sehe ich mich auf dem Arm meines Vaters sitzen, auf Kommando die Hand heben und „Feiheit“ rufen, weil meine Zunge das r noch nicht rollen konnte. Mein Vater stand, wie wir schon wissen, als überzeugter Sozialdemokrat dem Naziregime ablehnend gegenüber und brachte mir, kaum daß ich die ersten Worte sprechen konnte, die Grußformel seiner Genossen bei. Ob mein Gedächtnis wirklich so weit zurückreicht, scheint mir heute nicht mehr sicher; möglicherweise handelt es sich eher um eine Reflexion der Erzählungen hierüber, die ich mir oft habe anhören müssen. Auf alle Fälle dürfte mir mein Vater nach der Machtergreifung Hitlers dieses Kunststückchen schleunigst wieder abgewöhnt haben. Danach kommt mir vor, als habe es das Dritte Reich eine Zeitlang tatsächlich nicht gegeben, denn die Zeit, in die ich hineinwuchs, bedeutete Normalität für mich; ich kannte keinen Vergleich, und wir Kinder hatten alles andere im Sinn, als politische Überlegungen anzustellen. Der Nationalsozialismus rückte erst in mein Bewußtsein, als ich mit zehn Jahren - und das war erst im Jahre 1941 - zum Jungvolk berufen wurde und ein braunes Uniformhemd mit schwarzem Halstuch erhielt, das mit einer Art Ring aus geflochtenem Leder zusammengehalten wurde. Von da an hatte ich regelmäßig am „Dienst" teilzunehmen und wurde zu Veranstaltungen, Umzügen und Kundgebungen abkommandiert. Vor allem hatte ich das damalige deutsche Liedgut in mich aufzunehmen, das auch gut haften geblieben ist, denn neben dem Deutschland- und Horst-Wessel-Lied könnte ich auch heute noch mühelos die damaligen Hits „Ein junges Volk steht auf", „Siehst du im Osten das Morgenrot" oder „In den Ostwind hebt die Fahnen" zum besten geben. Doch das fällt bereits in die spätere Zeit des Zweiten Weltkriegs, dem ein eigenes Kapitel vorbehalten ist.

Kehren wir wieder zu den politischen Ereignissen zurück. Hitler hatte die unumschränkte Herrschaft erreicht und den ganzen Parteiapparat, vor allem die SS, zum willfährigen Instrument seiner Macht geformt - auf Kosten der SA, deren Befugnisse stark zurückgestutzt wurden und die den Schlagstock mit der Sammelbüchse vertauschen mußte. Die früher so gefürchtete Schlägertruppe wandelte sich mehr und mehr zu einer Art Kriegerverein, der aber immer noch für brutale Handlangerdienste zu haben war.

Die ehrgeizigen Pläne, die Hitler hegte und die am Ende Deutschland in den Abgrund stürzen würden, erforderten eine starke Wirtschaft und eine Bevölkerung, die vorbehaltlos hinter ihm stand. Daß er die Wirtschaftskrise und Arbeitslosigkeit in den Griff bekommen würde, glaubten bestenfalls seine treuesten Anhänger. Bei all seinen Reden hatte er nie Konzepte erkennen lassen, mit denen die Notlage hätte bewältigt werden können. Was konnte man auch von einem Mann erwarten, der, ohne rechte Schulbildung, nie einer geordneten Beschäftigung nachgegangen war und dessen erster Beruf überhaupt, wenn man so will, das Amt des Reichskanzlers war? Der nur mit Schwadronieren, vagen Versprechungen und der Gewalt seiner Schlägerbanden an die Macht gekommen war? Mußte dieser Prahlhans jetzt nicht im Strudel der drängenden und ungelösten Probleme untergehen?

Wer so dachte, zu Recht so dachte, sollte schnell eines Besseren belehrt werden. Natürlich war Hitler weder Wirtschaftsfachmann noch Finanzexperte, aber er war ein vorzüglicher Organisator, der es meisterlich verstand, leistungsfähige Machtapparate zu schaffen und zu beherrschen und der mit der Berufung Hjalmar Schachts an die Spitze der Reichsbank und später auch des Wirtschaftsministeriums auf den richtigen Mann setzte, welcher mit den halsbrecherischen Finanzierungsfragen wie ein Hexenmeister umging. Was Hitler in wenigen Jahren auf die Beine stellte, war eine unvorstellbare Leistung, die an Zauberei grenzte. *Haffner*[17] schreibt hierzu: „Im Jahr 1933, als Hitler Reichskanzler wurde, gab es in Deutschland sechs Millionen Arbeitslose. Drei kurze Jahre später, 1936, herrschte Vollbeschäftigung. Aus schreiender Not und Massenelend war allgemein ein bescheiden-behaglicher Wohlstand geworden. Fast ebenso wichtig: Der Übergang von Depression zur Wirtschaftsblüte war ohne Inflation erreicht worden, bei völlig stabilen Löhnen und Preisen. Das ist später nicht einmal Ludwig Erhard gelungen."

Natürlich konnte Hitler seine staatlichen Machtmittel einsetzen und einen Lohn- und Preisstop verfügen. Auf Gewerkschaften und Unternehmensverbände brauchte er keine Rücksicht zu nehmen, er hatte beide in der „Deutschen Arbeitsfront" vereinigt und damit praktisch außer Kraft gesetzt. Doch vor allem spielte Hitler die psychologische Karte. Er verstand es, Aufbruchstimmung und Vertrauensbildung zu schaffen. Mit der Gründung des anfangs noch freiwilligen Arbeitsdienstes, der 1935 obligatorisch wurde, brachte er nicht nur die jugendlichen Erwerbslosen von der Straße, sie wurden auch mit der Trockenlegung von Sümpfen, Aufforstungen oder Regulierung von Flußläufen einer sinnvollen Tätigkeit zugeführt, die weithin Leistungsbereitschaft und Zukunftswillen ausstrahlte. Mit öffentlichen und privaten Investitionsanreizen, Darlehen, Steuernachlässen und Subventionen wurde die Konjunktur angeheizt, der Staat realisierte Siedlungsprojekte und engagierte sich im Straßenbau.

Das Propagandasystem der Nazis sorgte dafür, daß diese positiven Veränderungen auch in das Bewußtsein der Menschen gerückt wurden, deren frühere Hoffnungslosigkeit sich zunehmend in Zuversicht und Zukunftsglauben verkehrte. Nicht zu vergessen der Bau der deutschen Autobahnen, Paradestück der Nazipropaganda, deren erstes Teilstück 1935 zwischen Frankfurt und Darmstadt eröffnet wurde[13]. Man ist nicht müde geworden, den Bau der Autobahnen im nachhinein kleinzureden: Hitler habe sie stets nur als Aufmarschwege für spätere Truppentransporte gesehen, und er habe nur realisiert, was andere sich bereits während der Weimarer Zeit detailgenau ausgedacht hatten und wofür eigens eine Gesellschaft, die „Hafraba" gegründet worden war. Mag sein. Aber die anderen schwafelten nur von einer Autobahn - gebaut hat sie Hitler, und sie gab allein im Jahr 1935 115.000 Menschen Arbeit und Brot.

Auch die Behauptung, die Arbeitsbeschaffung sei ganz oder doch wesentlich durch die Aufrüstung erfolgt, ist schlichtweg falsch. Die große Mehrheit der sechs Millionen Arbeitslosen, die Hitler vorgefunden hatte, fand ihre Wiederbeschäftigung in normalen zivilen Industrien.[17] Freilich, in dem Maße, wie die Wirtschaft gesundete, bekamen Wiederbewaffnung und Aufrüstung einen immer größeren Stellenwert. 1933 hatte Hitler ein Hundertausendmann-Heer vorgefunden, ohne moderne Waffen und ohne Luftwaffe, 1938 war Deutschland die stärkste Militärmacht Europas!

Nicht unerwähnt bleiben darf, daß Hitler auf seine Weise auch eine Sozialisierung der Bevölkerung betrieb, das Individuum ging im Kollektiv auf. „Das Schulkind gehörte zum Jungvolk ..., der Heranwachsende fand sein zweites Zuhause in der Hitlerjugend ..., der Mann im rüstigen Alter betrieb Wehrsport in der SA oder SS ..., die Frau betätigte sich in der Deutschen Frauenschaft ... und wer es zu etwas gebracht hatte oder bringen wollte, gehörte in die Partei ..., von den hunderterlei nationalsozialistischen ... Berufs-, Hobby-, Sport-, Bildungs- und Freizeitvereinigungen nicht zu reden."[17] Auch in der Freizeitgemeinschaft, wie sie in der Organisation „Kraft durch Freude" verwirklicht war, fanden die Deutschen ein neues Zusammengehörigkeitsgefühl. Mit einer Reisesparkarte, die man in den Betrieben oder bei der Sparkasse bekommen konnte, rückte die Urlaubsfahrt an Bord eines KdF-Schiffes in die Fjorde Norwegens oder nach Madeira für jedermann in greifbare Nähe. Über ein Sparsystem sollte ein Volkswagen zum Preis von 1000 Reichsmark erworben werden können - daß der Krieg die Träume zunichte machte und die vielen Gutgläubigen um ihr Geld brachte, steht auf einem anderen Blatt. Mußte es damals nicht erscheinen, als habe der Führer mit der gleichgeschalteten „Volksgemeinschaft" das geschaffen, wovon die Marxisten nur träumen konnten, die klassenlose Gesellschaft?

Nicht minder öffentlichkeitswirksam waren Hitlers außenpolitische Erfolge, die, zunächst von der Mehrheit der Bevölkerung gutgeheißen, die völlige Beseitigung des Versailler Friedensvertrages zum Ziel hatten. Es gab schon seit 1932 eine Abrüstungskonferenz der Vertragsstaaten, die eine allgemeine Abrüstung auf ein gleiches Niveau zum vorgeblichen Ziel hatte. Hitler war mit dem Gebotenen nicht zufriedenzustellen, er trat schon wenige Monate nach seiner Machtergreifung kurzerhand aus der Abrüstungskonferenz aus und aus dem Völkerbund gleich dazu. Diese einseitigen Aufkündigungen waren ein Affront und riefen Empörung bei den anderen Staaten hervor. Aber Hitler wußte, daß er nicht viel riskierte; er hatte die Lage richtig eingeschätzt, als er sagte: „Eine traurige Sippschaft ist da versammelt. Die handeln nicht. Sie protestieren nur ..."[12]

Das Saargebiet hatte bislang zu französischen Gunsten unter der Verwaltung des Völkerbundes gestanden. Die Frist war im Januar 1935 abgelaufen, und es fand vereinbarungsgemäß eine Volksabstimmung statt, bei der sich 91% der Bevölkerung zu Deutschland bekannten. Hitler verstand es, aus diesem Ereignis Kapital zu schlagen, indem seine Propagandaorgane den Deutschen vorspiegelten, er habe das Saarland heim ins Reich geholt.

Im März 1935 spielte Hitler seine nächste Karte aus. Er sagte sich einseitig von den Rüstungsbeschränkungen des Versailler Vertrages los und verkündete die Wiedereinführung der deutschen Wehrpflicht. Und wieder hatte er die Lage richtig eingeschätzt. Es hagelte zwar Proteste, aber letzten Endes hatte niemand Lust, deswegen einen Krieg vom Zaun zu brechen. Man redete sich ein, alles sei nur halb so schlimm. Hitler fühlte sich dadurch zu noch größerem Wagemut angespornt. Am 7. März 1936 marschierte er unter dem Jubel der Bevölkerung in das entmilitarisierte Rheinland ein. Frankreich war überrascht und gab zunächst heftige Erklärungen ab. Aber es geschah nichts, zumal England gar nicht daran dachte, aus der Besetzung des Rheinlandes einen Kriegsfall zu machen. Deutschland wäre mit den damaligen schwachen Streitkräften noch nicht einmal in der Lage gewesen, der Besatzung der französischen Befestigungslinie standzuhalten. Selbst Hitler gab später zu: „Wenn die Franzosen damals ins Rheinland eingerückt wären, hätten wir uns mit Schimpf und Schande wieder zurückziehen müssen, denn die militärischen Kräfte, über die wir verfügten, hätten keineswegs auch nur zu einem mäßigen Widerstand ausgereicht."[14] Er hatte wieder einmal hoch gepokert - und gewonnen.

1936 war das Jahr der Olympischen Spiele, von den Nazis mit großem Aufwand und vollkommener Perfektion organisiert. Unter dem Jubel des internationalen Publikums eröffnete Hitler im Berliner Olympiastadion die Spiele, die Deutschland vor den USA die meisten Medaillen bescherten und den braunen Machthabern zu einem beispiellosen innen- und außenpolitischen Erfolg verhalfen. Vom Propagandaglanz geblendet, sah die Weltöffentlichkeit nur das, was sie sehen sollte - und wollte! Aus allen Teilen der Welt kamen Delegationen angereist, die den Schlüssel zu dem wirtschaftlichen Wiederaufbau Deutschlands suchten und das breitgefächerte System der Sozialleistungen bewunderten: die Sportstätten, die subventionierten Betriebskantinen, die KdF-Flotte und die Arbeitererholungsheime.

Die Kette der Erfolge hatte Hitler einen Zuwachs an Selbstvertrauen beschert. „Wir sind wieder eine Weltmacht geworden", rief er im Februar 1937 bei einer Rede aus, nachdem er „feierlichst" die Unterschrift zu den Versailler Verträgen zurückgezogen[12] und die „Kriegsschuldlüge" ausgelöscht hatte[45]. Nebenbei erwähnt werden muß die Teilnahme deutscher Truppen am spanischen Bürgerkrieg, Seite an Seite mit den Truppen Mussolinis, ein willkommener Anlaß, die neue Luftwaffe zu erproben und mit der „Legion Condor" die spanische Kleinstadt Guernica in Schutt und Asche zu legen sowie, ein gutes halbes Jahr später, Barcelona zu bombardieren und dabei hundert Menschen zu töten. Den spanischen Bürgerkrieg wollen wir hier nicht auch noch behandeln, man darf sich aber nicht dem von manchen liebevoll gepflegten Klischee hingeben, die bösen Faschisten hätten einfach so mir nichts dir nichts die edlen Republikaner überfallen. Diese waren längst zu einer roten Volksfront mutiert, die, von den internationalen Brigaden der Bolschewisten massiv unterstützt, einen kommunistischen Staat nach sowjetischem Muster errichten wollten. Spanien hatte zuletzt nur noch die Wahl zwischen Teufel und Beelzebub.

Die Beteiligung an den spanischen Auseinandersetzungen hatte Hitler einen nicht hoch genug einzuschätzenden Nutzen gebracht: Die sich nur zögernd einander nähernden faschistischen Mächte Deutschland und Italien schlossen sich zur von Mussolini ausgerufenen „Achse Berlin-Rom" zusammen. Für den geplanten Einmarsch in Österreich war die Unterstützung, zumindest die Duldung, des italienischen Diktators unabdingbar.

Nach einem politischen Geplänkel marschierte am 12.3.1938 die deutsche Wehrmacht in Österreich ein, dessen Soldaten von der amtierenden Bundesregierung den Befehl erhalten hatten, keinen Widerstand zu leisten. Auch wenn die Österreicher das heute nicht mehr hören mögen, sie empfingen Hitler mit offenen Armen. Die Westmächte hatten ihnen 1919 im Friedensdiktat von Saint Germain den gewünschten Anschluß an Deutschland untersagt, doch hatten die künftigen „Ostmärker", von der jahrhundertelangen Rolle einer Minorität im Habsburger Vielvölkerstaat zermürbt, die Sehnsucht nach Erfüllung ihrer deutschen Identität nicht aufgegeben, als deren Verkörperung sie nun Adolf Hitler, den Sohn ihrer Heimat, sehen wollten. *Freund*[14] schildert den Einzug der deutschen Truppen in Wien so: „Ganz Österreich befand sich in einem Delirium der Begeisterung, nur ein kleines Häufchen verkroch sich im Dunkel, gehetzt oder totgeschlagen ... Die Hauptplätze Wiens waren voll von jauchzenden, schreienden und singenden Menschen, und eine rasende Menge drängte sich auf die Gehsteige und auf die Fahrbahn. Die Gesichter waren trunken vor Begeisterung, die Stimmen heiser vom Schreien, und die Augen glänzten ... wie in einer religiösen Raserei ... Das Schauspiel hatte, so schildern es Augenzeugen, etwas Fantastisches, Unwirkliches und Unbegreifliches. Nie war eine derart sinnlos begeisterte Menge zu sehen gewesen wie damals, immer neue Fahnen, immer neue Lieder, immer wieder marschierende Truppen und Umzüge, immer neue Ausbrüche des Massenwahns ..."

Einen Monat später votierten bei einer Volksabstimmung in Deutschland und Österreich 99% der Bevölkerung für einen Anschluß. Nun muß man diesen von den braunen Machthabern präsentierten Zahlen zwar mit einiger Skepsis gegenüberstehen - aber daß sich die Österreicher der Annexion widersetzt hätten, läßt sich beim besten Willen nicht aus diesem Abstimmungsergebnis herauslesen.

Es war eine logische Konsequenz, jetzt auch die Angliederung des Sudetenlandes zu betreiben. Die Tschechen hatten bis zum Ende des Ersten Weltkriegs wie auch die Slowaken und die Sudetendeutschen der österreichisch-ungarischen Monarchie angehört. Am 30.5.1918 hatte der Führer der Tschechen, Masaryk, in den USA mit den nach Amerika ausgewanderten Slowaken eine Abmachung über den staatlichen Zusammenschluß der beiden Volksgruppen getroffen (Pittsburger Verträge). Ob dies die europäischen Slowaken in freier Abstimmung gebilligt hätten, muß wohl offenbleiben, denn gar so herzlich war das Verhältnis der slawischen Brudervölker nicht gewesen. Tatsächlich haben die Tschechen die getroffenen Abmachungen auch nicht alle eingehalten und damit beträchtliche Unzufriedenheit bei den Slowaken ausgelöst. Außerdem übernahmen die Tschechen widerrechtlich die Herrschaft über ganz Böhmen und Mähren und besetzten im Winter 1918/1919 das sudetendeutsche Gebiet. Im Vertrauen auf das vom amerikanischen Präsidenten Wilson proklamierte Selbstbestimmungsrecht der Völker leisteten die Sudetendeutschen nur wenig Widerstand. In dem im Zusammenhang mit Österreich bereits erwähnten - und vornehmlich von Frankreich bestimmten - Vertrag von Saint Germain wurden die Sudetendeutschen dann der Tschechoslowakei zugeschlagen.

Die Deutschen waren mit über drei Millionen eine starke Minderheit (auf einen Deutschen kamen zwei Tschechen), die aber systematisch benachteiligt wurde mit dem Ziel, das Sudetengebiet völlig zu tschechisieren. Diese Politik führte zu einer tiefen Entfremdung zwischen den Sudetendeutschen und dem tschechoslowakischen Staat, der die Gleichstellung mit den Tschechen und Slowaken nicht wollte. Die 1935 gegründete nationalistische Sudetendeutsche Partei (SdP) unter Konrad Henlein errang sogleich einen erdrutschartigen Sieg und trug das berechtigte Anliegen der Sudetendeutschen in das Bewußtsein Europas. In dem Maße, wie Deutschland wirtschaftlich und politisch erstarkte, wich deren Autonomiestreben dem Wunsch nach Angliederung an das Reich.

Da hatte es Hitler leicht, sich an die Spitze dieser Forderung zu stellen und mit der „Befreiung“ durch die deutsche Wehrmacht zu drohen. Zwar hatten Frankreich und England bei der Schaffung der Tschechoslowakei Sicherheitsgarantien gegeben, aber: was waren diese wirklich wert? England ließ schon früh erkennen, daß es wegen der Sudetenfrage keinen Krieg führen werde. Und ohne England würde auch Frankreich nicht eingreifen. Die englischen und französischen Staatsmänner, die sich am 18.9.1938 in London trafen, schlugen der Prager Regierung vor, das Sudetenland im Rahmen eines Vertragswerks an das deutsche Reich abzutreten und ließen erkennen, daß England und Frankreich bei Ablehnung dieses Vorschlages keine Hilfe leisten würden. Hitler hatte sich durchgesetzt, jetzt zog er die Daumenschrauben noch fester an. Den Vorschlag, die Übergabemodalitäten durch internationale Abkommen zu regeln, fegte er vom Tisch, die Ruhe im Land sei nur durch einen sofortigen Einmarsch zu gewährleisten. Dieser Einwand Hitlers war durchsichtig. Die Tschechoslowakei hatte entlang der Westgrenze starke Verteidigungslinien geschaffen, die Hitler in die Hände fallen und das Land schutzlos machen würden. Wozu den Tschechen noch Zeit lassen, Kriegsgerät in das Landesinnere zu bringen?

Die Westmächte hatten sich festgelegt, bei einer Invasion Hitlers - und darauf wäre ja ein einseitig verfügter Einmarsch hinausgelaufen - die Tschechoslowakei militärisch zu unterstützen. In England begann man bereits Splittergräben auszuheben, und die Franzosen erklärten ohne Unterlaß, daß sie im Falle eines Angriffs eingreifen würden. Aber sie würden beide die Tschechoslowakei erneut preisgeben, und Chamberlain, der britische Premier, warf in einer Rundfunkrede bereits die Frage auf, ob man es wirklich auf einen Krieg ankommen lassen solle „nur wegen eines Streites in einem fernen Land, von dessen Volk wir gar nichts wissen". Am 29.9.1938 trafen sich Chamberlain, Daladier (der französische Regierungschef), Mussolini und Hitler in München. Die sofortige Eingliederung zum 1. Oktober wurde Hitler schließlich zugestanden, dafür erhielt die restliche Tschechoslowakei weitreichende Garantien der neuen Landesgrenzen. Wir werden bald sehen, was diese wert waren.

Ich selbst war zu dieser Zeit gut sieben Jahre alt und schenkte den damaligen Geschehnissen wenig Beachtung. Manchmal aber brennt sich irgendein Vorgang blitzlichtartig in das Gedächtnis ein, ohne daß sich erklären ließe, warum es gerade dieses und nicht ein anderes Ereignis war. Wäre mir die Gabe des Zeichnens verliehen, ich könnte ein detailgenaues Bild der Szenerie entwerfen, welche die „Gute Stube" meiner Großeltern am Tag des Einmarsches in das Sudetenland bot. Um den Eßtisch in der Mitte des Zimmers standen mein Vater, der Großvater und der alte Repp, unser Nachbar. Der Repp hatte kein Radio; er war herübergekommen, um mit uns anderen dem Volksempfänger zu lauschen, aus dem die sich überschlagende Stimme des Reporters und die Jubelrufe der „befreiten" Sudetenmenschen drangen.

Der Volksempfänger war eine der ersten Errungenschaften des Naziregimes, alle Rundfunkwerke mußten ihn nach Vorgabe anfertigen. Während übliche Rundfunkgeräte noch sehr teuer waren - bei uns auf dem

Dorf hatte kaum jemand einen Radioapparat -, wurde der Volksempfänger für jeden erschwinglich, und jeder „Volksgenosse" sollte ihn möglichst auch besitzen, um so stets den - geschickt in volkstümliche Programme eingebundenen - Einflüsterungen der braunen Staatsgewalt zugänglich zu sein. „Ganz Deutschland hört den Führer mit dem Volksempfänger" lautete damals die Parole der Nationalsozialisten. Der subventionierte Verkaufspreis betrug 76 Reichsmark, jeder Radiohändler war überdies angehalten, das Gerät auf Ratenzahlung abzugeben. Der Einröhrenempfänger einfachster Bauart war auf den Empfang des nächstgelegenen Regionalsenders ausgelegt; da alle Sender gleichgeschaltet waren und dasselbe Einheitsprogramm ausstrahlten, hätte eine bessere Empfangsleistung wenig Vorteile gebracht. Mit einem Zusatzgerät konnte man noch den Deutschlandsender auf Langwelle erreichen, der über ein eigenständiges Programm verfügte. Auf den mit einem Volksempfänger ohnehin kaum möglichen Empfang ausländischer Sender stand bald Zuchthaus-, während des Krieges sogar die Todesstrafe.

Eben diesem Volksempfänger, der auf einer Konsole neben der Wanduhr über dem Sofa stand, hörten die drei Männer aufmerksam zu, doch ließen sie sich offensichtlich von der Begeisterung, die der Lautsprecher verbreitete, nicht anstecken. Sie machten sorgenvolle Gesichter, und mein Vater sagte: „Das gibt Krieg!" Der alte Repp seufzte tief und sprach: „O Herr", ein Ausspruch, mit dem er besondere Ereignisse zu kommentieren pflegte und den ich später in den Kriegsjahren noch oft von ihm hören sollte, wenn er sich mit seiner Frau, ein bißchen menschliche Nähe und Geborgenheit suchend, bei nächtlichen Luftangriffen in unserem Keller einfand, weil der angeblich sicherer sein sollte. „O Herr" sagte dann der Repp, wenn das hundertfache Gedröhn der viermotorigen Langstreckenbomber über unseren Köpfen kein Ende nehmen wollte, „o Herr", wenn eines der Kampfflugzeuge von den Scheinwerfern eingefangen und von allen Flakgeschützen im Umkreis unter Dauerbeschuß genommen wurde, „o Herr", wenn uns ein Pfeifen oder Rauschen den nahen Einschlag von Bomben ankündigte und wir angstvoll die Köpfe einzogen.

„O Herr" hatte der alte Repp also auch gesagt, als die deutschen Soldaten in das Sudetengebiet einmarschierten, und mein Vater hatte hinzugefügt: „Das gibt Krieg!" Man mußte im Herbst 1938 nicht unbedingt ein Prophet sein, um eine derartige Voraussage zu wagen, denn jeder, der klar denken konnte und das politische Geschehen aufmerksam verfolgt hatte, hätte eigentlich erkennen können, in welche Richtung Hitler längst die Weichen gestellt hatte. Doch die Masse des Volkes sah nichts, wollte nichts sehen, konnte vielleicht auch, durch die dauernde Berieselung mit Nazipropaganda in eine Art geistigen Dämmerzustand versetzt, gar nichts sehen. Hitler war zu einer Lichtgestalt, einem Wundertäter geworden, in göttliche Sphären entrückt und so jedem menschlichen Urteil entzogen. Seine Leistungen grenzten an das Wunderbare. Aus einem darbenden Volk mit sechs Millionen Arbeitslosen war eine wohlhabende Nation geworden, mit Sozialeinrichtungen versehen und in Organisationen zusammengeschlossen, in denen man sich Seite an Seite mit Gleichgesinnten seiner vaterländischen Hochstimmung hingeben konnte. Die Fesseln des Versailler Diktats hatte Hitler wie Spinnweben zerrissen, das Saarland, das Rheinland, Österreich und jetzt auch das Sudetenland heim ins Reich geführt, und das alles mit staatsmännischer Überlegenheit und ohne einen Tropfen Blut zu vergießen. Mußten nicht langsam auch seine hartnäckigsten Gegner an ihrer vorgefaßten Meinung irre werden und die ungeheure Leistung dieses Mannes anerkennen? Waren nicht die eigenen Maßstäbe falsch? War man am Ende selbst nur ein unbelehrbarer Querulant, ein rechthaberischer Nörgler? Auf dem Höhepunkt der allgemeinen Führergläubigkeit standen mehr als 90% aller Deutschen überzeugt hinter ihm![17]

Viele unschöne Vorfälle, etwa die Verbrennung von Büchern „undeutschen Geistes“, lagen schon weit zurück, und wenige Frankfurter mochten sich noch daran erinnern, daß die verfemte Literatur auf einem von Ochsen gezogenen Mistwagen zum Römerberg gekarrt wurde, um den neuen Machthabern als Brandopfer dargebracht zu werden.[13] Zwar waren viele mißliebige Schriftsteller, Künstler und Gelehrte ausgebürgert worden, oder sie hatten freiwillig das Land verlassen, Heinrich und Thomas Mann etwa, Albert Einstein, Anna Seghers oder Lion Feuchtwanger, aber hatten sich nicht auch andere vorbehaltlos zu Hitler bekannt? Der Schauspieler Gustaf Gründgens, der Komponist Richard Strauß, der Dirigent Wilhelm Furtwängler, der Arzt Dr. Sauerbruch oder der Philosoph Martin Heidegger? Hatte nicht sogar Gerhard Hauptmann, anfänglich von Goebbels als „Gewerkschaftsgoethe“ verhöhnt, die Fronten gewechselt und einen vielbeachteten Artikel mit der Überschrift: „Ich sage Ja“ geschrieben?[12]

Natürlich, man konnte nicht mehr zu jedem alles sagen, was man dachte, und mancher mußte seinen Freund hinter vorgehaltener Hand warnen: „Sei vorsichtig, sonst kommst Du nach Osthofen", dem schon 1933 für Hessen eingerichteten Konzentrationslager. War eine Unrechtstat der Nazis auch bei kräftigem Wegschauen nicht mehr zu übersehen, dann wollte man diese gern als unmaßgebliche Übergriffe subalterner Regionalgrößen abtun. Die Leute sahen sich dann vielsagend an und sagten: „Wenn das der Führer wüßte!"

Die Jugend geriet völlig in den Sog der Propagandamaschinerie und wurde in Jungvolk und Hitlerjugend (bzw. Jungmädel und BdM) zu blindem Gehorsam erzogen. Der französische Botschafter Coulondre hatte an einer Großveranstaltung im Berliner Olympiastadion teilgenommen und seine Eindrücke über das Verhalten der dort auf Hitler wartenden Jungen und Mädchen notiert[45]: „... Da recken sich die Hälse und blitzen alle Augen. Es ist zu spüren, daß eine innere Erregung diese jungen Menschen packt, daß eine religiöse Begeisterung sie erfüllt. Baldur von Schirach (Reichsjugendführer, d.V.) verkündet den Führer wie Johannes der Täufer (den) Messias. Als Hitler erscheint - wie immer mit Verspätung -, schüttelt eine Art mystischer Verzückung die Menge, und die ersten Rufe, in die sie ausbricht, klingen wie ein Schluchzen." Dann fügte der Franzose einen Satz hinzu, der nur zu bald Wirklichkeit werden sollte: „Diese fanatisierte Jugend wird zum Angriff über die Maas gegen uns antreten."

Der Führer läßt die Maske fallen

Um die Jahreswende 1938/39 konnte man den bevorstehenden Krieg fast mit den Händen greifen. Hatte Hitler zu Beginn seine Rüstungspolitik der Leistungskraft von Wirtschaft und Industrie halbwegs angepaßt, so wurde jetzt die Waffenproduktion in maßloser Weise favorisiert. Hjalmar Schacht war als Wirtschaftsminister bereits Ende 1937 zurückgetreten, weil er die Rüstungspolitik wirtschaftlich nicht mehr verantworten wollte[28], nun wurde er im Januar 1939 nach erneuter Kritik als Reichsbankpräsident aus seinem Amt entlassen. Hitler brauchte keinen Finanzkünstler mehr: Die notwendigen Gelder würde er bei den besiegten Völkern eintreiben. Aus seinen fanatischen Expansionsbestrebungen machte er längst kein Hehl mehr. Für ihn war Deutschland ein Volk ohne Raum - als wenn die Wirtschaftskraft einer modernen Industrienation von den Quadratkilometern Siedlungsfläche abhinge! Der Raum, den er erobern wollte, lag im Osten; die künftigen deutschen Kolonien sollten sich von der Kornkammer der Ukraine bis zu den Ölfeldern Kaukasiens erstrekken. Die Kriegsgefahr, die von dem Sudetenkonflikt ausgegangen war, hatte er billigend in Kauf genommen; es war ihm im Grunde gleich, ob der Krieg jetzt oder erst ein Jahr später beginnen würde.

Da er sich auch immer weniger um die Reaktionen aus dem Ausland scherte, wurden die Juden wieder stärker drangsaliert. Schon 1935 hatte man jüdischen Kinder, die eine höhere Schule besuchten, jegliche Schulgeldbefreiung oder Schulgeldermäßigung entzogen, jetzt wurden jüdische Studenten nicht mehr zur Promotion zugelassen. In Berlin erhielten Straßenbänke die Aufschrift „Nur für Arier", jüdische Zahnärzte wurden aus den Krankenkassen ausgeschlossen, jüdische Pässe mit einem großen „J" gestempelt, obendrein wurden den Jüdinnen und Juden der zusätzliche Vorname Sara bzw. Israel aufgezwungen. Zudem wurden 15.000 Juden als polnischstämmig bezeichnet und gewaltsam nach Polen abgeschoben.

Unter diesen Ausgewiesenen befanden sich auch die Eltern des empörten 17jährigen Herschel Grünspan, der sich in Paris zu einer unbedachten Tat hinreißen ließ; er erschoß den deutschen Legationssekretär Ernst vom Rath, für die Nazis ein willkommener Anlaß, den Vorfall als „Anschlag des Weltjudentums" hochzuspielen und durch Schlägertrupps den „spontanen Volkszorn" zu inszenieren, der über 250 Synagogen in Flammen aufgehen ließ und 36 Juden das Leben kostete. Zwar lesen wir im Zusammenhang mit jener „Reichskristallnacht" (nur ein Zyniker konnte sich ein solches Wort ausdenken), daß „viele Deutsche sich (empört)" hätten[28], daß „die Bevölkerung in Darmstadt und Frankfurt eher betreten" zugesehen habe[12] und daß „der eingewurzelte bürgerliche Instinkt der Bevölkerung durch Ausschreitungen von der Straße her ... nicht zu mobilisieren (war)", einer Bevölkerung, die durch ihren „lauen deutschen Antisemitismus" gekennzeichnet war[12]. Wenn *Haffner*[17] schreibt, daß „die deutschen Massen nicht mitgemacht (hatten), im Gegenteil, vielfach hatte sich Mitleid mit den Juden, Verärgerung und Beschämung gezeigt ...", so dürfen wir doch andere Stimmen nicht überhören, nach denen vor allem „in kleineren Orten ... die Ortsgruppenleiter eigene Terroraktionen (organisierten)" und „selbst Schulkinder ... unter Führung ihrer Lehrer in

Marsch gesetzt (wurden), um vor jüdischen Häusern zu demonstrieren und Fenster einzuwerfen“ und daß sich „in kleineren Gemeinden häufig auch die Zuschauer an Zerstörungen und Plünderungen (beteiligten)“[13].

Kilianstädten war zweifellos eine solche kleine Gemeinde, und Nazis hatten wir auch - aber keine Juden! So könnte uns schwerlich einer widerlegen, wenn wir behaupten wollten, bei uns hätte sich niemand, wenn wir denn wirklich Juden gehabt hätten, zu derartigen Untaten hergegeben. Doch wie war es in unserem Schwesterdorf Büdesheim, in der eine starke jüdische Gemeinde beheimatet war? Dort wurde die Synagoge so schwer demoliert, daß die übriggebliebenen Mauern kurze Zeit später aus Sicherheitsgründen niedergerissen werden mußten. In den Wohnungen wurden Scheiben eingeworfen, Einrichtungsgegenstände zerstört und Wertsachen entwendet. Ein Augenzeuge berichtete später, daß die Geschäftsbücher der jüdischen Kaufleute verbrannt wurden, und daß „nach dem, was man so wußte“, alle Beteiligten bei den Geplünderten verschuldet waren. Ein SA-Mann soll sogar während der Ausschreitungen eine Jüdin vergewaltigt haben.[38] Nach dem Ende des Zweiten Weltkriegs hat man versucht, den Ablauf der Vorfälle zu rekonstruieren und die Schuldigen zur Rechenschaft zu ziehen. Diese Aufklärung gelang nicht mehr, und wir lesen heute in der Dokumentation des Büdesheimer Geschehens: „Wer den Befehl zum Pogrom im Dorf gegeben hat, in welchem Umfang sich die Anwesenden aus dem Dorf an den Ausschreitungen und Plünderungen beteiligt haben, wer überhaupt die Täter gewesen sind, ist aus den Protokollen nicht ersichtlich.“[38]

Gewiß waren die Übergriffe in unserer Nachbargemeinde auch Gesprächsthema in Kilianstädten, doch habe ich, der ich damals sieben Jahre alt war, daran keine Erinnerung. Dagegen blieb in meinem Gedächtnis das Gespräch meiner Eltern haften, als sie bedrückt in der Wohnstube saßen und sich über die Deportation der Büdesheimer Juden unterhielten, die nicht den Mut, die Voraussicht oder vielleicht auch nicht die Geldmittel hatten, rechtzeitig in ein anderes Land auszuwandern. Das war später, im Kriegsjahr 1942, und meine Eltern waren voller Mitleid für den Uhren-Strauß, den sie als anständigen Geschäftsmann schätzten und bei dem sie ihre bescheidenen Einkäufe machten, etwa die Wohnzimmeruhr, die viele Jahre auf dem Wohnzimmerbüfett unüberhörbar und mit nervtötendem Westminsterschlag die Stunden zählte.

Mit der „Reichskristallnacht“ hatte Hitler das Tischtuch zwischen

Deutschland und der westlichen Welt endgültig zerschnitten, er konnte die Maske fallen lassen. Im Zusammenhang mit dem Pogrom ordnete die Reichsregierung die vollständige Verdrängung der Juden aus dem Wirtschaftsleben an, 25.000 Juden wurden in Konzentrationslager gebracht. Infamerweise wurden die vorerst Verschonten noch dazu verdammt, für die barbarischen Zerstörungen an ihren Gotteshäusern und ihrem Eigentum eine „Entschädigungssumme" von einer Milliarde Reichsmark aufzubringen; im Dezember 1938 wurde allen Juden der Führerschein entzogen. Und doch war das nur ein erster Feuerschein, der das ganze Ausmaß des Infernos noch nicht ahnen ließ, das über die Juden und - das darf nicht übersehen werden - andere mißliebige Volksgruppen hereinbrechen sollte.

Wir sind etwas von den Ereignissen in der Tschechoslowakei abgekommen. Nach dem Verlust der westlichen Verteidigungslinien war das Land schutzlos geworden, die Grenzen zu dem früher neutralen Österreich lagen offen da. Zudem erklärten die Slowaken, von Hitler ermutigt, ihre Selbständigkeit und schieden aus dem tschechoslowakischen Staatsverbund aus (knapp sechzig Jahre später würden sie nach dem Zusammenbruch des Ostblocks die erstbeste Gelegenheit nutzen, sich erneut von dem ungeliebten Brudervolk zu trennen). Die Besetzung der „Resttschechei" war für Hitler nur noch eine Formsache. England und Frankreich, das gerade wegen eines deutsch-französischen Freundschaftsvertrags angeklopft hatte, würden wegen der von ihnen abgegebenen Sicherheitsgarantien kaum zu den Waffen greifen; und sie sollten tatsächlich die Tschechoslowakei ein weiteres Mal verraten. Der tschechische Staatspräsident Hacha wurde nach Berlin zitiert und zu einem Vertrag genötigt, der die Aufgabe der tschechoslowakischen Unabhängigkeit bedeutete und „das Schicksal des tschechischen Volkes vertrauensvoll in die Hände des Führers des Deutschen Reiches legt(e)". Deutsche Soldaten besetzten anschließend das Land, und Hitler verkündete am 16. März 1939 vom Prager Hradschin*) die Errichtung des Protektorats Böhmen und Mähren.

Damit war die frühere Tschechei zum Aufmarschgebiet gegen Polen geworden, das wiederum als Aufmarschgebiet im geplanten Krieg gegen die Sowjetunion dienen sollte. Der Weltkrieg war nicht mehr aufzuhalten, denn England und Frankreich waren nicht länger bereit, sich von Hitler

---

*) Burg und Regierungssitz, bekannt auch durch den „Prager Fenstersturz", der den Dreißigjährigen Krieg auslöste.

foppen und bloßstellen zu lassen; sie einigten sich auf Widerstandsmaßnahmen gegen weitere Aggressionen des Deutschen Reiches. England bot Polen eine Beistandsgarantie an, die gern akzeptiert wurde und an die sich auch das weit weniger entschlossene Frankreich („Mourir pour Danzig?") gebunden fühlte. Die Westmächte versuchten, auch die Sowjetunion in das Bündnis zu integrieren, doch weigerte sich Polen, den Russen das Betreten ihres Territoriums zu erlauben. Wenn die Polen jemand mehr fürchteten als Hitler, so war es Stalin; es bestand für sie kein Zweifel, daß die Sowjets Polen nicht mehr verlassen würden, wenn sie erst einmal im Land waren.

In diese diplomatische Rührigkeit platzte ein Ereignis besonderer Art: Deutschland und die Sowjetunion schlossen einen Nichtangriffspakt; in einem Geheimabkommen wurden zudem die Interessengebiete Osteuropas aufgeteilt. Wie konnte Hitler ein solches Bündnis mit dem Land schließen, das er doch erobern und besetzen wollte? Und was waren die Motive Stalins, der sich doch über die Absichten des Deutschen im klaren sein mußte? Beide pokerten hoch: Hitler konnte dadurch dem Alptraum eines Zweifrontenkrieges entgehen und sich die Option offenhalten, nach der Unterwerfung Polens zunächst die Westmächte zu vernichten, um hinterher in Rußland einzufallen. Stalin hingegen konnte den militärischen Druck Deutschlands zunächst nach Westen ablenken und dadurch Zeit gewinnen. Vielleicht würden sich die Deutschen wieder wie schon im Ersten Weltkrieg dort festrennen, und er, Stalin, konnte sich je nach Entwicklung der Dinge seine Entscheidungen vorbehalten; mit der geplanten Teilbesetzung Polens würde er ohnedies das Tor nach dem Westen aufstoßen.

In Flammenschrift stand das Wort KRIEG weithin als Menetekel am Himmel Europas zu lesen, und wer nicht in absichtsvoller Einfalt die Augen verschloß, brauchte nicht wie der babylonische König Belsazer die Magier zu rufen, um die Zeichen zu deuten. Sie kündigten den erbarmungslosesten Vernichtungskampf an, den die Menschheit in ihrer Geschichte erlebt hatte. Der Vorwand zum Beginn des Krieges war schnell geschaffen: Hitler würde ihn aus der Luft greifen.

Was die Schwalbe sang ...

- 1. Zwischenkapitel -

Was die Schwalbe sang, was die Schwalbe sang,
Die den Herbst und Frühling bringt;
Ob das Dorf entlang, ob das Dorf entlang,
Das jetzt noch klingt?

Friedrich Rückert

Auf den Spuren der Ahnen

Dieses Buch ist im wesentlichen chronologisch aufgebaut und folgt somit dem zeitlichen Verlauf, doch lassen sich Themenbereiche nicht vermeiden, die eine gesonderte Behandlung und Zusammenfassung über längere Zeiträume ratsam erscheinen lassen. So wollen wir auch bei der Beschreibung des Dorfes und meines Elternhauses ein wenig verweilen und den rechtschaffen ermüdeten Leser auf eine gemächlichere Gangart hoffen lassen, mußte er doch in den vorausgegangenen Kapiteln zwei Jahrtausende auf kaum mehr als 150 Seiten durcheilen. Die Entscheidung, bestimmte Beschreibungen und Schilderungen in den geschichtlich-chronologischen Ablauf einzubinden oder doch lieber einem geschlossenen Kapitel anzuvertrauen, kann nicht immer leicht sein, und hier wird mir der einsichtsvolle Leser ein wenig Freiheit und Gutdünken zubilligen müssen.

Wir wollen uns zunächst die Frage stellen, wie unser Dorf wohl ausgesehen haben könnte, bevor es im Dreißigjährigen Krieg von den Kroaten in Schutt und Asche gelegt wurde. Die Kilianstädter Chronik weiß zu berichten, daß es zu dieser Zeit neben dem Unterdorf ein in der Nähe des jetzigen Friedhofs gelegenes Oberdorf gab, in dem die Pfarrkirche mit dem benachbarten „Totenhof" stand. Die tausendjährige Linde, die ich noch in meiner Jugendzeit auf dem Friedhof bewundern durfte und die sechs Männer kaum mit ausgebreiteten Armen umspannen konnten - war sie die Dorflinde oder war sie beim Bau der legendären „Oberkirche", von der kein einziger Stein mehr kündet, gepflanzt worden? Wir wollen, um die bekannte Redewendung aufzunehmen, „die Kirche im Dorf lassen“: Es darf als sicher gelten, daß nach dem Brauch der damaligen Zeit Kirche, Dorf und Gottesacker benachbart waren. Die Chronik teilt uns weiter mit, dieses „Oberdorf“ sei durch den Dorfweiher und den in den „Frauengärten“ gelegenen Bleichrasen vom Unterdorf getrennt gewesen, in dem sich noch eine Kapelle befunden habe.

Das Bild will uns gefallen. Wir mögen uns gern vorstellen, wie sich die Enten und Gänse auf dem Weiher tummelten und die Frauen aus Ober- und Unterdorf zu einem fröhlichen Schwätzchen zusammenkamen, wenn sie ihre Wäschestücke der bleichenden Kraft von Rasen und Sonne anvertrauten. Aber - woher weiß der Chronist *Buccoli*[5] das alles? Wir finden es schnell heraus: von *Zee-Heraeus*[43]. Dieser hat allerdings in einer späteren Veröffentlichung[44] den Bleichrasen nicht mehr erwähnt; hier war wohl doch ein wenig liebevolle Fantasie eingeflossen. Wir erfahren aber, daß die Flurbezeichnung „Im alten Weiher“ noch im Jahre 1750 bestand[*)]. Neben unserem in den Frauengärten gelegenen Hausgarten floß ein von einer Quelle gespeistes Rinnsal, das dem tiefer gelegenen Steinbach zustrebte, der Weihergraben, aus dem ich früher selbst das Gießwasser für unsere Gemüsebeete schöpfte. Der Name Weihergraben kam nicht von ungefähr; man kann mit einiger Sicherheit davon ausgehen, daß es dort irgendwann einmal einen Weiher, vielleicht den Dorfweiher, gegeben hat. Ob dieser einen auf natürliche Weise entstandenen Teich bildete oder ob er künstlich aufgestaut wurde - wer kann das wissen? Wann und wie lange hat er bestanden, welchem Zweck diente er? Vielleicht hat man wirklich mit seinem Wasser die Wäsche auf einem daneben liegenden Bleichrasen besprengt - es kann aber auch anders gewesen sein.

In der Schenkungsurkunde Ludwigs des Frommen, in der „Stetin“, das heutige Kilianstädten, erstmals erwähnt wird, erfahren wir nichts Eindeutiges über Lage und Aussehen unseres Dorfes. Stand dort ein herrschaftlicher Hof, um den die Hütten der Knechte und Hörigen gruppiert waren? Oder bestand der Ort aus bäuerlichen Gehöften, deren Eigentümer oder Pächter das Land selbständig bewirtschafteten, um den Lehnsherren daraus Abgaben zu entrichten? Es gibt keine Informationen dar-

---

*) Die heutige Flurlage „Der Weiher“, nahe der Friedrich-Ebert-Schule an der Bleichstraße gelegen, hat mit diesem alten Weiher nichts zu tun; sie weist auf den Bleichplatz hin, der bis in den Beginn des 20. Jahrhunderts genutzt wurde. Einen Weiher gab es an jener Stelle zu dieser Zeit nicht mehr, nur einen Brunnen, und die Wäsche wurde dort nicht mehr gewaschen, sondern nur noch auf dem Rasen gebleicht.

über, und erst 500 Jahre später tauchen die frühesten Dokumente auf, aus denen sich erste vorsichtige Schlüsse ziehen lassen.

Da, wie ich meine, Ort, Kirche und Friedhof sich in enger Nachbarschaft befanden, und wir bisher nichts, aber auch gar nichts, über die genaue Lage des Dorfes Stetin erfahren haben, könnte uns eine Nachricht über den Standort der Kirche entscheidenden Aufschluß geben. Zwar erfahren wir bereits 1302 von einem Kilianstädter Geistlichen, dem „Rudolphus plebanus in Steden“ [30], woraus wir auf das Vorhandensein einer Kirche schließen können, doch wo diese stand, wissen wir nicht. So läßt uns der Vermerk im chronologischen Teil der Kilianstädter Chronik hoffen: „1388 wird erstmals die sogenannte Oberkirche auf dem Friedhof erwähnt.“ Na, das ist doch schon was.

Da Chronist Buccoli auf die entsprechenden Urkunden verweist und diese gleich der Chronik in Kopie beigefügt hat, lesen wir in diesen nach. Hier müssen wir uns auf eine Enttäuschung gefaßt machen; in beiden Dokumenten ist nur von einem „Johan pastor zu Kilianstädten“ die Rede. Kein Wort über eine Kirche oder gar eine „Oberkirche auf dem Friedhof“. Doch es kommt noch besser. Wir zitieren aus der Chronik: „Denn wenn wir den erwähnten Ausführungen Professor Oskar Bethges folgen, dann hatte Kilianstädten im 9. Jahrhundert, zur Zeit Ludwigs des Frommen, bereits eine Kirche oder Kapelle, die auf oder in der Nähe des heutigen Friedhofs aufgebaut war.“ Diese „erwähnten Ausführungen“ *Bethges*[4] werden an anderer Stelle wörtlich angeführt, doch läßt sich diesen nicht entnehmen, daß die 882 genannte königliche Eigenkirche in einer `villa Steti` auf Kilianstädten bezogen werden kann und schon gar nicht, daß diese „auf oder in der Nähe des heutigen Friedhofs aufgebaut war“. Vielmehr vermutet Bethge, daß es sich dabei um den Ort [Ober]-Stedten bei Oberursel handelt, der in alten Landkarten „Stetin“ genannt wird[44]. Auch hat der Chronist übersehen, daß Bethge einige Seiten später diese Urkunde noch einmal näher behandelt hat, in der die Orte Harheim und Stedten als Grundbesitz Ludwigs des Frommen aufgezählt werden, „nämlich `juxta fiscum nostrum Franconfurt proprietates in villis` ... `Horheim et Stetine`“. Bethge hält es neben dem vermuteten Oberstedten für denkbar, „daß es ... vielleicht noch ein der Nidda naheliegendes Stetten gegeben hat, in der Nachbarschaft von Harheim“. Eine Verbindung zu Kilianstädten schließt er entschieden aus: „(Es) sei bemerkt, daß die Lagebezeichnung `juxta fiscum Franconfurt` es nicht gestattet, bei `villa Steti` (`Stetine`) an das weit entfernte Kilianstädten zu denken, wie Wolff ... vermutet". Mit Wolff ist der uns bereits gut bekannte Professor Georg Wolff gemeint (vergl. Seiten 16ff.). Niemand ist unfehlbar, und auch Bethge kann irren, doch als Zeuge für die gewünschte Identität der `villa Steti` mit unserem Heimatdorf Kilianstädten kommt er jedenfalls nicht in Frage.

Des weiteren entnehmen wir der Chronik, daß „nach Hochhuth ... kurz vor dem Jahre 1577 der Gottesdienst aus der vor dem Dorfe gelegenen alten Pfarrkirche oder Oberkirche in die Kapellenkirche (dem heutigen Standort der Kirche, d.V. [Buccoli]) verlegt wurde". *Hochhuth*[20] hat eine »Statistik der evangelischen Kirche« (Cassel, 1872) angefertigt, die wir uns beschaffen, um auf der vom Chronisten angegebenen Seite die berichteten Einzelheiten nachzulesen. Im Wortlaut: „Die Kirche ist 1739 erbaut und zuletzt 1830 vollständig hergestellt worden ... Der Todtenhof ist 1/6 Stunde vom Ort entfernt, und das dermalige Pfarrhaus ist von der Gemeinde, welche dasselbe zu unterhalten hat, 1764 gegen das ursprüngliche ertauscht und 1862 repariert worden. Bis in das 18. Jahrhundert stand Kilianstädten mit der Pfarrei Wachenbuchen als Filial in Verbindung und hatte nur alle 14 Tage eine Predigt am Orte. Vermutlich war dies eine Folge des 30jährigen Krieges, in welchem das Dorf, das vorher viel ansehnlicher gewesen sein soll, durch Brand und ansteckende Krankheiten so entvölkert wurde, daß die Erhaltung eines eigenen Pfarrers unmöglich geworden." Der Leser blättert ungläubig alle Seiten durch: Kein Wort über eine Oberkirche oder eine im Jahre 1577 erfolgte Verlegung in die Kapellenkirche! Es scheint, als ob der Chronist die vermutete Lage der frühesten Kilianstädter Kirche unbedingt mit Belegen stützen möchte, dabei aber in Beweisnot gerät. Auch wenn wir bei *Reichhold*[30] oder *Zee-Heraeus*[44] nachschauen, wir finden keine Unterlagen, die uns etwas über den Standort der alten und möglicherweise ersten Pfarrkirche sagen könnten. Doch die von Buccoli vorgelegten Urkunden aus dem Jahre 1388 geben uns einen anderen Fingerzeig. In einem der Dokumente ist von einer Lagebezeichnung „ein halb morgin zu Ubirsdorff" die Rede, und bezeugt werden beide Schriftstücke vom „schultheiszin in dem obirn hoffe". Auch war schon 1361 ein Ritter Johannes von Bomersheim vom „obirn hove zu Kilyansteden" erwähnt worden.[44]

Wenn wir „Ubirsdorff" mit „Oberdorf" oder - wahrscheinlich besser - „oberes Dorf" übersetzen, könnten wir den Beweis für die Existenz eines höhergelegenen Ortsteils gefunden haben, selbst wenn in der Urkunde - was wahrscheinlich ist - nicht das Dorf selbst, sondern eine Gemarkungslage gemeint ist, die vielleicht sogar dem heutigen Flurabschnitt „Im obersten Dorfe" entspricht, der nahe der heutigen Theodor-Heuss-Straße zu liegen käme.[*)] Auch der „obirn hove" entspräche dann einem „oberen Hofe" oder Oberhof, selbst wenn wir theoretisch einräumen wollen, daß *ober* neben der örtlichen auch eine hierarchische Bedeutung hat, d.h. daß mit Oberhof auch ein Haupthof gemeint sein könnte, dem noch ein oder mehrere Unter- bzw. Nebenhöfe zugeordnet waren. Doch darauf deutet nichts hin.

Gab es also dieses obere Dorf, dann hat die Pfarrkirche natürlich auch dort gestanden. Wir sehen jetzt im Verzeichnis der Kilianstädter Gemarkungen nach und stoßen auf die Flurbezeichnungen „Am Kirchberg", (etwa im Bereich der J.-F.-Kennedy-Straße gelegen) und „An der Oberkirche" (nordöstlich des Friedhofs). Man kann davon ausgehen, daß diese Flurbezeichnungen seit vielen Jahrhunderten existieren und den Standort der frühen Pfarrkirche mit nahezu unanfechtbarer Beweiskraft belegen, ohne daß wir auf fragwürdige Weise irgendwelche Dokumente überstrapazieren müssen. Dorf, Kirche und Friedhof bildeten eine räumliche Einheit und sind vermutlich aus der dort gelegenen „Kernzelle" des Dorfes Stetin hervorgegangen, das 839 erstmals urkundlich erwähnt wurde. In jener Zeit oder wenig später muß auch die tausendjährige Linde gepflanzt worden sein, die gewiß kein beliebiger Feld- oder Zierbaum war, sondern als dörfliches Wahrzeichen zu gelten hat.

Ausgangs des 14. Jahrhunderts wird von einem „frey Rittergut, zehnt- und herrendienstfrei und unbelastet" berichtet, das dem Ritter Stilles von Buchen gehörte und das „über der Pastorey", demnach im oberen Dorfe, lag.[44] Diese Pastorei befand sich in der Nähe der vermuteten Oberkirche, aber doch nicht gar so nahe, nämlich „am winnecker wegk, über den roßdorfer wegk". Auch wenn der Roßdorfer Weg damals nicht ganz so wie heute verlief, kam diese Pastorei doch im Flur 19, also rechter Hand der Landstraße nach Windecken, zu liegen. Das bestärkt uns in der Auffassung, daß es sich bei dem oberen Dorf nicht um eine geschlossene Sied-

---

[*)] Um die Verwirrung komplett zu machen, legt *Zee-Heraeus*[44] die Gemarkungslage Ubirsdorf in den Flur 17, also etwa in den Bereich Schule/Festplatz - Wachenbucher Straße. Dies sei aber angezweifelt, zumal er an anderer Stelle „Ubirsdorf" mit Oberdorf gleichsetzt.

lung handelte, sondern um einzelne verstreut liegende Gehöfte. Wenn es ein oberes Dorf gab, wird es wohl auch ein unteres, ein „Unterdorf" gegeben haben, obwohl ein solches nirgends explizit erwähnt wird. Als das Kartäuserkloster 1461 vorgenanntes Gut der Herren von Stilles aufkaufte, gelangte es auch in den Besitz eines weiteren Herrschaftshofes einer Familie Bellersheim, und dieser „lag wohl im Unterdorf"[44]. Danach stoßen wir auf keine Bezeichnungen mehr, aus denen wir auf die Lage herrschaftlicher Güter oder Höfe schließen können.

Warum hat sich das obere Dorf, als die Gemeinde an Einwohnern zunahm, nicht einfach nach allen Seiten hin vergrößert? Warum ist, mit gehörigem Abstand, eine eigene Ansiedlung entstanden, deren obere Begrenzung unterhalb des Frauengartenringes, am Hüttenberg, zu suchen ist? War das in Frage kommende Bauland im Eigentumsbereich des oberen Hofes oder eines anderen herrschaftlichen Gutes gelegen, deren Besitzer ihre Liegenschaften nicht zur Besiedlung freigeben wollten? Oder mochten die Bauwilligen ihre nur unzulänglich beheizbaren Häuser nicht auf der zugigen Hochfläche nördlich des Friedhofs errichten, im Winter dem eisigen Nordostwind ausgesetzt, sondern sich lieber in dem geschützten und nach Süden offenen Tal ansässig machen? Hatte diese Erweiterung zur tiefer gelegenen Senke hin erst im beginnenden Spätmittelalter eingesetzt oder hatte sie schon früh, in den Zeiten des „getreuen Aeckards", begonnen? Fragen, auf die wir keine Antwort wissen.

Im Unterdorf war irgendwann eine Kapelle oder Kirche gebaut worden, von Buccoli erstmals „Kapellenkirche" genannt. Folgen wir dem Chronisten weiter, so wurde 1577 der Gottesdienst von der Oberkirche in diese „neuerbaute" Kapellenkirche verlegt. Wir wissen bereits, daß er sich bei dieser Zeitangabe unzulässigerweise auf *Hochhuth*[20] beruft, doch gibt auch *Zee-Heraeus*[44] jenes Datum an. Bezog der sich nur auf die Angabe in der Chronik, die ihm vorlag, oder hatte er auf andere Weise davon Kenntnis erhalten? Es irritiert ein wenig, wenn er an anderer Stelle schreibt, die Kapellenkirche sei 1577 „angeblich" zur Pfarrkirche geworden. Doch wie dem auch sei, irgendwann um diese Zeit wird es schon geschehen sein. Allerdings hat diese „neuerbaute" Kapellenkirche oder Unterkirche schon lange Zeit vorher bestanden; bereits 1538 wird in den Kirchenbaurechnungen vermerkt, daß sie eine mechanische Uhr mit Schlagwerk erhielt. Die Kirche war weiß gestrichen, besaß verglaste Fenster und ein Geläute mit zwei Glocken, das 1544 mit zwei Glocken von der Oberkirche ergänzt wurde.[44]

Warum hatte unsere Gemeinde zwei Kirchen, und das schon in vorreformatorischer Zeit?[*)] Während die Oberkirche einem Patronat zugehörte, schien die Kapellenkirche davon frei zu sein und sich im Besitz der Gemeinde zu befinden. Das Patronatswesen bzw. -unwesen wollen wir hier nicht näher beleuchten; nach *Reichhold*[30] war der damalige Patronatsherr bzw. Kollator Johann von Rheinberg nur auf seinen eigenen Vorteil aus und gab die Oberkirche mitsamt dem Pfarrhaus dem Verfall preis. Dies mag vielleicht der Grund für den Bau der Kapellenkirche gewesen sein, und Buccoli nimmt an, daß die Baufälligkeit der Oberkirche auch der Anlaß für die Verlegung des Gottesdienstes in die Kapellenkirche war. Den Niedergang der Pfarrkirche muß man vielleicht nicht nur der Nachlässigkeit des Kollators anlasten; denn wenn die Kirche wirklich schon um die Jahrtausendwende oder gar noch früher gebaut und nicht zwischendurch erneuert wurde, dann hatte schließlich ein halbes Millennium an den Wänden des Gotteshauses genagt und am Dachstuhl gerüttelt. Nach *Zee-Heraeus*[44] gab es im 16. Jahrhundert neben dem bereits beschriebenen Pfarrhaus in der Nähe der Oberkirche ein weiteres, das zur Kapellenkirche gehörte und eine Zeitlang neben dem anderen bestand; es soll „im bruel" gelegen haben. Dies will uns überraschen, denn das wäre dort gewesen, wo sich heute die Straße „Am Brühl" befindet, unweit des Bahnhofs. Man kann kaum annehmen, daß das Dorf vor Ausbruch des Dreißigjährigen Krieges westlich der Linie Haidegasse/Hainstraße bebaut war; die Kilianstädter hätten also ihren Pfarrer zwar nicht gerade in die Wüste geschickt, aber doch einen Kilometer von seiner Kirche entfernt in einem Gelände angesiedelt, in dem sich Hasen und Füchse gute Nacht sagten.

Wenn wir den Blick auf das frühe Kilianstädten richten, wollen auch wir unserer Fantasie ein wenig Raum gewähren, ohne uns aber allzu weit von der Wirklichkeit zu entfernen. Das obere Dorf ist vermutlich nie mehr gewesen als der Standort einiger herrschaftlicher Höfe mit einer kleinen Gruppe von Häusern und Hütten ringsum, in denen vornehmlich die Bediensteten und Knechte wohnten. Bald hielten nur noch Kirche und Friedhof die Fiktion eines Hauptdorfes aufrecht, das längst im unteren Teil des Ortes entstanden war. Da die Kapellenkirche fast genau an der

---

[*)] Die Reformation wurde in Kilianstädten erst 1538 eingeführt.

Stelle des heutigen Gotteshauses stand, das 1741 eingeweiht wurde, wird diese auch den ungefähren Mittelpunkt des Unterdorfes markiert haben, das sich vom Hüttenberg bis zu den Häusern in der Untergasse erstreckte. Neben den Bauernhäusern mit ihren Stallungen und Scheunen hatten Schmiede, Zimmerleute und andere Handwerker ihre Werkstätten errichtet, und in den engen und holperigen Gassen drängten sich die Fachwerkhäuser der Einwohnerschaft. Eine Infrastruktur hatte sich entwickelt; es wurde Schule gehalten, (ein Schulhaus hat es jedenfalls schon vor dem Beginn des Dreißigjährigen Krieges gegeben), und vermutlich 1565 wurde ein eigenes Rathaus gebaut; es soll an der Hauptstraße in der Nähe des Obertores, auf das wir noch zu sprechen kommen, gelegen haben[44]. Ob die Kilianstädter ihren Pfarrer weiter auf dem Brühl verschimmeln ließen oder ihm inzwischen eine angemessene Wohnung im Dorf verschafft hatten, kann nicht gesagt werden, denn von dem Pfarrhaus, das den Dreißigjährigen Krieg ohne große Zerstörungen überdauert haben soll[44] und das 1671 in einer Kirchenrechnung erwähnt wird, wissen wir nicht, wo es gestanden hat[5].

Die Kilianstädter werden die Verlegung des Gottesdienstes in die untere Kirche sicher begrüßt haben, war doch der relativ weite Weg zur Oberkirche auf den wahrscheinlich unbefestigten Wegen bei Regenwetter oder Schneetreiben kein Vergnügen, zumal man in der letzten Zeit noch Angst haben mußte, daß einem das Dach über dem Kopf zusammenfiel. Danach verdiente das Oberdorf kaum noch seinen Namen. Die Kirche verwahrloste, und durch das verschlissene Strohdach des Pfarrhauses wird bald der Wind gepfiffen haben. An den alten Gehöften war die Zeit wohl auch nicht spurlos vorübergegangen; sie veralteten, verfielen und moderten dahin. Wenn es heißt, das Oberdorf sei nach den Verwüstungen des Dreißigjährigen Krieges nicht wieder errichtet worden, dann stellt sich die Frage, ob es dort überhaupt noch viel gab, das einen neuerlichen Aufbau gelohnt hätte.

Kilianstädten hat lange Zeit eine gewisse räumliche Ausdehnung nicht überschritten; der aufmerksame Beobachter kann noch heute anhand der Fachwerkhäuser erkennen, was zum ursprünglichen Ortskern gehörte. Der Umkreis des Dorfes war durch eine Befestigungsanlage vorgegeben, die natürlich nicht aus Mauern und Wehrtürmen bestand, sondern durch ein „Gebück“ gebildet wurde. Hinter einem tiefen Graben wurde ein Wall errichtet, auf dem sogenannte Gebückbäume wuchsen, in der Regel Hainbuchen. Durch Kappen der Kronen wurden diese auf einer bestimmten Höhe gehalten und die Zweige von Beginn an fachgerecht miteinander verflochten, „gebückt", so daß eine nahezu undurchdringliche Hecke entstand und der Zugang nur durch zwei schwere Eichenholztore, die Ober- und Unterpforte, möglich war. *Zimmermann*[46] schreibt in seinem 1919 herausgegebenen Buch »Hanau Stadt und Land«: „Kilianstädten ist heute noch an seiner Nord- und Ostseite mit Hecke und Graben umgeben". Buccoli hat die Frage des Wallverlaufs mit einem alten Kilianstädter diskutiert, der sich für die Vergangenheit seines Heimatdorfes interessiert und aus der Beschaffenheit von Boden und Bewuchs Schlüsse gezogen hatte. Danach ging der Befestigungswall von der Oberpforte aus, die in der Nähe der heutigen Sparkasse Hanau zu suchen ist, verlief in südlicher Richtung entlang der Untergasse, bog oberhalb des Steinbachs nach rechts ab bis zur Heidegasse und wendete sich dort zur in Höhe der Frankfurter Straße gelegenen Unterpforte. Von dieser lief der Wall durch die Gärten zwischen Hainstraße und Fixengasse zum Hüttenberg, um unterhalb des heutigen Frauengartenrings nahe der früheren Schmiede Emmerich auf die Friedhofstraße und dann wieder zur Oberpforte zurückzukehren. Wann die Anlage errichtet wurde, steht dahin; *Zee-Heraeus*[44] meint, dies sei Ende des 15. Jahrhunderts, wahrscheinlich schon früher, gewesen. Was wir sicher wissen ist, daß die Tore 1834 abgebrochen wurden. Buccoli konnte noch einen der achteckigen Sandsteine, einen sogenannten Torflügelstein, auf dem sich die schweren Tore drehten, bei dem schon lange verstorbenen Landwirt Heinrich Rauch in der Friedhofstraße besichtigen; er schrieb in der Kilianstädter Chronik: „Hoffentlich bleibt er als einziger Zeuge der Kilianstädter Befestigungswerke der Nachwelt erhalten!" Ob der Wunsch des Chronisten in Erfüllung gegangen ist? Der Stein wäre jedenfalls ein prachtvolles Stück für unser Kilianstädter Heimatmuseum gewesen, wenn wir denn eines gehabt hätten.

Die Bezeichnungen Oberpforte und Unterpforte haben sich bis in meine Jugendzeit erhalten - hundert Jahre nach dem Abbruch. Wenn wir, die wir in der Friedhofstraße wohnten, unsere Tante in der Kleinen Hainstraße besuchten oder diese bei uns hereinschaute, hieß es nur, wir gingen in die „Opãde" oder in die „Urnerpãde"[*]. Erst als die Tore abgetragen

---

[*] „Urner..." wird diphtongiert ausgesprochen (ohne „r") wie hd. „Turner", „ã" wird lang und nasal gesprochen.

waren, konnte sich das Dorf von seiner Einschnürung befreien. Unmittelbar danach, in den Jahren 1834 bis 1836, baute mein Ururgroßvater Johannes Brod außerhalb der früheren Oberpforte, aber in unmittelbarer Nähe, mein inzwischen verkauftes Elternhaus in der Flurlage „Am Obertore“. Doch wollte das Dorf nur zögernd die jahrhundertelang vorgegebenen Grenzen überschreiten und tastete sich zunächst nur zur Friedhof- und Hanauer Straße und auf der anderen Seite zum Kennel und zur Hainstraße vor. Das 1845 erbaute Schulhaus am Hüttenberg, nahe der Kirche, erhob sich noch in der Dorfmitte, während das spätere 1894 bereits außerhalb des Ortskernes in der Hanauer Straße entstand. Das „Neuviertel“, das Gebiet um die Heiligenstraße und den Wasserweg, nahm um die Jahrhundertwende Gestalt an; es war die erste größere zusammenhängende Siedlung, die in Kilianstädten geschaffen wurde. Die Häuser im Kennel wurden etwa 1912 errichtet, während die Frankfurter Straße, die Bahnhofstraße, ebenso die Gegend „Hinter dem Hain“, unmittelbar vor, zum Teil auch erst nach dem Ersten Weltkrieg bebaut wurden. Wer 1922 in der Frankfurter Straße ein Haus baute, konnte dieses quasi zum Nulltarif hochziehen; die im Folgejahr beginnende Inflation gestattete ihm, seine Schulden mit wertlosem Geld zurückzuzahlen. Erst nach dem Zweiten Weltkrieg setzte der Bebauungsschub ein, dem die Gemeinde ihr heutiges Aussehen zu verdanken hat.

Ein Wort wollen wir auch über die früheren landwirtschaftlichen Verhältnisse verlieren, denn Kilianstädten war bis an die Wende zum 20. Jahrhundert überwiegend ein Bauerndorf, dessen alte Gemarkungsnamen sich großenteils erhalten haben und auch heute noch über die Lage der landwirtschaftlichen Anbauflächen Auskunft geben. Wer früher einem Fuhrwerk begegnete oder auch einem Fußgänger, der die Hacke geschultert hatte, und nach dem Wohin fragte, bekam etwa „zum Stärkel“, „ans Krumme Gewann“ oder „in die Huntzefurter Wiesen“ zu hören und wußte dann sofort, ob der Landmann bald mit seiner Feldarbeit beginnen konnte oder noch eine längere Wegstrecke vor sich hatte. Heute kennen nur noch die Bauern und älteren Einwohner diese Flurbezeichnungen, den jungen Menschen und den Zugezogenen sagen sie nichts mehr - was sollten sie mit diesem Wissen auch anfangen.

Doch ist auch bei vielen Landwirten in Vergessenheit geraten, daß die Kilianstädter Flur - wie schon an anderer Stelle erwähnt - bis weit in das 19. Jahrhundert großräumig in fünf Felder gegliedert war: Heideborner

Feld, Huntzefurter Feld, Oberfeld, Auenfeld und Niederfeld. Die drei letztgenannten wurden zum Schluß als „3. Feld“ zusammengefaßt.[44] Der landwirtschaftliche Boden war streng in Grasland und Ackerland geschieden. Für das letztere galt die Dreifelderwirtschaft; d. h. im jährlichen Turnus wurden auf einem Drittel Wintergetreide (Weizen und Roggen) und auf einem weiteren Drittel Sommerfrucht (meistens Hafer und Gerste) angebaut, während das letzte Drittel Brachland war. Dieses durfte nicht bestellt werden und diente dem Schäfer als Weide: Es war ein Geben und Nehmen, denn die Tiere ließen mit ihren Exkrementen wertvollen Dünger zurück. Hackfrüchte wurden nicht angepflanzt, und der mögliche Rinderbestand war von der Größe der Wiesenfläche abhängig. Schweine und wohl auch Kühe wurden vom gemeindeeigenen Hirten wochenlang zur Eichelmast in den Wald geführt.[5] Die Kilianstädter hatten auch einen Gänsehirten, der im Dorf die Gänse aufsammelte und zur Gänsweide trieb, die sich etwa dort befand, wo später eine Pelzkonfektion bzw. Strumpffabrik gebaut wurde. Den letzten Gänsehirt, der allerdings seinen Beruf nicht mehr ausübte, „das alte Weißi“, habe ich noch persönlich gekannt. Er trug einen langen weißen Bart, der ihn wohl noch älter aussehen ließ, als er ohnehin schon war. Er soll ein gescheiter Mann gewesen sein, den die Kinder gern bei seinen Gänsen aufsuchten, um sich bei ihren Schularbeiten helfen zu lassen. Bekannt geworden ist das alte Weißi aber durch das Kartenspiel, und noch heute sagt man zu jemand, der mit dem Mischen nicht aufhören will: „Man meint, du wärst das alte Weißi“. Es heißt, man habe ihn nach jedem Spiel in eine Diskussion über den vorangegangenen Spielverlauf verwickelt und das Kartenblatt vor ihn hingelegt. Das alte Weißi war dann in seinen Gedanken noch so bei der letzten Runde, daß er jedesmal, ob er an der Reihe war oder nicht, die Karten aufgriff und zu mischen anfing. So soll er das Mischen zum Ergötzen seiner Mitspieler die ganze Zeit allein besorgt haben.

Erzählt wird auch, das alte Weißi habe eine Trompete gehabt, die er sich morgens umhängte, wenn er die Gänse auf die Weide trieb. Auf dem Weg durch die Dorfstraßen gab er mit seinem Trompetensignal das Zeichen zum Öffnen der Hoftore, aus denen die Gänse dann hervorkamen und schnatternd mit gereckten Hälsen zu ihrem Hirten rannten. Nun fand im Jahre 1897 um Kilianstädten ein Kaisermanöver statt, bei dem ein ziemlicher Flurschaden angerichtet wurde. Das alte Weißi soll am Nachmittag und wohl nur zum Spaß mit seiner Trompete „Das Ganze halt“

geblasen haben. Einer der Soldaten hörte die entfernte Melodie, dachte an ein Kommando der Manöverleitung und gab das Signal weiter, das ringsum aufgegriffen wurde und auch den überraschten Kommandeuren die Botschaft übermittelte: „Das Ganze halt!“ So soll das alte Weißi dem Kaisermanöver zu einem vorzeitigen Ende verholfen haben. Mein Vater hat diese Geschichte einige Male erzählt, und ich glaube nicht, daß er sie sich ausgedacht hat. Verbürgen kann ich mich natürlich nicht dafür, und die Alten, die die Anekdote bestätigen könnten, leben schon lange nicht mehr.

Der Leser wird schon unruhig, da haben wir uns ja wieder einmal richtig verschwatzt. Um zur Dreifelderwirtschaft zurückzukehren: Der beschriebene Bepflanzungswechsel war bei dem einseitigen Getreideanbau erforderlich, um die Ertragskraft der nur mit Naturdünger verbesserten Böden zu erhalten. Nach der Einführung der Kartoffel wurde von der Mitte des 18. Jahrhunderts an die strenge Bestellungsfolge gemildert, das Brachfeld konnte jetzt mit Kartoffeln, Futterrüben oder Klee bepflanzt werden. Erst mit dem Aufkommen des Kunstdüngers wurde ab dem Ende des 19. Jahrhunderts die freie Fruchtfolge möglich, wie wir sie heute kennen, wobei der kluge Landwirt nach wie vor einen Wechsel des Anbaus bevorzugt.

Wer heute in ideologischer Einfalt glaubt, man könne auf Kunstdünger und Schädlingsbekämpfung verzichten und die derzeitig 3% sogenannter ökologischer Anbaufläche auf ganz Deutschland oder gar die gesamte Welt ausdehnen, gibt sich einem Trugschluß hin. Der Ertrag ginge empfindlich zurück, und die Schädlinge würden hohe Ernteverluste verursachen, da es dann keine 97% der Landwirte mehr gäbe, die die Insekten in Schach hielten. Wer sich nach diesen vermeintlich paradiesischen Zuständen zurücksehnt, braucht nur wenige Jahrhunderte rückwärts zu blicken: Er wird von Mißernten, Auswanderungen und Hungersnöten lesen, obwohl nur vergleichsweise wenige Menschen von der Landwirtschaft ernährt werden mußten. Erntet man heute 60 - 80 Doppelzentner Roggen pro Hektar, so waren es noch im 17. Jahrhundert gerade mal sieben, und von einer Kuh, die damals 600 Liter Milch im Jahr gab, wollen wir heute 8000 haben!

Auch bei den Bauern waren Besitz und Vermögen nicht gleichmäßig verteilt. Während die wohlhabenden ihre Pferde in den Wagen spannten oder ihre Ochsen vor dem Pflug gehen ließen, mußten die ärmeren Kuhbauern erheblich kleinere Brötchen backen. Der fruchtbare Boden der Wetterau ist sehr ertragreich. Vor dem zweiten Weltkrieg bewirtschafteten auch reiche Bauern selten mehr als zwölf Hektar, und bereits mit einem Hektar (= fünf hessische Morgen à 20 ar, d.V.) konnte ein armer Kleinbauer sein allerdings kümmerliches Dasein fristen. Daß die Bauern, die reich waren, das auch bleiben wollten, wird ihnen niemand verdenken wollen, doch war das nicht so leicht, wie es manchem erscheinen mag, denn in unserer Gegend gab es keine Erbhöfe (erst Hitler sollte sie von einer bestimmten Größe an einführen), und der Besitz wurde als sogenannte Realteilung auf die Kinder umgelegt, die der Bruder, dem der Hof zugesprochen wurde, noch auszahlen mußte. Da konnte auch ein vermögender landwirtschaftlicher Betrieb leicht in einer oder zwei Generationen verarmen. Hier waren die Eltern gefordert, durch eine sinnvolle Heiratsstrategie den Wert des Anwesens zu erhalten oder gar noch zu vermehren, das heißt, daß der Hoferbe gewöhnlich ein reiches Bauernmädchen ehelichte, das die abgehenden Äcker durch ihre Mitgift ausgleichen konnte. Das mag der heutigen Jugend, die sich der Ratschläge ihrer Eltern lieber enthält, als grausamer Eingriff in ihre Entscheidungsfreiheit vorkommen, aber so tragisch war das alles nicht. Schließlich waren die reichen Mädchen auch nicht häßlicher als die armen, und die so geschlossenen Ehen hatten, wie man weiß, Bestand. Das kühle und verantwortungsbewußte Abwägen der Eltern bot häufig eine bessere Grundlage für eine von gleicher Lebensart bestimmten dauernden Verbindung, als es die unbesonnene Verliebtheit der jungen Leute gewesen wäre, die ihren Sinnestaumel häufig zu Unrecht für echte und beständige Liebe gehalten hätten.

Doch gab es auch Ausnahmen, bei denen die Leidenschaft zweier Menschen so groß war, daß sie weder durch Ermahnungen noch Verbote gedämpft werden konnte. Unser Nachbar, der alte Schillings Fritz, hatte in jungen Jahren eine hübsche Schwester, in die sich der Wilhelm Kressel, ein reicher Bauernsohn, unsterblich verliebt hatte. Die Kressel-Hannese, wie man die Bauernfamilie nannte, welcher der junge Romeo entstammte, hatten andere Pläne mit ihrem Nachkommen und wollten das Liebesverhältnis mit dem Schilling-Mädchen um keinen Preis hinnehmen. Je größer die Liebe der beiden wurde, desto stärker setzte sich der Hader im Haus der Kressel-Hannese fest, Verbitterung machte sich breit, täglich gab es Vorhaltungen und Auseinandersetzungen, allen voran die

Großmutter. Eines Tages wußten die Liebenden nicht mehr ein noch aus. Sie gingen bei Anbruch der Nacht an die Nidder, den „Krummen Haken", banden sich mit Stricken fest aneinander und ertränkten sich an der tiefsten Stelle, dort wo mancher Selbstmörder vor und auch nach ihnen seine letzte Zuflucht suchte. Eine alte fast hundertjährige Kilianstädterin, mit der ich vor ihrem Tod über den Vorfall gesprochen hatte, konnte sich gut an alles erinnern. Der Unmut über den mißratenen Sohn war so groß geworden, daß trotz des tragischen Todesfalls bei den Kressel-Hannese keine rechte Trauer aufkommen wollte. Als die Großmutter ihren ertrunkenen Enkel zu Gesicht bekam, soll sie sich zu ihm hingewandt und hämisch gesagt haben: „Na, hast du dich naß gemacht?"

Während es in meiner Kindheit noch über einhundert Bauern gab, wenn man die Nebenerwerbsbetriebe mitrechnet, wird man heute kaum noch ein Dutzend landwirtschaftlicher Unternehmen finden, die mit modernstem Gerät jeweils 45 - 60 ha bewirtschaften. Davon ist in der Regel nur ein Fünftel eigener Grundbesitz und der Rest Pachtland. Als der zweite Weltkrieg ausbrach, gab es im Dorf gerade mal drei Traktoren. Eine Dreschmaschine war in Kilianstädten schon vor dem Ersten Weltkrieg im Einsatz; zugleich dürften um diese Zeit die Grasmäher aufgekommen sein, die auch zur Getreideernte verwendet wurden. Letztere wurden später durch die Selbstbinder und dann durch die Mähdrescher abgelöst. Der erforderliche Bestand landwirtschaftlicher Maschinen, die bei den gegebenen Betriebsgrößen nicht immer voll ausgelastet sind, stellt heute für den Bauern eine erhebliche finanzielle Belastung dar. Daher wird vornehmlich gebrauchtes Gerät gemeinsam erworben und genutzt, wenn man sich dieses nicht überhaupt von entsprechenden Organisationen ausleiht, etwa dem Wasser-Boden-Verband in Wachenbuchen. Die landwirtschaftliche Neuordnung scheint noch lange nicht abgeschlossen, Nachwuchssorgen und steigender Kostendruck werden die Zahl der bäuerlichen Betriebe immer mehr zugunsten größerer Einheiten verringern. Die letzten Betriebe mit Milchwirtschaft können nicht mehr lange fortbestehen, der Kartoffelanbau verliert weiter an Boden, und die Bebauung wird sich auf Brotgetreide, Mais, Zuckerrüben und Raps konzentrieren. Eine neue umfassende Flurbereinigung scheint irgendwann unumgänglich, nur: wie könnte diese angesichts des großen Anteils Pachtland aussehen, das sich aus vielen in privater Hand befindlichen kleineren Feldern zusammensetzt?

Dorfspaziergang anno 1940

Die südliche Sonne der Costa Blanca hat auch im Winter genug Kraft, mich hin und wieder von der Arbeit in den Liegestuhl unserer Terrasse zu locken, um die schreibmüden Augen auf dem schimmernden Blau des Mittelmeeres ausruhen zu lassen. Danach wird der Blick zur Sierra Helada wandern, die sich über das in den Berg gebettete Albir erhebt und ihre Felsen unterhalb des Leuchtturmes in die Bucht abfallen läßt. Die Gedanken, eben noch der Vergangenheit zugewandt, mögen vielleicht einen Vergleich ziehen wollen zwischen dem Zauber dieser mediterranen Landschaft und der Sicht, die sich einem Betrachter vor sechzig oder siebzig Jahren auf der wackligen Holzbank neben der Haustüre meines Elternhauses geboten hätte. Statt des Meeres und der Berge hätte er den Misthaufen vor Augen gehabt, den die Hühner auf der Suche nach Maden und anderen Leckerbissen bescharrten und hinter dem das große Holztor der Scheune die übrige Welt mit Brettern vernagelte. Nie käme es mir in den Sinn, die damaligen Verhältnisse beklagen zu wollen, im Gegenteil: ebensowenig wie unsere Hühner bereit gewesen wären, ihren Misthaufen mit dem felsigen Boden der spanischen Küste zu vertauschen, hätte ich meine Kindheit an einem anderen Ort als Kilianstädten verbracht haben wollen. Der Misthaufen, dem unsensiblen Stadtmenschen häßliches Sinnbild primitiven Landlebens, war gewissermaßen der Mittelpunkt unseres häuslichen Bereiches; er stank auch nicht, wie manche glauben möchten, sondern roch angenehm nach Stall und Tieren und verströmte die friedvolle Behaglichkeit dörflicher Lebensart, der sich auch die vielen Fliegen nicht entziehen konnten, uneins darüber, ob sie sich hier oder doch lieber in der Küche niederlassen sollten.

Vom Hof führte ein einfaches Holztor auf die Friedhofstraße, und schon stand man fast mitten im Dorf, mit dessen Schönheit sich keine Nachbargemeinde messen konnte. Hier fällt mir eine Erzählung ein, die in dem 1939 vom „Winterhilfswerk des deutschen Volkes" herausgegebenen Buch »Ewiges Deutschland«, einem Meisterwerk nationalsozialistischer Propaganda, zu lesen stand. Ein kleines Mädchen hatte es aus dem ostpreußischen Nest Gerdauen nach Mitteldeutschland verschlagen. Die blonde Marie litt an Heimweh, und die neuen Freunde und Spielgefährten ließen nichts unversucht, sie aufzuheitern und ihr die Schönheit der jetzigen Heimat nahezubringen. Aber ob sie ihr die alte Burg zeigten, die in den Felsen eingehauen war oder die schroffen Grate der Teufelsmauer, von welcher der Blick bis zu den Domtürmen von Halberstadt reichte, oder ob sie gar zum Hexentanzplatz wanderten, dessen gewaltige Talöffnung das sonnenübergossene Land mit den rotbedachten Dörfern und den weißen Kirchen vor ihnen ausbreitete - nur kurze Zeit ließ sie sich von dem Wunder des Geschauten überwältigen, dann verdunkelte sich das Gesicht wieder und sie sprach mit tränenfeuchten Augen: „Ach! Gerdauen ist doch schöner!" Viele Jahre später traf es sich, daß der Verfasser der kleinen Erzählung als Soldat durch dieses Gerdauen kam und einen schmucklosen kleinen Weiler in flachem Land vorfand, ohne Wälder und landschaftlichen Reiz, mit wenigen Baumkronen ringsum.

Natürlich hinkt der Vergleich, denn Kilianstädten war gottbewahre kein trostloses Kaff wie dieses Gerdauen, ganz im Gegenteil, doch er zeigt, daß auf das Urteil kein Verlaß ist, wenn man sich der Nostalgie seiner Kindertage hingibt und sich einer zauberischen Stimmung überläßt, wie sie Eduard Möricke mit seinen unsterblichen Versen in uns aufklingen läßt:

Ich denke dies und denke das,
ich sehne mich, und weiß nicht recht nach was:
Halb ist es Lust, halb ist es Klage;
mein Herz, o sage,
was webst du für Erinnerung
in golden grüner Zweige Dämmerung?
- Alte unnennbare Tage!

Der wie es scheint amüsierte Leser hebt die Brauen, nun sei es aber genug der lyrischen Abschweifung, und ob wir uns wohl wieder dem Kilianstädten der dreißiger Jahre zuwenden könnten. Er, der Leser, der Kilianstädten vermutlich nur in seiner heutigen zur Allerweltsgemeinde verbauten Gestalt kennt, wird sich nur schwer ausmalen können, wie hübsch und anmutig sich der Ort in die Hügel und Wiesen schmiegte, deren früherer Reiz unter den Asphaltstraßen und Häuserzeilen kaum noch zu ahnen ist. Einen groben Eindruck mag man gewinnen, wenn man sich vorstellt, daß weder Wingert noch Hasenberg bebaut waren und daß man einen Niederbergring oder eine Leipziger Straße vergeblich gesucht hätte.

Südlich des Steinbachgrabens gab es nur wenige Häuser, die sich auf die „Beune“ getraut hatten, und die Wachenbucher Straße, kaum die Heiligenstraße überschreitend, endete an der Brücke über der Steinbach, von wo aus ein Feldweg durch die Atmushohle in das Wachenbucher Feld führte. Der Sage nach geht die Bezeichnung Atmushohle (früher Atzmushohle, d.V.) auf einen Kilianstädter Einwohner namens Asmus zurück, der in jenem Hohlweg einen Juden erschlagen haben soll. Der Täter sei zwar bestraft worden, das Volk aber habe auf seiner Seite gestanden und ihn dadurch geehrt, daß man dem Hohlweg den Namen „Atmushohle“ gab.[5] Wir wollen hoffen, daß an dieser Legende nichts Wahres ist; es würfe kein gutes Licht auf uns Kilianstädter, hätten wir dem Opfer unser Mitgefühl versagt und statt dessen dem Mörder zugejubelt. Die Atmushohle, ein tiefer und weiter Hohlweg, diente der Gemeinde jahrelang als Müllkippe, bis schließlich Abfall und Unrat die Höhe des Umgebungsniveaus erreicht hatten. An Grundwasservergiftung und Bodenverseuchung dachte damals niemand, und so wollen auch wir schnell wieder den Mantel des Vergessens darüber ausbreiten und die braven Bürger, die sich darauf angesiedelt haben, nicht in Sorge bringen.

Über „die“ Steinbach, die unter der befahrbaren Brücke am Ende der Wachenbucher Straße floß, müssen wir ein paar Worte verlieren. Das Flüßchen hatte sich auf seinem jahrhundertelangen Weg durch Kilianstädten ein tiefes Bett gewühlt, den Steinbachgraben, dessen Böschungen stellenweise bis fünf Meter hoch ragten und mit dichtem Gehölz, vornehmlich Holunderhecken, bewachsen waren. Das war für uns Jungen ein herrliches Gelände für Indianerspiele und ähnliches; und um der Steinbach in ganzer Länge folgen zu können, mußten wir bald oben, bald ganz unten am Wasser unser Durchkommen suchen und hin und wieder den Bach überqueren, um auf die andere Seite zu gelangen. Hierzu galt es eine Stelle zu suchen, an der einige im Wasser liegende Steine den Sprung auf das gegenüberliegende Ufer gestatteten. Wenn die Steinbach viel Wasser führte, war der Hopser von einem Stein zum andern nicht ohne Risiko: Schnell war man ausgerutscht und stand bis zu den Waden im Wasser, Schuhe und Strümpfe waren naß, wir hatten dann, wie wir es nannten, einen „Gefüllten“, der uns zu Hause meist Ungemach bereitete, denn Schuhwerk war, vor allem in den Kriegsjahren, knapp. Mein Freund Heinz und ich suchten den Zugang zur Steinbach meist in der Neugasse, die am Steinbachgraben an einer schmalen, nur für Fußgänger geeigneten

Brücke endete. Die heutige Richard-Wagner-Straße war nur ein Feldweg, der, wenn man sich nach Westen wandte, zu den Brückgärten führte. Ein guter Übergang zum anderen Steinbachufer war das untere Ende der Haidegasse; zwar gab es dort keine Brücke, es waren aber genügend Steine in Schrittweite aufgeschichtet, so daß man die Steinbach mit wenig Mühe überqueren konnte. Der Übergang wurde auch von den Erwachsenen benutzt, wenn sie auf kurzem Weg auf die andere Seite wollten. Hinter der Haidegasse flachte der Steinbachgraben bald ab, um das Bächlein entlang der Frankfurter Straße nahezu ebenerdig der Nidder zufließen zu lassen. Die - vom Kennel aus gesehen - linksseitigen Häuser waren nur über ein Brückchen zu erreichen, jedes Haus hatte seinen eigenen Steg. Die Anwohner werden sich über die spätere Verrohrung der Steinbach wahrscheinlich gefreut haben, denn auch bei lässigem Anlegen ästhetischer Maßstäbe konnte man diese Anreihung schmuckloser Stege nicht eigentlich malerisch nennen, und nur ein unverbesserlicher Nostalgiker wie ich mag der entschwundenen Brückenromantik nachtrauern.

Alle Dorfstraßen waren vor dem Zweiten Weltkrieg gepflastert; an beiden Straßenseiten war eine Steinreihe etwas tiefer gelegt und bildete das „Floß", den Rinnstein, der den Regen und auch die Haushaltsabwässer aufnahm, nicht aber die menschlichen Ausscheidungen, denn alle anständigen Leute hatten neben ihrem Misthaufen auch eine Jauchegrube, in welche die Exkremente des im Hof gelegenen Aborts geleitet wurden. Wasserspülung und Kanalisation waren Errungenschaften, von denen die Kilianstädter sich damals noch nichts träumen ließen. Das Dorf war in einer nach Süden abfallenden Senke ausgebreitet und somit der Steinbach zugelegen, in die alles abfließende Wasser irgendwann einmal hineingelangte. Frankfurter und Hanauer Straße, Kilianstädtens Durchgangsstraßen, waren mit Kanalrohren untertunnelt, damit das Wasser der abschüssigen Seitengassen dem Bach zufließen konnte, ohne die Hauptstraße zu überschwemmen. Bei starkem Unwetter versagte dieses System, denn mitgerissene Zweige und Pflanzenteile verstopften regelmäßig die eisernen Rechen über den Einlauföffnungen, und schon ergossen sich die Wassermassen genau dorthin, wohin sie nicht sollten. Auch hatte die Steinbach unterhalb des Kennels ihren tiefen Graben mit einer flachen Rinne getauscht, so daß sie die Fluten nach einem Wolkenbruch nicht immer bändigen konnte und die untere Frankfurter Straße unter Wasser setzte.

Die Holunderbüsche im Steinbachgraben wußten wir Kinder gut zu nutzen. Ein kräftiger Zweig wurde zwischen zwei Knotungsstellen herausgeschnitten oder -gesägt und vom Mark befreit. Jetzt hatte man ein ausgezeichnetes Blasrohr, zu dem der Holunderstrauch die Munition gleich mitlieferte, die grünen unreifen Beeren nämlich, die man einem Widersacher schmerzhaft auf den Pelz brennen konnte. Etwas dünnere, etwa fünf Zentimeter lange Zweigabschnitte dienten als Beschwerung für die Pfeile aus Schilfrohr, die wir mit dem Bogen, dem „Sprenkel", verschossen. Als Bogenholz dienten Haselnußstecken, die eine sehr gute Spannkraft hatten und die auch in ausreichender Länge zu beschaffen waren. Am besten holte man sie im Helgenwald, welcher, wohl schon auf Windecker Terrain gelegen, steil zur Nidder hin abfiel und das Hantieren an dem dicht an der Schlucht wachsenden Haselnußgehölz zu einem nicht ganz ungefährlichen Unternehmen werden ließ. Die Haselgerte wurde oben und unten mit einer Kerbe versehen und mit einer festen Schnur zu einem Bogen gespannt. Nun wurde das Schilfrohr zu einem Pfeil zurechtgeschnitten und an einer Knotungsstelle eingekerbt, um auf der Bogenschnur Halt zu finden, während am anderen Ende das schon genannte Stück Holunderholz vorsichtig aufgeschoben wurde, dessen Mark dem Pfeilrohr zu einem festen Sitz verhalf. Geeignetes Schilfrohr gedieh nicht überall, das beste wuchs tief im Windecker Feld, im „Dreckloch", zu dem ich mich eines Tages als kleiner Steppke mit dem auch nicht viel älteren Helmut auf den Weg machte. Das Röhricht, aus dem wir uns zwei Bündel herausschnitten, hatten wir ohne große Mühe gefunden, aber auf dem Heimweg liefen wir völlig in die Irre und hatten bald keine Ahnung mehr, wohin wir uns wenden sollten. Wir waren erst am Nachmittag fortgegangen und gerieten schließlich in die beginnende Dämmerung, so daß wir Helden uns in unserer Ratlosigkeit an den Wegrand setzten und uns gegenseitig etwas vorheulten. Doch das Glück verläßt die Wagemutigen nicht: Am Ende kam ein Fuhrwerk vorbei, und der Bauer ließ uns so lange aufsitzen, bis wir vertrautes Gelände erreicht hatten und den Heimweg ungefährdet antreten konnten.

Der ungeduldige Leser könnte jetzt meinen, unser Gang durch das Dorf käme nie zu einem Ende, wenn mir immer neue Geschichten einfielen, doch möge er bedenken, daß ich ihm diese ja ohnehin einmal erzählen werde und daß im Kampf gegen seine gewiß bald einsetzende Ermüdung ein wenig Abwechslung durchaus von Nutzen sei. Wir verlassen aber jetzt endgültig die Steinbach und gehen wieder über die kleine Brücke zur Neugasse, an der Schreinerei Lind vorbei zur Post, in deren Dienststube das einzige Telefon weit und breit an der Wand festgeschraubt war. Direktwahl war in jenen Zeiten ein Fremdwort, und der alte Happel mußte an einer Kurbel drehen, bis sich das Amt in Heldenbergen meldete und nach Angabe der gewünschten Telefonnummer die Verbindung herstellte. Wer von der Post aus telefonieren wollte, tat das gewissermaßen öffentlich vor aller Ohren, und wenn auch der Postbehörde in Gestalt der Familien Happel/Schäfer Verschwiegenheit zuzutrauen war, so galt das nicht für den neugierigen Dorfbewohner, der zufällig anwesend war, um vielleicht einen Brief aufzugeben. Da konnten interessante Neuigkeiten, die man dem amtlichen Fernsprecher anvertrauen wollte, ohne große Umwege auch ins „Dorftelefon“ gelangen. Neben der Post, am Ende der Neugasse, befand sich in einem kleinen Fachwerkhaus die Metzgerei Weisenstein, die gleichzeitig an die Hanauer Straße grenzte, welche, wenn wir uns nach rechts wenden, linksseitig nur bis zum Haus des Viehhändlers Kuhn fortlaufend bebaut war. Dahinter führte anstelle der heutigen Erich-Ollenhauer-Straße ein Feldweg in die „Biebesen“ und zu den Hausgärten der an der Friedhofstraße gelegenen Häuser. Ging man die Hanauer Straße weiter, traf man auf die Villa der Familie Fix, die in den Jahren 1914 - 1916 gebaut worden war.

In dieser war ich, meist in Begleitung der Großeltern oder meiner Mutter, häufig zu Besuch, denn die Villa wurde von der Familie des Ortsdieners Ohl bewirtschaftet, der mit der Schwester meines Großvaters, also meiner Großtante, verheiratet war. Daher war sie für uns die „Ortsdieners Tante“, die wir aber auch „Villa-Tante“ nannten.[37] Die Schwester des Ortsdieners Ohl war mit dem Bauunternehmer Fix verheiratet, der die Villa gebaut hatte und der später mit seiner Familie nach Meiderich verzog, daher die Verwaltertätigkeit. Die Fixe galten als steinreich, sogar der 1927 fertiggestellte Hindenburgdamm zwischen der Insel Sylt und dem Festland soll von ihnen gebaut worden sein. Dennoch: einige der sechs Kinder gerieten in Geldnot, und so mußte die Villa 1937 veräußert werden. Damit fand auch der Betreuungsauftrag der Ohls sein Ende, der Ortsdiener war schon ein Jahr zuvor gestorben. Obwohl ich beim Verkauf der Villa gerade sechs Jahre alt war, habe ich an vieles noch eine gute Erinnerung, an die etwas düsteren Bäume, die den Weg zu den zurückgelegen Gebäuden säumten, den großen Garten und die Pergola, unter der man in der Sonne sitzen und über eine Hecke auf die Landstraße nach Mittelbuchen schauen konnte. Auch der große Kachelofen im Wohnzimmer, auf dessen Sitzbank ich zuweilen in einem alten Märchenbuch blätterte, ist mir in Erinnerung geblieben. Am Eingangsweg zur Villa stand ein kleiner hölzerner Schuppen, von dem ich nicht mehr weiß, ob er einen Brunnen überdeckte oder nur zur Aufbewahrung von Gartengeräten diente. Ich hatte ihm kaum Beachtung geschenkt, bis meine Mutter eines Tages auf die närrische Idee kam, ich könne in dieses Bretterhäuschen, das, so weit ich weiß, ohnehin abgeschlossen war, hineingehen und mich dort irgendeiner ungewissen Gefährdung aussetzen. Nie dürfe ich, so belehrte sie mich, in die Nähe dieser Hütte geraten, denn in dieser würden große Schlangen ihr Unwesen treiben. Von diesem Zeitpunkt an war mir die Villa verleidet, und wenn ich einmal allein dort vorbeigehen mußte, rannte ich wie ein Irrer den Weg entlang, um bloß nicht diesen gräßlichen Schlangen zu begegnen.

Wo die heutige Landstraße nach Windecken von der in Richtung Mittelbuchen abzweigt, war früher ein Feldweg. Die Windecker Chaussee (die Bezeichnung Landstraße war und ist wohl auch heute noch im Dialekt nicht üblich) nahm, vom Dorf aus gesehen, ihren Anfang *vor* der Villa, dort wo heute ein Rest der früheren Straße an einer Steintreppe und einem hochgelegten Hausgarten endet und gerade noch die Zufahrt des Anwesens gestattet. Die Straße war an beiden Seiten hoch aufgeböscht und bildete die „Windecker Hohle", die erst wieder auf halbem Weg zur Friedhofstraße verflachte. Die Friedhofstraße, in der wir wohnten und die von den Ortsansässigen Kirchhofsweg genannte wurde, war nur bis zur Höhe der heutigen Kurt-Schumacher-Straße bebaut. Diese war ein Feldweg, von dem aus man über einen Wiesenpfad zur Windecker Hohle gelangte oder, wenn man gleich nach rechts abbog, einem romantischen Grasweg nachgehen konnte, entlang den zur Friedhofstraße und später zur Hanauer Straße gehörenden Hausgärten. Der Spaziergänger, der sich an dem baumbestandenen Wiesengelände erfreute, das sich zwischen Friedhofstraße, Windecker Hohle und Hanauer Straße ausdehnte, den „Biebesen", hätte es vermutlich nicht geglaubt, wenn man ihm erzählt hätte, daß sich einige Jahrzehnte später hier Haus an Haus drängen würde.

Linksseitig war die Friedhofstraße im unteren Teil nicht völlig bebaut. An Stelle der heutigen Sparkasse Hanau stand ein großes verschindeltes

Fachwerkgebäude, die Bäckerei Weisenstein, von der sich die Gärten straßenaufwärts bis zur Schmiede Emmerich zogen, an der Ecke des heutigen Frauengartenrings gelegen. Oft stand das große Tor offen, um dem alten Emmerich, von uns „Emmchen" genannt, etwas Kühlung einzulassen, wenn er vor dem Schmiedefeuer stand und die glühenden Hufeisen zurechtschmiedete und dann den Pferden oder Zugochsen anmaß, wobei Wolken verbrannten Horns aufstiegen. Nach verbranntem Holz roch es dagegen, wenn er die eichenen Wagenräder mit flammenden Eisenreifen umschloß und sie anschließend in ein zischendes Wasserbassin tauchte, wodurch das Metall gehärtet wurde und seinen festen Sitz bekam. Manchmal hörte ich schon frühmorgens im Bett den hellen Klang des Dengelhammers, wenn das Emmchen den Bauern die Sensen und Sicheln schärfte. Auch in unserem Hof war gelegentlich das Dengelgeräusch zu vernehmen, denn mein Großvater, selbst gelernter Schmied, dengelte schon mal Nachbarn, Freunden und Bekannten die Sensen, wofür er aber kein Geld verlangte, sondern sich mit einem zwanziger Stumpen zufriedengab.

Unserem Haus gegenüber lag der große Pfarrgarten, in dem wir im Winter den Amseln unsere faulen Äpfel zuwarfen und aus dem die Eichhörnchen bis ans Fenster kamen, um sich eine Walnuß abzuholen. Von den Pfarrern, die das Pfarrhaus bewohnten, weiß ich außer den Namen nur wenig. Nachhaltigen Eindruck hat auf mich der später nach Gronau versetzte „Flüchtlingspfarrer"[30] Broscheit ausgeübt, der sich unmittelbar nach dem Krieg um das Seelenheil der Kilianstädter kümmerte. Broscheit war ein weltoffener, um nicht zu sagen weltlicher Mann, der mich blutjungen Menschen mit seinen geschliffenen und wirklichkeitsnahen Predigten zu begeistern wußte. Die schlichten Kanzelreden seines Nachfolgers Heck konnten sich damit nicht messen, doch gab sich dieser, auch wenn es ihm an Wortgewalt mangelte, redliche Mühe und las seinen Schäfchen das im stillen Kämmerlein Aufgeschriebene brav vom Blatt. Mein Vater spottete, er würde selbst die letzte Seite seines Manuskripts umblättern, um auch das Amen noch ablesen zu können. Doch war Pfarrer Heck ein leutseliger Mann, der gern in Gesellschaft weilte und dem man anmerkte, daß ihm die Einladungen zu Hochzeiten, Kindstaufen oder Geburtstagen behagten und mehr waren als nur Pflichtübungen von Amts wegen. Er wußte ein anständiges Stück Kuchen ebenso zu schätzen wie ein gutes Glas Wein, und auch eine angebotene Zigarre blieb nicht ungeraucht. Sein Vater - und deswegen überhaupt bin ich zu den Gottesmännern abgeschweift - war ein rühriger Gärtner, den wir von unserem Fenster aus gut im Blick hatten. Da konnte uns nicht entgehen, daß der Alte auch am Sonntagmorgen, wenn sein geistlicher Sohn in der Kirche Gottes Wort verkündete, die Gartenbeete umgrub oder dem Unkraut zu Leibe rückte. Meinem Vater, der trotz zuverlässiger Zahlung der Kirchensteuer dem Regiment der Schwarzröcke nur eine Art amüsierter Gleichgültigkeit entgegenbrachte, war das ein willkommener Anlaß, sich Betrachtungen über die Sonntagsheiligung des Kirchenvolkes hinzugeben und das Fehlen der früheren Kirchenrüger zu beklagen, die den Frevler schnell erwischt und vor das Presbyterium zitiert hätten, das zu allem Unglück noch von dessen Sohn geleitet worden wäre. Erwähnt sei auch das kurze Gastspiel des Pfarrers Lang, das dieser vor dem Amtsantritt Hecks in Kilianstädten gab. Er hatte bald die Aufgabe, einen meiner früheren Mitschüler, den Walter Schmidt, zu beerdigen. Über diesen, „Jidd" genannt, werden wir an anderer Stelle noch etwas lesen und erfahren, daß ihn die Natur nicht gerade üppig mit Geistesgaben bedacht hatte. Da ihn das Lernen sauer ankam und ihm beim Konfirmandenunterricht das Eintrichtern der vielen Psalmen und Gesangbuchverse nur Ungemach bereitet hätte, nahm er einfach an den Konfirmandenstunden nicht teil und konnte somit auch nicht konfirmiert werden. In den letzten Kriegsjahren scherte sich sowieso kaum jemand darum, und den Nazis, die ihre Jugendweihe wie sauer Bier anboten, war das allemal recht. Ob sich der Jidd groß Gedanken über Gott und die Welt gemacht hat, ist eher unwahrscheinlich, aber ein Gottesleugner oder Antichrist war er deshalb noch lange nicht. Das Lernen kam ihn hart an, das war alles. So weit ich weiß, soll der Jidd seinem Hund, der in den Fluß gefallen war, nachgesprungen und dabei ertrunken sein, eine zwar tödliche aber doch eigentlich löbliche Unternehmung. Der Pfarrer Lang sah das anders. Am liebsten hätte er ihn überhaupt nicht beerdigt, was im Dorf gewiß Verärgerung hervorgerufen hätte; so ließ er sich schließlich, wenn auch widerstrebend, überreden. Was auf dem Friedhof geschah, weiß ich nur vom Hörensagen. Danach muß sein Unmut während der Grabrede weiter gewachsen sein, und er habe begonnen, sich seinen Ärger von der Seele zu reden. Das soll in der Äußerung gegipfelt haben, nicht der liebe Gott habe den Jidd zu sich genommen, sondern der Teufel habe ihn geholt. Das war der Gemeinde denn doch zu viel, und sie jagte den Seelenhirten mit

Pfuirufen vom Friedhof. Ihrem unnachsichtigen Glaubensbruder mochte dann die Kirche auch nicht die Stange halten; er wurde von seinem Amt suspendiert und später irgendwohin versetzt.

An die heutige Weiherstraße, damals nur ein Feldweg, angrenzend lag das linksseitig vorletzte Haus der Friedhofstraße, in dem mein Schulfreund Heinz wohnte. Einschließlich der Urgroßmutter hatten sich vier Generationen dort eingerichtet, doch waren es die Großeltern, an die ich mich besonders gut erinnere. Der Großvater, ein Kellner aus dem Westfälischen oder ähnlich abgelegener Gegend, hatte die Heldmanns Gretel, die Tochter der alten Marie, geheiratet und war dadurch in Kilianstädten hängengeblieben. Er war ein meist mißgestimmtes Männchen, das ich kaum jemals habe lachen sehen. Die beleibte Gretel war eine eher fröhliche Frau, die sich geduldig in die Plagen ihres offenen Beines fügte und die Granteleien ihres Gatten mit heiterem Gleichmut ertrug.

Das letzte Haus der Friedhofstraße war ein etwas heruntergekommenes Gehöft, in dem die Graulichs Marie mit ihrem Mann lebte, der eigentlich Gruner hieß, aber von uns nach seiner Frau nur Graulichs Karl genannt wurde.[37] Sie war ein früh gealtertes, abgearbeitetes und verhärmtes Weibchen, während der Karl, wohlgenährt und mit glatten, rosigen Gesichtszügen, einen ausgeruhten Eindruck hinterließ und ein gemächliches Arbeitstempo bevorzugte. Mein Vater erzählte einmal schmunzelnd, der Karl habe ihm mitgeteilt, das Wichtigste in der Landwirtschaft sei, den Kühen genügend Zeit zum „Itterichen“ (Wiederkäuen) zu lassen.

In meiner Kindheit hatten wir regelmäßig harte, schneereiche Winter, und von der Höhe der Friedhofstraße, vielleicht noch ein wenig oberhalb der Graulichs Marie, ging eine herrliche Schlittenabfahrt bis fast herunter zur Steinbach. Dabei mußten wir die Hauptstraße, die Hanauer Straße, überqueren und uns zumindest theoretisch der Gefahr aussetzen, einem Auto in die Quere zu kommen - den langsameren Pferdefuhrwerken hätten wir schon auszuweichen gewußt. Da man aber die Kilianstädter Autos mit den Fingern einer Hand aufzählen konnte, ging das Risiko tatsächlich gegen Null, so daß nur ausgesprochene Angsthasen den Schlitten vorher zum Halt brachten. Da wir an unserem Haus vorbeifuhren, lohnte sich schon der Blick zum Fenster: Hätte meine überängstliche Mutter herausgeschaut und mich beim Durchfahren erwischt, Gejammer und Vorhaltungen wären mir nicht erspart geblieben. Mit der Zahl der Abfahrten wurde die Bahn immer glatter und schneller, wobei sich die Geschwindigkeit durch „Bobfahren“ und mit „Backfisch“ noch erhöhen ließ. Beim ersteren wurden mehrere Schlitten aneinander gebunden, und beim Backfisch legte man sich bäuchlings, den Kopf voran, auf den Schlitten und steuerte mit den Fußspitzen statt sonst mit den Hacken.

Es war damals nicht üblich, mit Streukommandos Tonnen von Salz auf die Straßen zu kippen; der Schnee wurde mit dem Schneepflug zur Seite geschoben, und man kam mit der festen Schneedecke fabelhaft zurecht. Die mit den Schlitten glattgefahrene Friedhofstraße stellte allerdings manchen älteren Fußgänger vor nicht geringe Probleme, so daß vernünftige Anwohner einen schmalen Streifen längsseits der Häuser mit Asche oder Sand, vielleicht auch Viehsalz, bestreuten. Es gab allerdings zwei, den Maurer Jean Ullrich und, weiter oben, den Landwirt und Dorfmusikus (Trompete) Wilhelm Ullrich, die ihre ganze Straßenhälfte und noch ein gutes Stück darüber hinaus mit Asche bewarfen, was den Wert der Schlittenbahn empfindlich herabsetzte. Wir Kinder hatten natürlich bald heraus, daß es den beiden gar nicht so sehr um die Sicherheit der Fußgänger zu tun war; für uns waren sie ganz einfach Stänkerer und Spielverderber, die uns das Vergnügen nicht gönnten und es vorzogen, sich an unserer Wut und Enttäuschung zu delektieren. Daß die beiden Ullrich hießen, erschien mir kein Zufall; die „Uller“, wie man die Ullrichs im Dorf nannte, galten bei vielen als verquer und „imgewendt“, wofür ich manchen Beweis aus der eigenen Verwandtschaft antreten könnte (und auch noch werde). Diese persönlichen Betrachtungen und Wertungen sind, und damit möchte ich die vielen aufrechten Träger des Namens Ullrich versöhnen, beileibe nicht repräsentativ, und wenn ich mich mit einem solchen letztlich nicht ernsthaft beweisbaren Urteil derart weit vorwage, dann nur, weil auch in meinen Adern eine gehörige Portion Uller-Blut fließt.

Wer heute mit seinem Auto die Friedhofstraße hochfährt und dann nach links in den Frauengartenring einbiegt, hätte dies sechzig oder siebzig Jahre früher nicht gewagt, wenn er überhaupt, unwahrscheinlich genug, einen PKW besessen hätte. Die gepflasterte Friedhofstraße hätte er noch gut hinaufholpern können, doch dann wäre Schluß gewesen, denn der Frauengartenring hätte sich als gewöhnlicher Fahrweg präsentiert, der bei Regenwetter so aufgeweicht und von den Fuhrwerken durchwühlt war, daß wir uns nur mit Gummistiefeln in unseren Hausgarten trauten, zu dem nach etwa hundert Metern ein Graspfad abzweigte. Wenn wir unsere Tante und deren Familie in der Kleinen Hainstraße besuchten, nahmen wir zur Abkürzung gern diesen Weg, statt durch das Dorf zu gehen. Linker Hand lagen große Hausgärten, etwa der des Konrad Ohl, gleich neben dem gewaltigen Nußbaum, den später ein Orkan entwurzeln sollte. Weil das Haus des Konrads am Ende der Herrnhofstraße „im Eck" stand, wurde er Eck-Konrad genannt. Über kaum einen anderen Kilianstädter ist so oft eine Geschichte erzählt worden wie über ihn, die mit der blauen Kappe nämlich, die, obgleich nicht übermäßig schnurrig, dem Leser nicht vorenthalten werden soll. Der Eck-Konrad also soll einmal seine Mütze vergessen und dann seiner Frau zum Fenster hinaufgerufen haben, sie möge ihm seine „blau Mitz" herunterwerfen. Diese in einwandfreiem Frankfurter Halbdeutsch vorgebrachte Bitte wurde nicht verstanden, worauf sie der Konrad mit erhöhtem Stimmaufwand wiederholte. Doch auch diesmal wollte seine bessere Hälfte, die Hermine, nichts kapieren, so daß der Eck-Konrad, in Kilianstädter Dialekt verfallend, zornig schrie, er wolle seine „bloh Kapp" haben. Daß sein Wunsch diesmal Gehör fand, war wohl eher der gesteigerten Lautstärke zuzuschreiben als der besseren Verständlichkeit der Dialektworte, denn Hermine, die „Eck-Schwester", war keine Hiesige und des Kilianstädterischen nur unvollkommen mächtig. Sie war einmal Krankenschwester gewesen und geizte auch später nicht mit ihren Ratschlägen, etwa daß ein geschwollener Knöchel am besten durch Umschläge mit essigsaurer Tonerde zu kurieren sei.

Der Eck-Konrad galt nicht als besonders umgänglich, und manchen erschien er durchaus ein wenig „iwwerzwerch", doch war er für einen Bauern jener Jahre ungewöhnlich belesen und aufgeschlossen. Mein Vater war zeitweilig lose mit ihm befreundet und wußte bei gemeinsamen Sonntagmorgenspaziergängen dessen Tier- und Pflanzenkenntnisse zu schätzen. So blieb es nicht aus, daß ich, noch im Vorschulalter und kaum älter als vier Jahre, an der Hand meines Vaters die schon ein wenig heruntergekommene Eck-Behausung kennenlernte. Äußerlichkeiten bedeuteten dem Konrad wenig, doch besaß er im Gegensatz zu den meisten Kilianstädtern eine kleine Sammlung von Büchern und spielte zudem nicht nur Klarinette und Geige, sondern gab auch Musikunterricht. Bei einem unserer Besuche bedeutete er uns, einige Minuten zu warten, da er gerade noch eine Geigenstunde zu Ende bringen wolle. Der Schüler, dessen Namen ich, wenn ich wollte, nennen könnte, fühlte sich durch unsere Anwesenheit zu irgendeiner Ungezogenheit ermuntert, die ich mit meinem kindlichen Verstand gar nicht erfaßte, die aber den Eck-Konrad so in Rage brachte, daß er den angehenden Violinvirtuosen kurzerhand aus dem Haus warf und ihm fast noch die Geige auf den Kopf gedroschen hätte. Noch kleiner muß ich gewesen sein, als mein Vater und ich an einem Spätnachmittag zum Eck-Konrad gingen, um uns ein technisches Wunderwerk vorführen zu lassen: den Detektorempfänger.

Der deutsche Rundfunk hatte erstmals 1923 seinen Betrieb aufgenommen; Rundfunkgeräte kamen nur zögernd auf den Markt, und als eine stärkere Verbreitung hätte einsetzen können, machten Weltwirtschaftskrise und Massenarbeitslosigkeit den Kauf für die meisten unerschwinglich. Bevor in der zweiten Hälfte der dreißiger Jahre der von den Nazis subventionierte Volksempfänger seinen Siegeszug in den deutschen Haushalten antrat, wußten fortschrittliche und wißbegierige Menschen auf billigere Möglichkeiten zurückzugreifen, den Detektorempfänger, der allerdings nur Kopfhörerbetrieb zuließ. Die Gleichrichterdiode war noch nicht erfunden, und so behalf man sich mit einem Stück Bleiglanz, einem Mineral, das Halbleitereigenschaften besaß und mit dem man die Gleichrichtung und Demodulation des Sendesignals bewerkstelligen konnte. Mit einer Nadel oder Drahtfederspitze wurde so lange auf dem Bleiglanzkristall herumgestochert, bis man eine gut leitende Stelle gefunden hatte, die den Empfang zuließ. Das war natürlich eine wacklige Verbindung: Der kleinste Stoß ließ die Nadel verrutschen, und das Pröbeln konnte neu beginnen.

Man brauchte weder Batterie noch Steckdose, nur eine gute Hochantenne - das Gerät mußte einzig und allein mit der Sendeenergie auskommen, die die Rundfunkstation ausstrahlte. Das reichte gerade für den Betrieb eines hochohmigen Kopfhörers aus. In der einfachsten Form war der Detektor ein Allwellenempfänger. Man konnte keine bestimmte Station herausfiltern, doch war der Empfang des Ortssenders meist zufriedenstellend, da er andere einfallende Sender überdeckte. Bessere Geräte hatten abgreifbare Spulenkörper oder gar einen Drehkondensator und ließen sich dadurch auf einen bestimmten Sender abstimmen. Unter günstigen Empfangsbedingungen konnten besonders in den frühen Abendstunden auch weiter entfernte Rundfunkstationen empfangen werden. Da der bei modernen Radiogeräten obligatorische Schwundausgleich fehlte, mußte man allerdings starke Pegelschwankungen in Kauf nehmen.

Ein solches Detektorgerät hatte sich der Eck-Konrad angeschafft und fachsimpelte nun mit meinem Vater über Eigenart und Besonderheit der neuen Erwerbung. Dann legte er mir den Kopfhörer um die Ohren - ich weiß noch genau, daß Musik aus den Muscheln kam - und sagte: „Bub, was du jetzt hörst, das ist London.“ Bedenkt man, daß nur ein kleiner Teil der in London abgestrahlten Sendeenergie auf Kilianstädten gerichtet war und daß auf dem Weg dahin in Südengland, Belgien und Westdeutschland jeder Laternenpfahl, Blitzableiter oder Maschendrahtzaun die elektromagnetischen Schwingungen gierig aufsog und in die Erde ableitete, dann kommt es mir heute noch wie ein Wunder vor, daß das lächerliche Überbleibsel an elektrischer Kraft, dieses Beinahe-Nichts, das sich in der Antenne des Eck-Konrads verfangen hatte, ohne jedwede Verstärkerhilfe englische Musik in Kilianstädter Ohren befördern konnte. Einige Zeit später schenkte mir der Vater einen solchen Detektorempfänger, mit dem ich selbst auf Wellenjagd gehen konnte; freilich nicht, ohne daß er mir eindringlich ins Gewissen geredet hätte, das Gerät auf keinen Fall aufzuschrauben, weil es dadurch kaputtgehe. Diese Ermahnung kam nicht von ungefähr, denn mich hatte zu dieser Zeit ein technischer Entdeckungsdrang befallen; eine Art faustischen Strebens drängte mich zwanghaft, allen Dingen auf den Grund zu gehen, gewissermaßen zu erkennen, „was die Welt im Innersten zusammenhält“. Natürlich war es, wie sich denken läßt, nicht die Weltkugel, der ich Geheimnisse entreißen wollte, vielmehr pflegte ich zum Mißfallen meiner Eltern alle Spielzeuge bis zur Unbrauchbarkeit zu zerlegen, wobei ich auch vor dem Gebrauch eines Hammers nicht zurückschreckte, der sich unter den Schmiedewerkzeugen meines Großvaters unschwer finden ließ. Daß ein Detektorgerät durch bloßes Öffnen und Anschauen verderben sollte, wollte mir nicht in den Kopf; so erlag ich schnell der Verlockung, diesen interessanten Kasten auseinanderzunehmen und nach der Herkunft der rätselhaften Stimmen und Töne zu forschen. Entgegen sonstiger Gewohnheit verzichtete ich auf das Ausweiden des Innenlebens und begnügte mich mit einem respektvollen Blick auf die bisher verborgenen Drähte und Lötstellen. Dann schraubte ich den Apparat wieder behutsam zusammen. Dann ging er nicht mehr. Und dann gab es ein fürchterliches Donnerwetter, denn der Vater wollte meiner Behauptung, das Ding habe ohne mein Zutun, „ganz von selbst“, seinen Geist aufgegeben, partout keinen Glauben schenken.

Der ungeduldige Leser schaut mich tadelnd an: ich sei doch wohl wieder einmal zu weit vom Kurs abgedriftet. Ich muß ihm recht geben und will gern Besserung geloben - wenngleich, wie sich des öfteren gezeigt hat, auf meine diesbezüglichen Versprechungen wenig Verlaß ist. Also: zurück zum Eck-Konrad, dem gegenüber das Eck-Sannche mit ihrem Adam wohnte, der, gelernter Architekt und hochtalentierter Maler, als junger Mann in Paris Studien betrieben und eigenen Angaben zufolge sogar Picasso kennengelernt hatte. Offenbar hatte ihn dort die Boheme stärker angezogen als die Malstudien, denn er übte sich später vor allem in der Kunst, gerade so viel zu arbeiten, daß das Existenzminimum nicht unterschritten wurde. Gelegentlich sah man sein beachtliches Können aufblitzen, wenn er in den ersten Nachkriegsjahren bei Maskenbällen die Saalwände mit lustigen Bildern und Zeichnungen dekorierte. Der Adam war ein gescheiter und humorvoller Mann, mit dem mein Vater gern Umgang hatte. Einmal erzählte er, der Adam habe ihm mit gespieltem Ernst erklärt, es sei völlig unsinnig, zwei Anzüge besitzen zu wollen, da man ja doch immer nur einen tragen könne.

Der Adam hatte eine Tochter, die Ursula, die ihren Wohnsitz nach Berlin verlegt hatte, dann aber - nachdem sie dort ausgebombt worden war - wieder in Kilianstädten auftauchte. Sie war mit einem gutaussehenden und sympathischen Italiener verheiratet und hatte sich ausgesprochen städtische Allüren bewahrt, mit denen sie die braven Kilianstädter zuweilen genußvoll zu schockieren versuchte. Wir in unserer Familie mochten sie gern, sie war offen und geradeheraus, von dem Typus Frauen, mit dem man glaubt, Pferde stehlen zu können. Mit dem Eck-Konrad wohnte sie in enger Nachbarschaft, und sie gab wiederholt eine vergnügliche Schilderung ihrer ersten Begegnung mit ihm. Danach muß den Eck-Konrad fast der Schlag gerührt haben, als er die Ursula zu Gesicht bekam, mit rot lackierten Fingernägeln, dem dunklen Rouge auf den etwas zu vollen Lippen und der brennenden Zigarette in der Hand. Fassungslos soll er zu seiner Hermine gesagt haben: „Dãs Hurche, dãs raacht!“

Jetzt wird es Zeit, den Eck-Konrad und seine Nachbarschaft zu verlassen und durch das hinfällige Gartentürchen wieder auf den Weg hinauszutreten, aus dem einmal der Frauengartenring werden sollte. Wir gehen am Hüttenberg vorbei, biegen in die Hainstraße ein, auf die linksseitig die Fixengässer Gärten stoßen, und dann in die Kleine Hainstraße, doch ohne diesmal der dort wohnenden Tante einen Besuch abzustatten. Wir treffen auf die Wingertstraße, die noch spärlich besiedelt ist, und in welcher der Sanitäter Gebelhard wohnte. Der wurde oft gebraucht, um die Kilianstädter von kleineren Verletzungen zu kurieren, denn wir hatten anfangs keinen eigenen Arzt im Dorf. Zwar hatte sich schon 1931 ein Dr. Behnke niedergelassen, von dem die Chronik einigermaßen orakelhaft vermeldet: „Seines Bleibens war nicht von langer Dauer.“ Immerhin war seines Bleibens lange genug, um mir noch seine ärztliche Hilfe angedeihen zu lassen. Wie ich von meinem Vater weiß, war er ein guter, wenn auch unkonventioneller Arzt. Bagatellfälle nahm er gern auf die leichte Schulter, und das wehleidige Gejammer hypochondrischer Patienten mochte er sich schon gar nicht anhören. Bei ernsteren Erkrankungen war dagegen auf ihn Verlaß, und als ich als Kind tagelang hohes Fieber ohne erkennbare Ursache hatte, kam er zweimal am Tag an mein Bett. Doch nachdem er die Diagnose Halsentzündung gestellt hatte, erlosch sein Interesse schlagartig. Er verordnete seine Medikamentation und ward von Stund an nicht mehr gesehen. Was ihm zum Verhängnis werden sollte, war sein Mitleid mit ungewollt schwangeren Mädchen, die er nicht einfach einer Engelmacherin überlassen wollte und die er fachkundig aus ihrer Notlage befreite. Eine Anzeige soll ihm dann die Polizei auf den Hals gehetzt haben. Was aus ihm geworden ist, weiß ich nicht zu sagen.

Der Sanitäter Gebelhard war also jetzt der richtige Mann zum Desinfizieren und Verbinden größerer und kleinerer Wunden, und auch ich hatte hin und wieder seine Dienste in Anspruch zu nehmen. Allerdings war ich nur unter Zwang und in Begleitung meiner Eltern dazu zu bewegen, denn die Besuche endeten gewöhnlich schmerzvoll, weil Gebelhard kein Risiko einging und im Umgang mit Jod nicht kleinlich war. Eines Tages war ich böse gestürzt; die Kniescheiben waren tief aufgeschürft und mit Straßendreck durchsetzt. Also: auf zum Gebelhard! Durch vorangegangene Therapien gewitzt, schrie ich, kaum daß ich des Sanitäters ansichtig wurde, aus Leibeskräften: „Kein Jod, kein Jod!“ Doch es half alles nichts. Mit brachialer Gewalt zwang man mich vielhändig zum Stillhalten, bis die schmerzensreiche Prozedur vollstreckt war.

Wenn wir heute die Wingertstraße abwärts gehen, zweigt rechter Hand der Niederbergring ab, seinerzeit ein Feldweg, an den linksseitig die Höfe und Gärten der Häuser grenzten, die der Kleinen Wingertstraße und daran anschließend der Frankfurter Straße zugelegen waren. Der Weg endete mit einem kleinen Knick nach links an der Frankfurter Straße beim Metzger Jean Schmidt (von den Kilianstädtern hinter vorgehaltener

Hand „Fettmaul" genannt), dort wo auch der Rote Weg seinen Anfang nahm, ein breiter, roterdiger Fahrweg, der zwischen Neuberg und Wingert in Richtung Sportplatz führte. Da wir nun schon mal hier sind, gehen wir weiter zur Bahnhofstraße, heute in Büdesheimer Straße umbenannt, die uns logischerweise zum Bahnhof führt. Dort klettern wir verbotenerweise über die Schienen, zwängen uns durch eine niedere Hecke, durchschreiten eine kleine Wiese und befinden uns schon an der Nidder, dem Wehr gegenüber. Haben wir den Spaziergang bei warmem Sommerwetter unternommen und auch die Badehose nicht vergessen, können wir gleich eine Runde schwimmen, auch wenn es von hier aus etwas mühsam ist, ins Wasser zu gelangen. Wer nur überfüllte und verchlorte Schwimmbäder kennt (für die er sich noch eine Eintrittskarte kaufen muß), kann das Glücksgefühl nicht ermessen, in einem richtigen Fluß zu baden, die Schlingpflanzen an den Füßen zu spüren und dabei den Blick auf dem grasigen und weidenüberbuschten Ufer ausruhen zu lassen. Was schadete es da schon, wenn mal eine tote Katze vorbeitrieb. Ohne daß wir das geringste darüber wußten, überließen wir uns wohlig der Selbstreinigungskraft des Flüßchens, die auch die Abwässer der flußaufwärts liegenden Dörfer mühelos bewältigte - Kanalisation und Klärwerke gab es nicht.

Wir Kinder gingen nie von hier aus in das Wasser, das war eher etwas für Erwachsene, die schnelle Abkühlung suchten. Auf der anderen Seite war es viel interessanter, denn da waren das Wehr und die großen Wiesen, auf denen man spielen oder sich sonnen konnte. Ich muß es dem Leser selbst überlassen, ob er jetzt, von unserem Streifzug ermüdet, wieder in das Dorf zurück möchte, in die Friedhofstraße Nr. 2, wo ihn die Großmutter mit Latwergebrot und einer Tasse echtem Kathreiner wiederbeleben würde, oder mich doch lieber, was ich empfehlen möchte, zum anderen Flußufer begleitet. Hierzu müssen wir die Bahnhofstraße zurückgehen und dann der Dorfelder Chaussee folgen, die an der Mühleneinfahrt vorbeiführt. Damals war die Landstraße noch nicht eingeebnet, es ging ausgangs des Ortes steil bergab. Links ragte der Mühlberg hoch, schroff bewaldet bis zu den Feldern der Bettenburg, für wagemutige Lausbuben der richtige Ort für halsbrecherische Spiele. Hinter der Mühle ging es nach rechts über das Schienenbett des „Stockheimer Lieschens", und schon stand man auf der Nidderbrücke, vor der sich die beiden von der Mühle auseinandergebogenen Flußarme wieder zu einem Gewässer vereinten: links der Überlauf vom Wehr, rechts das vom Mühlrad entkraftete

Wasser. Hier war das Flußbett weit und flach, auch Nichtschwimmer waren dort gut aufgehoben, und sonntags kamen die Bauern, um ihre Pferde zu säubern und zu erfrischen. An dieser Stelle hat mein Vater erfolglos versucht, mir das Schwimmen beizubringen, doch sobald er den stützenden Arm wegzog, ging ich unter wie eine bleierne Ente. Er gab zum Schluß entnervt auf.

Ging man von der Brücke aus weiter über die Wiesen, in die sich noch vor hundertfünfzig Jahren der Reiherwald erstreckte, konnte man bald das Rauschen des nahen Wehres hören, das auf mich eine starke Anziehungskraft ausübte. Die Nidder, von Büdesheim kommend, schien vor dem Wehr geradeaus weiter zu fließen, doch bog der Fluß in Wirklichkeit scharf nach rechts ab, genau dort, wo sich ihm das Wehr entgegenstellte. Was wie die natürliche Fortsetzung des Flußbettes aussah, war der Mühlgraben, der das Wasser auf das Mühlrad leitete, von wo aus es in einen tiefer liegenden Untergraben strömte und sich vor der schon genannten Brücke als Mühlbach wieder mit der eigentlichen, vom Wehr kommenden Nidder vermischte. Das Wehr war eine Staumauer, die flußabwärts schräg abfiel und auf der Krone ein Eisengestänge trug, in das schwere Bretter eingeschoben werden konnten. Je nach Wasserbedarf der Mühle und Pegelstand des Flusses wurde das Niveau durch Aufstauen oder Überlaufen reguliert. Nach der Strömungsseite hin bildete das Wehr eine leichte Schräge, die jäh auf einen schmalen Unterbau abfiel, auf dem größere Kinder gerade noch stehen und den Kopf über Wasser halten konnten. Gleich dahinter ging es unvermittelt auf den Grund der hier seeartig erweiterten und übermannstiefen Nidder, für geübte Schwimmer ein ideales Gelände. Zeitweilig war sogar ein Sprungbrett angebracht, von dem aus man einen Kopfsprung riskieren konnte. Obwohl wahrlich kein Ort für Nichtschwimmer, hatte ich mich doch häufig auf die Wehreinfassung und so weit in den Fluß gewagt, wie ich gerade noch stehen konnte. Meine Mutter, übervorsichtig und immer voller Angst, konnte mich im Sommer nicht vom Besuch des Wassers abhalten, doch mußte ich ihr hoch und heilig versprechen, nie zum Wehr zu gehen und immer im Mühlbach zu baden. Da eine weite Wegstrecke zwischen Friedhofstraße und den Badestellen lag, konnte sie mich nicht andauernd kontrollieren; immerhin tauchte sie einige Male auf, um ihr Söhnchen zu überwachen. Glücklicherweise wurde ich immer mit dem Ruf „Deine Mutter kommt!“ alarmiert, so daß ich auf ungesehenem Umweg nach Hause eilen und den

Ahnungslosen spielen konnte, der seine liebe Mutter leider verpaßt hatte. Gewöhnlich setzte es dennoch ein verspätetes Donnerwetter, denn in Kilianstädten blieb nichts geheim, und meistens fand sich ein bestechlicher Judas, der mich verpetzte.

Eines Tages war ich mit Peuler-Helmut am Wehr. Über diesen werden wir noch einiges hören, zunächst nur soviel, daß er einer der ausgekochtesten Lausbuben war, die im Dorf herumliefen, und wenn ein besonders schlimmer Streich ruchbar wurde, konnte man sicher sein, daß der Peuler-Helmut mit von der Partie war. Sein Vater war schon früh zum Militär eingezogen worden, und das Peuler-Gretchen, seine Mutter, hatte alle Hände voll zu tun, die kleine Landwirtschaft aufrechtzuerhalten. Da blieb wenig Zeit, den mutwilligen Sprößling an die Kandare zu nehmen. Der Helmut war bei mir als Spielkamerad ebenso beliebt, wie er von meiner Mutter gefürchtet wurde. Stets wurde ich die Friedhofstraße hoch zu meinem Freund Heinz geschickt, mit dem sich auch gut spielen ließ, der aber meinen Hunger nach Abenteuern und Lausbübereien nicht stillen konnte. Immer wieder versuchte ich, auf Zehenspitzen an unserem Haus vorbei auf die Hauptstraße und in das Dorf zu gelangen, doch hatte meine Mutter ein so feines Gehör, daß sie beim leisesten Trippeln oder Knacken am Fenster war und mich mit Beschimpfungen und Drohungen zurücktrieb. Bald hatte ich ein besseres System gefunden. Ich wartete, bis ein Pferdefuhrwerk die Straße herunterfuhr, neben dem ich in gebückter Haltung auf der von unserem Haus abgewandten Seite herging. Da ich auf diese Weise mit optischem und akustischem Schutz versehen war, wurde ich meistens nicht entdeckt.

So war ich wieder einmal entwischt, um mich zum Peuler-Helmut und mit diesem an das Wehr aufzumachen. Der Fluß führte Hochwasser, und eine starke Strömung drängte die Wassermassen mit tosendem Geräusch über die Wehrkante. Helmut, der gut schwimmen konnte, blieb zunächst am Ufer, während ich ins Wasser stieg, zur gewohnten Stelle, an der man noch bequem stehen konnte. Ich hatte jedoch nicht an den hohen Wasserstand gedacht, und schon schlugen die Fluten über meinem Kopf zusammen. „Helmut“ schrie ich in Todesangst, als ich wieder auftauchte und sah, daß ich in den Fluß hineingetrieben wurde, „hilf mir, ich ersaufe!“ Doch Helmut dachte nicht daran, mir zu helfen: „Dann schwimm halt heraus!“ Was blieb mir übrig? Mit Händen und Füßen, wie ein Hund, paddelte ich ans rettende Ufer. Ich konnte schwimmen! Was endlose

Übungen und Belehrungen meines Vaters nicht vermocht hatten - ein Zuruf des Peuler-Helmuts genügte, um mich zu einem Schwimmer zu machen.

Hätten wir uns erst im Spätherbst zu unserem Spaziergang entschlossen, wäre uns der Weg zum Wehr wahrscheinlich versperrt gewesen. Die Nidder war in jenen Jahren weniger gut befestigt und reguliert als heute, so daß die Überschwemmung der Auwiesen gang und gäbe war. Nach einem regenreichen Herbst stand das Grasland um den Fluß kilometerweit unter Wasser; so weit das Auge schauen konnte, von Dorfelden bis Büdesheim dehnte sich eine unübersehbare Wasserfläche, die in den harten Kriegswintern zuzufrieren pflegte und sich in eine schier endlose Eisbahn verwandelte. Meine Eltern hatten mir zu Weihnachten ein Paar Schlittschuhe der Marke Hudora geschenkt, „mit Hohlschliff", wie mein Vater immer wieder betonte. Das Schlittschuhlaufen war nach den ersten täppischen Versuchen und Ausrutschern schnell gelernt, und schon konnte ich wie andere Kinder und auch Erwachsene über die nicht enden wollende Eisfläche gleiten. Trotz der Kälte, die gewöhnlich in den Kriegswintern herrschte, war das Eislaufen meist nur kurze Zeit möglich - ein heftiger Schneefall, und schon war es aus mit der Herrlichkeit. Ich hatte bald heraus, daß man die Schlittschuhe auch auf einer festgefahrenen Schneedecke gut gebrauchen konnte, und statt mit dem Schlitten brauste ich auf Schlittschuhen die Friedhofstraße hinunter, zum Leidwesen meines Vaters, der zu Recht um den Hohlschliff der Kufen fürchtete. In der Tat war von diesem bald nichts mehr zu sehen, was den Wert als Eislaufgerät einigermaßen herabsetzte.

Nun wollen wir den kleinen Ausflug beenden und wieder in das Dorf zurückkehren. Wenn wir Glück haben, begegnen wir dem Ortsdiener Wolf, der mit seiner Schelle die Kilianstädter aus dem Fenster schauen oder vor das Tor treten läßt, und der die Neuigkeiten und Bekanntmachungen der Gemeinde „ausschellt". Ein Stück Dorfromantik, das in den Nachkriegsjahren einem gräßlichen Ortsfunk weichen mußte, der den Einwohnern mit plärrender Marschmusik und blecherner Mikrofonstimme auf die Nerven ging. Glücklicherweise war diese Einrichtung nicht von Dauer.

Wir hätten unseren Bummel auch ohne weiteres an einem Sonntag unternehmen können, zum Beispiel am ersten Sonntag im September. Dann wären wir mitten in die Kilianstädter Kerb geraten. Heute ist die

Kerb ein beliebiges Spektakel geworden, zu dem die jungen Menschen mit ihren Autos und Motorrädern oft von weither fahren, um sich zu amüsieren. Die Älteren wandern noch pflichtgemäß zum Festplatz, lassen ihre Kinder eine Runde Karussell fahren und trinken im Festzelt ein paar Biere oder essen ein Rippchen mit Kraut.

Zur Zeit unseres Dorfspaziergangs war die Kerb das Hauptfest des Jahres, wenn nicht sogar das einzige, auf das man sich schon lange vorher freute. Häuser und Straßen wurden geputzt, Kuchen gebacken, und erwartungsvoll beobachtete man das Geschehen auf dem Adolf-Hitler-Platz (so hieß eben, Gott sei's geklagt, damals der Platz der Republik), denn große Ereignisse werfen gewöhnlich ihre Schatten voraus. Die Schausteller schlugen schon Tage vorher ihre Buden auf, richteten die Schiffschaukel ein und montierten das Karussell. Selbstverständlich traf sich am Kerbtag auch die Verwandtschaft, und wir Kinder achteten darauf, daß die Onkel nicht vergaßen, uns einige Groschen zuzustecken, mit denen wir uns auf dem Kerbplatz ein paar Köstlichkeiten und Seligkeiten kaufen konnten. Auf die Schiffschaukel wagte ich mich noch nicht, aber gab es etwas Schöneres, als auf einem hölzernen Karussellpferd zu sitzen, umdudelt von den Evergreens der mechanischen Orgel, und zu erleben, wie sich die Menschen und Häuser immer schneller um einen herum drehten? Angetrieben wurde das Karussell von einem kleinen Pferd, das brav im Kreis ging und dafür sorgte, daß es uns Kindern nicht durch zu schnelle Fahrt schwindlig wurde. Die größeren Burschen und Mädchen vergnügten sich auf der Schiffschaukel. Je zwei der Schaukeln wurden von einem Aufpasser überwacht und nötigenfalls abgebremst, denn stets wollten ein paar Wagemutige gar zu hoch hinaus und hätten es womöglich auf einen Überschlag ankommen lassen.

In allen Sälen der Gemeinde war Tanz; die Alten brachten ihre steifen Gelenke in Schwung und rafften sich zu einem holperigen Walzer auf oder rempelten einander beim Schieber an, etwa nach der Melodie: „O Hedwig, o Hedwig, die Nähmaschin' die geht nicht." Die Burschen und Mädchen gingen temperamentvoller zu Werke und nahmen auch hier und da, vom reichlich genossenen Alkohol beflügelt, die Gelegenheit wahr, neue Liebesbanden zu knüpfen. Eifersüchteleien und Streit waren dann nicht weit entfernt, besonders wenn es die jungen Kerle aus den Nachbardörfern wagten, den Kilianstädter Dorfschönen zu tief in die Augen zu blicken. In diesem Jahr, 1940, fehlten allerdings viele, die für Jux und

Übermut gut gewesen wären. Sie hielten als Frontsoldaten ihren Kopf hin für Führer und Vaterland, wie es damals Brauch war zu sagen, und nicht wenige würden niemals wieder eine Kerb feiern können.

Die Kerb war damals der festliche Angelpunkt des Jahresablaufs, was auch durch den Kerbplatz mitten im Dorf symbolisiert wurde. Die wenigen Autos, die glaubten, zu dieser Zeit durch den Ort fahren zu müssen, mußten in den engen Nebengassen ihr Durchkommen suchen. Doch so wie die Schausteller aus der Ortsmitte in eine Festwiese abgedrängt wurden, hat auch die Kerb selbst ihren zentralen Platz im Traditionsbewußtsein einer Großgemeinde Schöneck verloren.*) Es ist auch ziemlich aussichtslos, etwas um jeden Preis bewahren zu wollen, was in unserer mit Unterhaltung und Vergnügungen überfluteten Gesellschaft allen Sinn verloren hat.

Durch die Felder, durch die Auen

Vor dem Zweiten Weltkrieg war das Dorf viel kleiner als heute. Nach Süden vom Steinbachgraben begrenzt, duckten sich die Häuser lieber vor dem Wingertsberg als sich in die Hänge hinaufzuwagen. Nur das Wochenendhaus des Hanauer Elektrikers Altstadt hatte dort Position bezogen und ließ die wenigen Besucher eine mühselige und vielstufige Treppe hinaufkeuchen, die in den roten Sandsteinboden gehackt war. Mit dem Kilianstädter Apfelwein hatte Altstadt wenig im Sinn, um so inniger war er dem vergorenen Saft echter Weinreben zugetan. Ich sehe ihn heute noch aus der Eul' kommen, wie er rotgesichtig und in aufgeräumter Stimmung meinem Vater zurief: „Fritz, der Eule-Wirt hat ein Weinchen, Kerle, das mußt du mal probieren!“ Daß der Altstadt ein wirklicher Weinkenner war, möchte ich nicht unterschreiben; denn wer über die Eul' im Bilde war, konnte sich nur schwer vorstellen, daß dort Edelgewächse ausgeschenkt wurden. Ein begeisterter Weinliebhaber war er aber allemal, und kaum ein Kilianstädter hat der untergegangenen Weinkultur unseres Dorfes so nachgetrauert wie er; jedenfalls vermerkt die Chronik im Jahre 1939 beifällig, „daß Heinrich Altstadt aus Hanau unterhalb sei-

*) Wie mir gesagt wurde, ist die Kerb von der Festwiese an und in das Bürgerhaus verlegt worden, doch soll auch hier keine rechte Stimmung mehr aufkommen.

nes Wochenendhäuschens auf dem Wingert den Versuch unternommen hat, den verschwundenen Weinbau neu entstehen zu lassen". Sensationelle Ergebnisse sind der Nachwelt allerdings nicht überliefert, und das Fäßchen Wein, das er aus der Neuanpflanzung gekeltert haben mag, wird wohl, soweit überhaupt trinkbar, den Weg durch seine eigene Kehle genommen haben.

Wir gehen nun den Wingertsberg hoch und ruhen uns einen Augenblick unter dem alten Nußbaum auf der Bank aus, auf welcher der Leser schon am Anfang dieses Buches gesessen und mit mir auf das Dorf hinabgeschaut hat. Der Weg führt uns weiter durch den Wingert am Sportplatz vorbei in den Wald. Wir passieren zunächst linker Hand einen Fichtenbestand, durch den ein wunderhübscher moosbestandener Weg führt, von den Kilianstädtern, um treffende Kennzeichnungen nie verlegen, „Sammetswegelchen" genannt.

[Sechzig Jahre später wird der Spaziergänger diesen Fichtenwald und das Sammetswegelchen vergeblich suchen. Was er nach dem lange zurückliegenden Windbruch zu sehen bekommt, ist ein niedriges Gehölz, das man nur in gutmütiger Übertreibung Schonung nennen mag und in dem Birkengestrüpp und Holundergebüsch um einen Platz an der Sonne kämpfen.]

Wenn wir zum Nachbarort Büdesheim wollen, brauchen wir nur geradeaus weiterzugehen, bis der Weg scharf nach rechts abbiegt und abschüssig auf den „Büdesheimer Pfad" trifft, die eigentliche „Hauptverkehrsstraße" zwischen den beiden Ortschaften, die damals noch nicht mit einer ausgebauten Straße verbunden waren und sich nicht träumen ließen, daß aus ihnen einmal - Oberdorfelden nicht zu vergessen - die Großgemeinde Schöneck werden sollte.

In Begleitung meiner Großmutter war ich oft nach Büdesheim unterwegs, denn dort wohnte ihre Tochter, meine Tante Suß, auch Sannche genannt, die wir kaum anders als durch den Wald erreichen konnten. Üblicherweise benutzten wir den Büdesheimer Pfad in voller Länge, der gleich nach dem Hochbehälter, dem „Wasserhäuschen", seinen Anfang nahm. Wenn wir die Friedhofstraße ein paar Schritte hochgingen und an der Schmiede Emmerich nach links in den späteren Frauengartenring einbogen, hatten wir das eigentliche Dorf schon verlassen. Wir gingen am Hüttenberg vorbei, machten dort einen kleinen Schlenker nach rechts und folgten dem Weg, der am Wasserhäuschen vorbei in den Büdesheimer

Pfad einmündet. Die am Wasserhäuschen steil abfallenden Wiesen wurden damals noch nicht so arg von den Häusern des Dorfes bedrängt, so daß wir Kinder im Winter mit den Skiern von dort eine lange Strecke abfahren konnten, bis wir von den Dorfstraßen aufgehalten wurden. Über mangelnden Schnee hatten wir in den harten Kriegswintern nicht zu klagen. Was uns die Ausübung des Wintersportes erschwerte, war der Mangel an Sportausrüstung, denn die Produktion von kriegswichtigem Gerät hatte absoluten Vorrang. Hier kann man den Schreiner Lind in der Neugasse nicht genug loben: Er schnitt schmale Bretter aus Eschenholz zurecht, die er über einer Form bog und im Dampf fixierte. Um die Wölbung der so hergestellten Skier zu erhalten, wurde eine einfache Spannvorrichtung aus Holz gleich mitgeliefert. Für die Beschläge hatte jeder selbst zu sorgen, doch fand sich stets ein Bastler oder Schlosser, der ein Stück Eisenblech, das man am Ski aufschrauben konnte, entsprechend zurechtbog. Daran wurde ein Lederriemen angebracht, um den Schuh geschlungen und dann festgezogen, damit dieser im Beschlag gehalten wurde und nicht herausrutschen konnte. Mir hatte mein Onkel Heine aus Büdesheim, der Werkzeugmacher war, sogar einen Beschlag aus Aluminium gefertigt. An Primitivität war ein solcher Ski kaum zu überbieten, doch versah er vollauf seinen Dienst und ließ uns in vollem Karacho die Abhänge hinuntersausen. Daß das nicht ohne Stürze abging, muß nicht erst gesagt werden; mir ist aber nicht erinnerlich, daß jemand ein Bein gebrochen oder sich sonstwie ernsthaft verletzt hätte. Die Lederriemen waren so elastisch, daß sie bei schweren Beanspruchungen nachgaben und den Schuh vom Ski lösten.

Wir sollten uns mit dem Wintersport nicht länger aufhalten und gemeinsam mit der Großmutter zum Wald weitergehen und dann dem abfallenden Büdesheimer Pfad folgen. Es empfiehlt sich, den holperigen und ausgefahrenen Waldweg zu meiden und auf dem moosigen Wegrand zu bleiben, aber nicht über die Wurzeln der hohen Buchen zu stolpern, die sich an der Oberfläche ausbreiten. Der Gewitterspruch „Vor den Eichen sollst du weichen, doch die Buchen sollst du suchen" kommt uns in den Sinn, der nicht nur einen hübschen Reim bildet, sondern auch einen, wenn auch wenig verläßlichen, wahren Kern besitzt. Natürlich muß man bei Gewitter auf freiem Feld jedem Baum fernbleiben, hält uns aber der Wald gefangen, sind wir wirklich bei den flachwurzelnden Buchen besser aufgehoben als bei den tiefgründigen Eichen, die eine bessere Erdverbindung haben.

Daß der Wald etwas anders aussieht als sechzig Jahre später, versteht sich von selbst; darüber hinaus wäre dem aufmerksamen Beobachter, hätte er an unserem fiktiven Spaziergang teilnehmen können, noch ein Weiteres aufgefallen: Während es dereinst, etwa im Jahr Zweitausend, im Waldesinneren wegen herabgefallener Äste und moderndem Kleinholz an vielen Stellen kaum noch ein Durchkommen geben wird, sieht der Waldboden jetzt, um 1940, sauber und aufgeräumt, wie geleckt aus. Fallholz ist als Brennmaterial so geschätzt, daß die Gemeinde Holzlesetage einrichten muß, und auf dem Rückweg wird meine Großmutter die Schürze raffen und so viel Reisig aufsammeln, wie sie tragen kann. Doch noch sind wir nicht in Büdesheim, auch wenn wir am Ende des Büdesheimer Pfades angekommen sind und den Wald hinter uns gelassen haben. Wir stehen vor einer Böschung, auf der das einsame Eisenbahngleis des „Stockheimer Lieschen" läuft, auch Vogelsberg-Expreß genannt. Geht man nach links, was man tun soll, gelangt man durch einen kleinen Tunnel unter den Schienen gefahrlos auf Büdesheimer Gelände. Wer sich nach rechts wendet, findet am Büdesheimer Bahnhof einen Übergang und steht, was nicht überrascht, auf der Bahnhofstraße. Ein paar Schritte weiter, und wir wären am Haus meiner Tante angekommen.

Die Großmutter, ein kleines, mageres Weibchen von ungeahnter Zähigkeit (wer ihr auf einem Steilweg folgen will, muß gut bei Puste sein), hat aber für solche Umwege nicht viel übrig. Wir klettern direkt die Böschung hoch über die Schienen und auf der anderen Seite wieder herab. Das ist der nächste Weg zur Tante, über die Wiesen, durch den Hausgarten. Um vom Stockheimer Lieschen umgefahren zu werden, müßte man schon arges Pech haben, so selten läßt sich tagsüber außerhalb des Berufsverkehrs das Züglein sehen. Was schon mal passieren kann: daß ein Bahnbeamter uns zufällig vom Bahnhof aus sieht und mit der Faust droht, eine Geste, die wir nicht ernst nehmen müssen.

[Wer später, um die Jahrtausendwende, diesen Weg nachgehen will, wird den kleinen Tunnel nur noch finden, wenn er beherzt über halbvermoderte Baumstämme steigt und sich durch den sumpfigen Boden und das nahezu undurchdringliche Gestrüpp nicht entmutigen läßt. Auf der anderen, der Büdesheimer Seite des Tunnels, gäbe es allerdings auch kein Weiterkommen: Statt des erwarteten Wiesenpfades stellt sich dem Spaziergänger der auch hier aufgekommene Bewuchs feindselig in den Weg.

Der kleine Tunnel selbst ist zur Abfallgrube verkommen. Plastikteile und anderer Unrat, vielleicht von zeitweiligen „Bewohnern" stammend, bieten ein widerwärtiges Bild. Da mag es trösten, daß die Unzugänglichkeit des Ortes einem zufälligen Wanderer die Sicht verwehrt. Offenbar wird dieser Tunnel auch von niemandem vermißt; ein eifrig begangener Pfad zeugt davon, daß die Schienen jetzt gewohnheitsmäßig und ohne Scheu überquert werden - es gibt keinen Bahnbeamten mehr, der mit der Faust drohen könnte, und die inzwischen hochgewachsenen Bäume lassen den verbotenen Übergang ohnedies nicht mehr einsehen.]

Wir wollen die Großmutter bei ihrer Tochter zurücklassen, suchen wieder den Weg zum Wald und treffen auf einen hochgelegenen schmalen Pfad, der uns entlang der Eisenbahnschienen in südwestliche Richtung führt. Durch die Wipfel der zu dieser Zeit noch mäßig hohen Bäume gelingt uns immer wieder der Blick auf die Nidder, die beschaulich um das Büdesheimer Schloß mäandert, bis wir den Waldrand erreicht haben und der Fluß, nun allerdings in gehöriger Entfernung, in ganzer Länge in das Bild tritt. Genaugenommen sehen wir nur die Büsche, die den Wasserlauf säumen, der unvermittelt seine Richtung ändert und sich zur Kilianstädter Aue schlängelt. Diese haben wir noch besser im Blick, wenn wir, nachdem wir dem ansteigenden Weg entlang des Waldes gefolgt sind, weiter zum Neuberg gehen. Der Leser möge sich an dem bezaubernden Panorama erfreuen: den sattgrünen Wiesen, den verträumten Nachbardörfern, vom silbernen Band der Nidder umschmeichelt, und der Taunuskette im Hintergrund. Jahrzehnte später werden ihm Hauswände und Dachziegel den Blick versperren.

Wüßten wir die Großmutter nicht in Büdesheim, könnten wir sie womöglich zusammen mit dem Großvater auf einer der Auwiesen, unweit des Flusses, entdecken, wie sie, Sense und Heurechen in den Händen, für uns auf dem rückseitigen Umschlagbild des Büchleins »Unser Kilianstädter Deutsch«[37] posieren. Mit etwas Glück werden wir sogar den Autor selbst ausmachen, wie er, neunjährig, den beiden zur Hand geht. Der kann natürlich nicht, wie man einsehen wird, den Großeltern helfen und gleichzeitig als Siebzigjähriger darüber berichten, so daß wir ihm gestatten wollen, wieder in die ich-Form zu schlüpfen und in der Rückschau weiterzuerzählen.

Unser Grasstück schmiegte sich an die Nidder, der man im Sommer nicht ansah, daß sie im Herbst gewaltig anschwellen und die angrenzenden Felder kilometerweit unter Wasser setzen konnte. Das idyllische Flüßchen, in dessen flachem Wasser man durch die Seerosen hindurch bis auf den Grund schauen konnte, wies an anderen Stellen tückische Tiefen auf, die dem unkundig Badenden zum Verhängnis werden konnten. Berüchtigt war eine Flußbiegung, der „Krumme Haken“, von dessen abgründiger Verlockung mancher Selbstmörder angezogen wurde. Ich entsinne mich noch gut des Entsetzens, das alle in der Friedhofstraße packte, als eine Nachbarsfrau, fünf oder sechs Häuser straßenaufwärts, ihren ewigen Kopfschmerzen und sich selbst im „Krummen Haken“ ein Ende setzte. Auch meine Urgroßmutter Sibylle hatte dort ihren frühen Tod gesucht und den Großvater dreijährig zurückgelassen. Ich habe das erst als erwachsener Mensch erfahren und im Kirchenbuch nachgelesen, in unserer Familie wurde das Thema nicht berührt. Ich glaube, man hatte Angst, die suizide Veranlagung könne in einem der Nachkommen schlummern und durch unnötiges Gerede wachgerufen werden.

Diese harmlos-gefährliche Nidder und damit unsere Wiese lagen, von unserem Haus aus gesehen, am anderen Ende des Dorfes, noch über den Bahnhof hinaus, und wir mußten, Sense oder Heurechen geschultert, einen tüchtigen Fußmarsch unternehmen, um dorthin zu gelangen - eigenes Fuhrwerk und Zugvieh hatten wir ja nicht. Das Mähen des Grases besorgte in der Regel mein Großvater. Obwohl er nicht mehr der Jüngste war, konnte es ihm hierbei kaum einer gleichtun. Daß seine Sense an Schärfe nichts zu wünschen übrig ließ, stand außer Frage: Als gelernter Schmied dengelte er seine Sense selbst; hier konnte ihm keiner etwas vormachen. Natürlich mußte die Sense mit dem Wetzstein von Zeit zu Zeit nachgeschärft werden. Die Mahd für die Heuernte begann Anfang Juni; Ende August erfolgte der zweite Schnitt für das Grummet. In jedem Fall empfahl es sich, so früh wie möglich mit der Arbeit zu beginnen: Taufeuchtes Gras mäht sich am leichtesten. Wir anderen mußten dann mit dem Rechen das Gras gleichmäßig auseinanderbreiten, damit es schnell trocknen und vor einem Regenguß eingefahren werden konnte. War das Gras halbwegs trocken, mußte es gewendet werden. Das Heu wurde in lichte Reihen geschichtet und dabei umgedreht, daß die noch feuchten und grünen Lagen nach oben kamen.

Wenn das Wetter schön blieb, konnte das Heu bald eingefahren werden, aber wenn Regen kam, mußte man das naß gewordene Heu wieder und wieder umwenden, bis es schließlich trocken war. Hatte der Wettergott gar kein Einsehen, dann mochte es auch hin und wieder vorkommen, daß das Heu auf den Feldern verfaulte, so daß sich das Einbringen nicht lohnte. Schließlich wurde es zu Haufen geschichtet, auf einen Leiterwagen geladen und in die Scheune gefahren. Gewöhnlich hockten dann alle Beteiligten oben in luftiger Höhe auf dem Heuwagen, ließen sich von den Kühen ziehen und genossen die Fahrt auf den holprigen Feldwegen und gepflasterten Dorfstraßen, die man vorher so oft zwischen die Füße hatte nehmen müssen.

Kehren wir noch einmal an den Wald zurück. Wenn man vor dem Büdesheimer Pfad nach rechts abbog und dem Waldrand in nördlicher Richtung folgte, ging man vom nächsten Querweg an im Schatten hoher Buchen, obstbaumbestandene Wiesen, später auch bestellte Felder zur Rechten. Man konnte sowohl den grasdurchbrochenen Fahrweg benutzen als auch einen beschaulichen Pfad innerhalb des Waldes, der stets in Sichtweite des Fahrweges blieb, so daß der Blick zu den Wiesen, höchstens von einer Schwarzdornhecke oder einem Busch wilder Rosen kurzzeitig verstellt, nie verlorenging. Nach einem guten Stück Weges hatte man das Ende des Waldes erreicht und wurde von einem märchenhaften Blick gefangengenommen. Eine Wiese, nach unten zur Nidder abfallend, im Frühjahr mit Schlüsselblumen, Maßliebchen und Butterblumen übersät, schmeichelte dem Auge, das von der Weite der sich darbietenden Landschaft verzaubert wurde. Die Nidder schlängelte durch die Windecker Auwiesen, buschumsäumt, so daß man schon genau hinsehen mußte, um zwischen all dem Grün die blauen Tupfer des Flüßchens zu bemerken. Durchzogen wurde die Niederung vom Schienenband des „Vogelsberg-Expreß“, der, wenn man etwas Geduld mitgebracht hatte, schließlich auch irgendwo in das Bild eintrat, gewöhnlich am Windecker Bahnhof, von wo er mit wichtigtuerischem Gebimmel und dicke Rauchwolken ausstoßend dem Nachbarort Büdesheim zustrebte. Neben den roten Ziegeldächern von Windecken konnte man auch die von Heldenbergen ausmachen, vom beginnenden Dunst der Ferne schon pastellhaft übertüncht, aber immer noch eine muntere Unterbrechung der an die Auniederung anschließenden braunen und gelben Felder, die zum Horizont hin anstiegen, sich mit den Wäldern vermischten und einen kleinen helleren Fleck einrahmten, vom Kundigen als Naumburg identifiziert.

An der Lichtung, direkt am Rande des Waldes, war im Schatten hoher Eichen und Buchen eine Holzbank aufgestellt, auf der sich der ermüdete

Wanderer gerne niederließ, und von denen wohl einer, von der Schönheit des Eckchens entzückt, einen Namen erfand, wie er treffender nicht sein konnte: die Himmelswiese.

[Etwa fünfzig Jahre später, einige Zeit vor Niederschrift dieser Zeilen, war ich in Kilianstädten, um eine Blumenschale auf das Grab meiner Eltern zu stellen. Ich nutzte die Gelegenheit, den vorstehend beschriebenen Weg erneut zu gehen, und es schien auch zunächst so, als habe sich wenig verändert. Die gewaltigen Lücken, die der schwere Orkan des Jahres 1990 in den Buchenhochwald gerissen hatte, waren vom nachwachsenden Holz verdeckt, nur die Hundsrosenbüsche am Waldrand waren Brennesselstauden und Holundergesträuch gewichen. Doch dann wurde der Pfad im Waldesinneren immer schwerer passierbar; versumpfte Stellen und ungesammeltes Reisig behinderten den Fuß, der auch auf dem Fahrweg nur mit Mühe schreiten konnte, zu sehr hatten die Traktoren der Bauern den frühlingsfeuchten Boden aufgewühlt. Vom Stellweg an gab es kaum noch ein Durchkommen, denn übergenaue Landwirte hatten tief in den Weg hineingepflügt. Die Grenzsteine mochten wohl so gesessen haben, daß sich der wackere Landmann im Recht fühlen durfte - was kümmerte es ihn, daß in den schmalen Wegstreifen, den er übriggelassen hatte, die Äste der ungepflegten Buchen und des wildwuchernden Buschwerks ragten und einem nostalgischen Spaziergänger den Zugang verwehrten. An der Himmelswiese angelangt, mußte ich doch kräftig schlucken. Die Aussicht als solche hatte sich wenig verändert, auch wenn sich das Städtchen Windecken weit in die Auen hinein ausgedehnt hatte und die schmucken Bauern- und Bürgerhäuser sich hinter der Einförmigkeit neuerbauter Wohnsiedlungen und Mietshäuser verstecken mußten und wenn das von Autos belebte Band der Verbindungsstraße Heldenbergen-Büdesheim in die Augen stach, die es früher nicht gab. Doch ansonsten war alles anders. Die hohen Bäume am Waldrand waren gefällt, undurchdringliches Gehölz war an ihre Stelle getreten - und die alte Holzbank stand auch nicht mehr da. Der Zugang zur ehemaligen Himmelswiese war durch eine verlotterte Pferdekoppel versperrt, deren wettergraue Holzbalken ein freudloses Halt boten. Dahinter ein heruntergekommener Schuppen, vor dem allerlei verrostetes Gerät unordentlich herumstand. An der dem Wald zugewandten Seite hatte sich vor dem Zaun halbverrottetes Geäst aufgetürmt, das der Wind im Laufe der Jahre herangeweht hatte und dessen trostloser Anblick dem Auge weh tat.

Kurz vor Abschluß dieses Buches ging ich, inspiriert von einem Beschluß des Gemeindeparlaments, diesen Teil des Waldes in ein neu zu schaffendes Naturschutzgebiet einzugliedern, jenen Weg ein weiteres Mal. Viel hatte sich seit meinem letzten Fußmarsch nicht geändert. Am Waldrand versuchte der schmale Wegstreifen unter den herabhängenden Ästen noch grimmiger als früher, den Spaziergänger vom Weitergehen abzuschrecken, doch war auch Positives zu erkennen: Den Abfall und Plastikmüll unter dem Sendemast, der mich das letzte Mal beim Vorbeigehen noch den Kopf schütteln ließ, hatten gutherzige Menschen säuberlich aufgelesen, und der häßliche Schuppen auf der nach wie vor von Holzbalken verschlossenen früheren Himmelswiese war verschwunden.

Im Waldesinneren führt heute kein noch so schmaler Zugang mehr an diese Stelle. Zwar beginnt am Stellweg ein Pfad, mit dünnem Rindenmulch sparsam bepudert, doch biegt dieser vom Waldrand nach Süden ab, scheint sich zeitweise zwischen Gras und Brennesseln verlieren zu wollen, faßt sich dann aber wieder ein Herz und erweitert sich schließlich zu einer Art Waldweg, der in der Waldestiefe endet und auf einen anderen Weg trifft, der auf bequemer Spur wieder zum Stellweg führt. Geht man diesen bergan, stößt man am Waldrand wieder an den Anfang des beschriebenen Pfades, und der fußschwache Spaziergänger, der mich auf der Tour begleitet hat, mag gar meinen, er habe einen Rundweg hinter sich gebracht. Der Gemeinderatsbeschluß, dieses forstlich schon lange nicht mehr genutzte Gebiet künftig forstlich nicht mehr zu nutzen, läßt hier ein Naturreservat entstehen, in dem sich das hoffentlich noch zahlreiche Wild wohlfühlen darf. Kostengünstig ist die Maßnahme zudem: Man kann alles gerade so lassen, wie es ohnehin schon ist.]

Außerhalb der Kilianstädter Gemarkung, aber an diese grenzend, war nach einem gehörigen Fußmarsch ein weiterer Wald zu erreichen: die Lohe. An sich waren es zwei Wäldchen, die große und die kleine Lohe, zu der von Kilianstädten aus über freies Feld der Frankfurter Weg führt. Ein schöner Wald war die Lohe im eigentlichen Sinne nicht, drei kleine Gehölze waren durch Grasland getrennt oder, wenn man will, verbunden. Da die Lohe auch von den anderen Ortschaften aus nicht besser zugänglich war, wirkte sie in ihrer sich selbst überlassenen Abgelegenheit und Unberührtheit irgendwie eigentümlich, wenn nicht gar verwunschen - jedenfalls kam es mir so vor. Hier wäre der kundige Pilzsammler gewiß nicht ohne einen gefüllten Korb nach Hause gegangen, aber kein vernünftiger Mensch in Kilianstädten hätte dieses „wilde Zeug“ auch nur angerührt.

Die Lohe liegt auf dem höchsten Punkt einer zum Main hin abfallenden Anhöhe; hieß aber bei unseren Fechenheimer Verwandten „Rabenwald“, weil früher, als mein Vater selbst noch ein Junge war, dort Unmengen von Saatkrähen ihre Nistplätze hatten. Wenn der Bauer sein Feld umbrach, flogen sie scharenweise dem Pflug nach und pickten Würmer, Engerlinge und anderes Getier aus der Furche. Die Krähen, die auch Mäuse und Schnecken nicht verschmähten, waren überaus nützliche Tiere; in einer Zeit, in der es keine chemischen Schädlingsbekämpfungsmittel gab, dafür aber alle vier Jahre eine Maikäferplage, sorgten sie nachhaltig für die Dezimierung der Engerlinge, wie man die Maikäferlarven gewöhnlich nennt. Leider hatten die guten Tiere auch die Angewohnheit, hin und wieder ein paar Saatkörner aufzupicken, weshalb man sie, den überwiegenden Nutzen verkennend, als Schädlinge einstufte und rücksichtslos verfolgte. Für die Eier wurden Prämien ausgesetzt, und mein Vater machte sich wie die anderen Fechenheimer Buben auf den Weg zur Lohe, um auf die Bäume zu klettern und die Nester auszuheben. Die Maßnahmen hatten Erfolg: Schon in meinen Jugendjahren waren die Saatkrähen komplett ausgerottet, und von den Nesterkolonien war nichts mehr zu sehen.

An einem Sonntagmorgen im März nahm mich mein Vater mit zu einem Spaziergang an die Lohe. Das Wetter war klar und heiter, doch wehte ein eisiger Wind, und die Mutter hatte jedem von uns einen Schal um den Hals gewickelt. Auf dem offenen Frankfurter Weg pfiff uns der Wind besonders heftig um die Ohren, als wir einen frühen Spaziergänger bemerkten, der uns entgegenkam und ebenfalls den Mantelkragen hochgeschlagen hatte. Es war der Rodenbächer Jakob, dem immer ein feines amüsiert-überlegenes Lächeln um die Lippen spielte, so als belustige er sich insgeheim über die Einfalt seiner Mitmenschen. Während wir näherkamen, klärte mich mein Vater über den Rodenbächer Jakob auf. Ein ausgemachter Neunmalkluger sei das, einer, der die Weisheit mit Löffeln gefressen habe. Was immer man dem Jakob sage, nichts lasse er gelten, auf alles wisse er eine überschlaue Antwort. Inzwischen waren wir auf gleicher Höhe und mein Vater fing ein Gespräch an: „Die Märzluft ist rauh, was, Jakob?“ Als wolle er meinem Vater die Probe aufs Exempel liefern, faltete der Jakob sein Gesicht zu einer wichtigtuerischen Miene, hob den

Zeigefinger und sagte tatsächlich: „Die Februarluft ist rauher!"

Natürlich kann der gewillte Leser, der sich einen Überblick über die Kilianstädter Gemarkung verschaffen will, mit mir nicht das ganze Feld abgehen, das sich bis an die Grenzen von Oberdorfelden, Büdesheim, Windecken, Roßdorf, Mittelbuchen und Wachenbuchen ausdehnt und in dem es viele Stellen gibt, an denen ich selbst noch nie gewesen bin. Allerdings wäre ein solcher Streifzug weniger eintönig und ermüdend verlaufen als heutigentags, wo die landwirtschaftliche Gliederung in Großflächen und deren intensive Nutzung wenig Sinn für die Erhaltung der vielen Schwarzdorn- und Schlehenhecken, der Wildrosenbüsche und Holundersträuche aufkommen läßt, die früher für eine heitere Unterbrechung des Ackerlandes sorgten und darüber hinaus unseren gefiederten Mitgeschöpfen den Lebensraum bot.

Begnügen wir uns also mit dem Gelände, das mir vertraut ist und von dem der Leser bereits die Auwiesen an der Nidder kennt, ebenso den Platz am Neuberg, von dem aus er mit Teleblick bei der Heuernte zugesehen hat und von dem er noch nicht weiß, daß es dort ein Grundstück gab, das uns, das heißt den Großeltern, gehörte. Dort ernteten wir herrliche Spätzwetschen und weniger rühmenswerte Äpfel, vornehmlich „Schafsnasen". Das Gras, das auf dem roten Sandsteinboden wuchs, wurde ebenfalls geheut und dann in die Scheune gefahren. Unweit davon, in den „Neuen Rötern", hatten wir ein weiteres Grasstück, das von einem riesigen Schwarzkirschenbaum beherrscht wurde. Hier muß ich wieder den Großvater loben, der ein flotter Kirschenpflücker war und sich mit der Leiter in die höchsten Äste wagte. Niemand hatte so schnell wie er den Korb voll. Zu erwähnen wäre noch ein Grundstück in der Nähe des Friedhofes, das wir aber nur von einem Bauern, dem Kirch-Wacker, gepachtet hatten und das gutes Obst lieferte: Flaschenbirnen, „Schöner aus Boskop" (eine alte Apfelsorte, die ihre Bedeutung bis in die heutige Zeit retten konnte), „James Grieve" und Goldparmänen. Das Gras diente vor allem als Grünfutter. Da es nicht weit zu unserem Haus war, konnten wir den jeweiligen Bedarf leicht mit dem Schubkarren heimholen.

Nun muß sich der Leser mit mir in Richtung Mittelbuchen wenden, am besten die Landstraße entlang, bis sie am höchsten Punkt die Hohe Straße schneidet, seinerzeit noch ein unbefestigter Fahrweg. Die Hohe Straße, ein uralter Handelsweg, führt von Bergen kommend in nordöstlicher Richtung zum historischen Wartbaum, von dem aus im Dreißigjährigen Krieg der Landgraf Wilhelm V. von Hessen-Kassel den siegreichen Angriff gegen den kaiserlichen General Lamboy, den Belagerer Hanaus, leitete und wo später im Siebenjährigen Krieg der Herzog von Braunschweig seine Truppen zur Schlacht bei Bergen sammelte, dort aber gegen die Franzosen eine Schlappe erlitt. Die Hohe Straße bildet oberhalb Kilianstädtens eine kleine Wasserscheide: Was nach links abfließt, in Richtung Taunus, sammelt sich in der Nidder, was nach rechts, in Richtung Spessart rinnt, mündet in die Kinzig. Unterhalb der Hohen Straße, in der Flurlage „Über dem Borntal", lag unser größter Acker, gut zweieinhalb Morgen groß. Mit Weizen, Kartoffeln und Futterrüben bepflanzt, versorgte er uns mit allem, was wir und unsere Tiere zum Leben brauchten. Unsere Tiere: das waren zwei Schweine, zwei Ziegen, die Stallhasen, Hühner und Tauben, gelegentlich - in den Kriegszeiten - auch mal Gänse, Enten oder streitsüchtige Truthähne. Was die Ernährung anging, führten wir aufgrund des Ackers und des davon lebenden Viehs auch in den Jahren des Zweiten Weltkriegs ein sorgenloses Dasein, doch sei die harte Arbeit nicht zu vergessen, die uns die Feldwirtschaft abverlangte und in die ich, so weit es meine kindlichen Kräfte vermochten, mit eingespannt wurde. Der Vater war berufstätig (von Kriegsanfang bis Mitte 1940 zu den Soldaten eingezogen) und konnte nur an den Wochenenden oder allenfalls nach Arbeitsschluß an den langen Sommerabenden mithelfen. So blieb die größte Plackerei am Großvater und den Frauen hängen.

Wer wie wir und viele andere ein wenig Landwirtschaft nebenher betrieb, verfügte nicht über Zugtiere und ausreichendes landwirtschaftliches Gerät. Ohne beides waren aber manche Verrichtungen gar nicht auszuführen, man denke nur an das Anfahren von Mist und Jauche zum Düngen, das Pflügen und Eggen oder das Abfahren der Ernte. Hier war man auf die Hilfe befreundeter Bauern angewiesen, die aber gewöhnlich nicht für ein Vergeltsgott zu haben war. Meistens mußte man den erbrachten Beistand mit Arbeitsleistung bezahlen, manchmal auch mit Geld oder einem kleinen Ernteanteil.

Nach der Pensionierung ging mein Großvater seinem Neffen, dem „Ortsdieners Dicker" zur Hand, der mit seiner Mutter, Großvaters Schwester, ein wenig Ackerbau betrieb. Der Dicker hatte damit rechte Mühe, denn er war, wie schon der Spitzname sagt, etwas beleibt und zudem noch kränklich. Es verstand sich von selbst, daß Großvater und Dicker unsere Feldarbeit mitversahen. An Handarbeit blieb überdies genug zu tun übrig. Das fing schon im Herbst mit der Aussaat des Weizens an. Mit ruhigem Schritt, das Sätuch umgebunden, galt es, das Saatgut gleichmäßig über den Acker zu streuen. Dazu bedurfte es einiger Übung, und wer diese Kunst nicht beherrschte, dem keimten im Frühjahr die Getreidepflänzchen in Wolken und Wellen und machten damit gleichzeitig die Pfuscherei öffentlich.

Im Frühjahr gab es viel auf dem Feld zu tun. Wenn die Weizenpflänzchen heranwuchsen, mußten sie sich sofort des aufschießenden Unkrauts, vor allem der Disteln, erwehren. Das Disteleisen geschultert, machte auch ich mich nicht selten auf den Weg ins Borntal, um zu „disteln". Hier galt es, das am unteren Ende des Stiels angebrachte Eisen so in die Erde zu stoßen, daß die Distel möglichst tief an der Wurzel durchschnitten wurde. Das machte ich nicht ungern, jedenfalls viel lieber als das Vereinzeln der jungen Dickwurzpflanzen, wohl eine der schwersten und gehaßtesten Tätigkeiten überhaupt, da man sich tief bücken und den ganzen Acker auf den Knien abrutschen mußte, um die nach der Aussaat zu dicht wachsenden Pflänzchen auszudünnen.

Ende April wurden die Kartoffeln „gesteckt". Die Saat- bzw. Steckkartoffeln konnte man der eigenen Vorjahresernte entnehmen. Zwei oder drei Augen sollten sie haben, größere Kartoffeln konnte man auch einfach in zwei Teile schneiden. Allzu oft durfte man diese Prozedur nicht wiederholen, da sonst die Ertragskraft zurückging. Es empfahl sich dann, neue Steckkartoffeln zu kaufen. Es kamen ja auch immer neue und bessere Marken auf den Markt, etwa die „Flava" oder die legendäre „Ackersegen". Die Frauen gingen hinter dem Pflug her, eine „Sackschürze" umgebunden, und legten im Abstand von etwa 30 cm die Kartoffeln in die Erde.

Im Herbst wurde geerntet und der Lohn für die Mühen des Frühjahres und Sommers eingefahren. Das Getreide wurde schon im Hochsommer reif und als erstes „abgemacht". Der Anblick der im Wind wogenden Getreidefelder bestimmte weithin das Land. Die Ähren wuchsen damals auf höheren Halmen als heute, denn man kannte die Chemie noch nicht, die den Halm kurz und kräftig machte, um dem Windbruch zu widerstehen. Der Klatschmohn mischte scharlachrote Tupfer in das Gelb der Weizen- und Roggenfelder und wetteiferte mit den himmelblauen Kornblumen, Inbegriff spätsommerlicher Wildblumenpracht. Wer heute eine Kornblume entdeckt, mag sich darüber freuen wie über den seltenen Fund eines glückbringenden vierblättrigen Kleeblatts; ihre Schönheit vermochte sie nicht vor dem Gift der Bauern zu bewahren.

Zur Ernte wurde unser Weizenfeld mit der Hand gemäht. Damit die Halme nicht ungeordnet auf den Boden fielen, wurde der Sense ein Reff aufgeschraubt, ein bogenförmiges, annähernd halbrundes Gestell aus Holz oder Draht, das mit Leinwand oder Drahtgaze bespannt war. Dadurch faßte jeder Sensenwurf das geschnittene Getreide zu Bahnen zusammen, die von den Frauen mit der Sichel aufgenommen und zu Garben gebündelt wurden. Gebunden wurden die Garben mit Strohseilen, zu denen eine Handvoll Halme in einer bestimmten Weise, wie ich sie nicht mehr beschreiben kann, gedreht oder geflochten wurde. Am Schluß wurden die Garben aufgerichtet und zu Haufen zusammengestellt. Jetzt konnte man nur noch hoffen, daß kein Unwetter hereinbrach und das Getreide nach ein paar sonnigen Tagen zum Dreschen abgefahren werden konnte.

Die großen Bauern lagerten die Garben in der Scheune und ließen die Dreschmaschine ins Haus kommen, so unser Nachbar Repp, der zwar kein großer Bauer war, sich aber für einen solchen hielt. Ein oder zwei Tage lang hatten wir die Hölle. Nur durch eine niedrige Mauer getrennt, waren wir dem Lärm und dem Dreck der Dreschmaschine ausgesetzt, die nur zur Hälfte in der kleinen Scheune Platz fand und schier unglaubliche Mengen Schmutz und Staub produzierte, ein Staub, der trotz geschlossener Fensterläden durch alle Ritzen drang und noch nach Tagen beim Schneuzen die Taschentücher schwarz färbte. Die „geringen Leute" wie wir droschen das Getreide auf dem Dreschplatz, unmittelbar nach der Ernte, bevor die Dreschmaschine reihum zu den Bauernhöfen fuhr. Der Dreschplatz befand sich ausgangs des Dorfes unweit der Landstraße nach Mittelbuchen, rechtsseitig des heutigen Neuen Weges. Hier wurden die Erntewagen abgestellt und die Zugtiere ausgespannt. Jetzt hieß es warten, bis man an der Reihe war. Das Personal hatte man selbst zu stellen. Einer mußte sich auf dem Wagen postieren, um die Garben mit der Mistgabel auf die Dreschmaschine zu befördern. Oben stand meistens eine Frau, die das Aufschneiden der Garben besorgte und diese in den Einleger bzw. Dreschkasten gleiten ließ. Unten wurden die gepreßten Strohballen entgegengenommen und das Füllen der Säcke mit den ausgedroschenen Körnern überwacht; die Spreu wurde auf einen großen Haufen geblasen.

Da das Aufschneiden der Garben meistens Weibersache war und die

Frauen dazu hoch oben auf der Maschine stehen mußten, verbreitete sich unter uns Halbwüchsigen das Gerücht, viele trügen keine Unterwäsche, und man könne seltene Dinge unter den wehenden Röcken entdecken. Mag sein, daß manche Frauen an gewöhnlichen Werktagen tatsächlich keine Unterhosen trugen oder andere sich dieser entledigt hatten, weil sie sich bei der schweißtreibenden Tätigkeit dadurch etwas Kühlung erhofften - ich und andere drückten uns gern heimlich unten an der Maschine herum, um möglichst unauffällig nach oben zu schauen. Ich weiß nicht, ob es wirklich jemandem gelang, im Halbdunkel dieses geheimnisvollen Bezirkes eine schwarzgelockte Semmel zu Gesicht zu bekommen - es konnte einem ja niemand das Gegenteil beweisen, wenn man damit renommierte.

Die Kartoffelernte begann gewöhnlich Ende September. Das Ausmachen wurde durchweg von den Frauen besorgt. Nachbarn, Verwandte und Bekannte halfen sich gegenseitig, so daß immer ein hübsches Grüppchen Weibsleute beisammen war. Jede nahm zwei Reihen zwischen die Beine, dann hackte man mit dem Karst[*)] so zwischen die Kartoffelstauden, daß man den vorderen Busch samt den daran hängenden Knollen mit einem Ruck an die Oberfläche brachte. Diese wurden gleich sortiert: Die großen und gesunden kamen in den größeren Korb, die kleinen und angehackten in einen anderen. Das waren die „Säukartoffeln", die an das Vieh verfüttert wurden. Obwohl man sich tüchtig bücken mußte, war das Kartoffelausmachen eine Arbeit, die, mit dem Dickwurzvereinzeln gar nicht vergleichbar, von vielen gern getan wurde. Man war in Gesellschaft, und das Arbeitstempo brachte keinen um; da waren Zeit und Muße genug zum Schwätzen. Wer einen Tag auf dem Kartoffelacker zugebracht hatte, kannte alle Interna des Dorflebens auswendig und konnte schwerlich noch von einer Neuigkeit überrascht werden. Kaum, daß ich den Karst halten konnte, nahm ich an der Ernte teil, begnügte mich aber mit einer Reihe, um mithalten zu können. Die Arbeit sagte mir zu, denn die Gespräche gefielen mir ungemein, zumal im Eifer der Reden manche Einzelheit zutage kam, die eigentlich nicht für meine jungen Ohren bestimmt war.

Nach ein paar Stunden rührte sich der Hunger und wir sahen sehnsüchtig zur Kuppe des Ackers hinauf, ob da nicht bald die Großmutter

---

[*)] zweizinkige Hacke, die leichter als die vollflächige Hacke in den Boden ging und mit der das Risiko verringert wurde, die Kartoffeln beim Ausmachen zu verletzen.

auftauchte, die inzwischen das Haus versehen hatte. War sie endlich da, mit dem Eßkorb und einer großen Kanne heißen Kaffees, wurden einige der bereits gefüllten Säcke zugebunden und umgelegt, damit wir uns bequem setzen und mit Schinken und Räucherwurst aus der Hausschlachtung stärken konnten. Wenn uns zwischendurch der Durst plagte, machte ich mich mit der Kanne auf den Weg zu einer Quelle, die ein Gewann unter unserem Acker, in ein Tonrohr gefaßt, aus einem grasigen Rain sprudelte. Auch bei größter Hitze war das Wasser eiskalt, und es schmeckte vorzüglich.

Abends wurden die Kartoffeln abgefahren und die Säcke zu Hause im Keller ausgeschüttet, eine wenig rückenfreundliche Betätigung, denn die Kellertreppe war eng und gewunden, und die niedere Kellerdecke erlaubte kein aufrechtes Gehen. Vorher lasen wir noch das Kartoffelkraut zusammen und zündeten es an. In das Feuer wurden ein paar Knollen hineingeworfen, die wir hinterher aus der heißen Asche klaubten. Nachdem wir uns tüchtig die Finger verbrannt und die harte kohlschwarze Kruste abgepellt hatten, erwartete uns eine kulinarische Köstlichkeit. Auf keine andere Weise läßt sich eine Kartoffel so unbeschreiblich schmackhaft zubereiten wie in der Glut des Kartoffelfeuers!

Wenn der Herbst sich seinem Ende zuneigte, war die Dickwurzernte eine der letzten Feldarbeiten. Im Oktober, wenn die ermattete Sonne vergeblich an warme Sommertage zu erinnern suchte und die Spinnfäden des Altweibersommers längst vom Wind verweht waren, nahmen wir auf dem Ackerwagen Platz und ließen uns von Dickers Kühen ins Borntal ziehen. Dort rupften wir die Rüben aus dem Boden und legten sie, das Blattwerk nach außen, in lange Reihen. Das Kraut, das als willkommenes Grünfutter diente, wurde abgeschnitten, und die nackten „Klumpen" aufgeladen. Gewöhnlich war es schon dämmerig, wenn wir mit der Arbeit fertig waren und mit dem Wagen heimfuhren. Noch heute spüre ich den unverwechselbaren Geruch des Herbstes, wenn wir, die kalten Finger in den Hosentaschen oder der Jacke vergraben, durch die Felder fuhren, aus denen die ersten Nebel aufstiegen. Es war der Todesdunst der sterbenden Natur, der den Winter naherücken ließ. Schnee und Kälte würde er bringen, doch die ersten Lichter hinter den gelben Scheiben der Häuser ließen auch anderes ahnen: die mollige Wärme des winterlichen Herdfeuers, Schlachtfest und Weihnachten.

Wie die Fahrt auf dem Ackerwagen gezeigt hat, haben in den Erinnerungen der Kindertage auch die Gerüche ihren festen Platz, die, wenn sie aus der Tiefe aufsteigen und uns unverhofft begegnen, lange Vergessenes mit sich führen, Gestalten und Begebenheiten wieder in das Bewußtsein rufen, die wir in den Abgründen der Vergangenheit verloren glaubten. Unsere Nasen waren vielleicht auch aufnahmebereiter als heute, sie hatten noch nicht unter Deodorantien, Desinfektionsmitteln und Duftwässerchen gelitten; und die Menschen rochen noch wie richtige Menschen und nicht nach *Chanel Nr. 5* oder *Paco Rabanne*. Wer kennt heute noch den Duft taufeuchten, frisch mit der Sense geschnittenen Grases? Den Wohlgeruch des Heus beim Wenden, dessen eingewobene Kräuter und Blumen sich ein letztes Mal in der Sonne verströmen? Der Erdgeruch des vom Pflug gebrochenen Ackers, der behagliche Dunst des Stalles, der Rauch ferner Kartoffelfeuer, das schwelende Buchenmehl in der Räucherkammer, der süße Brodem über dem Kessel mit kochender und schmatzender Latwerge - haben wir das wirklich alles gegen ein Welt voll Kölnisch Wasser eingetauscht?

Über die Düfte von Jauche und Schweinemist wollen wir lieber ein andermal reden.

Wo meine Wiege stand

Genaugenommen hätte ich diese Überschrift nicht wählen dürfen; wir können sie nur im bildlichen Sinne, als Metapher, gelten lassen. Richtigerweise hätte sie lauten müssen: Wo meine Wiege gestanden hätte, wenn wir im Besitz einer solchen gewesen wären. Ich glaube nicht, daß es viele Wiegen in Kilianstädten gegeben hat; wir hatten jedenfalls keine, und alle, die ich kannte, auch nicht. Üblicherweise kaufte man ein gebrauchtes Kinderbettchen aus zweiter oder dritter Hand, wenn man es nicht bei einer Familie ausleihen konnte, die im Augenblick keine Verwendung dafür hatte, es aber wegen erhofften künftigen Kindersegens nicht veräußern wollte.

Nicht nur, daß ich in keiner Wiege geschaukelt wurde, es liegt überhaupt ein Schatten auf meiner Kilianstädter Abstammung. Ich bin nämlich gar nicht dort geboren, sondern habe im Kreißsaal des Hanauer Stadtkrankenhauses, wie man so sagt, das Licht der Welt erblickt. Eine routinemäßige Entbindung in einem Krankenhaus, ohne daß ein besonderer Grund vorgelegen hätte, war damals alles andere als üblich, und unter meinen Schulkameraden war keiner, der sich wegen seiner Geburt in die Kreisstadt Hanau hätte begeben müssen. Man könnte den Entschluß meiner Eltern deren fortschrittlicher Denkungsart zuschreiben, doch glaube ich eher, daß es an der Ängstlichkeit meiner Mutter lag.

Mein Vater hat oft erzählt, jener 12. Mai 1931 sei ein herrlicher warmer Frühlingstag gewesen, wie man ihn sich schöner nicht habe denken können. Schon kurz nach meiner Geburt hätte ich mit entschlossener Handbewegung eine auf dem Nachttisch stehende Flasche mit medizinischem Alkohol auf die Erde geworfen, was mein Vater als Zeichen deutete, daß ich einmal ein Antialkoholiker werden würde. Diese Voraussage sollte sich freilich nicht erfüllen.

Aus meiner frühen Kindheit ist wenig überliefert. Wie meine Eltern immer wieder rühmten, soll ich mich schon frühzeitig darauf verstanden haben, auf Kommando den Kärntner Liedermarsch zu singen. Diese wiederholt berichtete Fertigkeit vermag ich heute keinem bestimmten Lebensjahr mehr zuzuordnen, wenn mir auch scheinen will, als stiegen bei angestrengtem Nachdenken bereits erste Erinnerungsnebel auf, soweit es eben nicht doch nur ungewisse Spiegelungen der elterlichen Berichte sind. Leider war das erwähnte Kunststückchen, das muß ich noch sagen, kein Vorbote einer späteren musikalischen Begabung.

Bei frühen Begebenheiten ist man überhaupt wegen der unzuverlässigen eigenen Erinnerungen eher auf das Gedächtnis beteiligter Erwachsener angewiesen. So bekam ich oft zu hören, die in Fechenheim wohnenden Großeltern väterlicherseits samt den dort ebenfalls lebenden Tanten und Onkeln hätten meine seltenen Besuche mit dem Satz kommentiert: „'s bies Beubche kimmt", ohne daß es mir gelungen wäre, die Gründe für diese unfreundliche Bemerkung aufzuspüren. Bei hartnäckigem Nachfragen kam lediglich zutage, daß ich bei einem Besuch in Geislitz - von diesem Ort wird später noch die Rede sein - meinem dortigen Cousin zweiten Grades den Zucker vom Streuselkuchen geblasen hätte, gewiß keine lobenswerte Tat, aber andererseits auch keine ausreichende Begründung für meinen schlechten Ruf. Vielleicht lag es daran, daß man mich mit Cousin und Kusine verglich, die ortsansässig waren und aufgrund dieses Heimvorteils eher in der Lage waren, gelegentliche Ungezogenheiten mit späteren Artigkeiten wettzumachen.

Die Bilddokumente aus den ersten Lebensjahren sind nicht übermäßig zahlreich und schon gar nicht von guter Qualität - waren sie doch überwiegend mit einer Agfa-Box aufgenommen worden, die zur damaligen Zeit vier Reichsmark kostete -, sieht man von einer postkartengroßen gewerbsmäßigen Aufnahme ab, die mich als nicht sonderlich hübsches, pausbäckiges Kleinkind zeigt, das dem Betrachter etwas ausdruckslos, fast möchte man sagen dümmlich, entgegenblickt. In einem der frühen Bilder sitze ich auf einem hölzernen Schubkarren und füttere die Hühner, die während des Tages frei im Hof herumliefen. Das großelterliche Haus in der Friedhofstraße war ursprünglich ein kleines einstöckiges Gebäude mit zwei Zimmern und einer Küche, die einen Teil des Flures bildete, der sich von der zur Straße gewandten Eingangstür bis zum hinteren hofseitigen Ausgang erstreckte. Diese Anordnung war bei den kleineren und einfacheren Häusern nicht selten. Neben dem Haus war gewöhnlich ein großes hölzernes Tor angebracht, das in den Hof führte und durch das man einen beladenen Erntewagen in die Scheune fahren konnte.

Vom Großvater und seinem Fahrrad

Meine Großeltern betrieben zu dieser Zeit allerdings keine Landwirtschaft mehr, die bei den kleinen Bauern nur ein mühevolles, karges Leben bedeutete und - falls als Nebenerwerb ausgeführt - den geringen Lohn eines Fabrikarbeiters oder Handwerkers eher minderte als mehrte. Die zunehmende Industrialisierung, die Nähe Frankfurts und die bald nach der Jahrhundertwende angeschlossene Eisenbahn brachten es mit sich, daß sich der Ort immer stärker zu einem Arbeiterdorf entwickelte und die unrentablen landwirtschaftlichen Kleinbetriebe mehr und mehr aufgegeben wurden. Vorhandene Wiesen und Äcker wurden dann entweder an die Großbauern verpachtet oder, wie wir es taten, ohne eigene Zugtiere und Gerätschaften in Zusammenarbeit mit befreundeten oder verwandten Bauern nebenbei bewirtschaftet.

Ich kann nicht sagen, wann und warum der Großvater seinen Schmiedeberuf aufgab, der in seiner Familie eine lange Tradition hatte. Vater, Großvater und Urgroßvater waren Schmiedemeister, und wenn man in Ostheim, von wo die Brods stammen, nachforschte, könnte man vielleicht noch weitere Schmiede unter seinen Vorvätern finden. Wir wissen bereits, daß der Großvater schon mit drei Jahren seine Mutter auf tragische Weise verloren hat, und es ist mir nicht gelungen, die Gründe für ihren

Freitod aufzuspüren. Der Vermerk im Kirchenbuch „Geistesgestört ertränkte sie sich in der Nidder" wird vermutlich den Tatsachen nicht gerecht, denn man weiß, daß damals die Zubilligung einer Geisteskrankheit die einzige Möglichkeit war, ein christliches Begräbnis zu erreichen, anderenfalls wäre der oder die Bedauernswerte namenlos an der Kirchhofsmauer der Erde übergeben worden. (Als sich sechs Jahre früher eine gewisse Maria Rohn in der Nidder ertränkt hatte, wurde ihr laut Kirchenbuch gleichfalls „Geistesgestörtheit" konzediert). Gab es zwischen den Urgroßeltern familiäre Zerwürfnisse? Litt Sibylle an Schwermut und fand nicht mehr aus ihren Depressionen heraus? Oder gingen Haushalt, Feldarbeit und die Kinder ganz einfach über ihre Kräfte? Wir werden nicht mehr erfahren, was die junge Frau in ihrer Verzweiflung dazu trieb, an jenem Herbsttag aus dem Leben zu fliehen.

Für Ludwig, meinen Urgroßvater, muß es schlimm gewesen sein, allein mit den vier Kindern zurückzubleiben. Es war klar, daß so schnell wie möglich wieder eine Frau ins Haus mußte, doch hat sich wohl im Dorf keine finden lassen, die bereit war, einen Witwer mit vier Kindern zu heiraten, von denen das jüngste beim Tod der Mutter gerade mal einen Monat alt war. Schließlich - wir wissen nicht, wie es dazu kam - fand er in Helene Lamm, verwitwete Vollmer aus Homberg eine neue Frau; sie heirateten zwei Jahre nach dem Tod der Urgroßmutter. Ludwig konnte sich nur gut zehn Jahre der neuen kinderlos gebliebenen Ehe erfreuen, dann raffte ihn im Alter von 48 Jahren eine Lungenentzündung dahin. Helene - das Lenchen, wie sie genannt wurde - lebte noch drei Jahrzehnte im Dachstübchen des kleinen Hauses in der Friedhofstraße, und meine Großeltern und deren Töchter scheinen mit dem verträglichen Lenchen gut zurechtgekommen zu sein. Mit meiner Mutter, ihrer Stiefenkelin, hatte sie wohl ein besonders gutes Verhältnis, wie ihr in der Familienbibel gefundenes Testament beweist, auf einer Seite aus einem Schulheft niedergeschrieben. Es berührt mich noch heute, wenn ich ihre Worte lese: „Meine Lieben, ich fühle, daß ich bald sterben muß. Drum will ich Euch mitteilen, daß das bißchen Zeug, das ich noch habe, unserem Gretchen gehört ... Gretchen hats immer am besten mit mir gemeint ... Lebt nun alle wohl ..."

Wir wollen wieder zum Großvater zurückkehren, der erst sechzehn Jahre alt war, als auch der Vater starb. Ob er sich der Aufgabe nicht gewachsen fühlte, die Schmiede in eigener Regie weiterzubetreiben? Diese war am Haus straßenabwärts angebaut, wurde dann zur Waschküche umgewandelt und diente später als Lagerraum für den Öltank. Jedenfalls brachte ihm seine neue Tätigkeit im Stadtkrankenhaus nicht nur ein ausreichendes Einkommen ein, sondern auch den wohlklingenden Titel Maschinist und den Status eines städtischen Beamten. Die einspurige Eisenbahnlinie, auf der das „Stockheimer Lieschen" aus den Vogelsbergdörfern über Kilianstädten nach Frankfurt dampfte, hat ihm allerdings dabei nicht helfen können. Die Zugverbindung nach der Kreisstadt Hanau war äußerst schlecht und wegen des umständlichen und zeitraubenden Umsteigens in Heldenbergen so gut wie nicht nutzbar, was übrigens bis auf den heutigen Tag so geblieben ist. Da es auch keine Omnibusverbindung gab, mußte der Großvater anfangs die Strecke von zehn Kilometern morgens und abends bei Wind und Wetter auf Schusters Rappen zurücklegen, bis er sich schließlich ein Fahrrad anschaffen konnte. Mit diesem ging es hin nach Hanau recht flott, auch wenn er bis Mittelbuchen eine steinige Schotterstraße unter sich hatte. Zwar mußte man, von Kilianstädten kommend, erst einmal die Anhöhe bewältigen, auf der ein alter Höhenweg, die „Hohe Straße", entlangläuft. Von dort oben aber konnte man das Rad ohne zu treten bis fast nach Mittelbuchen laufen lassen. Abends aber, und noch dazu müde von der Tagesarbeit, wurde es dem Großvater gewiß sauer, sich die lange Steigung wieder hinaufquälen zu müssen. Im Winter war es besonders schlimm. Er mußte dann schon sehr früh losfahren, denn der Maschinist hatte morgens pünktlich am Heizungskessel zu stehen, und es war allein seine Angelegenheit, wie er mit Sturm, Eisglätte oder Schneewehen zurechtkam.

Zur Beleuchtung des Fahrrades diente die Karbidlampe. Sie bestand aus einem Blechgehäuse mit einer Glasscheibe als Lichtauslaß. Über einem unten angebrachten Behälter, in den das Karbid eingefüllt wurde, befand sich noch ein kleiner Tank mit Wasser, das durch ein mit einer Rändelschraube einstellbares Ventil auf das Karbid tropfte. Durch eine chemische Reaktion bildete sich ein gleichmäßiger Strom von brennbarem Gas, dem Acetylen. Dieses wurde entzündet, und wenn alles richtig bemessen und eingestellt war, konnte man sich für längere Zeit einer vorzüglichen Beleuchtung erfreuen, denn das brennende Acetylen gab ein äußerst helles Licht, viel heller als das der heute üblichen elektrischen Fahrradbeleuchtung. Außerdem brauchte man keine Muskelkraft zu vergeuden, um den Dynamo zu betreiben, und es gab auch dann helles Licht, wenn man am Berg absteigen und sein Rad schieben mußte.

Da der Großvater früh wegmußte und erst zu später Stunde wiederkam, hatte ich kaum Gelegenheit, ihn mit dem Fahrrad zu sehen, doch erinnere ich mich genau, daß er mir einmal eine Banane mitbrachte, als er an einem Samstagnachmittag - es wurde ja zu jener Zeit am Samstag mindestens noch den halben Tag gearbeitet - mit dem Fahrrad von der Arbeit kam. Ich weiß auch noch, daß ich mich zunächst zierte, die Banane anzunehmen, denn ich war es gar nicht gewöhnt, daß mir der Großvater etwas mitbrachte, und eine Banane war damals schon etwas Besonderes, jedenfalls viel mehr wert als ein Apfel oder eine Birne, von denen wir selbst genug hatten. Vielleicht lag mein Zögern auch daran, daß mich die Mutter schon sehr früh dazu erzogen hatte, keinerlei Geschenke von anderen Leuten anzunehmen. Wenn mir jemand etwas anbot, blickte ich zunächst zur Mutter hinüber, die dann einen drohenden Ausdruck in ihre Augen legte, so daß ich regelmäßig alles ablehnte. Ich habe bis heute nicht verstanden, warum ich darauf gedrillt wurde, jede geschenkte Kleinigkeit zurückzuweisen, auch wenn sie von lieben Menschen in bester Absicht dargeboten wurde.

Vom Haus und dem Hof

Um nicht den Faden zu verlieren, will ich wieder auf das großelterliche Häuschen zurückkommen, das bald nach meiner Geburt von den Eltern aufgestockt wurde, nachdem diese seit ihrer Heirat zunächst zur Miete gewohnt hatten. Das hörte sich leichter an, als es war, denn es fehlte an Geld, das ihnen offenbar mangels Sicherheiten keine Bank oder Sparkasse leihen wollte. Zuletzt hatten sie sich an den Viehändler Kuhn, den „Säubürgermeister“, gewandt, der ihnen vertrauensvoll und ohne viel Umstände das Geld überließ. Er hat das nicht bereuen müssen, denn meine Eltern haben ihm das Darlehen, so schnell sie es vermochten, auf Heller und Pfennig zurückgezahlt.

Die oben liegende Wohnung, an die erst nach dem Zweiten Weltkrieg ein weiteres Zimmerchen angebaut wurde, hatte den gleichen engen Grundriß wie die untere: eine kleine Küche, in der sich dennoch der Hauptteil des Familienlebens abspielte, ein halbwegs normalgroßer Raum, der von den Großeltern unten als „gute Stube“, von den Eltern oben als Schlafzimmer benutzt wurde, in dem die ersten Jahre auch mein

Bett stand. Das zweite Zimmer, genannt die Nebenstube, war recht klein und wurde von den Großeltern als Schlafraum gebraucht. In dieser befand sich auch die Tür zur Speisekammer, die auf den Hof hinausging und in der sich die Räucherwürste und Schinken befanden, die von einer Hausschlachtung zur anderen reichen mußten. Die Würste trockneten im Laufe vieler Monate völlig aus und waren zuletzt so hart, daß man ohne weiteres jemandem damit den Schädel hätte einschlagen können. Außer dem Kleiderschrank und einem Tisch befanden sich in dem Zimmer nur noch die Betten, die voneinander getrennt standen. Bevor sich die Großeltern später richtige Matratzen leisten konnten, schliefen sie auf Strohsäcken, die jeden Morgen aufgeschüttelt werden mußten. Es wird gesagt, man habe auf diesen gar nicht so schlecht geschlafen.[*)]

Das Faszinierendste an diesem Zimmer war für mich ein kleines eisernes Öfchen, der „Kanonenofen“. Das Zimmer wurde normalerweise nicht geheizt, aber an kalten Wintertagen wollten es die Großeltern ein wenig „überschlagen“ haben, bevor sie in ihre Strohsäcke krochen. Dann wurde der Ofen angezündet, der alsbald eine bullige Hitze verbreitete; er „speuzte“ und brachte manchmal sogar die Ofenplatte zum Glühen. War das Feuer aus, so wurden diese Öfen ebenso schnell wieder kalt. Für mich war es der Inbegriff der Behaglichkeit, wenn ich mich in der Nachmittagsdämmerung in das winterlich kalte Zimmer an den gerade angezündeten Ofen schleichen konnte und Zeuge des Kampfes zwischen Hitze und Kälte wurde, den der Ofen, wenn auch nur für eine kurze Zeitspanne, in bravouröser Weise für sich entschied, wenngleich er die hintersten Winkel des Zimmerchens nicht erreichte und den Eisblumen am Fenster schon gar nichts anhaben konnte. Ich kann noch heute in der Erinnerung nachvollziehen, wie die Kälte des Zimmers zunächst Besitz von mir ergriff, bis die Ofenhitze meine Vorderseite so aufgeheizt hatte, daß ich für die rückwärtige Kälte kein Empfinden mehr hatte. Besonders gemütlich wurde es, wenn die Großmutter hin und wieder einmal einen Apfel zum Braten auf die Ofenplatte legte, der dann den Raum mit seinem Duft er-

---

[*)] Selbst Goethe hat in jungen Jahren den Strohsack einer Matratze vorgezogen. Im August 1779 kündigte er seiner Mutter, der Frau Aja, seinen bevorstehenden Besuch gemeinsam mit dem Herzog Karl-August von Sachsen-Weimar an, dem er „im kleinen Stübgen“ einen Strohsack herrichten ließ, „worüber ein schön Leintuch gebreitet ist“. Während dem mitreisenden Herrn von Wedel nur „ein Matraze Bette“ zugestanden wurde, beanspruchte Goethe selbst „auch ein Strohsack p.p., wie dem Herzog“. (Aus »Lob des Bettes«, Kurt Kusenberg, Rohwolt Verlag).

füllte. Allerdings war das bei dem Kanonenofen eine knifflige Sache, denn wenn man zuviel Holz aufgelegt hatte und nicht aufpaßte, konnte der Bratapfel auch schon mal auseinanderfließen oder verkohlen.

Die Eltern hatten oben den entsprechenden Raum als Wohnstube eingerichtet. Die Enge des Zimmers habe ich nie verspürt, obwohl, als ich dann größer wurde und der Anbau noch nicht da war, auch mein Bett dort noch untergebracht werden mußte.

Bei dem Umbau war im Untergeschoß die nach der Straße führende Eingangstür zugemauert worden, so daß man durch das Hoftor und den Hof gehen mußte, um das Haus zu betreten. Der Hof war mit Kopfsteinpflaster ausgelegt und stieß direkt an den Misthaufen, der durch ein niedriges Mäuerchen vom rechtsseitigen Teil des Hofes und der Eingangsseite abgegrenzt wurde. Neben dem Misthaufen stand die Jauchepumpe, um den Poul, wie die Jauche bei uns hieß, zu gewissen Zeiten in ein Jauchefaß zu pumpen, das vorher auf einen Ackerwagen geladen wurde. Der Wagen wurde dann gewöhnlich von zwei Kühen auf die Felder und Wiesen gezogen, auf die der Poul ausgebracht wurde. In regenreichen Jahren konnte die Jauchegrube schnell voll werden, weil sich auch das Regenwasser - zum Beispiel vom Scheunendach, das keine Dachrinne besaß - darin sammelte und zu unerwünschter Verdünnung und Vermehrung führte. Da man zum Abtransport immer die Hilfe eines Bauern benötigte und die eigenen kleinen Ländereien die großen Jauchemengen oft gar nicht aufnehmen konnten, versuchte man sich in anderer Weise der unwillkommenen Brühe zu entledigen. Dazu wurde ein tüchtiger Regentag abgewartet, an dem das Wasser aus den hochliegenden Feldern die abschüssigen Gassen hinunter in das Dorf stürzte. Die an beiden Straßenseiten eingelassenen Regenrinnen, Floß genannt, konnten dann häufig das Wasser nicht mehr fassen, das die engen Dorfstraßen nicht selten in reißende Bäche verwandelte, bis es endlich in „die“ Steinbach und über diese in die Nidder gelangte. Wenn man jetzt den Pumpenschwengel betätigte, lief die Jauche über den Hof auf die Straße und vermischte sich unsichtbar mit den Wassermassen. Diese Art der Problemlösung war keineswegs erlaubt; ich nehme an, wegen des infernalischen Gestankes, denn ein Umweltbewußtsein gab es zu dieser Zeit noch nicht. Wurde man selbst Opfer einer solchen Duftwolke, empörte man sich zu Recht über den Übeltäter, doch ist mir kein Fall bekannt, der zu einer Anzeige geführt hätte. Es war halt schwer, den Schuldigen auszumachen, zumal häufig mehrere in einer Straße die Gunst der Stunde nutzten. Außerdem konnte man selbst bald in die Lage kommen, diese Prozedur vorzunehmen und war dann ebenso auf die Nachsicht der Nachbarn angewiesen.

Der Hof wurde nach hinten von der Scheune abgeschlossen, in die auch ein hochbeladener Erntewagen einfahren konnte, nachdem man die beiden großen Flügel des Holztores geöffnet hatte. Wenn wir auch keine eigentliche Landwirtschaft mehr betrieben, so mußte die Scheune doch das Stroh von unserem kleinen Weizenfeld aufnehmen und auch das Heu, das größtenteils von der Wiese im Aufeld stammte. Zum Entladen wurde der Wagen rückwärts in die Scheune gefahren, die, um alles zu verstehen, etwas näher beschrieben werden muß. Neben unserem Hof lag der des Nachbarn Repp, durch eine Mauer abgetrennt, die noch einen Aufsatz aus Maschendraht besaß, damit die Hühner nicht darüberfliegen sollten, was diesen dennoch immer wieder gelang, bis meine Großeltern auf die sowohl rabiate als auch wirksame Methode verfielen, die äußeren Teile der Flügel mit dem Beil abzuhacken. Dieser Nachbar Repp betrieb eine richtige kleine Landwirtschaft und besaß außer den obligatorischen Kühen sogar zwei Pferde, was für meine Großmutter aber nur ein Zeichen völlig unangebrachter Großmannssucht war. Dessen Scheune war zusammen mit der unseren von irgendwelchen Vorfahren gemeinsam aus Sandsteinen gebaut worden, und in bestem nachbarlichen Einvernehmen hatte man sich mit einer gemeinsamen Mauer begnügt und nicht ahnen können, daß gerade jener Umstand in späteren Jahren meinen Vater zu einer wütenden Feindschaft gegen den Sohn des Nachbarn veranlassen würde. Dieser war, nachdem seine Eltern nicht mehr lebten und die Landwirtschaft aufgegeben worden war, auf den Gedanken verfallen, die nunmehr unnütze Scheune abzureißen, was freilich das Dach unserer Scheune, jahrhundertelang daran gewöhnt, sich beim Nachbarn anzulehnen, seiner Stütze beraubte und umständliche Sanierungsmaßnahmen erforderlich machte.

Die Scheune umfaßte den gesamten rückwärtigen Teil des Hofes. Links grenzte sie, wie gerade geschildert, an die des Nachbarn Repp, rechts reichte sie, nur durch eine etwa meterbreite Gebäudelücke, den sogenannten Winkel, getrennt, bis an das Anwesen des Nachbarn Schilling. Ganz oben in der Scheune befand sich der Heuboden, den man über eine Leiter erreichte. Diese war rechter Hand an einer Mauer befestigt, die einen Teil der Stallung bildete, welche sich von hier, aber nur in halber

Höhe, bis zum anderen Ende der Scheune erstreckte. Die Decke dieser Stallung bildete gleichzeitig innerhalb der Scheune den Boden für das Strohlager. Das Stroh wurde als Streu für die Tiere gebraucht und kam anschließend als Mist auf den Misthaufen. Wenn der Heuwagen entladen wurde, mußte das Heu mit der Heugabel zunächst auf den vorderen Teil dieses Strohlagers gebracht werden und von dort auf den eigentlichen Heuboden, der etwa anderthalb Meter höher lag. Das war recht praktisch.

Die Stallung gliederte sich in mehrere kleine Ställe. Neben dem Scheunentor befand sich der Ziegenstall, in dem meistens zwei Ziegen untergebracht waren. An der Seite war noch ein Verschlag eingebaut, der als Hühnerstall diente und den man durch eine Tür betreten konnte. Die Hühner, die dort ihre Sitzstangen und Nester zum Eierlegen hatten, konnten nur durch ein Schlupfloch heraus in den Hof gelangen, wo sie ihren Auslauf hatten. Dann gab es noch den Schweinestall, denn wir schlachteten jedes Jahr ein Schwein. Während des Zweiten Weltkrieges hielten wir sogar zwei Schweine, ein kleineres und ein größeres. Auch wenn ich die Chronologie ein wenig durcheinander bringe, möchte ich doch hier schon erwähnen, daß es während dieser Kriegsjahre wenig zu essen gab, so daß kraft staatlicher Anordnung von jedem geschlachteten Tier ein erheblicher Teil abgeliefert bzw. auf die Lebensmittelkarten angerechnet werden mußte. Um das Gewicht amtlich festzustellen, wurde das Schwein vor der Schlachtung auf eine öffentliche Waage getrieben. Die findigen Dorfbewohner schafften sich daher häufig zwei Schweine an, trieben das kleinere auf die Waage und schlachteten das größere. Zuweilen half auch der Nachbar mit einem Schwein von geeigneter, d. h. geringerer, Größe aus. Manche Tiere sollen einem Ondit zufolge so oft auf die Waage getrieben worden sein, daß sie den Weg auswendig kannten. Das ging wohl auch immer gut, obschon die damaligen Machthaber für derartige Verstöße drakonische Strafen parat hatten. Aber da jeder mit größter Vorsicht zu Werke ging, vor allem aber, weil alle so verfuhren, wurde meines Wissens nie jemand angezeigt. Erst viel später, nach Kriegsende und kurz nach der Währungsreform, als die Bewirtschaftung schon ihrem Ende zuging, wäre die Sache fast aufgeflogen, weil einem amtlichen Kontrolleur das niedrige Schlachtgewicht der Tiere aufgefallen war. Der Leser wird über diesen Vorfall später mehr erfahren.

Vom Plumpsklo und dem Pißdeppe

Zwischen den Ställen befand sich der Abort - Toilette wäre hierfür ein zu wohlmeinendes Wort -, den wir Abe nannten. Auf einem kleinen gemauerten Sockel war ein Brett angebracht, in das eine runde Öffnung eingelassen war. Diese konnte man mit einem ebenfalls runden Holzdeckel abdecken, um die üblen Gerüche aus der Jauchegrube zurückzuhalten. Das Örtchen war praktischerweise so gebaut, daß die Exkremente über eine gemauerte Schräge und ein Rohr direkt in die Jauchegrube gelangten; Kanalisation gab es nicht. Neben dem Sitz war ein Haken eingeschlagen, in den die Tageszeitung aufgespießt wurde, vorher in handliche viereckige Stücke geschnitten. Wer auf Komfort Wert legte, konnte das Zeitungspapier rubbeln, um es dadurch etwas weicher zu machen.

Den Abe mußte man auch im Winter benutzen, selbst wenn das Thermometer 10 oder 20 Grad Kälte anzeigte. Dann gefror der Kot oft so schnell, daß er nicht in die Jauchegrube rutschen konnte und sich bei länger anhaltendem Frost zu einer regelrechten Pyramide auftürmte. Wenn diese schließlich die rückwärtigen Körperteile zu berühren drohte, mußte mit viel heißem Wasser unter Zuhilfenahme eines Stockes wieder Platz für neue Erleichterungen geschaffen werden, eine wenig erbauliche Tätigkeit, die man, auf Tauwetter hoffend, gern bis zur letzten Minute aufschob. Für das „kleine Geschäft" während der Nacht hatte natürlich jeder seinen Topf unterm Bett oder im Nachtschränkchen stehen, der dann morgens ausgeleert wurde. Als ich in dem späteren Anbau schlief - hier muß ich ein wenig vorgreifen, denn wir sind noch längst nicht so weit -, in dem kein Ofen stand und der auch an keinen beheizten Raum anstieß, war es den Winter über so kalt in dem Zimmerchen, daß der Inhalt des „Pißdeppe", wie der Nachttopf hieß, morgens regelmäßig zu Eis gefroren war. War das Bett mit einer kupfernen Bettflasche gut vorgewärmt, konnte man unter der dicken Daunendecke trotz der niederen Temperatur herrlich schlafen, ohne viel von der Kälte zu spüren.

Klar, daß zu dieser Zeit kaum jemand ein Badezimmer besaß. Trotzdem waren auch wir einigermaßen reinliche Menschen: Einmal in der Woche wurde in einem Zinkzuber gebadet, der normalerweise für das Ausspülen der Wäsche vorgesehen war. Meine Eltern besaßen sogar eine Zinkbadewanne, die dann aus der Waschküche in die Küche gebracht wurde; schwer war sie ja nicht. Das Wasser wurde in Töpfen auf dem

Herd heiß gemacht oder dem „Schiff“ entnommen, einem in die Herdplatte eingelassenen Behälter, der stets mit Wasser gefüllt war. Warmes Wasser war daher immer knapp. Wenn wir es einmal eilig hatten, benutzten wir manchmal dasselbe Badewasser hintereinander, um Zeit zu sparen. Wir fühlten uns dennoch nicht unsauber; überhaupt fiel man damals nicht gleich in Ohnmacht, wenn jemand ein bißchen nach Schweiß roch - der Deostift war schließlich noch nicht erfunden.

Vom Tante-Emma-Laden, vom Doppelkopf und vom Apfelwein

Die Leute im Dorf wollten gern um ihr Haus und wenn möglich auch um die Wirtschaftsgebäude herumgehen können. Selbst wenn es eng zuging und eine gemeinsame Wand vernünftig erschienen wäre, zog man es doch meist vor, seine eigene Mauer hochzuziehen, wodurch sich zwischen eigenem und Nachbargebäude eine schmale Lücke bildete, die häufig noch nicht einmal den Durchgang gestattete, eben der bereits erwähnte Winkel. Dieser war in unserem Falle nicht gar zu schmal und zog sich zwischen Nachbar Schilling und unserer Scheune entlang, bis er an die Scheune eines weiteren Nachbarn stieß, dessen Hof und Wohngebäude von einer anderen Straße her Zugang hatten. Der Winkel verzweigte sich jetzt T-förmig nach links und rechts. Links versperrte bald ein Holzverschlag den Zutritt zum Nachbarn Repp, rechts aber konnte ich etwa dreißig Meter weitergehen, bis der Winkel an einer Mauer endete. Diese vermochte ich leicht mit Hilfe eines umgestülpten Eimers zu ersteigen, wobei die ausgewaschenen Steine und der bröckelige Verputz guten Halt boten. Oben angekommen saß ich auf dem First eines Daches, über das ich auf einen weiträumigen Hof blicken konnte, der von einem mehrstöckigen Mietshaus beherrscht wurde, das am Ende des verlorenen Krieges beim Einmarsch der Amerikaner in Flammen aufgehen sollte. Auf dieser Mauer saß ich gern; ich konnte mich hier oben unbeobachtet fühlen. Auf dem Hof gab es immer etwas zu sehen, zumal sich dort auch noch ein Friseurgeschäft befand, das von einem schmächtigen blassen Männchen, dem Andresi, geführt wurde, dessen elefantenhaft dicke Frau in einem wunderlichen Gegensatz zu seiner eigenen kümmerlichen Erscheinung stand.

Begrenzt wurde der Hof vom rückwärtigen Teil der Schillingschen Besitzung. Die Schillings hatten ein großes Anwesen; neben einer beachtlichen Landwirtschaft besaßen sie noch ein Kino, eine Gastwirtschaft und ein Lebensmittelgeschäft. An dieses, ein wirklicher Tante-Emma-Laden, habe ich eine unangenehme Erinnerung zurückbehalten, von der ich mich nur schwer lösen konnte. Industriell abgepackte Lebensmittel gab es kaum; Mehl, Salz, Zucker, oder was man eben so brauchte, wurde lose in Papiertüten abgefüllt, für Flüssiges wie Essig - oder beim Milchmann die Milch - mußte man eine eigene Kanne oder Flasche mitbringen. Eine große Vorratshaltung war in den Haushalten nicht üblich. Verderbliche Nahrungsmittel konnte man nicht lange lagern, und wenn man etwas brauchte, war der Weg zu einem der Kilianstädter Kolonialwarenhandlungen, wie sich die Läden in einem Anflug von Größenwahn nannten, nicht weit. Und waren diese grade mal geschlossen, blühte der Lebensmittelverleih unter den Nachbarn: Kannste mir mal mit zwei Eiern aushelfen, haste mal eine Kaffeetasse voll Zucker übrig, tätste mir mal ein halbes Pfund Mehl pumpen ... Gegen solche nachbarliche Aushilfe ließ sich wenig einwenden; allerdings gab es einige unter den dörflichen Evastöchtern, bei denen diese bequeme Art der Vorratsbeschaffung zur lieben Gewohnheit geworden war und die auch regelmäßig „vergaßen“, das Ausgeborgte zurückzubringen.

Einmal - ich weiß noch genau, daß es früher Abend war - schickte mich meine Mutter nebenan in den Laden der Schillings, um eine Kleinigkeit zu besorgen. Das abgezählte Kleingeld hatte sie mir in die Hand gedrückt. Als ich bezahlen wollte, fiel mir ein Pfennig auf die Erde und rollte irgendwohin. Ich kroch auf dem Boden herum, aber was ich unter einem Schrank fand, war nicht der verlorene Pfennig, sondern ein Groschen. Den umschloß ich unauffällig mit der Hand und sagte: „Ich kann den Pfennig nicht finden, ich laufe schnell heim und hole einen neuen.“ Ich ließ mich auf gar keine Einwendungen ein, rannte so schnell ich konnte nach Hause und berichtete meiner Mutter stolz von der unvermuteten Geldvermehrung. Da kam ich aber schlecht bei ihr an! Obwohl ich noch im Vorschulalter war und nicht das geringste Unrechtsbewußtsein hatte, stellte sie sich an, als sei ich ein Schwerverbrecher, der den Nachbarn gerade um Haus und Hof gebracht hatte. Sie schleppte mich zurück in den Laden und enthüllte schonungslos meine Missetat. Dann mußte ich den Groschen zurückgeben, und ich wäre vor Scham und Schmach am liebsten in den Erdboden versunken. Warum meine Mutter so unangemessen reagierte, habe ich auch später nicht verstehen können, und wahrscheinlich haben auch die Nachbarsleute hinterher den Kopf geschüttelt.

Der Leser mag mich vielleicht fragen wollen, warum ich von dieser Kleinigkeit so viel Aufhebens mache. Aber für mich war das keine Bagatelle, sondern eine bittere Demütigung, die mich tief verwundet hatte. Jahre später habe ich mit meiner Mutter darüber zu reden versucht, doch hat sie nie begreifen wollen, welche Kränkung sie mir damals antat.

Die Gastwirtschaft war für meinen Großvater ein wichtiger Ort, an dem er sich den ganzen Sonntag über aufhielt, von den kurzen Unterbrechungen abgesehen, in denen er zum Mittag- und Abendessen nach Hause kam. Nicht, daß er dem Bier oder Apfelwein besonders zugesprochen hätte - er hat nie viel getrunken -, das Kartenspiel, genauer: der Doppelkopf, hatte es ihm angetan. Zu viert saßen er und seine Altersgenossen am Holztisch und vertrieben sich die Zeit mit Kartenspielen, wobei es sogar um Geld ging, und jeder hatte ein Blechtellerchen mit Münzen neben sich auf dem Tisch stehen. Da sie nur um Pfennige spielten, ist keiner dabei reich oder arm geworden. Worauf es ihnen ankam, war das sonntägliche Vergnügen, und es gibt in der Tat kaum ein anderes Kartenspiel, bei dem man so viel Spaß haben kann. Da freuten sich die alten Herren, wenn einem der Fuchs gefangen wurde, wenn man in irriger Einschätzung seiner Partnerschaft dem falschen Mann schmierte, oder wenn zu spät erkannt wurde, daß ein Spieler „alle beide“ hatte. Manchmal ging es sogar hitzig her, wenn einer gute Karten hatte und „Konter“ sagte, was nicht selten von einem Besitzer der Kreuzdame mit „Re“ beantwortet wurde. Dann konnte es passieren, daß der erste, seines überlegenen Blattes sicher, noch einen oben drauf setzte und - wohl in der Annahme, bei „Re“ handele es sich um ein Waldtier - mit „Hirsch“ erneut überbot.

Wenn der Altwirt, der Schillings Fritz, Lust und Laune hatte, spielte er seinen Gästen etwas auf der Zither vor. Da konnte bei der Vielzahl der Gäste schon mal die Gefahr aufkommen, daß die Übersicht über den Getränkekonsum verloren ging. Um das zu vermeiden kassierte der „Vité“, wie man den Fritz nannte, gelegentlich zwischendurch ab, wobei er mit treuherzigem Augenaufschlag sagte: „Ihr Leut’, es ist ja nicht wegen dem Geld, es ist nur, daß es nicht vergessen geht“.[37]

Bei den Doppelkopfspielern forderte die Zeit ihren Tribut: Irgendwann mußte der erste das Zeitliche segnen und den Freundeskreis verlassen. War für ihn noch leicht Ersatz zu schaffen, wurde das schon schwieriger, als sich der Nächste auf Nimmerwiedersehen verabschiedete. Am Ende blieb nur der Großvater übrig, der zunächst versuchte, einen Platz in einer jüngeren Runde zu finden. Doch die spielten einen ganz anderen, „scharfen“ Doppelkopf. Hatte bei den Alten einer einen Fehler gemacht, dann pflegten die anderen herzlich darüber zu lachen, doch nun, bei den Jüngeren, hagelte es Schelte und Vorhaltungen. An dieser ungemütlichen Spielweise hatte der Großvater keine Freude mehr. Jedenfalls gab er es nach einiger Zeit auf, mitmachen zu wollen; wahrscheinlich wollten ihn die anderen auch gar nicht dabei haben. Aber ganz wollte er dem „Kartenratschen“ doch nicht entsagen. So stand er noch viele Sonntage hinter den Spielern und schaute einfach nur zu.

In der Beliebtheitsskala der Getränke stand in unserer Gegend der Apfelwein unangefochten an erster Stelle, eher Labetrunk als alkoholisches Rauschmittel, und der eine oder andere Graubart hätte Stein und Bein geschworen, daß er seine eiserne Gesundheit nur dem regelmäßigen Genuß des „Stöffche“ zu verdanken hatte. Gar mancher ging mit diesem Lebenselixier nicht gerade knickerig um, und ich erinnere mich, daß ich einmal als kleiner Schuljunge meinen Vater in eine Gaststube begleitete, wo wir den Glück-Schorsch, einen alten Bekannten aus der leichtlebigen Zeit seiner Junggesellenjahre, beim Skatspielen antrafen. Für jedes Glas Apfelwein erhielt der Gast einen Strich auf seinen Bierdeckel, und ich war stolz, daß meine Zählkunst schon so weit fortgeschritten war, daß ich die siebzehn Striche des Glück-Schorsch zusammenrechnen konnte.

Die großen Gastwirtschaften kelterten ihren Apfelwein selbst. Die Qualität des Apfelweins entschied darüber, wie gut ihre Schankstuben besucht wurden. Beim Gärprozeß konnte schon mal etwas danebengehen; da war die Versuchung groß, das Fäßchen Apfelwein, das dick oder essigstichig geworden war, nicht einfach wegzuschütten, sondern aufzubessern und mit dem gesunden „Hohenastheimer“ zu vermischen. Ein riskantes Unterfangen, denn die Kilianstädter Apfelweinfreunde hatten eine zarte Kehle. Wenn denen eine Unsauberkeit auffiel, verzogen sie sich schnell in eine andere Wirtschaft und ließen den Schlauberger auf seinem Gebräu sitzen. Die eigene Apfelernte konnte nicht immer mit dem Durst der Zecher Schritt halten, so daß noch Obst dazugekauft werden mußte. Da die Wirte allgemein als pfiffig galten, mochte sich der eine oder andere schon die Frage stellen, ob sich das begehrte Getränk nicht auf kostengünstigere Weise vermehren ließe. Jedenfalls konnten wir vom Fenster unseres Dachbodens beobachten, wie es die nachbarliche Gaststätte hielt.

Viele Haushalte in Kilianstädten stellten ihren Apfelwein selbst her.

Es gab genug Apfelbäume, die nur geringwertiges Gebrauchsobst trugen, das zum Essen nicht viel taugte. Wer selbst keine Apfelbäume hatte, konnte immer noch mit einer langen Stange durch die Felder ziehen, um die bei der Ernte übersehenen restlichen Äpfel herunterzuschlagen, zu „stoppeln". Das Keltern konnte man in einer der Dorfgaststätten besorgen, die ihr Gerät gegen Bezahlung zur Verfügung stellten. Im Hof unseres Nachbarn wurden, gewöhnlich am Samstag, die angelieferten Äpfel gewaschen, gemahlen und dann in die Kelter gefüllt. Hinterher wurden Holzdeckel aufgelegt und der Druckstock aufgesetzt. Dieser wurde durch das Drehen der Kelterstange um die mittig angebrachte Spindel immer stärker nach unten gepreßt. Die Kelter selbst stand auf drei eisernen Füßen. Anfangs floß schon bei geringem Druck reichlich Most in den Auffangbehälter, doch dann mußte man immer mehr Kraft aufwenden, um durch höheren Preßdruck auch den restlichen Saft herauszuquetschen. Gleichzeitig wurde die Kelter wegen des abgelaufenen Mostes immer leichter, so daß irgendwann die Eisenfüße ihre Haftung verloren und auf dem Boden wegrutschten. Das bedeutete das Ende des Keltervorganges. Die Trester wurden herausgenommen und in einen großen Bottich geschüttet; sie dienten als Viehfutter oder Dünger, wenn sie nicht einfach weggeschüttet wurden. Der „Süße" wurde nach Hause transportiert, um in Fässern und Korbflaschen zu gären und seiner edlen Endbestimmung entgegenzureifen.

Abends, wenn Feierabend eingekehrt war, wurde der Nachbar noch einmal munter. Die gesammelten Trester wurden zerstoßen, auseinander gehackt und aufgelockert und zum Schluß mit ein paar Eimern Wasser übergossen. Am nächsten Morgen kamen die Trester, die das Wasser in sich aufgesogen hatten, wieder in die Kelter und wurden erneut ausgepreßt. Doch jetzt kam der Trick: Die Eisenfüße wurden fest am Boden verankert, so daß sie der Drehbewegung der Kelterstange nicht mehr ausweichen konnten. Und siehe da, was die nichtsahnenden Hobbywinzer nicht vermochten - jetzt gaben die Trester auch ihre letzten Saftreste her, und im Nu war der Auffangbottich wieder voll. Mein Vater spottete, der Nachbar habe das Kunststück vollbracht, seinen gesamten Apfelwein zu keltern, ohne einen eigenen Apfel zu verschwenden. Das war gewiß eine Übertreibung, aber die staunenswerte Arbeitstechnik hat fraglos nicht wenig zum Füllen der Fässer beigetragen. Die Nachbarn mögen mich ob meiner Indiskretion nicht schelten: Nichts liegt mir ferner, als die beschriebene Verfahrensweise mißbilligen zu wollen, im Gegenteil, die einfallsreiche Mostvermehrung nötigt mir noch heute Bewunderung ab! Nur ein unverbesserlicher Nörgler würde den aufgebotenen Erfindergeist herabwürdigen wollen, der die verborgenen Saftreserven in so bravouröser Weise an das Tageslicht förderte - zum Vorteil der Kilianstädter Zecher, die somit eine Verknappung des begehrten Getränks nicht mehr zu befürchten hatten.

Vom Schuppen, der Waschküche und der Läckmäje

Wenn der Leser über ein gutes Gedächtnis verfügt, dann weiß er noch, daß ich als kleiner Junge auf der Mauer unseres Winkels saß, bevor wir uns in die Schilderung der nachbarlichen Geschehnisse verloren. Dieser Winkel grenzte wie schon erwähnt an die Scheune des Nachbarn Schilling, die infolge seltsamer früherer Grenzvereinbarungen dann von einem uns gehörenden Nebengebäude, dem „Schuppen“ abgelöst wurde. Dort waren vielfältige Dinge des täglichen Gebrauchs abgestellt; auch ein Teil des Brennholzes, welches das ganze Jahr über gebraucht wurde, war da gestapelt. In zwei kistenartigen Verschlägen mit aufklappbaren Deckeln wurden Kleie und geschrotetes Getreide gelagert, beides Bestandteile des sogenannten Getränks, das, mit Abfällen und Essensresten vermischt, den Schweinen in den Trog geschüttet wurde. Im Schuppen führte eine wacklige Holztreppe nach oben, wo unter dem Dach ein Bretterboden eingezogen war, in dem seit Menschengedenken aller möglicher Krimskram aufgehoben wurde; so leicht wie heute warf man damals Sachen, für die man im Augenblick keine Verwendung mehr hatte, nicht weg. Ich zog mich gern dorthin zurück, denn da gab es immer neue Dinge zu entdecken: Von Spinnweben eingesponnene alte Kleider, verrostetes Werkzeug, das wohl früher in der Schmiede gebraucht worden war, ausgediente Kochtöpfe und viele Gegenstände, von denen ich nicht wußte, wozu sie überhaupt einmal nütze waren; außerdem ganze Packen von jahrzehntealten Zeitungen, die ich später, als ich schon in die Anfänge der Lesekunst eingeweiht war, mit großem Interesse zu entziffern suchte.

Eine Treppe, die vom Schuppen nach unten zur Waschküche führte, grenzte linker Hand einen muldenartigen Raum ab, der zum Einbunkern der Winterkohle diente. Die Waschküche hatte noch einen zweiten Ausgang, der direkt zur Straße führte. In der Ecke stand der große kupferne

Waschkessel, mit Ziegelsteinen ummauert und mit einer Unterfeuerung versehen. Bei der großen Wäsche wurde tüchtig eingeheizt, bis das Waschwasser zum Kochen kam. Der kleine Raum war schnell voller Dampf und Nebel, so daß die Holztür nach der Straße immer offen stand, was außerdem den Vorteil hatte, daß man auch am ungeliebten Waschtag nicht ganz auf Unterhaltung verzichten mußte, denn kaum einer der vorübergehenden Nachbarn ließ die Gelegenheit aus, die Nase für ein paar Augenblicke durch die Tür zu stecken und einige Worte zu wechseln.

Ausgespült wurde die Wäsche in Zinkbütten, natürlich mit kaltem Wasser. Im Winter kamen Mutter und Großmutter öfter einmal in die Küche gelaufen, um sich die rotgefrorenen Finger über der heißen Herdplatte aufzuwärmen. Da es keine Kanalisation gab, rann das Wasser direkt auf die Straße in das Floß, in dem sich bei kaltem Winterwetter schnell eine Eisschicht bildete, die sich auf der Straße ausbreitete. Da mußte gleich Asche gestreut werden, damit niemand ausrutschte und sich womöglich ein Bein brach.

Die Waschküche war nicht nur zum Wäschewaschen da, sie spielte auch eine wichtige Rolle bei der Hausschlachtung. Davon möchte ich aber an anderer Stelle erzählen. Auch zum Kochen der Zwetschenlatwerge, in unserem Dialekt Läckmäje genannt, wurde sie gebraucht; wo anders als im Waschkessel hätte man die riesige Menge der schwarzen Masse herstellen können, die, in „steinerne" Töpfe gefüllt, das ganze Jahr als Brotaufstrich dienen mußte?

Wenn wir auch reichlich Apfelgelee und Erdbeermarmelade einkochten, so konnte doch die stattliche Zahl der mit Celophanpapier verschlossenen Gläser nicht mehr als eine Dreingabe sein zum täglichen Einerlei der Läckmäje. Die Großmutter, von ihrer kargen Jugend dauerhaft geprägt, verzichtete an gewöhnlichen Werktagen sogar darauf, vorher ein wenig Butter auf das Brot zu kratzen, obschon wir davon immer genug hatten, sogar im Krieg, auch wenn wir dann und wann die Butter selbst im Holzfäßchen schlagen mußten. Die Milch besorgten wir uns vom Bauern, gelegentlich mußte auch die Milch unserer Ziegen dazu herhalten. Während die anderen morgens ihren Malzkaffee tranken, bekam ich heiße Ziegenmilch vorgesetzt, an die ich sozusagen von Kindesbeinen an gewöhnt worden war und die ich auch mit herzlichem Genuß trank. Als - der Leser wird es später noch erfahren - unsere beiden Ziegen durch einen tragischen Zwischenfall umkamen, versuchte meine Mutter erfolglos, mich auf Kuhmilch umzustellen, gegen deren faden Geschmack ich einen unbezwingbaren Widerwillen empfand. Auch der Trick, mir Kuhmilch als vom Nachbarn besorgte Ziegenmilch unterzuschieben, mußte mißlingen; für meinen Geschmackssinn lagen Welten zwischen der würzigen, kräftigen Milch unserer Ziegen und der schalen, labberigen Kuhmilch.

Man wird hier vielleicht die Frage einwerfen wollen, warum wir beim Kaffeetrinken außer dem süßen Brotaufstrich nicht auch etwas Handfestes von der Hausschlachtung zu uns nahmen. Ich kann das nicht eindeutig beantworten, es lag vielleicht daran, daß beides ein ganzes Jahr lang reichen sollte und man deswegen feststehende Gepflogenheiten entwikkeln mußte. Wurst und Schinken gab es jedenfalls nur zu den Hauptmahlzeiten oder gelegentlich als zweites Frühstück, wenn harte Arbeit getan werden mußte und eine Stärkung vonnöten war.

Durch die kleine Abschweifung wollen wir aber unsere Läckmäje nicht aus den Augen verlieren, für die zunächst die Zwetschen geerntet werden mußten. Unsere Zwetschenbäume standen auf dem Neuberg, dessen harter Sandsteinboden nur an der Oberfläche zu einer roten Erde verwittert war. Die Wurzeln hatten es schwer, in die Tiefe zu dringen und mußten sich in die Breite ausdehnen, was auch den Baumkronen ihre ausgestreckte Gestalt gab. Sonst wuchs auf diesen Böden nur Gras, das wie im Aufeld Heu für die Scheune lieferte. Der Leser kennt schon den Neuberg, der, bevor dort eine Wohnsiedlung entstand, als Südwesthang einen überwältigenden Ausblick über die Nidderwiesen mit den verschlafenen Nachbardörfern bis hin zum Taunus bot. Im Sommer konnte es dort wegen der vom Ostwind abgeschirmten Hanglage höllisch heiß werden, und mein Vater sprach oft scherzhaft vom „feuerspeienden Berg“. Für die Zwetschen hätte sich niemand ein besseres Klima ausdenken können. Es waren Spätzwetschen, ein wenig kleinwüchsig zwar, aber voll saftiger Süße und von einem so köstlichen Wohlgeschmack, wie ihn sich niemand ausmalen kann, der heutzutage im Supermarkt die Zwetschen kauft, unreif von den Bäumen gerissen, ohne Würze und sauer wie Schwefelsäure. Die Genossenschaften wollten es so, heißt es, die Transportfähigkeit sei das, was zähle und nicht etwa Geschmack und Aroma, und die Bäcker hätten es ohnehin so am liebsten: ausgeklügelte Logik voller Unverstand.

Unberührt von derlei Problemen aßen wir uns beim Pflücken erst einmal satt an dieser Himmelsgabe, bevor es als nächstes ans Kuchenbacken ging. Die großen rechteckigen Kuchenbleche wurden mit Hefeteig belegt, dessen Herstellung bereits einige Sorgfalt verlangte, denn der Teig sollte gut aufgehen, und es mußte alle Zugluft fern gehalten werden, damit er nicht zusammenfiel. Dünn und doch locker sollte sich am Ende das Backwerk präsentieren, ein mißlungener Unterbau hätte auch die beste Auflage zunichte gemacht. Meine Mutter, in allen Lebenslagen auf Übertreibungen aus, suchte auch hier nach der Extremlösung. Sie legte die Zwetschen nicht wie manch andere Leute nebeneinander auf den Teig, sondern stellte sie aufrecht, dicht an dicht, wie Zinnsoldaten. Die solcherart hergerichteten Kuchenbleche - üblicherweise backten wir zwei Kuchen auf einmal - wurden in die Hüfte geklemmt und zum Bäcker in die Backstube getragen, nicht ohne vorher das hauseigene Kennzeichen eingeschnitten zu haben, um Verwechslungen mit anderen Kuchen zu vermeiden.

Gebacken wurde samstags, wenn das Brot fertig war. Nachdem der Bäcker die eiserne Ofenklappe hochgehoben hatte, schob er die Kuchen mit dem langen hölzernen Schieber tief in den Backofen, wobei er bereits bei der Plazierung auf die individuellen Wünsche seiner Kunden achtete. Meine Eltern wollten die Kuchen immer besonders gut durchgebacken, diese kamen daher ganz nach hinten. Bereits am Nachmittag fielen wir wie die Wölfe über den manchmal noch warmen Kuchen her, wobei ich stets darauf bedacht war, die krustigen Randstücke zu vermeiden. Der Kuchen war voller Saft, und man konnte gar nicht verhindern, daß dieser beim Kauen aus beiden Mundwinkeln tropfte.

Mit Kuchenbacken allein wären wir unserer Zwetschen nicht Herr geworden, die Hauptmenge wurde zu der bereits mehrfach erwähnten Läckmäje verarbeitet. Zunächst wurde in der Küche oder auch in der Guten Stube eine große Holzbütte aufgestellt, welche für die entsteinten Zwetschen vorgesehen war. Am Abend kamen zwei oder drei Frauen aus dem Bekanntenkreis zum Helfen und setzten sich mit Mutter und Großmutter um die Bütte. Das Entkernen der Zwetschen erforderte wenig Konzentration und ließ Raum für ausgedehnte Gespräche, so daß einem unwillkürlich das Schillerwort in den Sinn kommt:

Wenn gute Reden sie begleiten,
so fließt die Arbeit munter fort.

Ob das, was da so erzählt wurde, immer gute Reden im Schillerschen Sinne waren, sei dahingestellt; auf alle Fälle wurden alle Dorfneuigkeiten ausgetauscht und die Nachbarn und Verwandten ordentlich durchgehechelt. Ich hörte dem gerne zu, vor allem, wenn der Gesprächsstoff langsam ausging und die Runde sich allgemeineren Themen zuwandte. Da wurde manche interessante Erzählung, meist blutrünstiger Art, zum besten gegeben, auch Geistergeschichten waren beliebt und oft sogar aufregend, vielleicht, weil der dörfliche Aberglauben doch noch nicht gänzlich überwunden war und daher niemand so genau wußte, wo die Grenze zwischen Fantasie und Realität wirklich verlief. Ähnliches, dies einzustreuen sei mir gestattet, wiederholte sich später beim Krautschneiden, denn gewaltige Mengen an Weißkohl mußten fein geschnitten werden, alles von Hand, um die großen Tonfässer zu füllen, die anschließend, mit schweren Steinen bedeckt, in den Keller kamen und uns das ganze Jahr über mit Sauerkraut versorgten.

Man soll den sogenannten Dorftratsch nicht vorschnell verdammen und sich vor Augen führen, daß es damals nur wenig Zerstreuung gab. Das Fernsehen war noch unbekannt, und nicht viele hatten ein Radio, von dem man überdies nicht viel Kurzweil erwarten durfte. Was anderes blieb übrig, als selbst für Unterhaltung, im buchstäblichen Sinne, zu sorgen. Wahre Brutstätten der Gerüchte und des Klatsches müssen die Spinnstuben gewesen sein, in denen sich vor allem die jüngeren Frauen und Mädchen zu Handarbeiten trafen und in denen sich auch die Burschen gern einfanden. In meiner Kindheit gab es Spinnstuben nicht mehr; der in Klein-Karben gebürtige Heimatdichter Peter Geibel, 1901 gestorben, wußte noch trefflich in Versform davon zu berichten.

Waren die Zwetschen, um zu diesen zurückzufinden, entsteint und war die Bütte voll, wurde der Waschkessel damit gefüllt und das Feuer angemacht. Damit die Läckmäje schön süß schmeckte, mußte noch Zukker beigegeben werden. Im späteren Verlauf des Krieges gab es nicht mehr genug Zucker, doch bewiesen die Dörfler auch hier wieder ihren Erfindergeist. Es wurden zuerst Zuckerrüben geschnitzelt und im Waschkessel mit Wasser ausgekocht. Hatten die Schnitzel ihren süßen Inhalt hergegeben, wurden sie mit dem Schaumlöffel wieder herausgefischt und den Schweinen als nahrhafte Zugabe unter das Getränk gemischt. Aus den Zuckerrüben allein hätte man ebenfalls Sirup kochen können, verächtlich Ziehmichlang genannt, aber da an Zwetschen kein Mangel war, konnte man gut auf diese minderwertige Variante verzichten. Wenn die Läckmäje am späten Nachmittag fertig sein sollte, mußte schon im Morgengrauen damit angefangen werden. Stunde um Stunde galt es den großen Holzrührer in Bewegung zu halten, damit die immer zäher werdende Masse nicht am Kessel ansetzte. Jeder in der Familie mußte mithelfen, auch ich hatte da schon früh meinen Beitrag zu leisten. Die Türe zur Straße stand dabei weit offen, um die Vorübergehenden zu einem Schwätzchen anzulocken. Bei dieser eintönigen Tätigkeit, die dennoch Aufmerksamkeit erforderte, war jeder für ein wenig Unterhaltung dankbar, und da es beim Läckmäjekochen längst nicht so ungemütlich zuging wie bei der großen Wäsche, trat öfter jemand ein, um einen kleinen Plausch zu halten. Nicht selten konnte man eine mitleidige Seele dazu bewegen, selbst den Rührer für eine halbe Stunde in die Hand zu nehmen.

Anfangs, wenn die Brühe noch dünn war, konnte man das Rühren ein wenig lässiger angehen lassen, doch wenn es dem Ende zuging und die Masse zu „babbeln“ begann, mußte man arg aufpassen. Wehe, wenn einer die Läckmäje anbrennen ließ! Der oder die Unglückliche hatte dann nichts zu lachen und mußte das ganze Jahr über den Unwillen der übrigen Familienmitglieder ertragen, die durch das angebrannte Pflaumenmus jeden morgen aufs Neue an das Mißgeschick erinnert wurden. Meistens ging aber alles glatt ab, und eine ansehnliche Reihe wohlgefüllter steinerner Töpfe war der Lohn für die vorangegangene Mühe.

Von Hühnern und Maikäfern

Der Leser wird bemerkt haben, daß ich in die Beschreibung von Haus und Hof etliche Begebenheiten eingeflochten habe, die, wenn nicht hier, dann an anderer Stelle hätten erzählt werden müssen. So aber mochten sie dazu beigetragen haben, die Schilderung von Einzelheiten, die ihm vielleicht weniger interessant erschienen, nicht gar zu unvergnüglich werden zu lassen. Danach bleibt zu hoffen, daß der Leser den Durchblick behalten hat und auch die Geduld, mich über den Hof erneut in das Haus zu begleiten.

Der Hof war ein wichtiger Teil des häuslichen Lebensbereiches, die Verbindungsstelle zwischen Haus und Stall, Mensch und Tier. Später, als meine Großeltern älter waren und der Widerstand gegen den Umgestaltungsdrang meiner Mutter erlahmt war, ging es dort etwas aufgeräumter zu, verwies ein hoher Drahtzaun Hühner und Gänse in den rückwärtigen Teil des Hofes. Vorher herrschten geradezu paradiesische Zustände, vor allem für die Hühner, die mit ihrem respektlosen Gebaren keinen Zweifel daran ließen, daß sie den gesamten Hof als ihr Eigentum betrachteten. Stand die Haustüre nur einen Augenblick offen, so spazierte mit Sicherheit bald darauf ein neugieriges Huhn in den Hausflur oder gar in die Küche, von wo es sich nur widerwillig und unter empörtem Gegacker wieder vertreiben ließ, meist unter Zurücklassung eines Kothäufchens, von uns Hinkelscheiße genannt. Verständlicherweise war diese im häuslichen Bereich besonders unbeliebt, doch bildete sie auf dem Hof selbst kein geringeres Ärgernis. Zwar kam der Besen oft zu seinem Recht, die übelriechenden Klümpchen wegzufegen, aber da der Zutritt zum Haus gezwungenermaßen durch den Hof, also dem Wirkungsbereich des Hühnervolkes, führte, war der gelegentliche Tritt in die Hinkelscheiße, von entsprechenden Mißfallensäußerungen begleitet, nahezu unvermeidlich.

Der Hof diente in den Sommermonaten, wenn es in der kleinen Küche gar zu heiß und stickig war, als erweiterter Arbeitsraum. Vor der Eingangstür zum Haus stand, von einem darüber angebrachten Glasdach einigermaßen vor der Witterung geschützt, ein alter Tisch mit einer wackligen Bank, auf die sich an warmen Tagen Mutter oder Großmutter setzten, um Kartoffeln zu schälen oder andere Hausarbeiten zu verrichten. Gelegentlich wurden dort auch Mahlzeiten eingenommen, oder man setzte sich in einer lauen Abendstunde mit Freunden zusammen, um miteinander zu reden und den sommerlichen Durst mit selbstgekeltertem Apfelwein zu stillen.

Aus der Sicht des armseligen Federviehs, das uns heute in sogenannten Intensivhaltungen mit Eiern versorgt, führten unsere Hühner ein wahres Luxusleben. Die Grundnahrung bestand aus den von uns selbst geernteten Weizenkörnern, die ihnen zweimal täglich hingestreut wurden, wobei sie allerdings aufpassen mußten, daß ihnen nicht die allgegenwärtigen Spatzen und mehr noch Vaters Tauben, die sofort vom Dach herunterflatterten, zuviel wegpickten. Unter Vitaminmangel brauchten sie auch nicht zu leiden, denn unser großer Garten produzierte das Gemüse und den Salat schneller, als wir dagegen anessen konnten, so daß sie hiervon übergenug vorgesetzt bekamen. Dazwischen gab es immer wieder einmal einen Leckerbissen in Form von Küchenabfällen, außerdem scharrten sie den ganzen Tag auf dem Mist nach irgendwelchen Maden oder anderen genießbaren Bestandteilen, und ab und zu erwischten sie sogar einen Regenwurm, der nichtsahnend aus den Ritzen zwischen den Pflastersteinen emporkroch. Für ihr Liebesleben war auch gesorgt; dieses oblag dem Hahn, der selbstgefällig zwischen seinem Weibervolk herumstolzierte, wenn er sich nicht gerade Krähduelle mit seinem Rivalen vom Nachbarhof lieferte, und der seine Pflichten schon ernst nehmen mußte, wollte er nicht vorzeitig im Kochtopf landen.

Mein Vater war ein aufmerksamer Naturbeobachter, der viele Wildpflanzen mit Namen nennen konnte und der jeden Vogel allein schon an seinem Gesang erkannte. Am Haus und im Garten waren immer Nistkästen angebracht, und es war ihm eine besondere Genugtuung, wenn es ihm gelang, eine seltene Art darin heimisch zu machen. Ich lernte, daß das Schlupfloch nie zur Wetterseite zeigen durfte, daß mit dessen Größe bereits eine Auswahl der gewünschten Vögel festgelegt werden konnte und daß man manchmal das Loch mit einem Blechstreifen umgeben mußte, wollte man verhindern, daß größere Vögel sich den Einschlupf auf ihren Bedarf zurechthackten. Auch die Höhe des Nistkastens war wichtig; so liebte es zum Beispiel der Star, in luftiger Höhe zu wohnen und auf einem unterhalb des Einstiegs angebrachten Stängelchen zu sitzen und seinen schmatzenden Gesang zum besten zu geben. Mein Vater machte mich dann darauf aufmerksam, über welch ungeheuer großes Repertoire der Star verfügt, der sich auch darin gefällt, andere Vogelstimmen nachzuahmen. Noch heute macht es mir Vergnügen, den geschwätzigen Gesellen zuzuhören, deren Gesang zwar den der Amsel an Schönheit nicht annähernd erreicht, diesen jedoch an Erfindungsreichtum übertrifft.

Der Vater zeigte mir auch, daß unsere Hühner durchaus Feinschmekker waren, die keineswegs alles wahllos auffraßen, was man ihnen vorwarf. Er holte verschiedene Getreidesorten, Mais, Weizen, Gerste und Roggen, und streute sie den Hühnern hin. Ich weiß heute die Reihenfolge nicht mehr, aber die Hühner fraßen zunächst die offenbar wohlschmekkendste Sorte restlos auf, bevor sie sich der nächstbesten zuwandten. Da die Körner den harten Schnabel unzerkleinert passieren, kann man sich nur schwer vorstellen, von welchen Geschmacksempfindungen sich das Federvieh leiten ließ. Daß solche aber ausgeprägt vorhanden sein müssen, bewiesen die Hühner auch durch ihre auffallende Vorliebe für Maikäfer - was heißt Vorliebe, sie waren einfach verrückt, versessen darauf. Womöglich wird der Leser diese sympathischen braunen Krabbeltiere nur noch vom Hörensagen kennen; damals, als es noch keine Insektenbekämpfungsmittel gab und das heute so gern beschworene biologische Gleichgewicht kläglich versagte, wurden wir mit schöner Regelmäßigkeit alle vier Jahre von einer Maikäferplage heimgesucht. Aber nicht nur die Käfer, die ganze Wälder kahl fressen konnten und auch vor den Obstbäumen nicht haltmachten, richteten großen Schaden an, auch die Engerlinge, wie man die Maikäferlarven nannte, konnten einen Gartenbesitzer zur Verzweiflung bringen, wenn sie den Pflanzen die Wurzeln wegfraßen. Traten die Engerlinge plötzlich in Massen auf, so konnte man sich anhand des vierjährigen Verwandlungszyklus' leicht ausrechnen, daß bald wieder eine Maikäferinvasion bevorstand. Uns Kindern war das natürlich eine willkommene Abwechslung. Abends, wenn die Tierchen ausschwärmten, konnten sich die Straßenlampen durch die Vielzahl der vom Licht irritierten Käfer verfinstern, und man selbst wurde zur ungewollten Zielscheibe, wenn man sich um diese Zeit den Spaß eines Spazierganges machen wollte und in die Flugbahn der braunen Viecher geriet.

Natürlich konnte man auch auf diese Weise den einen oder anderen Maikäfer erjagen, sollte der Fang aber in größerem Stile betrieben werden, dann mußte man das anders anfangen. Mein Vater besorgte zunächst Schuhkartons, und wir versahen diese mit Luftlöchern und einer verschließbaren Öffnung. Am Sonntagmorgen ging es dann schon früh in den Wald, bevor die Sonne die nachtkühlen Käfer wieder erwärmen konnte. So waren sie ganz steif und hafteten nur lose auf den Blättern, und wenn man die Bäume schüttelte, prasselten die Maikäfer wie Nüsse auf den Boden. Man konnte sie jetzt mühelos aufsammeln und in den Karton stecken. Zuhause wurde dieser dann so im Hof aufgestellt, daß die Käfer, durch Wärme und Erschütterung ordentlich munter geworden, oben aus der nunmehr unverschlossenen Öffnung herauskriechen konnten, wo sie von den Hühnern begeistert in Empfang genommen wurden. Natürlich gelang es etlichen, frühzeitig genug die Flügel auszubreiten und der drohenden Gefahr zu entkommen, aber manch einen, der sich schon in Sicherheit wähnte, ereilte noch, bereits in der Luft, ein gezielter Schnabelhieb, denn von so seltenen Delikatessen wollten sich die Hühner möglichst keine entgehen lassen. Daß es den Hühnern dabei nicht um beliebige Käfer ging, konnte man später sehen, als in den letzten Kriegsjahren der Kartoffelkäfer seinen Einzug nahm. Dieser wurde nur mißtrauisch beäugt und, man möchte fast sagen angeekelt sich selbst überlassen.

In diesem Zusammenhang soll nicht verschwiegen werden, daß das Spektakel einer derartigen Hühnerspeisung auch seinen Preis hatte: Die hinterher gelegten Eier hatten den Maikäfergeschmack angenommen.

Vom Sonntagsbraten und von der Schnitzensuppe

Um die Beschreibung des Hofes zu vervollständigen, muß erwähnt werden, daß sich dort noch ein Verschlag, der „Hasenkasten", befand, in dem Kaninchen gezüchtet und für den gelegentlichen Sonntagsbraten fettgefüttert wurden. Durch kleine aus Holzlatten und Maschendraht gefertigte Türen konnte man den Mist herausnehmen, den Tieren Futter oder neues Stroh geben oder auch eines derselben dem Bratentopf zuführen. Ein solcher Hasenbraten war eine willkommene Abwechslung im Speisezettel, und meine Mutter verstand sich besonders darauf, den Hasen vor dem Braten in mit Gewürzen versehenen Essig einzulegen, was die Zartheit des Fleisches verbesserte und diesem einen besonderen Wohlgeschmack verlieh. Ich bestand immer darauf, den Hasenkopf zu bekommen, den ich bis auf die Knochen vollständig aufaß, das zarte Backenfleisch, die Zunge und schließlich, nach dem Aufknacken des Schädels, auch das Gehirn.

Das Schlachten übernahm Vater oder Großvater. Dazu wurde der Hase an den Hinterbeinen gehalten, den Kopf nach unten, und durch einen gezielten Schlag mit der Handkante in das Genick betäubt. Nach dem Durchschneiden der Kehle und dem Ausbluten wurde das Fell abgezogen, aus dem der Großvater sich zu Winterzeiten wärmende Einlagen für seine Schuhe schnitt. Mußte einmal ein Huhn daran glauben, so wurde diesem mit einem Beil kurzerhand der Kopf abgehackt, wobei mich immer wieder überraschte, zu welchem Gezappel das tote Tier noch fähig war. Einmal brachte es der Hahn sogar fertig, nach dem Köpfen das Scheunendach zu überfliegen.

Zu den Tieren hatte man ein pragmatisches Verhältnis, das sich vielleicht mit fürsorglich-sachlich umschreiben ließe. So hat mein Vater, in meiner frühesten Kindheit sogar Brieftaubenzüchter, stets Tauben verschiedenster Rassen gehalten und sich daran erfreut, was ihn aber nicht hinderte, auch diesen den Kopf abzuschlagen, wenn sich die Zahl durch den erbrüteten Nachwuchs zu sehr erhöht hatte. Ein mit Butter gebratenes Täubchen, das meine Mutter aufs beste zuzubereiten wußte, war aber auch wirklich eine besondere Gaumenfreude. Meine Mutter war überhaupt eine vorzügliche Köchin, die auch mit den Zutaten nicht geizte und hier des Guten eher zuviel tat. Zu einer Schlankheitsdiät hätte sich jedenfalls ihr Küchenzettel wenig geeignet. Sonntags gab es häufig Schweinebraten, wozu eine Büchse von der Hausschlachtung geöffnet wurde. Dazu wurde grüner Salat gegessen, mit Sauerrahm, von selbstgemachter Dickmilch abgeschöpft, und einer Vielzahl frischgepflückter Gartenkräuter. Je nach Jahreszeit gab es auch Endiviensalat, der bei uns nur Eskaroll hieß - eine Bezeichnung, die ich jetzt im spanischen „escarola" wiederfinde - oder Feldsalat, den mein Vater im Winter aus der hartgefrorenen Gartenerde stach und nach Hause brachte.

Die Woche über gab es meistens einfache, schnell zubereitete Gerichte, besonders mittags, wenn Mutter und Großmutter eine gemeinsame Küche führten. Diese bescheidene Kost konnte dennoch köstlich schmekken, und noch heute hat sich mein Gaumen, durch beste Restaurants in aller Welt mit Kenntnis und Anspruch ausgestattet, die Freude an einer ehrlichen, herzhaften Hausmannskost bewahrt. Wie gut konnten damals roh geröstete Kartoffel schmecken, wenn dazu kühle Dickmilch und Salat gereicht wurden, wobei die große Salatschüssel mitten auf den Tisch kam, in die jeder nach Herzenslust mit seiner Gabel hineinstach. Oder auch einfach Salzkartoffeln und Rühreier mit Schinken, wohlgemerkt mit eigenem Schinken von der Hausschlachtung, der schon beim Braten einen verführerischen Duft verbreitete, und natürlich dazu die obligatorische Salatschüssel. Besonders gern mochte ich Kartoffelgemüse, dessen Zubereitung vielleicht gerade wegen seiner Einfachheit besondere Sorgfalt und Kenntnis verlangte und das vor allem meine Großmutter väterlicherseits in Fechenheim in unübertrefflicher Weise anzurichten wußte.

Am liebsten war mir allerdings die Bohnensuppe, die vor allem im Winter auf den Tisch kam, mit einem tüchtigen Stück „Solwerflaasch". Von dieser konnte ich drei hohe Teller voll verkraften, bis mir schließlich die Gedärme knackten. Ich war als Kind überhaupt ein guter Esser, der immer einen Bärenhunger hatte, ganz im Gegensatz zu meinem Spielkameraden Heinz, dessen Appetitlosigkeit seine Eltern mit Lebertran bekämpften, obwohl einem davon der Appetit eigentlich erst recht vergehen sollte. Da meine Mutter gewöhnlich des Guten immer zuviel tat, hat sie mich in jungen Jahren wie eine Gans zu stopfen versucht, damit es mir ja nicht an Nährstoffen mangele. Mein Sättigungsgefühl versuchte sie dadurch zu überlisten, daß sie mich auf den Schoß nahm und mir das Märchen vom Kalif Storch erzählte, wobei es ihr, wenn ich mich auf die Geschichte konzentrierte, zwischendurch immer wieder gelang, mir einen Löffelvoll einzuflößen. Warum sie gerade auf den Kalifen Storch verfallen war, ist mir nie ganz klar geworden, denn sie beherrschte dieses Märchen genau so wenig wie ein anderes. Irgendwann wurden mir diese Geschichten, die weder Sinn noch Zusammenhang hatten, zu dumm, so daß diese Art der Nahrungszuführung wieder aufgegeben werden mußte.

So gut meine Mutter kochen konnte, so schlecht war es um die Kochkünste der Großmutter bestellt, wobei man jener zugute halten muß, daß man zu ihrer Zeit eher darauf bedacht war, alle hungrigen Münder satt zu bekommen, als die Eßlust mit raffinierten Mahlzeiten noch weiter anzureizen. So war für die Großmutter auch späterhin das Kochen nur eine lästige Pflicht, für die sie gerade das unumgängliche Minimum an Zeit und Mühe aufwandte. War das Essen einmal allzusehr mißlungen, daß sich, obgleich wir ja schon hinreichend an ihre schlichte Verpflegung gewöhnt waren, Widerspruch regte, so wurden wir empört abgekanzelt: „Was wollt Ihr denn? Es ist doch gut geschmälzt!“ Für die Forderung, eine sichtbar mit hohem Ernährungswert ausgestattete Mahlzeit solle zudem noch einen kulinarischen Sinnenreiz bieten, konnte sie nicht das geringste Verständnis aufbringen. Die in ihrer Jugend übliche bescheidene Haushaltsführung hat sie außerdem zeitlebens dazu verleitet, mit dem Vorhandenen allzu sparsam umzugehen und häufig genug zu wenig auf den Tisch zu bringen. Den im Dorf üblichen Spruch, es gäbe anderntags schönes Wetter, wenn alles aufgegessen worden sei, hat die Großmutter oft aufgesagt, mit gespieltem Erstaunen, daß es allen so gut geschmeckt habe, während wir tatsächlich hungrig auf die leeren Schüsseln starrten. Mein Vater hat wiederholt erzählt, bei irgendeinem Familientreffen habe die Verwandtschaft in der Nebenstube, die trotz der Enge bei besonderen Anlässen als Eßzimmer diente, zu Mittag gegessen und die Großmutter habe wiederholt gesagt: “Leute, eßt nur, draußen ist noch genug.“ Nachdem er sich an den ob dieser unerwarteten Freigiebigkeit meiner Großmutter erstaunten Gesichtern genügend lange geweidet hatte, setzte er dann genüßlich hinzu: „Aber sie hat nichts hereingeholt.“

Da mein Vater ein ortsbekannter Spötter war, will ich mich für den Wahrheitsgehalt dieser Begebenheit nicht verbürgen und der Großmutter womöglich etwas Unrechtes nachsagen. Ich selbst habe wegen meines bärenhaften Appetites noch am ehesten an der knappen Menge, weniger an der eingeschränkten Qualität gelitten; rebellisch wurde ich nur, wenn es Schnitzensuppe gab, und die gab es leider allzu häufig, war sie doch die erklärte Lieblingsspeise meines Großvaters. Der im Herbst anfallende Obstsegen war so groß, daß man einen Teil davon in der Sonne oder auch im Backofen des Küchenherdes durch Dörren haltbar machte. Diese getrockneten „Schnitzen“ aus Zwetschen, Äpfeln und Birnen wurden in Stoffsäckchen aufbewahrt, um sie in den Wintermonaten zu einer scheußlichen süßen Suppe zu verarbeiten, die zu allem Überfluß noch härtliche Mehlknödel enthielt, welche beim Zerbeißen wie Kaugummi am Gaumen klebten.

Während bei der Schnitzensuppe unsere geschmacklichen Neigungen diametral auseinanderstrebten, hatten Großvater und ich bei Meerrettichgemüse gemeinsame Interessen, die wir auch meist erfolgreich gegen das verweichlichte Weibervolk durchzusetzen wußten. Meine Mutter vor allem versuchte immer wieder, dem Meerrettich durch überlanges Kochen und andere Kunstgriffe seine Schärfe zu nehmen, was uns beide, Großvater und mich, zu entrüstetem Protest veranlaßte. Wir waren erst zufrieden, wenn uns beim Essen vor lauter Schärfe die Tränen in den Teller tropften. Ich vermag nicht zu sagen, ob meine heutige Vorliebe für pikant gewürzte Gerichte schon damals zutage trat oder ob es sich nur um erste Versuche handelte, meine Männlichkeit unter Beweis zu stellen.

Vom Holzersteigern und vom Wegezinsen

Sollte der freundliche Leser jetzt ungeduldig werden und mir vorhalten, daß wir mit der Beschreibung des elterlichen Hauses wohl nie zu Ende kämen, wenn ich mich stets aufs Neue durch das Erzählen aller möglicher Begebenheiten ablenken ließe, so kann ich ihm nur beipflichten und Besserung geloben, doch möge er auch erwägen, daß ich ihn dadurch der Mühe enthoben habe, diese besagten Geschehnisse später an anderer Stelle lesen zu müssen.

Neben dem Hasenkasten, an dem unsere letzte Abschweifung den Anfang nahm, war gewöhnlich ein Holzstoß aus gespaltenen Buchenstämmen aufgeschichtet, die später in Stücke geschnitten und mit Axt oder Beil ofengerecht weiter zerkleinert wurden. Da Öl und Gas als Heizmittel völlig unbekannt waren, mußte man mit Holz, Kohlen und Briketts vorliebnehmen. Das Holz stammte aus dem Gemeindewald und wurde nicht etwa einfach an die Dorfbewohner verkauft, sondern versteigert. Man mag sich fragen, was wohl die einzelnen zu Festmetern aufgestapelten Buchenstämme so unterschieden hat, daß Dutzende von Interessenten mit dem Gemeindevertreter von Holzstoß zu Holzstoß stapften, um sich gegenseitig zu überbieten und nicht selten auch zu streiten. Da die Rundstämme zu Hause mit Axt und Eisenkeil in hantierbare Spalten zerteilt werden mußten, war es schon von Bedeutung, ob das Holz glatt und gerade gewachsen oder knorrig und voller Äste war. Geschätzt wurde ferner ein Standort am Waldrand und unweit des Dorfes, möglichst unmittelbar an einem zugänglichen Weg gelegen. Da war es vielleicht sogar möglich, die Stämme mit Handwagen oder Schubkarren nach und nach abzutransportieren, ohne einen Bauern um Pferd und Wagen bitten zu müssen. Eine schwer zugängliche Stelle im tiefsten Forst war natürlich weniger beliebt und das Holz meistens billiger zu erstehen.

Bei alledem darf man auch den Unterhaltungswert nicht übersehen, den diese Holzauktion den mit Kurzweil und Abwechslung nicht gerade verwöhnten Kilianstädtern bescherte, die ebenso engagiert dabei waren, wenn die Wege „verzinst“ wurden. Damals waren ja die Straßen am Ortsrand und in der näheren Umgebung des Dorfes noch nicht asphaltiert; es waren unbefestigte und zum Teil auch wenig begangene Wege, an deren Rändern hohes saftiges Gras wuchs. Da jeder seine Kaninchen hatte, war das Grünfutter von nahegelegenen gemeindeeigenen Wegen sehr begehrt. Die Prozedur war ähnlich wie beim Versteigern des Holzes, doch ging hier das Temperament leichter einmal durch, wenn der Preis eines „angestammten“ Weges durch das Bieten eines Konkurrenten unerwünscht in die Höhe getrieben wurde.

Vom Keller und von erfrorenen Kartoffeln

Wir lassen den Hof jetzt hinter uns und gehen wieder in das Haus, möglichst ohne in den Hühnerkot zu treten, öffnen die hölzerne Haustüre, steigen aber noch nicht die dahinter liegende enge Holztreppe nach oben, sondern bewegen uns nach rechts zur Küche hin und finden zur Linken die Kellertüre, die später im Zuge der elterlichen Modernisierungsbestrebungen zugemauert und durch einen Eingang von der Hofseite her ersetzt werden sollte. Jetzt können wir die Tür aber noch öffnen, und es schlägt uns kühle Kellerluft entgegen. Dem Leser sei nun Vorsicht angeraten, zu leicht könnte er sich beim Heruntersteigen die Kleidung mit Spinnweben beschmutzen oder sich gar den Kopf an den darüberliegenden Stufen der in das Obergeschoß führenden Treppe stoßen. Der Weg in den Keller war schon immer etwas mühselig; nicht nur wegen der engen, gewundenen Treppe, sondern weil zudem die Betonstufen mit Schüsseln und Töpfen vollgestellt waren. Die heute selbstverständlichen Kühlschränke waren in jener Zeit unbekannt, und wir besaßen auch keinen Eisschrank, dessen regelmäßige Befüllung mit Stangeneis im Dorf auch gar nicht möglich gewesen wäre, weil kein Eismann mit seinem Pferdewagen vorbeikam. Und warum hätte dieser kommen sollen, da doch niemand einen Eisschrank hatte? In der Stadt war das anders. Mein Onkel Martin, der in Fechenheim wohnte, hatte so einen luxuriösen Wunderkasten, der uns mitten im Sommer mit kalter Limonade versorgte und von mir nicht wenig bestaunt wurde. Mein Vater wußte zu berichten, daß schon zu seiner Kindheit Stangeneis aus dem Main geschnitten wurde, das in Felsengewölben gelagert wurde, um die Gaststätten und Industriebetriebe im Sommer damit zu beliefern. Damals fror der Main noch regelmäßig zu, vielleicht weil die Winter tatsächlich kälter waren als heute, vornehmlich aber auch, weil der Fluß nicht durch Industrie, Kühltürme und heiße Haushaltsabwässer aufgewärmt wurde.

Für uns war also die Kellertreppe der Kühlraum. Weiter tiefer im Keller war es gewiß noch kühler; die Aufbewahrung an entfernterem Ort wäre jedoch auf Kosten der Bequemlichkeit gegangen, zudem näherte man sich hier dem Lebensbereich von Asseln, Spinnen und anderem unappetitlichem Getier. Der Kellerboden bestand aus festgestampfter Erde, sogenanntem „gewachsenen Boden“, der ein besonders günstiges Kellerklima bewirken sollte und das vermutlich auch tat, aber wohl nur deshalb nicht aus Beton oder Mörtel bestand, weil dafür das Geld nicht gereicht hatte. Im Keller wurden vor allem die Kartoffeln gelagert, die unser Grundnahrungsmittel darstellten. Solange es nicht an Kartoffeln mangelte, konnte einem nicht viel passieren. Im Sommer bildeten sich lange Keime, die entfernt werden mußten; auch wurden die Erdfrüchte zunehmend weich und verloren an Wohlgeschmack, da sehnte man sich nach den ersten Frühkartoffeln. Obwohl die Temperatur im Keller nicht so leicht unter den Gefrierpunkt fiel, mußte man bei strenger Kälte die Kellerlöcher mit Strohbündeln verstopfen; wenn man das verpaßte und die

Kartoffeln Frost bekamen, glich das vor allem in den Kriegsjahren, wo Ersatz schwer oder gar nicht zu bekommen war, einer mittleren Tragödie, denn die Winterkälte wandelte die Stärke in Zucker um, wodurch zwar die Nährkraft nicht litt, wohl aber der Geschmack. Mit süß gewordenen Kartoffeln ließ selbst der saftigste Schweinebraten keine Hochstimmung aufkommen, und wenn jemandem die Schuld an der Nachlässigkeit nachgewiesen werden konnte, hatte der oder die Betreffende neben den reduzierten Gaumenfreuden auch noch die vorwurfsvollen Blicke der Tischgenossen zu ertragen.

Vom Schlafengehen, den Mäusen und dem Aberglauben

Mit der Beschreibung des Hauses sind wir fast zu Ende gekommen. Ich hatte bereits erzählt, daß ich der beschränkten Wohnverhältnisse wegen mein Bett im Schlafzimmer der Eltern stehen hatte, neben dem hofseitigen Fenster. Erst als das nicht mehr ging, weil ich die nächtlichen Liebkosungen meiner Eltern richtig zu deuten begann, wurde das Bett in unserem kleinen Wohnzimmer aufgestellt, bis viel später, nach dem Krieg, der schon erwähnte Anbau für mich hergerichtet wurde. Daß kleine Kinder nicht solange aufbleiben sollen wie Erwachsene, wird niemand bestreiten wollen, doch brachte es meine Mutter fertig, auch diesen Grundsatz durch Übertreibung ins Absurde zu verkehren. Sie steckte mich auch in den Sommermonaten gleich nach dem frühen Abendessen ins Bett. Ich mußte gewissermaßen mit den Hühnern schlafen gehen. Draußen schien die Sonne, meine Spielkameraden lärmten noch auf der Straße - da war natürlich an Schlafen gar nicht zu denken, das hätte schon meine Empörung über diese unsinnige Handlungsweise nicht zugelassen.

Erinnern kann ich mich noch an eine Episode zur Zeit der Kilianstädter Kerb. Meine Eltern waren abends zum Tanz gegangen, und die Großeltern waren auch außer Haus; da wurde ich einfach im Schlafzimmer eingeschlossen. Als mich später die Blase drückte, stellte ich fest, daß der Nachttopf unter meinem Bett fehlte. Was sollte ich machen? Der Drang, mein Wasser abzuschlagen, wurde immer übermächtiger, bis ich glaubte, es nicht mehr aushalten zu können. Ich beschloß, mein Pipi gleichmäßig in kleinen Portionen so zu verteilen, daß sich nirgends eine augenfällige Menge ansammeln konnte. Ich pinkelte ein wenig hinter den Kleiderschrank, dann neben das Waschlavoir sowie zwischen Nachttisch und rückseitige Zimmerwand, überall nur so viel, daß es nicht gleich auffallen konnte. Als meine Eltern zurückkamen, lag ich, genußvoll erleichtert, wieder in tiefem Schlaf. Ich habe kein Wort über diese nächtliche Unternehmung verloren, und es hat anscheinend auch niemand etwas davon bemerkt.

Die kleine Mühe sollten wir uns noch machen, die Bodentreppe hochzusteigen, um auf den Dachboden zu gelangen, wo unser Weizen gelagert wurde. Die Zwischenräume der Querbalken, die den Dachstock stützten, hatte man einfach mit einem Gemisch aus Stroh und Lehm verfüllt, um so eine ebene, begehbare Fläche als Fußboden zu erhalten. Daß das ein Eldorado für die Mäuse war, läßt sich denken.

In den ersten Nachkriegsjahren wurde ein kleiner Teil des Dachbodens abgetrennt, dort wo sich ein Dachfensterchen befand und gleichzeitig der Kamin vorbeilief. Eine Badewanne wurde aufgestellt, die aus einem blechernen, mit Holz beheizbaren Badeofen befüllt wurde. Das Abwasser lief praktischerweise gleich in die Dachrinne. Das war ein Luxus! Wir kamen uns vor wie Grafen oder Edelleute. Bei dieser Gelegenheit wurde auch der Fußboden erneuert, wobei man einfach eine Schicht Zementmörtel über den Lehmboden legte. Das war keine besonders gute Idee, denn die Mäuse ließen sich dadurch nicht vertreiben. Im Gegenteil, sie gruben sich ihre unsichtbaren Gänge unter dem Zementboden und waren unangreifbarer denn je. Nachts kamen sie an die Oberfläche und rannten wie die Wilde Jagd über unseren Köpfen hin und her, daß man kaum einschlafen konnte. Mein Vater stellte Fallen auf, wobei er als Köder kleine Speckstückchen befestigte, die er vorher über einem Streichholz oder einer Kerze angeröstet hatte. Dem verführerischen Duft konnten die Mäuse nicht widerstehen, und wir waren manchmal die Treppe noch nicht ganz heruntergegangen, da hörten wir die Falle schon zuschnappen. Dennoch: es war ein Kampf gegen Windmühlenflügel. Je mehr Mäuse in die Falle gingen, um so mehr schienen neu dazuzukommen. Da beim Aufstocken des Hauses den verwendeten Bimssteinen - mit etwas Abstand - eine dünne Bimswand vorgestellt worden war, tollten die dreisten Nager auch in diesem Zwischenraum herum und spektakelten in der Vertikalen nicht weniger geschickt als in der Waagrechten. Eines Tages hörten wir, wie eine Maus bis an die hölzerne Fußleiste im Schlafzimmer vorgedrungen war und sich daran machte, diese durchzuknabbern. Nach einigen Tagen hatte sie es geschafft. Da die Stelle des Durchbruchs akustisch angezeigt war, stellte mein Vater genau dort eine Falle auf, und die Maus wurde tatsächlich sofort darin erschlagen, kaum daß sie sich durch den selbstgeschaffenen Eingang gezwängt hatte. Wir wurden der Mäuseplage erst Herr, nachdem wir später den landwirtschaftlichen Kleinbetrieb ganz aufgaben und keinen Weizen mehr lagern mußten.

Ein wenig unvermittelt fällt mir jetzt noch ein, daß die Gewitter früher viel heftiger waren als heute. Ja, ja, höre ich den Leser sagen, das haben wir schon oft gehört, früher war eben alles schöner, größer und gewaltiger. Hier muß ich widersprechen, darf ich es erklären? Jeder weiß wohl, daß sich bei einem Gewitter ein starkes elektrisches Potential zwischen den Wolken und der Erde aufbaut. Die Luft leitet Elektrizität sehr schlecht, und eine Entladung findet erst statt, wenn die Spannung so hoch geworden ist, daß der Isolator Luft unter Bildung eines Blitzes durchschlagen wird. Früher war die Luft vergleichsweise sauber, sie war somit ein schlechter elektrischer Leiter oder, was dasselbe ist, ein guter Isolator. Heute ist die Luft durchmischt mit Aerosolen, Abgasen und Staubteilchen; sie isoliert dadurch weniger gut. Das bedeutet, daß die Entladungen schon bei niedrigerer Spannung erfolgen und daher auch weniger kraftvoll sind.

Als Kind flüchtete ich mich bei einem Gewitter gern unter den Rock meiner Mutter, doch auch die Erwachsenen hatten Respekt vor Blitz und Donner, und nicht selten schlug es irgendwo ein, so im Jahr 1937 - ich war sechs Jahre alt - in den Kirchturm. Die Gewitter zogen in der Regel von Westen herauf. Besonders schlimm wurde es, wenn der Himmel „weißtrüb“ war, wenn also die gewohnte dunkle Färbung der Wolken in ein weißliches Grau überging. Gelegentlich vermochten die Gewitter den Vogelsberg nicht zu übersteigen und kamen wieder zurück. In diesem Fall mußte mit schwerstem Blitzschlag, oft mit Sturm und Hagel, gerechnet werden.

Während des Gewitters etwas zu essen, war verpönt. Man hätte dann nach gängiger Meinung die Gefahr eines Blitzschlages geradezu heraufbeschworen. Auch mußte die Haustüre immer einen Spalt offen bleiben, und die Alten sagten: „Gott sei bei einem!“, wenn Blitz und Schlag zur selben Zeit erfolgten, das Gewitter also unmittelbar über uns stand. Als ich etwas größer war, wollte ich wissen, warum die Haustüre offen bleiben mußte. Das wußte anscheinend keiner so genau, denn die Erklärung, dies geschehe, damit ein Kugelblitz wieder den Weg ins Freie fände, war nicht sehr glaubwürdig. Wer hatte schon jemals einen Kugelblitz gesehen? Das war wohl nur Aberglaube, von dem das Dorf allgemein nicht ganz frei war. So durfte zwischen den Jahren keine Wäsche gewaschen werden, weil das irgendwelches Unglück nach sich ziehen sollte. Dann hatte man Angst vor dem „Totenvogel", dem Käuzchen, dessen Ruf einen Todesfall ankündigen sollte. Einmal saß ein solches Käuzchen am frühen Abend auf dem Scheunendach und schrie. Da holte ein Sohn unseres Nachbarn Repp ein Kleinkalibergewehr und schoß es tot. Vermutlich glaubte er, daß mit dem Tod des Vogels auch die von ihm ausgehende Gefahr beseitigt worden sei.

Auch von meinem schwerkranken Großvater väterlicherseits wurde berichtet, daß auf dem gegenüberliegenden Dach ein Totenvogel rief, als er nachts nicht schlafen konnte und am offenen Fenster nach Atem rang. Der Großvater arbeitete bei der „Chemisch", der Farbenfabrik Leopold Cassella & Co., in der Anilinfabrikation. Damals wußte man wenig darüber, daß sich die Arbeiter mit dem Anilin vergifteten, oder man nahm es einfach hin. Das Einatmen der Chemikalie bewirkte die sogenannte Blausucht. Lippen und Gesichtshaut färbten sich blau, das Atmen fiel immer schwerer, und wer nicht rechtzeitig den Arbeitsplatz aufgab, war dem Tod geweiht. „Du kriegst mich nicht!" soll der Großvater dem Vogel entgegengekeucht haben, und er behielt recht, denn er kam in eine andere Abteilung und wurde achtzig Jahre alt. Der mit dem Totenvogel verbundene Aberglaube hat einen realen Hintergrund. Das Käuzchen wird als Nachtvogel vom Licht angelockt, und da im Zimmer von Sterbenden und Schwerkranken nachts gewöhnlich eine Lampe brannte, zeigte der Vogelschrei tatsächlich nicht selten einen Todesfall an.

Vom Garten, dem Hausschwein und den Preußen

Nur wenige Worte möchte ich über unseren Garten verlieren, der nach Norden an die heutige Weiherstraße grenzte, und an den ich mit wenig Begeisterung zurückdenke. Obwohl er als Hausgarten galt, lag er im Unterschied zu den Gärten der Nachbarn nicht direkt am Haus, eine Folge heute nicht mehr durchschaubarer früherer Grenzziehungen, die vielleicht auch von ökonomischen Zwängen diktiert waren.

So ein Garten machte Arbeit. Ständig mußte gehackt, gegraben oder gedüngt werden. Hierzu steuerte mein Vater den Taubenmist bei, auf den er große Stücke hielt, während die Großmutter eher auf Pferdemist setzte. Fuhr ein Pferdefuhrwerk auf der Straße vorbei und einer der Ackergäule ließ seine Äpfel fallen, schon war die Großmutter zur Stelle, um mit Besen und Schaufel die segensreiche Gabe in einem Eimer zu sammeln. Daß mir der Garten in keiner guten Erinnerung ist, liegt daran, daß ich schon früh mithelfen mußte, sei es, um Unkraut zu jäten, Gießwasser aus dem nahen Weihergraben zu schöpfen, Erdbeeren zu ernten oder wegen einer anderen lästigen Tätigkeit, die immer dann von mir verlangt wurde, wenn ich eigentlich mit meinen Freunden spielen wollte. Es ist mir bis zum heutigen Tag nicht gelungen, die erworbene Abneigung zu überwinden und mich für Gartenarbeit gleich welcher Art zu erwärmen.

Den häuslichen Bericht möchte ich nicht beenden, ohne über die Hausschlachtung zu sprechen. Wie jedermann im Dorf zogen wir ein Schwein groß, das in den Wintermonaten geschlachtet wurde und von dem wir das ganze Jahr über lebten. Es gab einige Metzger, die das Schlachten für die einzelnen Haushalte erledigten; wir nahmen meistens den Schenke-Martin, der in unserer Straße wohnte und der mit den nötigen Utensilien, etwa einer kleinen Wurstmaschine, ausgestattet war. Anfangs hatte der Schenke-Martin noch keinen Schußapparat, mittels dessen sich die Schweine eines schnellen Todes durch Kopfschuß erfreuen durften. Diese Formulierung mag zynisch klingen, doch muß man das im Vergleich zur vorher gehandhabten Todesart sehen, wenn der Martin das Tier mit einem schweren Holzklöppel bewußtlos schlug, bevor es zum Ausbluten „gestochen“ wurde. Das begann schon mit dem Gequieke, welches das Schwein vollführte, wenn es aus dem Stall geholt wurde, denn das Tier spürte mit untrüglichem Instinkt, daß es ihm jetzt an den Kragen ging. Wenn der Martin sicher traf, wurde es schnell still im Hof, aber manchmal verfehlte er die richtige Stelle an der Stirn, dann ging das Gebrüll des armen Viehs erst richtig los. Ich sollte das Ganze möglichst nicht mitkriegen, aber meine Mutter machte mich mit den seltsamen Versuchen, mir die Ohren zuhalten zu wollen oder mich in eine Zimmerecke zu verbannen, erst recht auf das Ereignis aufmerksam.

Nach dem Stechen der Schweines wurde das Blut, das wir später für die Blutwurst brauchten, in einer vorgewärmten Schüssel aufgefangen und bis zum Erkalten gerührt, damit es nicht gerann. Danach wurde das Schwein in einem Trog gebrüht, um die Borsten mit einem Kratzeisen abschaben zu können. Dazu mußte das Brühwasser die richtige Temperatur haben, es durfte weder zu heiß noch zu kalt sein. Hinterher wurde die Sau abgespült und an den Hinterbeinen aufgehängt, worauf der Bauch aufgeschnitten und die Innereien und die Därme entnommen wurden. Letztere dienten ebenso wie die Blase als Hülle für die Würste und den Schwartenmagen. Natürlich wurden die Därme ordentlich gereinigt und außerdem von innen nach außen gestülpt - man wollte die Wurst schließlich mit Appetit essen können. Die Blase mußte bis zu ihrer Verwendung aufgeblasen werden, damit sie nicht zusammenklebte. Zwischendurch kam der Fleischbeschauer und vergewisserte sich, daß das Schwein keine Trichinen hatte.

Ich will den Verarbeitungsprozeß nicht in allen Details beschreiben, denn das würde die Wißbegier des Lesers schnell erlahmen lassen; außerdem weiß ich manches nicht mehr so genau, denn als Kind oder Halbwüchsiger schenkte man den Vorgängen doch nicht so viel Beachtung. Ich will mich daher auf einige Einzelheiten beschränken. Erster Höhepunkt war für mich ein Stück Wellfleisch, wenn das für die Leberwurst und den Schwartenmagen vorgesehene Fleisch lange genug im Waschkessel gekocht hatte. War der Wurstbrei in die Därme gefüllt, mußten auch diese zwei bis drei Stunden in der Brühe sieden. Das gab dann die Wurstsuppe. Auch die verschlossenen Dosen mit Bratenfleisch oder Wurstmasse (Büchsenwurst) mußten gut zwei Stunden im kochenden Wasser verbleiben.

Der Schinken kam etwa drei Wochen in eine Salzlake, der etwas Salpeter zugefügt wurde, um dem Fleisch eine schönere Farbe zu verleihen. Danach wurde er in der Räucherkammer über schwelendes Buchenholzmehl gehängt und fertiggestellt. Das Schwein wurde nahezu vollständig verwertet. Es konnte auch gar nicht fett genug sein - drei Zentner sollte es schon wiegen -, denn der Speck wurde zu Schmalz ausgelassen, das unserer Hausmannskost das ganze Jahr über Kraft und Wohlgeschmack verlieh. Auch die beim Schmälzen verbleibenden Rückstände, die Grieben, ergaben ein vorzügliches Gericht. In einer Pfanne mit Zwiebelscheiben überschichtet und gedämpft, dazu Pellkartoffeln - mir läuft noch jetzt das Wasser im Mund zusammen!

War der Schlachttag vorbei, mußte ich allerhand Gänge unternehmen, um die Wurstsuppe unter die Leute zu bringen. Der war vorher das oben schwimmende Fett abgeschöpft worden, das unser Wurstfett lieferte, ein ganz besonderer Leckerbissen. Dick auf eine Scheibe Bauernbrot gestrichen und mit Salz und Pfeffer bestreut - da kann ein gewöhnliches Schmalzbrot nicht mithalten! Entfernte Verwandte und weniger gute Freunde mußten sich mit einer Kanne Wurstsuppe begnügen, während die Näherstehenden noch einen Teller Sauerkraut erhielten mit einem oder zwei Würstchen als Dreingabe. Am Abend fand ein bescheidenes Schlachtfest statt, zu dem neben dem Metzger nur die nächsten Verwandten eingeladen wurden. Nach der obligatorischen Wurstsuppe kam noch Sauerkraut auf den Tisch, mit Wellfleisch, frischer Wurst und Kartoffelbrei. Den Abschluß bildete die aus Blut und einer Mehlschwitze hergestellte Schwarzbrühe, die ich allem anderen vorzog, und welche die Villa-Tante in unübertrefflicher Weise zuzubereiten wußte, denn der Wohlgeschmack dieser Delikatesse hing ganz von der Kunst des Würzens ab. Dazu gab es selbstgekelterten Apfelwein, und zwischendurch spendierte der Großvater auch mal ein Gläschen Korn oder Weinbrand Verschnitt.

Zum Schluß fällt mir noch ein, daß wir einmal einen Feriengast aus Schlesien hatten, der im Zug einer von den Nazis organisierten Ferienverschickung zu uns kam, ein schlaksiger Junge mit Namen Friedrich. Er soll ein derart dreister und unverschämter Bursche gewesen sein, daß alle im Haus drei Kreuze machten, als er endlich wieder abzog. Ich habe an diese Einquartierung nur noch eine undeutliche Erinnerung, ich muß wohl, so schätze ich, im letzten Jahr vor meiner Einschulung gewesen sein. Schlesien war ja, wie der Leser weiß, von Friedrich dem Großen überfallen und erobert worden, was wohl manche den Preußen noch nach Hunderten von Jahren zu verübeln schienen. Friedrich hielt uns jedenfalls für waschechte Preußen, und den Spruch, den er uns immer wieder aufsagte, habe ich so oft gehört, daß ich ihn noch heute auswendig weiß:

Ihr preußischen Halunken,
im Drecke erstunken,
ins Pfützloch geschmissen
und draufgeschissen.

Was Friedrich nicht wußte: daß auch wir nur Beutepreußen waren. Bloß daß sich die Nachfahren des Alten Fritz noch hundert Jahre Zeit ließen, bis sie 1866 unserem Kurhessen den Garaus machten. Und daß sie nicht wie in Schlesien sieben Jahre dazu brauchten, sondern kaum sieben Tage.

Blut ist ein ganz besonderer Saft

So hatte Mephisto gesagt, als ihm Faust seine Seele verpfändete und den Vertrag mit einem Tropfen Blut unterschrieb, aber auch wir wissen, daß Blut dicker ist als Wasser, daß es den Bruder mit der Schwester, den Vater mit dem Sohn (für unsere Emanzen: auch die Mutter mit der Tochter) verbindet, daß es die Lebenskraft unserer Vorfahren in sich birgt. Genaugenommen haben uns die Ahnen ihre Eigenschaften und Wesenszüge, wie wir heute wissen, in den Genen, den Trägern der Erbinformation, weitergegeben, doch geht es schon in Ordnung, wenn wir dem Sprachgebrauch folgen und die angestammten Veranlagungen im übertragenen Sinne dem Blut zuschreiben. Wenn wir von jemandem sagen, es fließe viel Blut des Großvaters in seinen Adern, dann meinen wir damit, daß sich nicht wenige der großväterlichen Merkmale und Eigenheiten bei ihm wiederfinden.

Aussehen, Geisteskräfte und körperliche Verfassung werden gleichermaßen von Vater und Mutter beeinflußt, wie auch Ahnen und Ahnfrauen ihr Teil im selben Ausmaß beigesteuert haben. Gleichwohl kann uns nicht entgehen, daß der väterlichen Linie, den Namensträgern, eine größere Bedeutung beigemessen wird, daß manche nur diesen nachgehen und über die verdienten und nicht minder wichtigen Ehefrauen einfach hinwegsehen. Hierfür gibt uns sogar die Bibel Beispiele. Sie ist voll von Prophezeiungen, der Dynastie des Königs David sei die ewige Herrschaft zugesichert. Daß Jesus als der Messias von David abstamme, war daher vielen ein wichtiges Anliegen. So stellten die Evangelisten Lukas und Matthäus zwei Stammbäume auf, die sich zwar erheblich widersprechen, in einem aber einig sind: Sie beruhen auf den männlichen Abkommen.[*)] So geht es von David über Salomon, Josaphat, Ezechias und andere bis zu Josef, womit aber nicht viel gewonnen ist, denn nicht dieser, sondern der Heilige Geist hat ja, wie uns gelehrt wird, den Heiland gezeugt. Über diese Dinge sollten wir nicht so viel nachdenken (nur die Kirche selbst

---

[*)] Seltsamerweise werden im Evangelium des Matthäus neben den Namen der männlichen Vertreter des Stammbaums auch vier Frauen aufgeführt, sämtlich schlecht beleumundet: die blutschänderische Thamar, die heidnische Dirne Rahab, auch als Hure von Jericho bekannt, die listige Ausländerin Ruth aus Moab und schließlich die Ehebrecherin Bathseba, Mätresse des Königs David.

kann mit solchen Widersprüchen gut leben), die vorstehende fromme Legende ist nur angeführt, um ein wenig Verständnis für *Zee-Heraeus*[43] einzufordern, der in ähnlicher Weise vorging, als er den Ursprung seiner Herkunft suchte.

Obwohl ebensowenig wie sein Vater und Großvater in Kilianstädten geboren oder aufgewachsen, war er von einer ungewöhnlichen Liebe zu dem Dorf seiner Vorfahren und allen, die den Namen Zeh trugen, ergriffen - obwohl er andererseits für sich selbst den stolzen Namen Zeh in Zee-Heraeus abwandelte. Die Frauen in seiner Ahnenreihe, ebenfalls mit dem Namen Zeh ausgestattet, wurden zwar pflichtgemäß erwähnt, meist auch deren Ehemänner, doch dann verschwanden sie samt ihren Kindern wieder im ungewissen Nebel des Vergessens. Der Herkunft seiner Großmütter und Urgroßmütter brachte er nicht das geringste Interesse entgegen, ihre Bedeutung hatte sich offenbar darin erschöpft, einen Zeh zu heiraten und zur Verbreitung des Namens beizutragen.

Persönlich kam mir die akribische Suche des Zee-Heraeus sehr zustatten: Da sich auch unter meinen Vorfahren nicht wenige Zehs befinden, konnte ich mich mühelos in seine Ahnenreihe einklinken und so bei meiner eigenen genealogischen Suche Zeit sparen. Doch war Zee-Heraeus nicht einem Trugschluß aufgesessen? Hielt er zuletzt nicht nur ein Etikett mit der Aufschrift „Zeh“ in der Hand, das auf einem leeren Behältnis klebte? War der Name Zeh zum Schluß nichts anderes als „Schall und Rauch“, ohne Inhalt und Bedeutung? Der Leser schaut ein wenig ungläubig. Ich will es erklären. Der erste Zeh, der 1388 in alten Urkunden auftaucht, mit Vornamen Heintze, ist möglicherweise der Stammvater aller Zehs, doch bleibt das Vermutung, denn über Heirat und Kinder wird nichts gesagt. Gut hundertfünfzig Jahre später, 1541, tritt ein weiterer Zeh in Erscheinung, der Wigel, über dessen Nachkommenschaft ebenfalls nichts Sicheres bekannt ist. Auch wenn Zee-Heraeus' Beweisführung nicht ganz unbedenklich ist, deutet doch einiges darauf hin, daß er einen Sohn hatte, den Heintze, von dem an die Geschlechterfolge verläßlichere Konturen annimmt. Zee-Heraeus hätte dann in der 13. Generation nach Wigel Zeh gelebt.

Wenn wir nun den Wigel als einigermaßen gesicherten Stammvater aller Zehs ansehen, als den Ur-Zeh gewissermaßen, dürfen wir die Augen nicht vor der Tatsache verschließen, daß auch bei ihm nur fünfzig Prozent Zeh-Blut in den Adern rollte, daß er im Grunde genommen nur ein halber

Zeh war, denn seine Mutter hatte das echte, das wahre Zeh-Blut bereits zur Hälfte verdünnt. Sein Sohn Heintze war nur noch ein 25prozentiger Zeh, und der Enkel mußte sich gar mit einem Achtelchen Zeh-Anteil begnügen. Wir rechnen weiter: der Urenkel ein Sechzehntel, der Ururenkel ein Zweiunddreißigstel, der nächste ...

- „Stop, aber so doch nicht!" Der mathematisch versierte Leser lacht mich aus: „Wir berechnen das anders. Wenn also der Wigel als Generation 1 selbst nur über eine 50prozentige Zeh-Quote verfügte, die sich mit jedem Geschlecht halbiert, brauchen wir nur dieser Formel zu folgen: fünfzig geteilt durch zwei hoch Klammer auf Generation minus eins Klammer zu. Bei Zee-Heraeus steht dann für Generation die Zahl 14."

- „Du großer Gott! Wer soll denn das ausrechnen?"

- „Der Taschenrechner. Hier ist schon das Ergebnis: Zee-Heraeus verfügt gerade mal über 0,006% Zeh-Blut."

- „Aber dann hätten ja über 99,99% seiner Erbanlagen überhaupt nichts mit dem guten alten Wigel zu tun!"

- „So ist es. Man müßte fünfzehntausend Blutstropfen vorbeifließen lassen, um auf einen Tropfen Zeh-Blut zu stoßen."

- „Dann wäre er ja einem Phantom nachgejagt! Seine so gewissenhaften Recherchen hätten ihn dann zu einem Mann geführt, mit dem er strenggenommen kaum etwas zu tun hat."

- „Dem läßt sich nur schwer widersprechen. Die Gene, die ihn geformt haben, liegen fast alle in einem Dunkel, das er nicht aufzuhellen versucht hat. Das einzige, was durch die Jahrhunderte nicht gelitten hat, ist der Name Zeh. Aber er bedeutet eigentlich nichts, ist nur eine Eintragung im Familienbuch, eine Kennzeichnung, ein äußerliches Unterscheidungsmerkmal."

- „Dann wäre ich ja ein ‚besserer' Zeh als Zee-Heraeus, denn von mir führen sieben Verwandschaftslinien zum ehrwürdigen Wigel, auch wenn mir der Name Zeh versagt blieb!"

- „Das kann man so sehen, doch kann auch Zee-Heraeus auf diese Weise ‚Verstärkung' erfahren haben, denn bei der geringen Einwohnerzahl haben ja alle irgendwie durcheinandergeheiratet. Wir wissen das natürlich nicht, da er diesen Möglichkeiten nicht nachgegangen ist. Du darfst dir aber, lieber Autor, auf die Zahl deiner Zeh-Verbindungen nicht gar so viel einbilden, das bringt nur marginale Verbesserungen, zu viele andere haben dir in die genetische Suppe gespuckt. Wie ich sehe, hast du dich bei deinen Ahnenforschungen selbst bis in die zehnte Generation vorgewagt. Wie viele Menschen, was glaubst du, haben von da an insgesamt bei deiner Entstehung mitgewirkt?"

- „Ein paar Hundert werden es schon gewesen sein."

- „Es waren genau zweitausendsechsundvierzig. Wie viel von jedem willst du in dir wiederfinden? Wir sehen ein unbestimmbares Gemenge von allem und nichts; was dir hinterlassen wurde, ist bestimmt von Zufall und Beliebigkeit. Als dir der liebe Gott deine Veranlagungen über die Ahnenreihe zuteilte, hätte er genau so gut würfeln können."

- „Ganz, lieber Leser, will ich das nicht glauben. Ich gebe zu, daß entfernte Generationen so viel beigesteuert haben, daß man Einzelnes nicht erkennen kann. Ihre Eigenheiten haben sich bis zur Unkenntlichkeit vermischt, verdünnt, zerstreut. Doch je näher die Geschlechterfolge an mich heranrückt, um so mehr verdichten sich wieder die Merkmale, konzentrieren sich, lassen in Umrissen bereits den erahnen, der ich einmal werden würde. Außerdem: so einfach läßt sich die Natur mit einem Taschencomputer nicht ausrechnen! Sie geht keinen geraden Weg, macht Sprünge und schlägt Kapriolen. Wer hat nicht schon beim Großvater bestimmte Eigenschaften bemerkt, die im Sohn und in der Tochter verloren schienen, dann aber im Enkel in unverminderter Stärke wieder zutage traten?"

Wem man den kleinen Finger reicht, der nimmt gern die ganze Hand; ich will daher das Gespräch hier abbrechen und den Leser wieder zu dem machen, der er bestimmungsgemäß zu sein hat, einem Stilmittel. Er könnte sich sonst mit seinen klugen Reden unnötig ausbreiten und mir am Ende die Autorenschaft streitig machen wollen. Immerhin hat er mir vor Augen geführt, wie viele der Altvorderen an meiner Entstehung mitgewirkt haben; da muß ich mich nicht grämen, wenn mir der eine oder andere durch die Lappen gegangen ist, sei es, daß sich seine Spur in einen abgelegenen Ort verloren hat oder daß er aus anderem Grund abhanden gekommen ist wie etwa der Bruder Leichtfuß, der im Jahr 1810 meine Ur-ur-urgroßmutter Margarete Ditzel schwängerte und dann auf Nimmerwiedersehen verschwand. Was man von ihm weiß, steht im Kilianstädter Kirchenbuch: „Einer, der in Mittelbuchen im Quartier lag des vermutlichen Namens Ferdinand ... (unleserlich)." Leider muß ich noch hinzufügen, daß die gleichnamige Enkelin besagter Margarete Ditzel aus der Verfehlung ihrer unbesonnenen Großmutter keine Lehren zu ziehen wußte und ebenfalls dem vorehelichen Liebeswerben eines Verführers erlag. Der unvorsichtige Vater konnte sich aber nicht so leicht aus seiner Verantwortung stehlen wie seinerzeit der vermutliche Ferdinand mit dem unleserlichen Nachnamen. Er bekam es schwarz auf weiß vom Justizamt Hanau, nämlich daß „Wilhelm Kressel, Andreas' Sohn, durch rechtskräftig gewordene Erkenntnis als Vater erklärt worden ist". Der kleine Konrad, 1856 in meinem Elternhaus geboren, mußte allerdings seinem offenbar heiratsunwilligen Vater nicht sein Leben lang vor den Füßen herumlaufen: Er starb mit drei Jahren.

Während meine Vorfahren mütterlicherseits zum überwiegenden Teil aus Kilianstädten oder der näheren Umgebung stammen, kommen meine väterlichen Ahnen aus Geislitz, Altenhaßlau, Lützelhausen oder wie die kleinen Orte des alten Gerichts*) Hasela bei Gelnhausen, heute Linsengericht, eben so heißen. So verschiedenartig die geografische Herkunft der väterlichen und mütterlichen Seite war, lassen sich doch unschwer Gemeinsamkeiten feststellen: Es waren alles arme Leute. Arme Leute? Hier gerate ich ins Stocken. Was ist eigentlich arm? Heute gilt als arm - ich überspitze bewußt ein wenig -, wer seinen Urlaub nicht auf Mallorca verbringen kann. Eine solche Definition würde nicht viel taugen, denn meine Voreltern, bei Großmutter und Großvater angefangen, wußten gar nicht, was Urlaub überhaupt ist. Oder nehmen wir jemand aus dem hintersten Teil der Dritten Welt, der mit einer täglichen Handvoll Reis sein Leben fristen muß. Hielte der sich nicht für reich, wenn er auf einmal Tag für Tag eine Schüssel voll hätte? Wir wollen den vielen Begriffsbestimmungen des Wortes „arm" nicht eine neue hinzufügen, können uns aber vielleicht auf die Auslegung einigen, daß man sich dann arm fühlt, wenn man sich weniger leisten kann als die Menschen des sozialen Umfeldes. So betrachtet litten die Alten nicht unter dem, was wir aus heutiger Sicht Armut nennen würden, denn die anderen hatten auch nicht mehr.

Sagen wir besser so: Alle meine Vorfahren waren einfache Leute, kleine Bauern etwa, Handwerker, Schweinehirte, Knechte, Tagelöhner. Über die Berufe wird in den Kirchenbüchern nicht immer etwas ausgeführt, doch wage ich jede Wette, daß sich in beiden Ahnenreihen weder Rechtsanwälte und Ärzte noch Professoren oder Fabrikbesitzer finden lassen. Hin und wieder ist ein Lehrer oder Pfarrer darunter, doch waren die womöglich noch ärmer als die anderen und wagten noch nicht einmal

---

*) = Gerichtsbezirk.

von den stattlichen Einkünften zu träumen, die diese heute so angesehenen Berufsstände mit Recht beziehen. Manchmal versuche ich mich im Glanz des Feldhauptmanns Uffelmann zu sonnen, der in schwedischen Diensten stand und nach dem Dreißigjährigen Krieg im Hanauischen ein Fähnlein Söldner befehligte, um die säumigen Hanauer Grafen an ihre Kriegsschulden zu erinnern. Doch muß ich dazu zehn Generationen zurückgehen, und ich brauche meinen Taschenrechner nicht zu bemühen, um zu wissen, daß ich mir den Ruhm mit weit über tausend seiner Nachkommen teilen muß.

Wegen der Faszination, die der Familienname ausstrahlt, steht bei den meisten der Hobbygenealogen die väterliche Linie im Vordergrund der Nachforschungen, und wir haben schon zu Beginn dieses Abschnittes die Mißachtung des Weibervolkes beklagen müssen. In meinem Fall kann ich mir eher die mütterlichen Vorfahren als blutvolle Gestalten vorstellen, während die Stammeltern der väterlichen Seite eher blaß und farblos bleiben. Das kann nicht verwundern, denn ich bin ja im Herkunftsort der mütterlichen Altvorderen aufgewachsen, lebte mit den Großeltern zusammen, pflegte engen Umgang mit den Verwandten und stand unter dem Einfluß von Berichten und Erzählungen aus früherer Zeit. Auch die immer wiederkehrenden Namen der Vorväter, der Zeh, Ohl, Kressel, Kropp und wie sie alle heißen, waren nicht wesenlose Begriffe, sondern wurden von den Menschen meiner Umgebung verkörpert, mit denen allen ich, ginge man nur weit genug zurück, irgendwie über viele Ecken verwandt war.

Die väterliche Linie

Die Eltern meines Vaters, die in Fechenheim wohnten, bekam ich nur bei unseren gelegentlichen Besuchen zu Gesicht. Wie hätte mich mit denen ebensoviel verbinden können wie mit meinen Kilianstädter Großeltern, die täglich um mich waren? Cousin und Kusinen, die in Fechenheim wohnten, hatten natürlich eine viel engere Beziehung als ich zu „Vadder" und „Mudder", wie die Fechenheimer Großeltern genannt wurden. Sie hatten sicher auch mehr von ihrem Großvater, denn der Opa in Kilianstädten war ein gutmütiger, hin und wieder auch jähzorniger Mann, liebenswert, aber eben doch auch von etwas biederer Sinnesart. Der Vadder dagegen galt als belesen und gescheit, und mein Vetter Franz sagt heute noch - wenn auch, wie ich meine, in liebevoller Übertreibung -, der Vadder sei einer der intelligentesten Menschen gewesen, die er in seinem Leben getroffen habe. Der Vadder wurde 1866 in Geislitz bei Gelnhausen geboren; über die Schulbildung, die er genoß, weiß ich nichts, nur daß im Main-Kinzig-Boten vom 29.4.1995 zu lesen stand, daß die Gemeinde Geislitz 1911 ein Schulhaus erhielt, woraus man folgern könnte, daß es vorher keines gab. Wie dem auch war, mehr als eine dürftige Grundausbildung im Lesen, Schreiben und Rechnen wird er nicht erhalten haben. Damit wäre bewiesen - was die meisten ohnehin wissen -, daß sich eine natürliche Klugheit, wie sie dem Vadder in die Wiege gelegt wurde, genau so wenig unterdrücken läßt, wie man umgekehrt aus einem Dummkopf einen Professor drechseln kann.

Das einstöckige Häuschen, in dem der Vadder zur Welt kam, wurde 1800 errichtet, denn als später die angebaute Scheune abgerissen wurde, fand sich ein Balken mit folgender Inschrift:

Schau mich an und tu mich lesen,
ich bin ein rauhes Holz gewesen.
Mit Menschen Müh und Gottes Macht
hat man mich zu einem Bau gemacht.
Erbaut hat mich Johann Ungermann
und seine Ehefrau geb. Schreiber anno 1800.

Der Urgroßvater Georg Ungermann, von dem wir noch hören werden, hatte neben dem Vadder weitere sechs Kinder, von denen der Konrad Leineweber wurde und seinem Bruder Heinrich, dem Vadder, für dessen Aussteuer ein grobleinenes Nachthemd wob, das von der Schwester Luise genäht wurde. Dieses über hundert Jahre alte Kleidungsstück ist über meine Kusine Marianne in meinen Besitz gelangt und wird, da nicht ohne rustikalen Charme, hin und wieder von meiner Frau als Haushaltskleid getragen.

Dem zweitältesten Sohn Ferdinand wurde nach dem Tod des Vaters der „Hof“, zugesprochen, der für kaum mehr als ein bescheidenes Dasein ausreichte. Der Vadder, sein Bruder also, hatte sich schon im Alter von sechzehn Jahren in einer Gastwirtschaft als Knecht verdingen müssen und arbeitete später im Hof Eich als Schweizer (Melker bzw. Kuhknecht, d.V.). Immerhin behielt er sein Wohnrecht, so daß in dem kleinen Häuschen zeitweise der Ferdinand mit seiner Frau und den vermutlich vier Kindern, der Vadder mit Frau und ebenfalls vier Kindern und obendrein die verwitwete Mutter wohnten. Man kann sich heute gar nicht mehr vorstellen, wie alle dort Platz hatten. Bekannt ist nur, daß sie allesamt die Küche gemeinsam benutzten, in deren Fußboden der einzige Zugang zum Keller eingelassen war.

Da in den Spessartdörfern vorwärtsstrebende junge Leute keine Zukunft fanden, suchte sich der Vadder eine Stelle als Fabrikarbeiter bei der Farbenfabrik Leopold Cassella & Co. in Fechenheim, wie es viele aus der Region taten. Anfangs mußte er die Woche über in Fechenheim bleiben und im firmeneigenen Schlafsaal übernachten. Die Familie konnte er nur an den kurzen Wochenenden sehen - damals war der Samstag noch ein Arbeitstag. Um 1900 zog er nach Fechenheim um, wohnte zunächst zur Miete und bekam dann eine Doppelhaushälfte im „Rußländchen" zugewiesen, einer Arbeitersiedlung, die von der Fa. Cassella, der „Chemisch", speziell für ihre Beschäftigten gebaut worden war, zu damaliger Zeit eine soziale Pionierleistung. Auch daß die Häuser längst abgerissen sind, weil sie späteren Vorstellungen von Komfort und sanitären Bedürfnissen nicht mehr entsprachen, mindert ihre seinerzeitige Bedeutung in keiner Weise.

Selbst wenn es nur ein klitzekleines Backsteinhäuschen war, in dem eine siebenköpfige Familie keine großen Tänze aufführen konnte, ein Badezimmer fehlte und der Plumpsklo (neben Waschküche und Hühnerstall gelegen) nur über den Hof erreichbar war - die Großeltern haben sich nach allem gewiß wie kleine Könige gefühlt. Daß es zu bestimmten Zeiten bei so vielen Menschen auf dem Klo schon mal ein Gedränge geben konnte, läßt sich vermuten, zumal wir Kilianstädter den Fechenheimern nachsagten, sie würden die Zeit auf dem gewissen Örtchen über Gebühr in die Länge ziehen. Daran muß etwas Wahres gewesen sein, denn ich habe schon als kleiner Junge einen Spruch entziffert, der von unbekannter Hand (ich habe allerdings meinen Vetter Franz im Verdacht) an der Klotür geschrieben stand: „Fünf Minuten wird geschissen, wer länger scheißt, wird rausgeschmissen."

Der Vadder war kein großer Mann. In seinem Gesindedienstbuch hatte man dem sechzehnjährigen Jungknecht „Statur: klein" bescheinigt, und so wie es aussah, war er auch hinterher nicht mehr viel gewachsen. Was dem Vadder an Körpergröße fehlte, hatte sein Vater, mein Urgroßvater Georg Ungermann, offenbar im Übermaß besessen. Die Mudder hatte schon als kleines Mädchen ihren künftigen Schwiegervater beobachtet, wenn er auf dem Weg von Geislitz nach Gelnhausen mit einem Korb Eier an ihrem Elternhaus in Altenhaßlau vorbeikam. Den weiten Weg nahm er gern auf sich, konnte er doch in Gelnhausen das Ei einen halben Pfennig teurer verkaufen. Die Kinder riefen sich dann aufgeregt zu: „Dort kommt wieder der große Mann aus Geislitz.“

In der großmütterlichen Sippe der Ries gab es gleichfalls großgeratene Menschen, und auch die Mudder überragte den Vadder um einen halben Kopf (wozu allerdings nicht viel gehörte). Mudders Bruder, mein Großonkel Fritz, muß ein Hüne von Gestalt gewesen sein. Mein Vater wußte zu berichten, dieser, sein Onkel, sei ein überaus hochgewachsener und zudem gutaussehender Mann gewesen, der den Namen Ries wirklich zu Recht getragen habe und der wegen seiner Körpergröße beim Garde du Corps gedient habe. Das Garde du Corps wurde zuerst in Frankreich bekannt und dann 1740 von Friedrich dem Großen für Preußen eingerichtet. Es bestand noch während des Kaiserreiches und war ein Kürassierregiment, das dem Kaiser direkt unterstand.

Mein Vater und ich haben von der Statur dieser hochwüchsigen Verwandtschaft allerdings nicht profitieren können: Über Mittelgröße sind wir nicht hinausgekommen. Erst mein Sohn machte sich auf, die Zwei-Meter-Marke zu testen. Aber ob dessen Gardemaß wirklich auf die genannten Vorfahren zurückgeführt werden kann, muß angesichts der verschlungenen Wege, auf denen uns die Gene erreichen, eine offene Frage bleiben.

Mudders Vater, der Zimmermann Gottfried Ries, hatte sich mit seiner Heirat Zeit gelassen. Er war zweiundvierzig Jahre alt, als er in den Stand der Ehe trat. Aber dann mußte es gleich eine um neunzehn Jahre Jüngere sein. Doch seine junge Frau, die Urgroßmutter Katharine, erlitt schon früh einen Schlaganfall und starb mit 48 Jahren, so daß sie der um so viel ältere Gottfried, der 90 Jahre alt wurde, um fast 23 Jahre überlebte!

Meine Kusine Marianne, die den väterlichen Ahnen nachgegangen ist, hat eine bewundernswerte Arbeit geleistet, nicht zuletzt, weil die Belege, die zunächst im Kirchspiel Altenhaßlau gesammelt wurden, ab 1813 in allen Dörfern des Gerichts verstreut lagen. Ich darf aus einem ihrer Briefe zitieren: „Meiner Meinung nach (haben) mindestens 90% aller Menschen in den Kirchenbüchern die Namen Ungermann, Ries oder Arnold. Und so heißen nun mal leider fast alle unserer Vorfahren. Dort ein Ries in der

Ungermann-Linie, hier wieder Ungermänner bei den Ries-Vorfahren. Und dazwischen immer wieder die Arnolds. So viel ich bis jetzt gesehen habe, waren die Vorfahren aus Lützelhausen lutherisch. Aber auch in diesen Büchern lacht einem der Name Ungermann überall entgegen ... Außer den bereits genannten Berufen (Schreiner und Zimmermann, d.V.) habe ich gefunden: Ackermann, Maurer, Schaf... (Rest nicht lesbar)." Ich denke, man braucht nicht viel Fantasie, im letztgenannten unvollständigen Beruf den eines Schafhirten zu erkennen.

Bereits beim Urgroßvater Georg Ungermann, dem baumlangen Akkermann und Eierverkäufer, stieß die Kusine auf genealogische Unsicherheiten, denn dessen Frau, die Urgroßmutter Elisabeth Maria, läßt einige Zweifel an der Person ihres Vaters aufkommen. Dieser, ein gewisser Konrad Arnold, hatte schon bald nach der Eheschließung seine Frau verlassen. Als von der getrennt lebenden Frau Elisabeth das Töchterchen Elisabeth Maria geboren wurde, stritt der Konrad die Vaterschaft ab. Noch bei der Heirat mit dem Urgroßvater findet sich im Traubuch der Vermerk: „Ob Konrad Arnold der Vater (der Elisabeth Maria) ist, ist unsicher." Doch bei der Taufe des ersten Enkels ließ sich Konrad als Taufpate gewinnen, und wir finden ihn im Taufbuch als „des Kindes Großvater" eingetragen. War der Alte in sich gegangen und hatte sich nach den vielen Jahren des Leugnens endlich zerknirscht zu seiner Vaterschaft bekannt? Oder glaubte er im tiefsten Herzen immer noch, der eigentliche Erzeuger sei irgendein liebesdurstiger Lotterbube gewesen? Vielleicht war es ihm nach so langer Zeit einfach gleichgültig geworden, und er wollte eben auch mal einen wenn auch fragwürdigen Enkel auf den Knien schaukeln. Das Beispiel zeigt uns, auf wie schwachen Füßen eine Ahnengalerie stehen kann, denn wenn die separat lebende Ehefrau tatsächlich den Verführungskünsten eines unbekannten Spessart-Casanovas erlegen war, wäre die ganze Ahnenreihe vom Konrad Arnold an aufwärts nichts weiter als Makulatur.

Der erste auffindbare Ungermann lebte bereits im 16. Jahrhundert in Geislitz und hieß Hen mit Vornamen. Da die genealogische Kette nach seinen Kindern abreißt, ist nicht sicher, ob er wirklich mein Urahn war.

Die mütterliche Linie

Mein Kilianstädter Großvater hieß, wie dem Leser schon bekannt ist, Johannes Brod. Meine Großmutter, die „Uller-Gretel“, war eine geborene Ullrich. Die ersten Träger beider Namen kamen verhältnismäßig spät nach Kilianstädten, vor gut zweihundert bzw. knapp dreihundert Jahren. Während der Name Brod verlorengegangen ist, sind die Ullrichs beharrlicher gewesen: Im Schönecker Telefonverzeichnis wimmelt es nur so von ihnen.

Der erste Brod, der nach Kilianstädten kam, hieß Johannes und stammte aus Ostheim. Dort hat sich der Name Brod bis heute erhalten. Da die Brods bei der Vergabe von Vornamen wenig Fantasie zeigten und jeden, wenn es nur irgendwie ging, Johannes nannten, wollen wir ihn, um Verwechslungen zu vermeiden, Johannes den Ältesten nennen. 1771 in Ostheim geboren und Schmied von Beruf, ließ er sich zu einem nicht genau bekannten Zeitpunkt in Kilianstädten nieder und heiratete die Elisabeth Ohl, die von einer der ältesten Kilianstädter Familien abstammt. Ihre - und damit auch meine - Herkunft läßt sich bis zu dem Schulmeister Johannes Ohl nachweisen, der um 1650 Schule hielt, aber auch beim sonntäglichen Gottesdienst den Klingelbeutel herumreichen mußte und der offenbar den Dreißigjährigen Krieg samt seiner Familie leidlich überstanden hatte. Die Ohls lebten schon früher in Kilianstädten; bereits 1560 wird in der Kilianstädter Chronik ein Hanss Ohl genannt, vielleicht mein Urahn, was aber wegen des Fehlens genealogischer Zwischenglieder nicht beweisbar ist.

Es sei mir verziehen, daß ich etwaige weibliche Nachkommen von Johannes und Elisabeth nicht in meine Nachforschungen eingeschlossen habe und nur den überlebenden Söhnen Kaspar und Johannes nachgegangen bin, wobei wir den letzteren Johannes den Älteren nennen wollen. Beide Söhne waren Schmiede. Die Mutter Elisabeth starb schon früh. Sie wurde nur 42 Jahre alt, und Johannes der Ältere, mein Stammvater, war gerade zehn Jahre alt. Das Todesdatum 1814 läßt vermuten, daß sie das Opfer der Typhusepidemie wurde, die in diesem Jahr siebzig Kilianstädter Einwohnern das Leben kostete.

Von Kaspar ist bekannt, daß er in der Untergasse 6 wohnte. Ob hier ein Zusammenhang besteht mit der ebenfalls in der Untergasse befindlichen Schmiede Emmerich, ist nicht geklärt. Die Hausnummern entsprechen einander nicht, doch hat 1925 eine Umbenennung von Straßen und Hausnummern stattgefunden. Meine Anfrage bei der Gemeinde führte zu keinem Ergebnis, da man, so hieß es, keine Unterlagen mehr darüber habe. Das will ich gern glauben, denn es wäre völlig aus der Luft gegriffen, wollte ich argwöhnen, man habe nur keine Lust gehabt, in verstaubten Archiven zu kramen. Kaspar hat zwei Frauen gehabt (nacheinander) und neun Kinder gezeugt, doch überlebte keiner der drei männlichen Nachkommen. So ist die Linie Brod von Kaspars Seite aus früh erloschen.

Es war Johannes der Ältere, der im Kilianstädter Friedhofstor neben der Jahreszahl 1854 die Insignien HB eingemeißelt hat. Er heiratete die uneheliche Katharine der Margarete Ditzel, die sich, worüber wir schon informiert sind, dem vermutlichen Ferdinand hingegeben hatte, dann aber doch noch einen braven Mann namens Rang fand, der auch die kleine Katharine adoptierte und ihr seinen Namen gab. Johannes der Ältere und Katharine haben später die Witwe zu sich genommen. Sie starb 1852 in meinem späteren Elternhaus in der Friedhofstraße. Johannes der Ältere war es auch, der das Haus irgendwann zwischen 1833 und 1836 erbaute. Das läßt sich dadurch nachweisen, daß die älteste Tochter Margarete noch in einem Haus Nr. 88 geboren wurde, während die Zwillinge Maria und Katharine, die beide wenige Wochen nach der Geburt am selben Tag starben, im Haus Nr. 116½ auf die Welt kamen. Augenscheinlich gab es für die heutige Friedhofstraße noch keine Straßenbezeichnung, die Identität mit der späteren Friedhofstraße 2 ist jedoch zweifelsfrei erwiesen. Als der kleine Konrad, der uneheliche Sohn der gerade genannten und schon weiter vorher erwähnten Margarete geboren wurde, erhielt das Taufbuch den Vermerk: „am Wege nach dem Todtenhof, Haus Nr. 116½“.

Der Ehe von Johannes dem Älteren und der Katharine entsproß mein Urgroßvater Ludwig, aber erst im zweiten Anlauf, denn der sechs Jahre vorher geborene Sohn gleichen Namens war zwischenzeitlich gestorben. Aber warum hieß der Urgroßvater Ludwig und nicht, wie es bei den Brods Brauch war, Johannes? Die Erklärung ist einfach: Es gab schon einen. Der wurde Schuhmacher und machte mit seiner aus Rendel stammenden Frau zwei vergebliche Versuche, die Linie Brod fortzupflanzen. Die Söhne starben kurz nach der Geburt, dann starb Johannes selbst mit 28 Jahren, so daß es sich nicht lohnt, ihm noch den Namen Johannes der Jüngere zuzuweisen.

So blieb als Namensträger nur der 1843 geborene Ludwig Brod übrig, dessen Ehe mit Sibylle Sauer ein so tragisches Ende nahm. Beim Studium der Kirchenbücher fand ich nebenbei heraus, daß der Vater jener unglücklichen Sibylle, Wilhelm Sauer, Kirchenbaumeister war. Aha, dachte ich, also doch ein Mann von Gewicht unter meinen Vorfahren, und ich malte mir schon aus, wie der alte Sauer im Hanauischen oder sonstwo Kirchen oder gar Dome gebaut hatte. Welch ein Irrtum! Er war nicht Kirchen-Baumeister sondern Kirchenbau-Meister, das heißt Verwalter des Kirchenvermögens. Wir würden ihn heute Kirchenrechner oder Kirchenrechnungsprüfer nennen. Gut rechnen mußte man da schon können, aber sonst war mit diesem Job, der gewöhnlich als Nebenerwerb betrieben wurde, wenig Staat zu machen.

Urgroßvater Ludwig hatte neben meinem Großvater drei Töchter und einen weiteren Sohn, den Schusteronkel. Dessen männlicher Nachkomme fiel im Zweiten Weltkrieg, seine Ehe war kinderlos geblieben. So lag die Last der Verantwortung, den Namen Brod in die Zukunft zu retten, auf den Schultern meines Opas. Und wie kläglich sollte er versagen! Drei Töchter, darunter meine Mutter, war alles, was er zustande brachte. Die Töchter waren übrigens von Aussehen und Charakter so unterschiedlich, wie es deutlicher nicht möglich gewesen wäre.

Ohne daß wir der Frage gezielt nachgegangen wären, mußte uns auffallen, wie oft geboren und wieder gestorben wurde. Der Weg zu einer ausreichend großen Nachkommenschaft war mit Kinderleichen gepflastert: Der Herr hat's gegeben, der Herr hat's genommen. Es ist ein fast unwahrscheinlicher Zufall, daß ausgerechnet in meinen immer breiter aufgefächerten Verwandtschaftslinien alle Vorfahren - quasi bis in die Steinzeit - am Leben blieben. Wäre nur einer bei seiner Geburt gestorben, was wäre aus mir geworden? Wäre ich gar nicht auf diese Welt gelangt, und die vorliegenden Zeilen wären ungeschrieben geblieben? Wäre ich als jemand anderer (oder gar andere) auf die Welt gekommen? Bevor wir jetzt ins Grübeln und Philosophieren verfallen, sollten wir uns schleunigst den Ullrichs zuwenden.

Über den ersten Ullrich - oder Uller, wie die Kilianstädter sagen - liegen nicht viele Daten vor. Er war auf einmal da, führte den wenig originellen Namen Johannes, war Leineweber von Beruf und hatte die Elisabeth Esch geheiratet. Diese meine Urahnin spannt wieder einen Bogen zu den ältesten Kilianstädter Einwohnern, für die ein dokumentarischer Nachweis möglich ist: Der Name Esch läßt sich bis in die Zeit des Dreißigjährigen Krieges verfolgen.

Selbst auf die Gefahr hin, die vielen heutigen Uller ein weiteres Mal rebellisch zu machen, kann ich mir die Bemerkung nicht verkneifen, daß viele*) Uller im Geruch standen, verschroben oder kauzig, jedenfalls ein wenig anders als die anderen zu sein. Das schien schon beim Altvater Johannes anzufangen, denn während die Kilianstädter dem reformierten Glauben anhingen, war er lutherisch. Das brachte Umstände mit sich, da man sich für jede fromme Handlung nach Windecken aufmachen mußte. So versuchte der Johannes bei der Geburt der ersten Tochter, sich den Weg in den Nachbarort zu ersparen und die Kleine - Glauben hin, Glauben her - einfach in Kilianstädten taufen zu lassen. Das wurde ihm aber verwehrt, so daß die Taufe doch in Windecken stattfinden mußte. Steter Tropfen höhlt den Stein - 1759 wurde der erste Ullrich im Kilianstädter Taufbuch eingetragen. Das galt wohl noch nicht für den Sohn Konrad, der 1752 geboren wurde und einen Heinrich zeugte, der wiederum 1820 einem neuen Konrad das Leben schenkte. Mit diesem sind wir bereits bei meinem Ururgroßvater angelangt, bei dem wir zum erstenmal auf die musikalische Begabung dieser Uller-Linie stoßen, denn als Beruf wird „Ackermann und Musikus" angegeben. Dieses Talent finden wir auch bei seinem Sohn, meinem Urgroßvater Johannes Ullrich, der sich gleichfalls Ackermann und Musikus nannte und seine Musizierkunst an einen seiner beiden Söhne, den Uller-Henner, weitervererbte. Mit diesem müssen wir uns etwas näher einlassen, weil er wie kaum ein zweiter eine Verkörperung des typischen Uller darstellt.

Wir wollen der Reihe nach vorgehen. Johannes war mit Urgroßmutter Christine verheiratet, dem Tinchen, wie sie überall genannt wurde. Sie war „Kinderfrau", also Hebamme, und sollte auf ihre alten Tage noch viel Leid erfahren. Beide hatten sie drei Kinder: meine Großmutter Uller-Gretel, von der wir schon viel gehört haben, den Uller-Henner und den Johannes, Jean genannt. An den letzteren wird sich der Leser, wenn er die vorangegangenen Kapitel gelesen hat, noch erinnern, weil er sich mit mir über den dreisten Eintrag des Pfarrers Zehner im Totenbuch „War dem Trunke ergeben" geärgert hat, als der Jean im frühen Alter von 46 Jahren verstarb. Auch dessen Vater, mein Urgroßvater Johannes, wurde nicht sehr alt und verschied 1905 mit 58 Jahren. Mir liegt im Zuge der 1918

---

*) Um mir ein Schlupfloch offen zu lassen: nicht alle!

erfolgten Grundbuchumschreibungen ein seltsames Dokument vor, nach dem, abgesehen vom lebenslangen Einsitz des Tinchens, das Haus auf die drei Kinder übertragen wurde - sollte man meinen. Es erbten aber meine Großmutter, der Uller-Henner und - „der minderjährige Willi, Sohn des Johannes (Jean, d.V.)“. Dieser erhielt nur das „Einsitzrecht in der Stube rechts vom Eingang im oberen Stock, (sowie) Benutzung des ... Stalls und Kellerraumes“. Sein Beruf ist in diesem Schriftstück als Kaufmann eingetragen.

Was war geschehen? Hatte der Urgroßvater den Jean vor seinem Tod enterbt? Und wenn das so war, warum? Ich weiß es nicht genau, und wenn in unserem Hause je darüber gesprochen wurde, habe ich nicht zugehört. Außerdem war der Jean der Lieblingsbruder meiner Großmutter, auf den sie sowieso nichts hätte kommen lassen. Seinen eigentlichen Beruf scheint er nicht ausgeübt zu haben, wie ich von einer fast hundert Jahre alt gewordenen Zeitzeugin weiß, die den Jean noch gekannt hatte. Er habe sich mit kleinen Schreibarbeiten über Wasser gehalten und den Leuten bei Rechnereien und dem Aufsetzen von Schriftstücken geholfen. Er muß wohl ein wenig ein Luftikus gewesen sein, der ganz gern einen gebechert hat. Als mein Vater einmal die Großmutter foppen wollte und sagte, der Jean habe sich wohl totgesoffen, kratzte sie ihm beinahe die Augen aus. „Er hat halt nicht viel gegessen“, belehrte sie ihn wütend, um nach einer Weile resigniert hinzuzufügen: „Naja, getrunken hat er auch ein wenig.“

Auf der Kommode des großelterlichen Wohnzimmers stand eine postkartengroße Fotografie, die in einen silbernen Rahmen gefaßt war. Das Bild zeigte eine ausnehmend hübsche junge Frau, die Lotte, von der gelegentlich liebevoll und mit großem Respekt gesprochen wurde. Ich schenkte dem, wie das bei Kindern und jungen Leuten so ist, wenig Beachtung, und erst viel später - um genau zu sein: vor wenigen Jahren - versuchte ich herauszufinden, was es mit dieser Lotte auf sich hatte und auf welche Weise sie mit unserer Familie verbunden war.

Das führt uns wieder zum Jean. Der war klein von Statur und etwas verwachsen: Er hatte einen Buckel. Vielleicht rührte das daher, daß die Eltern Cousin und Kusine waren - wer will das sagen. Trotz seiner körperlichen Beeinträchtigung hat sich gewiß auch der Jean nach ein wenig Liebe und der Geborgenheit einer eigenen Familie gesehnt. In Kilianstädten wäre es ihm wohl schwergefallen, eine passende Frau zu finden, aber eines Tages brachte er eine gewisse Amalie Bluhm an, die aus Strelitz im Mecklenburgischen stammte und die ein uneheliches Kind hatte, besagte Lotte. Sie heirateten im Jahr 1900, als der Jean fünfundzwanzig Jahre alt war - ihr Sohn, der Uller-Willi, war schon unterwegs und kam sieben Monate später zur Welt. Der Pfarrer Zehner, der seinen Unmut mittels der Kirchenbücher öffentlich zu machen pflegte, hat im Trauungsbuch einen offenbar nachträglich eingefügten Vermerk hinterlassen: „Haben in widerwärtiger Weise Gemeinde und Pfarrer betrogen! Ein ganz entsetzliches Lügengewebe über das Vorleben der Braut trat zutage.“ Es hätte dem Pfarrer Zehner gut angestanden, wenn er der Nachwelt nicht derart diffuse Schmähungen hinterlassen, sondern Klartext geredet oder noch besser seine lockere Hand gezügelt hätte!

Von der Bluhm wissen wir wenig, eigentlich nur, daß sie bereits 1905 im Alter von 28 Jahren starb, und wir wissen auch nicht, ob der Jean erst jetzt, nach der kurzen und vielleicht auch verunglückten Ehe, allen Lebensmut verlor und seinen Trost bei einem Schoppen suchen mußte. Jedenfalls war der Urgroßvater Johannes, der ein halbes Jahr nach der Bluhm starb, nicht willens, dem Jean einen Anteil am Hauseigentum zu vererben. Die Lotte wuchs neben dem ehelichen Willi unter der Obhut des Tinchens auf; sie war acht Jahre alt, als ihre Mutter starb. Ich weiß, daß die Lotte von allen geliebt wurde und daß das Tinchen sie wie ihre eigene Tochter hielt. Sie blühte zu einer hübschen jungen Frau auf, und als ein Dachdeckermeister Böckel, der am Kilianstädter Kirchturm eine Reparatur durchführte, sie sah, war es um ihn geschehen. Sie heirateten, und Lotte wurde schwanger. Wo die beiden ihre Wohnung hatten, weiß ich nicht zu sagen, doch kam die Lotte in der Pfarrgasse, im Haus von Tinchen, nieder.

Die Urgroßmutter, die selbst Hebamme war, konnte die Entbindung nicht mehr vornehmen, denn sie war bereits 72 Jahre alt und völlig erblindet. Es wurde daher eine jüngere Hebamme gerufen. Bei der Geburt traten Komplikationen auf, und das alte Tinchen spürte schnell, daß es auf Leben und Tod ging. Was muß in dem Tinchen vorgegangen sein, das selber so vielen Kindern zum Leben verholfen hatte und das nun untätig erleben mußte, wie der Sensenmann immer näher an ihre über alles geliebte Lotte herantrat. „Schau nicht nur nach dem Kind, kümmere dich um die Lotte!“ soll sie verzweifelt gerufen haben. Doch es war alles vergebens, die Lotte verblutete unter den Händen der Hebamme und starb.

Das Kind überlebte. Der untröstliche Böckel nahm es mit sich und zog es mit seiner Schwester, ich glaube in Frankfurt, auf. Auch nach Jahrzehnten blieb er unserer Familie verbunden und versäumte es nie, uns zu besuchen, wenn er in der Gegend war. Noch im selben Jahr starb auch der Jean. Das Tinchen lebte noch zwei Jahre, bis auch sie die Augen für immer schloß.

Das Haus in der Pfarrgasse wurde nun allein vom Uller-Henner und seiner Frau, der Schuster-Lies, bewohnt. Wie Vater und Großvater konnte er sich „Ackermann und Musikus" nennen, sein Instrument war die Posaune. Die Lies war mir sehr gewogen. Wann immer ich in der Pfarrgasse war, bekam ich einen Apfel, ein Ei oder ein anderes bescheidenes Geschenk zugesteckt. Sie muß wohl an der Bechterewschen Krankheit gelitten haben, denn sie ging so tief gebückt, daß Beine und Rücken fast einen Winkel von neunzig Grad bildeten. Hätte noch ein Rabe auf ihrer Schulter gesessen, sie hätte in einer Illustration für Grimms „Hänsel und Gretel" eine erstklassige Hexe abgegeben. Seiner kleinen Landwirtschaft scheint der Henner nicht viel Vergnügen abgewonnen zu haben, dem griesgrämigen Gesicht nach zu schließen, mit dem er seine beiden Kühe ins Feld begleitete. Mein Vater pflegte zu erzählen, daß der Henner manchmal so mißgelaunt auf seinem Ackerwagen saß, daß man schon Glück haben mußte, auf einen freundlichen Gruß hin mehr als ein ungnädiges Kopfnicken zu erhalten. Sonntags, wenn er mit der Posaune unter dem Arm zu einer Tanzveranstaltung ging - er spielte um die Zeit meiner Geburt, vielleicht auch später noch, in der Kilianstädter Musikkapelle „Blonde Boys" -, sei er wie ausgewechselt gewesen. In bester Laune habe er sich dann, jeden freundlich grüßend, den staunenden Mitbürgern präsentiert. Der Uller-Henner war im Ersten Weltkrieg Mitglied einer Stabskapelle, und wenn man das Gespräch darauf brachte, ließ er sich zuweilen von der Erinnerung hinreißen, und mit Tata-tatü, von den entsprechenden Armbewegungen begleitet, konnte er ganze Ouvertüren und Märsche zum besten geben.

Ansonsten war mit ihm nicht immer gut Kirschen essen. Als er schon älter war und schwereren Arbeiten aus dem Weg ging, bat er meinen Vater, ihm ein „Klumpenloch" zu graben. Darunter versteht man im Hochdeutschen eine Rübenmiete. In dieser werden Teile der Rübenernte gelagert, die so, hinterher mit Stroh und Erde abgedeckt, vor dem ärgsten Frost bewahrt werden. Mein Vater war zwar keiner von denen, die sich zu einer solchen Arbeit drängten, aber er half schon der Großmutter zuliebe dann und wann aus. Außerdem sorgte die Schuster-Lies dafür, daß ihm die Anstrengung hinterher mit einem schönen Stück Schinken oder Schwartenmagen vergolten wurde. Der Vater stapfte also mit dem Henner ins Feld und ließ sich genau Stelle und Abmessungen erläutern. Als er die Arbeit hinter sich gebracht hatte, brauchte er nicht lange auf Kommentare zu warten. Das besorgten schon die Leute im Dorf, denen der Henner sein Leid geklagt hatte. „Warum hast du denn dem Henner so ein winziges Löchelchen gegraben?“ bekam er zu hören, „das ist ja viel zu klein für seine vielen Rüben!“ Also schnappte sich der Vater den Henner, an dessen Anweisungen er sich angeblich genau gehalten hatte, und die beiden stiefelten erneut auf den Acker. Anschließend vergrößerte er die Grube auf die geänderten Maße. Wer den Henner kannte, wird sich über das, was kam, kaum gewundert haben: Er war noch nicht einmal in der Lage, das Klumpenloch zur Hälfte zu füllen.

An Festtagen pflegte der Uller-Henner seine Verwandtschaft heimzusuchen. Ob er als junger Mann einmal eine propere Erscheinung war, vermag ich nicht zu sagen; in der Zeit, als ich ihn kannte, wäre es eine milde Untertreibung gewesen, ihn als unordentlich oder ungepflegt zu bezeichnen. Er starrte förmlich vor Schmutz und - hier muß ich mich über Pietät und verwandtschaftlichen Gemeinschaftssinn gewaltsam hinwegsetzen - roch wie ein nasser Fuchs, so daß man nach seinem Besuch das Fenster öffnen mußte, um wieder frei durchatmen zu können. Die Einbildungskraft muß versagen, wenn man sich vorzustellen versucht, daß der Henner zeitlebens mit seiner krummen Lies in einem Bett schlief.

Seine Besuche zu Weihnachten waren für meine Mutter eine arge Belastungsprobe. Doch wer hätte an einem solchen Tag, das Herz voll vom Wunder der Geburt unseres Heilands, einem armen und bedürftigen Verwandten das Haus verweigern wollen! „Kommt her zu mir alle, die ihr mühselig und beladen seid, ich will euch erquicken.“ Und der Uller-Henner kam. Besonders den Weihnachtsplätzchen war er sehr zugetan. Wer nun dachte, der Henner, dem es ja zu Hause solcher Leckerbissen ermangelte, habe nun wahllos alles in sich hineingemuffelt, war einem Trugschluß aufgesessen. Der Henner war im Gegenteil sehr wählerisch. Meine Mutter hatte alle erdenklichen Arten von Plätzchen gebacken, die bunt durchmischt in einer Schüssel zum Zugreifen einluden. Nun nahm er sich nicht nach kurzer Musterung des Gebotenen das ihm Zusagende von oben herunter, wie es alle taten - nein, mit seinen ungewaschenen Fingern, die Nägel ebenso lang wie rabenschwarz, wühlte er die ganze Schüssel durch, bis er das vermeintlich beste Stück ausfindig gemacht hatte.

Der Uller-Henner nahm kein gutes Ende. Die unhygienische Lebensweise hatte zuletzt seine Gesundheit zerfressen: Er bekam die Schwindsucht und starb daran. Mit diesem traurigen Vorfall müssen wir leider den Exkurs zu den Vorfahren beenden. Fast gegen besseres Wissen haben wir uns an den Familiennamen ein Stück weit in die Vergangenheit gehangelt, doch haben wir uns nicht - durch das Beispiel des Zee-Heraeus gewitzt - zu sehr in den trügerischen Dunst entlegener Namensträger locken lassen.

Hatten wir den Abschnitt über Wesen und Wirken der Vorväter und Ahnfrauen mit einem Zitat Mephistos eingeleitet, so wollen wir jetzt den Kreis schließen und mit Blick auf das Blendwerk der Vatersnamen den Faust ein passendes Schlußwort sprechen lassen:

Name ist Schall und Rauch,
umnebelnd Himmelsglut.

Poetischer noch wußte es Shakespeare zu sagen:

Was ist ein Name? Was wir Rose nennen,
wie es auch hieße, würde lieblich duften ...

Schule, Lehrer und Pennäler

- 2. Zwischenkapitel -

Rohrstock und Katechismus

Im 16. Jahrhundert sind im Hanauischen die ersten zaghaften Anfänge eines Schulwesens zu erkennen, das von der Kirche ausging und über dessen Bewandtnis man sich keine übertriebenen Vorstellungen machen darf, schreibt doch *Kimpel*[22] in seiner »Geschichte des hessischen Volksschulwesens«: „Vor 1600 finden sich in den Dörfern ... Hanau-Münzenbergs ... keine Volksschulen, ... die bestehenden Katechismusschulen dienen lediglich der Vorbereitung auf die Konfirmation. Wenn die Kirche bemüht war, der Volksjugend den Katechismus einzuprägen, so geschah das nicht aus innerem Antrieb zur Erhöhung der Volksbildung, sondern aus rein kirchlichen Interessen.“ Da es aber offenbar hierzu keine bindenden Richtlinien der Amtskirche gab, blieb es der persönlichen Initiative des Ortspfarrers überlassen, ob, wann und in welchem Umfang er daran ging, den Kindern ein wie auch immer geartetes Wissen beizubringen. In Windecken wird bereits im Jahre 1448 ein Schullehrer genannt, und in Hanau hören wir gar schon 1432 von einem „Kindermeister“, der an anderer Stelle als der „alde Schulmeister“ bezeichnet wird.[46] Es sind mit großer Wahrscheinlichkeit Geistliche oder wenigstens kirchliche Beauftragte gewesen, die mit den niederen Weihen versehen waren - wer sonst hätte über entsprechende Kenntnisse und ausreichende Zeit verfügen können. Über die Art des Unterrichts wissen wir nichts, nur „daß die Pflege des Gesangs ... eines der Hauptziele der mittelalterlichen Schule (war), freilich nur zu gottesdienstlichen Zwecken“[46].

Wer das zweifelhafte Glück hatte, schon um 1500 von einem Schulmeister unterrichtet zu werden, sah sich nicht selten einem jähzornigen und trunksüchtigen Tyrannen ausgeliefert. Der Wetterauer Dichter und Gelehrte Erasmus Alberus berichtet aus dem Jahre 1508, wie ihn sein Lehrer auf das Schlimmste malträtierte: „... zuletzt nam er mich, und stieß mich in eyn Sak und hienge mich zum Fenster hinaus ... so fein wart ich unterwiesen, dabey ich, da ich 13 Jahr alt war, nit eyn Nomen kunt decliniren“[46].

Im Mittelalter, d. h. in vorreformatorischer Zeit, und auch im 1. Jahrhundert danach gab es kaum Dorfschulen in Deutschland, die diesen Namen verdient hätten. In manchen Gegenden fehlten solche selbst im 17. Jahrhundert noch, und auch in den Frankfurter Dörfern wird vor 1606 keine Schule erwähnt. Da könnten wir Kilianstädter leicht damit prahlen, daß uns vergleichsweise früh geistige Nahrung eingeflößt wurde, gäbe es nicht Zweifel am Nutzen und an der Bekömmlichkeit der verabreichten Kost. Es war der Pfarrer Johannes Koch, der während seiner Amtszeit (1571-1584) in unserem Ort eine Schule errichtete, von der allerdings nicht überliefert ist, was und auf welche Weise gelehrt wurde. Vermutlich diente der Unterricht nach allgemeinem Brauch vor allem dem Einüben von Kirchenliedern und der Unterweisung des Katechismus. Mit großer Wahrscheinlichkeit wurden die Kinder noch nicht mit dem Einmaleins konfrontiert, denn „zu dieser Zeit war das Rechnen ... meist nicht Unterrichtsgegenstand“[22]. Mit römischen Zahlen war auch schlecht umzugehen, und die uns vertrauten arabischen Ziffern wurden erst um 1600 gebräuchlich. Sie finden sich von 1526 an in Hanauer Spitalrechnungen; in den Gemeinderechnungen tauchen sie erstmals 1592 in Hochstadt auf.[46] Jedenfalls wird in den öffentlichen Schulen Hessens Rechnen offiziell erst 1738 als Unterrichtsfach eingeführt.[22]

Schon vor der Amtsübernahme des Pfarrers Koch hatten die Hanauer Grafen im Sommer 1561 eine allgemeine Kirchen- und Schulvisitation angeordnet, bei welcher alle Pfarrer gefragt wurden, „ob Schulen vorhanden, wie der Schulmeister sein Amt verrichte und sich sonst im Leben verhalte, also auch die Schulmeisterin“, und falls „keine Schule vorhanden und doch die Notdurft wäre eine einzurichten, was er für Vorschläge thue, und was die Gemeinde thun könne und wolle“.[5] Ob in diesem Zusammenhang auch Kilianstädten besucht wurde, ist nicht bekannt, doch waren die Berichte ohnedies, wie zu erwarten stand, negativ.

Der Pfarrer Koch muß in den ersten Jahren den Unterricht wohl selbst erteilt haben, doch bereits 1575 werden in den Gemeindeabgaben „Frühaltarszinsen“ aufgeführt, aus denen „ein Schulmeister oder Glöckner“ besoldet wurde[44]. Ob die Unterweisung der Kinder dadurch an Qualität gewann, darf füglich bezweifelt werden. *Zee-Heraeus*[44] nimmt sogar an, der Glöckner Alexander Feuerbach, möglicherweise ein Sohn des ersten reformierten Pfarrers Matthias Feuerbach, sei der erste Schulmeister gewesen, der „um 1570 den Bakel*) schwang". In den Unterlagen, die *Buccoli*[5] in der Chronik zusammengetragen hat, ist wohl der Glöckner Feuerbach erwähnt, es findet sich aber kein Hinweis, daß dieser eine Lehrtätigkeit ausübte. Immerhin wird er wohl des Lesens und Schreibens kundig gewesen sein, sonst wäre 1544 dem Inhaber „des Glockamtes zu Kilianstädten", vermutlich besagtem Feuerbach, nicht ein Gulden „von den weinmeistern zu schreiblohn" zugestanden worden. Damals hatte ein Glöckner laut *Buccoli*[5] „bei dem Meßgottesdienst dem amtierenden Geistlichen zur Hand zu gehen, das kirchliche Geläute ... (und) die Reinigung des kirchlichen Gebäudes zu besorgen, die ‚auwer' (Uhr) zu stellen, Wachs für die Altarkerzen zu sieden, die Kirchenwäsche zu reinigen, auch Schreiberdienste zu verrichten bei der Aufstellung der Bederegister und bei Weineinkäufen für die gottesdienstlichen Zwecke (Meßwein)". Der Chronist folgert daraus völlig zu Recht, daß „man zu diesen Dienstverrichtungen keinen ungebildeten Mann gebrauchen (konnte), er mußte wenigstens kundig sein des Lesens, Rechnens und Schreibens", doch steht dies in einigem Gegensatz zu dem, was er im Zusammenhang mit der bereits angeführten Schulvisitation schrieb, die 1561, also 17 Jahre nach der ersten Erwähnung des schreibkundigen Glöckners, stattfand: „Von einem Dorfschulwesen im besonderen war noch keine Spur vorhanden, denn kein Glöckner konnte lesen." Wie man auch immer den Bildungsgrad der damaligen Glöckner bewerten mag - die Weisheit wird den Kilianstädter Kindern eher tropfen- als löffelweise verabreicht worden sein. Jedenfalls hat es in der Gemeinde damals ein von der Kirche unterhaltenes Schulhaus gegeben, sonst hätte dieses im Dreißigjährigen Krieg nicht abbrennen können.

Erwähnt werden muß an dieser Stelle auch das Willsche Testament, in dem der aus Kilianstädten stammende Priester und Vikar des Domstiftes zu Mainz, Johann Will, bereits im Jahre 1544 (!) eine letztwillige Stiftung ins Leben rief, nach der zunächst den Kindern seiner Geschwister, später auch anderen Kilianstädter und Windecker Kindern, das Studium an den Universitäten Mainz, Erfurt oder Heidelberg ermöglicht werden sollte. *Zee-Heraeus*[44] schließt daraus, daß zu dieser Zeit bereits „Ausbildungsmöglichkeiten für die Jugend zumindest im Lesen, Schreiben und Rechnen bestanden" haben müßten, doch wird das kaum in Kilianstädten ge-

*) Prügelstock.

wesen sein - welche Grundlagen für ein Universitätsstudium hätte der Glöckner Feuerbach, wenn er denn wirklich so etwas wie Unterricht gab, den Kindern vermitteln können? Und der verstorbene Vikar selbst, der vermutlich schon Ende des 15. Jahrhunderts seinen ersten Unterricht bekam, wird kaum in Kilianstädten - und schon gar nicht in vorreformatorischer Zeit - aus dem Born der Weisheit geschöpft haben. Selbst in Hanau werden um diese Zeit noch keine Latein- und höhere Schulen erwähnt, wobei man freilich nicht vergessen darf, daß damals die Einwohnerschaft Hanaus überwiegend bäuerlicher Natur war. Auch die berühmte Schule des Klosters Schlüchtern entstand erst nach der Reformation[46], doch gab es zu dieser Zeit schon andere Klosterschulen, in denen der Klerus ausgebildet wurde, und es steht zu vermuten, daß auch Johann Will eine solche besucht hat. Dazu muß man wissen, daß der Vikar und spätere Erblasser aus der Besitzerfamilie der Kilianstädter Mühle stammte. Obwohl der Name Will nicht vor 1498 erscheint und der Vermerk „der Müller" in Verbindung mit einem Johann Will gar erst 1632 auftaucht, vermutet Buccoli, daß seit Erwerb der Mühle durch die Hanauer Herrschaft anfangs des 15. Jahrhunderts „die Müllereigeschäfte sich durch Generationen hindurch in den Händen der Familie Will befunden haben". Zunächst wohl nur Pächter, konnten die Wills die Mühle später erwerben, jedenfalls schreibt *Zee-Heraeus*[44], daß „die Familie Will ... von 1498 bis 1638 im Besitz der Mühle war".[*)]

Wenn der Herr Vikar also ein Sproß dieser Müller-Familie war, dann findet der Leser hierin die Erklärung, wieso ein hiesiger Einwohner angesichts der allgemeinen dörflichen Armut und Rückständigkeit zu einem derartigen beruflichen Höhenflug ansetzen konnte: Die Müller galten allgemein als wohlhabende und einflußreiche Leute. Die Bauern zahlten damals den Mahllohn für das Getreide nicht in klingender Münze, der Müller behielt vielmehr einen Teil des Mehls, den sogenannten Molter, als Entlohnung zurück.[37] Da die Mehlausbeute von der Güte und Beschaffenheit des Getreides abhing, geriet der Müller schnell in Verdacht, es mit der Ehrlichkeit nicht so genau zu nehmen und zuviel Mehl zurückzubehalten. Der Wetterauer Heimatdichter Peter Geibel hat das aus der Sicht

---

[*)] 1732 übernahm die Familie Wacker die Mühle, ein altes Müllergeschlecht, das in Langenselbold drei Mühlen besaß und der Eichmühle in Lauterbach entstammte. Nach fünf Generationen ging die „Kilianstädtermühle" durch Einheirat in den Besitz der Familie Thylmann über.

der Bauern fragwürdige Verhalten der Müller in seinem „Mellerlied“ aufs Korn genommen; ich zitiere zwei Verse:

Bei Waas ean bei Koarn ean bei Gerscht,
Do singt uhs d's Millroad sein Verscht,
Dean hirn m'r troatz allem Geklapper.
'R hääßt: Wäik d'm Bauer nur knapper.

Drim sah m'r aach uohne Geproahl:
Mir Meller huns mehst Kapedoal
Ean wern aach noach alle Doak reicher,
Doas mache de Bauern ihr Speicher.

Ich sehe den Leser schon unwillig die Stirn runzeln; die Abschweifung über den Vikar und den mutmaßlichen Reichtum seiner Eltern hat uns in der Tat etwas vom Thema weggeführt. Wenden wir uns wieder der Kilianstädter Schule im besonderen zu. Inwieweit der Unterricht im Dreißigjährigen Krieg auch in unserem Dorf zum Erliegen kam, wissen wir nicht, doch hat das Schulhaus bereits 1629 „durch das Witzlebensche Kriegsvolk“ einige Verwüstungen hinnehmen müssen, um in dem Schreckensjahr 1634 einen schweren Brandschaden zu erleiden. In der Zeit des Dreißigjährigen Krieges wird auch der „alte Schulmeister“ Ruel (oder Rühel) genannt[5], aber nur im Zusammenhang mit dem Lohn für Arbeiten, die er für die Kirche verrichtet hat, „als die Schlaguhr ausgebutzt, die Sonnenuhr renovirt und an den Stühlen Ausbesserung gethan“ und wegen „des Allmosen Säckleins umb zu tragen“. Der Name des Schulmeisters Johann Ohl, den ich zu meinen Vorfahren zählen darf, taucht 1654, also nach Beendigung des Dreißigjährigen Krieges, auf. Dem Anschein nach hat er mit seiner großen Familie in dem halb verfallenen Schulgebäude gehaust, bis dieses 1665 wieder hergestellt wurde. Welche Lehrmethode der Meister anwandte, ist nicht überliefert, jedenfalls scheint die Gemeinde bzw. Kirche seinem Schuldienst nicht viel Wert beigemessen zu haben, denn in der Kirchenrechnung 1665/1666 lesen wir: „Zwei Achtel (Malter, d.V.) Korn dem Schulmeister zu seinem Jahreslohn gegeben“. Daß dieser davon nicht leben konnte, bedarf keiner Erläuterung; er wird auch für seine kirchendienstlichen Arbeiten ein wenig bekommen haben, wahrscheinlich mußten auch die Eltern der Kinder ihr Scherflein beitragen. Ein Äckerchen mag er noch dazu bestellt haben und eine Ziege gehalten, vielleicht auch ein paar Hühner und Kaninchen. Die eigentliche Bedeutung des Schulmeisters Ohl lag wohl auch weniger in seiner Lehrtätigkeit als in dem Umstand, daß er sich zusammen mit seiner Frau, der „Schulmargreth“, intensiv um die Vermehrung der im Krieg dezimierten Einwohnerschaft kümmerte und eine zahlreiche und noch dazu zählebige Nachkommenschaft in die Welt setzte, der ich letztlich meine eigene Existenz verdanke.

Um 1700 betrug die Schulzeit nur eine Stunde täglich, von 11 bis 12 Uhr, doch von Pfingsten bis Ende September nur an Regentagen - wegen der Feldarbeiten, bei denen die Kinder helfen mußten[44]. Doch auch bei Regenwetter ließ der Schulbetrieb zu wünschen übrig, denn im Presbyterialprotokoll[*)] vom 20. Juni 1700 beklagte sich der Schulmeister, „daß kein Kind mehr zu der schul käm“, woraufhin der Kirchenvorstand beschloß, „daß mans nochmals von der Cantzel verkündigen solte daß die Kinder als von 11-12 uhr jedes tags zum wenigsten in die schul komen solten“.[5] Die Schullehrer waren, auch wenn sie durch den Kirchendienst zusätzliche Einnahmen hatten, durchweg sehr schlecht besoldet, so daß sie Nebenbeschäftigungen aller Art anzunehmen gezwungen waren. So wissen wir vom Lehrer Reinhardt (1681-1702), daß er nebenbei noch Tabak anbaute[44], und der Lehrer Eberhardt ersuchte 1744 bei Gemeinde und Kirche um die Erlaubnis nach, „Brandenwein“ brennen zu dürfen, „jedoch ohne alle Versäumnis der Kinder“, was auch bewilligt wurde.[5] Doch zeigte sich die Obrigkeit nicht immer so verständnisvoll. Als der Schulmeister Jakob Scheel 1726 darum bat, die Aufgaben des scheidenden Aufsehers des Reihergartens[**)] versehen zu dürfen, wurde dies abgelehnt und ihm bedeutet, daß er „mithin die Schule darüber versäumen würde“.[44] Häufig verdingten sich die Lehrer in der Landwirtschaft und halfen beispielsweise beim Dreschen, wozu der lang verstorbene Kilianstädter Milchmann Vetter, einem mehr oder minder guten Spaß stets zugeneigt, folgende Anekdote beizusteuern wußte. Die Schullehrer, so erzählte er, seien wirklich bettelarm gewesen und hätten besonders gern den Bauern beim Dreschen geholfen. Dazu hätten sie sich die größten Schuhe ange-

---

[*)] Presbyterium = Kirchenvorstand.

[**)] Die zur Mühle fließende und von dort wieder abströmende Nidder bildet im Aufeld ein Knie, in dem neben einigen Wiesengrundstücken der später abgeholzte Reiherwald stand, damals herrschaftliches Jagdrevier.

zogen, die sie, wenn sie sich unbeobachtet glaubten, mit Getreidekörnern füllten. Nach getaner Arbeit entleerten sie zu Hause den gesammelten Weizen oder Roggen wieder aus den Schuhen, wodurch der Name „Schuh-Leerer“ entstanden sei. Diese Geschichte muß natürlich niemand glauben, sie zeigt aber, wie die Lehrer durch die traurigen und kümmerlichen Lebensverhältnisse zur komischen Figur wurden.

Daß sich der Zwang zum Nebenverdienst überall negativ auf den Unterricht auswirkte, kann uns nicht verwundern. So beschwerte sich 1766 der Pfarrer von Eichen, daß „der Lehrer durch die Gerichtsschreiberei öfter die Schul und neulich eine Bätstunde versäumt“, und in Windecken warf man zwei Jahre später dem Schulmeister und Glöckner vor, „daß er sein Amt versäume und dem Fischen nachginge“.[46] Auch der Schulinspektor Bender aus Idstein hatte nicht immer Freude an seinen Aufsichtspflichten. Dem Lehrer in Wörsdorf warf er vor, er habe sich „der Beschäftigung mit dem Feldbau zu sehr hingegeben“, und den Schulmeister von Wallrabenstein traf er erst gar nicht an. Der war zur Kirchweih in sein Heimatdorf gefahren und hatte die Schule einfach eine Weile ausfallen lassen. In Beuersbach fand er den Schullehrer beim Mistfahren; über ihn mußte er außerdem erfahren, daß er einen „Viehverleih“ und einen schwunghaften Handel mit Schafwolle betrieb. Diese Geschäfte erschienen dem inspizierenden Bender besonders verwerflich, denn sie führten nach seiner Meinung „oft zu Brandewein-Gesellschaften, wo nur Saufen und unanständige Gespräche geltend sind“.[*)]

Um das Wissen der Lehrer stand es noch um die Mitte des 18. Jahrhunderts nicht zum Besten. Zwar war 1724 eine neue Hanauer Schulordnung erlassen worden, doch ging es der Herrschaft dabei mehr um geistliche als geistige Anforderungen. Wir lesen:

1. Schulmeister soll die Kinder in Examine Cathechatico et Biblico zur wahren Erkenntnis und Furcht Gottes anführen.
2. Den Sommer über ist wenigstens eine Stunde die Schule zu halten und den Sonntag vor dem zweiten kann der Schulmeister cathechisieren.
3. Wochenpredigten sind den Winter über zu halten.
4. In den Wochen vor dem heiligen Abendmahl ist in den Betstunden

---

[*)] aus „Wörsdorf im Wandel der Zeit“, Schulz-Kirchner Verlag, Idstein.

jedesmal die sacra coena et dicta propasitione ad rem publice zu cathechisieren.

5. Schulmeister soll einen catalogum über alle zur Schul tüchtigen Kinder halten und die saumseligen der gnäd. Herrschaft anzeigen.

Da kann es nicht wundern, daß 1766 bei einer Schulvisitation in Windekken der Schulinspektor rügte: „Weil Er (der Lehrer Cantoris, d.V.) aber da, wo Er kleine Buchstaben machen sollte, große machte, und wo Er große machen sollt, kleine machte, so wäre es ein Fehler, der gegen die orthographie seye, den sich die Knaben auch angewöhnten, und der ihnen hernach die Tage ihres lebens anhinge und nicht so leicht wieder abzugewöhnen seye.“[46]

In Kilianstädten schien es nicht zum schlechtesten bestellt zu sein, denn *Buccoli*[5] berichtet, daß bereits zu einem nicht näher benannten Zeitpunkt vor 1843 vier Klassen bestanden; da es aber nur einen Lehrer gab, darf man das wohl nicht wörtlich nehmen, sondern sich eher vorstellen, daß dieser die Kinder in vier Abteilungen unterteilt hatte, um die er sich, so gut es ging, gesondert kümmerte. Das alte Schulhaus, dessen Verwüstungen aus dem Dreißigjährigen Krieg erst gegen 1665 einigermaßen beseitigt waren und von dem niemand genau weiß, wo es stand, wurde - der Zeitpunkt läßt sich nicht eindeutig bestimmen - schließlich abgebrochen und durch ein neues Gebäude neben der Kirche ersetzt, das später als Armenhaus diente und im Jahr 1845 dem heute noch existierenden größeren Schulhaus am Hüttenberg weichen mußte. Gegen Ende des 19. Jahrhunderts teilten sich bereits zwei oder drei Lehrer die Schüler unter sich auf, bis 1910, als vier Lehrer gleichzeitig amtierten, eine Einteilung in fünf Klassen erfolgte[5], was bis in meine eigene Schulzeit so blieb. Zwar gab es bei meiner Einschulung im Jahre 1937 längst das 1894 erbaute neue Schulgebäude in der Hanauer Straße, doch hatten wir in den oberen Klassen noch Unterricht im alten Schulhaus am Hüttenberg, in dem also, mich eingeschlossen, vier Generationen meiner Familie der Geist geschliffen wurde. Verglichen mit unserer heutigen Schwestergemeinde Büdesheim erhielten wir Kilianstädter Buben und Mädchen eine Schulausbildung vom Feinsten, denn im Nachbardorf mußten sich unsere Altersgenossen mit bescheideneren Verhältnissen zufrieden geben. Zwar hatte dort, nach Zustimmung der Gemeinde, bereits 1862 ein Schulvikar mit dem Unterricht einer zweiten Klasse begonnen, doch ließ sich dieser von seinen Trieben übermannen und hin und wieder von seiner Braut in seinem Dachstübchen besuchen. Das erzürnte den sittenstrengen Pfarrer gewaltig: Er gab dem unkeuschen Junglehrer wieder den Laufpaß. So mußten sich die 159 Kinder weiter bis 1870 in einem Klassenraum drängen, bis endlich ein anderer Lehrer die zweite Klasse übernehmen konnte. Gegen Ende des 19. Jahrhunderts schien es gewaltig aufwärts zu gehen, denn die Büdesheimer bekamen eine dritte und 1910 gar eine vierte Klasse. Damit war aber der Elan verpufft, denn 1930 wurde die vierte Klasse wieder abgebaut. 1939, als ich schon im dritten Jahr die fünfklassige Volksschule in Kilianstädten besuchte, wurde Büdesheim gar wieder zweiklassig, denn auch die dritte Klasse mußte aufgegeben werden; sie wurde erst wieder 1944 eingerichtet, als der Zuzug ausgebombter Frankfurter Kinder diese Maßnahme unumgänglich machte.

Der besorgte Leser mag nun meinen, aufgrund dieser schulischen Beschränkungen seien die Kilianstädter ihren oberhessischen Nachbarn an Geisteskraft weit überlegen gewesen, doch finden sich leider keine Hinweise, daß wir uns, und ich beziehe mich gern mit ein, durch besondere Klugheit hervorgetan hätten. Um der Wahrheit die Ehre zu geben: so schlimm, wie sich das mit der Büdesheimer Schule anhörte, war es in Wirklichkeit nicht. Auch wenn nicht wie in Kilianstädten fünf, sondern nur zwei Schulräume zur Verfügung standen, wurden die einzelnen Klassen doch individuell betreut: Wenn etwa die fünfte Klasse einen Aufsatz schrieb, brachte der Lehrer der sechsten das Rechnen bei, während die siebte über einer Klassenarbeit brütete und die achte - nun ja, sie wird ja wohl nicht gleichzeitig Gesangsunterricht gehabt und ein Lied geschmettert haben.

Eine etwa gleichaltrige Büdesheimer Bekannte, die ich über das dortige „Zweiklassensystem“ befragte, zeigte sich gar gekränkt und wandte nicht wenig Überzeugungskraft auf, mich über die Vorzüge dieser nur scheinbaren Beschränktheit zu belehren: Gerade weil der Lehrer derartigen Erschwernissen ausgesetzt war, habe er sich mit um so größerer Hingabe um die einzelnen Altersklassen bemüht. Und eben deswegen hätten die Büdesheimer eine ganz hervorragende, ja geradezu mustergültige Schulbildung genossen. Ich brach dann die Unterhaltung ab; ich wollte mir nicht auch noch anhören müssen, wir Kilianstädter hätten wegen unserer fünf Schulklassen schwerwiegende und womöglich auch erkennbare Ausbildungsmängel davongetragen.

Das Lehramt war bis in den Beginn des 20. Jahrhunderts hinein mit der Küsterstelle verbunden, die den Lehrern zwar hochwillkommene und bitter notwendige zusätzliche Einnahmen bescherte, aber nicht selten auch Verdruß bereitete. Der Kuriosität halber sei aus der Kilianstädter Chronik auszugsweise der ellenlange Beschwerdebrief des Lehrers Knöll aus dem Jahre 1860 zitiert, den dieser an den „Wohllöblichen Ortsvorstand" richtete und in dem er an dem aus seiner Sicht unsinnigen 4 Uhr-Morgengeläut Anstoß nahm. Da von ihm bezahlte Hilfskräfte das Läuten zu dieser unchristlichen Tageszeit sehr liederlich und unpünktlich vorgenommen hatten, sah sich Knöll gezwungen, wieder selbst am Glockenstrang zu ziehen, was aber, wie er meinte, seiner Gesundheit sehr abträglich war: „... gab ich mir alle Mühe, auch wirklich um 4 Uhr zu läuten, mußte aber freilich wie in Ängsten schlafen und wurde daher oftmals um 2, um 3 oder ½ 4 Uhr wach und brach mir auf diese Weise den erquikkenden Schlaf und störte meine Familie in der Ruhe. That ich es nicht, verschlief ich und aus dem 4 gabs ein 5 auch wohl 6 Uhr Geläute ... (doch) ich würde den Winter über und immer dieses Geschäft selbst besorgt haben, wenn es nur meine Gesundheit und mein Amt erlaubt hätten. Ich erkältete mich aber bald darauf, daß ich wochenlang wieder an meinem alten Übel, der Gesichtsrose, zu leiden hatte, wem also zu Schaden und Nachtheil? Mir, der Schule und meiner Familie. Ja, durch solche beständige unnatürliche Eingriffe in die Nachtruhe kann lebensgefährliche Krankheit und früher Tod herbei geführt werden. Erlaubte es auch meine Gesundheit, und ein eisiger Frost, oder ein furchtbares Schneegestöber mit Regen vermischt, oder wie die winterlichen Naturerscheinungen vorkommen, würden derselben nicht schaden - das Aufstehen zum betreffenden 4 Uhr Geläute würde dermaßen meine Ruhe stören, daß es am folgenden Tage mir nothwendig an der erforderlichen Frische und Kraft zum Berufe fehle und so der Schule abermals zum Nachtheil gereichen müsse." Schon vorher hatte der Wohllöbliche Ortsvorstand dem Ersuchen Knölls zugestimmt, das Läuten durch die Beiwächter durchführen zu lassen, da diese bis 4 Uhr morgens Wache zu halten hatten, doch war, wie wir schon wissen, auf diese Kerle wenig Verlaß: „... da glaubte ich, nun wird regelmäßig und pünktlich geläutet - aber nein, gerade ... nicht!" Besonders ärgerlich war, daß Knöll auch noch einen Taler für diese so schlampig besorgte Arbeit investiert hatte. Nun machte er einen besseren Vorschlag hinsichtlich „dieses beschwerliche(n), verdrießliche(n), zwecklose(n), der alten klösterlichen Zeit noch angehörige(n) Nachtgeläute(s)" und fuhr hoffnungsvoll fort: „... so wende ich mich hiermit an W.O. mit der ergebensten Bitte, dasselbe in der Weise umzuändern, daß es in ein Taggeläute umgeändert wird" und verwandte einigen Scharfsinn darauf, die Vorzüge des Taggeläutes anstelle „jenes nutzlose(n) Frühgeläute(s)" in den rosigsten Farben auszumalen. Doch so lang der Beschwerdebrief war, so kurz war die Antwort des Ortsvorstandes: „Das 4 Uhr Geläute soll in seiner alten Verfassung bleiben." Aber Knöll zeigte sich bockig: Er läutete einfach nicht mehr. Nun wandte sich die Bürgermeisterei verärgert an die Kurfürstliche Polizeidirektion in Hanau und bat um Abhilfe. Die Hanauer schrieben zurück, der Lehrer Knöll möge das unterlassene Frühgeläute durch einen Stellvertreter besorgen lassen, was aber, wie der Leser weiß, schon mit beklagenswertem Mißerfolg versucht worden war. Leider können wir aus der Akte nicht ersehen, ob dieser „Läutekrieg" noch weiter fortgesetzt wurde oder ob er hiermit ein Ende hatte.

Die Verquickung von Lehrtätigkeit und kirchendienstlichen Pflichten ging wohl allgemein den Lehrern mehr und mehr auf den Geist, denn wir erfahren auch aus der Schwestergemeinde Büdesheim, daß der dortige Lehrer Musch unter den Anmaßungen des Pfarrers litt, der ihm Fehler beim Einsammeln der Kollekte vorwarf, auch daß er während seiner Abwesenheit die Predigt nicht korrekt verlesen habe, ganz zu schweigen von dem mangelhaften Orgelspiel, für das dem guten Musch aber nur ein defektes Instrument zur Verfügung stand. Der war schließlich so genervt, daß er im Jahr 1844 vorschlug, er wolle sich an der Bezahlung eines Kirchendieners beteiligen, wenn er von der „Anforderung des Geläutes, der Kirchenuhr und Reinigung der Kirche entbunden wäre".[38]

Daß Rohrstock und Haselnußstecken wichtige Requisiten der Schulmeister waren, habe ich noch während meiner Volksschulzeit am eigenen Leibe - oder sagen wir besser: Hinterteil - verspüren müssen, doch waren diese Ausrutscher gestreßter Lehrer geradezu harmlos gegenüber dem, was sich früher, auch noch im 19. Jahrhundert, abspielte. In den Büdesheimer Annalen finden sich bemerkenswerte Dokumente der damaligen Prügelpraxis.[38] So wurde der bereits genannte Lehrer Musch von aufgebrachten Eltern angezeigt, weil er auf ihren Jungen so eingeschlagen hatte, „daß er denselben und ein älterer Schuljunge den Kopf zwischen die Beine genommen und zwei andere Knaben jeder an einem Bein so festgehalten, daß er wie ein Stück Holz ausgestreckt gelegen und dann mit einem Stock ihm 34 därbe Schläge gegeben, daß dem Jungen der hintere Theil des Hintern so aufgelaufen seien, daß er nicht Setzen und Liegen kund“. Es bedarf fast keiner Erwähnung, daß die Anklage abgewiesen wurde.

Mit vielen „Verfehlungen“ der Schuljugend glaubte sich der Büdesheimer Schulvorstand hochderoselbst befassen zu müssen, der aus zwei Gemeindevertretern und dem Ortspfarrer bestand, welcher auch den Vorsitz innehatte. Der Herr Pfarrer prügelte natürlich nicht selbst - wozu hatte man den Ortsdiener? In der Neujahrsnacht 1854 war mißliebig aufgefallen, daß zwei Schüler bis nach Mitternacht mit ihren Vätern in einer Gaststätte waren. Nun wurden aber nicht, wie man annehmen sollte, die Väter zur Rechenschaft gezogen - nein, den Kindern ging es an den Kragen, und der Ortsdiener züchtigte sie mit sechs Stockschlägen. Es gab Hiebe bei jeder Gelegenheit, wegen Schulversäumnissen, wegen „Trägheit und Schlafsucht“, wegen Ungehorsams oder Faulheit oder auch wegen Kirschendiebstahls, dessen sich gleich fünfzehn Schülerinnen und Schüler schuldig gemacht hatten. Alle erhielten durch den Ortsdiener sechs Stockschläge. In einem anderen Fall mußte der Arzt aus Heldenbergen konsultiert werden, weil der Lehrer ein Kind, „das nur mit dünnen, leinen Hosen, und ohne Strümpfe bekleidet, unbarmherzig mit einem Stocke zerschlug“. Der Vater sah von der vermutlich erfolglosen Anzeige ab und resignierte, da er „nicht unchristliche Rache suchen will, obwohl der Herr Lehrer die meinem Kind geraubte Gesundheit nicht wieder geben kann“. Einmal erhielten mehrere Kinder sogar zehn Stockschläge, „weil sie in der Kirche Käse gegessen ... hatten“.

Wenn wir aus Kilianstädten nichts über ein ähnliches Prügelszenario erfahren, dann sollte uns das nicht zu dem optimistischen Schluß verführen, unseren Kindern sei es unter der Regierungsgewalt der Kurfürsten oder später unter preußischer Herrschaft besser ergangen als im großherzoglichen Büdesheim. Wir lesen zwar im Presbyterialprotokoll aus dem Jahre 1711, also über hundert Jahre vor den Züchtigungsberichten aus Büdesheim, daß „der Schulmeister Johann Heinrich Schmidt klagte, wie etliche Tage vorher der Conrad Kropf (Kropp?, d.V.) ein Mitnachbar ihn in dem Schulhaus mit der grösesten Ungestümmigkeit überfallen und schändlich gelästert und gescholten wegen dem daß er seinen Sohn etliche Schläg uff die Hand geben ...“ [5], doch wäre es allzu gutgläubig, daraus zu folgern, die Kilianstädter Eltern seien beherzter als ihre oberhessischen Nachbarn gegen die geschilderten Prügelpädagogen vorgegangen.

Die Besoldung der Lehrer setzte sich aus vielen Einzelpositionen zusammen. Dazu gehörten die freie Wohnung, das Entgelt für kirchliche Schreibereien und solche für die Gemeinde sowie die Vergütung für allgemeine Kirchendienste wie das Orgelspiel oder das Herumreichen des Klingelbeutels beim sonntäglichen Gottesdienst und, nicht zu vergessen, die Bezahlung für ihre eigentliche Lehrtätigkeit. Mit der Auszahlung von Bargeld zeigten sich Kirche und Gemeinde freilich knauserig, daher mußte sich der Schulmeister zu einem großen Teil mit Naturalabgaben begnügen, die auf mannigfache Weise zusammenkamen. So hatten die Einwohner den Glockensichling für das Läuten zu entrichten, d. h. „wohl im alten Zehntrecht wurzelnde Anteile an dem (mit der Sichel geschnittenen) Korn“[44], mitsamt dem zugehörigen Stroh. Auch aus der Kirchenkasse gab es für mancherlei Verrichtungen Korn statt Geld; ebenso hatten die Eltern dem Lehrer für den Schulunterricht Getreide zu liefern, worin sie sich nicht selten säumig zeigten. Der Lehrer Engelhard beklagte sich daher beim Amt Bücherthal über „des Philipp Linde Frau“, die ihm die Zahlung von 8 Gescheid Korn (etwa 12,5 kg, d.V.) als Schullohn für ihre Tochter Katharina verweigerte. Die angeschriebene Behörde reagierte prompt und unwirsch: „Wenn die Lindin binnen 24 Stunden die 8 Gescheid nicht abgibt, so faßt die Execution.“ Dem erschrockenen Leser sei zu seiner Beruhigung versichert, daß damit der „Lindin“ nicht die standrechtliche Erschießung, sondern nur eine gerichtliche Zwangseintreibung angedroht wurde.

Zu den Bezügen des Lehrers gehörten neben einem fünf Pfund schweren Laib Brot für jedes Trauergeläut, das er als Küster zu besorgen hatte, die sogenannten Besoldungsbrote, auch Festlaibe genannt, die von allen Ortsbürgern an Ostern und Weihnachten zu entrichten waren. Der Lehrer Knöll, den wir schon von seinem Kampf gegen das Vieruhr-Morgenläuten kennen, konnte offenbar gegen das viele Brot nicht anessen, denn er schlug dem „Wohllöblichen Ortsvorstand“ vor, den Brotpflichtigen aufzuerlegen, „diese Naturalabgaben in Geld zu verwandeln“ und den der Brottaxe entsprechenden Betrag in die Gemeindekasse zu entrichten. Der Ortsvorstand hatte im Prinzip nichts gegen die Brotverwandlung einzuwenden, mochte jedoch nicht den Geldeintreiber für den Herrn Lehrer spielen, dieser möge den Geldbetrag schon selbst bei den Leuten erheben.

Ob das Knöll schließlich auch gemacht und welchen Erfolg er dabei gehabt hat, wird leider nicht berichtet.

Der Schulmeister hatte noch weitere, schwer in Münze zu bewertende Vergünstigungen, z.B. Brennholz aus dem Gemeindewald oder das Recht, sein Vieh, falls er welches hatte, ohne Zahlung von Hirtenlohn zur Weide zu geben. Zu diesen Privilegien gehörte auch der „Obernutzen" des Totenhofes (Friedhof, d.V.), „so aber" - wie es 1769 hieß - „ohne Obst Baum und Dörr ist". Wahrscheinlich war in den knapp hundert Jahren bis zur Amtszeit unseres Lehrers Knöll ein besserer Bewuchs aufgekommen, denn dieser legte großen Wert auf die Nutzung des Totenhofes, nämlich auf „Gras, Obst, von den Bäumen heruntergefallenes oder durch Ausputzen ergiebiges Gehölz". Nun wurden nach einem heftigen Sturm und Hagelwetter von einem Birnbaum und der großen Linde zwei Wagen voller Äste und Reisig heruntergeschlagen, auf die Knöll „competenzmäßig" Anspruch zu haben glaubte. Da mußte es ihn verdrießen, daß der Ortsvorstand den unverhofften Holzsegen einfach verkaufen ließ und den Erlös der Gemeindekasse zuführte. Knöll, im Erstellen von Eingaben geübt, wandte sich unter ausführlicher Schilderung des Sachverhaltes an die übergeordnete Instanz: „... Es ist darum meine Pflicht, der Sache wegen Kurfürstlicher Polizeidirektion gehorsamst die ergebenste Anzeige zu machen und unterthänigst zu bitten, im Falle Hohe Behörde meinen Anspruch für gerecht und billig erachtet, den hiesigen Ortsvorstand geneigtest zu bestimmen, daß mir der betreffende Erlös von dem heruntergefallenen Gehölze aus der Gemeindekasse ausbezahlt werde."

Die „Hohe Behörde" hielt sich nicht lange mit Argumenten und Erklärungen auf: „Dem Bittsteller wird eröffnet, daß man seinen Antrag für unbegründet halte." Die Entscheidung scheint Knöll nicht wenig gewurmt zu haben, denn er griff das Thema, wohl auch im Hinblick auf mögliche künftige Ereignisse ähnlicher Art, zwei Jahre später wieder auf. Doch gewitzt, wie er war, wandte er sich diesmal an seinen Schulinspektor, den „Hochwürdigen Hochgeehrten Herrn Metropolitan[*)]" Faber aus Marköbel und bat ihn unter Verweis auf die seinerzeitige ärgerliche Entscheidung der Polizeidirektion um Vermittlung: „... Wollen deshalb Ew. Hochwürden nicht die Güte haben und diesen Fall gefälligst berücksichti-

---

*) hier: dem Superintendenten untergeordnete Geistliche, die neben ihrem Pfarramt besondere Aufgaben des Kirchenregimentes zu versehen hatten, etwa die Inspektion der Schulen.

gen, ihn geneigtest Hoher Behörde im wahren Lichte darstellen und sich für mich bei derselben gütigst verwenden. Indem ich von Ihrer Menschenfreundlichkeit und bereitwilliger Dienstfertigkeit völlig überzeugt bin, verbleibe ich ..."

Der Appell an die Menschenfreundlichkeit des Herrn Metropolitan verhallte nicht ungehört; dieser wandte sich tatsächlich im Sinne Knölls an die Hanauer Behörde. Zwar erreichte auch er nichts, doch wurde ihm wenigstens eine Begründung zuteil, nämlich, daß „die Benutzung des Totenhofes ... sich nur auf die regelmäßige beziehen kann, als welche Holzbruch durch Hagelschlag nicht zu betrachten stehe".

Daß sich Hartnäckigkeit letztlich doch lohnt, zeigt drei Jahre später ein Aktenvermerk Knölls im Schularchiv: „Auf das am 6. Juli 1862 stattgefundene Hagelwetter (hier Sturm) fiel abermals von der Kirchhofslinde eine Parthie Holz herab. Bürgermeister wollte es schon verkaufen lassen. Herr Pfarrer Gebig aber berichtete diesen wie auch den vorigen Thatbestand in Betreff des von dieser Linde abgeschlagenen Holzes an Kurfürstliches Consistorium und siehe - das Holz ward dem Lehrer, dem (der)zeitigen Nutznießer des Todtenhofs, zugesprochen."

Den kaum verhüllten Triumph Knölls kann der Leser noch heute, bald 150 Jahre nach dem Vorfall, unschwer nachempfinden. Es steht wohl außer Frage, daß sich der Pfarrer Gebig, der in diesem Jahr erst seinen Dienst angetreten hatte, nicht aus eigenem Antrieb nach Hanau wandte; gewiß hatte der unbeirrbare Knöll den Neuling regelrecht eingewickelt. Mit welch frommen Argumenten der sprachgeübte Gottesmann die Hanauer Bürokraten diesmal umzustimmen vermochte, wird wohl für immer ein Geheimnis bleiben.

Über die merkwürdige Besoldung der Lehrer wurde schon einiges gesagt; erst 1897 wurde von der preußischen Regierung ein Dotationsgesetz verabschiedet, das den Lehrern ein festes Grundgehalt und auch eine Alterszulage zusicherte. Durch eine neue Besoldungsordnung wurde 1908 die finanzielle Stellung des Lehrpersonals ein weiteres Mal verbessert. Die immer noch bestehende Belastung mit kirchendienstlichen Aufgaben wurde erst 1920 endgültig aufgehoben. Zwar bat die Kirche um Weiterführung des Organistendienstes, doch mochte sie die von der Kilianstädter Lehrerschaft geforderte Vergütung nicht akzeptieren. Nachdem auch eine vermögensrechtliche Auseinandersetzung zwischen Kirche und Schule stattgefunden hatte, die das Schulgebäude in den alleinigen Gemeindebesitz überführte, war in Kilianstädten die Trennung von Kirche und Schule endgültig vollzogen.

Schülers Freud und Schülers Leid

An meine Einschulung im Jahre 1937 erinnert eine Fotografie, mit einer Agfa-Box in mäßiger Qualität aufgenommen, auf der ein unsicher lächelnder Bub, nämlich ich, in dörflich-unelegantem Aufzug, mit langen Strümpfen, den „Selbstgestrickten", und bis über die Knie reichender kurzer Hose zu sehen ist, wie er, eine große Schultüte im Arm, neben einer Schiefertafel mit der Aufschrift „Mein erster Schulgang" posiert. Der Unterricht der ersten Schulklassen fand im neuen Schulhaus in der Hanauer Straße statt, das fünfundzwanzig Jahre später durch einen modernen Neubau oberhalb der damaligen Bleiche, die Friedrich-Ebert-Schule, ersetzt werden sollte. Freilich war die neue um 1894 gebaute Schule, auf deren großem Schulhof zwei prächtige Linden standen, schon damals zu klein, obwohl sie 1912 erweitert worden war. Als „neu" konnte sie auch nur deshalb gelten, weil es am Hüttenberg noch die 1845 fertiggestellte alte Schule gab, die aus Platzgründen weiter genutzt werden mußte. Diese war wiederum, wie der Leser schon weiß, Ersatz für das noch ältere Schulhaus, welches zwischen der Kirche und dem Uffelmannschen Hof gestanden hatte und später zunächst als Rathaus, dann als Armenhaus diente, bis es im Jahre 1929 abgerissen wurde.[47]

Beim ersten Mal fanden wir uns alle im künftigen Klassenraum an der Hand unserer Mütter ein, die uns nach kurzer Ansprache des Lehrers Bührmann unserem Schicksal überließen, dem wir, ängstlich und erwartungsvoll zugleich, einigermaßen gefaßt entgegensahen. Der erste Schultag dauerte nicht lange und trug zur Bereicherung unseres Wissens nicht viel bei, doch durften wir zum erstenmal den typischen Schulgeruch schnuppern, der uns von nun an viele Jahre begleiten sollte, dieses schwer zu beschreibende Duftgemisch aus dem Ledergeruch neuer oder auch altgedienter Schulranzen, den Aussonderungen alter Schulbänke und dem bitteren Säuredunst der Eisengallustinte, der aus den in die Bänke eingelassenen Tintenfässern aufstieg, überlagert vom unsichtbaren, aber allgegenwärtigen Mikrostaub der Tafelkreide.

In jener Zeit gab es so gut wie keine Autos auf den Straßen, und wer überfahren werden wollte, mußte schon unter ein Pferdefuhrwerk geraten. Der Fußweg zur Schule war also eine ziemlich gefahrlose Unternehmung, der sich auch die kleinen ABC-Schützen mutig unterzogen, doch bestand meine Mutter darauf, mich auch weiterhin an der Hand zum Schultor zu führen, obschon wir gerade um die Ecke wohnten und kaum jemand eine kürzere Strecke zurückzulegen hatte. Mir war das unangenehm, weil die Schulkameraden schnell anfingen, über das „Mamakind" zu spotten. Es war keine kleine Mühe, meiner Mutter die unwillkommene Begleitung abzugewöhnen; ich war ja „der Einzige", dessen Besitz sie nicht gefährdet sehen wollte, da kam ihr die Frage nicht in den Sinn, ob mir dieses Übermaß an mütterlicher Fürsorge am Ende nicht zum Schaden gereichen könne.

Ich war bei meiner Einschulung bereits ein gewitztes Kerlchen. Ich kannte die Uhr, konnte die Zahlen von 1-10 vorwärts und rückwärts aufsagen, und einige kleine Rechenkunststückchen hatte mir der Vater auch schon beigebracht. Da hatten mir die ersten Schulstunden wenig zu bieten, und ich schickte mich an, mich auf meinen Lorbeeren auszuruhen. Was kam, ist unschwer vorherzusagen: Bald hatte ich den Anschluß verloren und geriet fürchterlich ins Schwimmen. Dem Lehrer Bührmann blieb das nicht lange verborgen; er wurde bei meinen Eltern vorstellig, worauf es ein gehöriges Donnerwetter setzte. Mein Vater gab mir dann so lange Nachhilfeunterricht, bis ich den Anschluß wieder gefunden hatte. Viele Einzelheiten über den Unterricht der beiden ersten Klassen sind mir nicht im Gedächtnis geblieben; Bührmann war ein tüchtiger Lehrer, der sich viel Mühe mit uns gab und bei dem man etwas lernen konnte. Sonderbar: was man behält, sind eher Nebensächlichkeiten; so sind mir die wenigen Klassenspaziergänge besser in der Erinnerung geblieben als die vielen Unterrichtsstunden. War das Wetter schön und sonnig, so mochte einer der Knirpse den Finger heben und den Lehrer auf die günstige Gelegenheit eines Spaziergangs hinweisen oder gar ein Sprüchlein aufsagen: „Der Himmel ist blau, das Wetter ist schön, Herr Lehrer, wir wollen spazieren gehn." Traf es sich, daß auch dieser keine rechte Lust hatte, bei einem so schönen Sommertag im Klassenzimmer zu schwitzen, war schnell Einvernehmen hergestellt, und die ganze Klasse sprang jubelnd nach Hause, um sich eine halbe Stunde später wieder einzufinden, mit festem Schuhwerk und angemessener Kleidung versehen und mit Wurstbroten und Getränken beladen, als stünde eine mehrtägige Wanderung bevor. Einmal führte uns der Ausflug in den Wald, auf dessen Weg wir am Hochbehälter, dem sogenannten Wasserhäuschen, vorbeikamen, wo wir uns gleich um einen Sitzplatz auf einer der beiden Bänke balgten, um die erste Vesperpause einzulegen. Bührmann, auch beim Klassenspaziergang ganz Pädagoge, hatte sofort eine Inschrift über der Tür des Wasserhäuschens im Blick und fragte, wer sich wohl zutraue, den Text zu lesen. Das war ganz schön schwer, denn wir kämpften im Lesebuch noch mit den Buchstaben, doch faßte ich mir ein Herz und meldete mich. Es gelang mir tatsächlich, die Buchstabenreihe zu entziffern und als WASSERWERK KILIANSTÄDTEN zu identifizieren, was mir ein dickes Lob einbrachte. Für mich war das ein riesiges Erfolgserlebnis, das, wie man sieht, noch heute einen festen Platz in meinem Gedächtnis hat.

Sonderschulen gab es damals nicht. Wer in der Schule nicht mitkam und das Klassenziel nicht erreichte, blieb einfach sitzen. Er hatte zwar dann Gelegenheit, sein Wissen in einem zweiten Durchgang zu komplettieren, dafür fehlte ihm das letzte Schuljahr. Passierte einem besonders Unbegabten dieses Mißgeschick öfters oder gar regelmäßig, mußte er während seiner gesamten Schulzeit mit dem Wissensstand der unteren Klassen vorliebnehmen und hatte keine Chance, jemals mit dem Lehrstoff der oberen Schuljahre in Berührung zu kommen. Wir trafen in der ersten oder zweiten Klasse einen großen Jungen an, der nie über diese hinausgekommen war und dem dies, soweit ich mich erinnere, auch später nicht gelang. Er wohnte ziemlich am Ende des Wasserweges und hatte eine ältere Schwester, die sich in jungen Jahren eine damals unheilbare venerische Krankheit eingefangen hatte, an der sie auch früh verschied. Gelegentlich schaute sie aus dem Fenster oder saß in einem Stuhl vor dem Haus, und ich muß eingestehen, daß ich immer, wenn ich sie sah, von ihrer matten Schönheit auf eine sonderbare Weise angezogen wurde. Um wieder auf den Bruder zu kommen: er hatte, wie auch wohl schon sein Vater, den Spitznamen „Jidd“, also Jude, und wurde von uns auch nur so genannt. Er zeigte sich weder bösartig, noch hatte er irgend etwas gegen uns im Sinn, er war halt anders als wir. Wir verhielten uns als Kinder ähnlich wie viele Erwachsene: Alles, was andersartig war, fremd erschien, nicht den gängigen Normen entsprach, rief unsere Abneigung und Unduldsamkeit hervor. So kam es dann immer wieder vor, daß sich in uns der Wunsch regte, den Jidd „zu hauen“. Wir rotteten uns nach der

Schule zusammen, bewaffneten uns mit Stöcken und machten uns auf die Suche nach dem Jidd, der aber, wenn wir ihn wirklich fanden, gar nicht daran dachte, das Hasenpanier zu ergreifen, sondern entschlossen gegen uns Front machte. Jetzt war es an uns, vor dem viel größeren Jidd davonzulaufen. Wie wir an anderer Stelle bereits gelesen haben, hat der Jidd letzlich, wenn auch posthum, Beachtliches bewirkt in Kilianstädten: Wegen ihm wurde ein Pfarrer seines Dienstes enthoben.

Im ersten und zweiten Schuljahr hatten wir günstige Lernbedingungen vorgefunden, denn die Klassen waren getrennt. Mit diesem Komfort war es aber schnell vorbei, denn drittes/viertes, fünftes/sechstes und siebtes/achtes Schuljahr waren zusammengefaßt. Kam man beispielsweise in das dritte Schuljahr, so wurde man mit dem Lehrstoff konfrontiert, den das vierte Schuljahr schon hinter sich hatte, um ein Jahr später zu den Belesenen zu gehören, die sich ein zweites Mal anhören mußten, was den Drittkläßlern beigebracht wurde. Drittes und viertes Schuljahr wurden vom Lehrer Kolmer betreut, schon etwas älteren Semesters, von dem bereits meine Mutter Unterricht erhalten hatte. Sie war auf den Herrn Kolmer nicht besonders gut zu sprechen, weil sie meinte, von ihm immer schlechtere Noten bekommen zu haben, als sie ihrer Meinung nach verdient gehabt hätte. Zu ihrer Zeit war es übrigens noch üblich, daß die Kinder ihren Leistungen entsprechend in den Bänken Platz nahmen: die schlechten ganz vorne, die guten hinten.

War Bührmann ein fleißiger und bemühter Lehrer gewesen, so ließ es Kolmer lässiger angehen. Wenn im Rechnen Malnehmen oder Teilen an der Reihe war, nahm er sich wohl eine oder zwei Stunden Zeit, um uns das Rechenverfahren beizubringen, für das anschließende Verfestigen und Einüben bediente er sich aber einer Methode, die ihm wenig Mühe abverlangte. Er schrieb zehn oder fünfzehn Zahlenungetüme an die Wandtafel und formte um diese eine große Klammer, gefolgt vom Multiplikations- oder Teilungszeichen. Hinter dieses trug er als Multiplikatoren bzw. Divisoren fünf oder zehn durch Kommas getrennte Zahlen ein. Nun waren wir auf Tage hinaus beschäftigt, während er sich die Zeit mit Zeitunglesen vertrieb, wenn er nicht der kleinen Bibliothek mit Jugendliteratur, die sich in einem Schrank direkt hinter seinem Lehrerpult befand, einen Band entnahm und sich mit unverkennbarem Vergnügen zu Gemüte führte. Hatten wir unterdessen unsere Schiefertafel vollgeschrieben, marschierten wir zu ihm hin, um ihm das Ergebnis unserer Rechenkünste vor die Nase zu halten. Er blickte dann kurz von seiner Lektüre auf und beschied den kleinen Rechenmeister mit einem zustimmend-gnädigen Kopfnicken, um sich wieder schmunzelnd seinem Kinderbuch zu widmen, worauf der Schüler seine Schiefertafel mit dem Schwamm auswischte und dort, wo er aufgehört hatte, weitermachte, um sie von neuem mit endlosen Zahlenkolonnen zu füllen. Aus den Heiterkeitsbezeugungen beim Lesen seiner Bücher sollte der Leser nicht vorschnell folgern, der Lehrer Kolmer sei ein lustiger Mensch gewesen. Er verstand im Gegenteil wenig Spaß und war mit dem Rohrstock schnell zur Hand, wenn er sich über einen Schüler geärgert hatte. Dieser wurde dann nach vorn gerufen, mußte sich über einen Stuhl beugen und bekam das Hinterteil ordentlich durchgebläut, denn wenn Kolmer erst mal angefangen hatte, hörte er so schnell nicht wieder auf, mochte der kleine Übeltäter auch Zeter und Mordio schreien.

Es war klar, daß der kurze Blick auf die vollgerechnete Schiefertafel keine Kontrolle des Rechenergebnisses zuließ, dennoch wagte ich nicht, diese sinnlose Zahlenakrobatik einzustellen und statt dessen etwa aus dem Fenster zu schauen. Meine Kusine Ilse war da einige Jahre später entschieden kaltblütiger. Sie war fünf Jahre jünger als ich und suchte während der großen Bombenangriffe auf Frankfurt bei uns im Dorf Unterschlupf. Auch sie bekam von Kolmer Rechenunterricht, und schnell hatte sie dessen Beschäftigungssystem durchschaut. Im Gegensatz zu mir zog sie daraus Konsequenzen: Nachmittags zeigte sie uns triumphierend die vollgeschriebene Tafel, die sie am nächsten Morgen nach angemessener Wartezeit dem Lehrer Kolmer unverändert präsentieren würde, was diesem bei seiner nur vorgetäuschten Überprüfung auch nicht auffiel.

Im Deutschunterricht war ich ein As. Bei Aufsätzen flossen mir die Einfälle mühelos aus der Feder, und Rechtschreibfehler unterliefen mir so gut wie keine. Das war mir irgendwie in die Wiege gelegt worden, ich brauchte keine Anstrengung darauf zu verwenden. Um so entsetzter war ich, als ich ein Diktat zurückerhielt, in dem ich ungewohnt viele Fehler gemacht haben sollte. Was war geschehen? Kolmer, der ja ohnehin ein strammer Nazi war und noch dazu Ortsgruppenleiter, hatte uns das vaterländische Gedicht „Es braust ein Ruf wie Donnerhall“ diktiert, das mir völlig unbekannt war. So mißverstand ich die Schlußzeile der Verse „fest steht und treu die Wacht am Rhein“ und schrieb „fest steht und dräut die Wacht am Rhein“. Man muß zugeben, daß das auch nicht ohne Sinn gewesen wäre, und so versuchte ich klarzulegen, daß das Adjektiv *treu* keineswegs fehlerhaft geschrieben war, sondern daß ich mich einfach verhört und das falsch verstandene Wort *dräut* orthografisch richtig wiedergegeben hatte. Kolmer wußte natürlich, daß ich ein so einfaches Wort wie treu niemals falsch schreiben würde, und er hätte auch mit etwas gutem Willen den Umfang meines Vokabulars positiv werten können, das immerhin ein nicht gerade geläufiges Verb wie „dräuen" umfaßte. Er ließ sich nicht erweichen: Falsch ist falsch und Fehler ist Fehler, aus meiner Sicht eine himmelschreiende Ungerechtigkeit, an der ich lange zu knabbern hatte. Doch es sollte noch schlimmer kommen. Bei Klassenarbeiten mußte Kolmer wohl oder übel selbst den Rotstift in die Hand nehmen, bei den gewöhnlichen Übungsdiktaten wurde die Korrektur uns Schülern übertragen. Wir tauschten die Tafeln oder Hefte nach einem feststehenden Modus miteinander aus, verglichen den Text mit dem, den er an die Wandtafel geschrieben hatte und strichen die Schnitzer des anderen an. Hinterher ließ er sich die Fehler ansagen und konnte sich so auf komfortable Weise ein Bild über den Wissensstand seiner Anbefohlenen machen. Die Sitzordnung brachte es mit sich, daß ich mein Heft mit einem Mitschüler tauschen mußte, den ich hier einmal Oswald nennen möchte. Während ich so gut wie niemals ein Wort falsch schrieb, wimmelte es bei ihm nur so von Rechtschreibfehlern. So war es Gewohnheit, daß er meistens null Fehler vermelden mußte, während ich deren zwanzig, dreißig oder noch mehr zu verkünden hatte. Daß das dem guten Oswald mit der Zeit auf den Geist ging, läßt sich nachfühlen, und so bauten sich nach und nach Rachegelüste in ihm auf, obwohl ich doch keine Schuld hatte, denn schließlich hatte er ja die orthografischen Fehlleistungen selbst begangen, und ich erfüllte nur meine Pflicht, diese wahrheitsgemäß zu bekunden. Eines Tages sagte Oswald triumphierend eine ungewohnt hohe Fehlerzahl an, ich glaube, es waren fünfzehn oder zwanzig. Ich war ganz entgeistert und starrte ungläubig auf die vielen Anstreichungen, die er gemacht hatte. Alle Wörter, in denen ein k vorkam, waren als falsch markiert, obwohl sie korrekt geschrieben waren. Wütend beschwerte ich mich bei Kolmer, der auch nicht wußte, was das zu bedeuten hatte und von Oswald eine Erklärung verlangte. Der sagte, der Schnörkel bei meinem k sei nicht in Ordnung, er müßte, ich weiß es nicht mehr, etwas mehr oder etwas weniger gerundet sein. Daß das eine Schikane war, stank geradezu zum Himmel, und ich rechnete fest damit, daß Oswald jetzt einen gehörigen Rüffel bekam. Doch was sagte unser Pädagoge? Er schmunzelte und meinte: „ Ja, ja, der Oswald, der hat scharfe Augen.“ Von da an, von Kolmer gewissermaßen sanktioniert, war in meinen Diktaten an Fehlern kein Mangel mehr. Wie viele es waren, hing davon ab, wie oft der Buchstabe k vorkam. Ich konnte das k schreiben, wie ich wollte, keines fand vor Oswalds Augen Gnade, und ich fing an, beide zu hassen, den Oswald, weil er sich eines so schäbigen Tricks bediente, und den Lehrer Kolmer, weil er das auf geradezu boshafte Weise hingehen ließ.

„Griehn bis hinner die Ohrn“

Mit der Versetzung in die fünfte Klasse kam ich in das alte Schulhaus am Hüttenberg, unweit der Kirche, in dem die älteren Schüler Unterricht hatten. Dort war auch der Sitz des Schulleiters, des Hauptlehrers Adamy, der sich nach außen hin den Anstrich eines forschen Nationalsozialisten gab, von dem aber in gewissen Kreisen, denen auch mein Vater zuzurechnen war, die Rede ging, ihm sei in Wirklichkeit das ganze System zuwider, und er würde gewissermaßen nur mit den Wölfen heulen. Das mußten damals viele, denn wer sich nicht mit den Nazis gemein machte, konnte jede Hoffnung auf ein höher gestelltes oder einträgliches Amt von vornherein begraben.

Zu Adamy sagten die Mädchen und Buben, wenn sie ihn ansprachen, nicht wie bei den anderen Lehrkräften „Herr Lehrer“ oder „Herr Lehrer Soundso“, sondern respektvoll „Herr Hauptlehrer“. Adamy war das gar nicht recht. So rief er den ganzen Verein zusammen und bat sich energisch aus, künftig nur noch mit „Herr Lehrer“ oder „Herr Lehrer Adamy“ angeredet zu werden. Das ging wie ein Lauffeuer herum, und alle bemühten sich, der neuen Anordnung Folge zu leisten, doch stak die Achtung vor dem hohen Schulamt jedermann in den Knochen, und der „Herr Hauptlehrer“ wurde in der Weise zum „Herrn Lehrer“ umgestaltet, daß die beiden Wörter zusammengezogen wurden und, auf der ersten Silbe betont, zu „Herrnlehrer“ verschmolzen. Man ging also nicht mehr zum Hauptlehrer sondern zum Herrnlehrer. Adamy wird es wohl verzweifelt aufgegeben haben, noch einmal eine Nachbesserung zu versuchen. Er unterrichtete bevorzugt die beiden Oberklassen und sollte in den letzten Kriegstagen ein tragisches Ende finden.

Als ich in die fünfte Klasse kam, schrieben wir das Jahr 1940. Der Krieg war also in vollem Gang, doch hatten die schweren Luftangriffe noch nicht begonnen, so daß wir unmittelbar wenig davon spürten. Da der Führer Soldaten brauchte, mußten auch die Lehrer scharenweise einrücken; um den Lehrermangel zu beheben, wurden altgediente Pädagogen, die sich im Ruhestand befanden, wieder zum Lehramt herangezogen. Für uns Fünft- und Sechskläßler hatte dies den Vorzug, mit dem Lehrer Rohn einen vorzüglichen Schulmeister zu erhalten, der, vielleicht schon ein wenig schrullig, uns mit Kompetenz und Gründlichkeit den Lehrstoff einzuverleiben verstand. Da zählte es wenig, daß seine Unterweisungen gelegentlich etwas eigenwillig anmuteten.

Rohn war ein musischer Mensch, der selbst die Geige spielte und dem der Musikunterricht sehr am Herzen lag, obwohl er uns nur zu mäßigen Leistungen anspornen konnte. Der Musikunterricht erschöpfte sich zwangsläufig im Erlernen von Liedern, die wir unter seiner sachkundigen Anleitung eher laut als schön erschallen ließen. Eines Tages war das Lied „Wenn alles grünt und blüht auf dieser Heide" an der Reihe. Nun hat das hochdeutsche ü in unseren Dialekt nicht Eingang gefunden, und so sangen wir denn treuherzig und ohne uns viel Böses dabei zu denken „Wenn alles grient und blieht ..." Dem Lehrer Rohn wollte das nicht gefallen. Er spitzte den Mund und zeigte uns, wie das ü richtig auszusprechen war. Wir hätten das wohl vermocht, doch begann uns der Teufel zu reiten. Jetzt sangen wir erst recht „Wenn alles griehnt und blieht ..." Rohn wurde ärgerlich. Er versuchte noch einmal im Guten, uns in der richtigen Artikulation des ü zu unterweisen - ohne Erfolg. Jetzt sangen wir das i extra breit und überdeutlich. Rohn geriet, wie es gar nicht selten bei ihm geschah, in heftigen Zorn. Er holte den Stock hervor, sprang durch die Bänke, schrie: „griehn bis hinner die Ohrn, griehn bis hinner die Ohrn" und hörte nicht eher auf, als bis er sicher war, daß jeder der Choristen seinen Anteil bekommen hatte. Nachtragend war Rohn nicht. Sein Zorn konnte zwar schnell aufflammen und sich in heftigen Wutausbrüchen mit Titulierungen wie „Ihr Schussel, Ihr Schrecke" äußern, doch war seine Rage gewöhnlich eben so schnell verflogen, wie sie entstanden war.

Die Noten für das Fach Singen richteten sich nach Wohlklang der Stimme und Intonationssicherheit des jeweiligen Solisten. Dazu mußte sich einer nach dem anderen erheben und anhand einer vorgegebenen Melodie sein Können unter Beweis stellen. Ein Höhepunkt dieser Darbietungen war der Auftritt vom Peuler-Helmut. Der war ein gescheiter Bursche und im Rechnen uns allen voran, aber wenn es ans Singen ging, schienen ihn alle guten Geister verlassen zu haben. Er war völlig unfähig, einen Ton zu halten, und was er von sich gab, hatte mehr mit dem Jaulen eines Hundes als mit menschlichem Gesang zu tun. Wenn Helmut an der Reihe war, konnte man unserem Lehrer am Gesicht ablesen, welche Pein ihm der jammervolle Vortrag bereitete, während wir vor Vergnügen nicht mehr ein noch aus wußten. Dabei mußten wir das Lustgefühl, das uns dieser zweifelhafte Ohrenschmaus verschaffte, energisch unterdrücken, denn Rohn war jetzt in keiner humorvollen Stimmung, und eine unvorsichtige Freudensäußerung konnte leicht einen der gefürchteten Temperamentsausbrüche auslösen.

Vom Lehrer Rohn habe ich die kräftigste Tracht Prügel bekommen, die mir je in meiner Schulzeit verabreicht wurde. Sie war wohlverdient - und beruhte dennoch auf einem Mißverständnis. Im Rechnen liebte es Rohn, sich die Künste seiner Zöglinge aus nächster Nähe anzusehen. Der Betreffende wurde an die Wandtafel gerufen und mußte dort vor aller Augen eine Aufgabe lösen. Hier half kein Abschreiben oder Vorsagen, jeder war auf sich allein gestellt und mußte seinen Wissensstand öffentlich ausbreiten. Blieb sie oder er stecken, was nur allzu oft geschah, wurde der Nächste aufgerufen, während der Gescheiterte zu seiner Belehrung weiter an der Tafel verbleiben mußte. So mochte es passieren, daß drei oder vier der Pechvögel versammelt waren und auch der nächste hoffnungsvoll Aufgerufene nichts zur Lösung beizutragen hatte. Da konnte unser Rohn schon mal in Verzweiflung geraten, so daß er ungewöhnliche Maßnahmen ergriff, um den Probanten zur Höchstleistung anzutreiben. Er nahm dann seinen Stock zur Hand, spannte dem Bedauernswerten den Hosenboden und rief: „Überlegs dir gut, kannstes oder kannstes nicht." Zeigte diese Ermunterung nicht den gewünschten Erfolg, dann mußte sich der Unglücksrabe stellvertretend für die anderen Hohlköpfe ein paar aufbrennen lassen.

Wenn sich eine solche brenzlige Situation abzeichnete, konnte man den Trick versuchen, eine eilige Notdurft vorzutäuschen, um sich so der drohenden Gefahr zu entziehen. Der Lehrer durchschaute gewöhnlich dieses Manöver, wollte es aber meistens nicht darauf ankommen lassen, das Ersuchen zu verweigern, denn die Dringlichkeit konnte ja vielleicht einmal zu Recht bestehen, und eine Ablehnung wäre dann im wahren Sinne des Wortes in die Hose gegangen.

Aus einer solchen Lage heraus meldete ich auch einmal ein unaufschiebbares Bedürfnis an und trollte mich zur Toilette. Diese befand sich nicht im Schulhaus selbst, sondern im Hof, wozu man zeitaufwendig zwei Treppen hinuntersteigen mußte; das verschaffte einem in Verbindung mit der Verrichtung seines Geschäftes die notwendige Zeitspanne, mit etwas Glück dem Wagnis an der Rechentafel zu entgehen. Als ich im Schulhof angekommen war, postierte ich mich vor der Toilette und geriet bald in das Gesichtsfeld eines meiner Schulkameraden, der sich an der Tafel eingefunden hatte. Die Tafel stand unmittelbar neben dem Fenster, von dem aus man den Schulhof gut im Blick hatte. Ich begann nun, Unsinn zu machen und Possen zu reißen, was den Beobachter so erheiterte, daß auch die übrigen auf die kostenlose Darbietung aufmerksam wurden, die ich vor dem Toilettenhäuschen aufführte. Da konnte es nicht ausbleiben, daß auch Rohn gewahrte, daß etwas Ungewöhnliches im Gange war. Plötzlich erschien auch er am Fenster und schaute zu mir herunter. Jetzt fiel mir das Herz in die Hose, denn ich mußte zu Recht befürchten, daß ihm meine Clownerien wenig zusagten und daß das bei seinem reizbaren Temperament ungute Folgen nach sich ziehen würde. Ich suchte nach einem Ausweg und verfiel auf die, wie sich herausstellen sollte, unglückliche Idee, beim Eintreten in das Klassenzimmer so an meiner Kleidung herumzuhantieren, daß ein vorangegangener Besuch des Abortes glaubhaft erscheinen sollte. Auf dem Weg zu meiner Schulbank schlug ich also meinen Pullover hoch, um die Hosenknöpfe am Hosenträger zu befestigen. Rohn starrte mich ungläubig an. An die Albernheit im Hof dachte er nicht mehr, was ihm die Fassung raubte, war die geradezu unvorstellbare Flegelhaftigkeit und Zuchtlosigkeit, die sich hier offenbarte, dieser völlige Mangel an Erziehung und Kinderstube. So erbost hatte ich ihn noch nie erlebt, und es hagelte nur so Stockschläge auf mich herab. Das Schlimmste war, daß sich meine Schulkameraden die Auslegung Rohns ebenfalls zu eigen machten; niemand wollte mir abnehmen, ich hätte das Zuknöpfen meiner Hose nur vorgetäuscht, um von dem Unfug im Schulhof abzulenken.

Nach der fünften Klasse mußte ich der Kilianstädter Volksschule Valet sagen, ich sollte zur Mittelschule nach Bad Vilbel und war ohnehin ein Jahr zu spät dran. Man muß dazu wissen, daß mich die Natur mit fürchterlichen Plattfüßen ausgestattet hat, was mich seit meinem zweiten Lebensjahr der Gewalt verschiedener Orthopäden auslieferte. Zunächst war von einer Operation die Rede; die herangezogenen Knochenbrecher machten zwar wichtige Gesichter, sprachen aber mehr von den Risiken als den Erfolgsaussichten, da ließen es meine Eltern sein. Die folgende langjährige Behandlung erwies sich letztlich als nutzlos, auch wenn die Fußärzte ihre äußersten Therapiekünste einsetzten, die im Verschreiben von Einlagen bestanden. Auch ihre Prognose über den künftigen Krankheitsverlauf hielt, wie sich später herausstellen sollte, der Wirklichkeit nicht stand, doch galt es damals als unstreitig, daß ich einmal einen sitzenden Beruf ausüben müßte. Da ich zum Schneiderhandwerk, das als Möglichkeit angeboten wurde, keine rechte Lust verspürte, verfielen meine Eltern auf den Gedanken, mich die Kaufmannschaft erlernen zu lassen, wofür eine bessere Schulausbildung gewiß von Nutzen war. Dieses berufliche Vorhaben sollte freilich nicht verwirklicht werden, doch das gehört nicht hierher.

Auch wenn der freundliche Leser jetzt lieber mehr aus der Kilianstädter Schule gehört hätte, hier kann ich nicht mehr dienen. Er sei aber eingeladen, mich zur Mittelschule in Bad Vilbel zu begleiten, wohin es ja nicht weit ist, gerade mal zehn Kilometer.

Schultage und Bombennächte

Bad Vilbel war die nächstgelegene höhere Lehranstalt, wenn wir diese unbescheidene Bezeichnung für eine Mittelschule gebrauchen wollen. Nach Frankfurt-Eschersheim, wo sich eine Oberrealschule befand, wäre die Entfernung zwar auch noch zu bewältigen gewesen, aber so hoch hinaus sollte es wohl mit mir nicht gleich gehen. Mit der Mittleren Reife kam man damals weiter als heute, ein Abitur mußte es nicht unbedingt sein. In die höheren Klassen der Vilbeler Schule ging noch eine Reihe anderer Kilianstädter Schüler, doch hörten die meisten von ihnen, ich weiß nicht genau warum, irgendwann wieder auf. Die Vilbeler nahmen nicht jeden, er mußte erst eine Aufnahmeprüfung bestanden haben. So fuhr ich in Begleitung meiner Mutter mit der Eisenbahn in die dortige Schule, um meine Kenntnisse auf den Prüfstand zu stellen. Mit uns im Zug war, gleichfalls mit seiner Mutter, ein weiterer Kilianstädter Junge aus einer Klasse unter mir, denn ich war ja, wie bereits erwähnt, ein Jahr verspätet. Die beiden Mütter versuchten sich wohl Mut zu machen, denn sie erzählten sich gegenseitig wahre Wunderdinge über die Klugheit ihrer Sprößlinge. Die andere trumpfte noch stärker auf als die meine, mußte sich aber am Schluß von der Realität geschlagen geben: Ihr Wunderkind fiel durch, und ich bestand.

Als die Schule begann, zeigten sich die Nachteile der übertriebenen Fürsorge meiner Mutter. Obwohl ich ja jeden Nachmittag wieder zu Hause war, fühlte ich mich unbeschreiblich einsam und unglücklich unter den fremden Kindern, die aus Vilbel und den umliegenden Dörfern, vor allem aus der Karbener Gegend, kamen. Alles machte mich so traurig, daß mir manchmal während des Unterrichts die Tränen in die Augen traten. Diese Unsicherheit und Schwäche blieb den anderen nicht verborgen, und ein Junge aus Großkarben suchte mich als Opfer seiner Hänseleien und Knuffereien aus. Obwohl Kurt, mein Schulkamerad aus Kilianstädten, der auch in Vilbel in meiner Klasse war, mir inständig nahelegte, mir das nicht gefallen zu lassen, wagte ich nicht, mich zu wehren. Dabei war ich ein kräftiger Bursche, dem die Arbeit im Haus und auf dem Feld die Muskeln stark und rund gemacht hatte. Dennoch, ich hatte Angst vor der Pause, da der Bursche sofort wieder anfing, mich zu schikanieren und herumzupuffen. Eines Tages hatte er den Bogen überspannt, und ein unmäßiger Jähzorn, Erbteil meines Großvaters, sprang mich an. Ich ging auf den Überraschten los und verprügelte ihn, der meinen Bärenkräften kaum etwas entgegenzusetzen hatte, auf das Schrecklichste. Meine ganze aufgestaute Wut entlud sich in grimmigen Faustschlägen, so daß die anderen dazwischengehen mußten. Daß von nun an die Reihe an ihm war, Angst zu haben, muß nicht begründet werden, doch hatte ich mir auch bei allen anderen Respekt verschafft. Mir selbst hatte die Aktion Selbstvertrauen gegeben, das mir auch half, meine kindischen Heimwehgefühle abzustreifen.

Das Lehrpersonal war durchweg gut, von wenigen Ausnahmen abgesehen, wenn auch - wie das bei Lehrern nun mal ist - nicht immer ganz frei von Seltsamkeiten. Hier fällt mir zuerst das Fräulein Fleck ein, das uns Englischunterricht erteilte, ein hageres, ältliches Mädchen, dessen völliger Mangel an fleischlichen Reizen die Vermutung nährte, die Anrede „Fräulein“ könnte auch biologisch betrachtet zu Recht bestehen. Sie tat sich viel auf ihr angeblich akzentfreies Englisch zugute, das sie in

England oder Gott weiß wo erlernt haben wollte, denn nach eigenem Bekunden hatte sie die ganze Welt bereist und war obendrein in die haarsträubendsten und gefahrvollsten Situationen geraten. Wir glaubten natürlich kein Wort, hatten aber viel Vergnügen an den Geschichten, weil das von der Unterrichtszeit abging. Mit diesen erfundenen Abenteuern, die sie stets souverän und kaltblütig gemeistert hatte, versuchte sie wohl das Gleichmaß ihres altjüngferlichen Daseins zu kompensieren. Da sie auch beim Vortrag meinte, ihre damalige Gelassenheit glaubwürdig darstellen zu müssen, der sie die wundersamen Rettungen aus schier auswegloser Lage zu verdanken hatte, fiel es uns oft schwer, unsere Lachmuskeln unter Kontrolle zu halten.

Deutsch hatten wir in den ersten Jahren bei Fräulein Schreiber, die uns mitunter etwas härter als „die Flecken" anfaßte. Ich hatte mit meinen guten Leistungen in Deutsch bei ihr einen Stein im Brett und brauchte mich um wohlwollende Behandlung nicht zu sorgen. Schon früh war ihr meine deklamatorische Begabung aufgefallen, und ich durfte bei allen möglichen Gelegenheiten meine Rezitationskünste unter Beweis stellen. Mein Paradestück war das Gedicht „Die Füße im Feuer" von Conrad Ferdinand Meyer. Falls der Leser dieses nicht kennt: während eines Unwetters sucht ein Reiter, Kurier des Königs, in einem Schloß Schutz und Unterkunft. In den Ahnensaal geführt, fällt es ihm wie Schuppen von den Augen. Er war schon einmal hier, während der Hugenottenverfolgungen, auf der Suche nach dem Schloßherrn, den er nicht antraf. Er folterte die Ehefrau zu Tode, die den Aufenthaltsort ihres Gemahls nicht preisgeben wollte, steckte ihre nackten Füße in die Glut des Herdes. Die Kinder starren den Ankömmling entsetzt an, erkennen ihn, tuscheln mit dem Vater. Der Reiter gerät in Furcht und riegelt sich in seinem Schlafgemach fest ein. Am Morgen steht der Edelmann, durch eine Tapetentür in die Kammer gelangt, neben ihm, „ergraut, dem gestern dunkelbraun sich noch gekraust das Haar"; er hatte keine Rache genommen. Sie reiten zusammen weg, der Reiter glaubt, ihm sei nichts geschehen, „weil ich dem größten König eigen bin". Der andere spricht - nein, nicht der andere, ich spreche, gedankenvoll und schicksalsergeben: „Du sagsts! Dem *größten* König eigen! Heut ward sein Dienst mir schwer ..." Und nun mit steigender Dramatik: „Gemordet hast Du teuflisch mir mein Weib! Und lebst! ..." Jetzt Kunstpause. Dann, erschüttert, stockend, bedeutungsschwer: „Mein ist die Rache, redet Gott." Ich darf dem Leser, der mir einen etwas belustigten Eindruck zu machen scheint, glaubwürdig versichern, daß mein Vortrag nur ganz Hartgesottenen nicht das Herz rührte.

Was dem Fräulein Schreiber weniger gefiel, war die Aussprache von ich, mich, Licht usw., denn bei mir klang das unverfälscht hessisch isch, misch, Lischt. „Erwin, nicht *isch*, Du mußt das ch im Vordergaumen sprechen, hör mal gut zu: *ich*, das kann doch nicht so schwer sein." Doch, es war schwer, hoffnungslos schwer, ich vermochte noch nicht einmal einen Unterschied herauszuhören. Ähnlich war es mit Worten, die ein langgezogenes ä enthielten, etwa Atmosphäre. Bei dem Standardsprecher klingt das ä wie ein e, mit einer leichten nasalen Verfärbung zu ä hin, ich hingegen sprach diesen Buchstaben original kilianstädterisch aus, als ganz breites ä. Das hätte ich zwar leicht ändern können, doch hier zeigte ich mich störrisch wie ein Maulesel: Ich weigerte mich einzusehen, daß ein offensichtlich wie ein ä aussehender Buchstabe nicht auch wie ein ä ausgesprochen werden dürfe.

In den späteren Jahren war Herr Roth unser Deutschlehrer. Wir mochten ihn alle gern; er war fair und pflegte mit uns einen kumpelhaften Umgangston, der aber unseren Respekt ihm gegenüber nie in Gefahr brachte. Bei ihm hatten wir auch Sport, den er selbst, wenn sich eine Möglichkeit bot, mit Hingabe betrieb. Dieser Sportsgeist ließ ihn eines Tages in eine Grube tappen, die wir ihm gegraben hatten. Wir hatten schon in den Bänken zum Deutschunterricht Platz genommen, als Roth eintrat und die Tür wie gewohnt mit Schwung öffnete. Vor ihm lag ein Fußball. Nun geschah, was wir erwartet hatten: Mit einem Tritt pfefferte er den Ball an die gegenüberliegende Wand. Aber er hatte nicht genau genug Ziel genommen, und was wirklich geschah, hatten wir uns insgeheim erhofft - der Ball verfehlte die Wand und flog durch das daneben liegende geschlossene Fenster, dessen Scheiben klirrend zu Bruch gingen. Roth nahm uns den Spaß nicht weiter übel, obwohl er sich jetzt eine Geschichte ausdenken mußte, um die zersprungene Scheibe zu erklären.

In diese Zeit fiel es wohl, daß wir einen Hausaufsatz mit freiem Thema aufbekamen. Ich nannte meinen „Ein Waldspaziergang" und ließ mit lyrischer Empfindsamkeit die Bäume rauschen, die Vögel singen und die Bienen summen. Es kam mir vor, als sei der Aufsatz über die Maßen gelungen, und ich erwartete zuversichtlich eine gute Note. Üblicherweise wurden wir einzeln an das Pult gerufen, wo Roth, mit den besten Noten beginnend, die korrigierten Hefte austeilte und gern einige mündliche

Kommentare anfügte. Als vier oder fünf Schüler ihre Hefte erhalten hatten und mein Name immer noch nicht gefallen war, begann ich nervös zu werden. Das konnte doch nicht wahr sein, daß ich so schlecht abgeschnitten hatte! Ich wurde als letzter aufgerufen und bekam zu hören, daß meine Arbeit überhaupt nicht benotet worden war, sie sei dem Lehrerkollegium vorgelegt worden, und dieses habe sich einstimmig seiner Auffassung angeschlossen, daß das unmöglich aus meiner Feder stammen könne. Es sei mit Sicherheit irgendwo aus der Literatur abgeschrieben, man habe nur noch nicht herausgefunden, von wo. Über diese zweifelhafte Ehre, die meiner Naturidylle widerfahren war, vermochte ich mich nicht zu freuen. Nicht nur, daß mir der Lohn für eine augenscheinlich exzellente Leistung vorenthalten wurde, diese hatte mich zudem noch in den Geruch eines Plagiators gebracht.

Die Lehrer in der Vilbeler Mittelschule waren wohl überwiegend keine vernagelten Nazis gewesen, denn ich kann mich nicht erinnern, daß wir einer besonderen Propagandamaschinerie ausgesetzt waren, ganz im Gegensatz zur Hauptschule in Windecken, in der ich später infolge der Kriegsereignisse ein kurzes Gastspiel geben mußte und von der der Leser bald mehr erfahren wird. Nur von unserem Rektor Burck war hin und wieder der Name Hitler zu hören, allerdings in merkwürdigem Zusammenhang. Burck war wohl wegen des Lehrermangels wieder aus der Versenkung geholt worden, denn er schien das Pensionierungsalter weit überschritten zu haben; zumindest machte er wegen seines weißen Bartes und der leicht gebückten Haltung einen altehrwürdigen Eindruck. Er lehrte Mathematik und tat dies auf gründliche und bedächtige Weise. Wenn sich einer aber gar zu dumm anstellte und partout nichts begreifen wollte, konnte Burck schon mal grantig werden und den Begriffsstutzigen ordentlich rüffeln. Der Höhepunkt seines Tadels war erreicht, wenn er den Betreffenden zu sich rief. Dieser mußte sich vor Burck, der auf seinem Stuhl sitzen blieb, aufstellen. Der schaute ihn lang und kummervoll an, dann schüttelte er seinen bärtigen Kopf und sagte, in waschechten Wetterauer Dialekt verfallend, mit tieftrauriger Stimme: „Un su äbbes will en Hitlerboub sãi“. Obwohl Burck dabei ein todernstes Gesicht aufsetzte, wurde ich den Verdacht nicht los, daß er sich insgeheim über seinen Spruch lustig machte.

Den Schulweg nach Vilbel legten wir bei gutem Wetter mit dem Fahrrad zurück. Das war in einer reichlichen halben Stunde zu schaffen.

Wenn es die Witterung nicht erlaubte, mußten wir den Zug nehmen. Morgens ging das ganz gut, aber über die Mittagszeit erlahmte der auf die nach Frankfurt fahrenden Pendler ausgelegte Zugverkehr, so daß wir bis nachmittags halb drei warten mußten. War die Schule einmal früher aus und das Wetter halbwegs günstig, nahmen wir schon mal die Beine unter den Arm, um nicht stundenlang herumlungern zu müssen. Die zehn Kilometer waren in zwei Stunden geschafft, vielleicht auch etwas schneller, wenn man vor Gronau die Landstraße verließ und die Eisenbahnschienen entlangstiefelte. Zwar war das erstens verboten und zweitens unbequem, aber es war die kürzere Wegstrecke.

Obwohl der Bahnhof Vilbel Süd der Schule am nächsten gelegen war, begaben wir uns gewöhnlich zum Nordbahnhof, dessen großer Wartesaal im Winter mit einem riesigen Ofen beheizt wurde und der zudem mit einem Restaurationsbetrieb aufwarten konnte. Da saßen wir wenigstens im Warmen und konnten unsere Schulaufgaben machen. Beim Bahnhofswirt, der sich mit mitleiderregendem Hinken durch den Raum bewegte und deshalb wohl auch seiner Soldatenpflicht nicht genügen konnte, waren wir wenig beliebt, denn wir benahmen uns häufig lauter, als es ihm genehm war, und was den Verzehr anbelangte, waren wir für ihn sowieso ein Totalausfall. Nach der Unterbrechung durch das Kriegsgeschehen fanden wir Schüler uns später, wenn auch in veränderter Zusammensetzung, wieder in der Schule und auch im Wartesaal des Nordbahnhofes zusammen, allerdings hatte der Wirt auf wundersame Weise sein Hinken verloren.

Als ich 1942 meine Schulzeit in Vilbel antrat, hatten die Luftangriffe auf Frankfurt schon begonnen, doch spürten wir zunächst wenig davon. Es fanden nur Nachtangriffe statt, und diese waren mit den schweren Bombardements der späteren Kriegsjahre nicht vergleichbar. Was uns beeinträchtigte, war der verlorene Schlaf in den Nachtstunden, wenn der Fliegeralarm uns aus den Betten in den Keller trieb. „Kein Fleisch, kein Fett, um acht ins Bett, den Arsch kaum warm, Fliegeralarm!" wurde eines der geflügelten Worte der Volkspoesie.[32]

Belastet waren wir Schüler auch durch gelegentliche Einsätze in landwirtschaftlichen Betrieben, wenn der Arbeitskräftemangel die Ernte gefährdete. Ich erinnere mich, daß wir einige Male nach Dortelweil transportiert wurden, um Zuckerrüben oder Dickwurzpflanzen zu vereinzeln, eine überaus unbeliebte Tätigkeit, weil das fortwährende und ungewohnte

Bücken selbst uns jungen Burschen und Mädchen gewaltig ins Kreuz ging. Zudem wurde man ständig vom Bauern angemeckert, weil entweder zu wenige oder zu viele der Pflänzchen ausgezupft wurden. Da war es, wenigstens anfangs, beim Kartoffelkäfersuchen interessanter. Doch die Jubelschreie über die Entdeckung der zunächst noch seltenen schwarz-gelb gestreiften Krabbeltiere verstummten bald, denn nach einiger Zeit gab es kaum noch einen Kartoffelbusch, der nicht von Dutzenden der gefräßigen Ungeheuer bevölkert war, zwischen denen sich rote nicht minder hungrige Larven tummelten. Die Nazipropaganda hatte prompt die Ursache für die ungehemmte Vermehrung der kleinen Nimmersatte gefunden: Feindflieger hätten die unersättlichen Viecher auf dem Luftweg nach unten befördert. Dies wurde wie vieles, was uns die Nazis weismachten, gern geglaubt; in Wirklichkeit war der Coloradokäfer, wie er auch genannt wurde, schon 1877 zum erstenmal in Deutschland gesichtet worden. Die noch kleinen Befallsherde konnten, wie auch später anfangs des 20. Jahrhunderts, fürs erste wieder ausgemerzt werden, aber schon 1936 drangen die Käfer in breiter Front über den Rhein und breiteten sich langsam zwar, aber unaufhaltsam nach Osten aus. Käfer und Larven konnten bei ausreichendem Befall die Kartoffelbüsche ratzekahl fressen und damit die Ernte schwer schädigen oder gar vernichten.

Die eingängige Nazitheorie über das Aussetzen der Schädlinge mittels Flugzeugabwurfes wurde übrigens 1950 von den SED-Machthabern aufgegriffen; der Ost-Propagandachef Gerhart Eisler ließ verbreiten, amerikanische Flieger hätten über der DDR in großen Mengen Kartoffelkäfer abgeworfen, um die Ernte zu vernichten, und die Briten hätten gar in Mecklenburg Käferschwärme mit Eisenbahnzügen über die Zonengrenze geschafft.[*)]

War während des Krieges und in der ersten Zeit danach das Ablesen der Schädlinge die einzige Möglichkeit, der Plage Herr zu werden, so kam in der Nachkriegszeit ein Giftpulver namens „Nexit“ auf den Markt, das den Biestern auf chemischem Wege den Garaus machte. Leider war das Produkt im ersten Jahr seiner Anwendung verunreinigt und vermittelte den Kartoffeln einen so widerlichen Geschmack, daß man sie nur mit Überwindung essen konnte.

Das Sammeln von Heilkräutern gehörte ebenfalls zu unseren Aufga-

---

[*)] aus dem Archiv der „Berliner Morgenpost online“.

ben. Zwar hatte ich auch schon während meiner Schulzeit in Kilianstädten Hagebutten, Kamille und Schafgarbe gepflückt, doch war das, so will es mir jedenfalls heute erscheinen, eher Spaß als Pflicht. Richtig lästig wurde diese Betätigung erst nach dem Wechsel zur Mittelschule, da durch den weiten Schulweg ohnehin viel Freizeit verlorenging. Ich stellte manche Überlegung an, wie das Soll an Heilkräutern am mühelosesten zu erfüllen sei. Die zu sammelnde Menge differierte je nach therapeutischem Wert, Kräutergewicht und Seltenheit der Art: Für Taubnesselblüten galt beispielsweise ein geringeres Gewicht als für Brombeerblätter oder gar für Hagebutten. Das Sammelgut konnte man zu Hause trocknen oder aber, wenn der Platz fehlte, im Dachstuhl des Schulgebäudes dörren lassen. Nach etlichem Grübeln konzentrierte ich meine Sammelaktionen auf Ackerschachtelhalm und Honigklee. Ersterer, auch Zinnkraut genannt, wuchs massenhaft in Kilianstädten in den Feuchtwiesen der Nidder entlang der Eisenbahnlinie, da war im Nu der Sack voll. Das Zinnkraut hatte wegen seines hohen Mineralgehaltes zudem die sympathische Eigenschaft, auch nach dem Trocknen ein ordentliches Gewicht auf die Waagschale zu bringen.

Mein Favorit aber war der Honigklee, auch als gelber Hornklee bekannt. Wegen seiner eher unbedeutenden Heilkraft stand dieses Gewächs in keinem besonderen Ansehen, was durch hohe Sammelmengen kompensiert werden mußte. Ich machte mir nicht groß Gedanken darüber, warum man von dem offenkundig geringwertigen Zeug auch noch möglichst viel haben wollte, sondern freute mich darüber, daß ich Stellen kannte, auf denen das Grünzeug mit den großen Blütendolden so massenhaft vorkam, daß man es mit der Sense hätte mähen können. Auch kurz vor Vilbel wuchs das Kraut an den Böschungen der heute hochgelegten Landstraße in solchen Mengen, daß ich nur eine Viertelstunde früher mit dem Fahrrad losfahren mußte, um einen Riesensack in der Schule abliefern zu können.

Da die Schulen in Deutschland beim Sammeln von Heilkräutern sogar miteinander wetteiferten, kann man sich mit wenig Fantasie ausmalen, welche gigantischen Kräuterberge da zusammenkamen. Ich kann mir heute nicht mehr vorstellen, daß selbst ein leidgeprüftes Volk wie das deutsche dieses Meer von Kräutertee austrinken konnte, zu dem das Trockengut hätte aufgebrüht werden können. Vermutlich waren die Sammelaktionen in erster Linie als Beschäftigungstherapie zu sehen, die von kritischem Denken ablenkte und den Beteiligten das Gefühl vermittelte, einen Beitrag zu dem immer unwahrscheinlicher werdenden Endsieg zu leisten.

Der Krieg verschärfte sich jetzt immer mehr. Richtig ernst wurde es im Herbst 1943, als die Tagesangriffe der Amerikaner begannen, was den Schulbetrieb stark in Mitleidenschaft zog, da wir immer häufiger das Klassenzimmer mit dem Luftschutzkeller vertauschten. Es gab Zugausfälle, weil die Schienen irgendwo Bombentreffer erhalten hatten, so daß wir bisweilen keine andere Wahl hatten, als den Heimweg per pedes anzutreten. Vilbel war kein ungefährlicher Ort, denn der Nordbahnhof war ein Umschlagplatz für Gütertransporte, außerdem trafen dort die Eisenbahnlinien von Kassel und dem Vogelsberg zusammen. Man konnte sich ausrechnen, daß das idyllische Städtchen an der Nidda über kurz oder lang in das Visier der amerikanischen Bomberverbände geraten würde. Meine Mutter, ohnehin leicht in Katastrophenstimmung zu versetzen, geriet immer mehr in Panik, fand vor Sorge und Vorahnungen keinen Schlaf mehr und gab keine Ruhe, bis das befürchtete Ereignis endlich eintraf.

Die Hauptschule in Windecken oder Warten auf den Endsieg

Es muß wohl im Spätsommer oder Herbst 1944 gewesen sein, als ich gerade das Schulgebäude verließ und die Sirenen wieder einmal anfingen, ihre Schreckensbotschaft in den frühen Nachmittag hinauszuschreien. Fliegeralarm war alltäglich geworden; zuweilen war er unnötig, manchmal kam er zu spät - es war auf alle Fälle ratsam, vorsichtig zu sein. Des kürzeren Weges wegen ging ich zum Südbahnhof, wo ein Splittergraben ausreichenden Schutz gegen Bombeneinschlag versprach, sofern es sich nicht gerade um einen Volltreffer handelte. Aber wo war man schon bei einem Volltreffer sicher? Der sogenannte Splittergraben war U-förmig angelegt, damit bei Verschüttung eines Ausgangs der andere zur Flucht genutzt werden konnte. Er bestand aus soliden Betonwänden und einer ebensolchen Decke, zudem waren die Eingänge verwinkelt gebaut, wodurch der Luftdruck einer Bombe oder Mine gebrochen werden sollte.

Am Bahnhof angekommen, ließ das Fliegergebrumm nicht lange auf sich warten, und bald waren die Kondensstreifen der in großer Höhe fliegenden Maschinen auszumachen. Da sich diese direkt auf uns zubewegten, begab ich mich ebenfalls - als einer der letzten, versteht sich - in den Betonunterstand und harrte mit etwas weichen Knien auf das Kommende. Das Motorengeräusch schwoll an und erfüllte den Schutzraum mit unheilschwangerem Gedröhn. Der Bomberverband mußte sich unmittelbar über uns befinden. Mit einem Mal legte sich ein ungeheures Rauschen und Brausen auf unsere Ohren, das uns in ohnmächtige Angst verfallen ließ.

Bombenabwürfe hatte ich schon häufig erlebt, und ich konnte schon an der Höhe des Pfeiftons gut abschätzen, in welcher Entfernung mit dem Einschlag zu rechnen war. Je höher die Tonfrequenz, desto entfernter ging die Bombe nieder, aber wenn das Fallgeräusch in ein Rauschen überging, mußte man mit einer nahen Detonation des Sprengkörpers rechnen. Doch wußte ich das neue furchterregende Schwirren und Tosen nicht einzuordnen; ich glaubte, ein Flugzeug sei abgeschossen worden und rase mit laufenden Motoren auf den Unterstand zu. Es war das nie zuvor gehörte Abwurfgeräusch eines in nächster Nähe gelegten Bombenteppichs. Die Erde schien zu beben, als die Explosionen einsetzten. An den Betonwänden des Splittergrabens zeigten sich Risse, Staub flog auf und legte sich auf Augen und Lunge, Frauen und Kinder schrien um die Wette. Ich kauerte mit den anderen auf dem Boden und hatte Angst wie die anderen, und doch war ich, wie schon bei ähnlichen Situationen, irgendwie von dem naiven Gottvertrauen erfüllt, mir würde schon nichts passieren.

Als das Motorengeräusch abgeebbt war, wagten wir uns wieder ins Freie. Das Bahnhofsgebäude stand noch, nur die Fenster waren vom Luftdruck geborsten, der auch die Ziegel vom Dach gehoben hatte. Vom höchsten Punkt, der Fußgängerüberführung zum gegenüberliegenden Bahnsteig, war das Ergebnis der Abwürfe zu übersehen: Fast alle Bomben waren zum Glück jenseits der Geleise in die Wiesen gefallen, deren Grün nun mit dem Braun zahlreicher Bombentrichter durchsetzt war, als habe dort ein Riesenmaulwurf seinen Schabernack getrieben. Nur eine einzige Bombe hatte unweit des Bahnhofs die Geleise voll getroffen, einen riesigen Krater gerissen und die Schienen wie Blumendraht verbogen und zerfetzt. Da würde wohl heute kein Zug mehr von Frankfurt durchkommen. Kurt, der zum Nordbahnhof gegangen war, hatte sich inzwischen eingefunden, und wir beschlossen, uns zu Fuß auf den Heimweg zu machen.

Inzwischen war auch in Kilianstädten bekannt geworden, daß der Vilbeler Bahnhof Ziel eines Bombenangriffs und die Bahnstrecke nach Frankfurt bis auf weiteres unterbrochen war. Meine Mutter, in der Schwarzseherei geübt, wußte auch Kurts Mutter mit ihrer Panik anzustecken, so daß die beiden Frauen in einen Behelfszug einstiegen, der die Strecke bis Vilbel befahren konnte. Dort war natürlich von uns keine Spur mehr zu finden; wir waren nach unserem zweistündigen Fußmarsch längst wieder zu Hause, als die beiden schon im Zug saßen.

Jetzt war meines Bleibens in Vilbel nicht länger. Meine Mutter, bar jeder Kaltblütigkeit, hätte die Aufregung, mich weiter dort in Gefahr zu wissen, nicht überlebt. Kurt ging weiter zur Schule und geriet kurze Zeit später in einen viel schlimmeren Angriff, der im Nordbahnhof schwere Zerstörungen anrichtete und auch den Südbahnhof dem Erdboden gleichmachte. Er kam glücklicherweise mit dem Schrecken davon und besuchte von da an wieder die Volksschule in Kilianstädten.

Meinen Eltern war es gelungen, mich in der Hauptschule im Nachbarort Windecken anzumelden. Zwar war der Schulweg nach dort in den Tagen, als sich der Krieg schon seinem Ende zuneigte, auch nicht ohne Gefahren, doch war es für meine Mutter eine große Beruhigung, mich in der Nähe zu wissen und nicht in Vilbel, wo die Bahnstrecke nach Kassel und die umfangreichen Gleisanlagen jederzeit wieder Ziel eines Bomberverbandes sein konnten.

Zur Hauptschule Windecken wäre einiges zu sagen. Die Hauptschule zur Zeit des Hitler-Regimes hatte trotz der Namensgleichheit nicht das geringste mit der Hauptschule heutiger Prägung zu tun. Sie war dem Wesen nach eine Mittelschule, bediente sich deren Lehrbücher und führte auch zu einem vergleichbaren Abschluß. Dieses Ausbildungsniveau schien den Nazis für ihre künftigen Führungskräfte angemessen; und da offenbar die Mittelschulen den Schülern das braune Gedankengut nicht gründlich genug eintrichterten, wurden eigens die Hauptschulen geschaffen, um den erhofften Nachwuchs ungeniert einer nationalsozialistischen Gehirnwäsche unterziehen zu können. Die Hauptschule in Windecken wurde 1942 ins Leben gerufen, beginnend mit den Schülern des Jahrgangs 1932; sie sollte die Klassenbesten im nordwestlichen Teil des Kreises Hanau aufnehmen, also die von Gronau, Dorfelden, Kilianstädten, Windecken, Ostheim, Eichen und Erbstadt. Dabei hatten die Betroffenen keine Wahl: Wer als geeignet bestimmt worden war, *mußte* die Hauptschule besuchen; im Weigerungsfall wäre er von der Polizei, der SA oder sonstwem zwangsweise nach Windecken verbracht worden. Dafür war die Hauptschule im Gegensatz zur Mittelschule schulgeldfrei. Wegen der nationalsozialistischen Ausrichtung wurde die Schule allgemein Adolf-Hitler-Schule genannt, obwohl das keine offizielle Bezeichnung war. In der obersten Klasse, in die ich eintrat, fand ich mit Marianne und Heine bereits zwei Kilianstädter vor, sie waren von Anfang an dabei. Meine Eltern waren mit denen Heines gut bekannt. Mit Heines Vater, der wegen seiner bekannten kommunistischen Vergangenheit im Dorf nur Liebknecht genannt wurde[37], teilte der meinige den Abscheu vor dem Hitler-Regime. Der alte Liebknecht wird es daher mit gemischten Gefühlen aufgenommen haben, daß sein kluges Söhnchen ausgerechnet der „Adolf-Hitler-Schule" zugeführt wurde. Wenn es die Wetterverhältnisse erlaubten, fuhren Heine und ich zusammen mit dem Fahrrad zur Schule, wobei man in den letzten Kriegstagen höllisch aufpassen mußte, daß man nicht einem Tiefflieger vor die Bordkanone geriet, denn der Himmel war voller Lightnings, Mustangs oder Thunderbolts, die auf alles schossen, was sich nur irgendwie bewegte. Glücklicherweise blieb uns ein solches Abenteuer erspart; außerdem war die Zugfahrt auch nicht viel sicherer, denn Eisenbahnzüge wurden nicht weniger häufig unter Beschuß genommen. Wenn wir am Windecker Bahnhof auf den Zug warteten, und es ergab sich eine brenzlige Situation, dann rannten wir zur nahegelegenen Gaststätte Lebeau (von uns auf gut hessisch „Lebbo" ausgesprochen, mit der Betonung auf der ersten Silbe), die über einen Felsenkeller verfügte, in dem wir uns sicher fühlten. Unsere Fahrräder stellten Heine und ich gewöhnlich bei meiner Großtante, der nach Windecken verheirateten Schwester meines Großvaters, ab, die uns auch, wenn wir Nachmittagsschule hatten, in unserem „Tender" genannten Henkelmann das mitgebrachte Essen aufwärmte.

Gewöhnen mußte ich mich erst an den neuartigen politisch bestimmten Unterricht, der mit einem Führerspruch und dem Absingen des Deutschlandliedes begann. Über dem Pult des Lehrers war ein Spruchband befestigt, das die Aufschrift trug: „Deutsches Volk - dein größter Erzieher ist Adolf Hitler". Der Führer hatte neben seiner Erzieher- und

Feldherrentätigkeit offenbar immer noch genügend Muße, eine schier unerschöpfliche Zahl von Sprüchen anzufertigen, etwa „Wer leben will, der kämpfe also, und wer nicht streiten will in dieser Welt des ewigen Ringens, verdient das Leben nicht“ oder „Wir wollen nichts erringen für uns, sondern alles nur für Deutschland; denn wir sind vergänglich, aber Deutschland soll leben“.

Ob der Herr Keim Schulleiter oder Hauptlehrer war, vermag ich nicht mehr zu sagen, auf alle Fälle war er die bestimmende Figur innerhalb der Lehrerschaft. Von eher schmächtiger Statur, verfügte er über ein beachtliches rhetorisches Talent, von dem er auch im Unterricht Gebrauch machte und das er ganz in den Dienst seines geliebten Führers stellte, wobei er bei besonders emphatischen Stellen durch die Nase zu schnauben pflegte. Es hieß glaubhaft, er sei Gauredner, was wohl bedeutete, daß ihm bei Gauveranstaltungen das Vorrecht eingeräumt wurde, mittels seiner rednerischen und demagogischen Fähigkeiten den Zuhörern das Hirn zu vernebeln.[*)] Jedenfalls wußte die Hanauer Zeitung vom 28.2.1944 zu berichten, daß unser Herr Keim im Rahmen einer nationalsozialistischen Aufmunterungsaktion vor der Ortsgruppe Dörnigheim einen Vortrag hielt mit dem Titel: „Der Sieg wird unser sein.“

Ich fiel schon in den ersten Tagen unverdient in Ungnade, weil ich den 10. April als Datum für des Führers Geburtstag genannt hatte. Dabei wußte ich ebenso gut wie jeder andere rechte deutsche Junge, daß Hitler am 20. April geboren war, da aber meine Mutter am 10. April Geburtstag hatte, brachte ich die Tage schon mal ungewollt durcheinander. Daß mir das bei dem Lehrer Keim passierte, kam einer mittleren Katastrophe gleich; für ihn war das nicht viel weniger als Vaterlandsverrat. Auch mein Vater brachte mich in Kalamitäten, als er mir wegen krankheitsbedingten Fernbleibens eine Entschuldigung schrieb und das Papier nicht mit dem üblichen „Heil Hitler“ dekorierte, sondern sich „mit deutschem Gruß“ verabschiedete, denn meinem Vater floß das Heilsbekenntnis zu Hitler genau so schwer aus der Feder wie es ihm von den Lippen ging. Keim wußte den kleinen Unterschied richtig zu deuten: Ich möge meinem Vater ausrichten, der deutsche Gruß laute Heil Hitler, und wenn er den

---

[*)] Das Großdeutsche Reich war in etwa 40 Gaue eingeteilt, die von Gauleitern geführt wurden. Diese waren mächtige Regionalfürsten, von Hitler persönlich eingesetzt und auch nur diesem gegenüber verantwortlich. Um sie in die Interessensphäre der SS einzubinden, wurde ein Teil von ihnen von Himmler mit hohen SS-Rängen ausgestattet. Wir gehörten zum Gau Hessen-Nassau, Gauleiter war Jakob Sprenger.

nicht hinschreiben wolle, dann solle er seine Grüße besser ganz unterlassen. Bald hatte mein alter Herr aber Gelegenheit, die Scharte wieder auszuwetzen, indem er mich bei einem Hausaufsatz unterstützte, der unter das Thema gestellt war: „Was ich einmal werden möchte". Zu diesem Zeitpunkt galt noch, daß ich Kaufmann werden wollte, aber ich hatte schon begriffen, daß man damit bei Keim wenig Eindruck schinden konnte und daß man von vornherein bessere Aussichten hatte, sich auf U-Bootkapitän oder Panzergeneral zu verlegen. Doch hatte ich wenig Lust, mich derart in Selbstverleugnung zu üben; ich suchte den Beistand meines Vaters, und wir entwarfen das Bild eines wackeren Auslandskaufmanns, der in Ausübung seiner nationalen Pflicht ferne Länder bereist, um unseren deutschen Erzeugnissen - nach dem bevorstehenden Endsieg natürlich - den Weltmarkt zu erobern. Im Entwurf jenes Aufsatzes, kürzlich in einem vergessenen Schulheft wiedergefunden, stand der folgende Schlußsatz, den ich mir heute auf der Zunge zergehen lasse: „Es muß ein stolzes Gefühl sein, unter unserer sieggewohnten Flagge fremde Meere zu befahren, um den Produkten deutschen Erfindergeistes weltweite Geltung und internationales Ansehen zu verschaffen". Offenbar hatte die Arbeit Keims Wohlwollen gefunden, ich habe jedenfalls eine schlechte Benotung oder einen bissigen Kommentar nicht in Erinnerung.

Um diese Zeit war Deutschland für jeden, der seine fünf Sinne beieinander hatte, unrettbar verloren. Nach der Vernichtung der 6. Armee in Stalingrad folgte an der Ostfront eine Niederlage der anderen, den vernichtenden Luftangriffen hatte die deutsche Flugabwehr kaum noch etwas entgegenzusetzen, und in Frankreich waren die Alliierten nach der amerikanischen Invasion in der Normandie auf ungehindertem Vormarsch. Doch hatte bei einem großen Teil der Bevölkerung der Verstand unter der Nazipropaganda so gelitten, daß viele, darunter die Patentante meiner Mutter, bis zur letzten Minute daran glaubten, der Führer werde schließlich doch noch die alles entscheidende Wunderwaffe wie ein Kaninchen aus dem Hut zaubern. Bei Keim schien der fortwährende Umgang mit nationalsozialistischem Gedankengut Vernunft und Urteilsvermögen völlig außer Kraft gesetzt zu haben, denn jede Niederlage versuchte er uns eifernd und geifernd als Sieg zu verkaufen. Hatte das Militär wieder einmal einen besonders vernichtenden Schlag hinnehmen müssen, dann wartete anderentags bereits zur ersten Schulstunde die Landkarte auf uns, vor der sich Keim postierte und den Einbruch der feindlichen Truppen in eine gewollte strategische Meisterleistung unserer Heeresleitung ummünzte, die sich aufgrund der nun erfolgten Frontbegradigung eine hervorragende Ausgangsbasis für den zu erwartenden Gegenangriff geschaffen hatte. Ich weiß nicht, wie viele unter uns den Schwachsinn noch glaubten; ich selbst bezog meine Informationen längst aus den Nachrichten der Feindsender, die ich heimlich und verbotenerweise abhörte, und ließ mir von Keim keinen Floh mehr ins Ohr setzen.

Die anrückenden Truppen kamen nun immer näher und ließen sich auch durch den schlachtenkundigen Scharfsinn unseres Lehrers nicht vom Sieg abhalten. Mit dem Einzug der Panzer war auch der nationalsozialistische Spuk mit den Hauptschulen zu Ende, und ich würde mich nach der unvermeidlichen Zwangspause, die zunächst einmal zu erwarten war, bald wieder in der Vilbeler Mittelschule einfinden. Der Lehrer Keim soll dem Vernehmen nach seine Entnazifizierung gut überstanden und in der Schule eines Nachbarortes bald wieder eine Anstellung gefunden haben. So steht zu hoffen, daß die Nachkriegsnormalität sein Oberstübchen wieder blank geputzt und von seiner bösartigen Gesinnung befreit hat, die in der Schilderung eines Erbstädter Mitschülers überliefert ist. Auf der Zugfahrt zum gemeinsamen Wohnort begegnete den beiden auf dem Bahnsteig eine Frau, die Hosen trug, sich die Lippen rot geschminkt hatte und eine Zigarette rauchte, wohl schon im Vorgriff auf einen am Horizont sichtbar werdenden neuen und toleranteren Lebensstil. Unserem Keim wollte das gar nicht zum nationalsozialistischen Typus des blondzöpfigen germanischen Frauenidols passen, so daß er sich zu der Äußerung verstieg: „So eine gehört auch ins KZ.“

Auf dem Weg zur Mittleren Reife - Reifezeit?

Den genauen Zeitpunkt für die Wiederaufnahme des Schulbetriebs in Bad Vilbel vermag ich nicht mit Bestimmtheit zu nennen, ich denke, daß das bereits im Herbst 1945 oder noch etwas früher der Fall war. Von den Kilianstädtern wollte Kurt nicht mehr weitermachen, dafür waren Karlheinz und Otmar von anderen Schulen dazugekommen. Auch Heine war von Windecken nach Vilbel gewechselt, hörte aber nach einiger Zeit wieder auf. Wann immer das Wetter es erlaubte, fuhren wir mit dem Fahrrad, denn die Züge waren in den ersten Nachkriegsjahren schrecklich überfüllt. Das gesamte Eisenbahnsystem hatte unter den Bombenangriffen arg gelitten, große Teile des Waggonbestandes waren zerstört. Wenn morgens während der Hauptberufszeiten der viel zu kurze Zug in den Bahnhof einfuhr, konnte man froh sein, wenn man überhaupt mitkam. Besonders schlimm sollte es mich nach dem Schulabschluß treffen, weil ich dann zu meiner Arbeitsstelle in Frankfurt mit dem „Ersten" fahren mußte, der von vielen Arbeitern benutzt wurde und daher extrem voll war. An einen Sitzplatz war natürlich nicht zu denken, denn auf den Holzbänken hatten sich bereits die früher eingestiegenen Fahrgäste aus den dem Vogelsberg zugelegenen Ortschaften breitgemacht.

Schon auf die richtige Auswahl des Waggons kam es an. Wir unterschieden Friedberger, Stockheimer und sogenannte Viehwagen. Bei den Friedberger Wagen hatte jedes Abteil eine eigene Zugangstür auf der Wagenlängsseite. Hatte man die Tür geöffnet, befand man sich zwischen zwei Bänken, die nur wenige Stehplätze zuließen. Wenn das Abteil bereits proppenvoll war, mußte man wieder vom Trittbrett heruntersteigen und die nächste Tür öffnen, meistens mit ebensowenig Erfolg. Dieses Spiel konnte man aber nicht beliebig oft wiederholen, sonst fuhr der Zug an, und es blieb nichts anderes übrig, als sich, auf dem Trittbrett stehend, am Haltegriff festzuklammern und im nächsten Bahnhof noch einmal sein Glück zu versuchen. Das Fahren auf Puffern, Trittbrettern oder wo man gerade Halt fand, war damals völlig an der Tagesordnung, und auf manchen Fotos aus jenen Tagen ist der Zug hinter den Menschentrauben, die auf halsbrecherische Weise außen an den Waggons klebten, kaum noch zu erkennen.

Im Gegensatz zu dem Friedberger Modell waren die Stockheimer Waggons Durchgangswagen; sie boten an beiden Stirnseiten Einlaß, und die Bankreihen waren durch einen Mittelgang erreichbar. Der Eingangstür war außen eine Plattform vorgelagert, die man zuerst betreten mußte und die häufig auch schon von den Fahrgästen in Beschlag genommen war. War man erst mal auf der Plattform, hatte man gewonnen, denn wenn es nicht gelang, sich zum Wageninneren durchzukämpfen, war man auf dieser ganz gut aufgehoben. Im Winter konnte einem der Fahrtwind die Morgenkälte ganz schön ins Gesicht blasen; dafür hatte man wenigstens frische Luft, während es die Menge im Inneren des Wagens - wenn die Heizung nicht gerade wieder mal ausgefallen war - zwar einigermaßen warm hatte, dafür aber an ihrer eigenen Ausdünstung litt, die das Atmen schwer machte. Noch ausgeprägter war das in den „Viehwagen“, in denen natürlich keine Rinder oder Kälber transportiert wurden, obwohl sie sich von der Konstruktion her nicht schlecht dafür geeignet hätten. Es waren halt alte, wohl schon ausrangierte Wagen aus der Pionierzeit des Eisenbahnwesens, die nur zwei große Abteile hatten. Diese waren mit einer schmalen Bank an jeder Seite versehen, boten also wenig Sitz-, dafür um so mehr Stehplätze. In diesen Wagen fand man am leichtesten einen Platz, denn zu so vielen Menschen, wenn sie sich ein wenig dünn machten, paßten immer noch ein paar dazu. Begeisterung schlug einem nicht gerade entgegen, wenn die Menge unwillig auswich, dafür aber der abgestandene Dunst mäßig gepflegter Leute, die kein Badezimmer zu Hause hatten und sich im Spülstein in der Küche waschen mußten und bei denen schon als reinlich galt, wer einmal in der Woche das Hemd wechselte.

Wenn der Zug einrollte, galt es sicheren Auges den Haltepunkt einer der Waggontüren vorauszuberechnen und früher als die anderen zur Stelle zu sein. War man der erste, brauchte man nur die Tür aufzureißen, und schon wurde man von den hinten Andrängenden in die Masse Mensch hineingestoßen, wobei man gar nicht anders konnte, als den im Weg Stehenden ordentlich auf die Füße zu treten, wodurch sich vorübergehend eine Lücke bildete, in die sich die Neuankömmlinge hineinschoben. Im Nu hatte man sich mit den früher Zugestiegenen sozialisiert und war bereits an der nächsten Haltestelle integrierter Teil der eingepferchten Fahrgemeinschaft, die den später Zusteigenden feindselig entgegenstarrte. Viele der Arbeiter, die nach Frankfurt fuhren und eine Stunde stehen mußten, hatten sich zusammenklappbare Ministühlchen beschafft oder selbst konstruiert, die sie aus der Arbeitstasche holten und, falls sie früh genug zugestiegen waren und noch halbwegs Platz vorgefunden hatten, aufspannten und sich draufhockten. Die Nase befand sich zwar dann in einer besonders ungünstigen Aromazone, doch machte der sauerstoffarme Mief angenehm schläfrig, und nicht wenige brachten ein erholsames Nickerchen zustande.

Hatten wir während des Krieges durch die Fliegerangriffe und deren Auswirkungen Einbußen im Unterricht hinnehmen müssen, so war dieser jetzt durch fehlende Schulbücher, mangelndes Schreibmaterial und ähnliches behindert. Bücher mit aufdringlicher Nazipropaganda konnten nicht mehr verwendet werden, und neue gab es vorerst nicht. Wir mußten uns mit Provisorien behelfen oder uns noch einmal in die alten und abgearbeiteten Wälzer vertiefen.

In den letzten Kriegsjahren hatte es für die meisten wenig zu essen gegeben, aber die Nazis hatten es wenigstens verstanden, den Mangel zu verwalten. Zuteilungsscheine für Lebensmittel gab es auch nach dem Krieg, doch war es kaum möglich, etwas dafür zu bekommen. Die Reichsmark war nach wie vor im Umlauf - praktisch war sie wertlos. Wer etwas haben wollte, mußte dafür etwas anderes einzutauschen haben, sonst konnte er sich den Weg zum Bauern oder auf den Schwarzen Markt sparen. Um wenigstens den Kindern die Grundernährung zu sichern, führten die Amerikaner Schulspeisungen ein. Es gab Kakao und andere lang entbehrte Dinge, vor allem aber eine pampige Maismehlsuppe, die nur wenigen schmecken wollte, von mir aber mit herzlichem Appetit verspeist wurde. Die Erwachsenen aus den hungernden Städten strömten scharenweise in die Dörfer, um bei den Bauern etwas einzutauschen, oder, wenn sie nichts hatten, um ein paar Kartoffeln zu betteln.

Ich muß die damalige Notlage, von der wir noch ausführlicher hören werden, bereits hier mit kurzen Worten skizzieren, damit der Leser nicht gar zu unnachsichtig mit dem Lehrer Klein umgeht, den uns das Schicksal beim neuen Unterrichtsbeginn als Klassenlehrer beschert hatte. Klein machte seinem Namen wenig Ehre: Er war, zwar etwas gehbehindert, ein Hüne von Gestalt. Ansonsten war er bösartig, nachtragend und ungerecht, mit unverkennbar sadistischen Zügen; nie habe ich einen Lehrer mehr gehaßt und verachtet als diesen. Er hatte es sich zur Gewohnheit gemacht, von Zeit zu Zeit in die Dörfer seiner Schüler hineinzuschneien und unter dem Vorwand, über die Leistungen der ihm unterstellten Kinder sprechen zu wollen, seinen Anspruch auf Fressalien kundzutun. Natürlich kreuzte er auch in Kilianstädten bei meinen Eltern auf, ebenso bei denen meines jüngeren Cousins Gerhard, der ebenfalls den Weg zur Mittelschule in Vilbel gefunden hatte. Wer hätte es wagen wollen, den Lehrer Klein nicht reich beschenkt mit Eiern, Wurst und Schinken aus dem Haus gehen zu lassen? Bei seinem allen bekannten tückischen Wesen hätte man seine Unzufriedenheit bald an den Noten der Sprößlinge ablesen können.

Eine böse Überraschung wartete auf mich in Vilbel, als ich den ersten Stundenplan sah. Während ich in Windecken auf die Hauptschule ging, hatten die Vilbeler mit Französisch begonnen. Ich hatte null Ahnung davon, mußte gleichwohl an der ersten Klassenarbeit teilnehmen und schrieb erwartungsgemäß eine Sechs. Zwar konnte ich mich bei der nächsten Arbeit auf Fünf verbessern, doch dabei blieb es auch bei der übernächsten. Dann war der Faden gerissen, und ich schrieb, Sprachentalent besaß ich, auf Anhieb eine Eins. Leider sind mir die erlernten mäßigen Französischkenntnisse wegen Nichtgebrauchs wieder verlorengegangen.

In diese Zeit fiel es wohl, daß mich die Vorstellung überkam, als designierter Kaufmann, von dessen Aufgaben und Möglichkeiten ich im Grunde nicht viel wußte, müßte ich mein Leben lang Akten wälzen und Zahlenreihen addieren. Da ich eine flotte Schreibe hatte und nach etwas Ausgefallenerem strebte, reifte in mir der Wunsch, später einmal Journalist zu werden, obwohl ich auch von diesem Berufsbild kaum mehr als eine vage Vorstellung hatte. Klar war nur, daß hierfür ein Abitur erforderlich war, wozu ich in die Oberrealschule nach Eschersheim hätte wechseln müssen. Dieser Umstieg war nicht leicht zu erreichen, doch machte sich mein Vater, der sah, wie leicht mir das Lernen fiel, auf den Weg und sprach mit dem Schulleiter. Er hatte ein hübsches Freßpaket mit Wurst, Schinken und ähnlichen Köstlichkeiten mitgenommen, und vor solchen Argumenten hatte in jener Zeit kein Einwand Bestand. Der Oberpädagoge, wohl auf gelegentliche weitere Proben mit ähnlicher Überzeugungskraft hoffend, zeigte Wohlwollen, und ich begann schon heimlich Latein zu lernen. Doch es sollte anders kommen.

Wir waren in Vilbel eine gemischte Klasse mit Mädchen und Buben, und ich begann, meinem inzwischen erwachten Sexualtrieb ausgesetzt, mich in Marianne zu verlieben, obwohl ich heute manchmal daran zweifle, daß sie mit ihrem etwas abgeplatteten Näschen wirklich so ausnehmend schön war, wie es mir damals vorkam. Sie war außerdem das gescheiteste Mädchen in der Klasse, auch das trug zu meiner Verliebtheit bei. Jedenfalls gefiel mir die Vorstellung, in eine andere Schule zu gehen, überhaupt nicht mehr, und ich begann, den geplanten Wechsel mit allen möglichen Einwänden und Argumenten zu sabotieren, bis ich den Verbleib in Vilbel erreicht hatte.

Nie hatte ich den Mut, Marianne meine Zuneigung zu offenbaren, so daß ich nicht weiß, ob sie meine heimliche Liebe überhaupt gewahr wurde. Wenn einem eine Sache weniger dicht am Herzen liegt, geht man, wie gleich zu lesen ist, sofort schneidiger vor. Die Luftangriffe auf Frankfurt hatten fast allen Wohnraum zerstört. Die Ausgebombten versuchten, in der näheren Umgebung der Stadt Unterschlupf zu finden, häufig erfolglos, weil die verfügbaren Quartiere schon vergeben waren. In der Not wurden Baracken erstellt, um wenigstens behelfsmäßige Unterkünfte zu schaffen. An einer solchen etwas außerhalb von Vilbel gelegenen Barakkensiedlung führte mich der Weg vorbei, wenn ich nach beendeter Schule mit dem Fahrrad nach Kilianstädten fuhr. Schnell hatte ich heraus, daß Heide, eine Mitschülerin, dort wohnte, deren Mutter tagsüber einer Beschäftigung nachging. Bald schaute ich mir das Behelfsheim einmal von innen an, und schließlich - der Leser wird es schon ahnen - kamen wir uns auch menschlich näher. Zwar kam es nicht zum Äußersten, aber bei keuschen Küssen blieb es auch nicht. Ich knöpfte ihr schon mal den Büstenhalter auf, und schließlich duldete sie auch, daß ich ihr zwischen die Beine griff. Ich kam mir richtig wie ein toller Hecht vor, und die Beziehung wäre sicher noch entwicklungsfähig gewesen, wenn, ja wenn ich nicht eines Tages das Fahrrad von Karlheinz an dem Behelfsheim hätte lehnen sehen. Ich dachte mir Schlimmes - zu Recht! Heide trieb mit uns ein Doppelspiel, was meine Leidenschaft dauerhaft abkühlte.

Unsere Klasse war unter den Lehrern gefürchtet. Die Zeitereignisse waren nicht spurlos an uns vorübergegangen und hatten uns regelrecht verwildern lassen. Dazu waren wir im besten Flegelalter und wollten auch den Mädchen mit immer neuen Dreistigkeiten imponieren. Und nun bekamen wir mit Dr. Bode einen neuen Klassenlehrer, der, blutjung und gerade der Universität entsprungen, bei uns sein erstes Lehramt antrat. Na, dem Bürschchen wollten wir schon zeigen, was eine Harke ist. Die erste Frechheit ließ nicht lange auf sich warten, und wir erwarteten neugierig seine Reaktion. Die kam prompt: Er haute dem Betreffenden eine runter, daß es ihn fast aus der Bank trug. Als es der Nächste versuchte, erging es ihm nicht besser. Dr. Bode ging mit unnachsichtiger Härte gegen uns vor, nicht das geringste ließ er uns durchgehen. Was hätten wir tun sollen? Zurückschlagen konnten wir ja nicht gut und eine Beschwerde bei der Schulleitung hätte angesichts des Rufes, der unserer Klasse vorausging, wenig Erfolg versprochen. So kuschten wir eben und begnügten uns damit, ihn zähneknirschend zu hassen. Irgendwann war es soweit: Er hatte uns klein gekriegt, und niemand wagte mehr aufzumukken. Doch nun trat etwas Unerwartetes ein. Dr. Bode änderte sein Verhalten total, er ging plötzlich nett und freundlich mit uns um, fast wie gleich zu gleich. Er konnte es sich jetzt leisten, die Zügel zu lockern - unser Widerstand war nachhaltig gebrochen. Langsam gewöhnten wir uns an die neue Situation und stellten fest, daß er eigentlich ein Pfundskerl war. Es bildete sich ein regelrecht freundschaftliches Verhältnis heraus, und wir wären am Ende für ihn durchs Feuer gegangen. Er war unerhört anständig und gerecht und dazu ein hervorragender Pädagoge, der es vermochte, auch trockenen Lehrstoff interessant zu gestalten.

In Mathematik hatte ich nie schlechte Noten, doch zu meinen besonderen Begabungen gehörte dieses Fach nicht. Hier verstand es Dr. Bode, mich durch seine präzisen und anschaulichen Beweisführungen geradezu in Begeisterung zu versetzen, was sich als eine Eins in meinem Zeugnis niederschlug. Im Unterricht pflegte er bei aller Gründlichkeit einen lockeren Ton; berühmt waren seine Sprüche, mit denen er einem, der sich festgefahren hatte, Alternativen anbot: Man kann ... sich ein Monogramm in den Bauch beißen, sich ein Loch in die Kniescheibe pieken und einen Kaktus reinpflanzen oder die leidige Sache gar grün anstreichen, Räder drunter setzen und damit hinfahren, wo der Pfeffer wächst.

Ich will zugeben, daß ich jene Ratschläge heute weniger lustig finde als damals, aber uns gefiel diese Art, den Unterricht zu würzen und aufzulockern. Das Vertrauensverhältnis, das uns verband, verführte ihn auch schon mal zu einer kleinen Respektlosigkeit gegenüber seinen Lehrerkollegen. Einmal waren wir während der Pause aus irgend einem Grund im Klassenzimmer geblieben, hatten die Fenster geöffnet und betrachteten das Treiben auf dem Schulhof. Unter uns stand das Fräulein Fleck und verzehrte eine Birne, wohl ihr Pausenvesper. Da ermahnte uns Dr. Bode grinsend: „Spuckt ja nicht dem Fräulein Fleck auf die Birne.“

Natürlich blieb Dr. Bode nicht lange bei uns, für eine Mittelschule war er eindeutig überqualifiziert. Der Leser möge mir glauben, daß es uns allen fast das Herz brach, als die Abschiedsstunde schlug. Viele Jahre später, als meine Tochter Sabine das Gymnasium in Oberursel besuchte, fiel einmal der Name Dr. Bode. Er war auch ihr Lehrer geworden. Sie pflichtete mir bei, daß er ein ausgezeichneter Lehrer sei, aber das überschwengliche Lob, das ich ihm sogleich zuteil werden ließ, mochte sie nicht mit der gleichen Begeisterung nachempfinden. Einige Zeit später begegnete ich ihm bei einer Schulveranstaltung und konnte auch einige Worte mit ihm wechseln. Er schien sich noch an mich zu erinnern, wenigstens gab er das vor. An seinem Erscheinungsbild hatte sich einiges geändert: Aus dem schlaksigen, verheißungsvollen Junglehrer war eine solide, honorige Persönlichkeit geworden, und das einst volle Haar war größtenteils verlorengegangen. Ich bin sicher, daß das pädagogische Talent seine Lockenpracht zum Segen vieler Schüler überdauert hat, und wenn er es später wirklich etwas bedachtsamer angehen ließ, wer hätte es ihm verdenken können.

Bei Wiederbeginn des Unterrichts war Professor Dr. Lotz Schulleiter geworden, gleichzeitig unser Englischlehrer. Er war nicht mehr ganz jung und machte auch tatsächlich einen etwas professoralen Eindruck. Im großen und ganzen kamen wir gut mit ihm zurecht, und an seiner Lehrtätigkeit war nichts auszusetzen. Dr. Lotz hatte bald nach dem Krieg mit Genehmigung der Militärregierung ein Lehrbuch der englischen Sprache herausgegeben; damit kamen wir in den frühen Genuß einer brauchbaren Unterrichtsgrundlage. Daß der Stoff ein wenig redefremd war, sollte man dem Professor nicht anlasten - zu dieser Zeit waren andere Lehrbücher auch nicht besser. Am Ende der Schulzeit überreichte mir Dr. Lotz ein Paperback „Talking American with Joe“, dessen erste Seite die Widmung trug: „Als besondere Anerkennung für besondere Leistung im Englischen“, versehen mit dem Stempel der Mittelschule Bad Vilbel, aus dem man den nationalsozialistischen Reichsadler mit dem Hakenkreuz säuberlich herausgeschnitten hatte. Mit diesem Vermerk hat Dr. Lotz, ohne es zu wissen und zu wollen, mehr Schaden angerichtet als Nutzen, denn von diesem Zeitpunkt an bildete ich mir ein, ich spräche gut englisch. Diese Vorstellung begleitete mich viele Jahre, bis eine Situation eintrat, mit der ich den Leser nicht langweilen möchte, die mir meinen traurigen Wissensstand drastisch vor Augen führte. Erst danach habe ich mir durch Selbststudium und Abendkurse die Kenntnisse erworben, mit denen ich zufrieden sein durfte.

1948 bestand ich die Abschlußprüfung und hatte somit die Mittlere Reife erreicht. Sechs Jahre sollte der Unterricht währen, und so lange dauerte er auch - trotz fehlender Bücher, verlorener Stunden in Luftschutzkellern und der Ausfallzeiten bei Kriegsende. Dennoch hatten wir mehr gelernt, als unter diesen Umständen erwartet werden durfte, und insgesamt muß ich meinen Lehrern in Bad Vilbel hohes Lob zollen.

Meine Kinder haben später ein Gymnasium besucht und ihr Abitur gemacht. Ich hatte so Gelegenheit, die desolate Schulpolitik Hessens aus nächster Nähe zu beobachten: Ganzheitsmethode, Mengenlehre, Kurssystem und mehr, nicht zu vergessen die grandiose Idee, Fächer, in denen man schwach war, einfach aufgeben zu können. Resultat: Allgemeinbildung null.

Für mich war diese unverantwortliche Experimentierpolitik eine Ressourcenvernichtung unvorstellbaren Ausmaßes. Wenn ich Aufwand und Ergebnis der Schulausbildung meiner Kinder mit der eigenen vergleiche, kann ich nur sagen: armes (rotes) Hessen! Mir wurde versichert, daß sich alles heute zum Besseren gewandelt habe, und ich habe mir fest vorgenommen, das auch zu glauben.

Der Zweite Weltkrieg

„Seit 5 Uhr 45 wird zurückgeschossen"

Ein Krieg gegen Polen war im Grunde kein zentrales Anliegen Hitlers, auch nicht die Herausgabe der Freien Stadt Danzig - diese, den Polen nach dem Ersten Weltkrieg zugestanden, hätte sich auf die Dauer ebensowenig halten lassen wie die von Litauen in den Nachkriegswirren annektierte Hafenstadt Memel, die Hitler ein halbes Jahr zuvor unter dem Jubel der Bevölkerung „heim ins Reich" geholt hatte. Hitler ging es um das Aufmarschgebiet für den langhin geplanten Feldzug gegen Rußland, um eine gemeinsame Grenze zur Sowjetunion, die nicht von Anrainerstaaten belegt war. Tatsächlich hatte Hitler das antisowjetisch gestimmte Polen für eine entsprechende gemeinsame Politik umworben, doch sah dieses seine stets gefährdete Existenz zwischen den beiden Machtblöcken am ehesten durch eine strikt neutrale Haltung gewährleistet, nach den Garantieerklärungen der Westmächte mehr denn je. Hitler hatte sich bald entschieden, dem widerspenstigen und in völliger Verkennung seiner militärischen Stärke allzu selbstbewußt auftretenden Polen den Garaus zu machen, nachdem er mit Rußland den alle überraschenden Nichtangriffspakt und das Geheimabkommen über die Aufteilung der östlichen „Interessensphären" getroffen hatte. Damit war das Geschick Polens definitiv besiegelt. Hitler war davon überzeugt, daß England und Frankreich ihre Garantien gegenüber Polen nicht einlösen würden. Er sollte sich irren; die Westmächte würden zwar keine Hand für Polen rühren, sich aber in den Krieg hineinziehen lassen.

Am 1. September 1939 um 4.45 Uhr - eine Stunde früher, als Hitler in seiner Rede angab - wurde gegen die Polen „zurückgeschossen". Ohne Kriegserklärung krachten die Breitseiten des Panzerkreuzers „Schleswig-Holstein" gegen die Danzig gegenüberliegende Landzunge, die Westernplatte. Konstruierter Anlaß für den Beginn der Kampfhandlungen war ein vorgetäuschter polnischer Angriff auf den deutschen Sender Gleiwitz, zu dem KZ-Sträflinge in polnische Uniformen gesteckt wurden. Die „Angreifer" wurden hinterher von der SS bei ihrer „Befreiungsaktion" sämtlich erschossen. Tote können nicht mehr reden.

In Wirklichkeit liefen die Vorbereitungen für den Einfall in Polen längst auf Hochtouren. Schon Mitte August wurde damit begonnen, die Bevölkerung im Gebrauch der Volksgasmasken anzuleiten und auf die bevorstehenden Verdunklungsmaßnahmen hinzuweisen. Lastwagen wurden eingezogen, allerdings keine aus dem Fuhrpark der Kilianstädtermühle. Hatte Thylmann, der clevere Inhaber des Unternehmens, das Kommende vorausgeahnt, als er schon 1937 alle Fahrzeuge auf Holzvergasung umstellen ließ? Vom 24. August an erhielten viele Wehrpflichtige ihre Einberufungsbefehle zugestellt, durchweg mit Boten und dem Vermerk „sofort". Mein Schulfreund Kurt hatte sich in den letzten Augusttagen eine schwere Verbrennung zugezogen, die rasche ärztliche Hilfe vonnöten machte - sie wurde von einem Militärarzt geleistet, der in der Schule in der Hanauer Straße die Musterungen durchführte. Bereits vor Kriegsbeginn wurden die ersten Lebensmittelkarten und Bezugscheine ausgegeben - nur ein Traumtänzer konnte glauben, der Einmarsch in Polen sei durch den Überfall auf den Sender Gleiwitz ausgelöst worden. In einer Ansprache, die Hitler am 22. August 1939 in seinem „Berghof" auf dem Obersalzberg gehalten hatte, sagte er zu dem geplanten Kriegsbeginn: „Ich werde propagandistischen Anlaß zur Auslösung des Krieges geben, gleichgültig, ob glaubhaft. Der Sieger wird später nicht danach gefragt, ob er die Wahrheit gesagt hat oder nicht."[12]

Noch bevor die Kampfhandlungen begannen, hatte es in Kilianstädten den ersten Kriegstoten gegeben: Als es frühmorgens in der Sackgasse an einen Fensterladen klopfte, erlitt der Großvater in der Annahme, sein Enkelsohn erhielte den Einberufungsbefehl, vor Aufregung einen Herzschlag. Er war umsonst gestorben - die Botschaft hatte dem Nachbarsohn gegolten.

Der Krieg mit Polen mußte nun unter anderen Umständen stattfinden als Hitler erwartet hatte. Er hätte bei seinem später geplanten Feldzug gegen Rußland am liebsten England als Bundesgenossen gehabt, um den Rücken im Westen freizuhaben, zumindest glaubte er auf wohlwollende Tolerierung hoffen zu können. Diese Vorstellungen ließen sich jetzt nicht mehr halten, wenngleich Hitler bis zum letzten Augenblick glaubte, England würde sich am Ende doch aus dem Konflikt heraushalten. Das Garantieversprechen des britischen Premiers war auch im eigenen Land nicht unumstritten; viele wollten nicht einsehen, daß das demokratische England sein Schicksal mit dem diktatorischen Polen auf Gedeih und Verderb verbinden sollte, einem Land, mit dem die Briten nichts verband und das ihnen eigentlich recht gleichgültig war. Nur zu deutlich war erkennbar, daß die Entscheidung Chamberlains „aus dem Affekt eines enttäuschten Mannes"[12] entstanden war, der über die unrühmliche Rolle seines Landes bei der Besetzung der Tschechei zutiefst beschämt war und sich von Hitler übertölpelt fühlte. England ließ dem Deutschen Reich unmittelbar nach dem Beginn der Kampfhandlungen eine Warnung zukommen, die Hitler nicht ernst nahm und erst gar nicht beantwortete. Als die Kriegserklärung der Westmächte in Form eines Ultimatums am 3. September dann wirklich eintraf und dem Chefdolmetscher Dr. Paul Schmidt anstelle des abwesenden Außenministers Ribbentrop ausgehändigt worden war, eilte dieser sofort in die Reichskanzlei. Von ihm stammt der Bericht, der die Reaktion der Naziobren für die Nachwelt festgehalten hat: „... Wie versteinert saß Hitler da und blickte vor sich hin ... Nach einer Weile, die mir wie eine Ewigkeit vorkam, wandte er sich Ribbentrop zu, der wie erstarrt am Fenster stehengeblieben war. ‚Was nun?' fragte Hitler seinen Außenminister mit wütendem Blick in den Augen, als wolle er zum Ausdruck bringen, daß ihn Ribbentrop über die Reaktion der Engländer falsch informiert habe ... Göring drehte sich zu mir um und sagte: ‚Wenn wir diesen Krieg verlieren, dann möge uns der Himmel gnädig sein!' Goebbels stand in einer Ecke, niedergeschlagen und in sich gekehrt, und sah buchstäblich aus wie der begossene Pudel."[29,45]

Die Westmächte führten den Krieg auf merkwürdige Weise: Sie unternahmen nicht das geringste und sahen tatenlos zu, wie Polen vernichtet wurde. Im Grunde ließen sie dieses Land genau so im Stich, wie sie zuvor die Tschechoslowakei verraten hatten, eine Handlungsweise, die sie selbst am teuersten würden bezahlen müssen, da Hitler anschließend, den Rücken nach Osten frei, ungehindert gegen den Westen Front machen konnte. Hätten die Briten mit ihren Bombern beherzt die deutschen Nachschubwege nach Osten angegriffen, statt tonnenweise Flugblätter über Berlin abzuwerfen, und wären die Franzosen in die militärisch so gut wie entblößte Westflanke des Reiches vorgestoßen - der dadurch ausgelöste Zweifrontenkrieg hätte höchstwahrscheinlich ein schnelles Zusammenbrechen der deutschen Streitmacht bewirkt. Der Generaloberst Jodl, 1946 als Kriegsverbrecher in Nürnberg hingerichtet, erklärte vor dem dortigen Tribunal: „... Wenn wir nicht schon im Jahr 1939 zusammengebrochen sind, so kommt das daher, daß sich die rund 110 französischen und englischen Divisionen im Westen gegenüber den 25 deutschen völlig untätig verhielten."[17]

So aber wurde die polnische Armee in einem einzigen siegreichen Ansturm innerhalb 18 Tagen überrannt. Die Kavallerieregimenter, die nach den hochtrabenden Worten der polnischen Führung den Krieg nach Berlin tragen sollten, „wurden von der deutschen Kriegsmaschinerie niedergemäht wie reifes Gras"[14], und nirgends war das Mißverhältnis der beiden Streitkräfte schärfer sichtbar als in der Kavallerieattacke einer polnischen Einheit, die hoch zu Pferde gegen deutsche Panzer anritt, ein Akt „tödlicher Donquichotterie"[17]. Kurz vor Kriegsende griffen die Sowjets ein, die sich schnell noch ihr vereinbartes Stück vom Kuchen abschneiden wollten. Hitler mußte vorher die Belagerung Warschaus „mit barbarischer Wildheit"[14] beschleunigen, um die Stadt, die sich erst „nach einem närrischen und großartigen Widerstand"[14] ergab, nicht in die Hände der Russen fallenzulassen.

Im Westen nichts Neues

Mein Vater war offenbar schon vor Beginn des Polenfeldzugs eingezogen worden, denn seinen ersten Feldpostbrief schrieb er bereits am 2. September 1939 aus dem Saarland. Die Westfront war nicht nur, wie wir schon wissen, mit unzureichenden militärischen Kräften geschützt, hierzu mußte offenbar auch „das letzte Aufgebot" herhalten. Mein Erzeuger war nämlich bereits 41 Jahre alt, und die anderen an seinem Standort - viele davon aus Kilianstädten und der näheren Umgebung - scheinen auch nicht jünger gewesen zu sein, und die Gespräche, über die er berichtete, drehten sich vornehmlich um den erwarteten Entsatz durch jüngere Truppen und die hoffentlich bevorstehende Entlassung. Viele grenznahe Städte und Ortschaften waren evakuiert worden, was den Vater sehr beeindruckte: „Wir liegen jetzt in Stellung und können nach Frankreich sehen, nachts ein paar Leuchtkugeln, sonst ist es ruhig. Der kleine deutsche Ort ist verlassen, die Tiere werden von den Soldaten versorgt. Die Äcker sind voller Kartoffeln und Dickwurz, kein Mensch ist da, um zu ernten. Die Bäume hängen voller Äpfel, sie sind reif, fallen herunter und verfaulen, es gibt niemanden, der sie pflückt. Es bedrückt einen, wenn man die Dörfer sieht, wie sie alle öde und leer sind. Der Mann an der Front, die Frau mit den Kindern irgendwo in Deutschland - das ist schlimm!" Über die

Kampfhandlungen weiß er wenig zu sagen: „Der Franzmann ballert ja manchmal ein bißchen, aber das ist nicht weiter schlimm, denn er ist so weit weg, daß er überhaupt nicht an uns heranreicht.“ Die Unlust der Franzosen, einen Krieg zu führen, hat er richtig eingeschätzt: „Wenn sie anfangen wollten, hätten sie es längst getan, wo wir doch jetzt in Polen belastet sind. Wenn Polen erobert ist, bekommen wir diese Truppen wieder frei, da werden sie erst recht nicht anfangen.“

Mein Vater war zur Artillerie gekommen und hatte sich zu den Funkern gemeldet, da konnte er - wie er es gern hatte - eine ruhige Kugel schieben und sich stundenlang auf seinem Beobachtungsposten ausruhen: „Ich liege meistens auf meiner Beobachtungsstelle im Vorgelände, feindliches Feuer haben wir noch keines bekommen. An der Front ist es sehr ruhig, es fällt kein Schuß.“ In diesem Brief erwähnt er den Zeh-Karl, auch als Sattlers Karl bekannt, der wie eine Reihe anderer Kilianstädter zu seinem Regiment gehörte und der „bei den Kanonen“ lag. Der Zeh-Karl war ein blitzgescheiter Mensch, der nach dem Krieg ein beachtliches Heizungsfachgeschäft aufbaute, intelligent und belesen, wenn auch nicht ganz frei von skurrilen Zügen. Besonderen Spaß hatte er daran, sich immer schrecklichere Kalauer auszudenken und den verdutzten Kilianstädtern zu präsentieren, die hinterher nicht wußten, ob sie darüber lachen oder weinen sollten. „Bub“, sagte er einmal zu mir, „weißt du eigentlich, wie eine Trompete hergestellt wird?“ Als ich verneinte, gab er mir die Erklärung: „Da wird Luft genommen und Blech drum herum gemacht.“ Meine Eltern waren gut mit dem Zeh-Karl und seiner Frau befreundet, und eines Tages - das war allerdings schon geraume Zeit nach Kriegsende, und der Karl hatte längst sein bescheidenes Domizil in der Pfarrgasse gegen ein schmuckes Häuschen eingetauscht - schauten mein Vater und ich anläßlich eines Sonntagsspazierganges auf einen Sprung vorbei. Der Zeh-Karl war, für einen Kilianstädter durchaus ungewöhnlich, ein Kenner und Liebhaber klassischer Musik. Nie werde ich das Bild vergessen, wie der Karl versunken vor seinem Radio saß und andächtig einer Sinfonie lauschte, während seine Frau, das schwergewichtige Kathrinchen, mit brummendem Staubsauger zwischen seinen Beinen herumfuhrwerkte.

Der Karl war also wie mein Vater zur Artillerie gekommen und war alsbald, während sich mein alter Herr den weniger kriegerischen Dingen zuwandte und Kantinenwirt wurde, der theoretischen Seite des Geschützwesens erlegen und in die tiefsten Geheimnisse der Ballistik eingedrungen. Man darf ihn ruhig als Opfer der Wissenschaft ansehen, denn von einer frühzeitigen Entlassung konnte von nun an keine Rede mehr sein. „Der Karl“, so pflegte mein Vater später nicht ohne Schmunzeln zu sagen, „war für die Armee unentbehrlich geworden, denn es gab keinen weit und breit, der so genau wie er die Flugbahn einer Kanonenkugel berechnen konnte.“

Der Zeh-Karl mußte, wenn ich mich richtig erinnere, den ganzen Krieg mitmachen und geriet am Ende noch in Gefangenschaft. Aus Norwegen - wir werden gleich etwas über die Okkupation dieses Landes erfahren - wußte er den betroffenen Kilianstädter Bauern zu berichten, wie die schweren Ackerpferde, die vom Militär rekrutiert worden waren, in dem hohen Schnee des nordischen Landes elend zugrunde gingen. Der Karl war mittlerweile zum Feldwebel befördert worden und sollte - wenn man seiner Erzählung unbedingt glauben will - sogar Hauptmann werden, was er aber mit den Worten abgelehnt habe, er sei lieber zu Hause ein Rittmeister als im Felde ein Hauptmann.

In Kilianstädten hatte der Kriegsbeginn zwar keine dramatischen Veränderungen bewirkt, doch war an vielen Einzelheiten zu erkennen, daß ein neuer Zeitabschnitt angebrochen war. Die Eltern und Frauen bangten um ihre Söhne und Männer an der Front, deren Hände jetzt zur Erntezeit an allen Ecken und Enden fehlten. Hier wie im übrigen Deutschland war von Begeisterung wenig zu spüren, die meisten Menschen wirkten bedrückt und sorgenvoll. Zwangsbewirtschaftung von Lebensmitteln und Gebrauchsgütern wurde mit deutscher Gründlichkeit durchgezogen, noch nicht einmal die Zuteilung von Seife wurde vergessen. Die Schwerarbeiter erhielten Sonderrationen, und für Kleinkinder gab es spezielle Säuglingskarten. Das Fleisch selbstgeschlachteter Schweine wurde abhängig vom Gewicht der Schlachttiere auf die Lebensmittelkarten angerechnet, und von den Hühnereiern mußte eine bestimmte Anzahl an eine Abgabestelle gebracht werden. Wer sich zwischendurch einmal ein Suppenhuhn gönnte, konnte als Beweis für das Hinscheiden des Federviehs beide Beine abliefern, um die Abgabemenge nach unten korrigieren zu lassen. Auch ein Teil des Getreides war abgabepflichtig. Da besonders Schlaue sich eine kleine Mühle beschafft hatten, um ihr Mehl „schwarz“ zu mahlen, wurde die Erntemenge meistens schon beim Dreschen kontrolliert. Bei den Landwirten tauchten gelegentlich Kontrolleure auf, die nachmaßen, wieviel Milch die Kühe gaben. Danach wurde die abzuführende

Menge festgelegt. Besonders schwer fiel es den Bauern, sich von ihren besten Pferden trennen zu müssen, die gegen eine geringe Vergütung zwangsenteignet und in der Schmiede Emmerich in der Untergasse gemustert wurden. Manche Bauern waren Pferdenarren, die ihre Pferde nur unwillig hergaben, zumal gleichwertiger Ersatz kaum zu beschaffen war. In den späteren Kriegsjahren fanden solche Musterungen nicht mehr statt: Die moderne Kriegsführung machte den Gebrauch von Zugtieren obsolet, außerdem gab es kaum noch geeignete Pferde, die hätten eingezogen werden können. Obwohl sich noch kein feindliches Flugzeug hatte sehen lassen, wurde die angeordnete Verdunklung akribisch befolgt. Bald gab es besondere Rollos zu kaufen, die man abends nur noch vor den Fenstern herunterziehen mußte. Wehe, es ließ jemand einen Lichtschein auf die Straße fallen, schon klopften die empörten Nachbarn an die Läden und schrien: „Licht aus!“ Ganz Vorsichtige wollten noch nicht einmal gestatten, daß in mondhellen Nächten die Wäsche auf der Leine blieb: Die Feindflieger könnten den Widerschein von weißem Bettzeug für ein erleuchtetes Fenster halten. Den wenigen Autos, die durch die abendlichen Gassen fuhren, waren die Scheinwerfer bis auf einen schmalen Lichtschlitz schwarz verklebt, die Fahrsicherheit mußte jetzt hinter dem Luftschutz zurücktreten.

Schon im Oktober 1939 hatte Hitler damit begonnen, seine Armeen aus Polen in den Westen zu schaffen und neu aufzustellen. Er war ungeduldig und wollte noch im November mit der Offensive gegen Frankreich beginnen. Am 6. Oktober hatte er den Westmächten in einer Reichstagsrede ein Friedensangebot unterbreitet, das aber umgehend abgelehnt wurde. Es fiel Hitler schwer, sich von der Vorstellung eines verbündeten Englands zu trennen. Es ging ihm nur um die Briten, die er fürchtete, weniger um die Franzosen, um deren Kampfkraft er sich wenig Sorgen machte. Die spätere Entwicklung der Auseinandersetzungen zeigte, daß Hitler mit seiner Einschätzung richtig lag.

Die „alten Knaben“, die bisher für einen eher symbolischen Schutz der westlichen Reichsgrenze gesorgt hatten, mußten nun jungen und kampftüchtigen Divisionen Platz machen. Auch mein Vater wurde im Februar 1940 abgezogen und nach Rüsselsheim verlegt. Dort wurde er von meiner Mutter und mir besucht. Er hatte ein gutes Quartier bei einer sympathischen Familie, die ihm schon Tage vor seiner Ankunft eine Wärmflasche ins Bett gelegt hatte. Von diesem Besuch habe ich am deutlichsten die Uschi, Tochter des Hauses und bereits eine junge Dame, in Erinnerung. Obwohl noch nicht einmal neun Jahre alt, wurde ich von ihrem Liebreiz und ihrer Schönheit geradezu bezaubert, und ich glaube, meinem Vater hat sie, zum Unbehagen meiner stets eifersüchtigen Mutter, nicht weniger gut gefallen. Einen Monat später wurde er mit seiner Einheit, weiß der Himmel warum, in den Spreewald verladen. Von dort hat er einiges geschrieben und auch Bilder von jungen Spreewälderinnen in ihrer Tracht geschickt, noch mehr aber später davon erzählt. Die Bewohner des kleinen Kaffs namens Guhrow waren auch nach damaligen Begriffen arme Leute. Sie wohnten in strohgedeckten Hütten und sprachen wendisch, eine dem Polnischen nahestehende Sprache; deutsch lernten die Kinder erst in der Schule. Hauptnahrungsmittel war Leinöl: Der Kuchen wurde mit Leinöl gebacken, das Standardgericht bestand aus Pellkartoffeln mit Leinöl, und zum Nachmittagskaffee wurde mit Leinöl getränktes Brot gereicht, über das Zucker gestreut wurde. Der Quartierherr meines Vaters muß ein rechter Spaßvogel gewesen sein; er hat ihm wohl hundert Mal die Frage gestellt: „Ungermann, weißt du, wie man einen Hasen fängt?“ Als der sich dann wie üblich unwissend stellte, kam die Antwort: „Finger in den Arsch und krumm machen.“ Im Mai 1940 wurde mein Vater in den Truppenübungsplatz Munster verlegt. Von dort wußte er zwar von militärischem Schliff nichts zu berichten, dafür rühmte er die Landschaft: „Wo man hinschaut, lauter Heidekraut.“ Über Alleinsein brauchte er auch nicht zu klagen: „Die anderen Kilianstädter sehe ich alle Tage, denn wir liegen in einem Lager und essen aus einer Küche.“ Kurze Zeit danach war er zu Hause; ich kann nicht genau sagen, ob er planmäßig ausgemustert oder über eine UK-Stellung (unabkömmlich) vorzeitig entlassen wurde, die er über seinen Chef und die Arbeitskameraden insgeheim betrieben hatte.

Obwohl Hitler auf einen Angriff in Frankreich drängte, blieb lange Zeit alles ruhig, und die Franzosen hatten für diese Art Kriegsführung schon einen Namen erfunden: „drôle de guerre“, der drollige Krieg. Auch in Kilianstädten spürte man den Krieg nur mittelbar: Es gab die ersten Einquartierungen, was für die Betroffenen zwar Unbequemlichkeiten mit sich brachte, zugleich aber auch Abwechslung und Unterhaltung bot. Wir hatten mit den bei uns untergebrachten Soldaten wenig Glück; ich erinnere mich an einen kleinen Flensburger, ebenso albern wie einfältig, und einen mürrischen, maulfaulen Finsterling aus Oldenburg. Eines Tages aber wurde uns mitgeteilt, es seien Soldaten mit Pferden im Dorf, und einer wolle unbedingt bei uns einquartiert werden. Wir hatten keine Ahnung, wer das sein könnte und wußten auch nicht, was wir mit Pferden anfangen sollten, wir hatten ja keinen Pferdestall. Es kam ein schmucker Soldat namens Wilhelm Ungermann, ein naher Verwandter aus Geislitz bei Gelnhausen, dem Geburtsort meines Vaters. Er war ein hochgewachsener, hübscher Mann, dem, wie sich bald zum Leidwesen meiner Mutter herausstellte, die Kilianstädter Mädchenherzen nur so zuflogen. Mit einer der Dorfschönen, die ich Annemarie nennen will und die dafür bekannt war, daß sie dem ortsfremden Charme durchziehender Musketiere besonders rasch zu erliegen pflegte, verband ihn sogleich eine verdächtige Freundschaft, was meine Mutter, die sich gern hochmoralisch und sittenstreng gab, nicht wenig beunruhigte, denn der attraktive Ungermann aus Geislitz war bereits verlobt. Da ihre Ermahnungen offenbar nicht fruchteten, ließ sie in einer Nacht und Nebel-Aktion die gefährdete Braut anreisen und brachte sie ebenfalls in unserem Haus unter. Ob das im Sinne des Einquartierten war, wage ich zu bezweifeln, ich jedenfalls, wenn ich damals erwachsen und an seiner Stelle gewesen wäre, hätte der biederen Braut aus dem Spessart die flotte Annemarie vorgezogen. Die Pferde wurden übrigens in unserer Scheune untergebracht, wo sie schon in der ersten Nacht mit ihren Hufen das hölzerne Scheunentor eintraten. Am Tag danach wollte mir der Wilhelm etwas Gutes tun und hob mich auf den Rücken eines feurigen Braunen. Ich saß noch nicht richtig, da schmiß mich das Vieh schon auf die harten Pflastersteine des Hofes. Seitdem hat mich bis zum heutigen Tag niemand mehr bewegen können, ein solches Untier zu besteigen.

Den Bauern wurden nun vermehrt Arbeitskräfte zugeteilt, zunächst polnische Zwangsarbeiter, vornehm Zivildienstverpflichtete genannt, später auch französische Kriegsgefangene. Es gab einen wichtigen Unterschied zwischen beiden. Die Franzosen unterstanden als Gefangene der Militärführung, schliefen gemeinsam in der Kegelbahn des „Eulewirts" und wurden morgens zu ihrer Arbeitsstelle geführt, während die Polen eine Schlafstelle bei ihren Arbeitgebern hatten. Weder die einen noch die anderen durften am Tisch ihrer Dienstherren mitessen, doch hielt sich kaum jemand daran, denn das Verhältnis zwischen den Bauern und den Gefangenen bzw. Zwangsarbeitern war größtenteils sehr gut.

An der Westfront setzten die deutschen Militärs den übereilten Offensivplänen Hitlers energischen Widerstand entgegen. Die Generäle sahen Deutschland ungenügend vorbereitet, mit zu geringen Rohstoffvorräten und erschöpften Munitionsreserven. Sogar ein Staatsstreich wurde in Erwägung gezogen, doch als der Oberbefehlshaber des Heeres, von Brauchitsch, Hitler die Bedenken vortrug, erfaßte diesen einer seiner gefürchteten Wutausbrüche; er untersagte von Brauchitsch, seinen Vortrag zu Ende zu bringen und bestätigte ausdrücklich den Angriffsbefehl für den 12. November 1940. Obwohl damit die selbst gestellten Bedingungen für den Staatsstreich erfüllt waren, unternahmen die Verschwörer nichts.[14] Hitler hatte ihnen den Schneid abgekauft. Zu dem angekündigten Angriff kam es dennoch nicht, aufgrund der ungünstigen Wetterbedingungen mußte die Operation insgesamt 29mal verschoben werden.

Die Niederlage Frankreichs

Endlich begann die lang erwartete Offensive im Morgengrauen des 10. Mai 1940, einem Datum, das noch aus anderen Gründen von historischem Belang ist. An diesem Tag starteten zweimotorige He 111 zu einem Angriff auf den französischen Flughafen Dijon, von denen sich drei in einer Gewitterfront verflogen und ihre Bomben aus Versehen über der Stadt Freiburg im Breisgau abwarfen. Unter anderem wurden 22 Kinder auf einem Spielplatz getötet. Die Nazis nützten die Gelegenheit, diesen „Terrorangriff" den Briten in die Schuhe zu schieben. Die Legende vom „Kindermord in Freiburg" war geboren und mußte später zur Rechtfertigung deutscher Bombenabwürfe auf London herhalten. An genau demselben Tag trat der neue britische Premierminister Churchill seinen Dienst an. Nun hatte Hitler „es mit seinesgleichen zu tun"[14], mit einem Gegner „ohne die Skrupel ..., die den bejahrten Vorgänger (Chamberlain) geplagt hatten"[23] und der dem englischen Volk in seiner Regierungserklärung „Blut, Schweiß und Tränen" versprach. „Nicht nur im Haß gegeneinander und ihrer Hartnäckigkeit waren sich diese Männer gleich: Beide hatten keine Hemmungen, Hunderttausende sterben zu lassen, wenn sie damit durchsetzen konnten, was sie für notwendig und richtig hielten."[23]

Der Krieg gegen Frankreich begann mit Luftschlägen. Unter Verletzung der belgischen und holländischen Neutralität wurden französische, belgische und holländische Flughäfen bombardiert; schon am ersten Tag hatte die französische Luftwaffe aufgehört zu existieren. Bei Rotterdam wurden deutsche Luftlandetruppen abgesetzt, doch der Angriff drohte steckenzubleiben, so daß Unterstützung durch Bomber angefordert wurde. Als die He 111 eintrafen, wurden sie nicht mehr gebraucht: Die Holländer hatten ihre Kapitulation angeboten. Doch die Nachricht und der Rückruf erreichten die Flugzeuge nicht mehr, denn die Schleppantennen waren bereits eingezogen worden, die Funksprüche verhallten ungehört. Auch die roten Leuchtkugeln, welche die Fallschirmjäger verschossen und die die Maschinen vom Angriff abhalten sollten, wurden nicht beachtet. Sechzig He 111 luden ihre Bombenlast über Rotterdamm ab, fast tausend Menschen verloren ihr Leben. Ein tragischer Irrtum, gewiß, doch für Churchill willkommener Rechtfertigungsgrund, im Sommer 1940 mit der Bombardierung des Ruhrgebietes zu beginnen.

Den Deutschen gelang es, die Franzosen in wenig mehr als zwei Monaten zur Kapitulation zu zwingen, obgleich diese, die britischen Verstärkungstruppen eingerechnet, kräftemäßig sogar überlegen waren. Es gilt heute als unbestritten, daß der überraschend schnelle Sieg strategisch bedingt war und auf dem überlegenen Operationsplan des deutschen Heeres beruhte, in den Hitler persönlich eingegriffen hatte. Der ursprünglich von General v. Manstein stammende Plan, mit starken Panzerverbänden über die Ardennen bis zur Nordseeküste durchzustoßen, sollte die französisch-britische Nordarmee von ihrer Basis abschneiden und mit dem Rücken zur Küste zum Kampf stellen. Die deutsche Heeresleitung hatte diesen Plan als abwegig verworfen und v. Manstein sogar seines Kommandos enthoben, da die Ardennen nach allgemeiner Ansicht für umfangreiche Panzeroperationen nicht geeignet und demzufolge von den Franzosen auch nur schwach besetzt waren. Hitler erkannte sofort das Überraschungsmoment des kühnen Konzeptes und ordnete an, den Feldzugsplan Mansteins umzusetzen. Er hatte nach der anfänglichen Verschleppungstaktik der Generäle nicht nur den Glauben an ihre unbedingte Loyalität verloren, er zog auch ihren militärischen Sachverstand in Zweifel. Hitler hatte sich ein beträchtliches Sachwissen angeeignet und verband strategischen Scharfsinn mit operativer Kühnheit, Eigenschaften, die im späteren Verlauf des Krieges von absurder Selbstüberschätzung, Starrsinn und Spielertum abgelöst wurden.[12] In der Euphorie des so unerwartet schnell und mit nur geringen Verlusten gewonnenen Frankreichfeldzugs wurde Hitler von Feldmarschall Keitel überschwenglich als

„Größter Feldherr aller Zeiten“ beweihräuchert. Später, als den Führer das Kriegsglück immer offenkundiger verließ, wandelten Spötter die Huldigung Keitels in eine mißtönende Abkürzung um und nannten Hitler den „Gröfaz“. So witzeln konnte man aber nur bei seinen besten Freunden, denn eine derart despektierliche Äußerung konnte einen schnell ins KZ befördern. Kaum weniger gefährlich war es, den Reichsmarschall Göring „Herr Meier“ zu nennen, weil dieser zu Beginn des Krieges in einer Versammlung im Ruhrgebiet großmäulig erklärt hatte, wenn je eine feindliche Bombe auf deutsches Land falle, wolle er Meier heißen.[23]

Die britischen Streitkräfte waren plangemäß an der Nordküste zwischen Calais und Dünkirchen zusammengedrängt worden und sahen ihrer offenbar unabwendbaren Vernichtung entgegen, als Hitler überraschend den Vormarsch der Panzer stoppte. Es wird bis heute gerätselt, was ihn zu dieser Entscheidung bewog; manche meinen, er habe die Engländer absichtlich entkommen lassen, weil er die Hoffnung auf Friedensgespräche mit England immer noch nicht aufgegeben hatte. So konnten sich die Briten nach Dünkirchen zurückziehen und, vom Wetter begünstigt, trotz heftiger Luftangriffe über den Kanal entkommen, alle Ausrüstung, Fahrzeuge und Waffen zurücklassend. „Hätte jetzt eine intakte deutsche Armee nach England übersetzen können, so wäre sie nur auf schwachen Widerstand gestoßen.“[23] Eine solche Invasion hätte die späteren Kriegsereignisse in kaum vorstellbarer Weise beeinflußt. Der Rücken wäre bei den geplanten Unternehmungen gegen die Sowjetunion frei gewesen, und die Amerikaner hätten ohne den Stützpunkt England kaum wirkungsvoll in den Krieg eingreifen können. Was war der Grund für das Zögern Hitlers? Sah er, der stets Respekt und Furcht vor den Briten hatte, schärfer als andere, wie riskant dieses Unterfangen war, dessen Scheitern unabsehbare Folgen gehabt hätte? So begnügte er sich damit, den Plan der Landung auf der britischen Insel, die „Operation Seelöwe“, so lange zu verschieben, bis er die Luftherrschaft über dem Kanal und Südengland erreicht hatte. Dies sollte freilich nie geschehen.

Noch vor dem Angriff auf Frankreich hatten die Deutschen Dänemark besetzt und waren in Norwegen eingefallen. Die deutsche Schwerindustrie war auf schwedisches Erz angewiesen, das im nordnorwegischen Hafen Narvik verladen und längs der norwegischen Küste südwärts befördert wurde.[28] Die Sicherung des Seeweges war daher von vitalem Interesse. Die Briten sahen das ebenso. Auch sie planten die Invasion in

Norwegen, doch kamen ihnen die Deutschen um einige Stunden zuvor. Zwar vermochten auch englische Truppen in Norwegen zu landen, mußten sich aber nach heftigen Kämpfen zurückziehen. Noch vor Beendigung des Frankreichfeldzugs hatte Hitler eindeutige Verhältnisse geschaffen.

Wer gedacht hatte, der Führer würde die Franzosen haßerfüllt zu einem unehrenhaften Frieden zwingen, hatte sich geirrt. Er trat den Franzosen überraschend maßvoll entgegen, und diese wußten sich schnell mit den deutschen Besatzern zu arrangieren. „Bis zum Auftreten der Partisanen, gegen Kriegsende, lebten französische Bevölkerung und deutsche Soldaten ziemlich friedlich zusammen. Die meisten der Flüchtlinge waren ins besetzte Gebiet zurückgekehrt ... die Masse der Franzosen stellte fest, daß der ‚drollige Krieg' zu einem drolligen Frieden geführt hatte, und waren vorläufig zufrieden."[14] Der britische Generalstabschef, Feldmarschall Lord Alanbrook, schrieb später, er sei bei der Landung in Frankreich im Juni 1944 überrascht gewesen, „wie wenig das Land durch die deutsche Besatzung und die fünf Kriegsjahre in Mitleidenschaft gezogen worden war ... und die französische Bevölkerung erschien keineswegs erfreut, uns als siegreiche Armee zu ihrer Befreiung anrücken zu sehen." Nach den Eindrücken des britischen Feldmarschalls waren die Franzosen so „wie sie lebten, durchaus zufrieden gewesen, und wir brachten dem Lande Krieg und Verwüstung."[11] Das wird nicht jeder so gelten lassen, aber eines ist unbestritten: Eine Schreckensherrschaft hatten die Deutschen in Frankreich nicht errichtet!

Kurz vor dem Ende des Frankreichkrieges war auch der ruhm- und beutesüchtige Mussolini in den Konflikt eingetreten, ohne daß er das geringste zu bewirken vermochte: Die italienischen Truppen blieben schon in der Vorstadt des ersten französischen Grenzortes hängen. Dieser militärische „Erfolg" war kennzeichnend für das Wunschdenken des „Duce", das Mißverhältnis zwischen Anspruch und Wirklichkeit, das in den militärischen Abenteuern in Südeuropa und Nordafrika erschreckend deutlich wurde. Diese Kampfhandlungen, die sich bald zu einer dritten Front entwickelten, sollen wegen der umfangreichen Verwicklungen nicht im einzelnen behandelt, sondern nur in aller Kürze zusammengefaßt werden. Im Oktober 1940 griff Italien von Albanien aus Griechenland an. „Der erste Kanonenschuß zerriß für Italien die Nebel der Täuschungen ... und bald wurden die Italiener sogar bis weit nach Albanien hinein zurückgeworfen."[14] Der Vorstoß, den die Italiener von der Cyrenaika[*)] aus ins britische Ägypten unternahmen, endete kläglich. Sie wurden zurückgeworfen, 130.000 Soldaten gerieten in Gefangenschaft. Italien brachte keine Hilfe, stets brauchte es welche. Das deutsche Afrikakorps wurde ins Leben gerufen, das schon im Februar 1941 unter General Rommel in Libyen eintraf. „Wüstenfuchs" Rommel hatte anfangs spektakuläre Erfolge, mußte aber nach dem Durchbruch der Briten bei El Alamein und der Landung weiterer amerikanisch-britischer Verbände kapitulieren. Die Alliierten setzten schließlich nach Sizilien über. Nach dem erzwungenen Rücktritt Mussolinis schloß Italien einen Waffenstillstand mit den Westmächten. Aus dem Freund war ein Feind geworden: Italienische Truppen wurden durch deutsche entwaffnet. In Mittelitalien konnte die Front gegen die Alliierten geraume Zeit standhalten, nur langsam und schrittweise wichen die Verteidiger der feindlichen Übermacht. In Oberitalien hielt die deutsche Frontlinie bis zum Ende des Krieges.

„Bomben auf Engelland"

Nach dem Sieg über Frankreich schien es lange Zeit ruhig zu bleiben. Zwar heulten in der Nacht zum 8. Juni 1940 zum ersten Mal die Sirenen in Kilianstädten, doch von den beiden Flugzeugen, die in Frankfurt fünf Sprengbomben fallen ließen, hat kaum jemand etwas bemerkt. Eine Zeitlang liefen bei Luftwarnungen beauftragte Kilianstädter mit ihren Handsirenen durch die Gassen, bis später eine lautstarke Sirene auf dem Dach der Bürgermeisterei installiert wurde. Es gab jetzt öfter Alarm, aber es waren immer nur wenige Flugzeuge, die das Stadtgebiet von Frankfurt anflogen. Man sah zwar gelegentlich, wie die Finger der Scheinwerfer den Himmel abtasteten und die Flak dazwischenballerte, doch war der Spuk schnell wieder vorbei, und Hasenfüße, die in den Keller gerannt waren, konnten sich wieder ins Bett legen. Die Hartgesottenen waren erst gar nicht aufgestanden - auf dem Dorf konnte man sich um diese Zeit noch sicher fühlen. In der Nacht zum 11. August 1940 war zu ahnen, daß es auch ärger kommen könnte, denn es fielen erste Bomben im Hanauer

---

[*)] Landschaft in Nordafrika, damals zu Italien gehörig, 1941 - 1942 Schauplatz der Kämpfe des Deutschen Afrikakorps.

Raum, in Bruchköbel, was dem Dorf zum Glück keine größeren Schäden, dafür aber eine Erwähnung im Wehrmachtsbericht einbrachte.[51]

Daß man mit Schlimmerem rechnen mußte, stand angesichts der verschärften Luftschutzmaßnahmen zu befürchten. Auf den Dachböden hatten Gefäße mit Wasser und ein Kasten mit Sand bereitzustehen, um Brandbomben, die das Dach durchschlagen hatten, unschädlich zu machen und entstandene Brände zu löschen. Jeder Einwohner erhielt eine Volksgasmaske, die vor der Abgabe sorgfältig angepaßt und auf Dichtheit geprüft wurde. Um nicht auf den unbeleuchteten Straßen mit anderen zusammenzustoßen, konnte man sich eine Leuchtplakette anheften, die noch geraume Zeit nachleuchtete, wenn sie zuvor an eine starke Lichtquelle gehalten worden war. Treppenstufen oder gefährliche Bordsteine wurden durch einen weißen Anstrich gekennzeichnet.

Am 14. August 1940, von Göring lauthals zum „Adlertag" proklamiert, begann die „Luftschlacht über England".[23] Damit sollte die Luftüberlegenheit errungen werden, nach Hitlers Auffassung die Voraussetzung für die „Operation Seelöwe", die Landung auf der britischen Insel. Die Deutschen wollten die feindlichen Jagdstaffeln am Boden oder in der Luft so dezimieren, daß die eigenen Bomberverbände ungefährdet operieren konnten. Die Rechnung schien nur am Anfang aufzugehen, denn als die Briten ihre Flugplätze nach Norden verlegten, reichte der Treibstoffvorrat für die Jäger nicht mehr aus, und die Bomber mußten weite Strecken ungeschützt zurücklegen. Hitler hatte einen Angriff auf London untersagt - er rechnete bei seinem geplanten Angriff gegen die Sowjetunion insgeheim immer noch mit einem Bündnis oder einem Stillhalten der Briten. Aber Fehlwürfe ließen sich damals wie heute nicht vermeiden, so fielen unbeabsichtigt Bomben auf Londoner Vororte und auf Liverpool. In der folgenden Nacht schickten die Briten zur Vergeltung 81 Bomber nach Berlin, wovon aber nur 29 die Hauptstadt fanden. Auch wenn der angerichtete Schaden „lächerlich gering"[14] war, die Berliner sahen sich stundenlang im Luftschutzkeller sitzen. Und sie wußten nun: Die Reichshauptstadt war verwundbar! Am 4. September hielt Hitler im Berliner Sportpalast seine berühmt-berüchtigte Rede, in der er sich zu der Äußerung verstieg: „Wir werden ihre Städte ausradieren!" Den Zuhörern gefiel das, und beim Abdruck der Rede in den Zeitungen war in Klammern hinzugefügt: „Immer stürmischer wird der Beifall der Massen." Die anfängliche Kriegsfurcht der Deutschen war inzwischen einem euphorischen Optimismus gewichen: Der Führer, war er nicht unbesiegbar? Nun gab er offiziell den Stadtbereich London als Ziel frei, mit Ausnahme der Wohnviertel (!)[23]. Nicht, daß Hitler Skrupel gehabt hätte, die Zivilbevölkerung zu massakrieren, ihm ging es um die Vernichtung von militärstrategischen Zielen wie Flughäfen, Industriebetrieben und Hafenanlagen, da durfte keine Bombe „vergeudet" werden.

Jetzt flogen die Deutschen Angriff auf Angriff, doch mußten sie enorme Verluste hinnehmen. Die Engländer hatten früher als wir die Bedeutung des Radars erkannt und ließen sich nicht mehr überraschen. Die anfliegenden Bomber wurden frühzeitig erfaßt und von den britischen Jagdstaffeln erwartet, die eben erst aufgestiegen waren und mit vollem Tank länger als die deutschen Jäger in der Luft bleiben konnten. Außerdem waren unsere Me 109, deren Piloten im Schutz von Bomberverbänden nur unzureichend ausgebildet waren, den Spitfires und Hurricanes technisch unterlegen[57], die außerdem den Luftkämpfen mit deutschen Jagdflugzeugen möglichst aus dem Weg gingen und sich auf die Bomberpulks konzentrierten. Als Göring den Luftwaffenmajor Galland einmal fragte, welche Jagdflugzeuge er sich wünsche, soll Galland geantwortet haben: „Herr Reichsmarschall, geben Sie mir ein Geschwader Spitfires."[14]

Die Nazipropaganda spiegelte der Bevölkerung immer noch eine ungebrochene Luftüberlegenheit vor, und aus dem Radio dröhnte ständig das „Englandlied":

Hört ihr die Motoren singen:
Ran an den Feind!
Hört ihrs in den Ohren klingen:
Ran an den Feind!
Bomben! Bomben! Bomben auf Engelland!

Für die Mehrzahl der Deutschen, die die Melodie mitsummten oder den Text nachsangen, war der Bombenkrieg etwas Abstraktes, zu dem ihnen die Vorstellung fehlte. Sie sahen nur unsere kühnen Piloten, wie sie in ihren blitzenden Riesenvögeln für den bevorstehenden Endsieg fochten, nicht aber das Leid, das sie über die verängstigte Zivilbevölkerung brachten und nicht die unschuldigen Frauen und Kinder, die unter den Trümmern ihrer Häuser verbrannten und zerrissen wurden.

Doch wenn auch die Angriffe auf London immer heftiger wurden und weite Teile der Stadt in Schutt und Asche legten, so zeichnete sich immer deutlicher ab, daß man die Engländer auf diese Weise nicht friedenswillig bomben konnte. Nach einer mörderischen Luftschlacht am 15. September 1940, bei der die Deutschen 56 Maschinen verloren[57], wurden nur noch Nachtangriffe geflogen. Dadurch verringerte sich die Treffsicherheit der Bombenwürfe, und die Bevölkerung wurde noch mehr in Mitleidenschaft gezogen. Innerhalb von zwölf Wochen wurden 60 Großangriffe gegen London geflogen, 20.000 Menschen starben im Bombenhagel.[23] Auch die Engländer flogen nun vermehrt Angriffe. Im Oktober kreuzten bei günstiger Witterung 541 Maschinen über Deutschland, doch von Präzision konnte beim Abwurf der fast tausend Sprengbomben und einer großen Zahl von Brandbomben keine Rede sein, sie wurden wahllos in die Gegend gestreut. Doch allein ihre Anwesenheit war lästig genug: Die Nachtschichten in den Rüstungsbetrieben mußten unterbrochen werden, und die Bevölkerung hockte nächtelang im Keller. Vor allem aber weckten sie erste Zweifel, ob es wirklich mit der deutschen Luftüberlegenheit so weit her sei.

Nun gedachte Hitler ein Exempel zu statuieren und suchte sich anstelle der unabsehbaren Fläche Londons eine Stadt aus, die mit 200.000 Einwohnern gerade das rechte Maß für einen vernichtenden Großangriff hatte: Coventry, das auch kriegswichtige Rüstungsbetriebe beherbergte. Ob es stimmt, was manche wissen wollen, daß Hitler auch hier Anweisung gegeben hatte, die Zivilbevölkerung zu schonen, erscheint angesichts der Lage großer Industriebetriebe im Stadtinneren ohne Belang: Bei der eingeschränkten Treffsicherheit von Nachtbombardements mußten zwangsläufig auch die Wohnviertel daran glauben. Bei diesem und einem späteren Angriff gab es insgesamt über tausend Tote, 80% der Häuser wurden zerstört, auch die Kathedrale der Stadt sank in Trümmer. Als Goebbels prahlerisch in einer Rede verkündete, man werde alle englischen Städte „coventrisieren“, wußte er wahrscheinlich schon, daß die Luftwaffe ihre verlustreichen Einsätze nicht mehr lange würde durchhalten können. Die Einflüge erfolgten in immer größeren Abständen mit immer schwächeren Kräften und wurden vom Frühjahr 1941 an auf gelegentliche Störflüge beschränkt. Hitler konnte nicht alle seine Flugzeuge über England verheizen, er brauchte sie dringend für den bevorstehenden Rußlandfeldzug. Als die letztlich erfolglose Luftoffensive eingestellt wurde, hatten die Deutschen 2200 Maschinen verloren und, was noch mehr schmerzte, viele ausgebildete Besatzungen.[57]

Der Luftkrieg hatte auch gezeigt, daß die Deutschen zwar eine zahlenmäßig überlegene Luftflotte besaßen, daß aber der Standardbomber He 111 auf die Dauer unzulänglich war. Der Aktionsradius war mit weniger als 2000 km zu klein, die Bewaffnung mangelhaft, und die Bombenlast, die er tragen konnte, entsprach nur der des einmotorigen Sturzkampfbombers Ju 87. Schon vor Kriegsbeginn waren mit der Ju 89 und der Do 19 zwei viermotorige Bomber nahezu erprobungsbereit, doch Göring hatte entschieden: „Der Führer braucht keine großen Bomber. Er braucht viele Bomber."[23] Jetzt, vor der Offensive in Rußland, war es zu spät, das Steuer noch einmal herumzureißen. Churchill hingegen hatte nach seinem Amtsantritt konsequent auf die Entwicklung bereits vorher geplanter viermotoriger Bombenflugzeuge sowie Nachtzieleinrichtungen gesetzt. Im März 1941 wurden erstmals Flugzeuge mit vier Motoren, die „Halifax", eingesetzt. Die Maschine wurde jetzt in Serie gebaut, doch war ein überlegener Typ bereits im Entstehen: die „Lancaster". Sie hatte eine Reichweite von 2700 km, konnte sechseinhalb Tonnen Bomben tragen und würde Tod und Verderben über die deutsche Zivilbevölkerung bringen.

Mit dem „Mosquito" hatten die Briten ein weiteres Superflugzeug entwickelt. Der zweimotorige Schnellbomber konnte in einer für Flak und Jäger unerreichbaren Höhe von über 10.000 m operieren, war mit einem leistungsfähigen Bordradargerät ausgestattet und flog zudem schneller als die deutschen Nachtjäger, für die er zur Schreckensvision wurde: Jeder vierte deutsche Nachtjäger wurde Opfer einer Mosquito, die zudem als „Pfadfinder" den feindlichen Bomberströmen den Weg wiesen. Auch außerhalb der großen Angriffe führten die Mosquitos regelmäßig Patrouillen- und Störflüge durch, in den letzten Kriegsjahren waren sie mit ihrem tatsächlich moskitoartigen Propellergeräusch allgegenwärtig. Der „Eiserne Heinrich", wie der Volksmund den ständigen nächtlichen Gast nannte, trieb zwar kaum noch jemanden in den Luftschutzkeller, war aber keineswegs ungefährlich: Überall, wo er einen Lichtschein ausmachte oder sonstwie ein Ziel zu erkennen glaubte, ließ er schon mal ein Bömbchen fallen. So war es auch ein einzelner Mosquito, der gegen Ende des Krieges um ein Haar das Haus meiner Tante in der Kleinen Hainstraße zertrümmert hätte. Glücklicherweise fiel die Bombe in das angrenzende Gartengelände, so daß nur mäßige Schäden durch Splitter und Luftdruck entstanden.

Wahn und Wirklichkeit - der Einmarsch in Rußland

Am 22. Juni 1812 hatte Napoleon seinen verhängnisvollen Feldzug gegen Rußland begonnen, und genau 129 Jahre später, am 22. Juni 1941, nahm das „Unternehmen Barbarossa" seinen Anfang, Hitlers Krieg gegen die Sowjetunion. Als die Kriegserklärung bei dem russischen Außenminister Molotow auf dem Tisch lag, hatten die Sowjets schon die Hälfte ihrer Flugzeuge verloren. Überfallartig stießen die Stukas mit ihrem nervenzerfetzenden Sirenengeheul auf Flugplätze und Militärstellungen, und 19 Panzerdivisionen begannen alles niederzuwalzen, was sich ihnen in den Weg stellte. Hitler hatte eine gigantische Streitmacht von 153 Divisionen aufgeboten, über drei Millionen Soldaten standen unter Waffen, die verbündeten Rumänen, Slowaken, Finnen und Ungarn nicht eingerechnet. Die unendlichen Weiten Rußlands, in denen Napoleon gescheitert war, schreckten den Führer nicht, für ihn war Rußland ein „tönerner Koloß", mit dem Krieg zu führen „nur ein Sandkastenspiel"[54] war. Auch der russische Winter war für ihn kein Thema, noch vor dessen Eintritt würde er die Sowjets in einem Blitzkrieg unterworfen haben. Der Verlauf des Krieges schien ihm zunächst recht zu geben. Die Heeresgruppe Nord hatte zügig die baltischen Staaten erobert und stand schon Anfang September vor Leningrad. Der vorbereitete Angriff wurde aber von Hitler untersagt, weil er die Stadt durch Hunger einnehmen wollte.[28] Im Mittelabschnitt wurden 40 russische Divisionen vernichtet, Mitte November standen die Deutschen vor Moskau. Die Heeresgruppe Süd hatte Kiew und Charkow eingenommen und war Mitte November bis nach Rostow am Asowschen Meer vorgedrungen.

Alles schien planmäßig zu verlaufen, und am 3. Oktober verkündete Hitler: „Dieser Gegner ist vernichtet und wird sich nie wieder erheben!"[14], doch hatte er schon im Juli kundgetan, „er glaube nicht, daß er Mitte September noch kämpfen müsse, in sechs Wochen sei er so ziemlich fertig"[17]. Zwar hatte sich „General Winter" noch nicht der russischen Armee angeschlossen, doch trat jetzt unvermittelt „General Schlamm" auf den Plan: Der Herbstregen hatte eingesetzt. Auf den unbefestigten

Straßen blieben Fahrzeuge und Geschütze im Morast stecken, der Nachschub kam nicht mehr durch, und der Angriff geriet ins Stocken, bis glücklicherweise im November leichter Frost einsetzte und die Panzerspitzen am 2. Dezember 1941 bis auf 20 km an die Stadtmitte Moskaus herankamen. Der scheinbar unaufhaltsame Vormarsch der Deutschen hatte schon im Oktober in Moskau Panik ausbrechen lassen, 150.000 Menschen stürmten die Züge in Richtung Osten.[54] Zu dieser Zeit schien Hitler auf dem Höhepunkt seiner Macht, und wenn anfänglich der Blick auf die Landkarte Rußlands in der Bevölkerung Ängste geweckt hatte, so waren diese bald von den Fanfaren der sich überschlagenden Sondermeldungen weggefegt worden.

Ermutigt durch die Siege nahm auch der Rassenfanatismus der Nazis zu. Die Idee von der Reinhaltung des nordischen Blutes nahm geradezu groteske Züge an, zumal die Physiognomien Hitlers und Himmlers eher wie Karikaturen des beschworenen blonden, blauäugigen Idealbildes anmuteten, von dem hinkenden Schrumpfgermanen Goebbels erst gar nicht zu reden. Zur Erhaltung der Rasse gehörte auch das Ausmerzen „lebensunwerten Lebens". Eine der Tötungsanstalten befand sich im hessischen Hadamar, dort wurden systematisch Geisteskranke vergast. Im Jahr 1941 wurden mehr als 10.000 Kranke - Schwachsinnige, Krüppel und Senile - umgebracht, bis der Bischof Hilfrich von Limburg in einem Brief an das Reichsjustizministerium gegen dieses „himmelschreiende Unrecht" protestierte. Die Kinder würden sich bereits mit „Du bist nicht recht gescheit, du kommst nach Hadamar in den Backofen" beschimpfen und die Wagen der „Gemeinnützigen Krankentransporte GmbH" Mordkisten nennen. Der mutige Einspruch des Bischofs und weitere Proteste führten schließlich zur Einstellung der Euthanasie-Aktion, doch wurde das Töten im Geheimen mit Tabletten und Injektionen fortgesetzt.[13]

Im September 1941 trat eine neue Schikane gegen die Juden in Kraft, sie mußten auf der rechten Brustseite einen gelben Stern mit der Aufschrift „Jude" tragen. So etwas gab es natürlich bei uns in Kilianstädten nicht zu sehen, denn wir waren ja ohne eigenes Zutun „judenfrei". Als ich mit meinem Vater aus irgendeinem Grund in Frankfurt war - was selten genug geschah -, sah ich zum ersten Mal Menschen mit einem Judenstern. Ich weiß nicht, ob ich den elenden, scheuen Gestalten wirkliches Mitgefühl entgegenbrachte. Wahrscheinlich habe ich sie eher wie exotische Tiere angestaunt, die man zum ersten Mal im Zoo sieht, doch weiß ich noch, wie es meinem Vater schwer fiel, seine Empörung zurückzuhalten. An diese Reise nach Frankfurt erinnere ich mich genau, weil wir in einer Gaststätte zu Mittag aßen, was ich ja gar nicht kannte. Nach Abgabe der entsprechenden Abschnitte unserer Lebensmittelkarte gab es die üblichen Frikadellen aus wenig Fleisch und viel Brot, doch brachte ich nichts davon hinunter, weil es einer alten Frau am Nebentisch schlecht wurde und sie sich über ihrem Teller erbrach.

Auch 1941 war zunächst von Luftangriffen nicht viel zu spüren, die Engländer brauchten ihre Flugzeuge, um die deutschen U-Boote zu bekämpfen, die einen Blockadering um die Insel geschnürt hatten, doch in der Nacht zum 13. September erfolgte der bisher längste und schwerste Angriff auf Frankfurt. An die hundert Bomber flogen in sechs Wellen über die Stadt. Fünfeinhalb Stunden saßen die Menschen im Keller, es gab acht Tote.[32] Natürlich ist jeder Tote einer zuviel, aber gegenüber dem, was noch kommen sollte, war das Resultat, gemessen am Aufwand, eigentlich lächerlich. Bei einem Angriff im Oktober fielen die Bomben gar nur auf ein Waldgebiet und ins Feld. Danach blieb Frankfurt über ein halbes Jahr lang von Angriffen, nicht aber von Fliegeralarm verschont. Auch in Hanau gab es die ersten Bombenabwürfe, wobei nur geringe Schäden entstanden. Allerdings gab es während des Jahres 53mal Fliegeralarm, und in Kilianstädten dürften die Sirenen kaum weniger oft geheult haben.

Hinter den anderen harten Kriegswintern stand das Jahr 1940/41 nicht zurück, und auch in Rußland mußten sich unsere Soldaten einer barbarischen Kälte erwehren, auf die die Wehrmacht nur ungenügend vorbereitet war. In aller Eile wurde zum Sammeln von Winterkleidung aufgerufen, allein im Gau Hessen-Nassau kamen über zwei Millionen warmer Kleidungsstücke zusammen[13], die nach Rußland geschickt wurden, aber die Empfänger häufig nicht mehr rechtzeitig erreichten. An der Front erlagen Tausende dem Kältetod, in den Lazaretten erfroren die Verwundeten, und alsbald überstiegen die Kälteverluste die Gefechtsausfälle.[17] Bei einer Kälte von -35°C stellten die Motoren den Dienst ein, weil das Dieselöl stockte, und es versagten die Handfeuerwaffen. Es fehlte nicht viel, dann wäre im gesamten Mittelabschnitt der Front das Heer in einer Katastrophe untergegangen[23], denn gänzlich unerwartet setzte eine sowjetische Gegenoffensive ein. Die deutsche Generalität wollte durch begrenzte Absatzbewegungen ein drohendes Desaster vermeiden, was Hitler unnachgiebig zurückwies. Fanatisch wies er die Offiziere an, keinen Fußbreit Boden aufzugeben, was auch geschehen möge. Tatsächlich kam der russische Angriff zum Stehen - vorerst. Hitlers Geduld mit der seiner Meinung nach unfähigen und mutlosen Generalität war erschöpft. Der Oberbefehlshaber des Heeres, von Brauchitsch („eitler, feiger Wicht“[17]) wurde entlassen, ebenso eine Reihe weiterer Feldmarschälle und Generäle. Den Oberbefehl übernahm jetzt Hitler selbst.

Im Morgengrauen des 7. Dezember 1941 erfolgte wie ein Blitz aus heiterem Himmel der Angriff der Japaner auf Pearl Habour, 2500 amerikanische Soldaten und Matrosen verloren ihr Leben, acht Schlachtschiffe, drei Kreuzer und 29 Flugzeuge wurden vernichtet. Der Angriff kam nicht mitten im Frieden, wie die Amerikaner glauben machen wollten - ihr Präsident Roosevelt hatte den Krieg provoziert, indem er als Antwort auf die Besetzung Französisch-Indochinas japanische Guthaben sperrte und eine Ölblockade begonnen hatte, die Japan ökonomisch zu strangulieren drohte. Vier Tage später erklärte Hitler den Amerikanern den Krieg. Dazu war er zwar als Bündnispartner Japans verpflichtet, doch hätte er sich dem aus formalen Gründen leicht entziehen können. Aber was Hitler tat, war keineswegs ein Akt überheblichen Größenwahns, er hatte lediglich vollzogen, was ohnehin schon Realität war. Roosevelt hatte den Krieg gegen Hitler längst betrieben, gegen den Willen seines Volkes, das nicht bereit war, seine Söhne für Europa in den Tod zu schicken. Überliefert ist eine Äußerung an Churchill: „Ich werde vielleicht nie den Krieg erklären, aber ich werde ihn führen.“[14] Er ließ die deutschen Konsulate in den USA schließen, unterstützte die Briten massiv mit Kriegsmaterial und gab den Befehl, sofort auf deutsche Kriegsschiffe und U-Boote zu schießen, wann immer man ihrer ansichtig wurde. Einige amerikanische Historiker haben nach dem Krieg das Verhalten Roosevelts sehr kritisch gesehen. David Hoggan schrieb in seinem Buch »Der erzwungene Krieg«, Roosevelt habe dem von ihm verschuldeten wirtschaftlichen Niedergang der Vereinigten Staaten nur durch eine vehemente Rüstung entgehen können, und C.C. Tansill beschuldigte in seiner Veröffentlichung »Die Hintertür zum Kriege« den Präsidenten sogar, er habe Informationen über einen bevorstehenden Angriff auf Pearl Habour bewußt zurückgehalten, um durch den unabgeschwächten Überfall die widerstrebenden Vereinigten Staaten endlich in den von ihm gewünschten Krieg hineinzwingen zu können. „Tansills Darstellung wurde heftig angefochten. Gleichwohl ist der dem

Krieg beinahe nachlaufende Roosevelt aus der Position eines Mitschuldigen nicht mehr herausgekommen.“[11]

Nachdem die Wintermonate überstanden waren, lebte die deutsche Offensive im Osten wieder auf und konzentrierte sich auf den südlichen Frontabschnitt. Im Sommer 1942 stand die 6. Armee unter General Paulus vor Stalingrad, während die Heeresgruppe A in den Kaukasus eindrang, wobei sich „das deutsche Volk ... der glorreichen Narretei erfreuen (konnte), daß auf dem höchsten Gipfel des Kaukasus die Hakenkreuzfahne wehte“[14]. General Paulus konnte in Stalingrad eindringen und zwei Drittel der Stadt in Besitz nehmen. Aber die Sowjets verteidigten Haus für Haus; Stadtviertel um Stadtviertel mußte in mörderischen Straßenkämpfen erobert werden. Inzwischen hatte sich die Rote Armee zum Gegenangriff gesammelt, die 6. Armee umgangen und schließlich eingekesselt. Unterdessen war es November geworden, der Winter stand vor der Tür, und die dreihunderttausend Mann, ohne Vorräte und Munition und ohne Treibstoff für die Panzer, würden nur kurze Zeit standhalten können. Paulus schlug Hitler das einzig Vernünftige vor, mit einem Durchbruch nach rückwärts die Umzinglung zu sprengen. Doch das wäre für Hitler einem Rückzug gleichgekommen, dem er unter keinen Umständen zustimmen wollte. Er gab den Befehl, sich einzuigeln und die Stellung um jeden Preis zu halten. Bestärkt wurde er durch die großmäulige Zusicherung Görings, er könne die Armee aus der Luft versorgen, ein Hirngespinst. Ende Januar 1943 war die Lage aussichtslos geworden. Die von Kälte und Hunger zermürbten Soldaten waren am Ende, Paulus bat um Genehmigung zur Kapitulation. Hitler weigerte sich in fanatischem Starrsinn, der größte Teil der deutschen Soldaten wurde sinnlos geopfert. Ungefähr dreißigtausend Mann konnten noch aus dem Kessel herausgeflogen werden, etwa 100.000 kapitulierten, „sie gingen den Weg aus der Hölle der Schlacht in die Hölle der Gefangenschaft“[14]. In einer Sondermeldung wurde in der üblichen phrasenhaften Sprache verkündet, die tapferen Soldaten hätten Schulter an Schulter bis zur letzten Patrone gekämpft: „... sie starben, damit Deutschland lebt!“

In Wahrheit war ihr Sterben ohne Sinn und Zweck, sie wurden durch törichte Prestigesucht nutzlos aufgeopfert. Und die Bevölkerung horchte auf, sie ließ sich angesichts dieser Katastrophe nicht mehr mit den gewohnten Propagandasprüchen einlullen. Das Führerbild hatte Risse bekommen, und Hitler zog sich in jenen Tagen von der Öffentlichkeit zurück. Er ließ Goebbels am 18.2.1943 eine Rede im Berliner Sportpalast halten, die als Höhepunkt dessen demagogischer Rhetorik gelten darf. Als er in leidenschaftlichem Pathos die Frage stellte: „Wollt ihr den totalen Krieg?“, gerieten die ausgewählten Zuhörer in einen Begeisterungstaumel, in Sprechchören riefen sie: „Führer, befiel, wir folgen!“ „Die Narren“, sagte Goebbels danach voller Verachtung, „sie hätten sich auch vom Fenster herabgestürzt, wenn ich es ihnen befohlen hätte“.[14]

Stalingrad war mehr als eine militärische Tragödie, es war der Wendepunkt des Krieges. Wir wollen in diesem Buch den weiteren Verlauf der Kämpfe an der Front nicht im einzelnen erörtern und kommentieren. Dies ist in vielen Veröffentlichungen und Fernsehbeiträgen geschehen, und wir wissen heute sehr gut, wie die Ostfront Stück für Stück zusammenbrach, wie im Juni 1944 die Alliierten in der Normandie landeten, wie Frankreich verlorenging und wie sich im April 1945 die Amerikaner und Russen an der Elbe die Hand reichten. Wir wollen uns in erster Linie mit den Ereignissen an der „Heimatfront“ befassen und mit dem Luftkrieg, den ich und meine Altersgenossen persönlich erlebten, wenn auch nicht an übermäßig gefährlicher Stelle, eben in Kilianstädten.

Der „Schlächter“ und sein Schlachtplan

1942 war in mancherlei Hinsicht ein bedeutungsvolles Jahr. Mit dem Umfassungsangriff auf Stalingrad und der Landung amerikanischer Truppen in Nordafrika hatte sich der Kriegsgott, wenn auch nicht von jedermann sofort bemerkt, der Seite des Gegners zugewandt. Die Nazis hingegen, blind für die Zeichen des bevorstehenden Machtverlustes, widmeten sich jetzt mit höchster Energie der „Endlösung“ der Juden, der Vergasung in Auschwitz. Die bisherigen Aktionen gegen die Juden hatten bei der Bevölkerung keine positive Resonanz gefunden, und es war der braunen Führung bekannt, daß man mit härteren Maßnahmen auf Ablehnung stoßen würde. So wurden die Deportationen der Juden als „Umsiedlung zum Arbeitseinsatz“ deklariert und die wahre Absicht geheimgehalten; man entblödete sich auch nicht, für die Frauen, die angeblich Pelze und Uniformen nähen sollten, Waggons mit Nähmaschinen zu beladen, die man später wieder abhängte. Die Transporte gingen in verschiedene Lager, für viele nur Durchgangsstation nach Auschwitz. Sammelpunkt für die zum

Transport bestimmten Juden war in Frankfurt die Großmarkthalle. Im April 1942 lebten in Frankfurt noch 6700 Juden, im Folgejahr waren es keine 500 mehr.[13] In Kilianstädten bekamen wir von diesen Deportationen unmittelbar nichts zu sehen, doch hörte man schon von der „Umsiedlung“ der Juden in Büdesheim; auch in Hanau wurden im September 1942 etwa sechzig jüdische Frauen, Kinder und Männer in die Vernichtungslager im Osten transportiert.[51] Kaum jemand in der Bevölkerung hat wirklich wissen können, was mit den Juden geschah. Nach Kriegsende, als die unglaublichen Greueltaten und Massaker öffentlich wurden, hat man vielfach die Frage aufgeworfen, ob und was die Deutschen von diesen Verbrechen wußten. Wir werden auf dieses Thema gegen Schluß des Buches noch einmal zu sprechen kommen.

Das Jahr 1942 markierte eine grundsätzliche Wende in der Kriegführung der Briten: Niemals in der Kriegsgeschichte wurde eine Angriffsstrategie entwickelt, die sich so ausschließlich gegen eine von wehrfähigen Männern weitgehend entblößte Zivilbevölkerung richtete! Die Idee stammte von einem Berater Churchills, dem in Darmstadt aufgewachsenen Dr. Lindemann alias Lord Cherwell. Churchill brauchte nur jemand, der bedenkenlos genug war, dieses Vorhaben in die Tat umzusetzen, und er fand ihn: Im Februar 1942 übernahm Arthur T. Harris, von seinen Fliegersoldaten wenig respektvoll „butch“[*)] genannt, den Oberbefehl über Englands Luftwaffe. Es ist später, auch von den Deutschen selbst, gesagt worden, die britischen Vernichtungsangriffe seien die wohlverdiente Antwort auf die Bombardierungen von London und Coventry gewesen. Ungeachtet der unterschiedlichen Größenordnung[**)] ist diese Betrachtungsweise nicht ganz korrekt. Die Briten hatten auch schon vor dem Beginn der deutschen Großangriffe Bomben über dem Reichsgebiet abgeworfen, und der Streit, welche Seite mit dem Luftterror begonnen habe - so schrieb Claus Sibyll im Vorwort zu dem Buch »Krieg der Bomber«[23] -, „erinnert an die Diskussion, ob der Ursprung unseres Geflügels ein Ei oder eine Henne gewesen sei.“ Seit jeher war es gängige Praxis, die eigenen Scheußlichkeiten mit den vorangegangenen Grausamkeiten des Gegners zu rechtfertigen. Wer recht hatte, wurde stets erst nach dem Ende des Krieges entschieden: immer der Sieger.

---

*) Kurzform von butcher = Schlächter.
**) Das Statistische Bundesamt hat errechnet, daß im Gebiet des Deutschen Reiches fast zehnmal mehr Menschen durch Luftangriffe starben als in Großbritannien.

Nach der Entscheidung, statt militärischer Einrichtungen und Industrieanlagen die Zivilbevölkerung zu bombardieren, konnte sich die britische Luftwaffe auf die wenig präzisen Nachtangriffe konzentrieren, um so mehr, als die vorangegangenen Tageseinsätze mit hohen Verlusten geendet hatten. Als die Engländer am 12. August 1941 am Tage westdeutsche Fertigungsstätten für Panzer angriffen, wurden 42 Bomber abgeschossen! Den ersten größeren Nachtangriff ließ Harris gegen Lübeck fliegen. Zwar beherbergte die Stadt keine nennenswerte Rüstungsproduktion und war auch sonst ohne militärische Bedeutung, doch konnten die Briten weitgehend unbemerkt über die Nordsee anfliegen, ohne gleich von den Nachtjägern angefallen zu werden. Außerdem hatte Lübeck „vom Standpunkt eines professionellen Brandstifter aus gesehen, andere Vorteile“ [23]: Die Altstadt mit den engen Gassen und vielen Fachwerkhäusern bot treffliches Brennmaterial. In jener Nacht verloren 312 Lübecker Einwohner ihr Leben, erstmals hatten sich einige der neuen viermotorigen Lancaster am Angriff beteiligt. Der von mir als Autor hochgeschätzte Thomas Mann, selbst in Lübeck geboren und frühzeitig emigriert, hatte danach im englischen Rundfunk eine seiner Reden an das deutsche Volk gehalten; er bedauerte, daß die Marienkirche und andere Baudenkmäler der alten Hansestadt vernichtet wurden - für seine umgekommenen Landsleute fand er kein Wort des Mitgefühls.[23]

Im März trug Harris seinem Premierminister einen Plan vor, den er schon lange vorbereitet hatte. Er wollte mit tausend Bombern eine deutsche Stadt vernichten, obwohl das Bomber Command nur über wenig mehr als vierhundert Maschinen verfügte, die 48 neuen Lancaster eingeschlossen. Die fehlenden Flugzeuge wollte er sich von den verschiedensten Formationen der britischen Streitkräfte ausleihen. Churchill war für Spektakuläres stets zu haben, er stimmte zu. Die Wahl fiel auf Köln. In der Stadt waren nach einer Reihe von Angriffen bereits dreihundert Personen umgekommen, doch am 31.5.1942 erlebte Köln eine neue Form des Luftterrors: 460 Menschen starben in einer Nacht, die Hälfte des Stadtgebiets wurde umgepflügt oder eingeäschert. Die Flugzeuge warfen nun ihre Bomben nicht mehr ganz so ziellos wie früher, neue Zielgeräte gestatteten eine bessere Ortung. Natürlich konnte man keine Punktziele treffen - aber das wollte man ja auch gar nicht. Bald würden „Pfadfinder“-Einheiten den Bombern vorausfliegen und mit traubenähnlichen Beleuchtungskörpern, im Volksmund „Christbäume“ genannt, die Ziele genauer markieren. Diese sollte ich noch oft genug zu Gesicht bekommen. Die verschiedenen Farben hatten eine mir nicht bekannte Bedeutung, meistens wurden die Markierungen in der Reihenfolge gelb - rot - grün gesetzt.

Die deutsche Abwehr sah dem Treiben nicht untätig zu. Man schickte den Kampfverbänden Nachtjagdstaffeln auf den Hals, und die von Funkmeßgeräten geführte 8,8 cm-Flak, durch zahlreiche Scheinwerferstellungen unterstützt, galt als sehr treffsicher. Auch wir hatten im Kilianstädter Feld eine Scheinwerferbatterie an der Hohen Straße in Richtung Windecken, die zuletzt von „Flakmädchen" bedient wurde. Die nächsten Flakstellungen befanden sich auf dem Hühnerberg und in Bruchköbel. Auf dem 1939 in Betrieb genommenen Flugplatz in Langendiebach stiegen Nachtjäger auf, meist zweimotorige Ju 88 und Me 110; es mußte daher stets damit gerechnet werden, daß das Flugfeld angegriffen wurde. Da kam man zum Entsetzen der Kilianstädter auf die erfinderische Idee, über dem Borntal, knapp östlich der Hohen Straße, zur Ablenkung eines etwaigen Angriffs einen Scheinflughafen zu errichten. Da wir, wenn wir zu unserem Acker im Borntal gingen, an der neuen Einrichtung vorbeimußten, konnten wir die aus Sperrholz gefertigten Flugzeugattrappen bestaunen, die, bei Dunkelheit angestrahlt, inmitten von Weizenfeld und Runkelrüben auf ihren imaginären Einsatz warteten. Auch die nicht weniger fiktive Startbahn war mit weißen und roten Ampeln bestückt, die bei nächtlichem Alarm angeknipst wurden, und meine Mutter sah das Dorf schon bei einem Großangriff auf diesen „Flughafen" in einem Bombenhagel untergehen. Die englischen Piloten werden wohl ihren Augen nicht getraut haben, als sie mitten in der Finsternis, in die aus keinem Spalt der Verdunklungsvorhänge ein Lichtschimmer dringen durfte, zum erstenmal diese prächtige Illumination bewundern konnten. Doch da hatten die Deutschen zu dick aufgetragen; die Briten belustigten sich wohl eher über die täppische Falle, als daß sie ihre Bombenschächte geöffnet hätten.

Bei der Abwehr der Feindflugzeuge behinderten sich Nachtjäger und Flak nicht selten gegenseitig, und es war auch schon vorgekommen, daß die Flak eigene Jagdflugzeuge abgeschossen hatte. Auf Veranlassung des Kommandeurs der Nachtjäger, General Kammhuber, wurden gleich nach Beginn der britischen Luftangriffe die Scheinwerfer in einer Zone zusammengezogen, die sich als Band von der belgischen bis zur holsteinischen Küste hinzog, das die feindliche Verbände durchfliegen mußten. Die deutschen Jäger warteten in der Dunkelheit und griffen ungesehen die taghell erleuchteten Bomber an. Über dem Land und den Städten übernahm dann die Flak die Abwehr, wonach die Feindmaschinen auf dem Rückflug, womöglich angeschossen, die sogenannte Kammhuber-Linie ein zweites Mal überwinden mußten. Es gab britische Stimmen nach dem Krieg, die behaupteten, daß dieses System, wenn es weiter ausgebaut und vervollkommnet worden wäre, das Bomber Command vor fast unlösbare Aufgaben gestellt hätte. Dies geschah jedoch nicht, weil Hitler verfügte, daß sich der Jagdschutz auf die Städte selbst zu konzentrieren habe: Die Gauleiter wollten ihr gebeuteltes Volk mit sicht- und hörbarer Gegenwehr bei Laune halten.

Das Jahr 1942 hatte dem Rhein-Main-Gebiet keine Verschärfung der Luftangriffe gebracht. Die Zahl der Einflüge ging gegenüber dem Vorjahr sogar zurück, doch gab es in Hanau das erste Opfer des Luftkrieges zu beklagen. Ungewohnt waren die zunehmenden Tagesalarme, doch waren es gewöhnlich nur wenige Flugzeuge, die einflogen, häufig Mosquitos, die sich wegen ihrer besonderen Flugeigenschaften ziemlich sicher fühlen durften. Der Zweck dieser Störangriffe war offenkundig: Die Bevölkerung sollte beunruhigt und in die Luftschutzkeller getrieben, die Fertigung in den Produktionsanlagen unterbrochen werden. Um dies zu vermeiden, wurde eine neue Alarmstufe eingeführt, die „Öffentliche Luftwarnung", von der Bevölkerung Voralarm genannt. Dadurch sollten die Leute nicht gleich wegen jeder geringen Luftaktivität in den Keller rennen, sondern mit erhöhter Aufmerksamkeit ihrer Tätigkeit zunächst weiter nachgehen.

Die erste Hälfte des Jahres 1943 begann für Frankfurt wie im Jahr zuvor mit kleineren Angriffen, die nur geringe Schäden verursachten. Die Ruhe war trügerisch: Es war die Ruhe vor dem Sturm! Was alles bevorstand, ließ sich nach dem Angriff auf Hamburg um den Monatswechsel Juli/August vorausahnen. Der tausendfältige Massenmord, vor dessen Verantwortung Churchill später immer wieder flüchten wollte, das Inferno, in dem die Stadt versank - mit Worten läßt sich diese Tragödie nicht beschreiben. Wann je in der Geschichte der Menschheit hatte es ein derart brutales und nur gegen wehrlose Zivilisten gerichtetes Blutbad gegeben? In fünf Großangriffen innerhalb von sechs Tagen wurden 45.000 Menschen umgebracht, weitere Tausende zu Krüppeln verstümmelt. Nur die Alliierten selbst würden diese scheußliche Tat übertreffen können.

Prüfstein Schweinfurt

Etwa zur selben Zeit, als ich kurz nach dem Ende der Sommerferien mein Fahrrad bestieg, um zur Mittelschule in Bad Vilbel zu fahren, stand General Eaker, der Oberkommandierende der 8. US-Luftflotte, am Fenster seines Hauptquartiers im südenglischen Busty Park und schaute besorgt in den nebelverhangenen Morgenhimmel. Es war der 17. August 1943, und es sollte heute nach einem ausgeklügelten Plan der erste große Tagesangriff auf Deutschland stattfinden. Zwei starke Bomberverbände würden gleichzeitig losfliegen und sowohl die Messerschmitt-Flugzeugwerke in Regensburg als auch die Kugellagerfabriken in Schweinfurt angreifen. Dadurch sollte die zu erwartende Attacke der deutschen Jäger auf zwei unabhängig voneinander operierende Bomberströme gelenkt und somit abgeschwächt werden. Um die Verwirrung der Deutschen komplett zu machen, würde der Schweinfurter Verband wieder wie üblich nach England zurückfliegen, während die andere Formation nach der Bombardierung Regensburgs überraschend mit Südkurs die Alpen überqueren und in Nordafrika landen sollte. Es stand verdammt viel auf dem Spiel heute, nicht nur für ihn, Eaker; die gesamte Strategie der U.S. Air Force war auf dem Prüfstand. Ein Mißerfolg würde all denen recht geben, die es für eine Verrücktheit hielten, sich am hellichten Tage ohne Jagdschutz - die Reichweite der britischen und amerikanischen Jäger war dazu nicht groß genug - in die Höhle des Löwen zu wagen. Jetzt waren die Würfel gefallen, und auch Eaker konnte nichts mehr tun: Er hatte die Angriffsoperation in die Hände des Brigadegenerals Anderson gelegt, und er würde ihm auf keinen Fall dreinreden wollen.

Der Nebel schien immer dichter zu werden, und in der Zeit des untätigen Wartens mag der General an die Anfänge der amerikanischen Bomberflotte zurückgedacht haben. Zwar waren den Briten schon vorher Kampfflugzeuge geliefert worden, doch dann, vor etwa anderthalb Jahren, wollten die Amerikaner eigene Stützpunkte in England einrichten. Das britische Bomber Command war davon nur mäßig begeistert; es hatte aufgrund der bisher dürftigen Erfolge im Krieg gegen die Japaner keine allzu hohe Meinung von der Kampfkraft der Amis. Ihm wäre es am liebsten gewesen, die Burschen hätten ihre Flugzeuge in Old England abgeladen und alles weitere den erprobten eigenen Piloten überlassen. Doch die US-Regierung und mehr noch die amerikanische Bevölkerung wollten sich den englischen Nachtangriffen nicht anschließen; eine derartige Kriegführung, die ausschließlich gegen die Zivilbevölkerung gerichtet war, erschien ihnen als zutiefst unmoralisch.

Leider ging es mit dem Aufbau der U.S. Air Force gar nicht voran. Die Marine im eigenen Land sperrte sich gegen den Luftkrieg im fernen Europa, sie brauchte die Luftunterstützung im Kampf gegen die Japaner. Als dann im November 1942 die britisch-amerikanische Landung in Nordafrika einsetzte, hatte der neue Frontabschnitt die höhere Priorität; zugesagte Bomberkontingente wurden kurzerhand nach Afrika dirigiert. Und immer wieder die Stänkereien des Bomber Commands, das die vorgesehenen Tagesangriffe schlicht für eine Schnapsidee hielt, die nur die Naivität und Unerfahrenheit der Amerikaner bewies. Im Januar 1943 schien der Konflikt zu eskalieren: In der Konferenz zu Casablanca trug Churchill dem amerikanischen Präsidenten Roosevelt seine massiven Bedenken vor, der auch prompt seinen eigenen Leuten in den Rücken fiel und dem britischen Premier zusagte, die U.S. Air Force werde sich dem Bomber Command bei seinen Nachtangriffen anschließen. Eaker war daraufhin Hals über Kopf nach Casablanca geflogen, und es gelang ihm, nach drei Tagen vom britischen Premierminister empfangen zu werden. Er traf auf einen leutseligen Churchill, der das Memorandum aufmerksam las, das Eaker mit großer Überlegung angefertigt hatte. Sie gerieten in eine ausgedehnte Diskussion, an deren Ende Churchill gutgelaunt sagte: „Junger Mann, Sie haben mich zwar nicht völlig überzeugt, aber Sie sollen eine Chance bekommen. Beweisen Sie, daß Sie recht haben. Ich werde bei Ihrem Präsidenten meinen Vorschlag zurückziehen.“[23]

Damit hatte Eaker den Rücken frei. Die Briten waren vielleicht auch deshalb so vehement gegen das amerikanische Vorhaben, weil sie alles an den Eigenschaften ihrer viermotorigen Lancaster maßen, einem vorzüglichen, aber leicht gebauten und schlecht bewaffneten Flugzeug, das einseitig auf Nachteinsätze und das Tragen hoher Bombenlasten ausgelegt war. Das Rückgrat der amerikanischen Bomberflotte war jedoch die B-17, allgemein „Fliegende Festung“ genannt, die sich auch hinter der späteren B-24, der „Liberator“, nicht zu verstecken brauchte. Gerühmt wurde von den Piloten das unproblematische Flugverhalten der leeren wie auch voll beladenen Maschinen, die auch noch flugfähig blieben, wenn sie schier unglaubliche Schäden davongetragen hatten und nur noch mit zwei

Motoren flogen. Vor allem besaß das an empfindlichen Stellen gepanzerte Flugzeug mit zehn überschweren Maschinengewehren vom Kaliber 12,7 mm eine enorme Feuerkraft, die dem Namen „Fliegende Festung" alle Ehre machte. Die Bomber flogen in sogenannter Kastenformation, sowohl seitlich als auch in der Höhe versetzt, so daß sie sich gegenseitig Feuerschutz boten. Den anfliegenden Jagdflugzeugen flog ein wahrer Geschoßhagel entgegen, und so viele B-17 auch abgeschossen wurden - die Verluste der deutschen Jäger waren stets beträchtlich höher!

Schwächere Verbände waren schon in Frankreich und im deutschen Küstenbereich im Einsatz gewesen, doch konnten damit die Einwände des Bomber Commands nicht entkräftet werden, ohne britischen Jagdschutz sei noch keine einzige Bombe auf Deutschland gefallen. Jetzt war endlich die Stunde gekommen, den Beweis für die Durchführbarkeit der amerikanischen Angriffsstrategie zu führen! Auf den in Küstennähe gelegenen Flugplätzen, von denen die für Regensburg bestimmten 146 Fliegenden Festungen starten sollten, fing jetzt der Nebel an, sich zu heben, und Brigadegeneral Anderson schickte die Maschinen gegen 9.45 Uhr in die Luft. Er hoffte, daß die für den Angriff auf Schweinfurt vorgesehenen Maschinen bald folgen würden, doch der Nebel hielt sich hartnäckig auf den Flugplätzen Mittelenglands, auf denen 230 Fliegende Festungen standen und warteten. Gegen 10.30 Uhr wurde der Nebel lichter, aber - war es nicht schon zu spät für die Entsendung der Maschinen? Der wohldurchdachte Plan, die deutschen Jäger auf zwei zeitgleich einfliegende Bomberverbände zu verteilen, ließ sich nun nicht mehr durchführen. Die Deutschen konnten sich jetzt ganz der Luftarmada widmen, die nach Regensburg flog, um hinterher in voller Stärke die Schweinfurter Streitmacht anzufallen. Anderson stoppte die Aktion nicht. Die Fliegenden Festungen hoben nacheinander ab, sammelten sich über Südengland und überflogen gegen 13.30 Uhr den Kanal. Um diese Zeit war der Angriff auf Regensburg bereits beendet, und die Flugzeuge befanden sich im Anflug auf die Alpen Richtung Nordafrika. Die ganze Zeit über waren sie von deutschen Jagdstaffeln attackiert worden, die in Erwartung der Tagesangriffe erhebliche Verstärkungen erhalten hatten. Als die B-17 in Nordafrika gelandet waren, fehlten vierundzwanzig Maschinen, viele weitere waren irreparabel beschädigt worden. Doch der Angriff auf die Flugzeugwerke in Regensburg hatte wie vorgesehen stattgefunden, über 300 Tonnen Bomben waren auf Werkhallen und Fertigungsstätten gefallen, und die Schäden waren - wie sich später herausstellte - erheblich.

Die Bomber auf dem Weg nach Schweinfurt hatten über dem Kanal klares, sonniges Wetter angetroffen, so wie es die Wettervorhersage angekündigt hatte. Doch über der holländischen Küste lag überraschend eine dichte Wolkendecke. Um diese zu übersteigen, hätten die Flugzeuge auf eine Höhe von über 8000 Meter klettern müssen, und ohne Bodensicht wäre dann von einem Zielanflug keine Rede mehr gewesen. Der Kommandant faßte daher den folgenschweren Entschluß, die Wolken zu unterfliegen und die Maschinen auf 5000 Meter absteigen zu lassen. In dieser geringen Höhe schoß nicht nur die Flak mit höherer Genauigkeit, auch die Jagdflugzeuge hatten dadurch deutliche Vorteile. Es dauerte auch nicht lange, bis die ersten Focke-Wulf 190 auftauchten und die Bomber unter Beschuß nahmen, die sich gut erkennbar gegen den Wolkenhimmel abzeichneten.

An diesem Tag war ich wie üblich gegen zwei Uhr nachmittags von Vilbel gekommen, hatte mein Fahrrad in der Scheune abgestellt und mich über das Mittagessen hergemacht, das meine Mutter für mich aufgewärmt hatte. Ich war noch nicht damit fertig, als sie vom Hof in die Küche stürzte und aufgeregt rief: „Alles ist voller feindlicher Flieger, sie sind direkt über uns!“ Alarm hatte es nicht gegeben, und wo sollten am hellichten Tag Flieger herkommen? Das hatte es doch überhaupt noch nicht gegeben. Das laute Gebrumm fing aber jetzt an, auch mich zu irritieren; ich legte die Gabel zur Seite und ging in den Hof. Was ich sah, verschlug mir fast den Atem. Wie dicke Hummeln hingen die viermotorigen Bomber am Himmel; so niedrig habe ich sie später, von einigen flügellahm geschossenen Absturzkandidaten abgesehen, nie wieder sehen können. „Da sind ja auch deutsche Jäger“, rief ich begeistert aus, man mußte zweimal hingucken, um die kleinen Jagdmaschinen zwischen den Riesenvögeln auszumachen. Die Mahnung meiner Mutter, in den Keller zu gehen, fand ich närrisch, wer wollte sich so ein Schauspiel entgehen lassen! Es war - wie wir heute wissen - eine der größten Luftschlachten des Zweiten Weltkriegs, die sich natürlich nicht nur nördlich von Kilianstädten abspielte, sondern sich von der Küste bis Schweinfurt hinzog - und wieder zurück. Während des Durchflugs konnte ich drei oder vier Fliegende Festungen sehen, die den Angriffen der Jäger zum Opfer fielen. Einer der Bomber, so hörte man anderntags, sei bei Ostheim abgestürzt. Ich werde diesen Anblick in meinem ganzen Leben nicht vergessen, wie sich die deutschen Jagdflugzeuge immer wieder auf den Bomberverband stürzten, wie kleine Lichtblitze den Weg der Geschosse aus den 2 cm-Bordkanonen markierten, gekreuzt von den orangefarbenen Leuchtspuren der amerikanischen Maschinengewehrsalven. Eine der amerikanischen Maschinen, die steuerlos geworden war, tanzte mit seltsamen Trudelbewegungen zum Horizont hinab, bis sie verschwand. Die Besatzung konnte wohl noch aussteigen, denn der Himmel hing auf einmal voller weißer Fallschirme. Die Mannschaft einer anderen Maschine hatte weniger Glück. Noch immer steht das Bild vor mir, wie der Bomber plötzlich ausscherte, zwei schwarze Rauchfahnen hinter sich herziehend, um sich nach einer Explosion in einem Funkenregen aufzulösen, so als habe es ihn vorher gar nicht gegeben.

Trotz hoher Verluste wurde der Angriff wie vorgesehen durchgeführt, und die Kugellagerfabriken in Schweinfurt erlitten schwere Zerstörungen. Erkauft wurde der Erfolg mit großen Opfern. Nach dem Rückflug, der über eine Linie südlich von Frankfurt erfolgte und daher von Kilianstädten aus nicht beobachtet werden konnte, landeten nur noch 194 Flugzeuge in England. Sechsunddreißig waren abgeschossen worden, mindestens 27 Flugzeuge waren so schwer beschädigt, daß sie nicht wieder flugfähig gemacht werden konnten, und auch die restlichen Maschinen waren mehr oder weniger defekt.[8] Zwei Monate später, am 14. Oktober 1943, flogen die Amerikaner einen zweiten Angriff gegen Schweinfurt. Kugellager waren für das Militär extrem wichtig, so daß eine Vernichtung der Produktionsstätten eine nahezu kriegsentscheidende Bedeutung hatte. Dieser zweite Angriff war verheerend, Schweinfurts drei größte Kugellagerfabriken wurden völlig zerstört. Allerdings mußten auch die Amerikaner ihren Wegzoll entrichten: Sechzig Bomber wurden abgeschossen! Auch diesmal konnte ich die Maschinen auf dem Anflug beobachten. Sie flogen, Kondensstreifen hinter sich herziehend, in großer Höhe; von Luftkämpfen war mit bloßem Auge nichts zu erkennen.

Auch die Engländer konnten sich der Erkenntnis nicht länger verschließen, daß die Tagesangriffe der U.S. Air Force die Deutschen stärker trafen als der auf die Zivilbevölkerung gerichtete Bombenterror. Natürlich fanden auch bei den amerikanischen Tagesbombardements viele Menschen den Tod. „Kollateralschäden“, wie man das auf neudeutsch nennt, lassen sich bis auf den heutigen Tag nicht vermeiden; doch war jedenfalls gezielter Massenmord nicht beabsichtigt. Es ist bedauerlich, daß die Amerikaner diese Linie nicht bis zum Schluß durchhielten und es gegen Ende des Krieges den Briten gleichtaten; auch mit dem wahllosen Bordwaffenbeschuß auf alles, was sich bewegte, ob das nun Bauern, Kinder oder zivile Eisenbahnzüge waren, erwarben sie sich kein Ruhmesblatt.

Die beträchtlichen Verluste der Air Force waren auf die Dauer nicht tragbar. Auch wenn die Produktionsmaschinerie in den Vereinigten Staaten auf Hochtouren lief und die Materialverluste leicht ergänzen konnte - ausgebildete und erfahrene Besatzungen konnte man nicht aus dem Boden stampfen. Der amerikanische Standardjäger, die „Thunderbold", hatte eine zu geringe Reichweite, um die Bomber schützen zu können, und die abwerfbaren Zusatztanks brachten Probleme mit sich. Nicht nur, daß sich die Flugeigenschaften drastisch verschlechterten, die Piloten konnten es, solange der Tank nicht abgeworfen war, kaum wagen, einem deutschen Jäger in die Quere zu kommen: Eine Schußgarbe in den Zusatztank hätte die Thunderbolt in einen Feuerball verwandelt. Doch war die Lösung in Sicht, denn es wurden mehr und mehr Jagdflugzeuge des Typs „Mustang" ausgeliefert, dessen Aktionsradius für den Geleitschutz ausreichte. Darüber hinaus war der Mustang der mit Abstand beste und schnellste Jäger jener Zeit, der den deutschen Me 109 und Fw 190 eindeutig überlegen war. Von Beginn des Jahres 1944 an waren die Tagbomber nicht mehr schutzlos.

Vom Himmel hoch da komm ich her

Im Jahr 1943 drohte die Stimmung in der Bevölkerung zu kippen. Stalingrad war verlorengegangen, die Front im Osten begann zu bröckeln, die Truppen in Nordafrika hatten kapituliert, und mit dem Terrorangriff auf Hamburg war eine pausenlose Serie von nächtlichen Bombardierungen deutscher Städte eingeleitet worden. Die Zahlen der an der Front gefallenen Soldaten mehrten sich, und mancher, der gutgläubig hinter dem Hitler-Regime gestanden hatte, mochte sich bei der Nachricht vom Heldentod seines „für Führer und Vaterland" gefallenen Sohnes nicht in die „stolze Trauer" schicken, die damals in Mode war, sondern verspürte statt dessen Ernüchterung und Bitterkeit. Mit Dauerpropaganda, Durchhalteparolen und Einschüchterungen versuchten die Nazis das Volk auf Kurs zu halten. Ein System von Spitzeln überzog das Land, die Unvorsichtige bei der Gestapo denunzierten. Nicht selten rekrutierten sich die Schnüffler, die man mit Drohungen und Versprechungen gefügig gemacht hatte, aus den Reihen des ehemaligen Widerstands; sie wurden von vielen Ahnungslosen für Gesinnungsgenossen gehalten. War man erst einmal in den Klauen der Gestapo, gab es nichts zu lachen. Der „Wehrkraftzersetzung" oder „Volksverhetzung" beschuldigt, kam man in der Strafvollzugsanstalt Frankfurt-Preungesheim schnell an den Galgen oder unter das Fallbeil. Auf das Abhören feindlicher Rundfunksender stand Todesstrafe, man hatte in diesem Fall, wie es die Nazis vornehm formulierten, ein „Verbrechen gegen die Rundfunkordnung" begangen.

Auch der frühere Kilianstädter Rektor Erich Simdorn (vergl. Seiten 133f. und 144), der nach seiner Amtsenthebung nach Frankfurt gezogen war und dort Anstellung in einem Verlag gefunden hatte, wurde Opfer eines Spitzels, der ihn im November 1942 zu der Äußerung provoziert hatte, wenn Stalingrad verlorengehe, sei auch der Krieg verloren. Simdorn wurde bald danach von der Gestapo inhaftiert und am 20.4.1943 wegen Hochverrats zu einer Zuchthausstrafe von zwei Jahren verurteilt. Daß er mit dem Leben davonkam, verdankte er vor allem seinem beherzten Verteidiger, der seine Verdienste im Ersten Weltkrieg herauszustellen wußte. Simdorn hatte als Kriegsfreiwilliger das EK1 erlangt und war als Leutnant Beobachtungsflieger im Jagdgeschwader Richthofen. Der Verteidiger legte ein Bild vor, das Simdorn zusammen mit dem berühmten „Roten Baron" zeigt und bemerkte hierzu: „Wenn er damals gefallen wäre, dann wäre er heute ein Held!"[55] Das machte bei den Richtern Eindruck, so daß die Todesstrafe nicht verhängt wurde. Als Simdorn im Dezember 1944 aus dem Zuchthaus kam und mit seiner ausgebombten Familie wieder in Kilianstädten wohnte, war es ausgerechnet der „alte Kämpfer" Thylmann, der dem Stellungslosen Beschäftigung in seiner Mühle verschaffte. Auch in Kilianstädten gab es Denunziationen, die bei unbesonnenem Verhalten der Ortsgruppenleitung KZ oder Todesstrafe hätten nach sich ziehen können. Nur im Fall des Karl Ebert führte eine solche Anzeige zu einer Verbringung ins KZ, aus dem er nicht wieder zurückkam. Zu diesen Fragen wird in dem Abschnitt *Die Jagd nach der weißen Weste* ausführlicher Stellung genommen.

Zwar gab es in der ersten Hälfte des Jahres immer wieder Fliegeralarm, doch waren wirklich schwere Angriffe auf Frankfurt ausgeblieben.

Am 4. Oktober 1943 flogen die Amerikaner erstmals einen Tagesangriff auf die Mainmetropole. Ziel waren die Heddernheimer Kupferwerke. Am selben Tag heulten spätabends erneut die Sirenen, jetzt flogen die Engländer ihren ersten Großangriff. Die östlichen Stadtteile wurden am schwersten getroffen, doch fielen auch in der Innenstadt Spreng- und Brandbomben in unmittelbarer Nähe des Domes. 529 Menschen kamen im Bombenhagel um, allein im Luftschutzkeller eines Kinderkrankenhauses starben nach einem Volltreffer 90 Kinder und 14 Schwestern.[32] Von Kilianstädten aus konnten wir die „Christbäume" über Frankfurt sehen, und als wir uns nach dem Abflauen des Motorengedröhns und Flakfeuers wieder aus dem Keller wagten, starrten wir entsetzt auf den Himmel, den der Feuerschein der brennenden Stadt blutrot gefärbt hatte. Nun hatte der Bombenterror auch uns erreicht! Sechs Wochen später war Frankfurt erneut Ziel eines englischen Nachtangriffs, bei dem glücklicherweise „nur" 80 Frankfurter zu Tode kamen. In dieser Nacht fielen auch Bomben auf Hanau, die eigentlich Frankfurt gegolten hatten. Die ersten Bombentrichter nahe Kilianstädten konnten wir im „Heideborn" bestaunen. Wir Kinder kletterten in den Krater hinunter und gruben nach Bombensplittern, die zu dieser Zeit noch Seltenheitswert hatten. Die Menschen begriffen, daß der ganze Großraum Frankfurt gefährdet war. Es kam häufig zu Fehl- und Notabwürfen, viele Bomber wollten so schnell wie möglich aus dem Flakfeuer heraus und suchten ihre Ladung so rasch loszuwerden, wie es nur ging.

Um diese Zeit begannen die Kilianstädter Bunker zu bauen. Wo ein Hügel Schutz versprach, wurden Stollen hineingetrieben und mit Holzbalken abgestützt. Je zwei Eingänge wurden, um den Luftdruck einer etwaigen Mine zu brechen, verwinkelt gebaut, dann gingen die Stollen geradeaus weiter, bis man annahm, daß das darüber ruhende Erdreich mächtig genug war, einen Volltreffer aufzufangen. Von dort aus wurde von beiden Seiten ein Querstollen getrieben, bis man sich in der Mitte traf. Das war der eigentliche Schutzraum. Besonders in den Wintermonaten war es dort ungemütlich, und wir saßen, in Winterkleidung eingemummt, auf den rohen Holzbänken und hüllten uns dazu noch in warme Decken. Die Kilianstädter waren die reinsten Maulwürfe. An allen Ecken und Enden taten sich die Bewohner zusammen und gruben ihre Gänge in die Erde. Mit der Teilnahme an den Wühlarbeiten erwarb man sich das Recht, mit der Familie in dem betreffenden Bunker - wenn man diesen hochtrabenden Namen gelten lassen will - Schutz zu suchen. Natürlich warf man niemanden heraus, der sich unberechtigterweise eingefunden hatte, doch erinnere ich mich gut der feindseligen Blicke, die uns entgegenschlugen, als mich meine Mutter eines Nachts in einen Bunker im Wingert schleppte, weil ihr dieser sicherer erschien. Insgesamt zwölf Bunker soll es in Kilianstädten gegeben haben[5], am Mühlberg beispielsweise, am Roten Weg oder unter der Villa mit Zugang von der heute zugeschütteten Windecker Hohle aus. Im Wingert gab es außer dem von mir genannten Bunker noch einen weiteren, der vom heutigen Niederbergring ausging und der im Gegensatz zu allen anderen nicht mit Balken abgestützt sondern gemauert war. Dieser Bunker soll, wie mir gesagt wurde, noch heute intakt sein.

Wir gingen, wenn die Zeit reichte, zu dem Bunker in der Villa, den wir für vertrauenswürdiger hielten als den uns am nächsten liegenden in den Brückgärten, etwa an der heutigen Richard-Wagner-Straße. Gleichwohl saßen wir dort der Nähe wegen am häufigsten. Bei den Männern konnte man die Hasenfüße von den Kaltblütigen dadurch unterscheiden, daß erstere fortwährend im Bunker hockten, während die Mutigeren zu Hause im Keller ausharrten, um nötigenfalls eine Brandbombe löschen zu können und damit ihr Häuschen vor dem Niederbrennen zu bewahren. Wenn wir - fast immer ohne den Vater - zum Bunker rannten, mußten wir an der Schreinerei Lind vorbei, kurz vor der schmalen Steinbachbrücke. Der Linde-Jean war eher füllig von Statur und von gemütlichem Aussehen, während sein Bruder Jakob, von schlankerem Wuchs und mit einem schwarzen Schnauzbart ausgestattet, verwegen und draufgängerisch wirkte. Doch der Anschein täuschte. Der Jakob saß fast Tag und Nacht im Bunker; man konnte kommen, so früh man wollte - der Jakob war schon da. Den Jean hingegen habe ich nicht ein einziges Mal dort gesehen. Wenn wir zum Bunker stürmten, stand er gewöhnlich vor seinem Tor und schaute belustigt dem Gerenne zu.

Die Versorgungslage wurde gegen Ende des Jahres 1943 kritischer, wovon wir im Dorf wenig spürten. Doch auch in den Städten mußten die Menschen nicht hungern, wenn auch die Rationen knapper wurden; erst nach dem Ende des Krieges sollte die Bevölkerung in wirkliche Not geraten. Sonntags war in Kilianstädten immer noch Speiseeis zu haben: Der Friseur, das Andresi, hatte eine kleine Eismaschine und wußte sich stets Magermilch zu beschaffen. Die wenigen Lastwagen und Autos hatten ihren Betrieb auf Holzvergasung umgestellt, denn jeder Tropfen Benzin wurde für die Front und die Flugabwehr gebraucht. In einem Kessel wurden die auf Bierglasgröße zugeschnittenen Holzstücke verschwelt; mit den entstehenden Gasen ließen sich die entsprechend umgerüsteten Motoren betreiben, was allerdings einige Fertigkeit im Umgang mit dieser Art Gaserzeugung verlangte. Wichtig war auch die Bekämpfung von landwirtschaftlichen Schädlingen, woran auch die Schulkinder beteiligt wurden. Wiederholt wurden wir zum meist erfolglosen Suchen von Kartoffelkäfern eingesetzt, die erst gegen Ende des Krieges in Massen auftraten. Die größeren Jungen gruben nach Hamstern, was nicht ganz ungefährlich war, denn die Nager konnten, in die Enge getrieben, kräftig zubeißen. Welche Prämie auf einen erschlagenen Hamster kam, weiß ich nicht mehr, für einen erlegten Sperling wurden fünf Pfennige gezahlt. Dazu mußten die toten Vögel in die Bürgermeisterei gebracht werden, wo ihnen eine Frau Marburger als Beleg einen Fuß abschnitt. Auch Kohlweißlinge galten als Schädlinge, und ich bin ganze Nachmittage mit einer Patsche hinter den weißen Schmetterlingen hergerannt, weil es für jedes zur Strecke gebrachte Exemplar ebenfalls fünf Pfennige gab.

Wenngleich die Produktion von Rüstungsgütern Vorrang hatte, mußte auch die Versorgung der Bevölkerung, etwa mit Textilien, aufrechterhalten werden. In unserem Dorf wurde im Saal der Gaststätte „Zum Adler" ein Zweigbetrieb der Deutschen Kleiderwerke eingerichtet, zu dessen Betrieb die Frauen zwangsverpflichtet wurden. Auch meine Mutter arbeitete zeitweilig in der Textilfertigung; der Betrieb wurde übrigens nach dem Krieg eine Zeitlang weitergeführt.

Zwischen Schule und Fliegeralarm hatten wir Jungens immer noch Zeit für Streiche und Lausbübereien, die sich bevorzugt beim Peuler-Helmut abspielten, den der Leser bereits aus dem Kapitel *Was die Schwalbe sang ...* kennt. Der Vater war im Krieg, und die Mutter, das Peuler-Gretchen, hatte mit Haushalt und Landwirtschaft genug um die Ohren; da konnte sie nicht fortwährend auf ihren Sprößling aufpassen. Eines Tages trieben wir ein wildes Spiel oben auf der Scheunentenne, deren Öffnung an der hinaufführenden Leiter mit Strohballen zugedeckt war, um eine größere Fläche zum Tollen zu haben. Als ich im Verlauf des Spiels auf einen Ballen sprang, war die Festigkeit der Konstruktion überfordert, und ich sauste nach unten auf den harten Scheunenboden, gerade daß ich noch den Peuler-Helmut hörte, wie er „Vorsicht, Fallschirmjäger!" rief.

Ich hatte Glück, daß ich nicht auf einen Pflug oder eine Egge fiel, die unordentlich in der Scheune herumstanden, sondern mit dem Rücken - immerhin aus einigen Metern Höhe - auf den Boden knallte. Wenn hinterher gesagt wurde, ich sei zunächst ohnmächtig gewesen, so stimmt das nicht. Ich war bei vollem Bewußtsein, konnte aber die ersten Minuten kaum mehr atmen noch mich bewegen, ich war völlig paralysiert. Ich sah, wie Gabriel, der kriegsgefangene Franzose, in die Scheune stürzte und mich auf den Armen den Treppenabsatz hinauf vor das Haus trug, wo er mich auf einen dort stehenden Tisch legte, zu dem auch das Peuler-Gretchen jammernd gelaufen kam. Jetzt ließ die Lähmung langsam nach, ich konnte wieder durchatmen und nach und nach die Glieder bewegen. Das erste, was ich gesagt haben soll, nachdem ich wieder sprechen konnte, war: „Peuler-Gretchen, sag nichts meiner Mutter!“ Zu Hause ging es mir wieder gut, und ich legte mich abends, ohne ein Wort über den Vorfall zu verlieren, wie üblich ins Bett. Als meine Mutter am Morgen ins Dorf ging, schlief ich noch. Dort bekam sie bald zu hören: „Sag mal, wie geht es denn deinem Erwin?“ Als sie nach dem Grund der Besorgnis fragte, hieß es: „Ei, der ist doch vom Scheunenboden gefallen.“ Meine Mutter erschrak: Als sie wegging, lag ich noch im Bett und schlief wie tot. Am Ende war ich das wirklich! Sie hastete an mein Bett, in dem ich mich, gottlob, zu regen anfing. Ihre Freude, mich lebend vorzufinden, war so groß, daß sogar das nachfolgende Donnerwetter glimpflich verlief, zumal ich Besserung gelobte. Trotz dieses Versprechens sollte es einige Zeit später zu einem neuen mißlichen Vorfall kommen, natürlich wieder beim Peuler-Helmut.

Im Herbst 1943 fand im Nachbarort Oberdorfelden ein schreckliches Ereignis statt. Unweit der Lohe wurde ein polnischer Zwangsarbeiter an einem Baum gehenkt. Aus dem gesamten Kreis Hanau wurden alle Polen - Frauen und Männer - an die Richtstätte getrieben und gezwungen, das gräßliche Schauspiel anzusehen. Was war geschehen? Nach dem Gespräch mit einer Zeitzeugin, die alles aus nächster Nähe erlebt hat, läßt sich der Vorfall zuverlässig rekonstruieren. Wir wissen schon, daß die französischen Kriegsgefangenen unter die Militärhoheit fielen, während die polnischen Zivilarbeiter bei den Bauern bzw. Dienstherren untergebracht waren, für die sie arbeiteten. Eine Frau, deren Name nicht genannt werden soll, lebte mit ihrem Kind und einem Polen allein im Haus, der Ehemann war an der Ostfront. Nach dem Bekunden dieser Frau hatte der Pole einige Male versucht, sich ihr zu nähern. Sie ging daraufhin zum Bürgermeister, nicht etwa um den Polen anzuzeigen, sondern um ihn gegen einen Franzosen zu tauschen. Die französischen Kriegsgefangenen waren in Niederdorfelden in der Gaststätte Wörner untergebracht und wurden täglich unter Bewachung hin- und hergeführt. Der Bürgermeister, der dem Polen ebenfalls keine Unbill zufügen wollte, sah keine Schwierigkeiten, dem Wunsch zu entsprechen und schickte sich an, den Wechsel zu beantragen. In seiner Blauäugigkeit hatte er nicht bedacht, daß jetzt nach den Gründen für dieses ungewöhnliche Gesuch gefragt würde, und die Verantwortlichen hatten schnell die Ursache für den gewünschten Austausch herausgefunden. Als der Pole abgeholt wurde, dachte man zunächst, er würde an eine andere Stelle verlegt. Der Bürgermeister beherbergte selbst einen Polen, den er - wie auch die anderen im Dorf - anständig behandelte; über etwaige Folgen seiner Handlungsweise hatte er nicht nachgedacht. Wer nun alles über die geplante Hinrichtung informiert war, ist unklar, jedenfalls wurde der Förster beauftragt, einen geeigneten Baum für die Prozedur auszuwählen. Er soll sich für das vor der Lohe stehende „Läusbäumchen" entschieden haben. Von der grausigen Exekution erfuhren die Dorfbewohner erst durch die Polen des Ortes, welche sich die Hinrichtung anschauen mußten; hier sollte offenkundig - vielleicht auch aus bestehender Veranlassung - ein Exempel statuiert werden. Entsetzen erfaßte das Dorf. Das hatte niemand gewollt, und auch die Frau, die den Vorgang unwissentlich ausgelöst hatte, machte sich bittere Vorwürfe. Als nach dem Krieg die Amerikaner, von Rendel kommend, in Oberdorfelden eintrafen, waren sie schon von den Polen informiert worden. Bürgermeister und Förster wurden sofort festgenommen, dem Bürgermeister glückte die Flucht. Er tauchte zunächst in Büdesheim bei einem Bekannten unter; vorher hatte er einen Teil seiner Kleider an der Nidder abgelegt, um einen Selbstmord vorzutäuschen. Es gelang ihm dann zwar, bei einem Bauern in der Umgegend unterzutauchen, er wurde aber erneut von den Amerikanern gefaßt und nach Polen ausgeliefert, wo ihm der Prozeß gemacht wurde. Die Polen aus Oberdorfelden und insbesondere der, welcher bei dem Bürgermeister untergebracht war, sprachen gut für ihn, und er konnte glaubhaft machen, daß er das Geschehene weder gewollt noch vorausgesehen hatte. Er wurde freigesprochen und erreichte später, als er sich in Deutschland noch einmal verantworten mußte, gleichfalls einen Freispruch.

Nicht wenige Frauen, deren Männer seit Jahren im Feld waren, vielleicht sogar als vermißt galten, litten wohl insgeheim ebenso an Liebesentzug und fehlender erotischer Zuwendung wie ein von seiner Familie getrennter Pole, der womöglich im selben Haus lebte. Da bestand latent immer die Gefahr, daß besondere Umstände und Gelegenheiten zu einer Beziehung führten, die sich zumindest für den Zivilarbeiter als tödliches Vergnügen erweisen konnte. War erst einmal eine Anzeige ergangen, trat ein Automatismus in Kraft, dem sich niemand mehr entgegenstemmen konnte. Das Ergebnis war dann unschwer vorherzusagen, und so hatte kaum einer der Dorfgewaltigen Interesse daran, sein Gewissen mit einem Todesurteil zu belasten. Natürlich hielten etwaige Bettgenossen ihre Beziehung geheim, doch gab es schon gelegentliche Auffälligkeiten, die signalisierten, daß da Gefahr im Anzug war. Das „Zehche", der Kilianstädter Bürgermeister, nahm, wie ich von seiner Enkelin weiß, solche Anzeichen sehr ernst und versuchte, den Risiken schon im Vorfeld zu begegnen. Beim leisesten Verdacht wußte er dafür zu sorgen, daß der Betreffende unauffällig in eine andere Umgebung verlegt wurde.

Am 29. Januar 1944 führten 500 - 600 schwere amerikanische Bomber einen Tagesangriff auf Frankfurt aus. Der Himmel war bedeckt, ein gezielter Abwurf auf Industrieziele kaum möglich. So wurden die Bomben planlos über dem Stadtgebiet abgeladen. Resultat: über 900 Tote. Es folgten weitere Tagesangriffe, am 4.2.1944 waren erneut die Heddernheimer Kupferwerke das Ziel. Dichtes Schneegestöber behinderte die Piloten, so daß viele ungezielte Abwürfe erfolgten, bei denen auch der Hanauer Raum in Mitleidenschaft gezogen wurde. In Mittelbuchen fielen Sprengbomben, es starben zehn Personen. In dem damals noch zum Kreis Hanau gehörenden Enkheim mußten gar 36 Menschen ihr Leben lassen.[51] Am 18. März flogen die Engländer einen schweren Nachtangriff, dem über 400 Frankfurter zum Opfer fielen. Es wurde fast eine Million Stabbrandbomben abgeworfen, die nicht alle das Stadtgebiet trafen. In Hanau wurden 200 Brandbomben gezählt, die auf das Freigerichtsviertel gefallen waren.[51] Auch in Kilianstädten fielen Hunderte von Brandbomben, von denen aber nur wenige in der Peripherie des Ortes aufschlugen, die große Masse ging nordöstlich des Dorfes im Feld nieder, wo sie ohne Schaden anzurichten ausbrannten - aber nicht alle. Eine Brandbombe soll das Gemeindehaus getroffen haben, wo sie aber gelöscht wurde. Eine zweite hatte im letzten Haus der Friedhofstraße, beim Graulichs Karl, das

Scheunendach durchschlagen, war aber - o wundersame Fügung - mitten in einen hohen Haufen Klee gefallen und darin erstickt. Im Feld hatten etliche Brandbomben nicht gezündet, und wir Kinder machten uns einen Spaß daraus, diese an einen Stein zu schlagen und so ein Feuerwerk in Gang zu setzen, das wir aus vermeintlich sicherer Entfernung begafften. Etwa jede zwanzigste Bombe trug einen Sprengsatz. Wer eine Brandbombe löschte, mußte also stets damit rechnen, daß ihm plötzlich der ganze Feuerbrand um die Ohren flog. Kenntlich war diese Bombe durch einen roten Ring am sechseckigen Aufschlagkopf, aber den sah man nicht, wenn sie bereits brannte. Um solche Exemplare, die man ungezündet leicht erkennen konnte, machten wir natürlich bei unserem gefährlichen Spiel einen großen Bogen. Doch auch das Löschen normaler Brandbomben war kein Kinderspiel. Die Füllung bestand aus Thermit, einem Gemisch aus Aluminiumpulver und Eisenoxid, das beim Verbrennen eine mörderische Hitze von 2400 Grad entwickelte. Nur durch Bedecken mit reichlich Sand ließ sich die Glut ersticken, nahm man Wasser, so spaltete sich dieses in seine molekularen Bestandteile Wasserstoff und Sauerstoff, die zusammen sogenanntes Knallgas bildeten, das explosionsartig verpuffen konnte.

Nur vier Tage nach dem nächtlichen Großangriff erfolgte ein neuer britischer Terrorschlag von bisher nicht gekannter Wucht. Die Flugzeuge flogen diesmal nicht wie üblich über den Taunus ein, sondern kamen aus Richtung Kassel. Mit einem Scheinangriff auf diese Stadt sollte die Flugabwehr irritiert werden, was auch gelang, denn es gab erst Alarm, als schon die Bomben fielen. Auch wir waren in Kilianstädten ahnungslos, als plötzlich die Motoren der Bomber dröhnten, in deren Einflugschneise wir lagen. Wir hatten auch keine Zeit mehr, in den Bunker zu rennen, denn die Flak schoß Sperrfeuer, und der Angriff war bereits in vollem Gang. Also begaben wir uns in den Keller - Luftschutzraum wäre geprahlt -, in den sich auch der Nachbar Repp mit seiner Familie einfand. Mein Vater war nicht mitgekommen; er war auf den Dachboden gegangen, um am Fenster die Vorgänge zu beobachten. Unauffällig schlich ich die Kellertreppe hoch und eilte zum Vater. Das Bild, das sich mir bot, kann ich mein Leben lang nicht vergessen. Der Himmel lag im Scheinwerferlicht, vier oder fünf der Lichtkegel kreuzten sich und hielten einen möglicherweise angeschossenen Bomber gefangen, der sich vergeblich bemühte, mit jähen Flugmanövern aus dem Schnittpunkt der Strahlenfinger herauszukommen; um ihn explodierten die Flakgeschosse. Dann wurde mein Blick von dem Himmel über Frankfurt angezogen, der voller „Christbäume“ hing, daneben Leuchtbomben, die die Erde in gleißendes Licht tauchten. Die Explosionen aus der nahen Stadt waren deutlich zu hören, und schon fingen die Brände an, den Himmel rot zu färben. Doch jetzt mußte ich in den Keller, denn meine Mutter hatte ein so herzzerreißendes Gezeter angestimmt, daß mich der Vater mit sanfter Gewalt auf die Treppe nach unten schob.

In Frankfurt war die Hölle. In dieser Nacht brannte die Altstadt wie ein Scheiterhaufen. 42 Luftminen und 1200 Sprengbomben, zum Teil 1000 kg schwer, deckten die Dächer ab und drückten die Wände ein, weit über eine Million Stabbrandbomben setzten die Stadt in Brand, hinzu kamen 1200 der scheußlichen Flüssigkeitsbomben, nach bewährtem Brandstifterrezept mit Öl, Benzin und Phosphor gefüllt. Die Brände erreichten ein solches Ausmaß, daß sich der gefürchtete Feuersturm bildete. Hierbei strömt die von der Feuersbrunst erhitzte Luft wie in einem Riesenkamin in den Himmel, das entstehende Vakuum saugt die Luft in Bodennähe an, die als Sturm durch die Straßen und Gassen faucht und die Flammen immer höher auflodern läßt. Ein wahnsinniges Karussell beginnt sich zu drehen: Die Brände werden wie von einem Blasebalg angefacht, werden zu einem glühenden Hochofen und vereinigen sich zu einer einzigen Flammenlohe, welche die Luft mit immer stärkerer Gewalt heranzieht. Der Sturm übertrifft schließlich alle meteorologischen Orkanstärken und erreicht bis zu 60 m/s.[*)] Menschen, die der Sog erfaßt, werden wie welkes Laub in die Glut getrieben und zu einem Häufchen Asche verbrannt.[23,32]

Die Frankfurter starben in dieser Nacht viele Tode: Sie verbrannten oder wurden von den herabstürzenden Trümmern erschlagen, der Luftdruck der Minen zerriß ihre Lungen, sie ertranken in den verschütteten Kellern, weil die Wasserleitungen geborsten waren oder wurden vom Kohlenmonoxid der glimmenden Kohlenvorräte vergiftet, oder sie erstickten einfach, weil ihnen die himmelhoch lodernden Flammen den Sauerstoff der Luft wegfraßen. Daß angesichts der Bombenlast, die größer war als die beim Großangriff auf Hamburg, nicht mehr als tausend Tote zu beklagen waren, wird auf die Maßnahmen des Magistrats zu-

---

[*)] Ab 32,6 m/s spricht man von einem Orkan = Windstärke 12.

rückgeführt, durch die hauptsächlich in der Altstadt ein zusammenhängendes Netz unterirdischer Fluchtwege geschaffen wurde, das über Brandmauerdurchbrüche erreicht werden konnte. Dadurch war es möglich, vom Eschenheimer Turm bis an den Main zu gelangen.[32] Zwei Tage nach diesem Inferno erschienen die amerikanischen Tagbomber und warfen erneut Tod und Verderben auf die geschundene Stadt, in deren Trümmern noch immer die Glut schwelte.

Unser Haus füllte sich langsam. Zeitweilig waren meine Kusinen Wilma und Ilse da sowie Michel, der Sohn von meines Vaters Chef. Die Eltern hielten ihre Kinder zu Recht in Kilianstädten für weniger gefährdet als in Frankfurt, und wir nahmen sie willig auf, obwohl ich mir heute noch den Kopf zermartere, wo die denn wohl alle in unserem kleinen Häuschen geschlafen haben könnten. Meine Mutter, ohnehin Dauerkundin in allen umliegenden Bunkern, wachte über uns wie eine Glucke und paßte auf, daß wir bei den leisesten Anzeichen einer Lufttätigkeit in die schützenden Erdhöhlen flitzten. Zum Unglück bekam ich, ausgerechnet in den Ferien, eine schmerzhafte Furunkulose in der linken Kniekehle, so daß ich kaum laufen konnte, vor allem nicht bis zum Bunker und schon gar nicht in der von Mutter vorgesehenen Geschwindigkeit. Not macht erfinderisch: Ich wurde auf den Schubkarren gehievt und - da das auch tagsüber geschah - zum Ergötzen der Zuschauer über das holperige Straßenpflaster in den rettenden Bunker gekarrt.

Der Luftkrieg hatte für uns Halbwüchsige auch einen technischen Aspekt, der uns nicht selten faszinierte. Die Feindflugzeuge kannten wir alle an Aussehen und Flugbild, und die eigenen sowieso. Einige Dorfbewohner hatten von den Flaksoldaten Informationen über die geheimnisvollen Mitteilungen erhalten, die von den sogenannten Flaksendern ausgestrahlt wurden und in verschlüsselter Form die Flugbewegungen bekanntgaben. Wahrscheinlich war die Weitergabe dieser Interna gar nicht erlaubt, aber jeder zeichnete vom anderen die in Planquadrate unterteilte Landkarte ab, die allerdings nur die nähere Umgebung umfaßte und durch das häufige Abmalen auch nicht gerade genauer wurde. Die Bevölkerung wurde zwar von den Reichssendern durch regelmäßige Luftlagemeldungen über die Einflüge feindlicher Bomberverbände unterrichtet, aber allzuviel konnte man mit diesen allgemein gehaltenen Mitteilungen nicht anfangen. Bei Luftgefahr konnte man vielerorts den sogenannten Drahtfunk hören, doch den gab es wohl nur in den Städten, und ich weiß eigentlich bis heute nicht, was das eigentlich war. Es gab verschiedene Flaksender, aber der - so fand ich bald heraus -, der sich *Wilhelm Martha Ypsilon* nannte, war der stärkste und zugleich informativste, er war auf Langwelle zu hören. Planquadrat *Quelle Richard* war beispielsweise der Raum Wiesbaden, die Gegend um Frankfurt befand sich in *Quelle Siegfried.* Diese Planquadrate waren jeweils in neun weitere Felder unterteilt, Frankfurt war *Quelle Siegfried 5*, Kilianstädten *Quelle Siegfried 3*. Der Pappkarton, auf dem ich die Planzeichnung nachgebildet hatte, befriedigte mich nicht. Ich versuchte, das System der Gitternetzlinien zu durchschauen, was mir nach einigem Überlegen und Probieren auch gelang. Ich entdeckte, daß die üblichen Längen- und Breitengrade in bestimmter Weise weiter unterteilt worden waren. Jetzt dehnte ich die bestehende Anordnung auf die gesamte Landkarte Deutschlands aus. Ich konnte mich davon überzeugen, daß die Methode tadellos funktionierte. Zwar gab es Doppelbezeichnungen, doch lagen diese räumlich weit auseinander und konnten eigentlich nicht verwechselt werden. Ich wurde ein regelrechter Spezialist in der Beobachtung und Bewertung von Flugbewegungen. Wenn ich sonntags oder in den Ferien im Bett lag, hatte *Wilhelm Martha Ypsilon* einfliegende Bomberverbände schon über dem Ärmelkanal geortet. Ich kam schnell dahinter, daß die Flugzeuge bestimmte Flugrouten bevorzugten, was vielleicht mit dem Standort der Flakbatterien zusammenhing. Lange bevor jemand an Alarm oder Voralarm dachte, wußte ich schon, daß wir wahrscheinlich wieder an der Reihe waren. Ich konnte fast auf die Minute den Zeitpunkt des Alarms vorhersagen.

Eines Tages überraschte mich das Gerücht, im Büdesheimer Wald sei ein viermotoriger Bomber abgestürzt oder notgelandet. Mein Freund Kurt und ich machten uns sogleich auf den Weg und fanden den Bomber auch tatsächlich an der angesagten Stelle. Er war zwar durch die harte Landung etwas mitgenommen, sah aber immer noch ganz manierlich aus. Einige andere Jugendliche krabbelten bereits auf der Maschine herum, und auch wir stiegen in die Pilotenkabine ein, um etwas Brauchbares als Andenken mitgehen zu lassen. Einige Bruchstücke der Kanzelverglasung schienen uns interessant. Sie waren aus Plexiglas, wir hatten so etwas noch nicht gesehen. Man konnte das Kunstglas anzünden; es brannte zwar nicht gerade wie Papier, die etwas mühselige Flamme fraß sich unter starker Rußentwicklung nur langsam dahin und verbreitete einen süßlichen Geruch. Verlockender erschienen uns die Patronengurte der schweren Maschinengewehre, die wir uns beim Heimweg über die Schulter hängten. Das Flugzeug wurde hinterher abgesperrt, und es hieß später, der Flieger habe noch seine Bombenlast mit sich geführt. Aber diese Behauptung konnte auch vorgeschützt gewesen sein, um künftig von derartigen „Besichtigungen“ abzuschrecken.

Der ahnungsvolle Leser wird sicher schon befürchten, daß wir mit den entwendeten Geschossen nur gefährlichen Unsinn treiben würden, und so kam es denn auch. Um die Hintergründe des bevorstehenden Unheils zu beleuchten, muß ich ein wenig weiter ausholen. Dabei wird der Leser auch erfahren, warum unsere Ziegen und Schweine auf so schändliche Weise zu Tode kamen.

Es war in Kilianstädten üblich, für jeden Gefallenen in der Kirche einen Kranz an die Empore zu hängen. Anfangs waren es nur einige wenige, die den Blick der Kirchgänger auf sich zogen, doch im Verlauf des Krieges wurden es immer mehr, bis man sie schließlich immer enger aneinander rücken mußte, um Platz für weitere zu schaffen. Die Betrübnis der Eltern und Ehefrauen läßt sich wohl von jedem nachempfinden, und natürlich wollten besonders die Frauen ihrer Trauer auch sichtbaren Ausdruck verleihen. Hätten sie mit ihrer Kleiderkarte in einem Textilgeschäft nach Trauerkleidung gefragt, sie wären in den meisten Fällen mit einem bedauernden Achselzucken beschieden worden. Mein Vater war Färbermeister, und da die chemische Industrie in Frankfurt bis zuletzt von Zerstörung verschont blieb, war es für ihn ein leichtes, sich Farbstoff zu beschaffen und bei uns zu Hause im Waschkessel bunte Kleidung in schwarz umzufärben. Natürlich wollte sich der Vater nicht an der Not anderer Menschen bereichern, aber irgendwie zeigte sich jeder auf seine Weise erkenntlich, sei es mit einer handwerklichen Gegenleistung, einem Stück Schinken oder vielleicht auch, wenn es sich um eine bäuerliche Familie handelte, durch landwirtschaftliche Hilfe - wir hatten ja zur Bewirtschaftung unseres Feldes weder Zugtiere noch Ackergeräte. Die Kleider wurden in der Farbstofflösung gekocht und nahmen dadurch die Farbe auf. Diese wäre aber nicht echt genug gewesen und beim späteren Waschen wieder ausgelaufen, hätte es nicht eine Möglichkeit gegeben, die Waschbeständigkeit zu verbessern. Die gefärbten Textilien wurden zunächst gespült und dann mit einer verdünnten Lösung aus Salzsäure und Nitrit behandelt. Man nennt das „diazotieren“. Dabei bilden sich stechend riechende Gase, die auch gesundheitsschädlich sind. Durch diese Behandlung wird das Färbegut für die Aufnahme eines speziellen „Entwicklers“ vorbereitet, der hinterher aufgebracht wird und die Echtheitsverbesserung bewirkt. Für den Leser ist nur wichtig zu wissen, daß man giftiges Nitrit benötigte, das mein Vater in einer Papiertüte aufbewahrte, diese aber - ein wenig leichtsinnig war er immer, der Herr Papa - nicht mit der angebrachten Sorgfalt wegsperrte. Er stellte sie mal hierhin, mal dahin, und einmal verwahrte er sie auf der Fensterbank des Stallfensters, wo der Großvater sein Salz stehen hatte, mit dem er den Tieren das Futter würzte. Dem Leser schwant schon Schlimmes, und er soll leider mit seiner Vorahnung recht behalten. Eines Morgens lagen die zwei Ziegen und die beiden Schweine mit aufgeblähten Bäuchen tot in den Ställen. Der Großvater hatte das Salz mit dem Nitrit verwechselt, und die Tiere hatten das leider nicht ausgehalten. O, wie war der Jammer groß! Nachdem die gegenseitigen Schuldzuweisungen abgeebbt waren, ging es um Schadensbegrenzung. Ich weiß nicht, auf welche Weise die Kadaver unauffällig entsorgt wurden. Das durfte auf keinen Fall öffentlich geschehen, denn im Nu wären ein paar Nazi-Schnüffler aufgetaucht, die peinliche Fragen gestellt hätten. Besonders wenn man nicht in der Partei war und ohnehin schon für politisch unzuverlässig galt, war man schnell als Volksschädling oder Saboteur abgestempelt und hatte mit Schlimmem zu rechnen. Doch es ging alles gut, und es gelang uns sogar, illegal natürlich, wieder zwei Ferkel aufzutreiben. Mir taten unsere Ziegen, Lotte und Toni, am meisten leid, nicht nur, weil es jetzt mit der herrlichen Ziegenmilch aus war, an die ich von klein an gewöhnt war. Ziegen sind die liebenswürdigsten Geschöpfe, die man sich denken kann, zutraulich und gutartig, aber auch launenhaft und übermütig; ich hatte sie öfter im Hof herumtollen lassen zum Entsetzen der Hühner, die sich mit aufgeregtem Gegacker gegen die Eindringlinge empörten.

Der Ruf meines Vaters als Kleiderfärber war über Kilianstädten hinausgedrungen. Er hatte auf irgendeine Weise Bekanntschaft mit Frau Mühlhausen gemacht, der Besitzerin einer gleichnamigen Frankfurter Buchhandlung, die bis vor einigen Jahren noch bestand. Frau Mühlhausen gab meinem Vater häufig Färbeaufträge und revanchierte sich mit Büchern, die in den letzten Kriegsjahren nur schwer zu bekommen waren. Einmal brachte Vater ein Buch an von Hermann Römpp: »Chemische Experimente, die gelingen«. Ich studierte die darin beschriebenen

Versuche, wobei sich mein Interesse sofort auf die Experimente konzentrierte, bei denen es knallte und rauchte. Mein Vater war unbedacht genug, mir aus dem Labor seiner Firma verschiedene einschlägige Chemikalien zu besorgen, vor allem Kaliumchlorat, das, vorsichtig mit der gleichen Menge Zucker verrührt, ein explosives Gemisch ergibt. Und damit schließt sich der Kreis zu den Maschinengewehr-Patronen, die wir aus dem notgelandeten Bomber geklaut hatten.

Der Unterhaltungswert der Munition war bescheiden. Man konnte mit einer Zange das Geschoß aus der Hülse ziehen, das darin enthaltene Pulver ausschütten und dann anzünden. Viel mehr wollte uns dazu nicht einfallen. Da fiel mein Vorschlag auf fruchtbaren Boden, mit Hilfe einer Geschoßhülse und meiner inzwischen erworbenen chemischen Kenntnisse ein Raketenauto zu bauen. Wir versammelten uns (wo sonst) beim Peuler-Helmut; außer Kurt und mir war, wenn ich mich recht entsinne, der Friedel dabei, vor allem aber der Jonase Walter, so genannt nach seinem Vater, dem „roten Jonas“, seines Zeichens Feldschütz. Der Walter war stets zu jedem Streich bereit, aber auch vom Pech verfolgt. Die Narbe an seiner Hand, die er sich mit einer Pistole durchschossen hatte, war kaum verheilt, als er in dem sich jetzt abspielenden Drama erneut die Rolle des Unglücksraben übernehmen mußte. Ein brauchbares Gefährt, das als „Raketenauto“ dienen konnte, war unter Helmuts alten Spielsachen nicht leicht zu finden. Endlich stöberten wir ein Holzwägelchen mit schwergängigen Rädern auf und befestigten auf diesem die vom Geschoß befreite Patronenhülse. Das Pulver schütteten wir heraus und zündeten es an. Als die Stichflamme verpufft war, füllte ich die Hülse mit dem „Raketentreibstoff“, der Mischung aus Kaliumchlorat und Zucker. Das alles spielte sich vor der Haustüre auf dem Treppenabsatz ab. Ich hielt vorsichtig einen brennenden Fidibus an das Ende der Patronenhülse, die sogleich einen halbmeterlangen Feuerstrahl ausspie. Trotz des beeindruckenden Feuerwerks bewegte sich das schwerfällige Holzwägelchen nicht von der Stelle. Wir standen in Deckung und warteten, daß das Zündhütchen in der Patronenhülse explodieren würde, die weißglühend geworden war. Nichts geschah; die Hülse kühlte ab und schimmerte nur noch dunkelrot, als Walter die Geduld verlor, hervorsprang und rief: „Ich werfe jetzt meinen Schlüsselbund drauf!“ Er hatte die Hand noch nicht richtig zum Wurf erhoben, als das Zündhütchen tatsächlich mit lautem Knall losging und das Wägelchen, das sich von dem brennenden Treibsatz nicht hatte bewegen lassen, einige Meter weit nach unten auf den Misthaufen beförderte. Und Walter lag oben auf dem Steinboden und schrie aus Leibeskräften. Wir dachten erst, er mache Spaß, bis wir sahen, daß aus seiner Wade das Blut herauslief. Das Zündhütchen war aus der Hülse herausgeschleudert worden und hatte sich in Walters Bein einen neuen Platz gesucht. Wir standen ziemlich hilflos um ihn herum, bis der Peuler-Helmut die rettende Idee hatte: „Wir müssen Salbe draufmachen!" Aber alles, was wir fanden, war eine Brandsalbe, und so schmierten wir diese dick auf die Wunde und wickelten schnell einen Lappen herum. Dann führten wir den stöhnenden und humpelnden Walter nach Hause, überließen ihn aber wohlweislich kurz vor dem Tor seinem alleinigen Schicksal. Am nächsten Tag machte schon die Nachricht die Runde, der Walter sei nach Hanau in das Krankenhaus eingeliefert worden, wo man ihm einen Fremdkörper aus dem Bein operiert habe. Nun blieb nichts mehr geheim; zu Hause gab es ordentlich Zunder und der Vater schloß das Kaliumchlorat weg: Wenn das Kind in den Brunnen gefallen ist, wird der Deckel aufgelegt. Zu allem Überfluß wurde ich in das Dienstzimmer der Hitler-Jugend zitiert, wo mir ein mit Schnüren dekorierter HJ-Führer eine Predigt hielt, was ein rechter Hitlerjunge zu tun habe und was nicht. Ich gab mich zerknirscht und gelobte Besserung. Damit war die Angelegenheit erledigt, und auch Walter trug keinen bleibenden Schaden davon.

Am 20. Juli 1944 verübte der Oberst Schenk von Stauffenberg ein Attentat auf Hitler, das bekanntlich mißglückte. Nicht nur er, Tausende von Verschwörern, die von den Nazis aufgespürt worden waren, mußten ihren Widerstand mit dem Leben bezahlen, darunter 700 Offiziere.[11] Es erstaunt, wie groß der Kreis der Gegenbewegung war, dem zuletzt auch der Generalfeldmarschall Rommel angehörte, der zum Selbstmord genötigt wurde. Bei dieser Gelegenheit wurden auch alle die liquidiert, die unbequem oder mißliebig waren und es an Gesinnungstreue fehlen ließen. Im August 1944 setzte eine zweite Verhaftungswelle ein, als „Aktion Gewitter"[17] bezeichnet[*)], mit der schlagartig 5000 Verdächtige bzw. politisch Unzuverlässige verhaftet und in „Schutzhaft" genommen wurden, unter ihnen auch der Konsum-Michel, über den schon auf Seite 144 die Rede war; er kam nach einigen Umwegen in das KZ Dachau. Zwar durfte er von dort schreiben, und man konnte ihm auch Päckchen mit Eßwaren und

---

[*)] an anderer Stelle[13] „Aktion Gitter" genannt.

Zigaretten schicken, doch läßt sich daraus nicht unbedingt folgern, es sei ihm gut gegangen, denn obwohl der Konsum-Michel im September schon wieder entlassen wurde, kam er, der vorher bei bester Gesundheit war, als schwer herzkranker Mann zurück.

Es ist hinterher oft gefragt worden, warum die Deutschen alle Untaten Hitlers scheinbar widerstandslos hingenommen haben, und ich erinnere mich in diesem Zusammenhang einer Rede, die der derzeitige Bundesaußenminister Joschka Fischer bei seinem ersten Besuch in Israel hielt. Das deutsche Fernsehen zeigte, wie er mit gewohnt kummervoller Miene auf dem Podium stand, als müsse er wie Atlas die ganze Last der Welt auf seinen Schultern tragen. Die Sorgenfalten um seine Augenwinkel vertieften sich in beängstigender Weise, und nackte Verzweiflung malte sich auf seinem Gesicht, als er angesichts der deutschen Schuld am Judenmord seinem Vater und der gesamten älteren Generation die Frage zurief: „Wie konntet ihr das nur geschehen lassen?" Den Israelis mögen solche Worte gefallen haben, aber so konnte nur einer reden, der die Zeit des Naziregimes allein aus Büchern oder vom Hörensagen kannte. Es gab viele, die einen „inneren Widerstand" aufgebaut hatten, aber wer in einer Welt von denunziationsbereiten NS-Enthusiasten öffentlich aufmuckte, gefährdete nur sich und seine Familie, ohne etwas bewirken zu können. Ein Beispiel hierfür sind die Geschwister Scholl, die als Studenten einem geheimen Widerstandskreis angehörten, an der Münchener Universität Flugblätter gegen Hitler verteilten und dafür hingerichtet wurden. Man brauchte gar keine umstürzlerischen Absichten zu haben: Ein unvorsichtiges Wort zum Falschen genügte, um am Galgen oder unter dem Fallbeil zu enden. Wie schwierig es war, einen Widerstand gegen Hitler zu organisieren, wird am Beispiel des Attentats vom 20. Juli deutlich. Nur ein Bündnis einflußreicher Männer, die direkten Zugang zu Hitler hatten, konnte einen Anschlag auf den Despoten planen und durchführen - und selbst dieser scheiterte! Der Schriftsteller Thomas Mann, der frühzeitig emigriert war, hielt im Londoner Rundfunk von seinem sicheren kalifornischen Exil aus regelmäßig kluge Reden an das deutsche Volk, dem er dringend empfahl, sich selber von Hitler zu befreien. Der bekannte Theaterkritiker Georg Hensel war während des Krieges als Horchfunker tätig und hatte so Hilfsmittel und Gelegenheit, verbotenerweise die Feindsender abzuhören. Auch er fühlte sich von den politischen Predigten Manns genervt und schrieb hierzu in seinem Buch »Glück gehabt«: „Wie aber sollte ein Soldat in die Politik eingreifen? Wie ein in der fanatisierten Masse vereinzelter Zivilist, der niemandem trauen darf? Einen Obergefreiten Thomas Mann, der Deutschland von Hitler befreit, konnte ich mir nicht vorstellen.“

Das Ende des Jahres 1944 brachte auch für uns Dorfbewohner einige Einschränkungen. Butter war Mangelware, also schlugen wir die Butter selbst in einem kleinen Holzfäßchen. Hatten wir keine Kuhmilch, konnten wir uns mit Ziegenmilch behelfen - wenigstens solange unsere Ziegen noch lebten. Einmal - ich weiß nicht mehr, ob es 1944 oder ein Jahr zuvor war - suchten wir mit der ganzen Familie im Wald Bucheckern, aus denen sich Öl pressen ließ. Das war sehr mühselig, denn man brauchte zehn Kilogramm für einen Liter Öl. Außerdem trugen die Buchen nur alle paar Jahre reichlich Früchte. Einfacher war es, auf einem Stück Feld Raps anzupflanzen und daraus Öl zu pressen. Mein Onkel Jean, der Werkzeugmacher war, hatte sich eine kleine Ölmühle gebaut, mit der wir auch unseren Raps pressen durften, kleine Mengen natürlich nur. Das Rapsöl schmeckte unbehandelt scheußlich; es wurde in einem Topf mit rohen Kartoffelscheiben so lange gekocht, bis diese die üblen Geschmackstoffe aufgenommen hatten. Dann allerdings konnte man mit dem Öl einen wunderbar duftigen Kuchen backen, der lockerer war als früher mit Butter.

In diesem Jahr war ich im Jungvolk zum Jungenschaftsführer aufgestiegen. Da wir eine kleine Klasse waren, konnten alle von uns mit diesem hierarchisch niedersten Führungsgrad ausgezeichnet werden. Dennoch bekam mein Vater einen Wutanfall, als er die kleine Schnur an der Brusttasche meines Braunhemdes bemerkte. Er wollte sie mir abreißen, doch meine Mutter ging dazwischen und hielt ihn davon ab. In dieser Zeit war es nicht ungewöhnlich, daß fanatisierte „führertreue“ Jugendliche die eigenen Eltern anzeigten. Das hätte ich natürlich nicht getan, wenngleich ich in Erklärungsnot geraten wäre, wenn ich ohne das sichtbare Zeichen meiner Führerwürde zum Dienst erschienen wäre. Mir wurde nun eine Jungenschaft zugeteilt, die aus ein bis zwei Jahre Jüngeren bestand und mit denen ich Dienst zu machen hatte. Eigentlich wußte ich gar nicht, was ich mit den mir Anvertrauten tun sollte. Ich ließ sie ein paar Nazilieder singen, kommandierte sie ein wenig herum und versuchte, im Wald ein Geländespiel zu inszenieren. Ich hatte es mit einem aufsässigen Haufen zu tun, der seine Abneigung gegen meinen „Dienst“ unverhohlen zur Schau trug; so kann ich eigentlich nicht sagen, daß mir meine Führerschaft großen Spaß gemacht hätte.

Wenn ich gewollt hätte, hätte ich meinen Vater wegen Abhörens feindlicher Sender anzeigen können, worauf die Todesstrafe stand. Auf einen solch absurden Gedanken wäre ich nie gekommen, denn ich war keineswegs ein blindgläubiger Gefolgsmann der Braunen. Ich machte mir schon meinen eigenen Reim auf das, was um mich herum vorging; außerdem hörte ich selbst regelmäßig die Schwarzsender ab, was wiederum meine Eltern nicht merken sollten. Man mußte sehr vorsichtig sein und das Ohr direkt an die Lautsprecheröffnung halten, denn die feindlichen Rundfunkprogramme wurden laufend von deutschen Sendestationen mit Störgeräuschen überlagert, die oft lauter waren als die Sendung selbst, und diese typischen auf- und abschwellenden Pfeif- und Jaultöne konnten leicht auf der Straße von einem Vorübergehenden wahrgenommen und richtig gedeutet werden.

Die Fliegeralarme hatten ein Ausmaß angenommen, daß man die wenigen Tage zählen konnte, an denen man nicht in den Keller oder Bunker getrieben wurde. Die größeren hessischen Städte waren alle mehr oder weniger zerstört, im September 1944 verloren allein in Darmstadt innerhalb von zwanzig Minuten über zwölftausend Menschen ihr Leben. Auch Frankfurt und Hanau wurden verschiedentlich angegriffen, zudem fielen Bomben auf die umliegenden Dörfer und in die Felder; ich erinnere mich an Bombenkrater an der Frankfurter Straße, im Wald und im Wachenbucher Feld. Eines Morgens, als mein Vater schon auf dem Weg zum ersten Zug nach Frankfurt war, ließ uns plötzliche Lufttätigkeit den Keller aufsuchen, wo wir bald das Pfeifen fallender Bomben und die anschließenden Detonationen hörten. Das war verdammt nah, die Sprengkörper waren unweit von uns, in den Biebesen, niedergegangen und hatten das Gebäude der Diamantenschleiferei Kaiser beschädigt. Meine Mutter hat dem Vater noch lange nachgetragen, daß er, obwohl die Bomben offensichtlich im oberen Teil des Dorfes heruntergegangen waren, seelenruhig in den Zug einstieg und nach Frankfurt fuhr.

Am 18. November 1944 wurden wir morgens gegen fünf Uhr oder etwas früher vom Geläute der Kirchenglocken geweckt. Was hatte das zu bedeuten? War die Sirene defekt, und man versuchte auf diese Weise vor einer Luftgefahr zu warnen? Wir gingen zum Fenster und sahen tatsächlich zur Dorfmitte hin einen Feuerschein. Aber am Himmel zeigte sich kein Scheinwerfer, die Flak schoß nicht, und da war auch kein Fliegergebrumm. Wir zogen uns an und eilten zur Pfarrgasse, wo schon eine große Anzahl von Menschen versammelt war. Das Haus eines gewissen Herrn Bader brannte! Der stammte nicht aus Kilianstädten, sprach hochdeutsch und war mit einer Frau verheiratet, die man „Bärbels Reginchen" nannte. Oft sah man die beiden Arm in Arm durch das Dorf gehen, aber daß da etwas nicht stimmte, erkannte man daran, daß das Reginchen häufig ein verschwollenes Gesicht oder ein blaues Auge hatte, was sie den Leuten vergeblich als Folge eines Stoßes oder Falles erklären wollte.

Der Herr Bader war eines Sonntagvormittags aus irgendeinem Grund zu uns ins Haus gekommen. Ich sehe ihn noch heute auf der Couch sitzen und weiß, daß er eine Krawatte trug und eine Zigarre rauchte. Was da gesprochen wurde, kann ich nicht sagen; wahrscheinlich interessierte mich das Gespräch nicht, oder ich verstand nicht, worum es ging. Als der Herr Bader das Haus verließ, war meine Mutter ganz hingerissen. „Fritz", sagte sie zu meinem Vater, „was ist das für ein feiner Mann!" Der schüttelte den Kopf und antwortete: „Daß du das nicht gemerkt hast, der Mann spinnt doch!" Mein Vater besaß gesunden Menschenverstand und hatte das Gespinst schöner Worte, von dem sich meine Mutter einfangen ließ, schnell durchschaut. Und wie recht sollte er behalten!

Das Haus in der Pfarrgasse stand in Flammen, die Feuerwehr war schon angerückt. Das Reginchen hatte wohl die Nacht nicht zu Hause verbracht, aber wo war der Junge? Ein polnischer Zwangsarbeiter namens Marion, der bei einem unserer Nachbarn arbeitete, faßte sich ein Herz und stürzte sich mutig in das Flammenmeer. Als er wieder glücklich herauskam, ging ein Entsetzensschrei durch die Menge. Marion trug den toten Jungen auf seinen Händen, die Kehle war durchgeschnitten! Den Bader fand man später. Er hatte sich nach der schrecklichen Bluttat erhängt und vorher das Haus angezündet.

Zu Beginn des Jahres 1945 mußte man schon einigermaßen bescheuert sein, weiter an den Sieg Hitler-Deutschlands zu glauben. Wer vom Volkssturm, der in den letzten Monaten von Hitler ausgerufen war, eine militärische Wende erwartete, war wirklich von allen guten Geistern verlassen. Alle Männer zwischen 16 und 60 Jahren wurden einberufen: das letzte - nein, das allerletzte Aufgebot! Unzureichend ausgebildet und bewaffnet wurde der Volkssturm meistens zu militärisch sinnlosen Aufgaben eingesetzt, bis die müden Krieger irgendwann den anrückenden Amerikanern in die Hände fielen. Mein Vater hatte sich wieder einmal auf elegante Weise aus der Affäre gezogen. Er hatte an einem Pickel an seiner Hand solange herumgedrückt, bis sich ein ansehnliches Geschwür gebildet hatte, mit dem ihn niemand in den Kampf schicken wollte. Kurz vor dem Einmarsch der Amerikaner marschierte der Fechenheimer Volkssturm an unserem Haus vorbei in Richtung Vogelsberg. Mein Onkel Karl, der Petter, und der Onkel Willi waren dabei. Während der erstere, naiv und furchtsam, wie er schon immer war, am Haus vorbeistiefelte, machte der Onkel Willi unser Hoftor auf, und - schwupps - war er drinnen und ließ die anderen weitertappen. Keiner nahm Notiz davon; notfalls hätte er immer noch sagen können, er hätte dringend auf die Toilette gemußt. Wir versteckten ihn einige Tage in der Scheune, bis die Gefahr vorbei war. Es hat nie jemand nach ihm gefragt.

Die „Wunderwaffen“ V1 und V2 konnten zwar die Londoner noch einmal in Schrecken versetzen, auf den Ausgang des Krieges hatten sie keinen Einfluß. Die Attacken waren bald wie ein Strohfeuer verpufft. Auch der neue Düsenjäger Me 262, den ich einmal zu Gesicht bekam, konnte nichts mehr ausrichten; er war, und nicht zuletzt durch Hitlers falsche Einschätzung, viel zu spät zum Einsatz gekommen. Die unsinnige Ardennen-Offensive im Westen hatte die letzten deutschen Kräfte verzehrt, und die Amerikaner waren weiter im Vormarsch auf die deutsche Grenze. Im Osten stand der Russe vor Königsberg und hatte ganz Ostpreußen eingekesselt. Eine deutsche Jagdabwehr gab es kaum noch, die für die einfliegenden Bomberverbände, mittlerweile von Langstreckenjägern geschützt, eine nennenswerte Gefahr bedeutet hätte.

Aber waren denn diese menschenverachtenden Terrorangriffe gegen die hilflosen Menschen in den Städten überhaupt noch angemessen? Auch die Briten konnten sich doch der Einsicht nicht verschließen, daß die Luftangriffe gegen die Zivilbevölkerung militärisch sinnlos waren! Man konnte Hitler nicht dadurch kapitulationsbereit bomben, indem man an schuldlosen Frauen und Kinder vieltausendfachen Massenmord beging! Der Bombenkrieg der Briten war sogar, wie der US-General Patton später sagte, „militärisch ein großer Fehler“[23]. Die Heere, nicht die Bomber, entschieden den Krieg; nicht durch die Zerstörung von Wohngebieten aus der Luft, sondern am Boden mit Panzern, Geschützen und Maschinengewehren mußten die Deutschen niedergekämpft werden. Der englische Historiker Richard Overy schrieb hierzu[54]: „Doch als der U.S. Strategic Bombing Survey 1945 feststellte, daß Deutschland um so mehr

Waffen produzierte, je stärker es bombardiert wurde, gilt als ausgemacht, die Bombardierung sei letztlich eine Kraftvergeudung gewesen." Die gezielte Vernichtung Wehrloser durch den Luftkrieg war sogar kontraproduktiv; hätte sich die Wucht dieser Angriffe statt dessen auf strategisch wichtige Ziele konzentriert, wäre nach Meinung zahlreicher Militärexperten der Krieg schneller beendet worden. Doch wenn die Briten das je wußten, so nahmen sie keine Notiz davon. Im Gegenteil, die Einsätze, die sie jetzt flogen, wurden immer sinnloser und unnötiger und führten am 13. Februar 1945 zu dem unmenschlichen Angriff auf Dresden, der für immer mit dem Namen Churchill verbunden bleiben wird. Die gängige Behauptung, Stalin habe, weil er mit seinen Truppen in der Nähe stand, diesen Angriff verlangt[14], ist ungewiß und wurde vom Kreml stets in Abrede gestellt. Man nimmt heute eher an, Churchill habe Stalin auf der Konferenz in Jalta „etwas bieten" wollen,[23] und es wird kaum noch bestritten, daß Churchill persönlich, sogar gegen die Bedenken des Bomber Command, den Befehl gab, Dresden anzugreifen.

Die Stadt von 650.000 Einwohnern war mit über einer Million Flüchtlingen vollgestopft. Das, was in Dresden geschah, läßt sich mit Worten kaum ausdrücken. Wenn man Augenzeugenberichte liest, will einem noch heute das Blut in den Adern stocken. Das war Sodom und Gomorrha! Und am nächsten Tag erschienen die Amerikaner und vollendeten das grausige Zerstörungswerk. Wie viele Tote es gab, ließ sich nie herausfinden. Es gab 40.000 Bestattungen - doch bei vielen gab es nichts mehr zu bestatten! So hat die Annahme, daß über 100.000 Menschen umgekommen sind, viel für sich. Auch in England regte sich Empörung über die Untat, und Churchill versuchte, in einem Memorandum die Schuld auf das Bomber Command abzuschieben, doch traf er hier auf heftigen Widerstand, so daß er das Memorandum zurückzog.[23] Wäre der Nürnberger Kriegsverbrecherprozeß nicht Siegerjustiz reinsten Wassers gewesen, bei der „Schuldige über Schuldige richteten"[17], Churchill hätte ebenfalls auf der Anklagebank Platz nehmen müssen! „Doch die Deutschen trugen ihm nichts nach; elf Jahre später ehrten sie ihn sogar, indem sie ihn in Aachen mit dem Karlspreis auszeichneten, weil er sich um Europa verdient gemacht habe."[23] Wir Deutschen sind schon ein seltsames Völkchen. Auch die Amerikaner fühlten sich nach dem Massaker unwohl und behaupteten, sie hätten den Eisenbahnknotenpunkt bombardieren wollen, diesen aber wegen des auch am Tage noch tobenden Feuersturms verfehlt. Doch für die unbarmherzigen Bordwaffenangriffe der Mustangs, welche Jagd auf die verzweifelten Menschen machten, die sich aus dieser Hölle zu retten suchten, gibt es keine Ausrede; zu viele Augenzeugen konnten das bestätigen*), ebenfalls daß sich die Jagdbomber den Teufel um das Rote-Kreuz-Zeichen auf den Sanitätswagen scherten und auf die Verstümmelten und Verletzten schossen, die in die umliegenden Krankenhäuser transportiert wurden.

Auch der Angriff auf Pforzheim zehn Tage später war keine Ruhmestat des Bomber Commands. Militärisch vollkommen bedeutungslos, wurde das verträumte Städtchen am Fuß des Schwarzwalds dem Erdboden gleichgemacht. 17.000 Menschen starben, mehr als in jeder anderen deutschen Stadt, bezogen auf die Einwohnerzahl. In vielen englischen Flugblättern jener Tage stand: „Denk bei jeder Bombe dran, diesen Krieg fing Hitler an!" Das ist richtig, aber auf die Dauer kann man die eigenen Gemeinheiten nicht mit den vorher begangenen Untaten anderer rechtfertigen. Ich bleibe dabei: Mit diesen niederträchtigen und noch dazu militärisch höchst fragwürdigen Massenmorden begaben sich die Briten selbst auf das Niveau Hitlers, den sie zu Recht als Kriegstreiber und Gewalttäter bekämpften!

Auch in der engeren Heimat gab es keine Ruhe. Am 6. Januar 1945 war in den frühen Abendstunden der Himmel wieder voller Motorenlärm. Ein Bomberverband hatte offenbar Hanau im Visier, verfehlte aber wegen des schlechten Wetters und der tiefliegenden Bewölkung sein Ziel, so daß die meisten Bomben außerhalb des Stadtgebietes fielen. Immerhin, hundertfünfzig Menschen mußten dennoch daran glauben. Die Felder rings um Hanau waren mit Bombenkratern und Brandbombenresten übersät; viele Ortschaften wurden getroffen, so auch wieder Mittelbuchen.[51] Eine rechte Landplage waren die amerikanischen Mustangs, Thunderbolts und Lightnings. Da es kaum noch eine deutsche Jagdabwehr gab, hatten die Piloten anscheinend Langeweile und machten sich ein Vergnügen daraus, auf Menschenjagd zu gehen. Beliebtes Ziel waren vollbesetzte Eisenbahnzüge, doch wurden genauso einzelne Autos mit den Bordwaffen beharkt. Der Bauer hinter dem Pflug, spielende Kinder oder Schüler, die mit dem Fahrrad nach Hause wollten - alle wurden gnadenlos unter Feuer genommen. Der Kilianstädter Milchmann Kiefer geriet

*) wird in dem Buch »Tiefflieger über Dresden?« bestritten (Böhlau Verlag, Köln 2000).

beim Ausfahren der Milch einem Tiefflieger in die Schußlinie; er überlebte, doch wurde ihm der Arm dabei zerschossen. Einmal war ich im Dorf, als eine zweimotorige Lightning, erkennbar am Doppelrumpf, nur wenige Meter über den Dächern die Hanauer Straße entlangfegte. Erschrocken sprang ich hinter einen Mauervorsprung, doch die Maschine verschwand wieder, ohne einen Schuß abzugeben. Mein Freund Ludwig kam aus einer Landwirtschaft. Da die Bauern auf freiem Feld den Geschoßgarben der Tiefflieger schutzlos ausgesetzt waren, hatte der kriegsgefangene Franzose aus eigenem Antrieb Erdlöcher ausgehoben, in die man im Notfall hineinspringen konnte.

Eines Tages stand ich mit meinen Eltern im Hof, als wir zwei Thunderbolts sahen, die genau über uns auf Höhe gingen und in Richtung des westlichen Dorfes auf ein uns nicht einsehbares Ziel herunterstießen. Dabei sah ich zum ersten und einzigen Mal, wie Flugzeuge ihre Bomben ausklinkten. Nachdem die Maschinen hinter den Häusern verschwunden waren, nahm das Motorengeräusch wieder zu, und die Jäger brausten erneut heran, um über uns hochzusteigen. Meine Mutter stand schon an der Kellertür und lockte, aber für meinen Vater und mich war klar, daß uns diesmal keine Gefahr drohte. Die Maschinen stießen noch ein zweites Mal herab und verschwanden dann wieder. Was war geschehen? Die Entsetzensnachricht verbreitete sich schnell: Die kleine Anna Repp hatte im Neuberg, unweit des Bahnhofes, mit anderen gespielt, als ihr die Splitter der Bomben den Bauch aufrissen. Die weinende Mutter soll dann ihr totes Kind in der Schürze heimgetragen haben. Jahrzehnte später konnte ich mit einem Augenzeugen über den Vorfall sprechen. Dieser war damals einer von Annas Spielkameraden, und er berichtete, daß das Mädchen durch Sekundärwirkung des Bombenwurfes gestorben sei. Ein Splitter habe den Ast eines Baumes abgeschlagen, und dieser habe sich in den Unterleib des unglücklichen Mädchens gebohrt. Manche wollten auch hinterher wissen, der Angriff habe gar nicht den Kindern, sondern dem Bahnhof gegolten. Aber wer konnte schon hinter die Stirn der Piloten schauen: Der Bahnhof stand jedenfalls noch, das Kind war tot!

Im März, also kurz bevor die Amerikaner kamen, wurde am Kilianstädter Bahnhof ein Zug von Tieffliegern angegriffen. Die Menschen stürzten in Panik aus den Abteilen und rannten um ihr Leben. In der Nähe des Bahnhofs wohnte Philipp Schmidt, und als er sah, daß ein Mädchen angerannt kam, lief er zum Hoftor, um es zu öffnen. Doch der heranbrausende Jagdbomber ließ ihnen keine Chance: Beide wurden von dem tödlichen Geschoßhagel erfaßt und starben auf der Stelle. Gegen diese Tieffliegerangriffe war kein Kraut gewachsen, eine deutsche Jagdabwehr gab es nicht mehr. Der Führer, wohl nicht mehr im Vollbesitz seiner geistigen Kräfte, führte im März 1945 ein Tieffliegervernichtungsabzeichen ein, das für den Abschuß von Flugzeugen durch Handwaffen oder kleinkalibrige Maschinenwaffen verliehen werden sollte. Und darüber wieherte noch feixend der Amtsschimmel: „Das Oberkommando der Wehrmacht wird die Ausführungsbestimmungen erlassen.“[55]

Am 18. März 1945, es war ein Sonntag, kam die Mutter aufgeregt nach Hause. Ein Bauer habe ihr ein Flugblatt gezeigt, das er im Feld gefunden hatte, und sie habe mit eigenen Augen gelesen, in der kommenden Nacht werde Hanau angegriffen. Wir glaubten ihr kein Wort. Mutter machte oft aus einer Mücke einen Elefanten, wahrscheinlich hatte sie das in ihrer Aufregung nicht richtig gelesen oder falsch verstanden. Wer sollte jetzt noch Hanau angreifen? Die Amerikaner standen schon vor Mainz, und für uns würde der Krieg nur noch kurze Zeit dauern. Und warum sollten die Briten ausgerechnet die Hanauer vorher warnen wollen? Mein Vater und ich mußten am nächsten Morgen wieder früh zur Arbeit bzw. zur Schule, und der Vater nahm die Mutter schwer ins Gebet, sie solle bloß ihre Panik zügeln und uns in Gottes Namen schlafen lassen. Meine Mutter zog sich in dieser Nacht nicht aus. Sie hatte das Ohr am Radio und lauschte dem Flaksender *Paula Dora Sieben*, der im Gegensatz zu *Wilhelm Martha Ypsilon* auch Städtenamen durchgab; in den Sendepausen tickte ein Wecker. Kurz nach vier Uhr wurden wir von Mutter geweckt: „Steht auf, sie sind schon in Kassel!“ Wir rieben uns schlaftrunken die Augen und hörten, ein starker Bomberverband überquere auf dem Rückflug von Berlin den Raum Kassel. Alarm hatte es nicht gegeben, und wir fingen schon an uns zu ärgern, daß uns die Mutter wieder einmal ohne Not aus dem Schlaf gerissen hatte, als wir laute Detonationen hörten; zur selben Zeit kam die Meldung des Flaksenders: „Der auf dem Rückflug befindliche Bomberverband hat seine Richtung geändert und fliegt mit Südsüdwestkurs Hanau an.“ Die Mutter lugte durch einen Spalt des Verdunklungsrollos und schrie: „Die Christbäume stehen direkt über uns!“ Das taten sie zwar nicht, aber sie standen über Hanau, und das war ja nicht weit von uns. In fieberhafter Hast zogen wir uns an und stürzten auf die Straße; Vater blieb im Haus zurück. Obwohl wir den Luftdruck der in

Hanau fallenden Mienen bis zu uns spürten und der Angriff in vollem Gang war, rannten wir doch alle noch zum nächsten Bunker in die Brückgärten. Vor der engen Steinbachbrücke stauten sich die heranhastenden Menschen, und unsere Oma wurde neben dem Brückchen den steilen Abhang zum Steinbach hinuntergestoßen. Der plötzliche Sturz, die allgemeine Angst und die donnernden Explosionen ließen sie glauben, ihr letztes Stündlein sei gekommen, und sie schrie verzweifelt: „Ich bin tot!“ Gottlob war sie das nicht; wir halfen ihr wieder herauf und durften uns kurz danach im Bunker in Sicherheit fühlen.

Auch in Hanau hatte es keinen Alarm gegeben. Der Flaksender hatte zwar, wie wir nunmehr wissen, nicht recht, daß der von Kassel anfliegende Bomberverband auf dem Rückflug war, doch war der Anflug in der Tat auf ein Täuschungsmanöver ausgelegt, und wir lesen heute in dem betreffenden Protokoll des Bomber Commands[51]: „Die Route nach Hanau war unorthodox, indem sie von Köln und Bonn aus nach Kassel führte. Auch die Jagdflugzeuge wurden aus ihrer Position nordöstlich der Ruhr nach Kassel beordert. Nur eine Jagdstaffel kam aus Süddeutschland, und auch diese wurde nach Kassel dirigiert, gerade als der Angriff auf Hanau begann.“ Offenbar sollte ein Angriff auf Kassel vorgetäuscht werden. Aber warum? Um die Flugabwehr zu irritieren? Da gab es nicht mehr viel, was die Briten zu fürchten hatten. Deutsche Nachtjäger hatten inzwischen Seltenheitswert, und viele der 8,8 cm-Flakgeschütze waren abgezogen worden, weil sie auch ausgezeichnete Panzerabwehrwaffen waren. Oder wollte man die Zivilbevölkerung überraschen? Man wollte ja möglichst viele der Stadtbewohner umbringen - war es da nicht besser, sie lagen nichtsahnend in den Betten als daß sie im sicheren Bunker saßen? Auch dieser Angriff, neun Tage vor dem Einmarsch der amerikanischen Truppen, hatte keinen erkennbaren strategischen Sinn, und wer sich ratlos die Frage nach dem Warum stellt, findet nur dann eine Antwort, wenn er der simplen Logik des Bomber Commands folgt: Bomben gibt es noch genug, Menschenleben spielen keine Rolle, und Hanau ist noch nicht kaputt.

Das Inferno, das über die schlafende Stadt hereinbrach, unterschied sich in nichts von den brutalen Vernichtungsschlägen, die fast alle deutschen Städte erleiden mußten. Was in der Schreckensnacht geschah, ist in erschütternden Augenzeugenberichten für alle Zeiten festgehalten.[33,51,55] Wie viele Menschen umkamen, läßt sich nicht genau feststellen. Man geht von etwa 2000 - 2500 Toten aus. Auch wir Kilianstädter waren bestürzt und schockiert, als das ganze Ausmaß der Katastrophe deutlich wurde. Im Hanauer Anzeiger wurden seitenlange Listen mit Todesanzeigen veröffentlicht, hier und da konnte man Menschen sehen, die mit den wenigen geretteten Habseligkeiten auf dem Weg zu Freunden oder Bekannten waren, bei denen sie auf Aufnahme hofften. Achtzig Prozent der Einwohner hatten ihre Wohnung verloren; mit einem Schädigungsgrad von über 90% war Hanau die relativ am stärksten zerstörte Stadt Hessens.[33]

Jetzt, kurz vor dem erwarteten Einmarsch der Amerikaner, nahmen uns zunehmend neue Sorgen und Überlegungen gefangen. Weil noch im Jahr 1930 geboren, wurden meine Schulfreunde Kurt und Ludwig am 24. März in Wilhelmsbad gemustert; sie sollten bei Langenselbold Befestigungsstellungen ausheben - es würde nicht mehr dazu kommen. Was stand uns jetzt bevor? Würde der Frieden noch fürchterlicher werden als der Krieg? Wir gingen auf Nummer Sicher und hackten die Wand unseres Kohlenkellers auf, der sich zwischen dem Schuppen und der tiefer liegenden Waschküche befand. Die sich dahinter befindliche Erde wurde herausgebuddelt und die entstandene Öffnung mit Schinken, Würsten und Fleischbüchsen gefüllt. Dann verschlossen wir die Mauer wieder mit Ziegelsteinen und Mörtel und schwärzten sie mit Ruß, daß man die Manipulation nicht mehr erkennen konnte. Vor dem Hungertod glaubten wir uns jetzt einigermaßen sicher.

Wenn man die Ohren spitzte, konnte man in der Ferne schon den Geschützdonner hören, und ganz Hellhörige wollten bereits das Geräusch fahrender Panzer vernommen haben. In wenigen Tagen würde der Krieg zu Ende sein. Siebzig Kilianstädter Soldaten sollten den Frieden nicht mehr erleben, fünfundzwanzig blieben vermißt, und sieben Zivilpersonen waren bei Luftangriffen umgekommen.

Die Amerikaner kommen

Das Dorf war in nervöser Spannung. Um uns herum waren die Frontbewegungen mit den Händen zu greifen, das Rasseln der Panzerketten lag in der Luft; es war nur eine Frage von Tagen oder gar Stunden, bis auch wir von den amerikanischen Truppen besetzt würden. Übereifrige hatten schon am Kirchturm zum Zeichen der kampflosen Übergabe ein weißes

Bettuch herausgehängt, das aber hastig wieder eingeholt wurde, als das Gerücht umlief, man habe eine Gruppe SS-Leute gesichtet. Niemand hatte Lust, noch in letzter Minute von ein paar verbohrten Fanatikern eine Kugel in den Kopf zu bekommen. So aussichtslos die Lage war, es gab immer noch genug Unbekehrbare, die in ihrer lächerlichen Führertreue zu allem fähig waren.

Unsere Nazi-Oberen bekamen Angst. Der kommissarische Ortsgruppenleiter Kolmer hatte sich zu seinen Verwandten nach Schlüchtern abgesetzt und offenbar seinen Amtskollegen, den Hauptlehrer Adamy, bewogen, sich mit seiner Familie anzuschließen. Adamy war wohl schon in Schlüchtern, wollte aber aus irgendeinem Grund noch einmal nach Kilianstädten zurück. Da ereilte ihn auf der Landstraße zwischen Mittelbuchen und Kilianstädten das Schicksal. Ob es nun eine Panzergranate war, wie die einen meinen oder die Geschosse eines Tieffliegers, wie andere glauben: er wurde auf seinem Fahrrad tödlich getroffen. Es war ein unnötiger Tod, denn die Flucht überhaupt war unbedacht - er hätte sich ja doch nicht ewig verstecken und seiner Festnahme entziehen können. Wäre er geblieben, er wäre wie Kolmer und die anderen interniert worden und nach kürzerer oder längerer Haftzeit wieder freigekommen; er hatte sich ja nichts vorzuwerfen.

Mein Vater und ich waren gerade im Hof, als das Tor aufging und ein Mann hereintrat. Es war ein Bauer, der zu den Parteioberen gehörte. Ich komme nicht mehr auf seinen Namen, obwohl ich sein Gesicht noch deutlich vor mir sehe, aber der Name tut ja auch nichts zur Sache. Er hatte mehrere Karabiner geschultert, überreichte einen davon meinem Vater und sagte: „Fritz, hier hast du ein Gewehr, wir müssen jetzt unser Dorf verteidigen.“ Mein Vater, der ja nicht gerade zu den politisch Zuverlässigsten gehörte, fiel aus allen Wolken: „Wieso bringst du das ausgerechnet mir?“ Der andere grinste dünn: „ Weißt du, das kann ich jetzt nicht mehr jedem in die Hand geben.“ Mein Vater verstand und versenkte, kaum daß sich das Tor hinter dem Besucher geschlossen hatte, den Karabiner in der Jauchegrube.

An diesem Tag kam auch der Uller-Willi, der Cousin meiner Mutter, ganz aufgeregt zu uns und erzählte, er sei gerade beim Mistladen gewesen, als ein blutjunger Leutnant mit einigen Soldaten in den Hof gekommen sei. Der habe ihm in forschem Ton mitgeteilt, sie würden sich jetzt in seinem Keller einrichten und aus dem Kellerloch des an der Hanauer

Straße gelegenen Hauses mit der Panzerfaust auf die einrückenden Panzer schießen. Der Willi erschrak zu Tode, denn wie dieses Spielchen ausgehen würde, konnte er sich leicht ausmalen. Er lehnte das Ansinnen ab, worauf ihn der Jungoffizier mit gezogener Pistole bedrohte. „Schieß nur ruhig“, will der Willi gesagt haben, „aber die Mistgabel kriegst du auch noch in den Bauch!“ Ob der Willi wirklich so couragiert aufgetreten war, wie er erzählte, sei dahingestellt; auf alle Fälle erreichte er, daß der Verein wieder abzog und sich außerhalb des Dorfes postierte. Doch auch das sollte, wie wir gleich sehen werden, ungute Folgen für das Dorf haben.

Am 28. März war es soweit. Wir waren gerade aufgestanden, als eine wilde Schießerei begann. Mein Freund Ludwig fuhr gerade die Milchkannen auf seinem Wägelchen zur Sammelstelle und hatte unterwegs noch ein Bauernmädchen getroffen, das gleichfalls mit der Milch unterwegs war. Es muß also zwischen 7 und 8 Uhr gewesen sein. Als die ersten Schüsse fielen, fingen die Milchkannen an zu scheppern, und die beiden suchten schnell das Weite. Später stellte sich heraus, daß die eine Milchkanne von einem Geschoß durchschlagen worden war. Wir standen zu dieser Zeit erschrocken in der Haustüre und warteten erst mal ab. Sollten wir in den Keller gehen? Da sahen wir plötzlich einige Soldaten, die in wilder Flucht vom Garten unseres Nachbarn Repp kommend, durch dessen Hof und Hoftor ins Dorf stürmten. Es waren der schneidige Leutnant mit seinen Mannen, die der Willi nicht in seinen Keller eingelassen hatte und die dann vor der Villa in der Nähe der Feldscheune des Bauern Breidenstein Stellung bezogen hatten. Als nun die ersten Panzer von Mittelbuchen heranrollten, eröffneten die wackeren Streiter das Feuer, das von den Panzern prompt erwidert wurde. Da war auf einmal aus dem Kriegspielen tödlicher Ernst geworden! Die Feldscheune ging in Flammen auf, und unsere Helden ergriffen das Hasenpanier. Sie rannten durch die Biebesen und das Schießhöhlchen, bis wir sie im Hof des Nachbarn Repp zu Gesicht bekamen. Im Dorf soll es dann mitleidige Seelen gegeben haben, die hier nicht ganz angebrachtes Erbarmen zeigten und die Uniformen der Vaterlandsverteidiger in Zivilkleidung tauschten, so daß sie sich unerkannt aus dem Staub machen konnten.

Die Panzer fühlten sich angegriffen und fuhren, rechts und links in die Häuser schießend, durch die Hauptstraße des Dorfes. Glücklicherweise kam bei dem Beschuß niemand ums Leben, und es explodierten auch nicht alle Granaten, viele blieben als Blindgänger in den Wänden stecken.

Dennoch erlitten einzelne Häuser Sachschäden, der Stall eines Bauern ging in Flammen auf, ebenso das Haus, in dem der Schuh-Färber sein Geschäft hatte. Unser Nachbarhaus, die Gaststätte „Zum Stern“, grenzte unmittelbar an ein großes Mietshaus an der Hanauer Straße, genannt „Gärtners Haus“, das ebenfalls Feuer fing und bis auf die Grundmauern niederbrannte. Hier bestand erhebliche Gefahr, daß die Flammen auf das Anwesen der Gaststätte übergriffen. Von dort aus hätte leicht auch die Scheune in Brand geraten können, und mit ihr die unsere, die daneben stand. In diesem Fall wäre unser Wohnhaus wohl auch nicht verschont geblieben. Wir eilten zum Nachbarn, wo die an den Brandherd grenzende Mauer bereits glühend heiß geworden war. Jetzt rannten wir um die Wette, Eimer mit Wasser herbeizuschleppen, das wir gegen die Wand schütteten, um sie zu kühlen. Zum Glück ließ sich so der Brand auf Gärtners Haus eingrenzen, das wie eine Fackel brannte. Hätten die uniformierten Idioten, die das Dorf verteidigen wollten, gleich zu Beginn Fersengeld gegeben statt erst auf die Panzer zu schießen und dann davonzulaufen, wären die Amis vermutlich eingerückt, ohne daß ein Schuß gefallen wäre.

Wir gingen wieder ins Haus und harrten der Dinge, die da kommen sollten. Jetzt gingen die Soldaten von Haus zu Haus und kamen auch zu uns, wo sie jeden Raum, vom Dachboden bis zum Keller, untersuchten. Ein bißchen mulmig war uns schon, als plötzlich die schwerbewaffneten Amis mit vorgehaltenem Gewehr auf uns zukamen. Ich hatte eine der letzten gehorteten Schachteln R6, einer damals populären Zigarettenmarke, hervorgeholt, hielt sie den finsterblickenden Männern hin und sagte in meinem besten Schulenglisch: „Do not shoot. We are friends of America.“ Die Zigaretten würdigten sie keines Blickes, als sie vorbeigingen, aber der eine sagte etwas, was ich jedoch, an den deutschen Akzent meiner Englischlehrer gewöhnt, nicht verstand.

Langsam normalisierte sich das Leben mit den Amis, die das Dorf besetzt hielten, und wir merkten, daß sie nichts Böses mit uns im Sinn hatten. Wir wagten uns wieder auf die Straße, und ich weiß noch, wie ich mit meinem Vater am oberen Ende der Friedhofstraße stand und den Panzern und Jeeps zusah, die in nicht enden wollender Kolonne von Mittelbuchen kommend durch die Windecker Hohle in Richtung Windecken zogen. Die Kinder versuchten schon zaghaft zu winken und wurden nicht selten mit einem Täfelchen Cadbury-Schokolade belohnt, das ein paar

Gutmütige aus ihrem Fahrzeug herauswarfen. Jetzt bekamen wir zum erstenmal richtige Neger zu Gesicht, die wir bisher nur aus Bilderbüchern kannten.

Für manche Einwohner brachte die Einquartierung der Amerikaner Verdruß. Aus den Häusern, die man für geeignet hielt, wurden die Leute kurzerhand hinausgeworfen; sie mußten dann sehen, wo sie eine Bleibe fanden. Glücklicherweise dauerte die Besetzung meistens nicht allzu lange, und große Schäden wurden wohl auch nicht angerichtet; da mutet es harmlos an, wenn eine Betroffene darüber klagte, die Amis hätten das ganze Eingemachte aufgefressen. In der Gaststätte Schützenhof richteten sie ihr Hauptquartier ein, dort blieben sie auch längere Zeit. Vergewaltigungen wie bei den Russen hatten die Frauen nicht zu befürchten, bei den Amis galten strenge Militärgesetze. Außerdem fanden sich stets Freiwillige, und für Schokolade, Nescafé oder Zigaretten war manche Dorfschöne bereit, ihr Schatzkästlein hinzuhalten.

Durch die Kriegsereignisse war in den ersten Wochen die Stromversorgung ausgefallen, und die Leute kramten ihre Petroleumlampen hervor, in denen das „Steinöl", wie die Alten das Petroleum nannten, mittels eines Dochtes verbrannt wurde. Mit dem trüben und rußenden Licht war wenig Staat zu machen; wir waren besser dran, denn der Großvater besaß eine Karbidlampe, deren blendend helle Azetylen-Flamme mit einem Spiegel verstärkt wurde. Leider mußte man abends zu Hause bleiben und konnte keine Bekannten besuchen, denn es war eine nächtliche Ausgangssperre von 17 Uhr bis 7 Uhr morgens verhängt. Manchmal besuchten sich die Leute trotzdem über die Hausgärten, oder man sprang über die Hofmauer zum Nachbarn. Da hieß es aufpassen, denn es drohten schwere Strafen, und ich weiß aus einem anderen Ort, daß jemand erwischt und für zwei Monate ins Gefängnis mußte. Ohne Strom ging natürlich das Radio nicht, und da es vorerst auch keine Zeitungen gab[*)], wußten wir eine ganze Zeitlang nicht, was draußen im übrigen Deutschland vorging. Auch die Wasserpumpe, die das Brunnenwasser zum Hochbehälter beförderte, lief nicht ohne Elektrizität - also hatten wir auch kein Leitungswasser. An Wasser war erheblicher Bedarf: Das Vieh wollte getränkt sein, Wäsche mußte gewaschen werden, und im Haushalt wurde auch nicht wenig gebraucht. Die privaten Brunnen, von denen es in Kili-

---

[*)] Als erste deutsche Zeitung erschien am 1.8.1945 zweimal pro Woche die »Frankfurter Rundschau«.

anstädten eine gute Anzahl gab, wurden wieder in Schwung gebracht, so daß eigentlich an Wasser kein Mangel war. Wir holten das kostbare Naß bei einem Bauern in der Nachbarschaft, und auch ich war unzählige Male unterwegs, um die vollen Eimer, zwei auf einmal, heimzutragen. Dazu legte man sich ein Joch auf die Schultern, von dessen beiden Enden Ketten herabhingen, die in die Bügel der Eimer eingeklinkt wurden.

Mit der Zeit wurde man mit den Amis vertrauter. Hin und wieder konnte man etwas gegen Zigaretten oder Schokolade eintauschen; ganz scharf waren sie auf Parteiabzeichen oder militärische Auszeichnungen. Leider hatte ich nichts, was ich hätte einbringen können. Dagegen machte ich mich bei einem Soldaten wiederholt nützlich, der bemerkt hatte, daß ich ein paar Brocken Englisch verstand. So suchte er mich hin und wieder, wenn er etwas übersetzt haben wollte. In der Gaststätte Lind, dem „Schützenhof", die über ein Kino verfügte, ließen die Amis zuweilen einen Film laufen. Wir Halbwüchsige mogelten uns dann in den dunklen Saal, um heimlich an der Vorführung teilzunehmen. Das ging nicht immer gut, und einmal wurden wir von einem unfreundlichen Kerl regelrecht hinausgeworfen. Da entdeckte mich „mein" Ami, hielt mich am Arm zurück und erklärte dem Rausschmeißer: „He spoke english for me." So durfte ich als einziger den Film anschauen; er hieß „The Rainbow Isle". Man konnte die Vertraulichkeit mit den Amis auch leicht zu weit treiben, wie ich bald zu meinem Schrecken erfahren sollte. In der Gaststätte „Zum goldenen Roß" saß eine Gruppe Amerikaner im Hof an einem Tisch und trank Wein, wahrscheinlich aus den Beständen des Wirtes. Wir Jungs lungerten wie üblich in der Nähe herum, und ich wollte nun einen Spaß machen und sagte zu einem der sichtlich angeheiterten Soldaten, einem schwarzhaarigen Knilch, was er da trinke, sei überhaupt kein Wein sondern Apfelwein. Ob der nun ernsthaft böse war oder mir nur einen Schrecken einjagen wollte, muß ungeklärt bleiben, jedenfalls sprang er auf, zog seine Pistole und richtete sie auf mich. Zu Tode erschrocken rannte ich aus dem Hof, so schnell ich nur konnte, und gleich weiter die Straße entlang bis nach Hause. Auch später machte ich einen großen Bogen um ihn, wenn ich ihn nur von weitem ansichtig wurde.

Natürlich schauten sich die Amerikaner nicht nur Filme an und tranken Wein, sie hatten die Anordnungen der Militärregierung auszuführen und mitzuhelfen, daß auch in Kilianstädten das Leben in geordneten Bahnen verlief. Hatte früher der Ortsdiener Wolf beim Ausschellen die

Mitteilungen der Gemeindeverwaltung bekanntgemacht, so leitete er jetzt seine Botschaft mit dem Satz ein: „Die Militärregierung gibt bekannt ..." Der zentrale Sitz der Militärregierung für ganz Deutschland war in Frankfurt, im I.G.-Hochhaus. Sie hatte alle Mühe, eine neue Ordnung aufzubauen; in den zertrümmerten Städten war die Versorgung nach dem Krieg total zusammengebrochen. Die Wasserleitungen waren zerstört, eine Müllabfuhr gab es nicht mehr, die Versorgung mit Lebensmitteln war katastrophal, und Hausbrand war kaum zu bekommen. Gegen Diebstähle und ähnliche Delikte mußten die Amerikaner hart vorgehen, und wer glaubte, er könne das Durcheinander der Nachkriegswirren nutzen, um sich gesetzwidrig etwas zu „organisieren", mußte seine Verfehlung häufig mit drakonischen Strafen büßen. In den Mitteilungsblättern der Stadtverwaltung Hanau wurden regelmäßig die den gesamten Kreis betreffenden Urteile veröffentlicht, die von den Militärgerichten verhängt worden waren. Darunter konnte man auch einen Wilhelm Kuhn aus Kilianstädten finden, der „unberechtigterweise Sommeruniformstücke der Wehrmacht aus einem Eisenbahnwagen" entwendet hatte. Er erhielt ein Jahr Haft. Doch auch die Amerikaner aßen nicht alles so heiß, wie es gekocht wurde: Elf Monate seiner Strafe wurden ihm wieder erlassen.

Unsere Nazi-Oberen wurden ohne viel Federlesens aus ihren Häusern geholt und in Gefängnisse oder Arbeitslager gesteckt. Die Amis fragten nicht viel nach persönlicher Täterschaft; wer eine Funktion im Nazi-Regime bekleidet hatte oder SA-Mitglied war, kam zunächst in Haft. Später erst würde man im Zuge der Entnazifizierung die Schuld des Einzelnen aufzuklären suchen. Mir wurde gesagt, sogenannte alte Kämpfer hätten zuallererst die Bombenlöcher in den Feldern zuschütten müssen. Die Gemeindearbeit mußte natürlich so schnell wie möglich wieder in Gang kommen. Mit Billigung der Militärregierung wurde ein „Antifaschistischer Ausschuß" gebildet, dem auch mein Vater angehörte. Frühere Parteimitglieder durften zunächst keine Funktion ausüben. Schon kurz nach dem Einmarsch wurde Michael Lenz, der Konsum-Michel, zum kommissarischen Bürgermeister ernannt. Leider konnte der aufrechte Mann, der herzkrank aus dem KZ zurückgekommen war, sein Amt nicht lange ausüben: Er starb bereits am 10.4.1945 an einem Herzschlag. Nachfolger wurde der frühere Kilianstädter Rektor Erich Simdorn, der unter dem Nazi-Regime eine Zuchthausstrafe verbüßt hatte.

Ein Maßnahme der Amerikaner darf nicht übersehen werden. Einige

Kilianstädter Soldaten hatten sich nach dem Kriegsende oder schon vorher nach Hause durchgeschlagen. Da erließen die Amis die Anordnung, alle ehemaligen Soldaten, die nicht im Besitz eines Entlassungsscheines waren, hätten sich auf dem Platz der Republik einzufinden. Die Erschienenen wurden auf Fahrzeuge verfrachtet und abtransportiert. Was würde mit ihnen geschehen?

Das verheimlichte Verbrechen: Todeslager Bad Kreuznach

Bevor die Kilianstädter Wehrmachtsangehörigen mit Militärfahrzeugen weggefahren wurden, hatten sie bestimmt geglaubt, sie hätten den Krieg glücklich hinter sich gebracht und befänden sich nunmehr in Sicherheit. Das sollte sich als tragischer Irrtum herausstellen. Sie wurden in das Gefangenenlager Bad Kreuznach gebracht, und als sie später entkräftet und abgemagert zurückkamen, fehlte einer. Es war ein junger Mann namens Repp. Seinen Vornamen kenne ich nicht, er soll Offiziersanwärter gewesen sein. Warum mußte dieser junge Mann zuletzt noch einen sinnlosen Tod erleiden?

Das Lager in Bad Kreuznach gehörte wie das im nur wenige Kilometer entfernten Bretzenheim zu den gefürchteten Rheinwiesenlagern, in denen so Entsetzliches und Unvorstellbares geschah, daß die Feder sich fast sträubt, es niederzuschreiben. Als der französische Hauptmann Julien in das Lager Dietersheim kam, das von den Amerikanern an die Franzosen übergeben worden war, dachte er: „Das ist ja wie Buchenwald und Dachau.“[3] „Der morastige Boden war bevölkert mit lebenden Skeletten, von denen einige starben, während er zuschaute, andere kauerten sich unter Fetzen von Pappe, die sie verzweifelt festhielten, obwohl es ein heißer Julitag war. Frauen (es gab auch weibliche Gefangene, z.B Flakhelferinnen, d.V.) starrten aus Erdlöchern zu ihm auf, Hungerödeme hatten ihren Bauch zu einer grausigen Karrikatur von Schwangerschaft aufgetrieben ... Julien wußte kaum, wo er anfangen sollte. In diesem Lager von 32.000 Menschen konnte er nicht die kleinsten Mengen Lebensmittel finden. Die beiden deutschen Ärzte versuchten im ‚Lazarett‘ die vielen sterbenden Patienten zu versorgen, die auf schmutzige Decken ausgebreitet unter dem heißen Julihimmel lagen - zwischen den Spuren eines Zeltes, das die Amerikaner mitgenommen hatten.“[3]

Die grausigen Geschehnisse wurden verständlicherweise von den Amerikanern, auch den Franzosen, unter Verschluß gehalten oder manipuliert, und „die gefügigen Deutschen“[3], die künftigen neuen Freunde, begnügten sich mit zaghaften Nachforschungen und übernahmen bereitwillig die widerwillig mitgeteilten unglaubwürdig niedrigen Zahlen der toten deutschen Kriegsgefangenen. Es ist das Verdienst des Kanadiers *James Bacque*[3], mit seinem Buch »Der geplante Tod« das ganze Lügengespinst zu zerreißen und die Wahrheit an den Tag zu bringen. Mit Ausnahme einiger im Internet ausgestellten Augenzeugenberichte, die anhand von Einzelschicksalen die Recherchen Bacques bestätigen, bin ich generell dessen Ausführungen gefolgt, auch dort, wo einzelne Passagen nicht als Zitat gekennzeichnet sind.[*)]

[*)] Es muß erwähnt werden, daß das Buch Bacques auch Kritik erfahren hat, vor allem natürlich aus Kreisen, die dem amerikanischen Militär nahestehen. Im Anhang späterer Auflagen hat Bacque versucht, diese Entgegenhaltungen zu entkräften. Ein geradezu wütender Protest kam 1997 aus den Reihen des früheren österreichischen NS-Widerstandes. Dort wurden die Arbeiten Bacques als unwissenschaftlich, unhaltbar, unkritisch, selektiv und unsorgfältig „enttarnt“. Er habe „gravierende Fehler in der Interpretation der Quellen“ begangen, so daß es schwer falle, „ihn erst zu nehmen“. Überdies wurde er als „Revisionist“ diffamiert. Namhafte deutsche Zeitschriften nahmen dagegen die Enthüllungen Bacques durchaus ernst und sahen das Buch als seriöse historische Arbeit an (*Der Spiegel*, 2.10 1989 und *Die Zeit*, 8.12.1989)

Ein Textabschnitt der österreichischen „Seriösen Historiographie gegen die Mythen des kanadischen ‚Revisionisten‘ James Bacque“ ist verräterisch: „Aber er (Bacque, d.V.) hatte auch - mit viel feinerer Klinge als die plumpe Holocaustleugnung oder NS-Apologetik und deutlich schwerer zu durchschauen - mit seinen Thesen das uneingestandene Bedürfnis vieler Deutscher und Österreicher angesprochen, das Erinnern an die nationalsozialistischen Gewaltverbrechen durch Gegenrechnung mit kriegsrechtlichen Verstößen der Alliierten erträglicher zu machen, frei nach dem Motto: Im Krieg kommt es unweigerlich zu Greueltaten, alle Beteiligten am Zweiten Weltkrieg haben Schuld abzutragen.“ Abgesehen davon, daß Bacque mit keinem einzigen Wort seines Buches versucht hat, die Naziverbrechen zu relativieren, demaskiert sich mit dem angeführten Zitat die typische Vorgehensweise linksorientierter Kreise: Wer unliebsame Wahrheiten verkündet, die nicht in das eigene Weltbild passen, wird als Revisionist in die rechtsradikale Ecke gestellt und in die Nähe von Holocaustleugnern gerückt.

Beim Versuch, Eisenhower und die amerikanische Militärführung weißzuwaschen, wird behauptet, diese seien „nur mangelhaft vorbereitet ... von der großen Zahl der plötzlich zu versorgenden Menschen überrascht“ worden, d. h. trotz bestem Willen sei man ganz einfach nicht in der Lage gewesen, die Ernährung der Gefangenen sicherzustellen. Dies wird durch einwandfrei dokumentierte Befehle der Amerikaner widerlegt, die es der Zivilbevölkerung unter Androhung der Todesstrafe untersagten, die Gefangenen mit Lebensmitteln zu versorgen (siehe hierzu auch die im späteren Text angeführte Anordnung des Landrats von Koblenz). Außerdem wird die angebotene Erklärung allein durch die Ereignisse in Kilianstädten Lügen gestraft, denn es bestand kein Grund, die „große Zahl der plötzlich zu versorgenden Menschen“ um die bereits in die Zivilbevölkerung integrierten ehemaligen Soldaten zu vermehren.

Ein deutscher Soldat mit Namen Paul Kaps schrieb über seine Erlebnisse im Lager Bad Kreuznach: „Die Amerikaner hatten uns bei der Einlieferung in das Lager alle Ausweispapiere und andere persönliche Dokumente abgenommen. Wir bildeten Zirkel und nannten uns gegenseitig Namen, Vornamen ... und die Heimatanschrift. Wir fragten uns das immer wieder gegenseitig ab, um wenigstens im engsten Kameradenkreis zu wissen, wer denn das war, der die letzte Nacht nicht überlebt hatte. Die einzige Chance, die uns so blieb, wenigstens die Angehörigen benachrichtigen zu können, wenn der schlimmste Fall eingetreten war. In unserem Käfig[*)] lagen etwa 10.000 Kriegsgefangene und Zivilpersonen. Am schlimmsten waren jene Männer dran, die die Amerikaner aus für uns nicht erfindlichen Gründen aus den Lazaretten in der Umgebung von Bad Kreuznach in das Lager verfrachtet hatten: frisch Amputierte, Soldaten, denen ein Bein abgenommen worden war, ohne Krücken, die nun hilflos im Schlamm lagen oder sich auf dem Bauch robbend bewegten, blindgeschossene Kameraden, noch mit den turbanähnlichen Kopfverbänden, die von anderen an die Hand genommen wurden; im *cage 9* fanden wir heraus: Der jüngste war 14 Jahre alt, der älteste Mann 76. Was hatten die hier zu suchen? ... Die Kapitulation am 8. Mai feierten die amerikanischen Posten offenkundig mit reichlich Whisky und Wein. In ihrer Freude über das Ende des Krieges verpulverten sie eine Menge Munition, einige von ihnen hielten ins Lager: Im *cage 9* mußten an diesem Tag 48 Tote abtransportiert werden ...“

Ernst Richard Krische schrieb unter dem Datum vom 4.5.1945 in einem anderen *cage* ähnliches in sein Tagebuch: „Nachts wilde Schießerei, das reinste Feuerwerk. Es soll angeblich Friede sein. Am nächsten Morgen liegen 40 Tote als ‚Opfer des Feuerwerks‘ allein in unserem *cage*.“

Aus einem ihm vorliegenden Tagebuch faßt Bacque folgendes zusammen: „Gefangene, die im fünf Kilometer entfernten Lager Bretzenheim überlebt haben, beschrieben, wie sie am 9. Mai 1945 dort ankamen. Sie sahen drei Reihen von Toten an der Straße vor dem Lager liegen. Die Amerikaner gaben zu, daß sie am 9. Mai in Stromberg fünfundsiebzig Tote aus Bretzenheim bestattet hätten und weitere sechzig am 10. Mai. Nicht alle von ihnen waren an den üblichen Krankheiten, an Hunger oder witterungsbedingten Krankheiten gestorben.“

[*)] Mit „Käfig“ wird gewöhnlich das englische *cage* übersetzt. Es handelte sich dabei um mit Stacheldraht eingezäunte Gehege, in die das Lager unterteilt war.

Der ehemalige Gefangene Hanns Scharf, der heute in Kalifornien lebt, war Zeuge eines der schrecklichsten Morde. Er beobachtete, wie eine deutsche Frau mit ihren zwei Kindern und einer Flasche Wein zu einem amerikanischen Wachmann in das Lager bei Bad Kreuznach ging. Sie bat den Wachmann, die Flasche ihrem Mann zu geben, der hinter dem Zaun stand. Der Wachmann trank auf der Stelle die Flasche selbst leer, warf sie weg und tötete mit fünf Schüssen den Gefangenen. Die anderen Gefangenen empörten sich darüber und schrien laut, worauf der aus Seattle stammende Leutnant Holtsman herbeieilte. Dieser versicherte, er werde dafür sorgen, daß sich ein strenges Kriegsgericht der Sache annehme, doch sei nie etwas von einem Kriegsgerichtsverfahren wegen Schießereien in Bad Kreuznach oder Bretzenheim bekanntgeworden.

Georg Weiß, ein anderer Gefangener, sagte aus, in dem Lager Kreuznach habe zeitweilig eine solche Enge geherrscht, „daß wir uns nicht mal richtig hinlegen konnten. Die ganze Nacht mußten wir aufrecht sitzen, einer an den anderen gepreßt. Am schlimmsten war der Wassermangel. Dreieinhalb Tage lang bekamen wir überhaupt kein Wasser. Wir tranken dann unseren eigenen Urin. Das schmeckte fürchterlich, aber was sollten wir machen. Einige legten sich der Länge nach hin und leckten den Boden in der Hoffnung, ein bißchen Feuchtigkeit zu bekommen. Ich war so schwach, daß ich schon auf den Knien lag, als wir endlich ein bißchen Wasser zu trinken bekamen. Ohne dieses Wasser wäre ich wohl gestorben ... Ich habe Tausende sterben sehen."

Zu jener Zeit wurden in Bad Kreuznach dreimal so viele Gefangene in das Lager gepfercht, wie eigentlich geplant war. Der Soldat Heinz T. war gerade achtzehn Jahre alt, als er aus seinem Krankenzimmer im Lazarett geholt und ebenso wie die anderen Patienten in das Lager Bad Kreuznach gebracht wurde. Er war nur mit kurzen Hosen, einem Hemd und Schuhen bekleidet, als er zusammen mit mehreren hunderttausend anderen in das Lager überstellt wurde. Hier wurde er wochenlang festgehalten, ohne Dach über dem Kopf, zu essen gab es so gut wie nichts. „Die Amerikaner haben uns wirklich beschissen behandelt" sagte Heinz T. Zu Anfang, als es noch Bäume gegeben habe, hätten einige Männer versucht, ein paar Äste und Zweige abzureißen, um ein Feuer zu machen. Die Posten hätten ihnen befohlen, es sofort wieder zu löschen. In vielen Lager-Abteilungen sei es verboten gewesen, sich Erdlöcher zum Schutz vor der Witterung zu graben. „Zu essen hatten wir nur Gras", sagte er. Seine Füße waren so geschwollen, daß er seine Schuhe ausziehen mußte. Er bekam sie nicht mehr wieder an, und eines Morgens waren sie ihm sogar gestohlen worden. Nach etwa einem Monat wurde er mit vielen anderen den Franzosen übergeben, sie sollten zur Beseitigung von Kriegsschäden eingesetzt werden. Als Heinz T. sich unter den ausgemergelten Männern mit Hungerödemen, bedeckt nur mit Lumpen, schmutzig und mit hageren Gesichtern, umsah, dachte er: „Ein sonderbares Geschenk, das den Franzosen da gemacht wird.“ Für seine früheren Peiniger hatte er nur einen Satz übrig: „ Die Amerikaner waren wirklich gemeine Hunde.“ Bei den Franzosen ging es ihm allerdings auch nicht besser, doch seine Jugend trug den Sieg über die Strapazen davon. Er überlebte - der junge Repp aus Kilianstädten hatte weniger Glück.

Ein 17jähriger Junge, der im Westen in der Ferne sein Heimatdorf sehen konnte, stand oft am Draht und weinte. „... er lag eines Morgens erschossen am Draht. Wir mußten zur Abschreckung an ihm vorbeimarschieren. Eine Gesichtshälfte war weggeschossen. Wir waren aufgebracht, und viele riefen: ‚Mörder! Mörder!‘“ Als Disziplinarmaßnahme sperrte der Lagerkommandant drei ganze Tage lang die Gefangenenrationen. „Für uns, die wir sowieso schon hungerten und vor Entkräftung kaum noch gehen konnten, war das schrecklich; für viele bedeutete es den Tod.“*)

Die beschriebenen unmenschlichen Zustände herrschten in allen amerikanischen Gefangenenlagern. Es gibt Augenzeugenberichte, die das, was wir aus dem Lager Bad Kreuznach wissen, an Dramatik noch übertreffen. In den französischen Lagern sah es kaum besser aus, allerdings gab es wiederholt französische Anschuldigungen, die Amerikaner würden erst die Gefangenen hungern lassen und sie dann den Franzosen andrehen.

Die amerikanische Stimmung gegenüber den Deutschen war, als der ganze Umfang der Judenvernichtung bekannt wurde, auf einem Tiefstand. Zu dieser Zeit hatte noch der Morgenthau-Plan Gültigkeit, der auf dem Konzept des amerikanischen Finanzministers Morgenthau basierte. Danach sollte Deutschland völlig desindustrialisiert und in einen Agrarstaat verwandelt werden, auf dem Boden des Ruhrgebietes sollte gewissermaßen ein riesiger Kartoffelacker entstehen. „1945 führte der amerika-

*) nach Bacque zitiert aus »Die Kriegsgefangenenlager Galgenberg und Bretzenheim«, Gertrude Maria Schuster, Bad Kreuznach, 1958.

nische Wahn zu der Vorstellung, daß Deutschland am besten als ein Nichts fortbestehe, weil es als Macht und lebender Staat immer nur bösartig und gefährlich zu werden vermöge.“[14] Vor diesem Hintergrund kann nur ein Narr glauben, jene konzertierte Aktion des Grauens in den amerikanischen Gefangenencamps könne man der Einzelwillkür subalterner Lagerkommandanten anlasten. Das alles konnte nur von der obersten Militärleitung angeordnet oder unausgesprochen gebilligt worden sein! Bacque weist nach, daß die Schuld an der unmenschlichen Behandlung der kriegsgefangenen Deutschen dem damaligen Oberbefehlshaber Eisenhower zugesprochen werden muß. In einem genau definierten Dokument, das in englischer Sprache vorliegt, ist eine Unterredung aufgeführt, die zwischen der US-Army und Konrad Adenauer stattfand, der nach Beendigung des Krieges als Oberbürgermeister von Köln eingesetzt worden war. Adenauer waren die Zustände in den Rheinlagern bekanntgeworden, und er gab mutig seiner Meinung Ausdruck: „Einige deutsche Kriegsgefangene werden in Lagern gehalten, die allen humanitären Prinzipien der Haager und Genfer Konvention widersprechen. Den ganzen Rhein entlang, von Remagen-Sinzig bis nach Ludwigshafen, wurden die deutschen Kriegsgefangenen eingepfercht, hatten wochenlang keinerlei Schutz vor der Witterung, kein Trinkwasser, keine medizinische Versorgung und nur ein paar Scheiben Brot zu essen. Sie konnten sich nicht einmal auf den Erdboden legen. Vielen Hunderttausenden ging es so ... Diese Menschen starben zu Tausenden. Sie standen Tag und Nacht bis zu den Knöcheln im nassen Schlamm ... die Leute sagen ‚Jeder der die Kriegsgefangenen so behandelt, ist nicht besser als die Nazis‘ ... Deutsche Gefangene aßen in den Lagern auch Gras und pflückten Blätter von den Bäumen, weil sie Hunger hatten ... Bitte erlauben Sie mir, offen zu sagen, in dringender Angelegenheit, ... die Alliierten haben leider dieselben Methoden wie die Nazis benutzt“.

Bemerkenswert an diesem Dokument ist, daß im Verteiler der Botschafter Robert Murphy stand, Eisenhowers Chefberater in politischen Angelegenheiten. Da es exakt Murphys Aufgabe war, solche Informationen an Eisenhower weiterzuleiten, kann man mit Sicherheit davon ausgehen, daß er das auch tat. Ungeachtet vieler anderer Beweise lassen sich allein hieraus alle Einwände widerlegen, Eisenhower habe davon nichts gewußt. Dem amerikanischen Panzergeneral Patton ist in diesem Zusammenhang ein gutes Zeugnis auszustellen; er entließ im Mai 1945 Gefangene in großer Zahl und bewahrte sie so vor dem Hungertod. Er hatte auch den Mut zu sagen, „daß Eisenhower praktisch Gestapo-Methoden gegen die Deutschen anwende“[3]. Als auch die Generäle Bradley und Lee die Entlassung von Gefangenen befahlen, wurde ihre Weisung durch einen von Eisenhower unterzeichneten Gegenbefehl widerrufen. Warum waren die Amerikaner so erpicht darauf, derart viele Gefangene zusammenzutreiben und zusammenzuhalten, wo doch weder angemessene Unterbringungsmöglichkeiten bestanden noch die Absicht, solche zu schaffen? Der englische Feldmarschall Montgomery mutmaßte, die Amerikaner hätten sich aus Ruhmsucht, nicht aus militärischer Notwendigkeit, mit riesigen Zahlen von Gefangenen beladen. War es das? Oder steckte doch etwas anderes dahinter?

Bacque versucht anhand vieler Beispiele zu klären, warum „die Terrorpolitik Eisenhowers bis zu den einfachen Wachtposten brutal durchgesetzt wurde“. Die Schuld an alledem lag eindeutig bei Eisenhower - so Bacque. Er hätte nur den Offizieren der unteren Dienstgrade zu erlauben brauchen, aus den Vorratslagern zu holen, was sie dringend benötigten; das hätte genügt, viele vor dem Hungertod zu bewahren. Statt dessen wurde das Internationale Rote Kreuz daran gehindert, Lebensmittel an die Gefangenen zu verteilen. Im Vorwort zu Bacques Buch bringt es der frühere amerikanische Oberst Ernest Fisher auf den Punkt: „Eisenhowers Haß, toleriert von einer ihm gefügigen Militärbürokratie, erzeugte den Horror der Todeslager, der mit nichts in der amerikanischen Militärgeschichte vergleichbar ist.“

Doch wie konnten die vielen Todesfälle vertuscht werden? Gab es da nicht Statistiken und Militärberichte, in denen alle Vorkommnisse festgehalten wurden? Nach Bacque gab es die Rubrik „Other losses“ (sonstige Verluste), in welche die zu verschleiernden Todesfälle eingearbeitet wurden. Daher lautet der englische Originaltitel seines Buches nicht ohne Grund »Other losses«. Wie viele Kriegsgefangene in den amerikanischen und französischen Lagern umkamen, wird sich wegen der Vernebelungstaktik der Amerikaner nie zweifelsfrei bestimmen lassen. Bacque ist aufgrund seiner Recherchen sicher, die Zahl der Opfer liege „zweifellos bei mehr als 800.000, beinahe mit Sicherheit bei 900.000 und durchaus wahrscheinlich bei einer Million“.

In den fünf Jahrzehnten nach Kriegsende sind viele Informationen und Filmberichte über den Zweiten Weltkrieg zusammengekommen und gesammelt worden. Derzeit flimmern viele Serien über den Bildschirm, in denen alle Facetten dieses schrecklichen Krieges beleuchtet werden. Doch wenn über das Schicksal deutscher Kriegsgefangenen berichtet wird, sieht man diese stets nur durch russischen Schnee und Morast stapfen. Über ihr Schicksal in den westlichen Todeslagern bleibt weiterhin der Mantel des Schweigens ausgebreitet.

In dem französischen Lager Saint Paul d'Eginaux starben gegen Ende Juli 1945 17.000 von den Amerikanern übernommene Menschen so schnell, daß in kurzer Zeit zwei Friedhöfe mit je zweihundert Gräbern gefüllt waren. Der Franzose Jaque Fauvet war nach dem Besuch des Lagers so geschockt, daß er in der Pariser Tageszeitung *Le Monde* leidenschaftlich schrieb: „So wie man heute von Dachau spricht, werden die Menschen in zehn Jahren überall in der Welt von Lagern wie Saint Paul d'Eginaux sprechen." Er irrte sich. Auch zehn Jahre später sprach man nur von Dachau.

Die Jagd nach der weißen Weste

Wie viele Menschen im Zweiten Weltkrieg insgesamt zugrunde gegangen sind, vermag niemand genau zu sagen. Die Schätzungen liegen zwischen 30 und 55 Millionen, die größere Zahl ist sogar die wahrscheinlichere. Den höchsten Blutzoll mußten die Russen mit 20 Millionen entrichten, gefolgt von den Deutschen mit über fünf Millionen Toten; von diesen sollen 600.000 ihr Leben bei Luftangriffen verloren haben. Wer es sich leicht machen will, kann diese Toten allesamt auf das Konto des Führers schreiben; er hatte ja den Krieg schließlich begonnen und damit die Lawine des Todes ausgelöst, die über Europa und andere Teile der Welt hereinbrach.

Bei differenzierter Betrachtung wird man indessen feststellen müssen, daß sich das Ausmaß der Gegengewalt, die durch den Angriffskrieg Hitlers entfesselt wurde, nicht in jedem Fall mit der vorangegangenen Aggression rechtfertigen läßt. Natürlich, wo gehobelt wird, fallen Späne, das wissen wir; und so kann der Angreifer nicht erwarten, daß er mit Samthandschuhen angefaßt wird, wenn er auf die Verliererstraße gerät, da muß er einfach hinnehmen, daß der von ihm erzeugte Haß den Angegriffenen und späteren Sieger zu Maßnahmen verleitet, die oft nicht mehr verhältnismäßig sind. Es ist schwer eine Grenze ziehen zu wollen zwischen „normalen“ Kriegsverbrechen und Greueltaten, Verbrechen gegen die Menschlichkeit also, die als krimineller Delikt einzustufen sind und mit dem Krieg nur insoweit in Beziehung stehen, als dieser den Hintergrund bildete oder als Vorwand diente.

Wie will man die Austreibung von zwölf Millionen Menschen aus den verlorenen deutschen Reichsgebieten und den osteuropäischen Staaten einordnen, die mit äußerster Brutalität vollzogen wurde und „zu eine(r) Völkerwanderung (führte), die in der Geschichte Europas und der Welt ihresgleichen sucht“?[13] Zwei Millionen kamen unter Umständen zu Tode, die man nur als unmenschlich, ja bestialisch bezeichnen kann. Einen Eindruck über die Geschehnisse gibt ein Brief, den der ehemalige Probst Grüber an den Lordbischof von Chichester schrieb[45]: „Gott schenke den Christen in aller Welt offene Ohren, die Notschreie der deutschen Menschen zu hören, die auf den Landstraßen sterben und verkommen. Tausende von Leichen spülen die Oder und Elbe ins Meer ... Tausende von Leichen hängen in den Wäldern um Berlin ... Tausende und Zehntausende sterben auf den Landstraßen vor Hunger und Entkräftung, Kinder irren umher, die Eltern erschossen, gestorben, abhandengekommen.“ Michael Freund[14] schrieb in seiner »Deutschen Geschichte« ziemlich unverblümt: „Zwei große Katastrophen erlebten die Deutschen: das Dritte Reich und die bolschewistische Eroberung im deutschen Osten.“

Alle Schrecknisse werden durch die Massenvernichtung der Juden übertroffen, wobei, wenn auch geringer an Zahl, die Ausrottung anderer Volksgruppen nicht vergessen werden darf. Hier bestand überhaupt kein unmittelbarer Zusammenhang mit dem Krieg, wenn auch Hitler ohne diesen wahrscheinlich vor der letzten Konsequenz des fabrikmäßigen Massenmordes in den Gaskammern zurückgeschreckt wäre. So aber interessierte ihn die Meinung der Weltöffentlichkeit nicht mehr, und in den Wirren der Kriegsereignisse blieb manches verborgen, was sonst ans Licht gekommen wäre.

Die frühen Maßnahmen gegen die Juden, z.B. die „Reichskristallnacht“, hatten bei dem überwiegenden Teil der Bevölkerung keine Zustimmung gefunden, das Unbehagen hierüber reichte bis in die Kreise der NSDAP hinein, was Hitler bewog, „das Weitere unter strikter Geheimhaltung mit einem kleinen Kreis von Fanatikern zu erledigen“.[11] „Für die Deutschen wurden die Juden offiziell nur ‚umgesiedelt‘; Hitler ging sogar so weit, gerade die deutschen Juden nach Möglichkeit nicht direkt in die Vernichtungslager transportieren zu lassen, sondern zunächst in das Großgetto Theresienstadt in Böhmen, von wo sie noch eine Weile Postkarten an ihre deutschen Bekannten schreiben konnten - ehe es dann doch nach Auschwitz weiterging.“[17] Man wird Golo Mann zustimmen können, der in seiner »Deutschen Geschichte des 19. und 20. Jahrhunderts« feststellte, die Deutschen seien im Jahr 1933 keineswegs stärker antisemitisch gewesen als andere Völker Europas; die Juden hatten sich bei all ihrer Besonderheit gut in das deutsche Alltagsleben integriert. Lediglich in den Großstädten, vornehmlich Berlin, gab es eine Art bürgerlichen Antisemitismus, der durch jüdische Cliquenbildung entstanden war. Hatte man die Juden früher in Gettos oder Judenvierteln abgesondert, so grenzten sich diese jetzt in gewisser Weise selbst aus. Daß die Juden stets zusammenhielten und ihre Eigenart bewahrten, ist eine Binsenweisheit - wie anders hätten sie nach ihrer Zerstreuung in alle Welt fast zwei Jahrtausende lang als Volk bestehen können. Doch in den Großstädten hatten sie einen Einfluß gewonnen, der bei aller Anerkennung ihrer besonderen Begabung und Tüchtigkeit ihrer zahlenmäßigen Bedeutung nicht entsprach. Dadurch, daß Heiraten mit Andersgläubigen nach Möglichkeit unterblieben und man sich gegenseitig Ämter und Pöstchen zuschob, hatten sie führende Positionen in vielen Bereichen gewonnen, auf allen Kulturgebieten sowieso, aber auch in Medizin, Advokatur und im Presse- und Finanzwesen, „und damit schufen sie sich natürlich nicht nur die verdiente Bewunderung, sondern auch Neid und Abneigung. Wer aus diesen Gründen Antisemit war, gönnte den Juden einen Nasenstüber; er wünschte sie sich ein bißchen gedeckelt. Aber Ausrottung - um Gottes willen!“[17]

Der nationalsozialistische Antisemitismus Hitlerscher Prägung spiegelte keineswegs die Strömungen im deutschen Volk wider, er war ein rein ideologischer, verbrecherischer Antisemitismus, der sich noch dazu auf die abwegige Legende einer universellen jüdischen Verschwörung zur Errichtung der Weltherrschaft stützte. Über sechs Millionen Juden wurden von den Nazis umgebracht, davon eine halbe Million deutsche[54], ein Verbrechen von monströser Dimension, das man in seiner Unfaßbarkeit gar nicht glauben möchte, wäre es nicht durch zahllose Bilder, Berichte und Aufzeichnungen in all seiner barbarischen Grausigkeit zweifelsfrei belegt. Was haben wir Deutsche eigentlich von diesem Massenmord gewußt? Der Ankläger Hausner im Eichmann-Prozeß behauptete, die überwiegende Mehrheit des deutschen Volkes habe dem Verbrechen der Judenausrottung seelenruhig zugeschaut, und in dem Buch »Die Endlösung« des Engländers Gerald Reitlinger steht zu lesen, 99% der Deutschen hätten „zur Peripherie der Gaskammern" gehört, und die Reisenden hätten sich beim Passieren von Auschwitz zu den Zugfenstern gedrängt, um die Schlote der Krematorien rauchen zu sehen.[11] Solche Anschuldigungen widerlegen sich durch ihre bösartige Übertreibung selbst. Haffner[17] vermutet, vieles von dem, was in Auschwitz geschah, sei nach Deutschland durchgesickert, aber „wer wollte, konnte unwissend bleiben oder sich unwissend stellen, ... und das taten die meisten Deutschen ..." Auch das scheint mir überzogen. Es gibt realistischere Auffassungen, nach denen „der Durchschnittsdeutsche von der Ermordung der Juden keine Kenntnis gehabt (hat)".[11] In einem Spiegel-Interview[54] sagte Altbundeskanzler Helmut Schmidt: „Ich habe nichts davon gewußt. Die heutige Generation kann sich gar nicht vorstellen, wie es ist, wenn man in einer Informationsdiktatur lebt." Er habe von Auschwitz erst nach dem Ende der Nazi-Zeit erfahren. Joachim Fest, der bekannte historische Publizist, der sich besonders mit dem Geschehen während der Zeit des Nationalsozialismus befaßt hat und der aus einer betont antifaschistischen Familie stammt, sagte, nach seinem Wissen über die Vernichtungslager befragt: „Davon habe ich persönlich nichts gewußt, wie die meisten."[54] Ich selbst, bei Kriegsende vierzehn Jahre alt, hatte keine Kenntnis über diese Vorgänge, und meine Eltern, wenn sie sich schon ihren eigenen Reim auf die Deportation der Juden machten, konnten nicht mehr als Mutmaßungen anstellen; über ein greifbares Wissen verfügten auch sie nicht.

Die Frage nach dem Wissen oder Nichtwissen ist eigentlich ohne Bedeutung. Da offiziell Geheimhaltung angeordnet war, konnten die vermeintlich Informierten bis auf Ausnahmen nur über ein mutmaßliches Wissen verfügen, das indirekt zu ihnen gelangt war und das weiterzuverbreiten kein geringes Risiko bedeutete. Aber selbst wenn die Mehrheit der Deutschen das alles gewußt hätte - was hätte es geändert? An ein daraus hergeleitetes Aufbegehren zu glauben, wäre illusionär, die Naziherrschaft hätte es sowieso postwendend im Keim erstickt.

Müssen wir uns allesamt für diese Untaten schuldig fühlen, die unser Begriffsvermögen schier übersteigen? Solange es eine Geschichtsschreibung gibt, wird der jüdische Holocaust untrennbar mit dem Namen Deutschland verbunden bleiben, wir können uns so oder so nicht aus der Verantwortung stehlen. Kürzlich fand in unserem Land eine unsinnige Debatte darüber statt, ob man stolz sein dürfe oder gar solle, ein Deutscher zu sein. Wer diesen Stolz unbedingt empfinden möchte (obwohl rein zufällig ohne das geringste eigene Zutun in dieses Land hineingeboren), muß sich selbstverständlich auch für die im Namen Deutschlands begangenen Verbrechen des Nazi-Regimes verantwortlich fühlen. Dabei kann natürlich nur von einer sogenannten kollektiven Schuld die Rede sein, da man ja persönlich nicht an den Übeltaten beteiligt war. Bei dieser „kollektiven" Schuld handelt es sich um einen rein abstrakten Begriff, den man nur mit dem Verstand bewältigen kann - so bleibt sie denn meist auch nur ein Lippenbekenntnis. Wenn die Jüngeren unter uns heute den Stab über die Täter von gestern brechen - zu denen nicht selten auch Wehrmachtsangehörige zählen -, so muß man bedenken, daß manche auch ungewollt in diese Tötungsmaschinerie gerieten und sich nicht mehr daraus befreien konnten. Und wer den Kopf schüttelt bei Bildern, in denen deutsche Soldaten als Erschießungskommando fungieren, muß sich fragen lassen, ob er selbst eine Beteiligung an dieser verabscheuungswürdigen Tat abgelehnt hätte, wissend, daß eine Weigerung die eigene standrechtliche Erschießung wegen Befehlsverweigerung nach sich gezogen hätte. Der Leser versteht sicher, daß es mir nicht um eine Verharmlosung der schrecklichen Ereignisse geht, doch hilft uns eine scheinheilige Schwarzweißmalerei auch nicht zum Verständnis der vielschichtigen Zusammenhänge, die sich häufig genug nur aus der besonderen Situation der damaligen Zeit erfassen lassen.

Daß nach der deutschen Niederlage eine Bestrafung der wirklich Schuldigen und Drahtzieher der Mordtaten unausbleiblich war, versteht sich von selbst, und es darf uns mit Befriedigung erfüllen, daß fast alle Täter ertappt und der irdischen Gerechtigkeit zugeführt wurden, wenn auch zum Teil erst nach vielen Jahrzehnten. Doch nicht nur diese hatten Schuld auf sich geladen, auch unter uns, in der heimischen Umgebung, gab es Menschen, die ohne Not und Zwänge andere ins Unglück stürzten und an den Galgen oder in das KZ brachten. Wie war es in Kilianstädten? Wir wissen wenig darüber, denn ein Versuch, die Nazivergangenheit aufzuarbeiten, wurde meines Wissens auch nicht ansatzweise gemacht. Was kann ich da nach mehr als fünf Jahrzehnten noch herausfinden?

Die Alliierten verfügten im März 1946 eine Spruchkammergesetzgebung, die im Zuge einer „Entnazifizierung“ die Mitschuld der deutschen Bevölkerung feststellen und bewerten sollte. Es gab fünf Kategorien: Hauptschuldige, Belastete, Minderbelastete, Mitläufer und Entlastete. Damit wurde die schematische Beurteilung nach Titeln, Rängen und Ämtern abgelöst, die zu einer ersten Verhaftungs- und Internierungswelle durch die Siegermächte geführt hatte, die zwangsläufig auch unangebrachte Härten und Ungerechtigkeiten zur Folge hatte. Jetzt sollte das individuelle Verschulden ermittelt werden, und eine Flut von Fragebögen brach über das Land herein. Man kann heute sagen, daß das Vorhaben der Sieger zu ehrgeizig war und zu lange dauerte, als daß es unter dem Strich als gelungen gelten könnte. „Oft wurden kleinere Fälle zuerst und mit Härte behandelt, während Hauptschuldige davon profitierten, daß in ihren Fällen die Ermittlungen schwieriger waren und die Besatzungsmächte allmählich gleichgültiger wurden.“[*)] Da den Betroffenen je nach Schwere der Schuld Verlust ihrer Arbeitsstelle, Einzug des Vermögens, Kürzung der Pensionsansprüche oder Geldstrafen drohten, ging jedermann auf die Jagd nach „Persilscheinen“, um sich weiß zu waschen. Das war die Stunde der Freunde und Bekannten, die mit Gefälligkeitszeugnissen aushalfen. Die Amerikaner gingen besonders gründlich vor. „Sie hatten einen Erhebungsbogen mit nicht weniger als 131 Fragen ... vorbereitet, mit dem sie glaubten, die Schuld jedes einzelnen feststellen zu können ... Doch nahezu 98% der Betroffenen gingen als Entlastete oder Mitläufer aus dem Verfahren hervor.“[45]

Trotz unübersehbarer Vorbehalte sind die Spruchkammerbescheide nach wie vor das erste Mittel der Wahl, um das Verhalten früherer Exponenten der NSDAP oder SA zu analysieren. Zuweilen stößt man dabei auf neue Spuren, denen nachzugehen sich lohnen kann. So bin ich bei der Sichtung der Akten auch auf die eigentlich einzige schlimme Tat in Kilianstädten gestoßen, eine Denunziation, die den ortsansässigen Karl Ebert in ein Konzentrationslager beförderte - auf Nimmerwiedersehen!

Beim Studium der Spruchkammerakten habe ich mich auf drei Personen konzentriert, den Landwirt Wilhelm Zeh, das „Zehche“, der 1933 in die NSDAP eingetreten und von 1933 - 1945 Kilianstädter Bürgermeister war, den Lehrer Wilhelm Kolmer, Parteimitglied seit 1933 und von 1942

[*)] Thilo Koch: »Fünf Jahre der Entscheidung, Deutschland nach dem Kriege«.

an kommissarischer Ortsgruppenleiter, sowie den Mühlenbesitzer Heinrich Thylmann, Parteimitglied seit 1932, in der Zeit der Parteigründung kurzzeitig Ortsgruppenleiter[5], in den Jahren 1936 und 1937 kommissarischer Kreisorganisationsleiter, angeblicher Freund des Landrats Löser und des Gauleiters Sprenger, 1937 aller Parteiämter enthoben.

Die Spruchkammerakte des Bürgermeisters **Wilhelm Zeh** hat man schnell durchgelesen, es gibt praktisch keine. Das Prüfungsverfahren führte zum sofortigen Freispruch, er wurde als Mitläufer eingestuft und hatte 300 Reichsmark Geldsühne zu zahlen. Zeh galt allgemein als korrekter Bürgermeister, er bekleidete keine weiteren Parteiämter. Während seiner Amtszeit agierte er sehr umsichtig (vergl. Seite 359), und der Antifaschistische Ausschuß in Kilianstädten bescheinigte ihm 1948: „Sein Amt hat er korrekt geführt. Andersdenkende hat Zeh immer anständig behandelt." Unter den Unterschriften des Ausschusses befand sich auch die meines Vaters, und so skeptisch man im allgemeinen jenen Testaten gegenüberstehen mag, die sich nicht selten als Freundschaftsdienst verstanden - mein Vater hätte seine Unterschrift nicht gegeben, wenn es nicht seine wirkliche Auffassung gewesen wäre.

Zeh war der einzige Bürgermeister weit und breit, der nicht von den Amis interniert wurde. Was ihm zugute kam, war sein untadeliges Verhalten gegenüber den Kriegsgefangenen und Zivilarbeitern. Er war im Ersten Weltkrieg selbst in Gefangenschaft geraten und nach Marokko deportiert worden; vielleicht entstammen seine Bemühungen um eine menschliche Behandlung der Gefangenen den eigenen damaligen Erlebnissen. So erlaubte er den Polen, sich in seinem Haus zu treffen, und als Leo, der bei ihm tätige Pole, in einer dringenden Angelegenheit in sein Heimatland mußte, erwirkte Zeh beim Landrat Löser die Bewilligung zu einem Heimaturlaub auf Ehrenwort. Leo kam pünktlich wieder zurück. Natürlich wurde auch Zeh sofort von den Amis verhaftet und zur weiteren Vernehmung in die „Villa" gebracht. Als die Polen davon hörten, sprachen sie dort vor und erreichten, daß Zeh bereits nach zwei Stunden wieder daheim war.

Sowohl in den Akten Kolmers als auch Thylmanns stößt man auf eine Anschuldigung des Tabakgroßhändlers Mörschel, der Bürgermeister Zeh habe ihn in einem Bericht (an wen, wird nicht gesagt) bezichtigt, früherer kommunistischer Funktionär gewesen zu sein und gesagt zu haben, es werde auch wieder einmal anders kommen. Daraufhin sei im Mai 1943 sein Geschäft geschlossen worden. Das paßt nicht gut zu dem Bild, das wir uns gerade von Zeh gemacht haben, aber wir müssen das wohl so stehen lassen. Dieser Vorwurf kam jedenfalls in keinem Verfahren gegen ihn zur Sprache. Interessant ist, daß die Schließung des Geschäftes im nächsten oder übernächsten Monat wieder aufgehoben wurde, worauf Mörschel später pikanterweise in zwei eidesstattlichen Erklärungen einmal dem Mühlenbesitzer Thylmann bescheinigte, die Rücknahme der Schließung sei durch dessen Intervention erfolgt, und ein andermal bezeugte, der Ortsgruppenleiter Kolmer habe dies verfügt.

Der Lehrer **Wilhelm Kolmer** war zwei Monate nach der Machtübernahme Hitlers, am 1.5.1933, in die NSDAP eingetreten. Er erklärte das damit, daß er als Beamter dem nationalsozialistischen Staat den Treueeid leisten mußte und daß ein Parteieintritt von den Dienstvorgesetzten erwartet wurde. Er ist sicher den zweifellos zu erwartenden Zwängen etwas vorausgeeilt, aber er hätte früher oder später eine Entscheidung treffen müssen, und man kann ihm eigentlich nicht ernsthaft vorwerfen, daß er wie fast alle anderen den bequemeren Weg der Anpassung beschritt. Vor 1933 hatte sich Kolmer parteipolitisch überhaupt nicht betätigt. Daß er eine braune Uniform besaß und sie bei einschlägigen Gelegenheiten auch trug, wird man eher als eine kleine Eitelkeit werten dürfen und weniger als Beweis strammer NS-Gesinnung. Bedenklicher stimmt schon, daß er Schulungsleiter im Kreisschulungsamt war und daß er 1941 aus der Kirche austrat. Letzteres ist weder verwerflich noch ehrenrührig, aber in der damaligen Zeit war das schon ein Zeichen der Nähe zur Nazi-Ideologie.

Nachdem der bisherige Ortsgruppenleiter Ohl eingezogen und später gefallen war, mußten die Geschäfte der Ortsgruppe weitergeführt werden. Das war zunächst dem Hauptlehrer Adamy übertragen worden, der unter dem Vorwand, er kenne die Personen und Verhältnisse des Dorfes nur ungenügend, Unterstützung suchte, worauf ihm die Kreisleitung Herrn Kolmer zur Seite stellte. Adamy muß es dann verstanden haben, sich geschickt aus dieser Funktion zurückzuziehen, so daß von 1942 an Kolmer das Amt des kommissarischen Ortsgruppenleiters praktisch allein versah. Eine schriftliche Bestätigung dieser Nominierung ist offenbar nicht erfolgt, jedenfalls fanden sich keine entsprechenden Papiere. Kolmer wurde von der Spruchkammer als Minderbelasteter und später, im Dezember 1948, in einem Revisionsverfahren als Mitläufer eingestuft. Gewiß kam ihm hierbei zustatten, daß die Amerikaner in ihrem Perfektionismus eine kaum zu bewältigende Flut von Verfahren erzeugt hatten, nun aber auf rasche Beendigung drängten, da der Wiederaufbau spürbar unter der hohen Zahl der anhängigen Prozesse litt und weil vor dem Hintergrund der sowjetischen Bedrohung das alte Feinbild schleunigst abgebaut werden sollte - jetzt waren die Deutschen als Freunde willkommen! Für Kolmer hatte die Rückstufung den Vorteil, daß er vollen Anspruch auf seine Beamtenpension behielt. Zunächst aber war er im November 1945 verhaftet und in das Zuchthaus Butzbach gebracht worden. Später wurde er in das Internierungslager Darmstadt verlegt, aus dem er im April 1947 krankheitshalber entlassen wurde. Sein Verfahren fand vor der Spruchkammer Darmstadt statt. Nach dem Studium der Spruchkammerakten kann man Kolmer allenfalls vorwerfen, daß er sich von den Nazis hat einspannen lassen. Es findet sich kein Hinweis, daß er sich in irgendeiner Weise etwas gegen Andersdenkende hätte zuschulden kommen lassen. Er war im Gegenteil darauf bedacht, die Anzeigen und Denunziationen einzelner Einwohner, die an ihn herangetragen wurden, niederzuschlagen und von einer Weiterleitung Abstand zu nehmen. Aus den dokumentierten Fällen seien zwei herausgegriffen.

Als der Landwirt Karl Dietz im August 1944 die Nachricht vom Soldatentod seines einzigen Sohnes erhielt, empfand er nicht nur Trauer, er geriet auch in Wut auf das verbrecherische Regime, das nach seiner Meinung den Verlust verschuldet hatte. Dabei achtete er weder auf seine Worte noch darauf, wer ihn etwa hören könnte. Auf Hitler gemünzt, rief er: „Wenn der Schuft am 20. Juli (Tag des Attentats auf Hitler, d.V.) nur verreckt wäre, dann würde mein Sohn jetzt noch leben!“ Seine Nachbarin Lisa Reich*) hatte nichts Eiligeres zu tun, als zum Ortsgruppenleiter Kolmer zu laufen und über die Äußerung Dietz’ Anzeige zu erstatten. Kolmer hätte diese an und für sich weiterleiten müssen, was für den Bauern Dietz mindestens KZ, vermutlich sogar den Tod bedeutet hätte. Das tat er aber nicht, sondern redete der Frau Reich ins Gewissen: „Ich möchte nicht wissen, was Sie gesagt hätten, wenn Ihr Mann gefallen wäre.“

Gleichfalls im Jahr 1944 brachte der Parteigenosse Helmut Redlich*), gleichzeitig Politischer Leiter (was immer das war), bei Kolmer zur Anzeige, ein gewisser Karl Ebert habe gelegentlich einer Rede Goebbels’ in einer Gastwirtschaft schwere Beleidigungen gegen Hitler und Goebbels

---

*) Name geändert.

ausgestoßen, und er, Redlich, verlange, daß die Sache weitergemeldet werde. Kolmer sperrte sich. Er gebe auf Gerede in Wirtschaften überhaupt nichts, im übrigen sei der genannte Ebert wegen Schizophrenie aus der Wehrmacht entlassen worden, und gegen Geisteskranke werde er erst recht keine Anzeige erstatten. Nachdem besagter Ebert dann doch in ein KZ verbracht worden war, in dem er offenbar umkam, sah sich Kolmer nach Kriegsende dem Vorwurf ausgesetzt, er habe dies veranlaßt. Ihm wurde ein Protokoll des Redlich vorgelegt, in dem dieser angab, er habe Kolmer den Vorfall lediglich zur Kenntnis gebracht, außerdem sei er selbst nie Politischer Leiter gewesen und habe der Partei stets ablehnend gegenübergestanden. Glücklicherweise fand der Polizeiwachtmeister, der Kolmer vernommen hatte, einen Vermerk in den Polizeiakten, nach dem Redlich damals persönlich und unter ausdrücklicher Berufung auf seine Stellung als Politischer Leiter Anzeige gegen Ebert erstattet hatte. Der Bürgermeister Ullrich, der inzwischen Simdorn abgelöst hatte, konnte den Vorgang, nachdem er Akteneinsicht genommen hatte, gleichfalls bestätigen.

Mich hat bei meinen Nachforschungen überrascht, daß sich dieser unerhörte Vorfall nicht tiefer in das Gedächtnis der Kilianstädter eingebrannt hat. Ja, sagte man, da war mal was, richtig, Ebert, so hat er wohl geheißen. Offenbar lag das mit daran, daß dieser Ebert kein besonders umgänglicher Mensch war. Seinem Neffen, mit dem ich sprach, war von einer Schizophrenie oder Geisteskrankheit allerdings nichts bekannt. Dies muß wohl als Schutzbehauptung Kolmers gegenüber Redlich abgetan werden, um damit seine Weigerung zu begründen, die Anzeige weiterzugeben. Da der Karl Ebert dem Augenschein nach wenig Familiensinn besaß, hatte der Neffe nie ein enges Verhältnis zu seinem Patenonkel gehabt und konnte daher wenig über ihn berichten. Daß dieser die Nazis haßte und häufig unvorsichtige Reden führte, war ihm aber noch geläufig. An eines erinnert er sich genau: Als er Jahre nach Kriegsende mit seinen Eltern an einem Beerdigungskaffee teilnehmen sollte, wo man vermutlich Redlich getroffen hätte, habe der Vater mit den Worten abgelehnt: „Ich setzte mich doch nicht an einen Tisch mit jemand, der meinen Bruder auf dem Gewissen hat!“

Der Mühlenbesitzer **Heinrich Thylmann** war ein angesehener Mann, als Fachmann geschätzt, wohlhabend, mit einflußreichen Freunden, dabei alles andere als abgehoben. Eher urwüchsig und bodenständig von Natur, könnte man ihn eine blutvolle Charaktergestalt nennen, etwas schlitzohrig vielleicht. An den Nazis hatte er früh Gefallen gefunden, er war schon 1932 in die NSDAP eingetreten und gehörte auch zu den Gründungsmitgliedern der Ortsgruppe Kilianstädten. 1935 wurde er kommissarischer Kreisorganisationsleiter (eidesstattliche Erklärung des Landrats Löser), dann Kreispropagandaleiter und Vertreter des Kreisleiters (Erklärung des Oberstaatsanwaltes Donath). Einem etwaigen weiteren Aufstieg in der Parteihierarchie hätte nichts im Weg gestanden, wäre nicht 1937 eine leidige Sache passiert. Wegen Übermahlung seines Kontingentes, Steuerhinterziehung und Urkundenfälschung kam er mit dem Gesetz in Konflikt und wurde zu acht Monaten Gefängnis sowie 55.000 RM Geldstrafe verurteilt. Thylmann legte daraufhin alle Parteiämter nieder, im November 1937 wurde er vorläufig und im Mai 1942 endgültig aus der Partei ausgeschlossen.

Nun denn, möchte man sagen, da hat er ja nachträglich gesehen Glück gehabt, jetzt gingen ihn die später verübten Untaten der Nazis eigentlich nicht mehr viel an. Der gewiefte Anwalt Thylmanns versuchte sogar die Spruchkammer davon zu überzeugen, Veranlassung für den Parteiausschluß sei nicht etwa die Steuerhinterziehung gewesen, sondern „die innere Abwendung (Thylmanns) von den Parteigrundsätzen". Ich will auch erwähnen, daß ein respektabler Zeitzeuge, etliche Jahre älter als ich und guter Kenner der einstigen Kilianstädter Verhältnisse, ernsthaft der Auffassung ist, Thylmann habe in kluger Voraussicht des Kommenden seinen Ausschluß aus der Partei bewußt provoziert. Dieser Hypothese möchte ich persönlich nicht mehr folgen; so clever Thylmann auch gewesen sein mag, so viel Spürsinn und Vorbedacht kann ich ihm nicht zubilligen - schließlich war damals Hitler auf dem Höhepunkt seiner Beliebtheit, und ein Krieg war weit und breit nicht in Sicht. Was Thylmann später anhing, war der Vorwurf, auch nach seinem Parteiausschluß Freundschaft mit den Parteioberen, vor allem Landrat Löser, gehalten zu haben. Diese Freundschaft mag, wie Thylmann vorbrachte, durchaus einseitig gewesen sein, denn in den Kriegsjahren konnte auch ein Landrat die Würste und Eier nicht von den Bäumen pflücken, und in der Kilianstädtermühle, der eine große Landwirtschaft zugehörte, bestand an derlei Gaumenfreuden kein Mangel.

In den Verhandlungen ging es auch um die Frage, wie die Höhe und Durchführung der damals im Zusammenhang mit der Steuerhinterziehung verhängten Strafe zu bewerten sei. Thylmanns Anwalt versuchte der Spruchkammer glaubhaft zu machen, die Straftat sei eigentlich eine Bagatellsache gewesen, und die Schärfe, mit der das Verfahren gegen ihn durchgeführt wurde, sei der Sachlage gar nicht angemessen gewesen. Damit sei bewiesen, daß man Thylmann benachteiligt und keinesfalls als verdienten Parteigenossen und „alten Kämpfer“ behandelt habe. Demgegenüber führte der einstmalige Oberstaatsanwalt Donath Klage darüber, wie Thylmann, unterstützt von der Gauleitung und dem Landrat Löser, mit allen Mitteln versucht habe, sich der Strafverbüßung zu entziehen. Vor allem habe er sich auf seine Unabkömmlichkeit im Betrieb berufen, worauf ihm, dem Oberstaatsanwalt, aufgegeben worden sei, einen Vertreter zu besorgen. Die vorgeschlagenen Personen seien sämtlich von Thylmann abgelehnt worden, ihnen habe die Gauleitung und das Landratsamt zudem fortwährend Schwierigkeiten bereitet. Dennoch sei es ihm, Donath, endlich gelungen, Thylmann im Januar 1944 in das Strafgefängnis Frankfurt-Preungesheim zu verbringen. Dort habe er allerdings nur einen Monat seiner Strafe abgebüßt, danach sei er auf Veranlassung des Reichsernährungsministeriums wieder freigekommen.

Die Diskussion, ob Thylmanns Vergehen von der Nazi-Justiz zu hart geahndet wurde, weil man ihm seine „Abweichung von den Parteigrundsätzen“ verübelte oder ob er zu gut dabei wegkam, weil ihm seine früheren Parteifreunde nach wie vor die Stange hielten, erscheint uns heute wie der Streit um des Kaisers Bart. Eine Mitschuld an Naziverbrechen ließe sich so oder so nicht aus dieser Frage herausdestillieren, und man hätte den ganzen Vorgang schnell beiseite legen können, hätte sich der Entnazifizierungsgedanke mit der Ermittlung einer persönlichen Schuld begnügt. Aber es ging auch um eine Gesinnungsprüfung, und an dieser ebenso ambitiösen wie unerreichbaren Zielvorgabe mußten sich die Spruchkammern letztlich die Zähne ausbeißen.

Der Anwalt Thylmanns arbeitete sehr umsichtig und stellte eine große Zahl von Entlastungsschreiben zusammen, wobei er bei der Abfassung vielleicht hier und da korrigierend mitgewirkt hat. Wer das unbeholfene Deutsch des Tabakhändlers Mörschel vor Augen hat, mit dem er das Entlastungsschreiben für Kolmer anfertigte und jetzt den Persilschein liest, den er Thylmann zugedacht hatte, möchte meinen, er habe in der Zwischenzeit Germanistik studiert - kein Zweifel, daß ihm da jemand beim Schreiben die Hand geführt hat. Abgesehen von einer gehässigen

Anschuldigung, bei der durch alle Zeilen hindurchschimmerte, daß hier eine persönliche Rechnung beglichen werden sollte und von der ich mir wegen ihrer durchsichtigen Böswilligkeit noch nicht einmal eine Kopie oder Notiz machte, gab es niemand, der Thylmann etwas Ehrenrühriges oder Abträgliches nachsagen wollte. Viele der Erklärungen waren ehrlich gemeint und atmeten Glaubwürdigkeit, andere allerdings waren Persilscheine reinsten Wassers, die in ihrer Schlichtheit erheiternd wirkten. Thylmanns Anwalt war selbst für manche Übersteigerung des Gebotenen gut. Der Bürgermeister Ullrich hatte dargelegt, daß er im Mai 1933 (offenbar gab es zu dieser Zeit noch ein Gemeindeparlament im herkömmlichen Sinn) die Befürchtung hatte, am Morgen nach einer Sitzung in Schutzhaft genommen zu werden, weil er als Fraktionsführer der SPD den Antrag der Nazis abgelehnt habe, den Platz der Republik in Adolf-Hitler-Platz umzubenennen. Thylmann habe davon gehört, sei beim Landrat Löser vorstellig geworden und habe dadurch seine Verhaftung verhindert. Der Anwalt interpretierte das so, daß bei dieser nur vermuteten Verhaftungsabsicht die Deportation Ullrichs in ein KZ verhindert worden sei.

Nach einer anderen Erklärung war an einem Tag, als die Amerikaner schon kurz vor dem Ort standen, ein Radfahrer, mit zwei Pistolen bewaffnet, bei der Mühle vorgefahren. Er habe gefragt, wo er die Amerikaner finden könne. Thylmann habe ihn daraufhin angeschrien und ihm die Weiterfahrt zum Dorf untersagt, worauf „der junge Mensch, durch diese feste Haltung beeindruckt" gehorsam wieder in Richtung Oberdorfelden zurückradelte. Für den Anwalt war klar, daß Thylmann dadurch „schwere Schäden für sein Heimatdorf Kilianstädten, vielleicht sogar seine Zerstörung" verhindert hatte.

Doch wie man die Akte Thylmanns auch dreht und wendet, es läßt sich nichts finden, woraus man ihm einen Strick drehen könnte. Aus den Dokumenten steigt das Bild eines Pragmatikers auf, der sich vielleicht von seinem eigenen Vorteil, nicht aber von Parteigrundsätzen leiten ließ und dem die politische Einstellung der Menschen, vor allem die seiner Arbeiter und Angestellten, schlichtweg egal war; und wer in Schwierigkeiten war und bei ihm anklopfte, konnte in der Regel mit Verständnis rechnen. Als Erich Simdorn aus dem Zuchthaus entlassen worden war und schwerlich eine neue Stelle gefunden hätte, gab ihm Thylmann eine Anstellung in der Mühle. Natürlich hat es später nicht an Stimmen gefehlt, er habe dies nur aus eigenem Interesse im Hinblick auf den absehbaren Zusammenbruch Nazi-Deutschlands getan. Beweisen kann das keiner, und eine anständige Tat sollte man einfach als solche werten und nicht versuchen, sie hinterher herabzusetzen.

Wenn ich aufgrund eingesehener Akten, der eigenen Erinnerung und der Befragung anderer Personen ein Fazit ziehe, so muß ich sagen, daß sich die Kilianstädter NS-Oberen nichts Ernsthaftes haben zuschulden kommen lassen. Natürlich haben sie sich im Schaugepränge brauner Veranstaltungen und Aufmärsche gesonnt und mit geschwellter Brust ihre Uniformen spazierengeführt, aber Unrecht gegen Andersdenkende haben sie nicht begangen, und der Ortsgruppenleiter Kolmer hat sogar manches Schlimme verhindert. Die eigentliche Gefahr kam aus den unteren Rängen der Nazis und der Dorfbevölkerung selbst, die aus Fanatismus oder persönlichen Motiven vor der Anzeige ihrer Nachbarn nicht zurückschreckten, doch kann man auch hier erleichtert von Einzelfällen sprechen.

Der einzige häßliche braune Fleck auf der ansonsten einigermaßen hellfarbenen Weste Kilianstädtens ist die todbringende Denunziation des Karl Ebert.

Die Zeit danach

Kilianstädten hatte wie auch die meisten anderen Landgemeinden während der Kriegszeit und in den Nachkriegsjahren kaum zu leiden gehabt. Natürlich mußte auch das Dorf seinen Blutzoll entrichten, viele Familien trauerten um ihre Väter, Söhne und Ehemänner, die an der Front ihr Leben gelassen hatten, und eine Handvoll Menschen war auch bei den Luftangriffen umgekommen. Auch wenn man nicht sagen kann, die Zivilbevölkerung habe völlig ohne Gefahren gelebt, so wurden wir doch - wenn überhaupt - eher zufällig das Opfer von Luftangriffen, die sich gezielt gegen die Stadtbevölkerung richteten. Wer als Städter das Glück hatte, der Hölle des Feuersturms zu entkommen, hatte oft mit seiner ausgebombten Wohnung sein gesamtes Hab und Gut verloren. Wir auf dem Dorf hatten unseren Besitz erhalten, alles was man von uns verlangte war, daß wir ein wenig zusammenrückten, um den Ausgebombten eine Unterkunft zu geben. Auch nach dem Krieg fand das Dorf schnell wieder zu seiner Normalität zurück. Die Amis hatten sogleich einen Bürgermeister eingesetzt, der zwar für fast jede Maßnahme die Genehmigung der Militärbehörde einholen mußte, mit Hilfe einiger Mitarbeiter aber schnell wieder Ordnung in den Ablauf der Tagesgeschäfte bringen konnte.

Wie anders sah es in den Städten aus! Die Menschen standen vor einem Trümmerhaufen, nichts funktionierte mehr, die Straßen lagen voller Schutt und waren großenteils nicht mehr befahrbar, Strom-, Wasser- und Gasleitungen waren unterbrochen, die Kanalisation von den Bomben zerrissen. Der Verwaltungsapparat kam nur langsam wieder in Schwung, viele Beamte mit Fachkompetenz waren ihrer Posten enthoben oder in Haft genommen worden. Die Lebensmittelversorgung brach zusammen, und wenn in den letzten Kriegsmonaten auch die Rationen gekürzt werden mußten - was Hunger ist, erfuhren die Menschen erst nach der Besetzung durch die alliierten Truppen. Die vordringliche Aufgabe war die Trümmerbeseitigung; sie wurde zu einem großen Teil von den Frauen bewältigt, der Begriff „Trümmerfrauen“ wurde geboren. Zu dieser Arbeit trieb viele die Sorge um das tägliche Überleben; die Männer, Brüder und Söhne waren gefallen oder noch nicht aus der Kriegsgefangenschaft zurückgekehrt. Die Knochenarbeit kostete viel Kraft und war auch wegen der Gefahr herabstürzender Trümmer oder vom Geröll verdeckter Blindgänger nicht ohne Risiko, aber sie wurde bezahlt, und man erhielt in aller Regel eine höhere Lebensmittelzuteilung. Jede Stadt hatte ihre eigene Vorgehensweise. In Hanau wurden zur Räumung der wichtigsten Straßen 600 ehemalige Parteigenossen verpflichtet, die unter Aufsicht der Militärpolizei standen. Später rief die Stadt einen sogenannten Ehrendienst aus, den alle arbeitsfähigen Einwohner zu leisten hatten, zwölf Tage im Jahr; die Betriebe mußten hierfür ihre Leute freistellen. Der geleistete Dienst wurde auf einer Kontrollkarte vermerkt, die zum Erhalt von Lebensmittelkarten notwendig war.[51]

Die Nazis hatten die besetzten Ostgebiete ausgebeutet und die Nahrungsmittel nach Deutschland geschafft; damit war jetzt Schluß. Die Agrargebiete im deutschen Osten waren verlorengegangen, und eine staatliche Lebensmittelversorgung gab es praktisch nicht mehr. Die Städte mußten von ihren bald aufgebrauchten eigenen Vorräten leben, und die Amerikaner, das wird man wohl sagen dürfen, rissen sich in der ersten Zeit auch kein Bein aus, um der notleidenden Bevölkerung zu helfen. Dagegen wurden Produktionsanlagen demontiert und in einem Industrieplan festgelegt, die Produktion auf 50% der des Jahres 1938 zu begrenzen. Zwar wurde der unselige Morgenthau-Plan immer weniger ernst genommen, doch die Idee einer Nation ohne kriegstreibendes Potential, eines Deutschlands der Kartoffeläcker und Rübenfelder, wollte nur langsam aus den amerikanischen Köpfen weichen. Bei den Cassella Farbwerken in Frankfurt-Fechenheim, Teilbetrieb der früheren I.G. Farben, dem seinerzeit größten Chemieunternehmen der Welt, wurden am 6. Juli 1945 die Fabriktore geschlossen und das Werk von der amerikanischen Militärregierung beschlagnahmt. Doch noch im selben Jahr wurde eine bescheidene Produktion in Gang gesetzt, die sich allerdings auf wichtige Nachkriegsgüter beschränkte. Zu diesen gehörten auch Textilfarbstoffe, die zum Umfärben ausgedienter Uniformstücke benötigt wurden. So fand mein Vater schon bald wieder eine Beschäftigung.

Die Amerikaner versuchten schon früh, deutsche Verwaltungen zu schaffen und zur Mitarbeit heranzuziehen; bereits im September 1945 kam es zur Gründung des Landes „Groß-Hessen", als vorläufiger Ministerpräsident wurde Karl Geiler eingesetzt. Der Aufbau der Verwaltungseinheiten erfolgte von unten nach oben. Am 20. Januar 1946 wurden in Orten bis zu zwanzigtausend Einwohnern die ersten Gemeindeparlamente frei gewählt, unnötig zu sagen, daß in Kilianstädten die SPD stärkste Partei wurde. Parteien waren aber zunächst nur auf Kreisebene erlaubt, erst im Dezember 1946 fanden Landtagswahlen statt. Den Aspekt der zunehmenden Politisierung können wir hier nur kurz streifen. 1947 wurden die amerikanische und britische Besatzungszone zur Bizone zusammengefaßt. Frankreich, dem die Zerstückelung Deutschlands nicht weit genug gehen konnte, schloß sich diesem Schritt zunächst nicht an, gab aber 1949 nach. Es entstand die Trizone, mit der die Militärregierung offiziell beendet wurde. Im selben Jahr wurde Bonn vom sogenannten Parlamentarischen Rat zur Bundeshauptstadt gewählt, kurz danach feierlich das Grundgesetz verkündet. Im August 1949 fand die Wahl zum ersten deutschen Bundestag statt, Konrad Adenauer wurde Bundeskanzler.

Im Jahr 1946 hatte Hessen 27% aller aus den deutschen Ostgebieten vertriebenen Menschen aufzunehmen, 607.500 an der Zahl.[13] Kilianstädten mußte zusätzlich zu den 75 Ausgebombten, von denen 50 aus Hanau gekommen waren, 331 Heimatvertriebene beherbergen.[47] Sie wurden keineswegs feindselig empfangen, wie ich mir von Betroffenen habe versichern lassen, aber es wäre auch eine Übertreibung zu sagen, man habe sie mit offenen Armen aufgenommen. Sie kamen im April und September in zwei Schüben, fast alle aus dem Sudetenland. Zunächst mußten sie mit einem Strohlager in der Schule vorliebnehmen, bis sie nach und nach auf die Einwohnerschaft verteilt wurden, wofür eine spezielle Wohnungskommission der Gemeinde gebildet worden war. Eigentlich hätten wir Kilianstädter uns ausnahmslos sagen müssen, daß wir in den Kriegs- und Nachkriegszeiten das große Los gezogen hatten. Unser Eigentum blieb unversehrt, und wir bekamen auch nicht andeutungsweise zu spüren, was Hunger und Not bedeuten. Ein unverdientes Glück, das uns hätte bewegen müssen, den Ausgewiesenen freudig und herzlich unsere Gastfreundschaft anzutragen. Statt dessen bangten wir, daß die Kommission uns Wohnraum wegnehmen und Leute aufzwingen würde, die ganz anders sprachen als wir Kilianstädter und obendrein katholisch waren. Ich erinnere mich genau, wie man auch unsere Wohnverhältnisse begutachtete, doch wurden wir nicht zur Aufnahme einer Familie „verurteilt", es wäre dann in unserem kleinen Haus auch verdammt eng zugegangen. Wir Kilianstädter waren andererseits auch keine Unmenschen, und so möchte ich annehmen, daß in der Zeit des allgemeinen Hungers die Neuankömmlinge ein wenig an dem Überfluß der Familien teilhaben durften, denen sie zugewiesen worden waren. Bei manchen der Ortsansässigen gewannen aber auch Mißtrauen und Abneigung die Oberhand, und ich habe die herzlose Bezeichnung „Kartoffelkäfer" nicht vergessen, die man hier und da hörte und womit man wohl zum Ausdruck bringen wollte, es handele sich quasi um lästige Schädlinge. Da die Vertriebenen nicht wie wir Gärten, Äcker und Felder hatten, versuchten sie sich ein kleines Zubrot zu schaffen, indem sie auf den abgeernteten Stoppelfeldern nach liegengebliebenen Ähren suchten. Viele sahen es nicht gern, wenn die Ausgewiesenen Ähren „klauben" gingen, es hieß dann schnell, sie gingen Ähren „klauen" und würden diese von den aufgestellten Garben mit der Schere abschneiden. In den späteren Jahren, als die Heimatvertriebenen Zahlungen aus dem Lastenausgleich erhielten und sich durch neue Siedlungsvorhaben gar ein eigenes Häuschen leisten konnten, kam zuweilen auch Neid auf, und schlichte Gemüter wollten sogar glauben, daß jene, die völlig mittellos ankamen, auch zu Hause rechte Habenichtse gewesen sein müßten. Ich möchte solche Denkungsweisen ausdrücklich nicht auf Kilianstädten beziehen, und ich hoffe, daß man nicht auch dort den häßlichen Spruch aufsagte, den man zuweilen in Hessen hören konnte:

Ich komme aus dem Osten
und suche einen Posten.
Die Papiere sind verbrannt,
und Hitler hab' ich nie gekannt.

Doch das ist Schnee von gestern. Die Vertriebenen haben sich längst integriert, sind mit originären Kilianstädtern Ehen eingegangen und fühlen sich heute als gleichrangige Bürger einer weltoffenen Gemeinde. Sie haben eine neue Heimat gefunden.

Als seien die Kriegswinter nicht hart genug gewesen, brach zu Beginn des Jahres 1947 ein schneidender Frost bis zu 20 Grad minus über das Land herein. Da in unserem Haus, vom Sonntag abgesehen, nur die kleine Küche geheizt wurde, breitete sich in den übrigen Räumen eine arktische Kälte aus. Unter unseren dicken Daunendecken hatten wir es dennoch mollig in den Betten, aber ich weiß noch, daß am Morgen manchmal der Urin in unseren Nachttöpfen gefroren war. In den Großstädten kam zur Angst des Verhungerns die Furcht vor dem Erfrieren. Heizmaterial war praktisch nicht zu bekommen, und es war streng untersagt, aus den Trümmern oder beschädigten Gebäuden Holzteile zu entwenden. Not kennt kein Gebot: Mit Kohle beladene Lastwagen wurden angehalten und ausgeraubt, Züge am Weiterfahren gehindert und die Kohletender geleert. Der Kölner Kardinal Frings verkündete angesichts des Elends, der Diebstahl von Kohle sei, wenn es um die Erhaltung des Lebens ginge, kein Verbrechen. Im Besitz kirchlichen Segens nahmen die Menschen nun noch unbekümmerter, was sie ergattern konnten, und der Begriff „fringsen" wurde nachgerade zu einem Synonym für „Kohlen klauen". Wer nicht mutig genug war, sich an solchen Aktionen zu beteiligen, ging kilometerweit die Eisenbahnschienen ab, um ein paar Kohlestückchen zu finden, die der Heizer beim Entschlacken des Kessels mit herausgerissen hatte. Unter alledem hatten wir in Kilianstädten kaum zu leiden. Natürlich war es jetzt für jedermann schwer, an Kohle oder Briketts heranzukommen, aber wer ein wenig vorgesorgt hatte, verfügte noch über einen kleinen Vorrat in seinem Kohlenkeller. Der Gemeindewald versorgte uns mit Scheitholz, und an den Holzlesetagen eilte jedermann in den Wald, um herabgefallene Äste aufzulesen und ein Reisigbündel zu schnüren. Wer sich stark genug fühlte, versuchte die Stümpfe der gefällten Bäume auszugraben, eine mörderische Arbeit, die man am besten in Gemeinschaft ausführte. Mit Schaufeln, Pickeln, Äxten und Keilen ging es dem ungefügen Klotz zu Leibe, der, wenn er glücklich dem Erdboden entrissen war, noch manche Säge stumpf werden ließ. Das Buchenwurzelholz war eisenhart, dafür brannte es anhaltend und behielt lange seine Glut. Auch in diesem Winter konnten wir Kilianstädter es uns leisten, im Kino die neuen mit einem Untertitel versehenen amerikanischen Filme anzusehen: Wer eine Eintrittskarte wollte, mußte ein Brikett oder ein großes Stück Holz zum Heizen des Ofens mitbringen. Das galt auch für den Besuch der Schule und der Kirche.

Das Jahr 1947 war das schlimmste der Nachkriegsgeschichte. Nie zuvor gab es so viele und verschiedenartige Lebensmittelkarten und Bezugscheine, und nie bekam man so wenig dafür. Die Lage in den Großstädten wurde bedrohlich, es gab Streiks und Demonstrationen gegen den Hunger. Die Reichsmark war praktisch wertlos geworden, wer keine Sachwerte zu bieten hatte, war arm dran. Der Schwarze Markt hatte seine Blütezeit; was der eine nicht brauchen konnte, war für den anderen lebenswichtig. Das war auch die Stunde der Kompensationsgeschäfte, wie man den Ringtausch nannte, dessen Prinzip schnell erklärt ist. Wer ein Bügeleisen brauchte und es gegen ein Radio eintauschen wollte, konnte erleben, das ein gefundener Bügeleisenbesitzer dafür keine Verwendung hatte, aber eine Kochplatte brauchte. Fanden die beiden jemand, der eine Kochplatte hatte und ein Radio suchte, war das Problem gelöst. Oft mußte so ein Ringtausch über viele Ecken laufen, bis alle Bedürfnisse befriedigt waren. Wenn ich vorher sagte, die Reichsmark habe keinen Wert mehr gehabt, so stimmt das nur bedingt. Auch das Geld hatte paradoxerweise seinen Schwarzmarktwert. Grundwährung waren die „Aktiven“, amerikanische Zigaretten, so genannt zur Unterscheidung von den wertlosen Selbstgedrehten aus dem „Scheuerbambel“. Eine Aktive war im Schnitt fünf, später sogar 7,50 Reichsmark wert, eine Packung Zigaretten also für 100 - 150 RM zu haben. Im August 1947 mußte man auf dem Frankfurter Schwarzmarkt 10 RM für ein Ei bezahlen, ein Pfund Butter kostete 250 RM und ein Pfund Bohnenkaffee 360 RM.[13] Das Ganze bekommt erst seinen Sinn, wenn man weiß, daß ein Arbeiter durchschnittlich 150 - 200 RM im Monat verdiente. Der Schwarze Markt war verboten und wurde oft mit Razzien überzogen, ließ sich jedoch nicht ausmerzen; er war in jener Zeit einfach überlebenswichtig.

Wer Nahrungsmittel brauchte, war meist besser beraten, seine Tauschartikel direkt beim Erzeuger an den Mann zu bringen. Die hohe Zeit der Hamsterfahrten begann. Die Züge waren unglaublich überfüllt, alles strömte auf das Land, um irgendwelche Wertgegenstände gegen Lebensmittel einzutauschen. Die Bauern, vorher von den Städtern nicht für voll genommen, wurden nun wegen ihres jetzigen Reichtums beneidet. Die Enttäuschung, nicht so viel wie erhofft eingetauscht zu haben, ließ den Landwirt zu einem hartherzigen Unmenschen mutieren, der sich ein Pfund Butter mit einem Diamantcollier bezahlen ließ. Das Klischee vom Bauern, der sich den Kuhstall mit Perserteppichen auslegt, weil er im Haus schon keinen Platz mehr dafür hat, machte die Runde. Das waren natürlich ungerechtfertigte Übertreibungen, ich habe jedenfalls keinen Kuhstall gesehen, in dem ein Teppich gelegen hätte - was ja auch völlig unsinnig gewesen wäre. Unbeschränkten Überfluß hatte auch der Bauer nicht. Er unterlag immer noch einer strengen Abgabepflicht, und wenn er etwas für den Haushalt oder seinen Betrieb brauchte, mußte er seine Naturalien dagegen eintauschen, mit Geld konnte auch er nicht bezahlen. So scharf war er im allgemeinen gar nicht auf eine Perlenkette oder goldene Ringe, die der Bauersfrau ohnehin nur auf den kleinen Finger gepaßt hätten; ein paar feste Arbeitsschuhe, drei Meter Stoff für ein Kleid, eine neue Kaffeemühle oder ein Paket Nägel waren Dinge, die der Bauer viel dringender brauchte. Hatten die Städter einen guten Handel gemacht, mußten sie die Lebensmittel noch sicher nach Hause bringen. Hamstern war verboten, und auf den Bahnhöfen und Ausfallstraßen gab es häufig Kontrollen. Ein gern benutztes Tarnungsmittel war der Kinderwagen, in dem sich neben dem Kleinkind noch gut eine paar Würste oder ein Stück Schinken verstecken ließen.

Die lang anhaltende Versorgungskrise führte schließlich dazu, daß alles, was man zum Tauschen hatte, schon weggegeben war; zudem gab es viele, die im Bombenhagel nicht viel mehr als das nackte Leben hatten retten können, und andere, die nie etwas besessen hatten, kurzum: aus den Tauschfahrten wurden zunehmend Bettelfahrten. Die Menschen gingen in den Dörfern durch die Straßen, klopften an jede Tür und baten um eine Kartoffel. Wiederholt lief ich bereitwillig in den Keller und holte zwei oder drei Kartoffeln, um sie den armen Teufeln in die Hände zu drücken - bis mich die Großmutter dabei ertappte. Ob ich mir klar darüber sei, daß unsere Kartoffeln noch nicht einmal bis Weihnachten reichten, wenn ich so weitermachte? Von da an war es für mich vorbei, den

Wohltäter zu spielen. Was mich bedrückte, war die Schroffheit, mit der die Bittsteller von meiner Großmutter abgewiesen wurden. Sie möchten doch zu den Bauern gehen, die hätten viel größere Kartoffelvorräte. Ach, bekam sie zur Antwort, die würden ja überhaupt nichts herausrücken. Das mochte stimmen, aber wir konnten das natürlich nicht wettmachen, und ich begann zu begreifen, daß die Großmutter mit ihrer zur Schau getragenen Härte das eigene Mitgefühl schon im Keim zu ersticken versuchte.

So schlimm das Jahr 1947 war, es leitete die Wende zum Besseren ein; schon gegen Ende des Jahres begann sich die Lage ein wenig zu entspannen. Die Hilfsorganisation C.A.R.E. vermittelte Millionen amerikanische Pakete mit Nahrungsgütern an Bedürftige in Europa, vornehmlich Westdeutschland, und mit Spendengeldern wurden standardisierte Lebensmittelpakete zusammengestellt und verschickt. Das konnte ein wenig die ärgste Not lindern, entscheidend war aber, daß bei den Amerikanern langsam ein Umdenken einsetzte. Winston Churchill, der die Deutschen so erbarmungslos bekämpft hatte, war nach dem Krieg versöhnlicher gestimmt als die Amerikaner und Franzosen; er sah auch schon sehr früh, daß sich die Gegnerschaft zu dem bolschewistischen Rußland zuspitzen würde, bereits im März 1946 benutzte er das Bild vom „Eisernen Vorhang".[57] Die Amerikaner brauchten etwas länger, um das zu begreifen. Aber als ihnen klar wurde, daß die Grenze zwischen Demokratie und Kommunismus quer durch Deutschland verlief, gerieten sie in Besorgnis, die sich später im eigenen Land durch den Senator McCarthy zu einer Kommunistenhysterie steigern sollte. Wenn man die Deutschen weiter darben ließ, würde man sie schließlich den Kommunisten in die Arme treiben. Außerdem dämmerte es ihnen, daß die Deutschen dem amerikanischen Steuerzahler so lange auf der Tasche liegen würden, bis sie wieder auf eigene Beine kämen. Doch dazu bedurfte es einer Entwicklungshilfe. Der neue amerikanische Außenminister Marshall entwickelte einen Aufbauplan für Westeuropa, mit dem Demokratie und Wohlstand gefestigt werden sollten. Dabei zielte er vornehmlich auf Deutschland, wo die Not am größten war. Scharfblickend hatte er erkannt, daß eine Gesundung der europäischen Wirtschaft nur unter Einschluß der Deutschen möglich war. Das würde aber nur mit einem geordneten Finanzwesen machbar sein, konsequent wurde eine deutsche Währungsreform vorbereitet.

Bevor wir das Jahr 1947 verlassen, wollen wir noch einen Blick auf

Kilianstädten werfen. Die ersten Anfänge einer industriellen Wiederbelebung waren erkennbar; dem in den Kriegsjahren eingerichteten Zweigbetrieb der Deutschen Kleiderwerke war eine Genehmigung zur Weiterführung der Produktion erteilt worden. Der Betriebsleiter hieß Bianchi, der aber trotz italienischer Herkunft und Namensgebung kein Wort dieser schönen romanischen Sprache verstand, dafür aber um so besser das Frankfurterische beherrschte. Das weiß ich deshalb so gut, weil unsere Familien eng befreundet waren, das halbwüchsige Töchterlein und mich ausdrücklich eingeschlossen. Auch neue Industriebetriebe wurden von unserem Dorf angezogen, denn 1947 wurde einem Manfred Danziger die Produktionsgenehmigung für eine Pelzkonfektion erteilt.[*)] Sein Antrag war von der Handelskammer am 24. Januar „dringend" und in einem Schreiben vom darauffolgenden Tag „außerordentlich" befürwortet worden. Die frühere Fa. Danziger sei ein angesehenes Unternehmen gewesen und er, Danziger, gelte als rassisch verfolgt. Danziger war Jude, hatte eigenen Angaben zufolge zunächst als Vertreter gearbeitet und war von 1934 an selbständiger Händler. 1942 sei er dann in der Illegalität untergetaucht.[56] Warum er dann ausgerechnet in Kilianstädten auftauchte und noch dazu mit einem ordentlichen Batzen Geld, ist nicht belegt. Danziger war häufiger Gast in unserem Haus. Er brauchte dringend jemand, der seine Pelzkollektion einfärben konnte und war so auf meinen Vater gestoßen. Danziger war offenbar derart im Druck, daß er das Argument meines Vaters, er sei Textilfärber und habe von der Pelzfärberei keine Ahnung, nicht gelten ließ. Das käme auf einen Versuch an, der auf sein, Danzigers, Risiko erfolgen solle. Die Probefärbung war ein voller Erfolg, ebenso weitere Einfärbungen, die mein Vater gegen anständige Bezahlung in immer kürzeren Abständen ausführte. Eines Tages machte Danziger meinem Vater das Angebot, ihn fest einzustellen mit einem geradezu märchenhaften Gehalt, wenn man es mit seinen mageren Einkünften bei Cassella verglich. Mein Vater begann zu schwanken, aber meine Mutter spielte nicht mit. Zwar verdiene er in der „Chemisch" vergleichsweise wenig, dieses aber sicher, von der später zu erwartenden Firmenpension abgesehen. Danziger versprach goldene Berge, aber meine Mutter blieb beinhart, und der Vater fügte sich. Eines Tages war Danziger verschwunden und ließ die ganze Pelzkonfektion zurück samt eines klotzigen Hau-

[*)] In den Räumen etablierte sich später die Strumpffabrik „Kiliane".

ses im Wingert, nicht aber seine neue Anschrift. Wir haben ihn nie wieder gesehen. Es gab Gerüchte, er sei Spieler gewesen und habe wegen seiner Spielschulden das Weite gesucht.

Am 20. Juni 1948 trat die Währungsreform in Kraft, die von amerikanischen Finanzexperten vorbereitet worden war; auch das neue Geld war in den USA gedruckt worden. Jeder Deutsche erhielt 40 DM „Kopfgeld“, für das der entsprechende Betrag in Reichsmark hingeblättert werden mußte. Später gab es noch einmal 20 DM. Die Sparguthaben wurden zur Hälfte freigegeben und im Verhältnis 10:1 umgetauscht. Als über die zunächst eingefrorene zweite Hälfte verfügt werden konnte, gab es aufgrund eines Ergänzungsgesetzes für 10 RM nur noch 0,65 DM. Der Sparer hatte einmal mehr das Nachsehen, nur wer über Sachwerte verfügte, kam ungerupft davon. Die Kilianstädter waren wieder einmal von Fortuna begünstigt worden. Sie konnten ihre Häuser samt Inventar, ihre Äkker und Wiesen, Tiere und landwirtschaftlichen Geräte ohne Wertverlust in die Zeit des neuen Geldes hinüberretten. Natürlich verloren sie gleichfalls ihr Gespartes, aber viel werden sie ohnehin nicht auf ihren Konten gehabt haben, und die reicheren Geschäftsleute mußten sich nicht lange grämen, für sie begann schnell wieder das Geldverdienen. Über Nacht schienen überall, auf dem Land und vor allem in den Städten, die Heinzelmännchen am Werk gewesen zu sein: Die zum Erbarmen leeren Läden hatten sich wie von Geisterhand gefüllt, und die Regale bogen sich unter der Last nie vermuteter Warenbestände. Erbittert sprach man von Hortungsgewinnlern. Das Wort war sicher am Platz, denn der Gewinn war auf dem Rücken der notleidenden Menschen erzielt worden, denen man die dringend gebrauchten Bedarfsgüter vorenthalten hatte. Dennoch: für das Gelingen der Währungsreform waren die vollen Läden wichtig. Es hätte das Vertrauen in die neue Währung beschädigt, wäre die gerade entstandene Kaufkraft ins Leere gestoßen.

Häufig wird von Ludwig Erhard gesagt, er habe die Währungsreform ins Leben gerufen. Das ist aber so nicht richtig, es war allein die Entscheidung der Westmächte*). Die deutsche Mark war schon da, bevor es die Bundesrepublik gab. Trotzdem ist es nicht falsch, Erhard den „Vater der D-Mark“ zu nennen, denn es war nicht zuletzt sein bedingungsloser Glaube an die neue Währung, der die Geschichte der DM zur Erfolgssto-

---

*) Die sowjetische Besatzungszone nahm an dieser Reform nicht teil. Kurz darauf brachte sie eine eigene Währungsordnung auf den Weg.

ry werden ließ. Während die Sozialdemokraten noch die alten Lieder von Planwirtschaft und staatlicher Regulierung sangen, vertraute Erhard, damals Verwaltungsdirektor des Wirtschaftsrates, auf das Spiel der freien Kräfte des Marktes. „Der einzige Bezugsschein ist jetzt nur noch die D-Mark", verkündete er.[57] Die Zwangsbewirtschaftung mußte fallen, wenn die Währungsreform einen Sinn haben sollte. Aber so schnell sollte es nach dem Willen der Alliierten auch wieder nicht gehen, und Erhard wurde wegen seiner Voreiligkeit von dem amerikanischen Militärgouverneur Clay ordentlich gerüffelt.[13] Ganz so schnell ging es dann auch nicht, insbesondere die Abgabepflicht wurde nur schrittweise gelockert. Die letzten Lebensmittelrationalisierungen entfielen erst im Mai 1950.[57]

In diese etwas unklare Zeit zwischen Beibehaltung und Einstellung der Zwangsbewirtschaftung fällt auch ein Vorfall, den man die „Schweineaffäre" nennen könnte.[56] Der Leser weiß schon von Seite 223, daß die Kilianstädter zuweilen abseitige Wege gingen, um bei den Hausschlachtungen die Fleischabgabe möglichst gering zu halten. Wer hätte damals gedacht, daß die einfallsreichen Schweinehalter erst nach dem Krieg und erfolgter Währungsreform in die Bredouille kommen sollten! Der Kreisprüfer des Ernährungsamtes Hanau hatte die Hausschlachtungen der Gruppe B (nichtlandwirtschaftliche Haushalte) in der Zeit von November 1948 bis Februar 1949 überprüft und war ob des geringen Schlachtgewichts der Borstentiere stutzig geworden. Bei 80 von 225 Schlachtungen hatten die Tiere auffallendes Untergewicht, und der Prüfer schien sehr wohl zu wissen, daß eine anständige Sau zweieinhalb bis drei Zentner wiegen sollte. Den Vogel schoß das Schwein des Philipp Repp ab, das gerade mal 52 kg auf die Waage brachte. An Erklärungen fehlte es nicht. Der Landwirt Wilhelm Köppel war baß erstaunt, daß der „Kümmerling", den er dem Wilhelm Kuhn verkauft hatte, von diesem überhaupt auf 75 kg gebracht werden konnte. Schlechte Futterverwerter waren die Viecher allesamt, wofür die Feldwebels Gretel aus der Friedhofstraße ein besonders beredtes Beispiel lieferte. Sie hatte eine Schlachtgenehmigung für ein Ferkel aus dem Jahre 1947, während die anderen Schweine geschlachtet haben wollten, die sie erst im selben Jahr gekauft hatten und die in einer Zeit von fünf oder sechs Monaten auch nicht viel schwerer als 80 kg werden konnten. „Trotzdem das Schwein anderthalbjährig war", gab die Gretel zu Protokoll, „konnte ich es nicht auf mehr als 80 kg bringen."

Daß ein halbjähriges Schwein nicht viel schwerer als 80 kg werden konnte, leuchtete dem Prüfer schließlich ein; auf die Idee, daß die Schweinezüchter womöglich ein anderes als das gewogene Tier abgestochen hatten und daß der „Kümmerling“ lustig weiterlebte und nach all der Aufregung im hintersten Winkel der Scheune versteckt gehalten wurde, kam er nicht - und ich will das auch nicht nachträglich meinen Dorfgenossen unterstellen. Doch der Prüfer gab keine Ruhe. Akribisch berechnete er, daß 48% der untergewichtigen Schweine ein Körpergewicht zwischen 78 und 80 kg hatten. Da Schweine bis zu 80 kg abgabefrei waren, versuchte er hieraus etwas abzuleiten. Auf den ersten Blick schien es verlockend zu sein, die Mast entsprechend zu betreiben (was ja auch nicht unter Strafe stand), aber tatsächlich hatte eine Sau von 80 kg nicht viel Speck auf den Rippen, und das konnte in einer Zeit, in der man auf gefüllte Schmalztöpfe Wert legte, nicht wirkliche Absicht sein. Es wird wohl reiner Zufall gewesen sein, daß so viele Schweine knapp unter 80 kg wogen, eben weil bei Tieren diesen Alters ein solches Gewicht wahrscheinlich war. Doch der Prüfer wollte unbedingt herausfinden, woher die Leute wissen konnten, daß die Schweine 78 oder 80 und nicht 81 kg wogen, als sie auf die Waage getrieben wurden. Die ganze Fragestellung des Prüfers war eigentlich unsinnig, und so konnten die Antworten des Bürgermeisters Ullrich und seines Sachbearbeiters Johannes Repp auch nicht viel gescheiter ausfallen. Die Leute hätten halt, bekam er zur Antwort, die Schweine „des öfteren gewogen, bis sie die Höchstgrenze von 80 kg erreicht hatten“. Waren die Tiere etwas schwerer als 80 kg, so habe man sie einige Tage ohne Futter gehalten, bis sie das Limit wieder unterschritten hatten. Das war natürlich alles Quatsch, denn man konnte so ein Schwein ja nicht auf der Küchenwaage wiegen, und es war alles andere als glaubhaft, die Leute hätten fortwährend ihre Säue durch das Dorf auf die öffentliche Waage getrieben. Der unter Beschuß stehende Sachbearbeiter Repp ging gar in die Offensive. Es sei gar nicht auffällig, so gab er zu Potokoll, daß 48% der Schweine eine Gewicht von 78 und 80 kg hatten, auffällig sei hingegen, „daß der Herr Prüfer in diesem Falle wieder einmal die ärmsten der Armen treffen wollte“.

Irgendwie hatte sich der Prüfer festgebissen. Nachdem im nachhinein keine Klärung der Gewichtsfrage mehr zu erreichen war, fing er mit der Kontrolle der Einkaufs- und Schlachtgenehmigungen an. Da hatte er in ein Wespennest gestochen! Mal fehlte die eine, mal die andere, mal beide. Der Bürgermeister und der Sachbearbeiter Repp schoben sich wechselseitig die Schuld zu, stimmten aber darin überein, daß man der Ansicht war, mit der Währungsreform sei auch die Bewirtschaftung aufgehoben oder jedenfalls nicht mehr so wichtig. Als der Repp gefragt wurde, wieso er eine Schlachtgenehmigung erteilt habe, obwohl keine Einkaufsgenehmigung vorlag, bot er die entwaffnende Erklärung an, auf diese Weise habe er wenigstens eine Schwarzschlachtung verhindern können.

Am Ende folgte wie meist in solchen Fällen die Bestrafung der Unschuldigen: Der Sachbearbeiter Repp war das schwächste Glied in der Kette, er bekam alle Verantwortung auf den Buckel geladen. Zwar wurde die Angelegenheit wegen der bevorstehenden Lockerung der Vorschriften nicht weiter verfolgt, aber der Johannes Repp hatte von diesem leidigen Job die Nase voll. Er hängte das undankbare Amt an den Nagel und arbeitete wieder wie vordem in seinem Beruf als Pflasterer.

***

Obwohl der vorgegebene Zeitrahmen etwas überschritten wird, möchte ich dir, lieber Leser, zum Schluß noch eine Frage stellen: „Ist dir bekannt, daß seit dem Jahr 1962 im Landkreis Hanau eine Schule den Namen Erich-Simdorn-Schule trägt?"

- „Ich wußte das nicht, finde es aber respektabel. Warum muß denn in Hessen jede Schule nach Friedrich Ebert oder Erich Ollenhauer benannt werden? Einen standhafteren Vorzeige-Sozialdemokraten als Simdorn, der sich von den Nazis seine Überzeugung nicht rauben ließ, könnte die SPD im Kreis schwerlich vorweisen. Abgesehen davon hat er zuletzt, wie der Hanauer Anzeiger am 24.3.1962 schrieb, auch als Schulrat Beachtliches geleistet: es könne ‚nicht bezweifelt werden, daß das heute so vielfältige und fruchtbare Schulleben in der Stadt und in dem Kreis Hanau auf den Fundamenten ruht, die Schulrat Simdorn gelegt hat'."

- „Und wo, lieber Leser, wird diese Erich-Simdorn-Schule wohl stehen?"

- „Wo sonst als in Kilianstädten? Dort war er doch Rektor, dort mußte er auf Befehl der Nazis den Schuldienst quittieren, dort suchte er wieder Zuflucht, als er seine Zuchthausstrafe wegen ‚Wehrkraftzersetzung' verbüßt hatte, und dort, in Kilianstädten, wurde er nach dem Krieg zum Bürgermeister berufen!"

- „Erinnerst du dich an den Rittmeister Andreas Emmerich?"

- „Klar doch, du hast ja auf Seite 94f. über ihn berichtet. Er zeichnete sich im Siebenjährigen Krieg durch außergewöhnliche Tapferkeit aus, kämpfte in englischen Diensten als Oberst in Amerika und opferte als aufrechter Patriot im Freiheitskampf gegen Napoleon sein Leben. Wiederholt ist sein Leben und Sterben in den Zeitungen gewürdigt worden, Balladen wurden über ihn gedichtet - fürwahr ein imponierender Sohn der Gemeinde Kilianstädten!"

- „Nirgends ist er so vergessen wie in seinem Heimatdorf. Nie hat dort ein Hahn nach ihm gekräht, keine Straße trägt seinen Namen, noch nicht einmal sein Zeitgenosse, der Chronist Uffelmann, hat ihn erwähnt."

- „Aber was hat das mit Erich Simdorn zu tun? Du meinst ...?"

- „Du vermutest richtig. In Kilianstädten gibt es gar keine Erich-Simdorn-Schule, diese steht in Ravolzhausen."

- „Das überrascht mich wirklich, doch muß ich das ja wohl glauben. Schade, eigentlich hätte ich mir einen gefälligeren Abschluß deines Buches gewünscht, aber man kann es sich wohl nicht aussuchen. Über Kilianstädten hast du nun gewiß nicht mehr viel zu erzählen, du hast ja das Dorf 1951 verlassen."

- „Ja und nein. Ich bin immer wieder zurückgekommen, die Heimat hat mich nie losgelassen. Doch über die späteren Jahre Kilianstädtens müßte schon jemand berichten, der berufener ist als ich. Natürlich habe ich auch anderenorts einiges erlebt, womit sich leicht ein Folgeband füllen ließe."

- „Um Himmels willen!"

- „Du hast, lieber Leser, nichts zu befürchten: Das Buch wird nicht geschrieben werden."

Anhang - Das Uffelmannsche Hausmanual

Anno 1704

Den 16 Dezember bin ich zur Welt geboren Petter war meines Vatters Bruder, der als Leutnant zu Fuß unter dem Regiment Wartensleben in hessischen Diensten gestanden Weil er aber nicht zugegen sein konnte, hat der herrschaftliche Schultheiß, Herr Christoph Schmidt seine Stelle vertreten, wodurch mir der Name Johann Philipp gegeben worden ist

Auch wenn das Vorstehende nicht Uffelmanns Originalschrift ist - so ähnlich könnte er geschrieben haben, denn die benutzten Schriftzeichen wurden tatsächlich einer Handschrift des 18. Jahrhunderts nachgebildet. Und der dies tat, war Menschenfreund genug, seine aufwendige Arbeit kostenlos im Internet zum Herunterladen freizugeben; es sei ihm gedankt dafür. Und ein noch größeres Dankeschön für *Buccoli* [5], der das Manuskript Uffelmanns mit der Schreibmaschine abtippte, es damit für uns Nachkommen bewahrte und uns zugleich der Mühe enthob, die schwer lesbaren Aufzeichnungen entziffern zu müssen.

Mein Vorfahr Philipp Uffelmann war Gastwirt, kein Schriftsteller. So ist bisweilen manches, abgesehen von der damals üblichen Ausdrucksweise, schwer verständlich geraten. Ich habe daher eine freie, doch behutsame Übertragung erstellt, ohne den Sinngehalt zu verändern. Wo immer möglich, habe ich die Eigenheit seines Schreibstiles beibehalten, doch waren hin und wieder, wenn der Text gar zu verworren wurde, deutlichere Änderungen, zuweilen auch geringfügige Kürzungen, nötig.

Seine Aufzeichnungen könnte man in drei Abteilungen aufgliedern:

- Persönliche Mitteilungen über Familienverhältnisse, Geburt und Tod naher Angehöriger, die - obwohl durchaus lesenswert - nicht jeden interessieren mögen,
- dörfliche Ereignisse, die besondere Vorfälle, Witterungserscheinungen, sogar das Auftreten eines Kometes zum Thema haben und
- die Beschreibung von Truppendurchzügen, Einquartierungen und kriegerischen Ereignissen aus der Zeit der Schlesischen Kriege und des Siebenjäh-

rigen Krieges sowie außergewöhnliche Vorkommnisse wie die Krönung des Kaisers Franz I. im nahen Frankfurt.

Uffelmanns Niederschriften sind es wert, einem breiteren Leserkreis ungekürzt zur Kenntnis gebracht zu werden; um dem Leser die Orientierung zu erleichtern, habe ich folgende Regelungen vorgesehen:

(1) Die Passagen, die persönliche Familienmitteilungen Uffelmanns zum Inhalt haben, werden in kleinerem, dazu serifenlosen Schriftbild wiedergegeben. So kann sie der Uninteressierte leicht überschlagen.
(2) Die von mir eingeschobenen Kommentare am Ende mancher Uffelmannschen Ausführungen werden durch die Kommentarzeichen «» und *kursive Schrift* kenntlich gemacht.
(3) Mit Anführungszeichen „“ werden Wörter oder Begriffe umschlossen und herausgestellt, bei denen es sich um original Uffelmannsche Schreibweise handelt.
(4) Erläuterungen im Text werden als Ausführungen des Autors in Klammern gesetzt. Weitere Anmerkungen erscheinen als Fußnoten.

Doch nun noch einmal von vorn:

Anno 1704

Den 16. Dezember bin ich zur Welt geboren. Petter (Taufpate) war meines Vetters Bruder (richtig: meines Vaters Bruder), der als Leutnant zu Fuß unter dem Regiment Wartensleben in hessischen Diensten gestanden. Weil er aber nicht zugegen sein konnte, hat der herrschaftliche Schultheiß, Herr Christoph Schmidt, seine Stelle vertreten, wodurch mir der Name Johann Philipp gegeben worden ist.

Anno 1709

ist meine Ehefrau zur Welt geboren. Goth (Taufpatin) war ihre Großmutter Anna Elisabetha Schmittin, Ehefrau des Nachbarn allhier Balthasar Schmitt. Es ist ihr der Name Anna Elisabetha gegeben worden.

Anno 1721

haben mich meine Eltern zu Hanau bei Meister Adolf Wittmann das Binderhandwerk[*)] lernen lassen, allwo ich zwei Jahre gestanden.

Anno 1724

hat mich mein Vater im Namen des Wilhelm Hegsten (?), Bierbrauermeister allhier, zu Hochstadt auch für das Bierbrauen ein- und ausschreiben lassen.

Anno 1737

Den 28. März habe ich mit Erlaubnis meiner lieben Eltern die Anna Elisabetha geheira-

[*)] Binder = Faßbinder, Küfer.

tet, Tochter von Johannes Heck, Nachbar allhier. Sie war die Witwe von Johannes Köppel, welcher einen Sohn hinterlassen. Dieser ist im Juni 1735 geboren.

Anno 1738

Den 19. August ist mir abends zwischen 8 und 9 Jhr eine Tochter zur Welt geboren, worauf das Kind zur Heiligen Taufe gebracht wurde. Goth war die älteste Tochter meines Bruders zu Mannheim. Weil sie aber nicht zugegen war, hat meine Schwester Johanna Regina deren Stelle vertreten. Dem Kind ist der Name Margaretha Regina gegeben worden. Der Taufakt ist im Haus meines Vaters geschehen, dieweilen die Kirche abgebrochen war.

Anno 1740

Den 28. März ist meine liebe Mutter Margaretha Regina geb. Mäsius nach einer 19tägigen Schlafsichtigen*) ohne Schmerzen ihrem Erlöser Jesus Christo sanft und selig gestorben. Sie war am 8. August 1675 geboren und ist 64 Jahre, 6 Monate und 27 Tage alt geworden. 1694 hat sie meinen seligen Vater in Hanau geheiratet und dann 46 Jahre in der Ehe gelebt.

Anno 1740

Den 26. Juli**) ist meine Schwester Johanna Regina nach einer zehntägigen hitzigen Krankheit ihrem Erlöser Jesus Christo selig entschlafen. Sie ist den 23. April 1706 geboren und 33 Jahre, 3 Monate und 3 Tage alt geworden.

Anno 1741

bin ich von einer Hochfürstlich Hochlöblichen Kriegskommission zum Leutnant des Altenausschusses ernannt worden. Habe auch sogleich den Eid abgestattet im Beisein Ihro Freiherrlichen Gnaden, Herrn Obrist von Waldenheim, Ihro Excellenz Herrn Regierungsrat, Ihro Excellenz Herrn Kammerdirektor Bamberg und Herrn Kriegssekretarius Hildenbrand.***)

Anno 1741

Den 29. Juli ist mir morgens zwischen 9 und 10 Uhr eine Tochter zur Welt geboren, worauf am folgenden Tag der Taufakt wegen schlimmen Wetters in meinem Haus verrichtet wurde. Die Goth war die jungfräuliche Tochter des Herrn Rat und Amtmann Mäsius, dem Bruder meiner Mutter. Weil die Jungfer ihren Vaternamen Christof dabei haben wollte, wurde dem Kind der Name Elisabetha Christiana gegeben.****)

Anno 1742

Den 29. Januar war die Wahl eines Königs und Kaisers, und ist dieselbe auf Ihro Majestät den König in Böhmen und Kurfürsten von Bayern gefallen

---

*) Schlafsucht, d.h. Bewußtlosigkeit bzw. Koma.
**) In der Chronik ist der 26. Januar angegeben, offensichtlich ein Übertragungsfehler.
***) Der Altenausschuß umfaßte die 40-60jährigen Männer des sog. Land(es)ausschusses, dem Aufgebot an wehrfähigen Männern, das die Gemeinden der gräflichen Herrschaft auf Anforderung zur Verfügung stellen mußten.
****) Über diese leitet sich meine Verwandtschaft zu Uffelmann ab.

als Kaiser Karl VII.

«Im Rahmen des Österreichischen Erbfolgekriegs hatte Friedrich der Große im 1. Schlesischen Krieg Maria Theresia Schlesien entrissen und war mit Frankreich und Bayern ein Bündnis eingegangen. Während sich Friedrich danach zurückhielt, eroberten die Bayern im Verein mit den Franzosen und Sachsen die böhmische Hauptstadt Prag. Bayerns Kurfürst Karl Albert war vor allem durch den Wunsch, deutscher Kaiser zu werden, in den Konflikt eingetreten. Er wurde tatsächlich in Frankfurt zum Kaiser gewählt - allerdings am 24. Januar 1742.»

Anno 1738

Den 29. Mai ist im Beisein des Herrn Regierungs- und Konsistorialrats der Grundstein für unsere neue Kirche in der Mitte des Chors gelegt worden.

Anno 1739

ist man zum ersten Mal in unsere neue Kirche gegangen. Der Text war Haggaiam, 1. Kapitel, Vers 8 und der 8. Psalm.

Anno 1741

Den 22. Mai ist unsere neue Kirche eingeweiht und zugleich der Herr Pfarrer Schmitt vorgestellt worden.

Anno 1742

Den 13. April ist zu Hanau meiner seligsten Mutter Schwester, die Frau Rektor Kochin namens Elisabetha dem Herrn sanft und selig entschlafen.

Anno 1742

Am 12. Juni haben meine zwei Töchter Margaretha Regina und Elisabetha Christiana die Urschlicht[*)] gehabt und sich in Lebensgefahr befunden, Gott sei Dank aber glücklich genesen.

Anno 1742

Den 11. Dezember ist die liebe Ehefrau des Herrn Rat und Amtmann Mäsius sehr plötzlich und ohne Krankheit in der Zeit von etlichen Stunden ihrem Erlöser Jesus Christo selig entschlafen. Der Name war Margaretha Elisabetha geborene Wolfartin.

Anno 1743

Den 21. Januar ist mein Bruder Johann Reinhard, Regiments-Chirurgius im Regiment des löblichen Generalmajors von Waltheim, zu Tittmanningen im Salzburgischen gestorben und hat ein Testament auf eine recht heidnische Art hinterlassen.

[*)] Von Chronist Buccoli mit Masern übersetzt, wahrscheinlich aber die Pocken (Blattern).

Anno 1743

Am 16. April hat es einen ordentlichen Schnee geworfen wie auch anno 1740 und 1742, welches keine gute Weinjahre gewesen. Anno 40 sind die Trauben am Stock erfroren, im 42er Jahr war es nicht viel besser.

Anno 1743

Am 5. Mai haben wir von den Kur-Hannoverischen Truppen zwei Kompanien des Regimentes unter Brigadier Freiherr von Schulenburg zur Einquartierung bekommen. Bei mir hat der Herr Hauptmann von Papen Quartier gehabt.

«Der Österreichische Erbfolgekrieg hatte sich zu einem Weltkrieg ausgeweitet. Die Franzosen und Bayern mußten nicht nur gegen die österreichisch-ungarische Armee kämpfen, sondern sich auch mit den Truppen der inzwischen mit Maria Theresia verbündeten Engländer, Hannoveraner und Holländer auseinandersetzen. Auch Hessen-Kassel war diesem Bündnis beigetreten. Die einquartierten Soldaten kämpften also auf der Seite Österreichs.»

Anno 1743

Am 8. Mai bekamen wir drei Kompanien Kavallerie aus dem Regiment des Herrn Generalmajor Hammerstein, wovon der Herr Rittmeister von Lünken bis zum 13. bei mir logiert hat.

Anno 1743

Starker Frost am 29. Mai. Am 3. Juni sind alle Truppen, welche bei Dörnigheim gelegen, über den Main gegangen, um gegen die Franzosen vorzugehen.

Anno 1743

Den 28. Juni ist bei Aschaffenburg zwischen den Alliierten und den Franzosen eine Schlacht geschehen, wobei die letzteren mit sehr großem Schaden zurückgehen mußten. Die Alliierten haben sich sodann wieder in der Gegend von Kesselstadt bis Frankfurt gesammelt. Wegen Mangel an „Fourage“[*)] wurde (in der Umgegend) alles Gras und Heu „wegfouragiret“.

«Die Franzosen mußten bei Dettingen am Main eine schwere Niederlage gegen die „Alliierten“, also die mit Maria Theresia verbündeten Truppen, die sogenannte Pragmatische Armee, hinnehmen. Das Kriegsglück be-

---

[*)] Pferdefutter, z.B. Hafer, Heu oder Grünfutter.

gann sich nun Österreich zuzuneigen.»

Anno 1743

Den 5. Juli bekamen wir von den österreichischen Truppen das Hospital mit den Blessierten und Kranken, so daß manches Haus 30 bis 40 Kranke gehabt hat. Kein Haus wurde verschont, auch das Pfarrhaus und Schulhaus waren belegt. Dabei hatte ich das Glück, daß bei mir der Herr Fähnrich Valenta logierte, welcher die Aufsicht über einige der Blessierten gehabt hat. Er gehörte zu der Kompanie des Herrn Capitain Weitelich vom Dragonerregiment des Kavalleriegenerals Graf Limburg-Styrum.

Anno 1743

Den 8. August ist das Lazarett durch die Freigerichter Untertanen von hier nach Moßbach bei Mainz gebracht worden. Von diesen 1300 Mann waren 108 Mann nicht fortzubringen, sie sind in das Rathaus gebracht worden, bis die Mittelbücher den Rest haben nach Moßbach transportieren müssen.

Der große getreue liebe Himmlische Vater wolle uns um unserer Sünde willen nicht mehr mit dergleichen bis auf Kindeskinder heimsuchen!

Anno 1743

Den 10. August ist auf Laurenti ein englisches Korps mit 9000 Mann von Kesselstadt durch Kilianstädten nach Vilbel marschiert, den ungemein großen Troß nicht mitgerechnet, dazu Munitionswagen und andere Ausrüstung, „wobey auch etwaß Schaden an den Früchten geschehen".

Anno 1744

Etliche Tage nach dem neuen Jahr hat es zu schneien angefangen bis Petri[*)], dann hat sich das harte Wetter mit etwas Regen gebrochen. Während dieses kalten Wetters hat sich am Firmament des Himmels ein kleiner, doch sehr feuriger Stern mit Feuerstrahlen recht fürchterlich sehen lassen, von der Abenddämmerung bis gegen neun Uhr. Als sich dieser etliche Wochen nach Petri verloren hatte, hat sich ein anderer morgens von vier Uhr an bis Sonnenaufgang in der gleichen fürchterlichen Gestalt sehen lassen. Was daraus folgt, muß die Zeit lehren.

«Es handelte sich um den Kometen C/1743 X, nach seinem offiziellen Entdecker auch „Klinkenberg" genannt, obgleich es damals nicht üblich war, Kometen nach ihrem Entdecker zu benennen. Klinkenberg war einer der hell-

[*)] Petri Stuhlfeier am 18. Januar, wurde 1961 auf den 22. Februar verlegt.

sten Kometen der Vergangenheit[*], der zur Zeit seiner größten Helligkeit sogar am Tageshimmel bis in die Mittagszeit zu sehen war. Im Dezember 1743 bereits als heller Stern bemerkbar, besaß er im Januar schon einen deutlichen Schweif, obgleich der sonnennächste Stand erst mehr als einen Monat später erreicht wurde. Am 1.2.1744 war der Komet heller als der Sirius und zeigte einen gebogenen Schweif von 15 Grad Länge, und am 18. Februar war er so hell wie die Venus, wobei er zwei Schweife aufwies. Am 27. Februar erreichte der Komet seine größte Helligkeit, wobei viele Betrachter den Kometen am Tageshimmel beobachten konnten, bei nur 12 Grad Abstand zur Sonne. Daß laut Uffelmann kurze Zeit später am frühen Morgen ein „anderer" Komet auftauchte, darf man nicht mit der Vermutung abtun, daß man Kometen häufig am Abend- wie auch Morgenhimmel betrachten kann, denn damalige Beobachter wußten tatsächlich zu berichten, daß der Komet am 6. März wieder erschien, wobei er ein spektakuläres Schweifsystem aufwies, welches bis zum 9. März zu sehen war und aus 5 - 12 deutlich getrennten fächerförmigen Strahlen bestand.[**] Da sich der Kopf des Kometen zeitweise unter dem Horizont befand, wurde die Erscheinung vielfach für ein Nordlicht gehalten. Dieser „sehr feurige Stern mit Feuerstrahlen" und „von förchterlicher Gestalt", den Uffelmann als Komet noch nicht zu benennen wußte, hat gewiß die damalige Bevölkerung in Schrecken versetzt, galten doch solche Himmelserscheinungen als Vorboten von Krieg und Naturkatastrophen. Selbst ein so berühmter Wissenschaftler wie Isaac Newton hatte von diesen Schweifsternen keine exakte Vorstellung; er schrieb noch 1730 „von schwefligen Dämpfen, die bei trockenem Wetter aus dem Boden aufsteigen, um sich dort mit salpetriger Säure zu vermischen und bisweilen Blitz und Donner ‚sowie feurige Meteore' auszulösen". Und noch 1832(!) suchte der französische Astronom Arago anhand statistischer Erhebungen nachzuweisen, die extreme Sommerhitze des Jahres sei durch den Kometen Niela verursacht worden.»

Anno 1744

Den 2. März ist der vorgemeldete Schnee mit starkem Regen abgegangen, worauf alle Wasser so angestiegen sind, daß der hiesige Müller mit Leut und Vieh hat ausziehen müssen. In Hanau ist das Wasser nur noch ein und ein siebentel Schuh niedriger als 1689 gewesen, doch hat es sehr großen Schaden an den Befestigungen und Gärten getan.

[*] nach »Sterne und Weltraum«, Heft 3/4, 1997.

[**] Private Mitteilung der TU Chemnitz-Zwickau, basierend auf »Comets - a descriptive Catalog« von Gary W. Kronk.

Anno 1744

Den 22. Mai sind die im kaiserlichen Dienst stehenden vier hessischen Regimenter aus dieser Gegend auf die Bornheimer Höhe marschiert, allwo sie von Ihrer Majestät dem Kaiser in Augenschein genommen wurden.

«Was meinte Uffelmann mit „im kaiserlichen Dienst stehend"? Kaiser war immer noch Karl VII., der Gegenspieler Österreichs; er starb erst ein Jahr später. Die Hessen waren mit Maria Theresia verbündet, sollten auch Hessen auf kaiserlicher Seite gekämpft haben? Zee-Heraeus[44] *schreibt hierzu: „Am 22. Mai marschierten vier hessische Regimenter, Hilfstruppen der Österreicher, durch Kilianstädten."»*

Anno 1744

Den 6. April hat es dem lieben Gott gefallen, meinen Herrn Schwager, den Schulverwalter Philipp Heinrich Rodschitt nach einer fünftägigen Krankheit seinem Erlöser Jesus Christo sanft und selig einschlafen zu lassen. Ist 73 Jahre alt geworden. Geboren 25. Januar 1671.

Anno 1744

Den 6. Juni hatten wir Einquartierung von der Kompanie des Herrn Capitain von Stein, die zum Regiment Ihro Durchlaucht Prinz Maximilian von den hessischen Truppen gehörte. Am 8. sind sie nach Hanau abgezogen, um dort Besatzung zu halten.

Anno 1744

hat es dem großen Gott gefallen, meinen lieben alten grauen Vater aus diesen Zeitlichkeiten in die Ewige Freude und Seligkeit zu versetzen. Ist alt geworden 82 Jahre und etliche Monate.

Anno 1744

Den 19. Oktober ist mir eine Tochter zur Welt geboren, worauf das Kind am selben Tage durch das Sakrament der Taufe unserm Erlöser Jesus Christo ist einverleibt worden. Durch die Ehefrau meines Bruders zu Marköbel ist ihr der christliche Name Wilhelmina Eleonore gegeben worden. Die Taufe ist in meinem Hause geschehen.

Anno 1744

Am 22. Oktober ist nachmittags während der Weinlese ein ungemein starkes Donnern und Blitzen und auch starker anhaltender Regen gewesen.

Anno 1745

Den 2. März hat es ungemein viel Schnee und darauf sehr starken Frost gegeben. Auch stehen wir in großer Kriegsgefahr, weil die Franzosen jenseits den Main heruntergezogen sind und sich in dieser Gegend die Alliierten, d. h. die Hannoveraner-Österreicher-Holländer und Engländer, einfinden. Bei diesen Umständen haben die hiesigen Leute angefangen auszuflüchten.

Am 10. März sind die Franzosen mit 1500 Mann bei Fechenheim über den Main nach Bergen und Vilbel gezogen, bei anhaltendem Frost. Von diesen Truppen bekamen wir am 13. März 17 Kompanien, welche 600 Mann ausmachten. Der Kommandant Monsieur de Bersey, der Herr Capitain Monsieur Dimuny de Granadie und Monsieur Schorba mußten bei mir mit fünf Knechten und einer Magd auf demselben Zimmer logieren. Am 22. sind sie aufgebrochen, um nach Ilbenstadt zu marschieren. Während der ganzen Zeit haben sie recht gute Ordnung gehalten. Sie haben nur neun Pferde gehabt.

«Diese 600 Franzosen waren also feindliche Besatzung. Für die Kilianstädter wird es keinen großen Unterschied gemacht haben, ob es Feinde oder Freunde waren, die sich einquartierten, denn gerade letztere benahmen sich oft übler als die Franzosen.»

Anno 1745

Am 22. Juni sind österreichische Husaren gekommen und haben sich vor dem Obertor gelagert, teilweise auch im oberen Dorf in den Gärten. Da hat man ihnen Holz und Stroh zum Bau von Hütten geben und auch Essen hinbringen müssen. Es war ein Leutnant mit 40 Mann, sie blieben bis zum 26. Juni. Wegen vielmaligem Alarm vor den Franzosen haben sie während dieser Zeit einige Wachen auf unseren Kirchturm gestellt.

«Inzwischen waren die Österreicher wieder vorgerückt; es war die Vorhut, die sich jetzt in unserem Dorf einlogierte.»

Anno 1745

Am 28. Juni haben die Franzosen am Nachmittag wegen der Eroberung der Zitadelle in Brabant allhier am Main ein Freudenschießen gehabt, welches unter den hiesigen Nachbarn ein solches lamentables Jammern verursacht hat, daß man auf die höher gelegenen Straßen gelaufen ist in der Meinung, die Franzosen wollten wieder über den Main stürmen. Aber die dort stehenden Husaren, Panduren und andere Soldaten hätten das wohl verhindert.

Anno 1745

Den 7. Juli sind etliche tausend Mann Kroaten Ihrer Königlichen Majestät von Ungarn in dem hiesigen Wald gelegen, während die Herren Offiziere ihr Quartier im Ort gehabt haben. Am 10. sind sie wieder aufgebrochen, um sich der Armee anzuschließen, die auf ihrem Marsch von Gelnhausen in Büdesheim angekommen war. Es mußten Fuhrdienste geleistet werden, und auch ich mußte mein Pferdegeschirr anspannen und 15 Tage lang bis Oppenheim am Rhein dabei bleiben, wo wir uns noch mit Geld loskaufen mußten.

«Mit der „Königlichen Majestät von Ungarn" ist Maria Theresia gemeint; die Ungarn und Kroaten waren mit Österreich verbündet.»

Anno 1745

Am 13. Februar ist von den Herren Wahlgesandten die Wahl eines Römischen Kaisers vorgenommen worden, die auf Ihro Hoheit den Großherzog von Toscana, Herrn Franz von Lothringen fiel, den Ehegemahl Ihro Königlichen Majestät von Ungarn. Gott verleihe ihm eine glückliche Regierung und ein langes Leben.

«Wie Uffelmann richtig bemerkt, wurde nur Franz von Lothringen zum römisch-deutschen Kaiser gewählt. Maria Theresia war nie Kaiserin!»

Anno 1745

Am 29. September sind Ihro Kayserliche Majestät nebst dero Frau Gemahlin, die Königliche Majestät von Ungarn in Aschaffenburg glücklich angekommen. Von dort haben sie sich nach Schloß Philippsruh in Kesselstadt zum Nachtlager begeben. Des morgens sind beide Majestäten nach Frankfurt gereist, aber der Kaiser ist nach Fechenheim gegangen und hat dort das Mittagsmal gehalten.

Anno 1745

Am 4. Oktober ist nach oben vermeldeter Wahl Ihro Majestät Herr Franziskus von Lothringen nach allerprächtigstem und gar kostbarem Aufzug als Römischer Kaiser gekrönt worden. Etliche Tage später ist er zur Armee nach Heidelberg gereist, allwo die ganze Armee Mann für Mann mit einem Stück Geld beschenkt worden ist.

Anno 1746

Am 26. Februar war ich zu Hohenzell, um ein Paar Ochsen zu kaufen. Da habe ich mich nach dem Uffelmannschen Stammhaus erkundigt und konnte auch etwas über die Geburt meiner seligen Großeltern erfahren. So ist mein seliger Großvater als der ehrengeachtete Herr Nicolaus Uffelmann anno 1614 zu Trendelburg in Hessen geboren und am 19. Oktober 1684 zu Hohenzell gestorben. Hat 32 Jahre als Hochgräflich Hanauischer Landhauptmann in der Ehe gelebt und elf Kinder gehabt. Am 1. Oktober 1698 ist meine selige Großmutter sanft und selig dem Herren entschlafen; sie ist 64 Jahre alt geworden. Anno 1664 am 15. November ist mein seliger Vater geboren, welcher als Pfarrer an die 46 Jahre allhier in Kilianstädten gestanden. Und ist, wie zu ersehen, anno 1744 den 30. Juli gestorben. Anno 1652 ist die Hochzeit meiner seligen Großeltern zu Trennelburg (Trendelburg) in Hessen gewesen. Anno 1678, den 28. ..?.., ist Philippina Margrethe, die Schwester meines seligen Vaters, geboren, die spätere Ehefrau des Herrschaftlichen Schultheiß Herrn Johannes Hennings zu Hohenzell. Anno 1672, den 13. Januar, ist der Bruder meines seligen Vaters, mein Patenonkel Herr Johann Philipp Uffelmann geboren, welcher als Leutnant unter dem hessischen Wartenslebischen Regiment in Brabant vor

Brüssel im Sturm umgekommen. Dies alles zu meiner und der meinigen Nachricht.

Anno 1746

Den 9. März bekamen wir (Einquartierung) von dem Regiment des Herrn Generalfeldzeugmeister von Warmbrand die Kompanie des Hauptmanns von Schwartzenfeld, von der ich drei Mann bis zum 10. März gehabt habe.

Anno 1746

Am 17. März auf Gertraud (Tag der Heiligen Gertrud) hat es den ganzen Tag geschneit, daß der Schnee höher als hoch gelegen, wie es auch schon im vorigen Jahr gewesen. Darauf ist starker Frost eingefallen; Gott wolle sich unser in Gnaden erbarmen. Den 19. März hat es die ganze Nacht und auch tagsüber geschneit, aber am 20. hat es einen solchen Schnee gegeben, daß man von einem Haus zum anderen sich mit Schippen und Schaufeln einen Weg hat bahnen müssen. Der Schnee hat gelegen bis in den April, daß die liebe Sonne ihn hat verzehren müssen.

Anno 1746

Am 27. März bekamen wir den Stab des von Herrn Generalfeldwachtmeister Baron Haller befehligten ungarisch regulierten Regiments ihro Römisch-Kaiserlichen Majestät (zur Einquartierung), dessen Bagage nach Büdesheim kommen ist. Dabei hatte ich das Glück, nur einen Musketier bis Mittags halten zu müssen; danach mußte er zur Wacht gehen. Diese Völker gehen bis an den Rhein.

Am 2. April hat sich ein recht starkes Donnerwetter des Nachmittags um 5 Uhr verspüren lassen mit einem starken Regen.

Anno 1746

Am 20. bis zum 21. des Nachts im Monat Mai kam mit der Abenddämmerung ein sehr grausames Wetterleuchten mit Donnern, worauf gegen 12 Uhr des Nachts ein solch starker Regen oder Wolkenbruch gefallen, daß sehr viel Schaden an den Gärten und Wiesen entstanden ist, sonderlich in der Mühle, wo einigen Mehlhändlern und dem hiesigen Bäcker alles dort befindliche Weizenmehl und Getreide zuschanden gegangen ist. Die hiesigen Nachbarn haben ihr in der Mühle gelegenes Korn aus dem Schlamm und dem Fluß heraus räumen müssen; auch von mir war etliches Korn und Weizen darunter. Unter anderem hat es auch die sogenannte Asmusbrücke (die über den Steinbach führende Brücke am Ende der Wachenbucher Straße), welche aus Mauerwerk gewesen, so aus dem Grund gerissen, daß man nicht mehr sehen konnte, wo ein Stein gelegen. Auch am folgenden Sonntag, den 22. Mai, war die ganze Nacht Donnern und Wetterleuchten bis morgens gegen 6 Uhr, dann hat sich das Wetter geändert.

Anno 1746

Am 1. Juli bekam die hiesige Gemeinde von des Herrn General Nadasty Husarenregiment die Kompanie des Herrn Rittmeister von Dürk, wobei sich der Herr Kornett nebst etlichen Husaren nicht zum besten aufgeführt hat, so daß alle Nachbarn mit ihrem Zugvieh die Flucht ergriffen. Ich habe keine Einquartierung bekommen; man hat nur bei mir gespeist und ist nach dem Mittagessen nach Frankfurt aufgebrochen.

Anno 1746

Den 31. August ereignete sich eine starke Sonnenfinsternis, worauf sich der ganze Himmel solchergestalten entfärbte, daß ein Nebel aufkam; und die liebe Sonne wie auch der Mond hatten eine ganz seltsame Färbung an sich gezogen, gleich wie eine verblaßte rote Farbe. Dies hat bis zum 3. September angehalten, dann hat sich der Nebel verzogen wie auch die bisher verblaßte Sonne ihren alten Stand hat sehen lassen. Was daraus folgt, wird die Zeit lehren. Gott wolle uns auch ferner helfen.

«Um eine Sonnenfinsternis im eigentlichen Sinne wird es sich nicht gehandelt haben, diese kann nicht tagelang andauern und wäre auch von Uffelmann anders beschrieben worden. Möglicherweise hatte es mit einer länger anhaltenden Hochnebelbildung zu tun, die den Eindruck einer blassen, fahlroten Sonne hat entstehen lassen.»

Anno 1746

Am 29. Dezember ist Johann Christoff Trauth (Kilianstädter Einwohner) von „Serenissimi Hochfürstlicher Durchlaucht rescribiret (amtlicher Bescheid übergeben) und alsdann von einer Hochlöblichen Kriegskommision, Herrn Kriegssecretarius v. d. Velten und Herrn Cantzelist Dunker", in Eides Pflicht als Fähnrich des Ausschusses genommen worden.

Anno 1746

Am letzten Tag des Jahres bekamen wir von Ihro Kaiserlichen Majestät und Königin von Ungarn (Maria Theresia) einen Offizier mit etlichen fünfzig Pferd und Wagen und Knechten. Am ersten Tag des Jahres 1747 sind sie nach Berkersheim gezogen; sie haben alles bezahlen müssen.

«Jetzt ist es passiert. Auch Uffelmann hat Maria Theresia, die Königin von Ungarn, zur Kaiserin „befördert".»

Anno 1747

Den 19. Januar quartierten sich der Herr Hauptmann Baron von der Heiden nebst einem Leutnant und Fähnrich ein mit noch etlichen 40 Mann „Kommandierten“, die in Böhmen angeworben wurden. Sie gehörten zu Ihro Römisch-Kaiserlichen Majestät Kavallerie-Dragonerregiment unter dem General Graf Limburg-Stirum. Der Herr Hauptmann hat bei mir logiert.

Anno 1747

Den 15. Juni bekam der Herrschaftliche Schultheiß Lind ein Schreiben von der Hochlöblichen Regierung, daß er auf 6 Wochen suspendiert sei wegen der im vorangegangenen Jahr erfolgten „Verwirrung“ des hiesigen Zehnten; auch soll jeder Nachbar allhier, der damals unterschrieben hat, mit einem Gulden Strafe belegt werden.

Anno 1747

Den 15. August ist der hiesige Kirchturm „von Holtz aufgeschlagen worden“, das vom Meister Valentin Dietz, Zimmermann aus Windecken, gefertigt wurde. Zur Nachricht: Diesen Turm haben die Schieferdecker Lindenbauer und Hertzog mit Schiefer gemacht.

«1738 wurde der Grundstein zur heutigen Kirche gelegt, 1739 fand der erste Gottesdienst statt. Die Einweihung erfolgte 1741, doch wurde der Turm erst 1747 fertiggestellt, das Turmkreuz im Oktober 1747 angebracht.[30]»

Anno 1748

Den 24. Januar traf eine vom „Stückhauptmann“ Antony Wachter geführte Artilleriekompanie Ihrer Königlich-Kaiserlichen Majestät der Königin von Ungarn ein, die für das Königreich Böhmen bestimmte Remontepferde (junge, noch nicht zugerittene Militärpferde) abzuholen hatte. Da sie Rasttag hatten, mußte ich 3 Mann bei mir unterbringen.

Anno 1748

Am 13. Februar hat es dem großen Gott gefallen, meine liebe Ehefrau mittags zwischen 12 und 1 Uhr von ihrer bisher getragenen Leibesbürde mit einer wohlgestalteten Tochter zu entbinden. Diese hat am 15. Februar das heilige Sakrament der Taufe erhalten. Taufzeuge und Patin war meine Schwester Albertina Phillipina Rodtschitt, die Witwe des gewesenen Schulverwalters am Reformierten Gymnasium zu Hanau. Das liebe Kind ist Carolina Philippina genannt worden. Der Taufakt wurde von dem hiesigen Pfarrer, „Wohl Erwürden“ Schmitt vollzogen.

Anno 1748

Vom 3. - 9. März hat es ein wenig geschneit. Darauf ist eine solche Kälte eingefallen, daß der Rhein und der Main „sich gestellet mit Eis“.

Anno 1748

Den 15. März sind die Beständer der Altmünster Lehensgüter, die allhier liegen, in Mainz gewesen, um ein frisches „Ley“ (Lehensvertrag, lt. Buccoli Erbleihebriefe) zu empfangen*). Beständer waren Johann Philipp Uffelmann, Johannes Kropp d. Ä., Johannes Lind, Stoffel und Andreas Trauth, Conrad May, Wilhelm Horst und Conrad Kropp.

Anno 1748

Am 28. und 29. April sind die Schneeflocken geflogen wie mitten im Winter.

Anno 1748

Den 20. August erhielt ich von der Hochfürstlichen Kriegskommission das „Rescript“ (amtlicher Bescheid) als „Capitain“ des Jungenausschusses anstelle des verstorbenen Capitains Herkart zu Hochstadt, wobei mir der Herr „Obrist-Lieutenant“ Schlatter die Order gegeben hat, die Dienstkleidung des Jungenausschusses zu ändern, die mit grünen Kitteln, roten Kragen und Aufschlägen „biß daher in der Gewohnheit ist“.

Anno 1748

Am 11. Oktober bezahlten wir Beständer des Jungfrauenstifts Altmünster in Mainz die Pacht.

Anno 1748

Vom Herbst an bis in das Frühjahr 1749 ist ein beständiges und anhaltendes Regenwetter ohne den geringsten Frost gewesen, das bei vielen Menschen sehr starke Hauptkrankheiten verursacht hat, sonderlich bei mir. Ich hatte einen starken Fluß am Kopf und an den Augen, so daß ich nebst vieler „Artzeney“, die ich gebraucht habe, sehr viele Schmerzen habe ausstehen müssen.

Anno 1749

Den 23. Mai nachmittags zwischen 3 und 4 Uhr hatten wir ein Unwetter mit Donner, das zwar nicht so stark wie Anno 1746 gewesen, aber das „gewäßer“ mit Kiesel und Regen war solchergestalten stark, daß das Wasser

*) Unter Bestand verstand man damals eine forstwirtschaftliche Nutzfläche. Uffelmann und die anderen „Beständer“ hatten demnach Forstrechte gepachtet.

sogar dem hiesigen Mühlfuhrwerk, das zu Mittelbuchen Getreide geladen hatte, die vier Pferde samt geladenem Wagen weggeführt hat. Und wenn die Bauern die drei vorderen Pferde nicht abgeschnitten hätten, so wären sie alle wie das Pferd, „so in der Cannen (?) gegangen", ersoffen. Der Wagen ist samt dem Cannen-Pferd so mit Schlamm überschwemmt gewesen, daß man weder Pferd noch Wagen sehen konnte; hier ist das Wasser ebenso hoch wie 1746 gewesen. Die Wiesen im Breuel (Gemarkung „Der Brühl" unweit des Bahnhofs) sind mit Schlamm so überzogen, daß man sie nicht im geringsten nutzen kann.

Bei den frisch geackerten und gesäten Gerstenäckern ist „der oberste Bau" völlig vom Wasser ausgespült. Der allmächtige große Gott wolle uns und die Unsrigen und Zukünftigen vor solchen lebensgefährlichen Gewittern und Wasserfluten in Gnaden bewahren und unser Land mit fernerem Gedeihen krönen.

Von vorstehendem Datum bis heute, den 5. Juli, ist täglich Regen und rauhes Wetter umgegangen, daß auch die in Blüte stehenden Weinberge großen Schaden gelitten haben und die „Treubelger" (Träubchen) abgefallen sind; so ist also ein schlechter Herbst (Ernte) zu erhoffen.

Anno 1749 und 1750

Den ganzen Winter ist ein so gelindes Wetter gewesen, wie es selbst alte neunzigjährige Männer nicht erlebt haben. Es hat sich weder Schnee noch Frost spüren lassen, so daß man schon Mitte März mit der Hafersaat fertig war. Bei dieser angenehmen Witterung sind die Obstbäume sehr weit herausgeschossen. Am 27. April von Abend bis gegen zehn Uhr hat sich der Himmel mit starken Blitzen und nachgehend mit Donnern heftig ausgeschüttet. Den folgenden Tag ist ein solch rauhes Wetter gewesen, daß der Nachtfrost an den Weinbergen und Obstbäumen wie auch am Korn viel Schaden getan - doch nicht allerorten.

Anno 1750

Den 4. Mai ist der gewesene Amtmann und Regierungsrat Mäsius, der Bruder meiner selig verstorbenen Mutter, ... nach einer neuntägigen hitzigen Krankheit dem Herren selig entschlafen.

Anno 1750

Zwischen dem 22. und 23. Juli ist eine solche fast unerträgliche Hitze gewesen, welche nicht wohl auszustehen war und die bis in den späten Herbst dauerte. Wegen Mehltaus, der in die Blüten eingefallen ist, ist mit keinerlei Obst zu rechnen. Bei dieser „vaforabeln" Witterung hat es doch einen recht guten Wein gegeben, und die Ernte ist gut gewesen.

Anno 1750

Den 9. November nachmittags zwischen 2 und 3 Uhr hat sich allhier an etlichen Orten ein starkes Erschüttern mit einem Geboller verspüren lassen. Was darauf folgt, wird die Zeit lehren. Der allmächtige Gott wolle uns vor Unglück in Gnaden bewahren.

Anno 1750

Als sich Ihro Durchlaucht, unser gnädigster Landesfürst und Herr Landgraf Wilhelm Serenissimi nebst dero Hofstaat in allhiesiger Gegend einige Zeit aufhielt, mußten aufgrund polizeilicher Ermittlungen die in der Stadt wohnenden Bierbrauer samt ihren Brauknechten einen „Körperlichen Theuren Eyd" schwören, daß weder sie noch ihre Brauknechte oder andere Hausgenossen auch nicht das allergeringste am Bier künsteln wollen, auch daß sie beim Kochen des Wassers und Bieres keine Kessel zudecken und alles frei (sichtbar) sein lassen. Wenn beim Visitieren der Polizeidiener etwa ein Faß Bier angetroffen würde, welches als scharf oder sauer erkannt wird, so soll dasselbe sogleich aus dem Keller auf die öffentlichen Straßen zur größten „prostution"[*)] des Bierbrauers ausgelassen werden. Und wo dergleichen Bier zum zweiten Mal gefunden wird, soll derselbe Bierbrauer hundert Reichstaler Herrschaftlicher Strafe zahlen. Wo aber dasselbe zum dritten Mal angetroffen wird, soll das Bier nicht nur auf die öffentlichen Straßen gelassen, sondern der Bierbrauer anstelle einer Geldstrafe unverzüglich auf Lebenszeit des Landes verwiesen werden.

Auch haben die Faßbinder (Küfer) in der Stadt und auf dem Land einen Amtseid ablegen müssen, daß sie an der bisherigen Verfälschung von Wein nicht beteiligt waren. Außerdem darf außer den verpflichteten (beauftragten) Meistern niemand Wein ablassen, und sollten diese etwas Unanständiges an den Weinen finden, haben sie es sofort anzuzeigen, worauf nach Befinden der Erkenntnis (Nachweis der Schuld) der Verbrecher des Landes verwiesen und der Wein konfisziert oder weggelassen werden soll.

Anno 1750

Den 12. November ist den in Haft sitzenden Juden sowie dem wegen Verfälschung vieler Weine verdächtigen Binder (Küfer) der Prozeß gemacht worden. Der Bindermeister Hotzheimer mußte 300 R (Reichstaler) Strafe zahlen und hat zeitlebens das Land zu meiden. Desgleichen hatten die Juden Josef Nathan 10.000 R, Amschell Marx 7000 R und Samuel Umstätter 600 R Strafe zu geben und wurden ebenfalls des Landes verwiesen. Den anderen ist der

---

[*)] vermtl. Prostitution, hier: Entehrung.

Schutz (des Landes) geblieben, doch wurden folgende Geldstrafen angesetzt: Jakob Hamburger 5000 R, Liebmann Una 3000 R, Heynem Josev 2000 R, Samuel Trier 1500 R ..., Moses Ephraim 1500 R ... Beläuft sich also die ganze Summe Geldstrafe auf 33.050 R nebst dem Tragen der Prozeßkosten. Von dem verfälschten Wein wurden etliche Fässer auf dem Markt in der Altstadt zerhauen und der Wein auslaufen lassen. Den Wein hat man etliche Tage wegen des darin enthaltenen Bodensatzes mit großem Gestank gerochen.

Anno 1750

Den 20. November hat man eine Weibsperson in unserem Territorium auf dem Fußweg von Hanau nach Windecken im Borntal, „allwo ein gewölb stehet“[*)], halb darin liegend tot aufgefunden, welche Person alsdann hier auf das Rathaus gebracht und im Beisein des Herrn Syndikus Bardick, Herrn Schultheiß Stein aus Wachenbuchen, Herrn Schultheiß Fliedener aus Bruchköbel und Herrn Notarius Scheel aus Hanau von Herrn Doktor Müller und Herrn Barbier Schmitt aus Hanau geöffnet worden. So viel nun die Herren Visitatores erkannt, soll die geöffnete Person eine „langwirige fiwerestantin“ (chronisch Fieberkranke?) gewesen sein und nach allem Glauben am gefundenen Platz ein Paroxisma[**)] gehabt haben und also durch Zufall im Frost erstarrt sein. So weit man Nachricht eingeholt hat, ist diese Person in oder bei Schotten im Vogelsberg zu Haus gewesen.

Anno 1751

Die Hochfürstliche Polizei hat nicht nur in der Stadt sondern auch auf dem Land alle „feilhabende“ (Feilbietende, also Verkäufer bzw. Kaufleute?) an „Maß-gewicht-Ehl[***)] und sonst gehöriges“ visitiert und von den Polizeibediensteten neu „auf alle deren gemäß“ stempeln lassen, die Krüge auf den Deckeln an der linken Seite des Ohrs, die Bleche aber auf der linken Seite und unten auf dem Boden. Und jedes Stück, sei es groß oder klein, kostete einen Albus (Weißpfennig). Sogar die „Butellen“ (Flaschen?) wurden gemessen und visitiert.

Anno 1751

Den 14. März hatte sich ein starker Sturmwind erhoben mit einem starken Regen solchergestalten, daß viel Schaden an den Dächern erlitten, auch ist das Gewässer sehr hoch angelaufen. Am folgenden Tag ist ein starker Wind mit Donner, Blitzen und großen Kieseln gefolgt. Der allmächtige Gott bewahre

---

[*)] Borntaler Keller.
[**)] heftiger Anfall, Höhepunkt einer Krankheit.
[***)] Ehl = Elle?

unsere Gegend vor Schaden. Dieses Regenwetter dauerte bis in den Monat April. Die Hafersaat ist bis in den Monat Mai verhindert worden.

Anno 1751

Aus der Kgl. Haupt- und Residenzstadt Stockholm in Schweden haben wir die betrübliche Nachricht erhalten, daß unser aller durchlauchtigster König und Landgraf zu Hessen „in dem beynahe 75. Jahr seines alters erblaßet". Am 5. April ist dann die hohe Landesverordnung ergangen, daß ein ganzes Jahr kein Spiel, wie es auch heißen möge, angerührt werden soll. Auch sollen in allen Schenken oder anderen Zusammenkünften bei hoher Strafe alle anderen Lustbarkeiten abgestellt werden. Die Hochzeiten sind auf ein Vierteljahr verboten, in dem mit allen Glocken von 12 bis 1 Uhr geläutet werden soll.

«Fürwahr eine rechte Landestrauer! Und wer war der Verblichene? Es war der Landgraf Friedrich I., der Ulrike Eleonore von Schweden geheiratet hatte und dadurch schwedischer König geworden war. Er blieb aber auch Landgraf von Hessen und setzte seinen Bruder Wilhelm als Statthalter ein. Sein schwedisches Königtum war ohne Macht und Glanz, gekennzeichnet durch die Demütigungen eines aufsässigen und einflußreichen Adels. „Seine Schwäche, seine Faulheit und Sittenlosigkeit machten ihn ... zu einem der schlimmsten Könige Schwedens".[52] Da die Ehe des Königs kinderlos blieb, wurde sein Bruder als Wilhelm VIII. neuer Landgraf.»

Anno 1751

Den 19. Mai nachmittags 5 Uhr erhob sich ein ungestümes Donnerwetter mit einem grausamen Regen, worunter viele und große Kiesel waren, die aber keinen sonderlichen Schaden getan. Der Regen aber hat wie schon anno 1746 wegen der „Zusammen fließung" des Gewässers (gemeint ist wohl die Nidder) an den Feldgütern und den im Breuel (Brühl) gelegenen Wiesen des Mainzer Lehens durch den Schlamm viel Schaden getan. Darauf folgten so kühle Nächte, daß man Frost befürchten mußte, denn der Weinstock stand solchermaßen in vollem Flor, wie es seit vielen Jahren nicht zu sehen gewesen.

Anno 1751

Den 14. Oktober ist das hanauische Regiment unter dem Kommando des Herrn Obristen von Wißenbach in die Gegend von Schmalkalden marschiert, um dort Quartier zu nehmen. Ein hessisches Regiment, welches sich das ysenburgische Regiment nennt, wird hingegen von einem Prinzen des Hauses Birstein als „Obrister" kommandiert. Sie haben am 19. Oktober den Zumarsch in Hanau getan und allda Quartier bezogen. Dieses 1751. Jahr ist ein sehr nasses Jahr gewesen, in dem die Wasser allezeit sehr groß gewesen.

Anno 1752

Am 12. März auf einen Sonntagnachmittag gegen 5 Uhr hat sich bei hellem Himmel und Sonnenschein ein weißes Wölkchen sehen lassen, welches ein Getön von sich gegeben gleich etlichen Stück Geschoß und zuletzt wie ein Trommelgetön. Was daraus folgt, wolle der große Gott uns nur in Gnaden erfahren lassen.

Anno 1752

Vom 12. März ersehenes Gewölk wurde auch in den Zeitungen erwähnt als feurige Kugel oder großer Stern mit einem Blitz. Wie von mir schon gesagt, ließ sich hinterher ein Donner wie schwere Kanonenschüsse hören.

Zu Anfang des Monats Juli war anhaltendes Regenwetter, welches sich fast täglich zu verschiedenen Malen mit sehr schweren Donnerwettern ausgeschüttet hat. Erst am 18. des Monats hat es sich geändert. Von da an bis zum Christtag ist ein beständiges trockenes Wetter mit starkem Nebel und tagsüber ungemein schöner heißer Witterung gewesen, daß die Trauben, welche man völlig dahin gegeben, zur Zeitigung kamen. Man hat etliche Male des Nachts einen kleinen Regen gehabt, worauf die Kornsaat zu keimen begonnen hat.

Anno 1753

Am 17 Januar abends gegen 8 Uhr ist die Ehefrau meines Bruders Wihelm Reinhart, Pfarrer zu Marköbel, nach etlichen Wochen einer gewissen Krankheit ihrem Erlöser sanft und selig entschlafen. Ist alt worden 50 Jahre, 6 Monate und 14 Tage. Ihr Name ist Maria Eleonore Berly.

Anno 1753

In diesem Jahr haben wir allhier wie auch in dieser Gegend eine sehr schlechte Winter- wie Sommerernte gehabt, daher es auf Befehl der hohen Landesherrschaft alle Felder durch „abarte“(?) Kommissionen in Augenschein genommen worden. In den Kornfeldern ist es kaum für eine halbe Ernte zu estimieren (schätzen), und im Haferfeld für eine viertel Ernte. Der Weinstock aber hat ziemliches Ansehen, sofern die Witterung „continuiret“. Die Witterung hat mit solchem Eifer angehalten, daß der Wein recht gut geworden.

Anno 1753

Am 26. November habe ich im Beisein des Herrn Polizeikommissars Schlukewind wegen meines Brunnens einen Vergleich getroffen, nach dem der Herr Schultheiß Lind im Namen der Gemeinde das Holz zum Brunnengestell gibt, während ich den Zimmermannslohn zur Fertigung des Brunnengestells zahle, damit der Brunnen in „vollkommenstand" komme. Auch muß die Gemeinde denselben frisch ausmauern lassen und die Kettenrolle und alles, was dazugehört, anschaffen. Wenn das Gestell einmal in Verfall kommt, habe ich nicht das mindeste daran zu tragen, „welches eben Herr Commisarius in seine nachführende Schreibtafel eingeschrieben, daß uns nie zukünftige Kosten zufallen sollten".

Anno 1754

Es ist von Anfang bis Ende des Monats März eine solche Kälte gewesen, daß der Main mit Grundeis und die übrigen kleinen Bäche zum Teil zufroren. Am 17. März am Abend gegen 9 Uhr hat sich gegen Norden eine weiße Wolke und darin etliche Streifen mit Regenbogenfarben sehen lassen.

Anno 1754

Den 27. Mai. „In Commission der vorrätigen Früchten (Getreide)" sind Herr Obervogt Nies und ein Offizier des löbl. Canitzischen Regiments, das in Hanau liegt, mit etlichen Gerichtsmännern „nebst etlichen Mann", welche das Getreide maßen, von Haus zu Haus gegangen, um die darin befindlichen Personen wie auch das Getreide „auszuzeichnen", doch hat man sehr wenig gefunden. Diese Visitation ist durch alle Ämter das ganzen Landes gegangen, um zu sehen, was noch vorrätig sein möge. Wegen großen Mangels ist das Achtel (Malter) Korn (Roggen) vom „Regierungs Colligo" zu 6 R taxiert worden. Bei hoher Strafe darf kein Getreide außer Landes verkauft werden. Ein Leib Brot von 6 Pfund hat 7 Albus gekostet.

Anno 1754

Den 7. Juni nachmittags gegen 4 Uhr hat sich der Himmel mit dicken Wetterwolken überzogen, die sich „in etliche Züg" zerteilten. In unserer Gegend von Frankfurt bis gegen Ilbenstadt jenseits der Nidda hat es mit erstaunlichem Blitzen und Donnern zuletzt mit starkem Hagel so die Winterfrucht und auch etwas Sommerfrucht zerschlagen, daß einige Orte durch den Kieselschlag ganz ruiniert wurden. Der allmächtige Gott wolle uns nunmehr vor dergleichen Züchtigungen und Strafen in Gnaden bewahren, obwohl wir dieselben mit unseren täglichen großen Sünden noch viel härter verdient hätten.

Etliche Tage nach diesem schädlichen Wetter ist es so kalt und rauh gewesen, daß man sich des Frostes nicht hat erwehren können, auch sind die Wässer angewachsen, daß man täglich besorgt gewesen, der allhießige Mühlbach könne das abgemachte Gras wegschwemmen.

Anno 1754

Das Regenwetter und die rauhe Witterung haben den ganzen Monat angehalten, und am 17. Juli nachmittags und auch den folgenden Tag war so starker Regen mit Donner und solch rauhes Wetter, daß man wegen der Kälte nicht die geringste Feldarbeit und auch sonst nichts hat tun können.

Anno 1754

Trotz vorstehender rauhen Witterung hat es doch eine gute Winter- und Sommerernte gegeben. Es gibt aber nur wenig Wein, obgleich es ein trinkbarer ist. Die Mastung des Waldes ist auch nicht schlecht, obgleich es nur eine Bugmast ist.

«Die Schweine wurden zum Mästen in den Wald getrieben, wo sie vor allem Eicheln, aber auch Buchecker fraßen. Meint Uffelmann mit „Bugmast", daß es nur Buchecker gab?»

Anno 1755

Den 15. Januar haben der Herr Kanzleidirektor Witterholt, der Herr Regierungsrat von Löwenstein und Herr „secretarius" Wagener im Namen der Durchlauchtigsten Prinzen, nämlich der Enkel unseres Gnädigsten Fürsten und Landesherrn, des Landgrafen Wilhelm (VIII.), bekanntgegeben, daß diesen die Grafschaft Hanau zugesprochen wurde, welche ihr Herr Vater, Ihro Durchlaucht Prinz Friedrich, wegen der Annahme der katholischen Religion abtreten mußte.

Die gesamten Untertanen der (Hanauer) Grafschaft, sonderlich das Amt Büchertal (zu dem Kilianstädten gehörte), haben den Huldigungseid schwören müssen, der auch in gedruckter Form zu haben ist, vornehmlich darauf, daß nach dem Absterben unseres gnädigsten Landesfürsten (Wilhelm VIII.) die Regierung auf die Herren Enkel übergehen soll. Der neue Landesherr ist der älteste Prinz, Herr Wilhelm (der spätere Landgraf Wilhelm IX.), nach diesem Herr Caroll (Karl?) und dann Herr Friedrich. Die Grafschaft (Hanau) soll insoweit von dem Fürstentum Hessen abgesondert bleiben, bis Ihro Durchlaucht Prinz Wilhelm nach dem Absterben seines Herrn Vater (Erbprinz Friedrich, späterer Landgraf Friedrich II. von Hessen-Kassel) die gesamten Lande der Grafschaft wieder in das Fürstentum Hessen eingliedert.

Das ehemalige in dieser Grafschaft gelegene Regiment, das sich nunmehr „Jung Wilhelm" nennt, soll jetzt von Ziegenhain nach Hanau zu liegen kommen. Ist auch im Juni wieder in Hanau gegen das sogenannte Hessensteinische gewechselt und dort einquartiert worden. Es wird vom Herrn Obristen von Wißenbach kommandiert.

«Hier mußte ich dem guten Uffelmann doch gehörig in den etwas wir-

ren Text hineinredigieren, sonst hätte niemand den ohnehin schwer durchschaubaren Sachverhalt verstanden. Nachdem - wie wir von Uffelmann wissen - der vom ganzen Land zwangsbetrauerte Schwedenkönig und Landgraf 1751 verstorben war, wurde sein Bruder Wilhelm, der bisherige Statthalter, als Wilhelm VIII. Landgraf von Hessen-Kassel. Dessen Sohn und designierter Nachfolger, der Erbprinz Friedrich, war schon zwei Jahre vorher unter dem Einfluß der Jesuiten zum katholischen Glauben konvertiert, hatte das aber wohlweislich vor dem alten Herrn geheimgehalten. Im Oktober 1754 rückte er mit der Wahrheit heraus, was den Alten fürchterlich erboste. Daraufhin mußte sich der Erbprinz vertraglich verpflichten, den protestantischen Konfessionsstand des Landes zu wahren und auf die Erziehung der eigenen Söhne zu verzichten. Außerdem trennte der Landgraf die Hessen-Kassel durch Erbvertrag zugefallene Grafschaft Hanau ab und übertrug sie direkt seinem ältesten Enkel, dem noch nicht volljährigen Wilhelm. Da sich die Frau des Erbprinzen bei dieser Gelegenheit von ihm trennte - Uffelmann wird auf diese Landgräfin Maria noch zu sprechen kommen -, übernahm sie für ihren unmündigen Sohn Wilhelm die Regierungsgeschäfte.[13] Der Erbprinz hielt sich an die Abmachung und wurde, nachdem sein Vater 1760 gestorben war, als Friedrich II. Landgraf von Hessen. „Berühmt" wurde er dadurch, daß er seine hessischen Soldaten an die Engländer verschacherte. Sein Sohn Wilhelm in Hanau stand ihm hierbei nicht nach. Der wurde nach dem Tod Friedrichs als Wilhelm IX. Landgraf von Hessen-Kassel und später als Wilhelm I. Kurfürst von Hessen.»

Anno 1755

Am 5. März ist Ihro Durchlaucht Prinz Georg von Hessen-Kassel „durch einen Plötzlichen Schlagfluß Morgens gegen 5 Uhr überfallen worden und am 7. darauf totes verblichen". Dieser Todesfall hat große Bestürzung bei Hof und mehr noch bei den unter seiner „jurisdiction" (Gerichtsbarkeit) stehenden Untertanen verursacht. 1691 ist Ihro Durchlaucht geboren. Ist alt geworden 64 Jahre, einen Monat, 24 Tage.

«Es handelt sich wohl um einen Bruder Wilhelms VIII., Spuren in der Geschichte hat er nicht hinterlassen.»

Anno 1755

Den 15. März hat es den ganzen Tag geschneit und am folgenden Tag wieder angefangen zu tauen, dabei ist der den ganzen Winter hindurch gefallene Schnee durch das schöne Wetter und die warme Luft ohne Regen abgegangen. Zu Anfang April und auch den ganzen Monat hindurch ist ein derart liebliches Wetter wie im Hochsommer gewesen, daß die Obstbäume und

Weinstöcke solchermaßen getrieben haben, wie man wohl in hundert Jahren von dergleichen Witterung wird nicht zu berichten wissen. Der Maimonat hat sich dagegen so rauh angelassen, daß am 2. Mai der Weinstock wie auch die Eichenblüte*) erfroren ist. Der harte „Dau“ (Tau?) hat noch etliche Tage angehalten, worauf man einigen gelinden Regen gehabt.

Anno 1755

Zu Ende des Monats Juli ist wie auch im Monat davor eine allzu große und geschwülige Witterung gewesen, bis sich die Hitze vom 20. - 26. Juli mit täglichem starken Donnern und Blitzen und in der Gegend Kaichen/Eichen/ Albstadt bis gegen Büdingen mit Hagelwetter entladen hat. Wo der Hagelstrich hinkam, ist alles Getreide, Kraut, Tabak und Flachs zerschlagen worden. In die Türme der evangelisch-reformierten Kirchen von Windecken und Büdesheim hat der Blitz eingeschlagen, so daß an beiden Türmen viel Schaden getan wurde und in Büdesheim die Glocken herunterfielen. Doch sei dem allmächtigen Gott gedankt, daß es ohne Feuer abgegangen. In dem allhießigen Heideborner Feld hat das Wetter in einen Kornhaufen geschlagen, welcher auch alsbald vom Blitz oder Feuer verzehrt worden ist. Darauf aber ist anhaltendes Regenwetter eingefallen mit starkem Wind und rauhem Wetter bis in den Monat August. Vom Oktober ist den ganzen Winter durch anhaltendes Regenwetter gewesen bis zum Ende des Monats Januar.

Anno 1755

Bei der Visitation von Kirche und Schule haben mir Ihro Hochwürden Herr Superintendent Lederhosen auf mein Ansuchen hin in Gegenwart des „prespitero“ (Kirchenvorstand) erlaubt, auf meine Kosten einen Stuhl in die Kirche machen zu lassen, welches ich auch bald bewerkstelligt habe. Da aber der Kirchenstand in den Kosten etwas hoch kommt, habe ich dem Lieutenant Lind, welcher mich angesprochen, daran Part (Anteil) gegeben. Er will die halben Kosten tragen, die sich an Baumaterialien auf insgesamt 10 R 26 al. (Albus) belaufen. Der Schreiner verlangte für die Kost (Kosten oder Verköstigung?) von 14 Tagen 2 R 26 alb., wovon Herr Conrad Justus Lind die Hälfte zahlte.

«Was unter diesem Stuhl bzw. Kirchenstand zu verstehen ist, kann ich nicht sagen. Vermutlich handelt es sich um eine Stiftung, denn der Pfarrerssohn Uffelmann war, wie der Leser schon feststellen konnte, ein frommer Mann.»

---

*) wichtig wegen der Schweinemast.

Anno 1755 und 56

Den ganzen Winter hindurch hat es weder Frost noch Schnee gegeben, und es ist eine gelinde und warme Witterung gewesen. Den 18. und 19. Februar hat sich nachts zwischen 11 und 12 Uhr ein „erschröckliches“ Sturmwetter erhoben, nicht anders, als ob alle „Bäu“ zusammenfallen wollten, bis gegen 4 Uhr morgens, worauf Regen und Wind sich legten. Es sah aus, als ob alles vergehen sollte und der letzte und jüngste Tag herannahen würde. Die allmächtige Hand des allerhöchsten Schöpfers hat aber alles zum besten gewendet. O du allgewaltiger Erschöpfer Himmels und der Erden, der du doch nach deinem Heil den Menschen Rat und Willen zu schaffen und auch zu erhalten weißt, dieweilen wir in Furcht und Ängsten gestanden, als ob wir verderben sollten. Aber durch deine große Allmacht und Wunder hast du uns erhalten, so daß wir elenden und der Verdammnis würdigen Menschen dir aus dem Grund unserer Herzen Dank schulden für die erhaltenen Wohltaten, die du, o allgewaltiger Gott und Vater, an uns und den unseren getan hast.

Zu Anfang des Monats April war anhaltender Schnee und Regenwetter, so daß die „Wäßer angeloffen“ sind und alle Wiesen überschwemmt haben.

Anno 1755 und 56

Ausgangs diesen Jahres und anfangs des Jahres 1756 hat sich eine Seuche unter dem Rindvieh, sonderlich an den Kühen verspüren lassen. Auch ist viel Vieh gefallen (verendet), wobei mich das Unglück so betroffen hat, daß ich zwar zu Anfang der Seuche drei Stück verkaufen konnte, aber für weniger als die Hälfte des Wertes. Nachdem die Seuche überhand genommen, hatte ich noch eine Kuh, für die mir oft 25 Reichstaler geboten wurden. Es ist aber das Unglück über mich gekommen, daß ich das Tier nach vielen Arzneien krepiert dem Wasenmeister (Abdecker) überlassen mußte. Dieses Unglück mit den vier Kühen ist, wenn man den Nutzen bedenkt, den ich mit ihnen hätte haben können, mit hundert Reichstalern nur gelind gerechnet. Ich war genötigt, mir mit großen Kosten vier neue Kühe anzuschaffen, wofür ich einige Gelder habe aufnehmen müssen.

Anno 1756

Im Monat Dezember hat eine der gleichen Viehseuchen in Fechenheim, Dörnigheim, Hochstadt, Wachenbuchen, Mittelbuchen und Rumpenheim gewütet.

«Chronist Buccoli hat richtig angemerkt, daß es sich vermutlich schon damals um die Maul- und Klauenseuche handelte.»

Anno 1757

Im Monat März hat Herr Obrist Wißenbach, der das hanauische Regiment kommandiert, von der Hochfürstlichen Kriegskommission Hessen-Kassel die Order erhalten, sich marschfertig zu machen, was auf das schnellstmögliche hat geschehen müssen. Darauf hat das Landesmiliz-Bataillon, das aus sieben Kompanien besteht, Befehl erhalten, sich in den der Stadt nächstgelegenen Orten zusammenzuziehen. Am 18. März fand die erste Ablösung statt, damit die Garnison gerüstet bleibt. Den 24. des Monats ist „obgedachter“ Herr Obrist mit seinem Regiment aus der Stadt gezogen „mit aller Honer“ (Honneurs = milit. Ehrenbezeigungen).

«Was war geschehen? Ein Jahr zuvor war der Siebenjährige Krieg ausgebrochen. Hessen-Kassel und damit auch die Grafschaft Hanau, die im Österreichischen Erbfolgekrieg bzw. den Schlesischen Kriegen auf Seiten Österreichs gekämpft hatten, gehörten zu den wenigen Bundesgenossen des Preußenkönigs und waren nun Gegner des früheren Verbündeten. In diese Auseinandersetzung war Hessen-Kassel wegen eines mit dem verschwägerten England geschlossenen Vertrags praktisch wider Willen geraten. Frankreich hatte sich diesmal auf die Seite der Österreicher geschlagen und war dadurch auch jetzt wieder zum Feind geworden.»

Anno 1757

Den 29. April. Da meinem Bruder Wilhelm Reinhard Uffelmann, welcher nunmehr 35 Jahre als reformierter Prediger zu Marköbel gestanden, das Gesicht etwas dunkel geworden ist und auch die übrigen Kräfte des Leibes abgenommen haben, ist ihm auf bittliches Ansuchen bei dem Hochlöblichen Konsistorium seiner Hochfürstlichen Durchlaucht bewilligt worden, daß ihm sein erster Sohn zur Erleichterung des Predigtamtes beigegeben werde, der auch dieses Amt seit einem Jahr versehen hat. Es hat aber die allmächtige Hand an oben bemeldetem Datum meinen Bruder nach wenigen bettlägerigen Tagen von dieser Welt abgefordert „durch einen dergestalten schlafenden Todt“. Er ist alt geworden 61 Jahre und 4 Monate und ist geboren 1696.

Anno 1757

Am 30. Juli ist das Landesmiliz-Bataillon ganz zerstört und ohne Gewehr aus Hanau gekommen. Am nächsten Tag ist der Herr General Chevalier (frz. Adelstitel = Ritter) de Nicolay mit einigen Grenadierregimentern eingerückt. Noch in der Nacht marschierte unter Kanonendonner auch das Regiment von Piedmont unter dem Prinzen de Soubise ein, worauf den Truppen sofort der Schlüssel der Stadt Hanau übergeben wurde.

«Der Preußenkönig wußte sich zunächst gut gegen die Übermacht zu verteidigen und errang am 6. Mai bei Prag einen - allerdings verlustreichen - Sieg gegen die Österreicher, mußte aber dann am 15. Juni bei Kolin eine verhängnisvolle Niederlage hinnehmen. Dies zwang ihn nicht nur, Böhmen zu

räumen, auch an anderen Fronten wandte sich das Kriegsglück gegen ihn. So wurde ganz Hessen durch den französischen Oberbefehlshaber d'Estrées erobert[52]*, und Hanau sollte fast bis Kriegsende in französischer Hand bleiben.»*

Anno 1757

Am 6. Dezember sind 4 Kompanien französische Völker allhier eingerückt, um sich einzuquartieren. Sie haben gute Ordnung gehalten. Am 19. sind diese Völker von hier nach Babenhausen über den Main gezogen. Ich hatte einen Capitain und Knecht zu Quartier nebst zwei Pferden.

Anno 1758

Am 22. Januar sind zwei Eskadronen der französischen Gendarmerie allhier eingerückt, davon ich bis zum 26. zwei Mann und einen Knecht hatte. Nachdem eine Eskadron nach Niederdorfelden abgezogen war, sind die Quartiere (der länger bleibenden Eskadron) eingeteilt worden; ich habe einen Mann bekommen. Ungefähr 10 Leute waren für die Menage (Truppenverpflegung) zuständig. Sie waren acht Tage bei mir, und 6 Mann haben fünf Tage lang bei mir gekocht. Die Manneszucht und sonstige Ordnung haben sie in allem recht wohl gehalten.

Anno 1758

Am 22. April sind drei Kompanien eines französischen Schweizer-Regimentes unter dem Herrn Obristen Walter allhier eingerückt. Ich habe den Capitain Lanner mit 2 Knechten, 2 Pferden und einem Maultier bekommen. Am 11. Juli sind sie in das Campement (Feldlager) zwischen Friedberg und Butzbach ausgezogen. Sie haben in allem gute Ordnung gehalten.

Anno 1758

Den 10. Juli kamen vier Kompanien Kürassiere (schwere Reiter) der königlichen Truppen (Franzosen), die einen Tag Rasttag gehabt haben, wovon ich 8 Mann und eine Frau bekommen habe. Am 12. sind sie in eben besagtes Campement ausgezogen, man hat ihnen nicht mehr als Licht, Holz, Salz und Pfeffer überlassen müssen. Daß der eine oder andere noch etwas mehr erpreßt hat, wird man unter diesen betrübten Umständen erleiden müssen.

Anno 1758

Am 28. Juli abends zwischen 8 und 10 Uhr hat es ein sehr starkes Donnerwetter „mit erschröcklichem Plitzen" gegeben, viel Hagel dabei mit großen Steinen, welche am andern Tag an verschiedenen Orten bis in die Mittagszeit zu sehen gewesen. Die Sommerfrucht (Sommergetreide) wurde sehr zusammengeschlagen, und weil der Roggen und Weizen zum Teil schon geschnitten war, haben die Körner handvoll unter dem Stroh gelegen, als ob sie schon gedroschen seien. Am meisten aber hat das gestandene Getreide gelitten; beim größten Teil wurden die Körner aus den Ähren auf den Boden geschlagen. Auch der Weinstock ist sehr mitgenommen worden. Der große Schöpfer und Geber kann uns sündhaften und verdammungswürdigen Menschen vieles zeigen, aber auch wiederum entziehen.

...

Anno 1758

Am 13. September bekamen wir Einquartierung von der Freyparty (Freikorps) des Herrn Obristen Fischer. Davon hatte ich den Fahnenschmied*) Jakob Bengell von Flörsheim. Am 15. sind sie wieder von hier abgezogen.

Den 16. November bekamen wir diese Truppen wieder, diesmal logierte sich der Fahnenschmied mit noch zwei seiner Landsleute ein, die er als Rekruten geworben hatte. Sie zogen am 19. nach Ostheim. Der Schmied und seine Rekruten haben sich bei mir nicht zum besten gehalten, wie es bei solchen Freikorps zu gehen pflegt.

«Freikorps waren kleine Truppeneinheiten, die aus Freiwilligen gebildet wurden und nicht selten im Rücken des Feindes operierten. Es waren, salopp gesagt, Söldnerhaufen, die - wie auch Uffelmann bemerkt hat - wenig Zucht hielten. Zu welcher Kriegspartei dieses Freikorps gehörte, wird nicht deutlich. Aus dem Siebenjährigen Krieg ist bekannt, das sich vor allem Friedrich II. solcher Freischärler bediente; doch muß aufgrund späterer Berichte hier genanntes Freikorps wohl den Franzosen zugerechnet werden.»

Anno 1758

Den 1. Dezember bekamen wir französische Artillerie, die an die 500 Pferde dabei hatten. Bei mir logierte ein Capitain mit 2 Knechten und 4 Pferden. Bei den Deutschen heißt dieser Dienstgrad Wagenmeister. Dieser Capitain M. Proschode und 1 „Domestick“ (Dienstbote, Knecht) haben sich bei mir nicht wohl aufgeführt. Am 22. sind sie über den Main nach Weinheim an der Bergstraße gezogen.

Anno 1758 und 1759

In diesem Winter ist sehr gelindes Wetter gewesen, ohne Schnee und

---

*) früher der Roßarzt, dem die Beschlagschmiede unterstanden. Die Bezeichnung Fahnenschmied leitet sich von der Fahne ab, welche die Feldschmiede der Truppe kenntlich machte. Später stand der Fahnenschmied im Rang eines Unteroffiziers.

Frost. Am 16. März nachmittags hat es zwei harte Donnerschläge getan und dabei ein wenig geschneit, und am 19. März hat es den ganzen Tag gekieselt und geschneit.

Am 2. Januar sind die Franzosen unter dem Vorwand eines Durchmarschs in Frankfurt eingerückt, haben die Wachen eingenommen und die Straßen mit (eigenen) Wachen besetzt. Etliche Tage später kam die Einquartierung, und es wurde wieder alles ruhig.

Am 3. April bekamen wir 2 Brigaden der französischen Artillerie; ich hatte den Capitain Moß, 2 Knechte und 5 Pferde. Am 4. April bekamen wir 700 Mann vom Regiment des Herrn General Modase. Ich hatte 2 Capitains, 6 Knechte und 7 Pferde.

«Die fortwährenden Truppenbewegungen dürfen nicht den Blick dafür verstellen, daß unsere Heimat im Siebenjährigen Krieg trotz erheblicher Verwüstungen nur ein Nebenschauplatz war; die großen Schlachten wurden in Schlesien, Ostpreußen und Böhmen geschlagen, mit wechselndem Kriegsglück. Die Freie Reichsstadt Frankfurt war neutral geblieben, doch wurde eine den Franzosen zugestandene Durchmarschgenehmigung mißbraucht und die Stadt überraschend besetzt. Die Franzosen zogen auch vor Ende des Krieges nicht mehr ab.

Auf Seiten der Preußen kämpfte eine alliierte Streitmacht aus braunschweigischen, hannoverschen, hessischen und englischen Truppen. Von diesen unter dem Oberbefehl des Herzogs von Braunschweig stehenden „Alliierten“ ist in den folgenden Aufzeichnungen Uffelmanns die Rede.»

Anno 1759

Am 12. April sind die Alliierten morgens gegen 8 Uhr in Windecken eingedrungen. Es hat ein blutiges Gefecht gegeben, und die Deutschen haben von dem darin gelegenen Volk die völlige „Pacage“[*)] erbeutet. Was nicht niedergesäbelt wurde oder weggelaufen ist, ist zu Kriegsgefangenen gemacht worden.

Dato (heute) haben sich ein englisches Dragonerregiment unter dem Herrn Obristen Schilling und ein Regiment Braunschweiger Fußvolk allhier einquartiert. Vom ersteren hatte ich 2 Leutnants, 6 Knechte, 1 Reiter und 11 Pferde. Am Karfreitag, den 13. April, ist von hier ein starkes Korps Jäger und Schwarzer Husaren sowie die ganze Armee von ungefähr 20.000 Mann nach Bergen gezogen, wo die französische Armee schon parat stand. Es wurde sogleich mit dem Feuern angefangen, das bis in den späten Abend dauerte. Bei dieser Aktion hatte der rühmenswerte kommandierende General Prinz von

---

[*)] Bagage = militärische Ausrüstung, Munition, Verpflegung und dergl.

Isenburg das Unglück, durch einen Musketenschuß getötet zu werden. Dadurch waren die Alliierten genötigt, sich zurückzuziehen. Sie sind die ganze Nacht durch auf unserem Feld vom Wald bis nach Roßdorf gestanden, weil dieser Ort in der Nähe gelegen war. Die den ganzen Tag über erhitzten Soldaten fanden sich genötigt, sich nach Lebensmitteln umzusehen, wodurch unser gutes Kilianstädten an Lebensmitteln und Fourage sehr Not leiden mußte. Einige Häuser, Scheunen und Keller sind so hart mitgenommen worden, daß nichts übrig geblieben ist.

«Der Herzog Ferdinand von Braunschweig hatte bereits im Vorjahr die Franzosen aus Hannover und Westfalen verjagt und bei Krefeld einen glänzenden Sieg erfochten. Erfolgsgewohnt schickte er sich jetzt an, das französische Heer, das Frankfurt, Hanau und den größten Teil der Wetterau besetzt hielt, von dort zu vertreiben. Er sammelte seine Truppen in Fulda und zog von dort in drei Verbänden nach Süden. Einer der drei Heeresteile wurde von Prinz Christian Ludwig von Isenburg befehligt, dessen Leben - wie wir von Uffelmann wissen - ein Musketenschuß ein frühes Ende setzen würde. Die erste Kampfhandlung begann in Windecken, wo ein französisches Infanterieregiment unter Verlust der gesamten Ausrüstung aufgerieben wurde. Der Herzog ließ die Truppen am folgenden Tag an der Hohen Straße am Wartbaum aufmarschieren; sie hatten in den umliegenden Orten und so auch in Kilianstädten genächtigt. Der französische Befehlshaber, der Herzog de Broglie, galt nicht ohne Grund als einer der fähigsten Feldherren des französischen Heeres. Er nahm mit seinen Truppen zwischen dem gut befestigten Bergen und dem Vilbeler Wald eine strategisch günstige Position ein und brachte die durch 32 Kavallerieschwadronen geschützte Artillerie auf der hochgelegenen Berger Warte in Stellung. Der Herzog von Braunschweig griff in den Morgenstunden an, ein wenig zu ungestüm und ungenügend vorbereitet, jedenfalls wartete er gar nicht erst ab, bis seine durch den langen Marsch ermüdeten Truppen vollzählig eingetroffen waren. Sein Ziel war, zunächst Bergen zu nehmen und dann in die französische Hauptstellung einzubrechen. Er hatte sich verschätzt, es gelang ihm nicht, in Bergen einzudringen. Die Ermüdung der Truppen, die erlittenen Verluste und auch die knapp gewordene Munition zwangen ihn, um die Mittagsstunden den Kampf abzubrechen. Zwar flammten die Kampfhandlungen nach dem Eintreffen der restlichen alliierten Truppen noch einmal auf, doch mußte der Herzog einsehen, daß die Franzosen diesmal nicht zu überwinden waren. Er sammelte seine Truppen, wie von Uffelmann beschrieben, im Kilianstädter Feld und zog sich nach Westfalen zurück.

Der zehnjährige Johann Wolfgang von Goethe berichtete in seinen Erinnerungen „Dichtung und Wahrheit“, wie er von der Bodenstube seines Hau-

ses den Kanonendonner und das Gewehrfeuer aus Bergen hören konnte. Die Niederlage der alliierten Truppen betrübte seinen Vater ungemein, denn im Hause Goethe war man gut „fritzisch“ gesinnt. An dem Herzog de Broglie, dem „Marschall Broglio“, wie er ihn nannte, hatte der junge Wolfgang viel Gefallen gefunden. Er erinnerte sich an ihn als „eines jüngern, nicht großen, aber wohlgebauten lebhaften, geistreich um sich blickenden, behenden Mannes“ und schrieb: „In dieser Zeit habe ich den Marschall Broglio öfter gesehen, immer heiter, ein wie das andre Mal an Gebärden und Aussehen völlig gleich, und es hat mich auch nachher gefreut, den Mann, dessen Gestalt einen so guten und dauerhaften Eindruck gemacht hatte, in der Geschichte rühmlich erwähnt zu finden“.»

Anno 1759

Am 23. April bekamen wir von den französischen Truppen 40 Mann des vom Herrn Obristen von Bindheim kommandierten Regiments. Ich hatte einen Sergeanten. Am 24. sind sie wieder abmarschiert. Den 30. bekamen wir vom Lücker Freikorps 3 Offiziere und etliche Gemeine; sie erpreßten etwas Geld aus der Gemeinde. Ich hatte einen Mann und 2 Pferde.

«Nach dem Abmarsch der Alliierten setzten sich die Franzosen in dem freigegebenen Gebiet wieder fest, was zu einer Kette von Einquartierungen führte.»

Anno 1759

Den 13. November quartierten sich allhier wegen ihrer maroden Pferde etliche hundert Mann vom Reiterregiment Vimoll und den Blauen Dragonern ein. Ich hatte den Herrn Leutnant Simon von den Reitern, 3 Knechte und 4 Pferde. Am 29. sind sie von hier weggezogen.

Anno 1759

Den 20. Dezember logierte der Schultheiß Lind einen Leutnant, 2 Knechte und 3 Pferde bei mir ein. Sie sind den 25. von hier nach Friedberg gezogen. Ansonsten hat kein Mann mehr im ganzen Ort allhier gelegen.

Anno 1759

Den 26. Dezember quartierten sich allhier 300 Reiter des Regiments Moitter ein. Ich hatte den Rittmeister Dengloberte, 4 Knechte, 5 Pferde und ein Reiterpferd in meinen Stallungen. Sie haben mir Stroh und Futter gebracht und sind am 1. Januar 1760 nach Bommersheim gezogen.

Anno 1760

Am 11. Januar bekamen wir das Regiment Orleans mit über tausend Mann. Ich hatte den Kommandanten und Capitain Degradie, 3 Knechte und 3 Pferde. Sie sind den 13. nach Seligenstadt gezogen.

Anno 1760

Den 14. Januar bekamen wir vom Grenadierregiment Noyarre de Modene 4 Kompanien ins Winterquartier. Ich hatte den Capitain de Capolous, 1 Knecht und 2 Pferde. In diesem Monat ist zu größter Bestürzung und Leid unser aller teuerster Landesvater, der durchlauchtigste Fürst und Landgraf Wilhelm VIII. zu Rinteln in Hessen des Todes verblichen, und den 6. Februar ist der Leichnam „ohne einige Ceremonien" von Rinteln nach Kassel in ein Zimmer getragen worden. Er ist am 10. März 1682 geboren und beinahe 78 Jahre alt geworden.

In diesem 1760. Jahr hat man aus vielen auswärtigen Landen vernommen, daß sich am Himmelsgestirn verschiedene Kometen gezeigt haben, auch erstaunende Erdbeben und Erschütterungen haben sich spüren lassen. Der große Schöpfer Himmels und Erden wolle uns von dergleichen unbestimmten Vorboten wie auch des Landes verderblichen Kriegs überheben.

Anno 1760

Den 23. Februar hat man zu Hanau nach den vor 14 Tagen eingezogenen Herren Regierungsräten in Alt- und auch Neu-Hanau die Herren Beamten Ratsherren wie auch die Vornehmsten der Stadt eingezogen. Die darin liegende Garnison war in vollem Alarm, den vornehmsten Herren wurden die „Hausmobilien" weggenommen und zusammengefahren. Verschiedenen Kramläden wie auch Rotgerbern (Lohgerber)[*] hat man das Leder wegnehmen lassen.

«Es ist anzunehmen, daß es sich um Zwangsmaßnahmen der Franzosen zur Durchsetzung der auferlegten hohen Kontribution (Kriegssteuer) handelte. Gut zu dem Uffelmannschen Bericht würde eine Nachricht passen, nach der zur Eintreibung der Kontribution 93 Hanauer Personen, nämlich „die angesehensten Männer und höchsten Beamten" in ein einziges Zimmer eingesperrt wurden, in dem sie drei Tage und zwei Nächte ohne Speise und Trank und ohne Schlaf zubringen mußten. Leider ordnet Zimmermann[46] *dieses Ereignis keinem bestimmten Zeitpunkt zu.»*

---

[*] Ledergerber, die im Gegensatz zu den Weiß- oder Sämischgerbern mit gerbsäurehaltigen Materialen, etwa dem Extrakt von Eichenrinde, arbeiteten.

Anno 1760

Am 17. März erhielt ich von Herrn Pfarrer Berly zu Hoyngrin (?) die Nachricht, daß meines seligen Bruders einzige Tochter, die Jungfer Elisabetha Uffelmännin, die seit etlichen Tagen an einer Verstopfung litt, den 15. ihrem Erlöser Christo Jesu selig entschlafen ist.

Anno 1760

Den 15. Mai hat das Korn im Auen- und Oberfeld in völliger Blüte gestanden, was eine frühzeitige Ernte anzeigen mag.
N.B. Von Michaeli (29. September) bis in das 1761. Jahr hat es täglich geregnet, so daß fast alle Straßen unbrauchbar sind.

Anno 1760

Nachdem die am 14. Januar einquartierten französischen Truppen am 9. Mai abzogen, bekamen wir 6 Kompanien Grenadiere des Regiments Royaux, von denen ich einen Capitain, 2 Knechte und 4 Pferde hatte, die am 20. Mai wieder auszogen.

Anno 1761

Am 28. Mai haben wir von 1 Uhr bis 4 Uhr ein starkes Donnerwetter gehabt. Dieses Wetter hat sich bei Windecken als Wolkenbruch ausgeschüttet, wodurch ein Kind ertrank und verschiedene Gebäude einfielen. Sonderlich an der reformierten Kirche entstand Schaden, das Wasser soll 6 Fuß in der Kirche gestanden haben. Die Feuerspritze und sonstiges Geschirr wurden von den Straßen hinweggespült; überhaupt ist alles ganz schreckhaft und erbärmlich anzusehen.

Anno 1762

Am 18. März ist „Herr Rath Brau-visicus“ (der Untersuchungsbeamte Herr Rat Brau?), ein Schreiber und ein Bediensteter gekommen, um die bisher eingeschlichenen „unfugen“ (Unregelmäßigkeiten) des Schultheißen Lind zu untersuchen. Diese bestehen aus 8 Punkten. Der erste und Hauptpunkt besteht darin, daß er sich bei Annahme des Amtes eidlich und schriftlich verpflichtet hat, wegen der Schulden der allhiesigen Gemeinde keine Diäten zu beanspruchen. Er mußte sich aber anhand der Bürgermeisterrechnungen überzeugen lassen, daß er von 1742 (Amtsantritt) bis heute etliche hundert Gulden an Diäten erhalten hat. Dieser Verantwortung kann er sich nicht entziehen, so daß eine Entscheidung der fürstlichen Regierung anheimgestellt wird. Die übrigen Punkte konnte er gleichfalls nicht ausreichend beantworten, sonderlich die Frage der 45 Morgen Ländereien, die jeder Schultheiß dieses Amtes „frey als Solary“ (vermtl. abgabenfrei als Salär) genießen kann. Dieweil hat aber der Schultheiß gar keine eigenen Ländereien, sondern hat statt der 45 Morgen 62 Morgen seiner Eltern „frey gemacht“. Da er sich kein Zugvieh halten kann, hat er auch das Vieh seines Elterngutes frei gehalten, wodurch unsere Gemeinde in vielen Stücken „verkürzet“ wurde und in Schaden geraten ist.

Auch wurde angezeigt, daß er von der über hundert Malter Korn ausmachenden Kontribution an die Franzosen etwa 20 Malter „auf der Alten Würschingen Haus“ (neben der Kirche gelegen) hat fahren lassen. Der Schultheiß wurde nun zusammen mit der Frau des Gemeindedieners zum Eid verpflichtet, worauf sie bezeugten, daß dieses Korn von allhiesigen Nachbarn wieder auf das Rathaus gebracht worden sei. Daraufhin sind leider die rechtmäßigen Zeugen nicht mehr angehört worden. So hat also eine schlechte „wohl gar vernichtete“ Frau viele Männer durch „Zureden“ (Überreden?) des Examinators „zu nichts“ gemacht. (Soll vermtl. heißen: wurde den Aussagen gegenteiliger Zeugen keine Beachtung geschenkt.)

«Uffelmann hat sich in diesem Bericht so undeutlich ausgedrückt, daß ich nicht völlig sicher sein kann, alles korrekt erfaßt und wiedergegeben zu haben. Eines wird zwischen den Zeilen deutlich: daß der Schultheiß Lind, der schon früher wegen der „Verwirrung des Zehnten“ in Verdacht geraten war, bei Uffelmanns nicht als besonders vertrauenswürdig galt.»

Anno 1762

Am 26. August bekam die hiesige Gemeinde ein Regiment Dragoner und am nächsten Tag 2 Regimenter schwere Reiter. Ich hatte einen General, den Prinzen von Holstein, mit 13 Bediensteten und 16 Pferden. Am 29. rückten sie aus, doch zog sogleich ein anderes Regiment zu Pferd ein, wo ich wieder einen General mit 12 Bediensteten und 13 Pferden ins Quartier bekam. Bei diesem Aus- und Einquartieren haben königlich französische Truppen ein Lager von Ostheim über den Wartbaum bis an den hiesigen Kirchhof bezogen, wobei unser gesamtes Sommerfeld fouragiert wurde. Danach sind am 3. September ein deutsches Jägerkorps und ein starkes Korps englischer Truppen sowie andere Alliierte in diese Gegend gezogen. Es war ein täglicher Wechsel zwischen den allhier im Wald postierten Jägern und den Franzosen zu sehen, worauf sich die Jäger zurückzogen und von den Franzosen bis gegen Kaichen verfolgt wurden. Diese kamen von dort wieder zurück, und die Soldaten des Freikorps nahmen aus einigen Häusern Gerät und was sie brauchen konnten. Zu Vilbel sollen sie einen Ochsen und zwei Kühe geschlachtet haben.

Am 16. September kam ein Major mit 18 Husaren und 9 Grenadieren und nahmen den Schultheiß Lind und den Bürgermeister Johannes Horst mit nach Hanau. Am 23. zogen diese Husaren von hier ab.

«In Hessen verlief keine feste Frontlinie zwischen den Alliierten und den Franzosen. In der Wetterau operierten sie nebeneinander, wobei es zunächst zu keinen größeren Kampfhandlungen kam. Daraus erklären sich die wechselhaften Einquartierungen. Das letzte schwere Gefecht in Hessen fand am 21.9.1762 bei Amöneburg statt[13]*, am 31.10 1762 eroberte der Herzog von Braunschweig Kassel zurück*[52]*.*

Warum der Schultheiß Lind verhaftet und nach Hanau verbracht wurde, wird von Uffelmann nicht erhellt. Es heißt, es sei „wegen angeblicher Unregelmäßigkeiten" gewesen[44]*, doch konnte man ihm offenbar wieder einmal nichts beweisen, denn er blieb im Amt - das er insgesamt 45 Jahre innehatte!*[44]*»*

Anno 1762

Am 23. Oktober wurde von den Franzosen verfügt, daß 86 Achtel (Malter) Getreide von der allhiesigen Gemeinde zu liefern seien. Diese haben die allhiesigen Nachbarn „auf den Köpfen" (?) nach Florstadt getragen und mußten noch Geschirr (zur Anschirrung der Zugpferde?) hin- und wieder zurückbringen, um allda das Getreide zu laden.

Anno 1762

Den 20. November quartierten sich allhier 4 Bataillone Sachsen vom Regiment Camardy ein. Ich hatte den Major Schindler, einen Capitain und den Fähnrich Schindler, 5 Knechte und 8 Pferde für eine Nacht und mußte den Personen reichlich zu essen und trinken geben.

Den 23. November quartierten sich 4 Kompanien vom Grenadierregiment Argentry ein, ich hatte den Capitain M. Queljeambie, 1 Knecht und 2 Pferde. Sie sind am 5. Dezember nach Steinbach gezogen. Den 28. Dezember sind die königlich französischen Truppen aus Hanau und dem ganzen Land ausgezogen, worauf sogleich ein starkes Kommando der Kurhannoveranischen eingerückt ist und alle Posten besetzt hat.

Anno 1763

hat Ihro Königliche Hoheit Frau Landgräfin Maria ihren Einzug durch Windecken nach Philippsruhe (Schloß in Hanau-Kesselstadt) genommen, so geschehen am 9. Januar. Den 6. März ist im ganzen Land ein Dankfest mit zwei Predigten „nebst musicken" gehalten worden, worauf am 9. März in beiden Städten eine prächtige Illumination „mit Schiltereyen" (vermtl. Umzüge) stattfand. Ihro Königliche Hoheit ist abends die meisten Straßen zu Fuß gegangen und hat sich mit größtem Vergnügen die Umzüge angesehen.

«Der Hubertusfrieden hatte am 15. Februar 1763 den Siebenjährigen

Krieg beendet. Die Landgräfin Maria, die für den noch nicht mündigen Wilhelm IX. die Regierungsgeschäfte führte, wird von Uffelmann Königliche Hoheit genannt, weil sie eine Tochter des Königs Georg II. von England war).»*

Anno 1763

Aus der kurpfälzischen Residenzstadt Mannheim erhielt ich einen Brief, daß den 20. März morgens um 5 Uhr mein Bruder Johann Bernhard Uffelmann, Bierbrauer allda, nach einer langen bettlägerigen Krankheit seinem Erlöser Christo Jesu selig entschlafen ist. Er hat seine Frau, 2 Söhne und 3 Töchter hinterlassen und ist im Jahr 1698 geboren. Er ist 65 Jahre alt geworden. Sein Frau starb am 5. Dezember 1772.

Anno 1764

Am 23. Juni nachmittags gegen 5 Uhr hat sich ein sehr hartes Donnerwetter mit starkem Wind und Regen allhier ausgeschüttet, worunter auch Kiesel gewesen sein müssen, da mehr als die Hälfte unseres Kornfeldes vom Hanauer Weg bis über den Roßdorfer Weg geknickt ist und zu Boden liegt. Den darauffolgenden Tag, auf Johannis, ist ein ebensolches Wind- und Regenwetter gewesen. Der allmächtige Gott wolle uns ferner bewahren.

Anno 1764

sind die folgend benahmten allhiesigen Nachbarn in die Uckermark der königlich preußischen Lande gezogen. (Es werden 11 Familien, insgesamt 51 Personen angeführt). Diese Männer und Frauen sind samt Kinder wieder zurückgekommen bis auf die beiden Familien Bernhard und Conrad May.

Anno 1767

Conrad Rauch allhier verheiratet sich mit meiner Tochter Carolina Philippina.

Anno 1770

Schultheiß Georg Knittel, Witwer von Marköbel, verheiratet sich mit meiner Tochter Wilhelmina Eleonore.

Anno 1772

Als ich meine Güter verteilt habe, habe ich auch meinen Dienst als Capitain bei der Hochfürstlichen Kriegskommision abgegeben und meinen Stiefsohn Johannes Köppel, der in hanauischen Diensten stand, empfohlen, welcher auch sofort als Fähnrich angenommen wurde.

Anno 1775

Am 25. Januar nachts zwischen 12 und 1 Uhr ist die Lisbeth (die Tochter Christiana

*) Nach *Zee-Heraeus*[44] war sie eine Tochter Georgs III., was allerdings nicht zutrifft.

Elisabetha) ins Wochenbett gekommen und hat eine gesunde und wohlgestaltete Tochter zur Welt gebracht. Weil der allhiesige Pfarrer kürzlich verstorben ist, ist der Taufakt erst am 17. Februar von Herrn Pfarrer Kuchendorf zu Mittelbuchen verrichtet worden. Meine Frau sollte die Goth sein. Wegen eines Notfalles konnte die Amme (Hebamme) nicht kommen, so daß die Philippina (die Tochter Carolina Philippina) das Kind zur Kirche gebracht hat. Statt meiner Frau ist die Margaretha Gegina von Fechenheim die Goth gewesen, worauf alsdann dem Kind der Name Christiana Elisabetha gegeben wurde.

Anno 1776

Am 3. Juni nachmittags gegen 3 und 4 Uhr „hat vorbemeldes Kind sich verlohren“ (wurde vermißt). Man hat es im Ort und außerhalb gesucht, aber nicht finden können, bis sich am 13. des Monats die Haube und Betzel (Kinderhaube) des Kindes in des Jacob Hahns Behausung gefunden hat. Dieses habe ich dem Löblichen Amt angezeigt, worauf am 16. der Herr Amtmann Haßenplug hierher kam, da des „bemelden Hahns Kindes-Mägdgen so von Mittelbuchen“ in Verdacht stand und auch vom Herrn Amtmann „aber sehr gelind“ examiniert wurde. Den folgenden Tag hat man den in des Hahns Hof stehenden Brunnen gefegt und das Kind darin gefunden. Der Herr Amtmann ist mittags um 2 Uhr nebst Doktor und Barbier[*)] hierher gekommen, worauf das Kind auf dem Rathaus geöffnet wurde. Da es am Kopf sehr zerschlagen war und am linken Auge einen Stich von 3 Zoll aufwies, ist das „Kinds Mägdgen“ in Haft genommen worden. Was hierauf folgt, wird die Zeit bringen.

Am 19. ist das unglückliche Kind mit einer großen Menge benachbarten und fremden Volkes zur Erde bestattet worden. Der Leichentext war Psalm 39, Vers 10.

«Das „vorbemelde Kind“, über das Uffelmann so sonderbar distanziert berichtet, war seine eigene Enkelin Christiana Elisabetha aus der Ehe des Johannes Köppel und seiner gleichnamigen Tochter Christiana Elisabetha (nicht Anna Elisabetha, wie fälschlich im Taufbuch steht). Der Bericht des Chronisten läßt manches im Dunkeln; im Kirchenbuch gibt es hierzu noch eine umfangreiche Eintragung, leider in einer gottserbärmlich schlechten Schrift, die sich nur teilweise entziffern läßt. Man hätte vermutlich mehr Erfolg, wenn man das originale Kirchenbuch einsehen dürfte. Leider ist das nicht mehr möglich, so daß man im Evangelischen Rentamt zu Hanau mit einem nachlässig fotografierten Mikrofilm vorliebnehmen muß und einer noch schlechteren Negativkopie, sofern man den christlichen Barmherzigkeitspreis von 2 DM pro Kopie nicht scheut, die Gebühr für die Benutzung des Lesegerätes nicht eingerechnet.

[*)] Die Barbiere übten zu dieser Zeit auch die „niedere Chirurgie“ aus, d.h. Aderlassen, Zähneziehen, Schröpfen, Behandlung von Verletzungen und ähnliches.

So läßt sich mit aller Vorsicht vermuten, daß dem 13jährigen Kindermädchen aus Mittelbuchen, das im Hause des Jakob Hahns diente, das Kind zum Hüten anvertraut wurde. Die beiden haben am Brunnen gesessen und gespielt, als das Kind hineinfiel und sich dabei auch die beschriebenen Verletzungen zuzog, denn altem Brauchtum gemäß wird ein Brunnen immer erst dann zugedeckt, wenn jemand hineingefallen ist. Die kleine Mittelbücherin geriet in Panik, stellte sich unwissend und versteckte „Haube und Betzel" des Kindes in des „Jacob Hahns Behausung". Natürlich geriet sie in Verdacht und wurde vom Amtmann, wenn auch „sehr gelind", vernommen.

Buccoli[5] *hat die Eintragung Uffelmanns mit dem Vermerk ergänzt, nach einer mündlichen Überlieferung sei „oben vermeldes Kindes Mägdgen" mangels Beweises freigesprochen worden. Er fügte noch an, daß auf dem Kilianstädter Friedhof ein Grabstein gestanden habe, auf dem die Begebenheit so berichtet worden sei, als habe das verunglückte Kind es selbst erzählt. Der Stein sei leider in der Nachkriegszeit „der Vernichtung anheimgefallen". Mein Vater hat mich in meinen jungen Jahren auf diesen Grabstein aufmerksam gemacht. Dieser war aus Sandstein, und die Inschrift war schon ziemlich verwittert.»*

Anno 1779

Den 5. Februar ist durch die göttliche Regierung und Hand des großen Gottes meine liebe Ehefrau durch einen gar sanften Tod aus dieser Zeitlichkeit zur ewigen Freude und Herrlichkeit abberufen worden, worauf der erblaßte Korpus am 7. mit sämtlicher Gemeinde und aller Ehre zur Erden begleitet wurde. Aus erster Ehe hat sie einen Sohn und 1 Tochter und aus letzter Ehe (der mit Uffelmann) vier Töchter gezeugt und insgesamt 22 Enkel erlebt. Sie ist 70 Jahre weniger etlicher Monate alt geworden.

Chronist Buccoli hat den Uffelmannschen Aufzeichnungen folgenden Vermerk angefügt:

Anno 1779

Am 29ten may ist Johann Philipp Uffelmann, um in seiner Schreibweise fortzufahren, seinem Erlößer Christo Jesu seelig entschlafen. Ist alt worden 74 Jahr 5 Monat 13 Dag.

Verwendete Literatur

1 Arnd, Carl: *Geschichte der Provinz Hanau und der unteren Maingegend*, Verlag von Friedrich König, Hanau, 1858

2 Baatz, D.: *Limeskastell Saalburg. Führer durch das römische Kastell und seine Geschichte*

3 Bacque, James: *Der geplante Tod*, Ullstein Buchverlage, Berlin, 1999

4 Bethge, Oskar: *Jahresbericht der Humboldtschule (Schuljahr 1910/11)*, Druck C. Adelmann, Frankfurt (M), 1911

5 Buccoli, Theodor Heinrich: *Kilianstädten - Kulturgeschichte und Chronik eines hanauischen Dorfes*, Schreibmaschinen-Manuskript (vervielfältigt), 1939

6 Callesen, G. et al.: *Frühe Kulturen in Kilianstädten*, Mitteilung des Vereins für Vor- und Frühgeschichte im unteren Niddatal e.V., 1989

7 Cervinus, Johannes: *Wetterfelder Chronik*, Rider'sche Buchhandlung, Gießen, 1883

8 Coffey, Thomas M.: *Entscheidung über Schweinfurt*, Verlag Ullstein GmbH, Berlin, 1979

9 Defoe, Daniel: *Die Pest zu London*, Nymphenburger Verlagshandlung, München, 1987

10 Diederichs, Ulf/Hinze, Christa: *Hessische Sagen*, Eugen Diederichs Verlag, Düsseldorf/Köln, 1978

11 Eich, Herrmann: *Die unheimlichen Deutschen*, Econ-Verlag, Düsseldorf/Wien, 1963

12 Fest, Joachim: *Hitler. Eine Biographie*, Ullstein Buchverlage GmbH, Berlin, 1999

13 Franz, Eckhard G.: *Die Chronik Hessens*, Chronik-Verlag, Dortmund, 1991

14 Freund, Michael: *Deutsche Geschichte*, Bertelsmann Lexikon-Verlag, Gütersloh, 1970

15 Frischauer, Paul: *Weltgeschichte in Romanen*, Lingen Verlag, Köln

16 Grimmelshausen, Hans J. Christoffels: *Der abenteuerliche Simplizissimus*, Verlag von Phil. Reclam jun., Leipzig

17 Haffner, Sebastian: *Anmerkungen zu Hitler*, Kindler Verlag GmbH., München, 1987

18 Haffner, Seb./Venohr, Wolfgang: *Preußische Profile*, Athenäum Verlag, Königstein/Ts., 1980

19 Hitler, Adolf: *Mein Kampf*, Zentralverlag der NSDAP, Franz Eher Nachfolger, München, 1940
20 Hochhuth, C.W.H.: *Statistik der evangelischen Kirche*, Kassel, 1872
21 Höfer, Manfred: *Die Kaiser und Könige der Deutschen*, Bechtle Verlag, München und Esslingen, 1994
22 Kimpel, Heinrich Theodor: *Geschichte des hessischen Volksschulwesens, Band 1*, Verlag Weber & Weidmeyer, Kassel, 1926
23 Lang von, Jochen: *Krieg der Bomber*, Verlag Ullstein, Berlin/Frankfurt, 1986
24 Ludendorff, Erich: *Meine Kriegserinnerungen 1914 - 1918*, Verlag von E. S. Mittler & Sohn, Berlin, 1921
25 Meinhardt, Karl-Ernst: *Kriminalfälle aus der Reichsstadt Frankfurt*, Verlag Waldemar Kramer, Frankfurt/Main, 1964
26 Milius, Erich et al.: *Heimat Wetterau*, Herausgeber Landrat des Kreises Friedberg, Heidenheimer Verlagsanstalt, Heidenheim, 1971
27 Neeb, Reinhold: *Hexen, Folter, Scheiterhaufen*, Brühlscher Verlag, Gießen, 1991
28 Orthband, Eberhard: *Deutsche Geschichte*, Hermann Pfahl Verlag, Baden-Baden, 1960
29 Orthband, Eberhard: *Das deutsche Abenteuer*, Hermann Pfahl Verlag, Baden-Baden, 1960
30 Reichhold, Eleonore: *Zur Geschichte der Pfarrei Kilianstädten. 250 Jahre Kirchweih-Jubiläum*, Herausgeber Ev. Kirchengemeinde Kilianstädten, 1991
31 Schiller von, Friedrich: *Geschichte des Dreißigjährigen Krieges*, Verlag von Greiner und Pfeiffer, Stuttgart
32 Schmid, Armin: *Frankfurt im Feuersturm*, Verlag Frankfurter Bücher, 1965
33 Schneider, R.B.: 1*9. März 4 Uhr 25 - Ein Bericht über die Zerstörung Hanaus*, CoCon-Verlag, Hanau, 1995
34 Seibt, Ferdinand: *Glanz und Elend des Mittelalters*, Siedler Verlag, Berlin, 1987
35 Spielmann, Karl Heinz: *Hexenprozesse in Kurhessen*, N.G. Elwert Verlag, Marburg, 1932
36 Thudichum von, Friedrich: *Wettereiba. Eine Gaugeschichte*, Alfred Töpelmann Verlag, Gießen, 1907
37 Ungermann, Erwin: *Unser Kilianstädter Deutsch*, Privatausgabe, 1999

38 Vielsmeier, Bernd et al.: *Büdesheim*, Herausgeber Gemeinde Schöneck, 1992
39 Wedgwood, C.V.: *Der Dreißigjährige Krieg*, Paul List Verlag, München, 1994
40 Wille, R.: *Hanau im Dreißigjährigen Kriege*, G.M. Alberti, Hanau, 1886
41 Wille, R.: *Urkundliche Beiträge zur Geschichte Hanaus aus dem Nachlaß Bernhards von Weimar*, G.M. Albertis Hofbuchhandlung, Hanau, 1888
42 Wolff, Georg: *Die südliche Wetterau in vor- und frühgeschichtlicher Zeit*. In Kommission bei L. Ravenstein, Frankfurt (M), 1913
43 Zee-Heraeus, Carl Bernhard: *Die Zeh's zu Kilianstädten. Aufzeichnungen über ein Dorf und eine Sippe in der Wetterau*, Schreibmaschinen-Manuskript (vervielfältigt), Berlin, 1937
44 Zee-Heraeus, Carl Bernhard: *Geschichte eines wetterauischen Dorfes im Wirbel des deutschen Geschehens*; Schreibmaschinen-Manuskript (vervielfältigt), Berlin, Endfassung 1957 sowie Zwischenfassung 1951
45 Zentner, Christian: *Deutschland - Von der Reichsgründung bis heute*, Unipart-Verlag, Stuttgart, 1982
46 Zimmermann, Ernst J.: *Hanau Stadt und Land*, Dr. Hans Peters Verlag, Hanau. Neudruck 1978 (1919)
47 *1150 Jahre Kilianstädten*, Festschrift der Gemeinde Schöneck, 1989
48 Die Kirchenbücher von Altenhaßlau
49 Die Kirchenbücher von Kilianstädten
50 Diverse Schriften der Verwaltung der Staatlichen Schlösser und Gärten Hessens
51 *Hanau 19. März - 50. Jahrestag der Zerstörung der Stadt 1945*, Magistrat der Stadt Hanau
52 Meyers Konversationslexikon, Ausgabe 1894/98, Bibliographisches Institut, Leipzig und Wien
53 *Schöneck. Bilder erzählen aus vergangenen Jahren*, Geiger Verlag, Horb am Neckar, 1988
54 *Die Gegenwart der Vergangenheit*, Spiegel special, Nr.1, 2001
55 Archive der „Hanauer Zeitung" und des „Hanauer Anzeiger"
56 Archivalien des Hauptstaatsarchivs Wiesbaden
57 http://www.dhm.de/lemo/home/html

Noch wenige Restexemplare verfügbar. Bezug über Bücherstube Schöneck oder direkt über den Autor (siehe Impressum). Euro 10,15 plus Versandkostenanteil Euro 1,00. Bei Vorkasse versandkostenfrei.

Frankfurter Rundschau v. 31.7.1999: *... beachtliches Sprachzeugnis ... gleichermaßen humorvolles wie sprachwissenschaftlich interessantes Buch ...*

Hanauer Anzeiger v. 28. und 30.7.1999: *Sprachgeschichtliche Abhandlungen sind gemeinhin nicht gerade spannend zu lesen, da es sich meist um eine trockene Materie handelt. Dem Autor gelingt es aber, aus der gewichtigen sprachgeschichtlichen Thematik eine leichte Materie zu machen. Als Mittel zum Zweck dienen zahlreiche Anekdoten, lockere Plaudereien und viel Humor ... nicht ein trockenes theoretisches Werk, sondern ein sehr gut lesbares und im lockeren Ton geschriebenes Buch ...*